唐君毅著作选

霍韬晦编选／导读

哲學概論

上册

唐君毅／著

中国社会科学出版社

图书在版编目(CIP)数据

哲学概论／唐君毅著．—北京：中国社会科学出版社，2005.10（2016.6 重印）

（唐君毅著作选）

ISBN 978 – 7 – 5004 – 5195 – 2

Ⅰ.①哲… Ⅱ.①唐… Ⅲ.①哲学 – 概论 Ⅳ.①B0

中国版本图书馆 CIP 数据核字（2005）第 089283 号

出 版 人	赵剑英
责任编辑	立 人　宋宜权　唐佳音
责任校对	林福国
责任印制	张雪娇

出　　版	中国社会科学出版社
社　　址	北京鼓楼西大街甲 158 号
邮　　编	100720
网　　址	http://www.csspw.cn
发 行 部	010 – 84083685
门 市 部	010 – 84029450
经　　销	新华书店及其他书店
印刷装订	北京市兴怀印刷厂
版　　次	2005 年 10 月第 1 版
印　　次	2016 年 6 月第 3 次印刷
开　　本	710×1000　1/16
印　　张	61.5
插　　页	2
字　　数	1038 千字
定　　价	125.00 元（上、下两册）

凡购买中国社会科学出版社图书，如有质量问题请与本社营销中心联系调换

电话：010 – 84083683

版权所有　侵权必究

出 版 前 言

唐君毅先生（1909—1978）是中国现代著名的人文学者，又是当代新儒家的领军人物。作为哲学家与哲学史家，唐先生对中国思想与中国文化建设作出了重要贡献。唐先生不仅学问博大精深，令人瞩目的是，他更有强烈的道德责任感和传统儒者的担戴精神，他的书中，字里行间透显出他深切的悲悯意识与宗教情怀。中国文化的现代建设，中国现代思想的整理与发展，不可能离开像唐先生这样的思想家和道德家的精神财富。继承悠久的中国优秀文化传统，研究和整理二十世纪以来影响和推动中国文化学术进程的、为数不多的思想巨擘，我们就必须认真地阅读、深入地研究、全面地了解、实事求是地评价唐君毅先生的哲学成就。

唐先生是一位胸怀开放的现代儒者。他高扬中国的传统优秀文化精神，但也充分肯定全人类的，自然也包括西方文明的一切具有原创性的文化成就。他认为文化的核心在于道德理想的确立，一切伟大的哲学思想体系必然首先肯定人的生命内在价值理念。唐先生学贯中西，铸融三教，他的哲学，其核心是似二而一的性体与道体，而根据体、相、用三者的相依不离建立起彻上彻下、无不遍满的整个哲学体系。他一本最富传统特色的中国心性论，极大地张扬"道德自我"超越性，广泛地批判和吸收了西方与印度哲学中的本体论、认识论、解脱论（或救赎论）的成就，强烈地声张中国哲学的道德属性。人生的价值，生命的存有，在唐先生看来，都取决于道德自我的实现。一切人类的思想文化成就，也都必须放到这一重要甚至唯一的尺度上来加以校量。

感谢香港法住学会的霍韬晦先生为我们解决了唐君毅先生著作的版权等事宜，我社才能荣幸地向广大读者隆重地推出唐先生的这个著作集。

我们出版的这个著作集，包括了唐先生一生当中最重要也最有代表性的哲学作品。1979 年，唐先生本人曾为其《中国文化之精神价值》一书第十版作序，他概括自己一生的主要著作为四类：一者"泛论人生文化道德理性之关系之著";二者"评论中西文化、重建人文精神人文学术"之著;三者"专论中国哲学史中之哲学问题,如心、理、性命、天道、人道之著";四者"表示个人对哲学信念之理解及对中西哲学之评论之著"。

在此,我们将本次出版的唐先生著作亦按四类列于次:

第一类:《人生之体验》、《道德自我之建立》及《文化意识与道德理性》。前二书及《人生之体验续篇》合集收入本次出版的《人生三书》;

第二类:《文化建设与道德理性》;

第三类:《中国哲学原论》,此书篇幅甚巨,原为四部,分别为《中国哲学原论·导论篇》、《中国哲学原论·原道篇》、《中国哲学原论·原性篇》、《中国哲学原论·原教篇》;

第四类:《哲学概论》及《生命存在与心灵境界》。

最后,还有一点需要特别说明。唐先生是 20 世纪的学术巨匠,其一生当中的大部分时间,生活、教学、著述都不在中国大陆。因之他在写作时的用字、遣词、造句、行文,自然不会一律合乎大陆读者在上一世纪后半期形成的阅读习惯,但他的这些文字风格仍然是上承悠久中国文化传统的表现。正是基于这一考虑,我们在出版唐先生这些思想著作时,有意保留了它们的原来风貌,未加改动。例如,我们在书中并未擅自替换随处可见的词汇,如宛转、本原、络续、连系、联接、包涵、工夫、笼照、呈显等等。不过,在不得已时,我们又替换了一些很"刺眼的"词汇,例如我们就不用"原泉"或"泉原",而必为"源泉"或"源泉"。其实,就在书中,"原泉"、"泉原"附近赫然地便写着"本原"、"根原",但我们对后者却依旧"视若无睹",听其自然。

中国社会科学出版社谨识
2005 年 8 月

《唐君毅著作选》编序

霍韬晦

《唐君毅著作选》在唐先生逝世二十七年后方克有机会在国内出版,实在太迟。不要说国内读者引领以望,从国内开放、经济发展,亦极需要像唐先生这样的学者和这样的思想来作为社会和民族的支柱,使使人不致在五光十色的知识贩卖中和商业大潮中迷失。大家都知道,目前中国的社会危机正是在于失去了传统的教养。

这不是国粹主义和狭隘的民族主义,唐先生对此深有卓识。他一生的努力都奉献给中国文化的弘扬,但他的思想早已超出五四时代的东西文化对立与二十世纪意识形态之争。他超越于这些理论,但又不抹煞这些理论在某一时位中的贡献。他的思想波澜壮阔、高潮迭起,通达诸家,涵盖古今,更胜西哲康德对不同文化领域的判划和黑格尔的辩证的安排。可惜世人福薄,能得其咳唾、接其慧宝者甚少,和其它几位同时代的新儒家相比,似乎稍见寂寞。我认为:于时、于理这是很不相称的。

"大声希声",之所以如此,不一定是和现代人的学术训练有关,反而是和现代人的生命有关。生命的反省要有深度,才能见出知识之本。现代人只知向外运思,视概念为砖瓦,辗转批削,以为严格,却不知只是技巧;貌似可观,而实智力之游戏,无关于生命之成长,亦无关于质素之提升,最后如庄子所说的"道隐于小成,言隐于荣华",有甚么真实的贡献呢?

这样说不是否认学术、否认知识,唐先生亦深知学术与知识之价值,否则他不会写那么多书,对中、西、印哲学做了那么巨大的整理和会通。不过由于他的思想曲折回环,一般读者都觉得难以随顺,亦不明白唐先生何以如此细致包融,于是往往半途而废,十分可惜。总之,读唐先生书,读者必须平心静气,逐句体会,才能感受到其内容的丰富和精采,而且在风格上和进路上,感受到唐先生思维的特色。

唐先生思维的特色在哪里呢？就是即使讨论学术问题、知识问题，都不离其生命中的悲情。人生问题就更不必说了。唐先生生于忧患，受社会、文化、人情的冲击特多，其敏感之心灵亦特多感喟，发而为文，自然充满悲情。不过唐先生之思想并不以悲情止步，而是能够深入观照种种现实心境背后有其原始的性情与美善，于是可以化灰暗为光明。这就是唐先生毕生的信念，一直贯于他的学问、文化生涯，亦贯于他的思想和人格。因此，有人称他为理想主义者，唯心论者，或文化哲学家，"文化意识宇宙的巨人"，其实是唐先生对生命的觉醒，知道生命才是文化之根、学术之本，人的行为就不用说了。

　　据唐先生晚年自述，他二十七、八岁尝独游于南京玄武湖，见城墙上阳光满布，深感欢喜，忽由此而顿悟一切真理皆内在于人心，今人古人皆能得之而相互契合，所以真理之为真理，必有其普遍性。这可以说是唐先生见道式的体证，一般人以为神秘，或欠缺科学根据，其实这是生命与超越世界感通的必然。学者须先有此超越的向往，并对其自身之障碍有所反省，而诚意求通，方能一念涉入而得开启。这是唐先生生命的突破，旁人仅藉怀疑理性或思辨理性而向外运思，恰好南辕北辙，哪能得达呢？

　　由此我们可以微悟唐先生之所以寂寞的原因：时代未成熟，人生苦难尚未受够，所以另一方面的智能，也就是冲破障碍的智能不生，真是无可如何。达者对此，唯有起悲，所以唐先生的情感特别丰富，对不同学者之观点特多同情，而不忍全盘抹煞。论者每谓唐先生喜总持古今中外一切思想及文化，似亦欲吞没诸家而成一大系统，这是错的。唐先生根本不是要造一哲学系统，以囊括一切哲学。他曾说过，若这样作就有"杀机"，结果将"导致一切哲学之死亡"（《生命存在与心灵境界》第15页）。相反，他只是提供一道路、或一桥梁，以通于其它哲学，使人皆能如实承认一切哲学之价值。所以其归宗处，仍是仁义礼智之心。孔子所谓"依于仁"，即在此仁心下，方能尊重诸家，而知其言、尽其理，各不相害。由此，唐先生主张"即哲学史以言哲学"，使一切哲学在历史之开展下而各归其位，各得其价值，亦即各有其普遍永恒之意义。从另一角度看，这也是一种超越反省法，即超越各家，而翻至其前面、后面、上面、下面，以尽其可有可发之义，于是有途径会通于他家。所以唐先生对中国哲学的整理，乃至对世界各大哲学的研究，其实是做了一个巨大的融会、贯通、包举、分疏的工作，其胸襟之广、识见之精，可谓前无古人。

有人认为：唐先生这种思考方式，是一种本体思维方法，高扬心之内在性与超越性、道德性与圆满性，因此不可能避免批判精神的削弱，这是循概念逻辑思维而来的误解。难怪更有人据此而说唐先生以其道德心灵之活动，裁剪各家；言下之意，是对各家有所扭曲，强为定位，亦未能充分发挥知识之独立性，这种批评更是无理，而且浅陋。从内容上看，一切知识与理论有其出发点，有其指向，亦即有其所观、所及之境；若停于此境上，即有相对之独立性。但唐先生之心，更能反观此境所生起之源，从源头上知其可进可退、可升可降之道，于是通一切学术，任持一切学术而不失。这是唐先生超越学术门户的胸怀，也是唐先生著《生命存在与心灵境界》的旨趣，读者必须时时返其本，对此学术之源头、心灵之本体（其实是性情），加以体会，才能透入。所以这是最大的充扩，丝毫不存在着曲解或局限。局限的是境，是理论之内容，但能成此境、此论之心则无局限。

有关心之本体，唐先生早年说之为"道德自我"或"道德理性"，似太着迹，太概念化，亦易为读西方哲学者所执、所疑，晚年则但说之为"生命存在"，似笼统而实浑圆；一如孔子之"仁"、孟子之"性"，并未以语言界定，所以无此体会者根本不能入。唐先生反复叮咛，无非是表明一切学问之基地，必推原至此方见源头。成人成事，成理成学，在现实上总有具体对向，学者随境而趋，即说之不尽。但一念回顾，唐先生指出：则甚简单，全是不忍之情、无私之爱。这是层次之彻上彻下，超越之性情与现实之思考不相妨碍。一般人予以平面化，便不可解。从历史文化的角度言，唐先生这一文化进路、思想进路，是一大创见，其理论之所以波澜壮阔、涵盖古今，又层层冒起，上接天光，如日月星辰之共烁，交互辉映，遍及于人类精神之各个领域，可谓至矣、尽矣、无以尚矣，而唐先生之仁心、性情之全体大用，亦次第展现矣。必须指出：自有中国哲学以来，尚未有如此气度之哲学家。西方之学者，如亚里士多德、康德、黑格尔，亦似能全面论述人类之不同文化领域，但他们都是从思辨理性发端，提供一架设之道，完全不似唐先生，以生命之本根、无私之性情，方是文化与学术的活水源头。从这一点看，唐先生的写作文字虽是西方式的排列、铺陈，但精神上、思想上则完全是中国式的。唐先生是一位真正秉承中国先圣、孔孟之道的启迪而对生命有洞见的中国哲学家。

由此再回到本编《唐君毅著作选》的出版。唐先生逝世后，承唐师母之嘱,我忝为《全集》主编,与同门搜集遗文珍作,与唐师母亲赴台湾各大书局统一版权,前后十年,编成三十巨册,凡一千万言,由台湾学生书局出版(1989),成为当年港台学术界之盛事。嗣后唐师母更盼《全集》能在国内印行,以继唐先生之志;1998年遂以国内版权授余,嘱余设法,数年未果,心甚愧疚。现蒙北京中国社会科会院出版社慨诺,又蒙香港喜耀教育文化基金捐资,先印行第一批,使我愧疚之情稍减。所遗憾者,乃唐师母已于2000年仙去,不及见此书在国内之出版,十分遗憾,人生之事,本无圆满,惟望性情可入于幽冥,则其昭昭者,终得感应耳!

公元2005年夏日,门人霍韬晦敬序于香港东方人文学院

附 《唐君毅著作选》第一批书目

本编题名《唐君毅著作选》，虽曰《著作选》，内容实已包涵唐先生论人生、论文化、论哲学、特别是中国哲学专题研究之重要著作在内，足以代表唐先生之思想、人格及对人类文化世界、哲学世界之贡献。全编十卷，书目如下：

一、《人生三书》：包括《人生之体验》、《人生之体验续篇》和《道德自我之建立》；

二、《文化意识与道德理性》；

三、《哲学概论》上；

四、《哲学概论》下；

五、《中国哲学原论》〈导论篇〉；

六、《中国哲学原论》〈原性篇〉；

七、《中国哲学原论》〈原道篇〉上；

八、《中国哲学原论》〈原道篇〉下；

九、《中国哲学原论》〈原教篇〉；

十、《生命存在与心灵境界》

以上十书，均以《全集》校订本为底本，以简体字重排出版。此十书，是可代表唐先生思想之根本立足点与哲学研究之巨大贡献。复考虑及唐先生思想之博厚与文字之繁杂，一般之读者不易深入，因不避浅陋，为写《导读》，置于每书之前，聊作方便而已；非谓可赅尽唐先生思想之精义也，读者幸留意焉。

门人　霍韬晦　附识

《哲学概论》(1961) 导读

霍韬晦

这是唐先生的另一部"大书",写于 1957 至 1959 年。当时"哲学"作为一学科,由西方引入,已数十年,但较全面并有系统的予以介绍及评述的则甚少,而且大多只述西方,而不及于中国,遂使一般人误会,以为哲学唯西方人所独有。其实中国传统之玄学、理学、道学,或一般称之为义理之学者,即是中国哲学。唐先生深感中国哲学之旧慧命被斩,而新慧命未立,被人忽视,恰香港孟氏教育基金会欲出版大学丛书,约唐先生撰写《哲学概论》,于是勉力写出此套为中国人而编之《哲学概论》。

本书虽题为《哲学概论》,但内容十分丰富,远超一般概论书的规模。就体例言,虽仍是从问题入手,先论哲学之意义,再简介哲学之内容,包括逻辑、知识论、形上学、价值论及文化哲学(唐先生分别名前二者为名理学,名形上学为天道论,名价值论为人道论,以显示此等问题已为中国先贤所思及),以成一总论;然后再分别引述知识论之诸问题(如知识之意义、知识之通性、知识之分类、知识与语言之关系、唯名论与唯实论、知识之起原、能知所知的关系、解释与归纳、因果原则与知识、数学与逻辑之性质、先验知识问题、知识之确定性与怀疑、真理之意义与标准、知识之价值等)。在每一问题中,又详举西方诸家看法。如中国及印度方面亦有相类似之讨论者,唐先生亦会述及,以见中、西、印思维之相类及相异。例如在讨论知识之起原时,除对西方经验主义与理性主义详加分析外,又引及中国及印度之相关理论,以见中国先贤对此问题亦有其独特看法,不全同于西方,亦不全异于西方(例如孔子之生而知之、学而知之,与孟子之闻知、见知,墨子之闻、说、亲,宋儒之闻见之知与德性之知,印度佛学之现量、比量、圣言量等)。此中一方面有唐先生自己的见解,一方面广开读者之视野,使读者不致全倾于西方，反为由西方理论之铺陈而知中国哲学之价值。唐先生对中国哲学的支柱之功，于此可见。

　　知识论之后，是形而上学。形上学与知识论不同，知识论看重问题之讨论，形上学则重对宇宙全幅之建构。知识有真假，宇宙观则无真假；观点不同，其切入宇宙之面相即不同。唐先生认为：如从问题入，则各家之宇宙观皆被割裂，而不见其神韵，所以只能由其所建构之类型入。在学习上，则宜由简单以至于复杂，所以先述现象主义、"有"之形上学与"无"之形上学，这三家都是最单纯的就客观存在之探究上说，从现象之肯定到超现象之肯定。特别是"无"之发现，印度吠陀之"无有歌"与老庄之"有生于无"，最具启发；然后再谈到中国《易传》与孔子之生生变易观，与五行之终给相克。这些都是唐先生的慧眼所及，而为其它同类书所无。盖东方形上学较重事物之功能、作用与相互间之关系，西方则较重从个体存在上反省个体之所以为个体之根据，于是唐先生之论述从中国转向西方，先述柏拉图、亚里士多德之理型论或"形式"，再述西方宗教思想中之上帝观念。从亚里士多德、新柏拉图派、到中古教父之上帝观，与近代哲学中对上帝存在之论证，一一举出。这些论证，经康德批判后，即从根底上发生动摇，所以上帝观念，要一再变化，造成近代神学之困扰，甚至有以赌博心态来解释对上帝的信仰，这可以说是误入歧途。与有神论相对的即为唯物论，由唯物论到实在论，重要在证明外物之存在与人之心灵无关；不但无关，甚至倒过来由存在以决定意识。唐先生认为：这必须再读其它形上学，才能判定其是非。

　　有神论、唯物论都是一元论，由此再进，便有二元论。二元论之产生，一方面有感于宇宙事物之对偶性，一方面有感于精神与肉体、能知与所知之不同。前者如中国之阴阳哲学，后者如笛卡儿之心身二元论。由心灵之活动，即可见唯物论之不足；但二元论之成立，毕竟有莫大困难，此即二元之关系如何建立或统一的问题，于是西方再有泛神论、多元论，最后仍归于宇宙之大化流行与斯宾塞、柏格孙之进化论或创造进化论，焦点亦从个体存在而归向整体变化，于是再有相对论与怀海德的机体哲学，并与当代西方物理学之发展相依。尤其是怀海德的哲学，于说明事物生生相续之历程中，即同时为一价值实现之历程之说，唐先生即由此再返回理想主义之哲学，从西方的唯心论、印度之唯识宗，到中国的伦理心性论，形上学之思考达于顶峰。和知识论一样，唐先生深信形上学须回归东方始得其究竟义。必须指出：这不是唐先生的狭隘的民族主义、国粹主义，相反，他有着一种对全人类的悲怀，才能洞悉各种思维之局限；这种回归是以其宏观博识为基础的。

形上学之后，是价值论，亦即人道论，或人生哲学。这本是中国哲学之所长，但一般人则误以为西方之伦理学方是代表。其实人最重要的，是如何知，如何行，以成人道，成立人极，也就是要实现生命的一种价值。所以唐先生肯定价值之存在，并由此入，从孟子之"可欲之谓善"，到快乐主义、客观主义、历程主义、创新主义、和谐关系、相对主义、工具主义、理性主义、乃至能在反价值中看出或实践出正价值之统一主义或乐观主义。唐先生指出：西方虽亦有此种思辨，如黑格尔、柏林、柏列德莱，但终不如东方"烦恼即菩提"、"生死即涅槃"之精辟。

从价值之存在，到价值之分类与排列，与人能否实现价值之反省，于是逼向人的自由意志问题，亦即人有否实现此价值之限制（如命限）？或从科学上，一切变化皆有自然律，现象不能无因生，则自由意志如何建立？此为人道论的大问题，唐先生予以一一辩斥，证明人之自由意志之存在不容否认，于是可以据此而选择价值，并论及种种选择原则，以供实践者参考。千言万语，唐先生认为：只要"自觉我是人"，便能层层超升。所以最后的归结，还是儒家思想，这可以说唐先生历尽古今中外各大哲之思想后，更了解中国哲学之精粹所在；读者随其指引，当可减少许多不必要的对中国哲学之疑虑。

由于《哲学概论》涵盖古今，规模庞大，所以许多人都说：这不是一本为初学者入门的哲学概论，反而是读尽一切哲学之后才明白的哲学通释。换言之，这不只是一本介绍各种哲学知识的书，而且是一本提升你的哲学智能的书。

目 录

哲学概论第三版序 ………………………………………………（1）
自序 ………………………………………………………………（1）

上 卷

第一部 哲学总论

第一章 哲学之意义 ……………………………………………（1）
　第一节 哲学，爱智及智之名之原义 …………………………（1）
　第二节 如何了解哲学之意义 …………………………………（3）
　第三节 论广义之学问及以行为主之学问 ……………………（5）
　第四节 论以知为主之学问 ……………………………………（7）
　第五节 哲学在学问中之地位与意义之初步的了解 …………（8）
　第六节 哲学问题举例 …………………………………………（10）

第二章 东西哲学中之哲学之意义 ……………………………（14）
　第一节 导言——重申上章结论 ………………………………（14）
　第二节 中国传统之哲人之学之兼贯通语言界与超语言界
　　　　 及知与行之意义 ………………………………………（14）
　第三节 西方之希腊，中古及近代之文化中之哲学
　　　　 之性质与地位 …………………………………………（17）
　第四节 现代西方哲学家之哲学意义观——关联于科学之
　　　　 哲学意义观 ……………………………………………（20）
　第五节 关联于历史之哲学意义观 ……………………………（23）
　第六节 关联于文学之哲学意义观 ……………………………（24）
　第七节 关联于超语言界之哲学意义观 ………………………（27）

第三章 哲学之内容 一、名理论 甲 逻辑 …………………（31）
　第一节 哲学之分类 ……………………………………………（31）
　第二节 名理论与逻辑、辩证法、知识论及因明之名辞 ……（32）

第三节　西方之逻辑一名之涵义与内容之演变 …………… （33）
　　第四节　略述印度之因明之特质及中国之逻辑思想 ……… （38）
第四章　哲学之内容　二、名理论　乙　知识论 ………… （42）
　　第一节　西方知识论之主要问题之演变 …………………… （42）
　　第二节　印度哲学中之知识论问题 ………………………… （46）
　　第三节　中国哲学中之知识论问题 ………………………… （49）
第五章　哲学之内容　三、天道论——形上学（上） ……… （53）
　　第一节　天道论与形而上学，存有论或本体论，宇宙论第
　　　　　　一哲学及神学之名义 ……………………………… （53）
　　第二节　西方上古及中世之形上学之发展 ………………… （56）
　　第三节　西方近代形上学之发展 …………………………… （60）
第六章　哲学之内容　三、天道论——形上学（下） ……… （64）
　　第四节　印度哲学中之形上学精神 ………………………… （64）
　　第五节　印度各派形上学之分野 …………………………… （66）
　　第六节　中国先秦之形上学思想 …………………………… （71）
　　第七节　秦汉以后中国形上学之发展 ……………………… （73）
第七章　哲学之内容　四、人道论、价值论 ……………… （77）
　　第一节　人道论与伦理学、人生哲学、美学、价值哲学
　　　　　　之名义 ………………………………………………（77）
　　第二节　西方人生思想之发展——希腊与中世 …………… （79）
　　第三节　西方人生思想之发展——近代 …………………… （82）
　　第四节　印度之人生思想之特质——其与西方之人生
　　　　　　哲学问题之不同 …………………………………… （85）
　　第五节　印度人生思想之各型及其不重西方人生哲学中之
　　　　　　若干问题之理由 …………………………………… （87）
　　第六节　中国之人生哲学之发展——先秦 ………………… （89）
　　第七节　中国之人生哲学之发展——秦以后至今 ………… （92）
第八章　哲学之内容　四、文化哲学 ……………………… （97）
　　第一节　文化哲学历史哲学与一般哲学 …………………… （97）
　　第二节　数学与自然科学之哲学 …………………………… （99）
　　第三节　艺术哲学与美学 ………………………………… （100）
　　第四节　宗教哲学与自然神学 …………………………… （101）

  第五节 法律哲学 …………………………………………（102）
  第六节 政治哲学 …………………………………………（103）
  第七节 经济哲学 …………………………………………（104）
  第八节 教育哲学 …………………………………………（104）
  第九节 社会哲学 …………………………………………（105）
第九章 哲学之方法与态度（上） ………………………………（109）
  第一节 泛论读文学、历史及科学书与读哲学书之态度 ……（109）
  第二节 如何引发对哲学之兴趣 …………………………（112）
  第三节 哲学方法及哲学中之科学方法之二型 …………（117）
  第四节 直觉法之二型 ……………………………………（118）
  第五节 发生论的哲学方法 ………………………………（120）
  第六节 纯理的推演法 ……………………………………（121）
第十章 哲学之方法与态度（下） ………………………………（123）
  第七节 比较法 ……………………………………………（123）
  第八节 批判法 ……………………………………………（124）
  第九节 辩证法 ……………………………………………（125）
  第十节 超越的反省法与贯通关联法 ……………………（126）
  第十一节 超越的反省法与逻辑分析 ………………………（128）
  第十二节 超越的反省法与其他哲学方法 …………………（131）
  第十三节 超越的反省法与其他思维方法之分别 …………（134）
  第十四节 哲学心灵之超越性与亲和性 ……………………（135）
第十一章 哲学之价值 ……………………………………………（138）
  第一节 怀疑哲学价值之诸理由 …………………………（138）
  第二节 哲学家之消灭哲学论 ……………………………（142）
  第三节 哲学中之切问近思 ………………………………（143）
  第四节 哲学问题之答案 …………………………………（145）
  第五节 哲学思想中之混淆与精确 ………………………（148）
  第六节 哲学思想相互了解之可能与道路 ………………（151）
  第七节 哲学对人生文化之价值与学哲学者之修养 ……（153）
  结论 ………………………………………………………………（156）

第二部　知识论

第一章　知识论之意义 …………………………………………（159）
　第一节　中文中知与识之传统的意义与今之所谓知识 ………（159）
　第二节　知识与知识论 …………………………………………（160）
　第三节　知识论与心理学 ………………………………………（161）
　第四节　知识论与语言学各专门知识及形上学 ………………（162）
　第五节　知识论与逻辑 …………………………………………（164）
　第六节　知识论之问题 …………………………………………（165）

第二章　知识之通性 ……………………………………………（168）
　第一节　直接经验之知之性质 …………………………………（168）
　第二节　直接经验之知或独知世界之相貌 ……………………（171）
　第三节　知识之知之性质 ………………………………………（171）
　第四节　知识世界之相貌 ………………………………………（173）
　第五节　直接经验之知及其世界，与知识之知及其世界间
　　　　　之关系与问题 …………………………………………（174）

第三章　知识与语言（上） ……………………………………（176）
　第一节　知识之知之外在的证明 ………………………………（176）
　第二节　语言之知识意义及其与自然符号之不同，与语言
　　　　　何以能表义之理由 ……………………………………（177）
　第三节　语言如何取得一定之意义 ……………………………（180）
　第四节　语言意义之互相限制规定性，及确定之意义与
　　　　　限定之意义之分 ………………………………………（182）
　第五节　定义之价值与其限度 …………………………………（185）
　第六节　语言意义之含浑与混淆之原因 ………………………（187）
　第七节　语言意义之含浑与混淆乃应用语言所必经之历程 …（190）
　第八节　以表达共相之语言表达特殊的个体事物如何可能 …（191）

第四章　知识与语言（下） ……………………………………（193）
　第九节　定义之方式问题 ………………………………………（193）
　第十节　定义之各种方式——第一种至第四种 ………………（194）
　第十一节　定义之各种方式——第五种至第九种 ……………（198）

第五章　知识的分类 (206)

第一节　中国书籍之分类与知识之分类 (206)

第二节　西方学问之分类与知识之分类 (208)

第三节　语言文字之知识 (212)

第四节　历史及地理类之知识 (215)

第五节　各类事物之原理定律知识 (217)

第六节　数学、几何学、逻辑等纯形式科学之知识 (219)

第七节　应用科学之知识 (220)

第八节　哲学知识 (221)

第六章　普遍者与知识 (224)

第一节　共相、概念与共名 (224)

第二节　东西哲学中之唯名论与实在论之争 (225)

第三节　唯名论反对共相概念为实在之理由 (226)

第四节　实在论者及非唯名论者以有共名必有概念共相之理由 (228)

第五节　共相概念与特殊具体事物之关系 (231)

第七章　经验、理性、直觉与闻知——知识之起源（上） (236)

第一节　常识中之四种知识之分别及知识起源问题 (236)

第二节　中国及印度哲学中对于知识起源问题之理论 (237)

第三节　西方哲学中知识起源问题之争论及经验论之知识起源论 (239)

第四节　理性论之知识起源论 (243)

第八章　经验、理性、直觉与闻知——知识之起源（下） (250)

第五节　理性论与经验论之异同及加以融通之诸形态之哲学思想 (250)

第六节　权威主义及直觉之诸义 (252)

第七节　直觉知识、理性知识与经验知识 (256)

第八节　闻知之种类与价值 (257)

第九章　知识之对象问题——能知与所知之关系（上） (262)

第一节　知识对象或所知之意义 (262)

第二节　素朴实在论 (263)

第三节　代表实在论 (265)

第四节　主观观念论 …………………………………… (267)
　　第五节　休谟之纯印象观念主义 ……………………… (270)
　　第六节　现象主义与不可知主义 ……………………… (271)
　　第七节　新实在论 ……………………………………… (274)
　　第八节　批判实在论 …………………………………… (275)
第十章　知识之对象问题——能知与所知之关系（下）… (277)
　　第九节　实用主义 ……………………………………… (277)
　　第十节　逻辑经验论 …………………………………… (278)
　　第十一节　康德之能知所知之关系论 ………………… (282)
　　第十二节　客观唯心论之能知所知关系论 …………… (288)
　　第十三节　能知之心灵与所知之对象之互为内外关系之种种 … (289)
第十一章　解释与归纳原则 ………………………………… (294)
　　第一节　常识中之解释与推知 ………………………… (294)
　　第二节　科学中之解释与普遍律则及其种类 ………… (296)
　　第三节　因果律与函数律 ……………………………… (299)
　　第四节　归纳原则与其根据问题 ……………………… (300)
第十二章　因果原则与知识 ………………………………… (307)
　　第一节　归纳原则与因果原则之关系 ………………… (307)
　　第二节　常识中对普遍的因果律之信仰及其疑难 …… (308)
　　第三节　因果律知识应用之疑难 ……………………… (310)
　　第四节　因果律观念自身之疑难 ……………………… (311)
　　第五节　原因与理由合一之理论 ……………………… (313)
　　第六节　因果观念之废弃与现象之相承 ……………… (314)
　　第七节　康德之因果理论 ……………………………… (316)
　　第八节　因果关系为实事与实事之关系及因果关系之
　　　　　　直觉的确定性 ………………………………… (318)
　　第九节　已成世界与方生世界之因果关系 …………… (322)
第十三章　数学与逻辑知识之性质（上） ………………… (325)
　　第一节　数学与逻辑知识及经验事物之知识 ………… (325)
　　第二节　数学逻辑知识之根据于客观存在事物性质之说 … (326)
　　第三节　数学之观念知识根据于客观存在事物性质之说
　　　　　　之疑难 …………………………………………… (327)

第四节　逻辑之观念知识根据于客观存在事物之性质之
　　　　　　说之疑难 …………………………………………（329）
　　第五节　数学逻辑之观念知识根据于经验之说 …………（330）
　　第六节　经验主义之数学逻辑理论之批评及康德之
　　　　　　数学逻辑理论 …………………………………………（333）
　　第七节　康德理论之批评 ……………………………………（337）
第十四章　数学与逻辑知识之性质（下） …………………（340）
　　第八节　数学与逻辑合一之理论 ……………………………（340）
　　第九节　依类言数之理论在知识论中之价值 ……………（346）
　　第十节　数之产生与理性活动及依类言数之理论之改造 …（347）
　　第十一节　逻辑中所谓思想律之问题与各可能之答案 ……（351）
　　第十二节　逻辑之约定主义与逻辑之理性主义 ……………（355）
第十五章　先验知识问题 ……………………………………（359）
　　第一节　西方哲学史中之先验知识问题 ……………………（359）
　　第二节　现代科学哲学中之先验知识问题 …………………（364）
　　第三节　"先验知识命题必为分析的"一命题如何建立
　　　　　　之问题 …………………………………………………（366）
　　第四节　常识与科学中之先验综合命题 ……………………（368）
　　第五节　非欧里得几何学之解释 ……………………………（371）
　　第六节　数学与逻辑之基本命题为兼综合与分析的 ……（373）
第十六章　知识之确定性与怀疑论 …………………………（379）
　　第一节　日常生活中之真知识与意见之难于分别 ………（379）
　　第二节　吾人对经验世界之事物及知识可能有之怀疑 …（381）
　　第三节　怀疑态度之根源与消除以往怀疑之道路 ………（383）
　　第四节　不可疑的事物 ………………………………………（386）
　　第五节　怀疑与先验知识之确定性 …………………………（388）
　　第六节　怀疑与经验知识之确定性——辨物类定名之
　　　　　　知识之确定性 …………………………………………（390）
　　第七节　由辨物类而应用普遍律则以推断个体事物
　　　　　　知识之确定性 …………………………………………（392）
第十七章　真理之意义与标准（上） …………………………（396）
　　第一节　真理问题与知识之确定性之问题之不同及非知识

　　　　　　意义之真理 …………………………………………（396）
　第二节　观念、判断、意见、信仰、思想、语句是否皆具
　　　　　　真假之性质 ………………………………………（399）
　第三节　真理之意义与标准论之种种 …………………………（402）
　第四节　以大多数人及权威人物所说，及以能满足主观之
　　　　　　要求为真理之意义与标准之批评 ………………（404）
　第五节　符合说之分析与批评 …………………………………（406）
　第六节　符合关系中之四项关系者 ……………………………（410）
第十八章　真理之意义与标准（下）……………………………（413）
　第七节　自明说之分析与反面之不可设想或反面之自相矛盾 …（413）
　第八节　自明说之批评 …………………………………………（416）
　第九节　融贯说之说明 …………………………………………（418）
　第十节　融贯说之批评与讨论 …………………………………（423）
　第十一节　实用主义之真理论之三型及其批评 ………………（425）
　第十二节　四种真理论之比较及其融贯 ………………………（429）
第十九章　知识之价值 ……………………………………………（431）
　第一节　不同之真理论与不同之知识价值观 …………………（431）
　第二节　表现负价值之认知心态 ………………………………（433）
　第三节　表现负价值之认知心态之转化 ………………………（437）
　第四节　知识之实用价值，审美价值，及道德宗教价值 ……（438）
　第五节　知识之价值之限制及其与其他价值之冲突 …………（440）

下　卷

第三部　天道论——形而上学

第一章　形而上学之意义 …………………………………………（445）
　第一节　中文中之形而上及天道之意义与西方所谓形而上学
　　　　　　之义之相通 ………………………………………（445）
　第二节　形而上学与知识 ………………………………………（446）
　第三节　形而上学与知识论 ……………………………………（450）
　第四节　形而上学之问题 ………………………………………（452）

第五节　形而上学之系统性与本部各章之次第 ………… (454)
第二章　现象主义 ……………………………………………… (458)
　　第一节　现象主义与形而上学 ………………………………… (458)
　　第二节　常识中现象主义与纯现象主义 ……………………… (459)
　　第三节　纯现象主义之态度中之理或道 ……………………… (461)
　　第四节　因果观念之超越与外在理由之舍弃 ………………… (463)
　　第五节　结论 …………………………………………………… (465)
第三章　唯一之实有论 ………………………………………… (467)
　　第一节　超现象主义之形上学——"有"之形上学及
　　　　　　"无"之形上学 ………………………………………… (467)
　　第二节　恒常纯一之唯一实有观之意义 ……………………… (468)
　　第三节　依里亚派齐诺破斥变动与多之论证 ………………… (470)
　　第四节　齐诺所提问题之答复及齐诺所提论证之目标 ……… (472)
第四章　无之形上学 …………………………………………… (475)
　　第一节　无之形上学所由生 …………………………………… (475)
　　第二节　创造之歌及老庄之言 ………………………………… (476)
　　第三节　由无出有由有入无之切近义 ………………………… (477)
　　第四节　道家思想中"无"之二义 …………………………… (479)
第五章　生生之天道论与阴阳五行之说 ……………………… (482)
　　第一节　儒家之形上学观点 …………………………………… (482)
　　第二节　由他家之万物观至儒家之万物观 …………………… (483)
　　第三节　性与阴阳之相继义 …………………………………… (485)
　　第四节　阴阳之相感义 ………………………………………… (486)
　　第五节　五行与横面之万物之相互关系 ……………………… (487)
　　第六节　五行与纵的生化历程 ………………………………… (489)
第六章　理型论 ………………………………………………… (492)
　　第一节　理型论之形上学之特征 ……………………………… (492)
　　第二节　形式对质料之独立性与人实现形式之目的性活动 … (493)
　　第三节　形式之不变性 ………………………………………… (496)
　　第四节　形式之客观性 ………………………………………… (497)
　　第五节　实体及变动与四因 …………………………………… (499)
　　第六节　潜能与现实 …………………………………………… (501)

第七节　形式及理性的思想与上帝 ……………………………（503）
第七章　有神论之形上学 ………………………………………………（506）
　　第一节　如何了解宗教家神秘主义者之超越的上帝之观念 ……（506）
　　第二节　新柏拉图派之太一观与其所流出之各层次之存在 ……（508）
　　第三节　圣多玛之上帝属性论 ……………………………………（511）
　　第四节　西方哲学中上帝存在之论证 ……………………………（514）
第八章　唯物论 …………………………………………………………（519）
　　第一节　唯物论与日常生活中之物体 ……………………………（519）
　　第二节　唯物论者之共同主张及物质宇宙之问题 ………………（520）
　　第三节　唯物论对于有神论之批评 ………………………………（522）
　　第四节　唯物论与实在论 …………………………………………（524）
　　第五节　唯物论之生理心理论证 …………………………………（525）
　　第六节　唯物论之宇宙论论证 ……………………………………（528）
　　第七节　唯物论之方法论论证与历史论证 ………………………（529）
第九章　宇宙之对偶性与二元论 ………………………………………（532）
　　第一节　中国思想中阴阳之遍在义与交涵义及存在义与
　　　　　　价值义 ……………………………………………………（532）
　　第二节　中国思想中之阴阳之论，可根绝西方哲学之
　　　　　　若干问题之理由 …………………………………………（536）
　　第三节　西方哲学中之二元论之思想之渊源 ……………………（537）
　　第四节　笛卡尔之心身二元论及心物二元论 ……………………（538）
　　第五节　心之思想与身体及脑之不同及唯物论之否定 …………（539）
第十章　泛神论 …………………………………………………………（545）
　　第一节　二元论之问题与由超神论至泛神论 ……………………（545）
　　第二节　心身二元论之问题 ………………………………………（548）
　　第三节　斯宾诺萨之实体论及神即自然论 ………………………（551）
　　第四节　心身一元论之说明 ………………………………………（553）
　　第五节　附论泛心论 ………………………………………………（555）
第十一章　一多问题与来布尼兹之多元论 ……………………………（558）
　　第一节　一多之问题与中国哲学中一多相融论及心身交用论 …（558）
　　第二节　一物一太极义及道家之言一 ……………………………（562）
　　第三节　来布尼兹以前西方哲学中对于多之说明之诸说 ………（564）

第四节　来布尼兹之多元论——物质观，知觉观与一单子
　　　　　一世界之理论 …………………………………………（566）
　　第五节　来氏之上帝理论——实体存在之充足理由及
　　　　　可能的世界之选择 ……………………………………（570）

第十二章　宇宙之大化流行之解释与斯宾塞之进化哲学 ………（573）
　　第一节　大化流行之科学的叙述与哲学的说明之不同 ………（574）
　　第二节　常识与东西传统思想中之大化流行观 ………………（577）
　　第三节　传统之东西思想中之世界生成论之比较与科学的
　　　　　进化论所引起之哲学 …………………………………（578）
　　第四节　斯宾塞之进化哲学之根本原理 ………………………（581）
　　第五节　斯宾塞对于进化现象之最后的解释 …………………（584）

第十三章　柏格森之创造进化论 …………………………………（584）
　　第一节　绵延、直觉与理智 ……………………………………（587）
　　第二节　生命的宇宙观——矿物及动植物之分 ………………（591）
　　第三节　智慧与本能 ……………………………………………（594）
　　第四节　人之理智与同情的智慧及道德宗教 …………………（597）

第十四章　突创进化论 ……………………………………………（597）
　　第一节　突创进化论与柏格森之创造进化论之异同 …………（598）
　　第二节　突创进化论之要义 ……………………………………（602）
　　第三节　突创进化论之问题 ……………………………………（605）
　　第四节　亚力山大之时空观 ……………………………………（607）
　　第五节　亚氏之范畴论 …………………………………………（611）

第十五章　相对论之哲学涵义 ……………………………………（611）
　　第一节　常识中之相对论 ………………………………………（613）
　　第二节　近代科学中之物理世界观 ……………………………（616）
　　第三节　现代之新物理学之兴起 ………………………………（617）
　　第四节　动静之相对性 …………………………………………（618）
　　第五节　时空之相对性 …………………………………………（619）
　　第六节　速度及形量质量之计量之相对性 ……………………（622）
　　第七节　物理世界即四度连续体中之全部物理事之和 ………（623）
　　第八节　物质之实体观念及机械的决定论之否定 ……………（627）

第十六章　怀特海之机体哲学 ……………………………………（627）

第一节	怀特海哲学之方向	(628)
第二节	事与现实存在现实情境	(630)
第三节	摄握之方式	(633)
第四节	知觉之两式	(635)
第五节	具体存在与抽象对象	(636)
第六节	扩延连续体	(637)
第七节	存在事物之种类层级差别与自然创进中之冒险	(640)
第八节	上帝之根本性与后得性	(642)
第九节	价值之地位	(645)

第十七章　西方哲学中之唯心论 (645)

第一节	唯心论与理想主义之意义	(646)
第二节	西方唯心论思想之渊原	(648)
第三节	西方近代之唯心论	(649)
第四节	康德之超越唯心论中之认识的主体观	(653)
第五节	康德论自然之合目的性与美感及心灵之超越性	(655)
第六节	康德论上帝之存在与人之道德理性	(656)
第七节	后康德派唯心论哲学——菲希特之大我论	(658)
第八节	席林之自然哲学	(659)
第九节	黑格尔之绝对唯心论	(661)
第十节	黑氏以后英美之新唯心论之发展	(667)

第十八章　佛学中之唯识宗之哲学 (667)

第一节	由西方哲学到东方哲学之道路	(670)
第二节	印度之唯识论中之八识、三性、与四缘	(673)
第三节	实我实法之否定与缘生	(675)
第四节	境不离识	(677)
第五节	众生各有阿赖耶识义及阿赖耶识与种子之关系	(679)
第六节	妄执之起源与执我识	(680)
第七节	根本无明与转识成智	(685)

第十九章　中国之伦理心性论之形上学之涵义 (685)

第一节	中国古代之宗教思想中之天命观及天意观	(687)
第二节	中国人伦思想之形上意义	(689)
第三节	孝友之道为人伦之本及其形上意义	(691)

第四节　尽心知性以知天之形上学道路 ……………………（693）
　　第五节　观乎圣人以见天心之形上学 ………………………（695）
　　第六节　孔孟以下儒家形上学之发展

第四部　人道论、价值论

第一章　人道论、价值论之意义 ………………………………（701）
　　第一节　中文中之人道论伦理之学及西方之伦理学人生哲学
　　　　　　或价值哲学之名义 …………………………………（701）
　　第二节　人生人道之哲学、与宇宙或天道之哲学之相互关系 …（702）
　　第三节　人道论中之价值问题 ………………………………（704）
第二章　价值之存在地位（上） ………………………………（707）
　　第一节　价值一名之所指 ……………………………………（707）
　　第二节　价值与存在为同义语之说 …………………………（709）
　　第三节　以价值与"为人所实际欲望"为同义语之说 ………（709）
　　第四节　快乐之所在即价值之所在之理论 …………………（711）
　　第五节　价值为客观事物所具之性质之说 …………………（713）
　　第六节　自存之价值性之理论 ………………………………（714）
　　第七节　完全存在与善 ………………………………………（716）
　　第八节　价值与存在事物之发展历程 ………………………（717）
　　第九节　价值为一关系性质之理论 …………………………（719）
　　第十节　存在事物之和谐关系为价值之所在之理论 ………（720）
第三章　价值之存在地位（下） ………………………………（725）
　　第十一节　心灵之理性的道德意志具本身价值之理论 ……（725）
　　第十二节　以"不存在"为价值实现之条件之价值理论 ……（727）
　　第十三节　具负价值者之超化而成为表现正价值者之
　　　　　　　理论及悲剧意识 …………………………………（730）
　　第十四节　中国儒家之致中和之理论 ………………………（732）
　　第十五节　不存在与隐之本身价值 …………………………（735）
　　第十六节　不和与和之太和 …………………………………（737）
第四章　价值之分类与次序 ……………………………………（740）
　　第一节　价值纯形式之分类 …………………………………（740）

第二节　西方哲学中价值内容之分类 ……………………………（743）
　　第三节　中国思想中善德之阴阳之分与价值之形式的分类 ……（745）
　　第四节　中国思想中之价值之本末之分与价值内容之分 ………（747）
　　第五节　二种价值分类法：相斥之价值分类法与相生之
　　　　　　价值分类法 ……………………………………………（750）
　　第六节　善之价值与心灵之仁智之价值，为一切价值之
　　　　　　本之理由 ………………………………………………（753）
　　第七节　仁德为审美之德及智德之本之理由 …………………（755）
　　第八节　价值之本末次序 ………………………………………（756）
第五章　悲观主义乐观主义 ……………………………………………（760）
　　第一节　悲观乐观之情调与思想 ………………………………（760）
　　第二节　乐观主义之理由 ………………………………………（761）
　　第三节　悲观主义之理由 ………………………………………（763）
　　第四节　悲观主义乐观主义之争论，不能有确定答案之理由 …（767）
　　第五节　悲观态度与乐观态度之价值之衡定 …………………（769）
第六章　意志自由之问题（上）…………………………………………（774）
　　第一节　意志自由之问题之来源 ………………………………（774）
　　第二节　意志自由之否定论 ……………………………………（775）
　　第三节　意志自由之否定论之批评，与意志自由之事实上的
　　　　　　存在 ………………………………………………………（777）
　　第四节　意志自由之事实之种种解释，及自然科学知识中之
　　　　　　不确定原理等之无助于此问题之解决 ……………（782）
第七章　意志自由之问题（下）…………………………………………（786）
　　第五节　意志自由之真义，使意志成为原因或自因之自由 …（786）
　　第六节　心灵之自性与自由 ……………………………………（788）
　　第七节　意志自因自由义释疑——心灵受认识对象之规定
　　　　　　与自由 …………………………………………………（789）
　　第八节　过去经验与理想生起之自由 …………………………（790）
　　第九节　理想之形态内容与自由 ………………………………（791）
　　第十节　超越的外因论与意志自由 ……………………………（793）
　　第十一节　信自由与信因果之调和，及自由之运用之颠倒相 …（794）
第八章　价值选择之原则 ………………………………………………（798）

第一节	选择的自由之肯定	（798）
第二节	价值选择之质之原则	（800）
第三节	价值选择之量之原则	（801）
第四节	具本身价值者高于只具工具价值之原则	（803）
第五节	心灵生命物质之价值之等差原则	（805）
第六节	适合原则	（807）
第七节	次第原则	（808）
第八节	理性原则及其与以上各原则之关系	（810）
第九节	超选择之境界	（811）

第九章　人道之实践 ………………………………………………（813）
　　第一节　哲学问题之超拔与实践工夫 ……………………（813）
　　第二节　"自觉我是人"之哲学道路 ………………………（813）
　　第三节　"由人性之真实表现处自觉我是人"之道 ………（815）
　　第四节　"自觉我是人之一"及我之人性与我性 …………（817）
　　第五节　"自觉我是一定伦理关系中之人"之意义 ………（820）
　　第六节　"职分与所在群体之自觉" …………………………（821）
　　第七节　"我之唯一性之自觉" ………………………………（822）

附录　阅读、参考书目 ……………………………………………（825）
附编　精神、存在、知识与人文 …………………………………（842）
论黑格尔之精神哲学 ………………………………………………（844）
述海德格之存在哲学 ………………………………………………（878）
诺斯罗圃论东西文化之遇合 ………………………………………（919）

哲学概论第三版序

本书初应香港孟氏教育基金会大学丛书编辑委员会之请而写，乃一通俗性的哲学教科用书。初版于1961年，再版于1965年；皆由孟氏基金会出版，友联出版社发行。但在台湾方面，读者要购此书，则极难购得。前年孟氏基金会停办，因将版权收回，故于此第三版，交台湾学生书局及香港友联出版社分别出版。

关于此书之内容，再版中加了附录三篇，在今版则无新增加。自此书初版至今，十余年来，我个人之思想学问自亦有多少的进步，而中国与世界哲学思想，亦有若干之变化与发展。如我现在重写此书，亦当有若干改易与增补。我所尤引以为憾的，则是此书虽已不同于以前之同类书籍，而开始用中国哲学的资料，以讲一般哲学问题；仍嫌用得太少。但人类之有哲学，已有近三千年的历史。在一二十年中，人类之哲学思想之变化，是不大的。我个人之进步，更是有限的。而概论性的书，亦永不会完全无缺。只能对来学，有若干启发引导思想的作用，其所供给之基本的知识，莫有很大的错误，亦就行了。此书既然过去印行两版之四千部，都销售了，今亦时有人要买；而以我现在的时间、精力与兴趣，已根本不会去写此类的书。故今只有照旧重印，不加增补，想于世亦未始无益。至于此书中国哲学资料太少的缺点，则我十多年来所写之中国哲学原论，已由人生出版社及新亚研究所，出版了五本，字数已倍于此书。此五本书虽比较专门，但用此书为教学之资者，亦可加以参考，以补此书之所不足。是为序。

一九七四年三月十日唐君毅于南海香州

自　序

　　哲学与哲学概论之名，乃中国昔所未有。然中国所谓道术、玄学、理学、道学、义理之学即哲学。如朱子之编《近思录》，依类而编，由道体、为学、致知、以及存养克治之方，再及于家道、出处、与治体、治法、政事、为学，即一包括西哲所谓形上学问题、知识问题、人生问题与社会文化政治教育问题之一哲学概论也。此类之书，在中国未与西方文化接触以前，盖已多有之。

　　至于在西方之学术史上，名哲学概论之书，亦近数十年中乃有之。百年前西哲所著书，其近似哲学概论者，盖唯有黑格尔之《哲学大全》（Encyclopedia of Philosophy）一书。其书遍及于逻辑、形上学、自然哲学、及论人心与道德文化之精神哲学，可谓成一家言之西方哲学概论之始。继此以后，19世纪之末至20世纪，德人之为哲学概论者，虽更重便利初学，然亦几无不重一系统之说明，而带一家言之色彩。如文德尔班（W. Windelband）及泡尔孙（F. Paulson）之哲学概论，即译为英文，而为英美人初所采用之哲学概论之教本者也。

　　自20世纪以来，英美学者所著之哲学概论类之书籍甚多。大率而言，英人所著之哲学概论书籍，不似德人所著，重系统之说明，而较重选取若干哲学基本问题，加以分析。如罗素（B. Russell）之哲学问题，穆尔（G. E. Moore）之《若干哲学问题》（Some Problems of Philosophy）及近尤隐（A. C. Ewing）之《哲学基本问题》（The Fundamental Questions of Philosophy）之类。即较有系统者如麦铿然（G. S. Mackinzic）所著《建构性哲学之诸要素》（Elements of Constructive Philosophy）。其称为诸要素（Elements）而不称为系统（System），亦即代表英国式之哲学概论之作风者也。

　　至于美人所著之哲学概论书籍，则早期如詹姆士（W. James）之《若干哲学问题》（Some Problems of Philosophy）亦为止就问题分析者。然因美国之大学特多,而课程中例有哲学概论一科;于是哲学概论书籍之出版者亦特多。大率而言,则皆较重各派哲学对各哲学问题之答案之罗列,以为一较客观之介绍,供读者之自由选择。其长处在所涉及较广博普泛,而其一般之缺点,则在对一问题罕深入之分析,并使读者不知循何道,以将其所列之各问题之答案,配合成一系统。

此外关于法意印度日本等其他国家所出版之哲学概论类书籍之情形,因愚所知更少,兹从略。

至于中国近数十年来所出版之哲学概论类书籍,固亦不少。大率而言,对哲学或哲学史之专门问题有兴趣者,恒不肯写哲学概论类之书,亦不必即能写哲学概论类之书。而坊间出版此类之书,则以学美国式者为多。罕有重少数问题之分析,及一系统之说明,而意在成一家言者。而一般之共同缺点,则为摒中国之哲学于外,全不加以论列,此实非为中国人写哲学概论应有之道也。

然在今日欲为中国人写一较理想之哲学概论,亦实不易。此乃因中国固有之哲学传统,既以西方思想之冲击而被斩断,西方之哲学亦未在中国生根,而国人之为哲学者,欲直接上西方哲学之传统,亦复不易。必有哲学,而后有概论,有专门之学,而后有导初学以入于专门之学之书。在今之中国,哲学之旧慧命既斩,新慧命未立,几无哲学之可言,更何有于哲学概论?而此亦盖少数国人较深研哲学者,不肯写哲学概论一类书籍之一故也。

愚三年前,承孟氏大学丛书委员会约,撰著此书,初亦迟疑者再。缘愚于二十余年前即曾编有一哲学概论之讲稿,以便教课之用。而愚于大学中承乏此课,前后亦不下二十余次。然几于每次之教课内容,皆有改变。或以哲学问题为主,或以哲学派别为主,或以哲学上之名词概念之解释为主,或顺哲学史之线索,以论若干哲学问题之次第发生为主。而教法方面,则或较重由常识引入哲学,或较重由科学引入哲学,或重由文学艺术引入哲学,或重由宗教道德引入哲学,或重由社会文化问题引入哲学。材料方面,又或以中国之材料为主,或以西方印度之材料为主。几每年更换一次。在愚个人,实以此为免于厌倦之一道,亦借以试验对此课程之各种可能之教法。然迄今吾仍唯有坦白自承,尚不知何为此课程最基本之教材,为一切学哲学者所首当学习者。亦不知何种教法,为最易导初学以入于哲学之门者。吾今所唯一能有之结论，即真为中国人而编之哲学概论，其体裁与内容，尚有待于吾人之创造。此即愚于应允编著此书之事，所以迟疑者再也。

惟愚既应允编著此书，愚即须试为此一创造。愚之初意，是直接中国哲学之传统，而以中国哲学之材料为主，而以西方印度之材料为辅。于问题之分析，求近于英国式之哲学概论。于答案之罗列，求近于美国式之哲学概论。而各问题之诸最后答案，则可配合成一系统，近德国式之哲学概论。期在大之可证成中国哲学传统中之若干要义，小之则成一家之言。然以个人之知识及才力所限，书成以后，还顾初衷，惟有汗颜。而所取之中国哲学之材料，仍远逊于所取于西哲者之多，尤使愚愧对先哲。唯此中亦有一不得已之理由，即西哲之所言，慧解虽不必及中国先哲所言者之高；然理路实较为清晰，易引人入于哲学之门。而中国先哲之言，多尚须重加疏释，乃能为今日之中国人所了解。此尚非一朝之事，故仍不免以西方之材料为主。后有来者，当补吾憾。惟于惭汗之余，愚于写作此书之时，特所用心之处，仍有数点，足为读者告。

（一）本书对哲学定义之规定，以贯通知行之学为言，此乃直承中国先哲之说。而西哲之言哲学者之或重其与科学之关系，或重其与宗教之关系，或重其与历史及文学艺术之关系者，皆涵摄于下。

（二）本书各部门之分量，除第一部纯属导论以外，固以知识论之分量略多，形上学次之，价值论又次之。然实则本书论形上学，即重在论价值在宇宙中之地位；论知识，亦重论知识之真理价值，及其与存在者之关系。故本书之精神，实重价值过于存在，重存在过于知识。唯因知识论问题，与科学及一般知识之关系较多，又为中文一般哲学概论之书所较略者，故在本书中所占之分量较多。而价值论之思想，则中国书籍中所夙富。即愚平昔所作，亦以关于此一方面者为多。读者易取资于他书，故于此书所占分量较少也。

（三）本书第一部，除第一二章论哲学之意义上已提及外；其论哲学之内容数章，于中西印哲学之发展，皆略加涉及。材料虽不出于一般知识以外，然随文较其重点之异同，亦可使读者于哲学全貌，有一广博之认识。至于论哲学之方法一章，于论各种方法之后，归于超越的反省法；论哲学之价值一章，最后归于哲学之表现价值，赖于为哲学者之道德修养。此皆他书所未及，而遥契于中西大哲之用心者。

（四）本书论知识之一部，重在问题之分析。于知识之性质，知识与语言关系，知识之分类，普遍者在知识中之地位，知识之起源，能所关系等一般问题，分别讨论后，其论归纳原则与因果二章，为经验科学之根据问题。其论数学逻辑知识之性质及先验知识问题二章，为纯理科学之根据问题，皆较为专门。最后论知识之确定性，真理之意义与标准，及知识之价值，则皆就知识之成果上说。此中论知识之分类第一节及最后数节，与论知识之起源中，对直觉之知之分析及闻知之意义之说明，皆有我个人之主张，及中国先哲之知识观为据。其余论知识与语言之关系，及普遍者在知识中地位，能所关系及纯理科学经验科学之根据等问题，则除对流行于西方现代之若干理论加以介绍外，兼重申西方之传统之理性主义哲学之涵义，以定下暂时之结论。至于论真理之意义与标准，则归于一融贯西方之诸真理论之一高级之融贯论。论知识之价值之限度，亦依中国先儒之知识观以说。此皆本部之要点所在。

（五）本书论形上学之一部，非分别问题讨论，而重在举介若干形上学之型类。此乃因每一形上学皆为一系统，以表示一整个之宇宙观。而各形上学亦可无绝对之真伪。每一形上学，皆可至少展示宇宙一面相。如只分别隶入一一孤立之形上学问题而论，则各家之整个宇宙观，皆被割裂肢解，神气索然。此即本部重举介若干形上学之型类之理由。至于本部对此各型类之形上学，虽未能一一详论，提要钩玄，亦不必当；然要无横加割裂肢解之病。大率本书述形上学之各型类，皆由较纯一简单者，次第及于较深微复杂者。唯此亦非谓较复杂者，在形上学上之价值必较高。故本部先论现象主义，有之形上学与无之形上学，以为最纯一之形上学之例证。再继以生生之天道论，以论中国儒家与阴阳家之宇宙观之一面。此皆他书所无。而于我个人特所会心之见亦有所陈述。至理型论、有神论、唯物论三章，则分别表示西方形上学之三型。理型凌空，神灵在上，物质在下，各执一端。第九章对偶性与二元论，乃重申先哲阴阳相涵之义，以论中国无自然超自然、心身、心物对立之论之故，以及于西方二元论之诸型。第十章泛神论，则代表西方哲学中之通贯自然与神灵而合心物之哲学。第十一章论个体性及一多之问题，则所以暂结束西方哲学中，对于实有问题（Problem of Being）之讨论。十二章至十四章，论宇宙之大化流行及斯宾塞、柏格孙、及突创进化论之哲学，则为以变化之问题（Problem of Becoming）为中心，而关连于近代之生物学之哲学理论。十五章相对论之哲学涵义,乃略述近代之物理学理论,对时空中事物之动静变化之新观点。十六章怀特海之机体哲学,则代表承此新物理学之观点,于自然之流行中见永恒之法相,并于科学所论之存在世界中,重肯定传统哲学宗教中所向往之价值世界之一哲学。十七、十八章论西方之唯心主义理想主义,十九章论印度佛学中之唯识论,二十章论中国伦理心性之学之形上学意义,则为分别论述为中西印传统哲学大宗之唯心论。是皆各足以通天人、合内外、一常变、贯价值与存在,而最切近于人之此心身之形上学,而与本书之第四部价值论可密切相连者也。

（六）本书价值论之部,表面以价值论之数问题为中心,而加以分别讨论。其分别讨论问题之方式,亦为西方式的。然贯于此部之一精神,及每讨论一问题,最后所归向之结论,则为中国通天地、和阴阳①以立人道、树人极之儒家思想。此以儒家思想为归宗之趋向,在本书之第一二部已隐涵,第三部乃显出,于本部则彰著。唯此皆非由吾人之先有此成见,而忽略其他之理论之故。实惟是吾人先客观的遍论其他不同之论,顺思想之自然的发展,乃归宗于如是如是之结论。本书凡批评一说之处,无不先于其优点,加以叙述,期不抹杀一说之长。读者如不愿归宗于本书每一章之结论部分,或尚不以此结论为满足,亦可由之以引发启迪其他更深入之见。或将本书涉及结论之处,暂行略去,自作思索,亦未尝不可。

（七）本书论哲学之意义,重哲学之通义与局义之比较；论哲学之内容,重东西哲学之重点之比较；论哲学之方法,重各种类之方法之陈述；论知识论问题,价值论问题,重各不同方式之答案之比较；论形而上学重不同形上学系统类型之比较。凡此等等比较异同之处,虽未尝列为机械之条目,实为本书之精神命脉所在,而异于一般之哲学概论者。亦可名之为比较哲学之导论。

（八）本书无论分析一哲学问题,或介绍一形上系统,皆顺义理之次序以取材。非先搜集若干材料,再加以编排。于论一问题或理论处,详略轻重之间,或与其他同类之书不同,然绝无杂糅抄纂成篇之事。愚平

---

① 本书中论阴阳之义,散见各篇,而引绎之以解决西方之若干哲学问题,乃他书所无,亦愚昔所未论。

昔读书，虽浏览甚广，然必反诸自心，以求其所安。著书为文，素不喜多所征引，罗列书目。唯今仍遵孟氏所定之体例，遇较生僻处，皆略加注释，以取征信。至所列参考书目，则除与本书各章直接有关者外，或取其所述，与本书所陈相近者，或取其与本书所陈相出入者，或截然相反者，或读者读本书后，可触类旁通者，或其书名宜为学者所知者。惟皆以愚个人亲见其书，及视为重要者为限。并非只尽于此，亦非谓读者非读之不可。而本书之所据，亦尚有不止此者在也。

（九）本书卷帙较繁，较中西文之同类之书，篇幅或多一二倍。如采作教本或参考书，人可自由加以取材。其中之若干章节，所涉及之问题较深，本应在专门之形上学知识论之课程中，方能讨论及者。兹亦在目录中用 * 符号，加以注明。然吾人如以黑格尔之《哲学大全》、朱子之《近思录》为哲学概论之标准，则本书之所陈，亦未为艰深。故一并编入本书，以待好学深思之士。至于初学凡读感困难之章节时，亦不宜先动自馁之心，而可先将所陈之义，求更加以熟习，再读难者，则难者亦易矣。

此上九者，为愚成此书后，回顾本书写作时之所用心，以为读者告。至于全书编排不当，及讹误失实，与析理未精之处，自必不少。惠而教之，是赖贤哲。

孔子诞辰二千五百壹拾年，公元 1959 年二月七日唐君毅自序于香港延文礼士道。

第一部　哲学总论

第一章　哲学之意义

第一节　哲学，爱智及智之名之原义

我们要了解什么是哲学，当先知中国文中之哲字与学字之传统的意义。

哲字据《尔雅》释言，训为"智也"。学字，据伏生所传，《尚书大传》曰，"学效也"；据班固所编《白虎通》，"学之为言觉也，以觉悟所不知也"。《说文》敩，亦训"觉悟也"。

如果依此学字之传统意义来看，则人之一切由未觉到觉，未效到效之事，都是学。大约"觉"是偏从自己内心的觉悟方面说，即偏在知的方面说。"效"是偏从仿效外在的他人行为，社会的风习方面说，即偏在行的方面说。而在所谓"效法古人"，"效法天地万物"之语中，则人之所效者，亦包括历史世界，自然世界中之人与事物。凡人有所效而行时，内心方面亦必多少有一觉悟。人所效之范围，可无所不及，人所觉之范围，亦可无所不及。故依此中国传统之学之义，可以概括人在宇宙间之一切效法于外，而觉悟于内，未效求效，未觉求觉之全部活动。于是全部人生之事之范围，亦即人所当学之范围。

但是我们现把学字与哲字，连合成一名，则对于学字之意义，加了一限制、一规定。哲学二字，似乎应当是只限于"哲"或"智"之学之义。然则什么是哲学呢？

在此，我们必须说明：将"哲"与"学"，连为一名，乃一新名词。

盖初由日本人译西方之 Philosophy 一字而成之一名，后为现代中国人所习用者。在中国过去，只有《庄子天下篇》所谓道术，魏晋所谓玄学，宋元明清所谓理学、道学、义理之学与西方 Philosophy 之名略相当。故亦有人直译 Philosophy 为理学者。数十年前章太炎先生亦说①日译哲学之名不雅驯，他主张本荀子之言译为"见"。其意是：所谓某人之哲学，即不外某人对宇宙人生之原理之所见而已。但理学之名，依中国传统，不能概括玄学等。"见"之名，其义更晦。而哲学之一名，既为世所习用，我们亦即无妨以之概指中国古所谓理学，道学，道术等名之义，及西方所谓 Philosophy 一名之所指。

我们以哲学一名兼指西方之 Philosophy 之所指，就二名之字原本义说，并不完全切合。因 Philosophy 原是 Philos 与 Sophia 二字之结合。Philos 为爱，Sophia 为智。而依中国以智训哲之意，则似缺了爱之义。而对智之爱，是西方之 Philosophy 之义中极重要的。在西方初自称为哲学家者，乃苏格拉底 Socrates。他因不满当时自称为智者（Sophists）之人，乃自称为爱智者（Philosopher），即哲学家。他之所以自称为爱智者，是因他能时时自认无知。所以他常说："他所唯一知道的事，即什么都不知道。""The only thing I know is: I know nothing"。由此而西方之所谓哲学家，一直涵有"自认无知，或时时怀疑他人与自己之所知，又爱去寻找探求真知"之义。中国之哲学，如只涵智义，则中国之所谓哲人，似正与苏格拉底所反对之智者 Sophists 为同义，而亦似缺乏了一自认无知而爱智之义。

但从另一方面说，则中国之所谓哲字之涵义与智字之涵义，又有进于西方之 Philosophy 一字，及一般所谓智识或知识之涵义者。我们可以说，中国传统所谓智，并不只是西方所谓知识。知识是人求知所得之一成果。而中国传统所谓智，则均不只指人之求知之成果，而是指人之一种德性，一种能力。中国所谓智者，恒不是指一具有许多知识的人。而至少亦当是能临事辨别是非善恶的人，或是临事能加以观察，想方法应付的人，或是善于活用已成之知识的人。此种智与西方所谓 Wisdom 或 Intellegence 之义略同。至中国所谓智之更深义，则是如孔子之所谓能具知仁而行仁之德者。在西方似尚无全切合于此"智"之一名。从此说，则如中国之哲字训为智，其涵义又可比西方 Philosophy 一字之原义为深。

---

① 见章氏著《国故论衡明见》篇。

第一章 哲学之意义

人要成为哲人,不只是要爱知识爱真理,以归于得知识得真理;而且要有智慧。不仅要有智慧,而且要使此能爱知识真理智慧,能得知识真理智慧之人之人格本身,化为具"智德",以至兼具他德的人①。中国哲人之自称哲人,盖始于孔子临终时之自叹说"哲人其萎乎"。孔子之为哲人,乃其一生学为人之成果。而非只因其具好学好问之态度。孔子固是具好学好问之态度的。他常说:"吾有知乎哉?无知也。有鄙夫问于我,空空如也。"此自认无知的话,与上举苏格拉底之话同。然孔子之成为哲人,则在其临终回顾一生之所成就时,然后可说。为西方之哲学家 Philosopher 犹易,因凡研究西方哲学者,即在研究之始,能自认无知而求知,已无妨本此字之原义,而以之自称。而为中国之所谓哲人则更难。人亦恒不敢轻易以哲人自称。哲恒只是称美他人之辞。故在孔子以前人称古先圣王为"哲王"。称人自贻之命为"哲命"。称人之后嗣为"哲嗣"。此外尚有哲夫哲妇之名,要皆所以表状人之已成德性之状辞。纯将哲字连于我们自己之求知方面说,则我们之求知,亦当归于知"人之德性"为要。此乃最能表现我之智慧者。故《尚书》《皋陶谟》曰"知人曰哲"。如《皋陶谟(二)》一篇所载者为真,则此语为中国书籍中首见之对哲字之诂训。纵然此篇书为后人伪作,而我们亦仍可说,"知人之智"为中国之哲字之一主要涵义。而知人之智,亦可说为一切智中之最难,亦当为人间一切智之归宿地者。② 由此而我们可说中国之哲字之原始涵义,亦有进于西方所谓 Philosophy 之原始涵义者在。

第二节 如何了解哲学之意义

我们以上只是解释中国所谓学字与哲字之意义,以明中文之哲学二字,及西方之 Philosophy 一字之传统的意义,约略相当,及不全切合之处。但是我们尚未讲到西方所谓 Philosophy,及我们所谓哲学,其本身所实指、能指、与当指的意义是什么。于此,我们首先当注意一个字的字

---

① 据苏格拉底谓智识即道德,亦涵此义。但仍不似中国先哲之特重此义。而在西方传统下来对哲学之观念,则并不重此义。此观后文自明。

② 何以知自然知上帝之不如知人之难,而知人为一切智之归宿地?其理由可说,在知自然知上帝皆人之事。而人之事不限于此知。故知人之事之全部中,包括人之如何知自然知上帝,而又超过之。此义学者读完此书,当可自得之。

原的意义,不必与后人用此字之意义相同。如西方之 Philosophy 一字之意义,即历代有变迁,以至可能每一哲学家用此字之意义,皆不相同。所以有许多西方哲学概论的书,根本不讨论哲学是什么之问题,或只留待最后讨论。① 而我们今之用中文之哲学二字,所当指之范围如何,更不易确定。我们亦不能说我们所谓哲学,全等于西方人所谓 Philosophy。西方人所谓 Philosophy,恒只指在西方历史中出现的哲学家之思想。其所谓哲学史,实皆只是西方之哲学史,而其不加此西方二字,亦等于不承认西方哲学以外之学术思想是哲学②。而我们则要以"哲学"之一中国字,兼指西方人所谓 Philosophy,与及西方以外如中国印度之一切同类之学术思想。然则我们当如何规定此中国字之哲学一名之涵义与范围,以确定哪些是哲学,或哪些不是呢?

要解答此问题,我们不能诉诸中国传统所谓哲字学字之原义。如诉诸此原义,则我们只能说,哲学是智之学,或如何完成智德,如何为哲人之学。但以此原义,与数十年来哲学一名流行于中国社会后,大家所想之意义相较,便已见其不能处处相切合。然此数十年来中国社会中,大家所想之哲学之意义,又是什么呢?这中间还是有各种不同的想法,亦不易清楚说明。由此而我们要说明哲学是什么,在我们学哲学的开始,便是一不易决定之问题。一个简单的办法,似是仿照西方一些哲学概论的编法,根本不讨论此问题。或只是向读者说,此书所说之一切思想,或一切哲学的言说著作之内容,即是哲学。这一种答复,虽可是最适切的答复,但这对于初学,却不方便。因初学需要能拿着一个把柄。另一个办法,则是姑就人类学问世界之范围中,大家在大体上公认属于其他学问范围者除掉,而将剩余的一部分,属之哲学。此亦即在各种学问之范围之外,去看出哲学一学问之存在。或在人类学问世界中,求发现哲学之一定的地位之办法。再一办法,即是就中西之学术思想中,我们一般认定为属于哲学者,顺历史的顺序,择其要者,看其所讨论研究的问题,以定各型类之哲学之已有意义,与其当有的意义。我们现在即由此

---

① 如 D. G Bronstein 等所编之 *Basic Problems of Philosophy*。
② 据我所知,西方第一部哲学史,为黑格尔之哲学史。黑氏明谓东方无真正之哲学。西方人著西方之哲学,似只有罗素所著之 *History of Western Philosophy* 及近 W. T. Jone 著 *History of Western Philosophy*,标出西方之字。

二者,以一论哲学的意义,以便于初学之把握。而在本章,我们则专讨论如何从人类学问世界中去看出哲学一学问之存在,与其在学问世界中的地位。

第三节 论广义之学问及以行为主之学问

我们问:哲学究竟在人类学问世界中之地位如何?对此问题,我们不拟以学之意义,同于西方所谓 Science 或 Wissenschaft,将哲学与科学神学相对讨论。我们今将以上述中国所谓学之原义为依据,而先肯定一切人之未知求知,未行求行,一切欲有所效所觉之人生活动皆是学。此即中国所谓"活到老,学到老"之学。凡有生之时,皆有所学之学。而此亦即全幅的学"生"之学。此一切学中,人时时须要问。或问他人,或问自己,或向自然,向神灵(如在宗教之祷告中)提出问题,以求答复。凡有学处,恒与问相俱,因而我们亦可称任何人之所学,为学问。

但在人类之学问范围中,我们可以方便分为二大类。一大类是主要关联于我们之行为的,一大类是主要关联于言语文字之意义之知的。我们可说,前一类之学,是以"效"或"行"为主,后一类之学,是以"觉"或"知"为主。

在前一类中,我们又可分为三种,第一种我们称之为实用的生活技能及生活习惯之养成之学。此是一种人自幼至老,无时或离之学。由小孩生下地之学发音、说话、学爬、学坐、学走路、学穿衣吃饭,与学裁衣煮饭,练习日常的礼仪,到学种植、畜牧、工艺之生活技能,皆是。大约人在此类之学之开始,恒是不自觉的对他人所为,有一自然的仿效;而且常不自觉的受他人之经验教训,与一般社会风习之指导、约束、规定者。而此类之学之起原,亦恒不外人在自然与社会中的实际需要。其最后之目标,亦常在求满足此实际需要,以使个人之生活,能与自然社会之现实情状,互相适应为止。

第一类中之第二种,我们称为艺术及身体之游戏一类之学。此如我们之学写字、绘画、唱歌、舞蹈等。此类之学,不好说全依于我们之实际需要而生,其目标亦不在求个人生活与自然或社会相适应;而常是原于个人先有一某种自动自发的兴趣。人在从事此类之学时,人常多多少少有个人之自觉的目标,而想由身体之动作,把他实现表现出来。但人于此，除如此如此实现表现外，亦可另无其他之目标。如人绘画时，想绘出某一图像。唱歌时，想唱出某一调子。此即人在绘画唱歌之先，多多少少已自觉怀有之目标。而在绘画成功，唱完了歌以后，人亦可更不他求。在此，人之活动，固亦可是仿效他人。但此仿效，因是依于个人自觉的自动自发之兴趣，故常可不受他人之经验教训与社会风习之指导、约束、规定。而人之从事艺术之活动，人实可尽量运用其个人之自由的想象，而自由的创造。不似人之实用的生活技能之学，因必需满足一先已存在的我个人在自然社会中的需要，与社会对个人之要求，遂必须受他人之经验教训与社会风习之指导、约束、规定。

第一类中之第三种之学，是自己自觉的规定其自己之如何行为，以达一为人之目标之学。此可谓之一道德的实践之学。此所谓道德的实践之学，其最浅之义，乃指人在日常生活中，对其自己身体之行为，自知其不妥当，并知何者为妥当时，即自觉的对其自己之身体行为，加以改变，重新安排之学。人在日常生活中之此学，可是知了就行，知行之间，尽可不经过语言文字之媒介。如陆象山说"我虽不识一字，亦须还我堂堂地做个人"。而此学亦恒与人在自然与社会中，所从事之实用的生活技能之学相连。但其目标，不在求与自然及社会相适应，而在使自己之行为，与自己做人之标准及理想相适合。人用一做人之目标理想，来规定自己之行为，而欲由自己之行为，加以实现表现时；亦略类似人心中之有一图像，而想加以画出，有一调子，而想加以唱出。但二者又不全同。因人之绘画唱歌等，只是创出一艺术品，此艺术品创作成了，便成存在于我们自己之外的东西。而在道德的实践之学中，则我们所要求的，初只是我们之身体行为之本身，能继续体现我们做人之目标理想，以成就我们之人格。此人格，却是存在于我们自己之内的。但我们要我们之身体行为，继续体现我们做人之目标理想，完成我们内在之人格；此又恒须我们之先在内心中，加强此目标理想之自觉。并在内心中，先自衡量其为人之目标，理想，是否为最善；并将与之相违之意念，在内心中，先加以清除。此外尚须有其他如何养心、养志（志即做人之目标理想）之种种工夫。由是而人之从事道德的实践之学，其最浅之义，虽即在人之任何对自己身体之行为，自觉的加以改变处，即可表现。然其最深义之工夫之所在，却可只在人之内心之修养。而其最后之成果，如我们所谓人格之完成者，亦可只是一心灵境界之体现，或一精神生活之成就。

而此内心之修养工夫，及所成之心灵境界、精神生活，亦同样可是超出一般之语言文字之外的。然却不能离开人之觉悟而存在。不过此种觉悟，乃由外在的行为之实践，进至内心之工夫之实践——即内在的行为的实践——而来，所以我们仍将此学归于第一类①。

至于我们所谓第二类之学问，则是主要关联于我们对语言文字之意义之知的。

第四节 论以知为主之学问

我们说历史、文学、科学三种之学，是主要关联于语言文字之意义之"知"的。此与前一类之学不同。在前一类之学中，我们虽亦时须用到语言文字，但我们之用语言文字，恒只是用以达行为之目标。如我们在日常生活之用语言文字，恒所以表示感情，传达命令，希望，要求。而在人了解此感情命令希望以后，我们亦即可不想此语言文字。在人之从事道德实践之行为与修养时，我们用语言文字，以自己命令自己后，亦复可超越舍弃此语言文字。但在历史、文学、科学中，则我们自始至终，都不能离开语言文字。其何以不离开之理由，可以讲到十分复杂。但亦可以简单说，即我们在此类之学问中，我们通常之目标，可限于以语言文字，表达我们之所知、所见、所感。② 同时如果我们有种种所知、所见、所感，而不能以语言文字，加以表达时，则我们通常只承认人曾生活于此所知、所见、所感之中，而不算成就了科学、文学与历史之学。

在此三种学问之中，我们可以说，历史学是始于以语言文字，记载我们对于具体事物具体生活之变化发展的经验。由此而有对个人之历史之记载（如日记）。从此推上去，而有我们自己家庭之历史，国家民族之

---

① 我们所谓内心修养之工夫，可概括西方宗教生活中所谓灵修之学，如何信仰、祈望、忏悔、祷告之学，及印度宗教佛学中之瑜伽行等。此皆在根本上不重在语言文字之知，而重在行为生活之学。

至于宗教中所谓神学之重在以语言文字研究神本身之属性者，则当亦为一种科学，所谓 Science of God 是也。宗教中之颂赞，则属文学。至如《旧约》中之《创世纪》之言神如何造世界等，而又设定之为真者，则为宗教性之历史观。

② 此即谓人在此类之学中，以语言文字，表达其所见所思所感，为其成立之必需而充足之条件。然在超语言文字之学中，则语言文字之表达其所见、所思、所感，非其成立之必需条件，亦非其充足条件。

历史，人类之历史，生物之历史，宇宙之历史。而最初入于人之历史纪载中的事物与生活，亦恒与我们上述第一类之学中，人之实用的生活技能，生活习惯之养成之学，直接相关者。

文学是始于以语言文字，抒发表现我们在接触具体事物之具体生活中，所生起之想象、感情、志愿等。简言之，即感情。此感情，可包括我们个人对我们自身之感情，以及对于家庭之感情，对国家民族之感情，对人类之感情，对自然之感情，对超自然者如神灵之感情等。文学上之美感，乃恒通于人对于一切具体存在事物之美感者。故文学中之语言文字，亦大均是借具体事物之形相、状态、动作，以为吾人感情之象征之语言文字。

科学是始于以语言文字，陈述表达人生活动中所接触之不同具体事物之共同普遍的抽象性相与关系。但纯科学之研究，恒自研究与人之日常生活，人之一般的想象情感，距离较远的自然事物开始。人之科学研究，恒先及于天文、地理、动物、植物、矿物之研究。然后再及于人之生理、心理与人类之社会、政治、文化之研究。而为一切科学之共同工具之科学，如数学几何学所研究者，则纯为抽象之形与数。故世间纵无任何具体存在之人生事物，自然事物，只须有抽象之形与数，数学几何学亦未尝不可照常成立的。一切纯粹科学，在根本上只是研究什么是什么，而并不直接告诉人应如何，人当如何修养他自己，完成其人格。从此说，纯粹科学与我们上述之为人之学，好似属于学问世界之两极。

第五节　哲学在学问中之地位与意义之初步的了解

此上对于人类学问范围中，二类六种之说明，或不能完备。以上之说明，重在使人由了解学问之范围之广大，而使我们能对于哲学之地位与意义，可渐有初步之了解。

我们可问：哲学究竟是什么学问？究竟与上述之各种学问中何者为类似，或与何者关系最为密切？或在我们上述之人类学问世界中，是否真有一处，可容许有哲学的地位之存在？

对于这些问题之前二个，并不容易答复，因从历史上说，各哲学家明有不同的答复。照我们的意思，是哲学与一切人类之学问，都可有相类似之点，亦都有关系。因哲学之所以为哲学，就是要了解各种学问之相互关系，及其与人生之关系。至于说到何种学问与哲学关系最为密切，此则系于我们之所采的哲学立场与我们从事哲学思维的方法。此在下一章，我们可提其要者，加以叙述。在此，我们所能说的，只是在上述之各种学问之外，人必须有一种学问，去了解此各种学问间可能有的关系；把各种学问，以种种方式之思维，加以关联起来，贯通起来，统整起来；或将其间可能有之冲突矛盾，加以消解。这种学问，可以说在各种学问之间，亦可说在各种学问之上，或各种学问之下。总之，这是人不能少的。这种学问，我们即名之为哲学。

（一）何以人会有一学问，求把各种学问，关联贯通统整，消除其间可能有冲突？此理由可以简单说，即：人在知道人间有各种学问时，人即同时承认了、肯定了，此各种学问之分别存在。然而人之能同时去如此如此加以承认、加以肯定之心，人却可直觉其是一整个的心①。人以一整个之心，去承认肯定各种学问之分别存在时，人即可不安于分别存在者之只是分别存在，而要求加以关联贯通统整起来，消除其间之可能有之冲突矛盾，以与此整个的心相印合。

（二）同时，人于此又可想到：此一切学问，既都是人造的，即都是分别联系于人生之一方面的；如果人生之各方面，不当亦不必相冲突矛盾，而当为亦可为一统一和谐的整体；或我们愿望有一统一和谐的人生，则此一切学问，在实际上亦当可有某一种关联贯通之处，能为我们所求得。由是研究其如何关联贯通之哲学，即不会全然徒劳无功。此上二点，即人之从事哲学思维之起源。

至于哲学之需要，所以在人生各种学问成立后，反可更感迫切者；则是因在此各种学问，分门别类成立以后，人便可各自只从事于一种专门学问之研究，以求在此专门学问中"至乎其极"。而当人只各求在一专门学问上，至乎其极，以至往而不返时，各种学问间，即有趣于彼此分裂之势。而此分裂之势，为我们所觉时，我们即更直觉其与我们每人所具有之整个的心之整个性，所愿望的人生之统一和谐有如相违反。而由此违反之直觉，遂使我们改而更自觉的，求化除各种学问之分裂之势；

---

① 人是否有整个的心？此本身可是一哲学问题。但在常识上，人皆可直觉其有一整个的我，亦即有一整个的心。

而更自觉的求各学问之关联贯通，以回复我之心灵之整个性，求达人生之统一和谐。此即人之哲学的需要，在人生各种学问成立后，反可更感迫切之理由。

第六节　哲学问题举例

对以上所说哲学之意义，可举一些哲学问题为例，加以说明。我们上述之各种学问中，有重在行之各种学问，有重在语言文字意义之知之各种学问。在后者中有文学，历史，科学。而每种中又各分为各种。现在我们大家所知道的，是科学中所分的门类最多，如数理科学、自然科学、社会科学、及其中之各种等。

（三）在此，我们对于科学，首即可发生种种哲学性的问题，如各种科学何以共名为科学，其共性是什么？其共同或不同的方法是什么？其如何关联起来，以成一科学知识之世界？这些问题，明不好说只属于任一专门之科学。因任一专门科学中，皆可不论一切科学之共性之问题，及与其他科学之关联；亦可不需比较其所用方法，与其他科学所用方法之同或异。其次，我们说科学与历史，都是知识，则其同为知识之共性，又是什么？其不同处是什么？是否历史学亦是科学，或不是科学呢？如是，依何理由？如不是，又依何理由？如不是，历史与一般科学，又如何关联以存在于人类知识之世界中？这些问题，亦只好说在科学与历史之外。

此外，我们又说文学是抒情的，不算知识。则知识与非知识之界限，如何规定？知识世界中，除科学与历史以外，是否尚有其他？人之知识世界，是如何结构而成的，以别于非知识的世界？如果说文学非知识，则文学是什么？文学与科学历史知识，又如何关联？譬如文学与科学历史知识，同须用语言文字表达，则文学的语言文字，与科学、历史的语言文字，何处不同？是否处处不同？成就文学与科学历史的人之心灵活动，何处不同？是否处处不同？这些问题，亦在文学与历史之外。

再其次，我们说科学、历史、文学，都是主要关联于语言文字之意义之知的学问。而此外尚有主要关联于行为之学。但在我们上述之主要关联于行为之学中，仍须用到其他语言文字。而人之发出语言，写出文字，亦可说是一种行为。毕竟在此二类之学中，语言文字所占之地位，有何不同？何以不同？而此二类之学，如一偏在知，一偏在行，则人之知与行，实际上是如何关联起来的？毕竟在人生中，知为重，或行为重？可否说知只是行之中间一段事，所以解决行为之问题者？或可否说行亦是知之中间一段事，所以成就我们进一步之知者？何者为人所当知与当行？人又当如何将知行关联方为最善？这些问题，亦在知之学与行之学之本身以外。

（四）我们说科学历史都是知识，但知识是属于人的。知识的对象是什么？是存在的事物，或非存在的事物？如皆是存在的事物，则数学几何学的对象，是否存在？其次，过去的历史中的事物，是否亦算存在？如说知识的对象，不必都可说是存在，只能说是一种"有"。则"有"有多种？如数学几何学中之对象之"有"，与现实存在之"有"，及历史事物之"有"，已是三种。此外是否还有其他的"有"？如文学中所想象的对象，是否亦一种"有"？如是，则"有"有四种。此外我们求知时，须用思想，思想有其进行的规律，与一定的方法。此规律与方法，算不算一种"有"？我们表达思想，要用语言文字，我们之运用语言文字，亦有其规律，此规律算不算一种"有"？如亦是"有"，则此"有"是依于外面的存在事物，或客观之有而有？或依于主观的心理，社会的习惯而有？或依于任意定此规律的我与他人而有？或依于能定如此如此规律的先天理性而有？或依于其他？这些问题，乃通常所谓哲学中，属于存在之理论与知识之理论之专门问题。这些问题，引我们到知识以外的存在，或知识与存在的交界，或知识本身之构造，与所含的成分之存在地位的思索。这些问题，可要求我们超出我们所谓知识，来思维我们的知识，成就"对知识与存在之关系"之知识。于是可要求我们超出我们一般用来表达知识的语言，而另用一种语言，来表达此知识与存在之关系之知识。但这些问题，亦可要求我们根本超出一切知识与语言之世界，以达于绝对的超知识界超语言界。

毕竟世间有无绝对的超知识界与超语言界？我们似可说莫有。因说其有，仍是在语言界知识界中说，则人似永逃不出知识界语言界。但我们亦可用语言来超出语言，用知识来超出知识。如我们用"不说话"之一句话，禁止人说话，则以后大家都可无所说。但如有超知识界超语言界，这是什么？是否一神秘境界或存在世界之自身？此都可说。而我们亦尽有理由说："一定有超知识超语言之存在世界之自身。因如果莫有，则人不能有对存在者之行为，亦即人不能再有行为之学问。而人有行为之学问，是一事实；则超知识界超语言界，是定然有的。但如果有，则人之知识界与语言界，与此超知识界超语言界之存在界，行为界之最后的关联会通，又当如何？而知道此关联会通之后，我又当在实际上如何行为？我当抱什么人生理想，文化理想，而后成就有价值的人生与文化？而这些问题，亦即常在一般人之分门别类的从事上述之各种学问时之外。"

我们以上所说这些问题，都是由要想把我们上述之六种学问之关联贯通，而产生的问题。这些问题，我今并未能一一完全的指出。但是我们可以说这些问题，与其直接引出之密切相关的问题，即是哲学所研究的问题。而这些问题的存在，即哲学必须存在之理由。

由上所述，我们可以对哲学之意义，可以有几种方便的说法。

（一）哲学是一种求关联贯通人之各种学问或消除其间可能有之冲突矛盾之一种学问。

（二）哲学是一种人感到各种分门别类之学问之分别独立，或互相分裂；与人所直觉之心灵之整个性，所愿望之人生之统一和谐，有一意义下之相违反，而求回复其整个性，以实现人生之统一和谐之一种自觉的努力。

（三）哲学是一种求将各种科学加以关联，并进而与文学历史相关联，再进与人之生活行为相关联之一种学问。

（四）哲学是一种去思维知识界、与存在界、及人之行为界、与其价值理想界之关系之学。

（五）哲学是一种以对于知识界与存在界之思维，以成就人在存在界中之行为，而使人成为一通贯其知与行的存在之学。

这些对哲学的意义之不同说法，尚可加以增加，然大皆只是不同之语言之变换。学者于此所当了解的是其意义之同一处，而非是其语言之变换之不同处。

哲学之意义　参考书目

《礼记》　《大学》　通贯物、知、意、心，与身、家、国、天下之学。
《礼记》　《中庸》　通贯天命、人性、人道、教化之学。

熊十力：《尊闻录》 此书论哲学之涵义各节，皆承中国与印度哲学之胜义而说，足提高学者对哲学之胸襟。

方东美：《科学哲学与人生》 商务版 此书第一章，论哲学思想缘何而起，论哲学为当求兼通理与情之学，即兼通科学与文学之学。读之可扩大对哲学范围之认识。

K. Jaspers *The Perenial Scope of Philosophy*. Routledge & Kegan London. 1950. 此书首论哲学的信仰 Philosophical Faith，由此以明哲学与人生存在之不离，亦即兼通于人生之知与行者。此乃与中国先哲之大体相近之哲学观。

A. H. Johnson. *The Wit and Wisdom of Whitehead*. The Beacon Press, Boston 1949. 此书中 The Nature and Function of Philosophy 及 Critical Comments Concerning Philosophers and Philosophy 二章，所辑怀氏论哲学之言，颇便观览。其论哲学之宗趣，乃当代西哲中，与本章之见，最相契者。

第二章　东西哲学中之哲学之意义

第一节　导言——重申上章结论

我们上章对于哲学之意义的讲法，可能与中国现代一些人及西方一些哲学概论的书，对哲学意义的讲法不同。因我们不只将哲学与科学关联着讲，且将哲学关联着各种学问讲。我们亦不以哲学活动，只是属于知的事与限于知识界语言界中的事，而是兼通于行或行为界与超语言界的事。但是我们之所以要这样讲，有种种的理由，此约有五者可说：

（一）我们上文之讲法，是大体上合乎中国之哲与学二字之传统意义的。

（二）我们上文之讲法，是大体上合乎我们公认为中国历史上之哲人所讲之学问之主要内容的。

（三）我们上文之讲法，是可以通于我们通常所谓印度哲人，对于哲学思维之性质之认识的。

（四）我们上文之讲法，是通于西方传统所谓哲学之一主要意义，而且是可以包含其他不同的对哲学意义之讲法的。

由是我们若不取我们上章之哲学的意义的讲法，而把哲学的意义加以局限，则我们将增加语言上的困难。

关于此四层，除第一层，读者可复按前章所论外，我们可依序加以说明，如此，读者可对哲学是什么，有更进一层的了解。

第二节　中国传统之哲人之学之兼贯通语言界与超语言界及知与行之意义

我们上章说孔子临终曾自叹："哲人其萎乎"，而我们亦公认孔子是中国之圣哲。孔子曾说："汝以予为多学而识之者欤……我一以贯之。"

第二章　东西哲学中之哲学之意义

此所谓一以贯之是何义，或不易讲。曾子说是忠恕，亦或不是。但一以贯之是可将"多学而识"之所得，加以贯通，则是不成问题的。而孔子说："盖有不知而作之者，我无是也"，"知之者不如好之者，好之者不如乐之者。"又说："予欲无言——天何言哉！四时行焉！百物生焉！天何言哉！"则孔子之学，是兼通于知与行，并兼通于语言界与超语言界，亦是不成问题的。

后来孟子说："夫道一而已矣。"（《孟子滕文公》）又说："万物皆备于我矣，反身而诚，乐莫大焉！"（《孟子尽心篇》）

荀子说："万物为道一偏，一物为万物一偏，愚者为一物一偏。"（《荀子天论篇》）又常说："圣人之知，通夫大道。"一类之话。

此外荀子又说："不闻不若闻之，闻之不若见之，见之不若知之，知之不若行之，学至于行而止矣。"（《荀子儒效》）

他们重知通贯之道，而又重自诚其身，以由知至行，即此数语，已足证。

先秦思想除儒家外，主要者有墨、道二家，墨子论义说："为义……能谈辩者谈辩，能说书者说书，能从事者从事，然后义事成也。"（《墨子耕柱》）

此乃谓言者与行者，分工而又须合作。墨子实重言亦重行。然自整个精神言，则墨子实重行更过重言，故其言皆所以"举行"、"拟实"。

至于道家则有轻言，轻名，超知之趋向，惟喜言一本之道。故老子首曰："道可道，非常道，名可名，非常名。"又说："始制有名，名亦既有，夫亦将知止。"又说："知不知上。"

道是什么？老子说："道生一。"又说："天得一以清，地得一以宁，……万物得一以生，侯王得一以为天下贞。"其重一可知。

庄子说："天地与我并生，万物与我为一，既已为一矣，岂得有言乎……"（《齐物论》）又说："知止乎其所不能知至矣。"（《庚桑楚》）又说："孰知不言之辩，不道之道，若有能知，此之谓天府。"（《齐物论》）

庄子《天下篇》，所慨叹者，即其当时之百家之学，皆原于一，终乃往而不返，至道术为天下裂。他说："神何由降？明何由出？圣有所生，王有所成，皆原于一。……天下大乱，贤圣不明，道德不一，天下多得一察焉以自好。譬诸耳目口鼻，皆有所明，而不能相通。犹百家众技也，皆有所长，时有所用。虽然不赅不遍，一曲之士也。判天地之美，析万物之理，察古人之全，寡能备于天下之美，称神明之容。是故内圣外王之道，闇而不明，郁而不发。天下之人，各为其所欲焉，以自为方，悲夫。百家往而不返，必不合矣。使后世之学者，不幸不见天地之纯，古人之大体，道术将为天下裂。"（《天下篇》）

庄子此段所言，极苍凉感慨之致。所慨者何？天下之学，各自为方，往而不返，不能关联贯通，以终归于分裂而已。而庄子之所以为此文，其目的无他，亦即求复于一而已。

老庄不重儒墨所重之行。但老子之抱朴反真之生活，庄子之逍遥物化，而原于天地之美之生活，照我们上之所说，仍是一种行。中国几千年之哲学思想中，由先秦诸子，两汉经学，至魏晋玄学，隋唐佛学，宋明理学，固变化至大。然而除先秦之少数名家，或专以善辩能言，以服人之口为事外，几无一思想家，不重语言界以外之行为或生活，过于语言文字本身；亦几无一思想家，不以求学问之贯通为事者。唯因中国思想家，太重知与行之相连，学问之贯通，于是使纯知的兴趣未能充量发展，各种不同学问之界域不显，致中国过去历史中，未开出如西方之分门别类之科学世界。此可说是中国文化之短。然此同时亦是中国哲学精神，更能贯注于中国之学术文化与中国人之人生的一证明。而此种哲学精神，即是合乎我们上章所谓哲学之意义的精神。

在世界哲学中，印度亦是一大宗。印度之哲学恒与其宗教性生活相连。此与中国之哲学，恒与道德艺术相连者不同。然宗教性生活，亦是一种行。传统印度之哲学，几无不归于求人生之解脱与超度。如吠檀多派之由小我以返于梵天之大我，数论之离自性以复神我，佛家之由去烦恼以证涅槃等①。而在求解脱超度时，印度哲学自较中国哲学之更重以一套语言文字，指示其所能达之境界，与如何修行之工夫。然在实际修行之工夫上，及最后之实证上，又无不求超出语言文字，此亦几是印度各派思想之所同。因其既较重语言文字，又要超出语言文字，故印度之哲学著作，常是充满以语言破除语言之论辩。而佛法则因其不立梵天与神我，而欲破除一切我执与法执，遂更重语言文字之扫荡，名言种子之超化。而佛学传入中国后成中国之禅宗，更不立文字，而务求直指本心。

---

① 印哲拉达克芮希南 Radhakrishnan 所编 *Indian Philosophy* 印度哲学 Vol 11。第一章论印度六派哲学之共同观念，即谓除一派外，皆重人之实际生活上之得救渡。又彼与 C. A Moore 合编之 *A Soure Book in Indian Philosophy* 导论中，论印度哲学之第二特质，亦大体上同此见。

于是或以一句话、一个字代万卷经书，以供参究。或以棒喝交驰，及烧庵斩猫之各动作代语言。然而我们通常仍承认印度婆罗门教之教义，及中国之佛学与禅宗等中有一种哲学。即其以语言破语言，使人由语言界至超语言界之论中，亦有一种哲学。此哲学本身，如可以语言表示，则又还至语言界。但亦可以不再以语言表示，则此哲学可使人直过渡至某一种生活，而超出此哲学之自身。然无此哲学，人亦不能超此哲学之自身，故哲学仍然是重要的，不可少的。至于这中间之理论层次之问题，我们暂不多论。

第三节　西方之希腊，中古及近代之文化中之哲学之性质与地位

以西方之哲学与东方中国印度之哲学比较，大体上来说，可谓是更重为知识而求知识，而不重将知识与人之行为生活相连的。同时亦是更重如何以语言表示知识，而较不重以语言指导行为，亦较不重以语言破语言，以使人升至超语言之境界的。又因其哲学恒与科学密切相关，故其哲学之语言，亦恒更与科学之语言配合。在近代，尤其是19世纪至今，西方科学突飞猛进以后，更有种种就哲学与科学之关系，哲学语言与科学语言之关系，以规定哲学意义的说法。但我们从整个西方哲学史看来，此种近代之哲学观念，仍包含在一更大的哲学观念之中。而此一更大之哲学观念，仍是未尝不要求兼通于科学以外之学问，兼通知与行，兼通于语言界与超语言界的。

我们要说西方哲学之原始，通常都从希腊起。希腊之最初哲学家，确同时是自然科学家，是为知识而求知识的。但是此所谓为知识而求知识之希腊哲学家，其精神之最原始的一点，毕竟是否意在得知识，亦还有其他的说法。如果照现代德哲海德格的说法，则希腊早期之哲学家之精神，只是要对"有"开朗，而使"有"呈现[①]，而并非以人之观念去规定"有"。由此"有"之呈现，乃有以后之言说与知识。但其原始之对"有"求开朗之事，则

[①] 海德格 M. Heidegger 于一九四九年对其在一九二九年所发表之何谓形上学，加上一导言，最足见其欲还归早期希腊哲学之直接对有开朗之哲学态度，W. Kaumann Existentialism 中曾译此一导言之一部，并加以解释。

在言说之先。则我们说其是为知识而求知识,亦只是事后的说法,并不必与其原初之精神相应。此原初的精神,乃是一人之体会"有",呈现"有"之生活本身。而在希腊哲学派别中,最重西方科学之本原之天文与数学之辟萨各拉斯学派,亦正是希腊哲学学派中,最重严肃之生活规范的。

我们在上章说,西方之 Philosophy 之名,原于苏格拉底。苏格拉底曾说:"知识即道德。"此与中国先哲直接以道德为本之精神,是有不同。苏氏又喜随处追问人所说之语言之意义。故我们是可以说苏格拉底是较重知识之为道德基础,并重语言、概念之分析的。所以现代最重语言分析之逻辑经验论者,亦可以苏格拉底之重语言分析,来说明从事语言分析,为合乎西方哲学之最早传统的意义的。但是我们看,苏氏之所以被柏拉图称为哲学家,则明在苏氏之能为所知之真理而死生以之之精神。则其所谓知识即道德中,除涵知识为道德之基础之意,亦涵人有知识即能实践道德,而将其所知贯彻于行为之意。则其所谓哲学之涵义及所谓知识之涵义中,仍不是与其生活行为及人格脱节的,实彰彰明甚。苏氏诚然是随处与人作各种道德语言之分析,但我们无理由说苏氏之哲学工夫,即止于此。因人在清楚一切人所习用之道德语言以后,仍可不知其自身所应实践的道德上的真理。而人若不能知此,人决不会为之死生以之。苏氏则确曾为其所认定之真理,而死生以之,以成其为爱智者或哲学家。而为柏拉图所称。由是而柏氏谓苏氏有学哲学即是学死之言[①]。则语言之分析,至多只为苏柏二氏所谓哲学之半段,亦彰彰明甚。

在西方古代哲学家中,柏拉图之《对话集》中,自是充满各种对于知识问题的讨论的。而其整个之《对话集》,我们亦可说其大部分皆不外是:所假定之对话中的人物,在相互问询对方所用之语言概念的意义,并互相指出对方所用之语言,概念所涵的意义,及其与说者初说时所想的意义之一致或不一致或相矛盾之处,由此以引归他义,此皆可说只是语言概念之分析,或纯知识的讨论。但是柏拉图在另一方面,则明主最高的哲学,乃以哲学的爱根 Eros 为动力,以求达于至美至善之灵境。而此境界则为超越于一般之言说与理智的概念之上,故有所谓哲学的疯狂。而真正哲学家之所以为哲学家,正在其有此向上仰望企慕之精神,而过一种超越尘俗,再还顾人间之哲学生活者。则我们又即无任何理由说,

---

[①] 见 B. Jowett: *Plato's Dialogues.* p. 447. Phaedo 篇。

柏拉图心中所指之哲学的生活，即限于语言、概念之分析，与一般知识之范围之内。

我们要说哲学之意义，当限于为知识而求知识，在西方盖自亚里士多德始。因为亚里士多德，才确定纯粹的理论理性之高于实用实践理性，亦确定上帝之为一纯静观的思想，同时成立一系统的伦理学政治学。此系统的伦理学政治学，乃他用纯知的态度，去以概念，原理，把握人之伦理活动，政治活动，而加以规定之一种知识的成果。由此而正式把人之行为的世界，隶属于知识之世界之下。而他之哲学，又是一庞大而几于无所不包之知识系统。于是开启以后之一切以哲学为整全的知识系统之说法，为中古之圣多玛所承，亦为近代西方大多数哲学家大体上所共同向往者。

但是亚氏这种对哲学意义的看法，并不为希腊罗马后期之伊壁鸠鲁派、斯多噶派、新柏拉图派之众多的哲学家所采取。因为这些哲学家，都是着重生活的。他们都不是只着重构造一哲学的知识系统，而是要过某一种方式之哲学生活的。伊壁鸠鲁所谓智者 Wise man，是依某一种方式生活的人。斯多噶之圣者 sage 是依另一种方式生活的人。新柏拉图派又再有一种生活方式。而新柏拉图派因带神秘主义色彩，遂特重指出语言界上之超语言界之存在。而要人由语言以达超语言界，其思想在许多地方，颇类似印度思想，而亦有人说其思想之来源是印度的[①]。

在西方中古时期，哲学之地位，比较特殊。从整个中古文化方面说，哲学之地位是附属于宗教，而宗教是联系于人之实际生活的，而意在使人灵魂得救的。中古之教父哲学、经院哲学，亦间接是联系人之实际生活，间接帮助人之灵魂得救的。足见哲学之知识与人之行为，是可相贯通的。但在中古时期，复有信仰与理性，哲学与神学之不断冲突。而冲突之结果，则或为将哲学安排于一附从于神学的地位，而或只能为神学上信仰作注脚；或为使哲学与神学相辅为用；或为将哲学独立于神学外，使哲学只能在纯粹理性活动中与言语界中存在，而不能真过问人之实际的信仰，生活，行为上的事。由此而中古之哲学，即失却其在希腊文化

---

① S. Radhakrishnan: *Eastern Religions and Western Thought*. Oxford University Press 1940，此书据欧洲及印度学者之考证，论希腊哲学中由辟萨各拉斯派至新柏拉图派中之神秘主义思想，皆渊原印度。

中之主导的地位。

在近代之文艺复兴宗教改革以后，则哲学由中古之宗教中解放，转而以已成文化之批评者，新文化理想之提供者之姿态出现。哲学家除仍多认为哲学为由普遍全体或永恒之观点看世界外；对于希腊罗马之古学之复兴，近代科学思想之开启，宗教宽容之提倡，民主自由之政治理想之建立，与资本主义之经济制度及社会主义之经济制度之鼓吹，西方近代哲学家皆有大力焉①。近代哲学家之所做之事，虽多只是文字语言上的，而其影响则是实际的。其精神仍是兼通于知的世界与行的世界的。然而纯从近代哲学家之个人人格与精神生活之成就上，对于哲学之受用，或所得之哲学的安慰②上说，则大体上来说，西方近代之哲学家，明似赶不上希腊之哲学家，亦赶不上兼神学家宗教家之中古哲学家，亦赶不上东方传统之哲人。

从西方哲学在近代之成为旧文化之批评者，与新文化理想之提供者方面看，我们最易看出不同派别之哲学，可与不同之人类文化领域，不同之各种学问，分别发生比较密切的关系。而自十八九世纪各种专门科学，相继自哲学独立以后，现代西方哲学家，亦有从各种不同之角度，来说明哲学与知识界、语言界、存在界、行为界、价值界之关系者。其中并无一一定的说法。我们亦无妨提其要者，加以一总括的叙述。

第四节 现代西方哲学家之哲学意义观——关联于科学之哲学意义观

在西方现代，关于哲学意义之说明之第一型类，我们可说是偏重在从与科学及科学语言之关系，来看哲学之意义；而重以科学之归纳法或逻辑分析之方法，以研究哲学者。此中有下列数种形态，最值得注意。

（一）为斯宾塞（H. Spencer）式之说。斯宾塞在19世纪之末，建立

---

① 此上所说为常识，西方历史家论此之者甚多。罗素之西洋哲学史论西方传统哲学本身虽恒不得其要，但其书重西洋哲学思想与西方文化之相互影响之论述，则可资参考。此书有中译本，台湾中华文化出版事业委员会出版，钟建闳译。又马文 W. T. Marvin 之《欧洲哲学史》，亦重哲学与欧洲文化关系之论述。其书神州国光社有译本，但已绝版。

② 薄意萨 Boethuns（470－525）著《哲学之安慰》Consolation of Philosophy 乃于被判死刑后在狱中所著，近代哲学家盖罕能有此精神以著同类之书。

一综合哲学。他以常识为零碎之知识，科学为部分的系统之知识，哲学为全体的系统之知识。他之系统哲学中，包含第一原理，生物学、心理学、社会学、伦理学之各部。他由物质宇宙之进化、生物之进化、人类心理社会道德之进化之事实中，归纳出一"同质 Homogeneity 至异质 Heterogeneity 之变化"之一原理，并以此一原理，可连贯人类各种专门之科学之知识，以成一整全的哲学知识系统①。

类似斯宾塞之注重综合科学结论，以形成哲学系统之理想者，在 19 世纪法国有孔德（A. Comte）之实证哲学，德国有赫克尔（Haeckel）之一元哲学②。但 20 世纪以后，缘于科学部门之愈分愈细，科学理论之日新月异，已少有人敢走此路，以创造其哲学系统。于是重哲学与科学之关系者，对于哲学之意义，又有下列二种之说法。

（二）以哲学是用科学的方法，来分析科学中之基本概念名词，基本假设，或原则等，以说明科学知识之如何形成者。此即如罗素之说。罗素在《哲学中之科学方法》一书中说，哲学以逻辑为本质，并在此书中分析相续，动，无限各种科学之概念。其与怀特海合著之《数学原理》（Principia Mathematica），及其个人所著之《数学原理》（Principle of Mathematics），及《数理哲学导论》（Introduction to Mathematical Philosophy），都是要说明数学原理之可由逻辑上之原理推演而出。而其《物之分析》，《心之分析》，《哲学大纲》，是要从人之直接经验中之基料 Datum 或所与 Given 开始，以一步一步，说明物理科学，与心理科学中之"心"，"物"之概念，如何构造成者。而其《意义与真理之研究》，《人类知识之范围与限度》等书，则兼欲从人之一般经验与日常心理中，求出逻辑上之概念及语言之意义之根源，并及科学知识之形成所设定之原则等。而在此外所著之论人生问题，婚姻问题，社会文化，历史政治之书籍，则他并不以之属于其哲学范围中之著作。他这种哲学观，不是如斯宾塞、孔德、赫克尔一般，把哲学思维放在科学理论之后，以综合科学理论为事；乃是把哲学思维放在科学理论之始点，研究数学与其他科学思想之所自始，

---

① 关于斯宾塞之思想，可看本书第三部第十二章。中文所译斯宾塞书，有严复所译之《众学肆言》。

② 孔德书，中文有萧赣译之《实证哲学概观》，商务出版。赫克尔书，中文有马君武译之《赫克尔一元哲学》，中华书局出版，及刘文典译之《生命之不可思议》，商务书局出版。

而分析，说明其基本之概念名词，基本设定等。由此路走，亦可使哲学转而在先科学的日常经验之所对与常识的语言之分析上下工夫。此即如穆尔（G. E. Moore）之本逻辑方法，以分析常识中之名言语句与直接经验所对之"感相"（Sense Datum）或"所与"（Given）之关系之哲学。穆氏尝为常识辩护，以反抗传统之超常识之系统哲学。其哲学自甘于零碎琐屑，不成系统，不讨论一切传统哲学之诸大问题，亦不似罗素之重分析科学中之概念。其所代表之趋向，亦正是斯宾塞之由常识至科学至哲学之倒转[①]。

（三）为马哈（E. Mach）、维特根斯坦（L. Wittgenstein）所开启之逻辑经验论，及作科学语言之统一运动等之说[②]。由马哈之分析科学概念，视之为感觉经验之缩写；维特根斯坦之提出人之语言只能说其所能说，而不当说其所不能说，而开启一方重经验上之实证，一方重逻辑之分析之逻辑经验论（或逻辑实证论、科学经验论）[③]。依逻辑经验论，一切非逻辑数学之语言，又非经验科学语言之一切语言，皆无认知意义。于是卡纳普艾尔等主哲学只为逻辑之一支 A Branch of Logic，或只为用逻辑方法分析科学与其他语言者。顺此派哲学之发展，遂使哲学之工作，归于"语言之各种意义之分辨，语言如何与其意义相结合"之语意学之研究，"语句之形成与转换之规则"之语法学之研究，与"语言如何为说者听者所应用与解释"之语用学之研究，及如何统一科学的语言，于"物理语言"等之研究。由此而有以语理学（Semiotic）概括语法学，语意学，语用学，以成就科学语言之统一，并研究语言符号，在各种人类活动中之地位，而代替传统哲学之说[④]。而依此观点，以看哲学与科学之关系，则哲学之思维之任务，既非在诸科学结论之

---

① 关于穆尔之哲学之性质，怀特（M. White）于《分析之时代》（The Age of Analysis）一书之说明尚好，可与此上所说相印证。其所重者与罗素不同，但皆可同属于英哲伯洛特于《现代英国哲学》一文中，所谓批判的哲学 Critical Philosophy 中，而别于玄思之哲学 Speculative Philosophy。

② 此一派别之哲学概念之生起之历史根源，在 O. Neurath 等所编 International Encyclopedia of Unified Science Vol. I 之第一篇 Neurath 自著：Unified Science As Encyclopedia Integration 一文。

③ 关于此诸名之意义，可参考菲格尔（Fiegl）于润尼斯（Runes）所编 Twentieth Century Philosophy 中 Scientific Empiricism 一文。

④ C. W. Morris 之 Foundation of the Theory of Sign 一文，于论语意学、语法学、语用学、及语理学之意义后，最后即归于以哲学同一于符号之理论及科学之统一之理论之说。（International Encyclopedia of Unified Science. Vol. I. p. 137）Carnap 初主哲学为科学之逻辑，后亦归于以哲学用于语理学之研究。可参看 J. Passmore, A Hundred Years of Philosophy 第十六十七章论逻辑经验论之哲学观。

后，从事综合，亦非只是在科学之概念原理之前，就其如何关联于日常经验与常识处，从事逻辑上之分析与说明；而是在日常经验中之语言，与科学之语言之间，就其意义之交合处，可依一定之语法，互相转换处，应用之效能相同处，加以统整联贯，以达统一科学的语言之哲学的目标。

第五节 关联于历史之哲学意义观

上一类对于哲学意义之规定，都是同着重哲学与科学之关联的。而我们所要说之第二类之哲学意义，则为特重哲学与历史之关联者。此中最重要者，亦有三者可说。

（一）为黑格尔之说。黑格尔对哲学之意义之看法，可容人作多种解释。然吾人如只说黑格尔乃以哲学之理包括科学之理，以哲学为科学知识以上之一更高之绝对知识系统，则义尚太泛。黑格尔之哲学著作，其早年之《精神现象学》，与晚年之《历史哲学》，均重在由人类精神发展之历史，以展示其哲学之全貌。其哲学中所用之辩证法，为一透过正反合之思维历程，以理解诸真理之关联；而归向绝对真理，绝对精神之把握，即一彻始彻终之历史方法。其绝对精神之最高表现为哲学。哲学之内容，即绝对精神以前之各阶段之表现中之真理。故黑格尔之所谓哲学非他，即绝对精神之表现所成之全幅历史中之真理之自觉而已。黑格尔虽以此真理之自身为超历史，然人之自觉此真理之哲学活动，仍形成一历史，此即哲学史。黑格尔尝谓哲学即哲学史。哲学史之发展，亦依正反合之历程，以使前代之哲学，逐渐被综合于后起之哲学中。故人类以前之哲学，即被综合于当时之一最后之哲学——即黑格尔哲学自身[①]。此以哲学为绝对精神之表现于历史中之真理之综合，与斯宾塞之以哲学为科学与真理之综合，虽系统各异，然其为将哲学置于全部真理之最后收获者之地位则同。

（二）为克罗齐狄尔泰等之说。世称克罗齐为新黑格尔派，然彼实遥承意大利之维果（Vico）之思想，而由黑格尔之以哲学为"表现于历史之真理之最后收获者"之说，进以主张哲学即历史者。其所谓哲学即历史，乃谓哲学为陈述人类精神之发展中之普遍原理，是即一方照明以前历史之意

---

① W. T. Stace 之 *Philosophy of Hegel* p. 517 谓黑格尔有此意。

义，而一方加以批评，再一方则展示开启出以后历史之方向。由此而哲学之向后照明以前之历史，乃所以向前开启历史。据其说，以前历史之意义，乃通过哲学之照明与批评，以表现于以后历史中；而当前之哲学，在以前之历史之后，亦在未来之历史之先，此即与黑格尔之所谓哲学思维后于历史之说不同。而其哲学之任务，在对历史之意义加以照明与批评之说，则与黑格尔之哲学中之真理自身之超于历史之上之说，成对反[①]。此外德哲狄尔泰（W. Dithey）及新康德派之西南学派同重哲学与历史之关系，并以哲学为说明历史之意义与价值，并存在于历史中者。

（三）为马克思，斯宾格勒及今之若干知识社会学者之说[②]。依此诸说，哲学非历史中之真理之最收获者，哲学亦并不能超然于人类历史社会发展之必然趋向，一定命运，或各种为人之生存条件之社会诸势力因素之外，以指导人类之未来。哲学以及人类知识本身，皆自始即与人类历史社会之发展之必然趋向，一定命运，及各种社会之势力因素相随转者。依此类之说，人在各不同之历史时代，社会地位，或社会之诸势力因素，所结成之境况之下，即有不同之哲学观念，以为其意识之形态，及人之属于某时代之历史社会，生存于某社会地位或社会环境之标帜。由此而我们可以人类历史社会之发展之阶段，与社会之势力因素之所结成之境况，说明人类之哲学思想。我们亦可以人类之哲学思想，为凸显于外之标帜或符号，以更理解其背后之人类历史发展阶段，与社会势力之结构。由是而见哲学在人类社会中有其定然的命运。而承受此定然的命运，以改变世界（马克思），或自觉的承担毁灭（靳宾格勒），或回头了解诸历史时代中决定人类知识与哲学之社会势力因素之结构，为之作代言人（知识社会学者），即哲学思想之任务与意义之所在。

第六节　关联于文学之哲学意义观

对于哲学意义之第三类之说法，则为将哲学关联贯通于文学之说法。文学不同于哲学。我们通常说，哲学之文字语言，皆为表抽象普遍之理

[①]　克罗齐之说除见其《论历史》On History 中《哲学与历史》一章外，又见其《逻辑》中第二部《论哲学与历史之同一性》一章。

[②]　关于知识社会学之立场 Readings in Philosophy of Science, pp. 357—366 有 K. P. Popper 一文讨论。该文中即论黑格尔之历史主义，为知识社会学之一渊源。

者，文学之文字语言，则多为表达人之对具体事物之情志想象者。由是而将哲学关联贯通于文学时，亦有三种之哲学观可说。

（一）从哲学内容兼表哲学家之情志与想象，而视哲学为文学者。哲学之内容之可兼表哲学家之情志与想象，由于哲学家之思想，恒不离哲学家之全人格，而此全人格中，乃兼有种种情志与想象者。而在形上学之思维中，人恒不能不用想象以开拓理境。在价值理想之思维中，人亦恒不能不有所凭藉于其情志上之所体验。由是而哲学著作之外表，似只表达哲学家之理性的思想者，其内容之所涵，亦可充满情志与想象，而可视如一类之文学。如上述之克罗齐于其《黑格尔哲学之死的部分及活的部分》一书中，论及黑格尔形上学中充满浪漫之想象处，即常说当视黑格尔为诗人，以读其书[①]，而罗哀斯于其《近代哲学之精神》论黑格尔之《精神现象学》亦视作诗剧。现代之逻辑经验论者，如石里克（Shlick）等，则以西方传统之形上学语言，皆当归入无认知意义之表情的语言中，而当称之为概念的诗歌者[②]。此在彼等盖视诗歌之名为贬辞，以摒形上学于哲学之外。然在怀特海则常言哲学仅为高贵情操之集结，又谓：一切哲学皆染上一幽秘之想象背景之色彩[③]。则由哲学之包涵情感与想象，而称之为诗歌，称哲学家为诗人，亦可为最高之称誉。如人之以柏拉图为诗人之为一最高之称誉。

（二）从文学之启示表达真理，于文学中认识哲学者。近代西方哲学中，康德已有论自然美与艺术之《判断力批判》一书，谓真与善之会合于美。席勒（F. Schiller）由是以论文学艺术，乃感性界与超感性界之桥梁。而谢林（F. W. L. Schelling）之早年思想，亦在根柢上为以审美的直觉为其形上学之基础，并重文学艺术在人类之各种精神表现中之地位者。黑格尔则由真理之披上感性事物之外衣，以论艺术，并以艺术之最高表现在文学。在黑格尔，艺术文学皆不特表情，而亦显理。唯此理只闪烁于感性事物之后，尚未达充分自觉之境；必由艺术至宗教至哲学，乃达充分自觉之境而已。然此亦同于谓不经艺术宗教，不能入于哲学之门。由是而其《美术哲学》一书，成为其著作中分量最多者。吾人固可说，

---

① B. Croce：*What is living and is dead in Hegel's Philosophy* 中曾屡言及此。
② 德新康德派之朗格始用此名以称形上学。
③ A. H. Johnson 编 *The Wit and Wisdom of Whitehead*, p. 35.

哲学之责任，在采科学之方法，以分析科学之概念等，而当以通于科学之语言表达之；亦可说哲学之责任，乃在照明历史文化之意义，亦当采历史学之方法，并以通于历史学之语言表达之。但吾人亦有理由谓，哲学之责任，在采文学艺术之方法，以欣赏、了解、说明文学艺术，及宇宙人生之大美，而当以通于文学之语言表达之。而论文学艺术之文，如席勒之《美学书信》及论文，歌德之《谈话录》及文艺批评之文，皆多同时为文学而兼哲学。哲学家之论文学艺术之文，如叔本华、尼采之论悲剧之文，现代桑他雅那之论哲学的诗人之文，及其他之文，亦多兼为哲学文学。吾人由文学中体悟其所述具体事物之情状，所启示表达之宇宙人生真理，与由科学中，分析其中所潜藏之基本设定及理论构造，正同本于一种反省的思维，而可同为哲学之一大宗。

（三）以文学语言为理想的哲学语言者。在人类思想史中之大哲，恒有由觉到类似科学语言与历史语言之系统化的哲学语言，不足表示超妙、玄远、新鲜、活泼或简易、真切之哲学思想，而以哲学思想当舍弃系统化的表达方式，而以不成系统之文学性语言，加以表达者。在柏拉图与庄子之哲学中，每遇超妙玄远之境，不易以一般哲学语言表达者，则诉诸文学性之神话，与荒唐之故事。在《新旧约》与印度《圣典》及佛经与中国之先秦诸子中，恒以一文学性之譬喻，说明一简易真切之道理。而近代之尼采，则感于其无尽孳生之新鲜活泼之思想，不能以由抽象名词集合之系统的哲学语言表示；遂以人之思想之求系统化者，皆由于其思想观念之贫乏，而只能相依相傍以进行。尼采遂宁甘于以零碎而似不相连贯之文学式语言，表其哲学。而杞克噶（Kiegkegaard）之求存在的真理与主体性的真理，亦反对一切构成紧密不通风之系统之哲学。而此意亦为现在之存在主义哲学家，如海德格（M. Heidegger）、耶士培（K. Jaspers）[①]、马赛尔（G. Marcel）等之所承，而同反对哲学语言之系统化。而马赛尔之哲学著作体裁，乃尤近于文学者。而德哲凯萨林（C. H. Keyserling）有一书名，视"哲学为一艺术"，其《创造的智慧》一书自序，谓其书之写法近乎音乐上

[①] M. Heidegger, *An Introduction to Metaphysics*, trby R. Manheim (1959) 一书 pp. 26, 144, 论哲学论述方式不同于科学而与诗歌近。耶士培 K. Jaspers 自言彼在哲学中，反对以存在与真理，可系统化而凝结于一书，但彼著书又重系统，人或以为自相矛盾，彼谓此只由其思想之连续性，使其思想之发展成为系统的。W. Kaufmann, *Existentialism* (1957) pp. 157—158 译 K. Jaspers, On My Philosophy 一文最后节。

之旋律。而彼之其他著作，亦多即事即情，抉发其意义，以连缀成文。此外如现代英哲柯灵乌亦有哲学宜用诗的语言以表现思想之说①。而吾人如自觉的采用文学式语言，以写其哲学思想。其归趣，则可至将哲学全化同于文学，或文学之一部。此与上述之第一类之哲学观之求哲学之化同于科学，成科学之一部者，为一对反。

第七节　关联于超语言界之哲学意义观

我们以上说明在西方现代哲学中，亦有自各种不同角度，来看哲学与科学历史文学之关系，而藉以说明哲学之意义之说法。由此可证，我们前所谓哲学与人用语言而成之各种学问，皆可相关联贯通之说。我们上文所提及哲学与艺术之相关联处，亦可藉以证明哲学与人之超语言界之学问之相通。然我们上所谓超语言界之学，不仅包括艺术之学，亦包括人生之实际的实用行为之学，道德修养，道德行为之学。而关联于人之知识与行为之当前经验世界之本身，存在界与价值界之本身，亦属于超语言界者。在人类思想史中，一最着重哲学之贯通于超语言界之思想，即居于哲学与宗教道德生活之交界之东西之神秘主义思想。如印度和西方之宗教形上学思想，和在中国道家与禅宗思想中，皆有神秘主义之传统。在孔子之"余欲无言"，孟子之"上下与天地同流"，及若干宋明理学思想中，亦均可说包涵一意义之神秘主义，于他们所重之道德的心性之自觉中。

至在现代之西方哲学中，神秘主义虽衰落，然以哲学当由人之语言界以贯于关联于超语言界者，亦有下列诸类之说法：

（一）以哲学之真理，当关联于西方传统宗教所谓启示的真理者。在现代西方之基督教天主教哲学中，仍多承认有启示的真理，此或为直接启示于我个人的，或为启示于由先知至耶稣以下之圣者的。此启示的真理，可说原于神之语言，然非人的语言。故对人说，即为超人之语言界者。哲学思维于此神的语言与启示真理，只能加以阐发注释，至多存而不论，然不能加以怀疑；而此亦即哲学必关联贯通于超语言界之一种说

---

① R. C. Collingwood. *Philosophical Method*. Oxford Clarendon Press, 1933. X. Philosophy as A Branch of Literature, p. 3.

法。依此说法，以说明哲学之意义者，可以马里坦（G. Maritian）之哲学概论为一代表。读者可以看其书中论"哲学与神学"之一章①。

（二）以哲学之真理依于超语言之直觉者。现代西方哲学中重直觉者，其中一为柏格孙型，一为胡塞尔型。依柏格孙，哲学与科学不同，科学用理智，而哲学用直觉。唯用直觉，乃能透入流行变化的生命之实在。而一般语言只能表达理智之概念，不能表达真正之直觉所得。故哲学用直觉之方法，最后必接触超语言界，此为重直觉者，以识动的实在者②。至于胡塞尔之重直觉，则在先将一切事物之实际存在性，用一"现象学的括弧"括住，而唯由一般指事物之语言之意义之充实的体现，而直觉的观照纯法相（Essence）之世界。而克就人之直觉的观照此纯法相的世界时言，人即超出吾人平日用一般之语言时之所知，而另有所见。而吾人正当如此如此的见其所见时，吾人可只有一纯直觉，并无语言以为吾人之见与所见间之间隔者，故此为超语言之境界。然人由在此超语言之境界有所见后，仍可再以现象学之语言描述展示之于人。而此所展示出者，皆为有必然性普遍性之真理或知识。此为重直觉以识静的纯相者③。在现代哲学中，如英之穆尔（G. E, Moore）等所言之"善"之直觉，及对感觉与料之直觉，亦皆此一类④。

（三）以哲学不当用语言以说其所不能说，即在其用语言以说其所能说时，仍不能说其所以能说，因而哲学最后当归缄默者。此即上所提到维特根斯坦早年于《名理哲学论》（Tractatus Logico Philosophicus）中之意。依此书所说，语言乃世界事物之图像。在世界事物之外，即非语言所能说。而以语言说世界事物既毕，则无有意义之语言可说。因而他之一套"说语言为世界事物之图像"之语言本身，亦终为无意义之语言。其所以如此如此说，乃只为造一梯子，用后还须折除者，由此而自归于神秘主义⑤。此神秘主义不同于涵宗教意义之神秘主义，而或称之为逻辑

---

① 马里坦在此章中，明主哲学之可错误之自由，当受神学限制，并明主神学之高于哲学。
② 关于柏格孙之哲学观，可参考本书本部第九章〈论哲学方法〉第四节，及本书第三部十三章〈论柏格孙之创造进化论处〉。
③ 关于胡塞尔之哲学意义观，参考本书本部第九章第五节。
④ 今之英哲有魏思曼 F. Waisman 于《当代英国哲学》第三集 Contemporary British Philosophy (1956) 中发表一文论彼如何看哲学，谓哲学无定理，无必然之论证，而只提出一境见 Vision 亦略同此类之说。
⑤ Tractatus Logico Philosophicus 6.53 段。

第二章　东西哲学中之哲学之意义

的神秘主义。实则此神秘主义，并无神秘。即彼以一切语言，皆当只对当前经验之世界而说，说后当再回到当前经验之世界，而无说而已。此中无一超常识语言之生命实在，或纯法相世界，为一特殊之直觉所对，故亦异于上列第二种之说。

（四）以哲学当由语言界知识界归于行为界之说。康德纯理批判第二部第三章以哲学为人类理性之立法者，当由纯粹理性之立法以归于实践理性之立法。马克思于其《费尔巴哈论纲》亦有哲学当改变世界之说。现代之实用主义者詹姆士（W. James），席勒（F. C. S. Schiller），杜威（J. Dewey）等之以知识为行为中之一事，谓知识乃始于人之有目的之活动，情意上之要求，或实际生活情境中所遇之问题，而亦归宿于人之问题之解决，目的要求之达到者。由是而知识乃所以指导行为，亦内在于行为。因而表达知识之语言，亦复如是①。此后又有行为主义派心理学者，以思想即是语言，语言即人之行为，与以后之重行为之美国之哲学及社会科学理论。此说不同于上列诸派之重超言说之神秘经验与直觉等，而实即重智慧知识与语言，在人之生活行为之重要性。然因其将智慧、知识、语言，笼照包含于整个人生生活行为经验之历程中；并由智慧、知识、语言之辅助人之生活、行为、经验之历程之继续成就处，以定各种智慧知识语言之价值，以及哲学之价值。故此说仍为一种由语言界知识界通至超语言界之一种哲学观。

（五）以哲学为由知识界存在界归至价值界之思索之学。依此说，哲学之主要目标非研究存在事实，而为研究价值规范或价值自身之说。哲学家之重衡定人生价值，文化价值，乃东西哲学中自古已然之事。而在西方现代哲学中，特说明哲学为价值之学，则有德西南学派之李卡脱（H. Rickert），温德尔班（W. Windelband）等。彼等以逻辑乃研究思想如何求真之学，伦理学乃研究意志行为如何求善之学，美学则研究感情之表现如何求美之学。此外洛慈（R. H. Lotze）亦以价值与目的，为其哲学中之根本概念。英国与意大利之新唯心论者之鲍桑奎（Bosanquet），克罗齐（Croce）等亦重由价值以论人之精神活动与理想者。而由十九世纪之爱伦菲尔（Ehrenfel）至现代哲学，乃逐渐有价值学（Axiology）一名之成立。而以价值为哲学之中心论题或中心概念之哲学家，则各派中均有之。

---

① 关于实用主义之哲学观，可参考本书第二部第十八章〈论实用主义之真理论处〉。

如怀特海之哲学，即为以价值为中心概念，兼以说明与人生与自然中一切变化历程者。而价值之自身，在怀氏亦以为属于超语言界，恒若为一般语言之所不能表达者。对语言之限度，怀氏亦为不厌时时提及者。

（六）以哲学为由知识界、行为界、归至人生存在自己之内容的思索之说。此为由杞克噶（Kierkegaard）所开启之存在哲学。杞克噶分别客体性之真理与主体性之真理。主体性之真理，不在任何客体对象中，即上帝亦不能成主体性之真理之所在。主体性之真理，唯存在于人自身所决定的态度中，此为绝对之内在者。而人亦唯有彻底回头思索此绝对内在之主体性之真理，人乃有真实存在的思想。而此外之一切思想，皆为思维非存在者之非真实存在之思想。由此而开启现代哲学中之存在主义中海德格（M. Heidger）雅士培（K. Jaspers），萨特（G. P. Sartre），马塞尔（G. Marcel）之学。此诸家之学，虽与杞克噶不必精神相应，然大体言之，其重人之存在本身之地位与命运之内在的思索则一。而此种哲学，要求人由重一般抽象的知识之寻求，重外在的行为之表现，以回到人的存在本身之内在的思索。亦代表西方哲学之一大转向，而可通于重纯内在的省察之印度与中国之哲学者。

东西哲学中之哲学之意义　参考书目

Aristotle　*Metaphysics*：trby Ross Bock I. Ch. I. II 亚氏此二章所论，可代表西方之古典之哲学之起原与性质观。P. P. Wiener：*Reading in Philosophy of Science* 加以转载，并改名为 *Origin and Characteristics of Philosophy*，但删节了原文后数段。

D. J. Bronstein：*Basic Problems of Philosophy*，Prentice Hall, New York（1954）此书第九章《何谓哲学》中，选詹姆士（W. James）、伯洛特（C. D. Broad）、怀特海（A. N. Whitehead）、罗素（B. Russell）、马里坦（J. Maritian）、石里克（M. Schlick）之一论哲学之性质、目标、价值等之一文，以代表各种之哲学意义观。

J. H. Randall and J. Buchler：*Philosophy*, *An Introduction*, College Outline Series, Barnes & Neble. Inc（1956）. 本书第一部三章《论哲学之意义与整个经验之关系》，及《哲学对文化历史之功能》。持论颇平实，与本书第一二章之旨相通。

W. Burnett 编 *This is My Philosophy*, Allen and Unwin, 1958.

本书选当代之代表性哲学家、自然科学家、社会科学家、宗教家、历史家二十人（如 Russell Jaspers, Marcel, Sartre, Maritain, Niebuhr, Jung, Sorokin, Schweitzer……）各撰一文所成，由此可助人了解哲学之贯通关联于各种学问之意义。

第三章 哲学之内容
一、名理论 甲 逻辑

第一节 哲学之分类

本章我们当进而讨论哲学之大体的内容，由此可对于上二章所说之哲学的意义更清楚。因各哲学家之所以对哲学之意义，有各种说法，亦正由各哲学家各偏重哲学之内容之某一方面之所致。

我们可说，哲学是人之整个的精神活动之表现。因其目标在将人之各种分门别类之学问，关联贯通，将人之各种知识界、存在界、生活行为界、价值界关联贯通，以成就一整全之宇宙观与人生观。但哲学要将各分门别类之学问，及各种知识界、存在界、生活行为界、价值界关联贯通，则哲学本身亦必须涵具各方面之问题，各方面之内容，以与各种学问，知识界、存在界、价值界之方面发生关系，以成就此会分归全之大业。哲学欲成就此大业，则还须依其各方面之内容，以分为各部门，而暂同于一般之分门别类之学。

毕竟哲学包涵些什么内容，或哲学可分为若干部门？此颇不易答复。因我们无论对任何事物作分类，都可依不同之分类标准，而有不同之分法。我们今所取者，是姑用中国固有之哲学名词，分哲学为四大部，即名理论、天道论、人道论、与人文论。名理论是直接涉及言说界知识界的。我们暂以名理论之一名，兼指西方哲学中所谓逻辑、辩证法、知识论及印度哲学中之因明等。天道论是直接涉及整个之存在界的。我们可暂以之兼指西方哲学中所谓形上学，存有论或本体论、宇宙论等，及印度哲学中法相论、法界论等。人道论是直接涉及人之生活行为界的。我们可暂以之兼指西方哲学中所谓伦理学、人生哲学、一意义之美学、价值哲学、及印度学中之梵行论、瑜伽行论等。人文论是直接涉及由人生相续之生活行为，在宇宙间所创造之文化与历史的。我们可暂以之兼指西方哲学所谓文化哲学、历史哲学、及分门别类之文化哲学。如宗教哲学、艺术哲学、教育哲学等。但这些东西哲学各部门之名词，所涵之意义，有历史的变迁，常相交错混淆。以下当分别略加说明，并简述此哲学之各部门，在东西思想史中之发展，以见其所涵之演进。

第二节 名理论与逻辑、辩证法、知识论及因明之名辞

我们以名理论之一名，指哲学中之直接涉及言说界、知识界者，而兼指西方哲学中所谓逻辑、辩证法、知识论、及印度哲学中之因明等。此从名源方面看，理由如下：

中国所谓名理之学之一名，始于魏晋。当时谈名理者，所涉及之问题，固亦多及于天道人道等。但名理之一名之本义，乃指名与理、言与意间之问题①。此远原于先秦名家及他家学者之论名实。先秦学者之论名实，兼及于人如何知"实"，而如何以"名"言表之，如何由辩说以使人相喻等。而魏晋学者之谈名、理、言、意，则重在论人意之如何及于理而知理，而当如何以名表之，以言喻人。人之如何知实知理，即认识推理之事。表之以名言以喻人，为人之辩说之事。在西方所谓逻辑 Logic 之一名，原于 Logos，本意为出口之辞，及在心之意，引申而为理或道。而论各种事物之理之学术之名，遂恒以 logy 为语尾（如生物学为 Biology，心理学为 Psychology 之类）。辩证法 Dialectics 原指人与人对辩之术，引申为个人在思想中自己与自己对辩，以使思想升进之术。至西方之知识论 Epistemology，则语根为 Episteme 及 logy。Episteme，在希腊文，为真知识之义。logy 由 Logo 来，即意理或言论之义。大率言之，西方所谓知识论，不外克就人之知识为对象，而研究人之如何知种种实在事物，以知理，而成就知识之种种问题。而西方之所谓逻辑，则不外研究人之如何推理或推论，并由思想引绎思想，语言引绎语言之种种形式规律。而辩证法，则可称为以语言对抗语言，语言限制语言，及以一种思想推理或推论，对

---

① 拙著《中国思想中理之六义》（新亚学报第一卷第一期）第三节。

抗限制另一种思想推理或推论，以求升进，而达于更高之综合之法。此并皆不外"知实、知理，以名言表之而对人辩说"之所涵，亦即中国名理之学之所涵也。

至于印度哲学中之因明，初为尼耶也派所重，后为各派思想所同重，而称为五明之一。由佛学之输入中国而因明亦传至中国。据窥基《因明入正理论疏》，因明之目标，在自悟与悟他。因明学者即研究如何成就此悟之因。此因有二：一为意生因，一为言生因。由意之所及，而自悟，由言之所及，而悟他。而此即包涵自己如何成就知识，及如何使人成就知识之二部。而使人成就知识必赖言说，此言说欲极成，则必须遵一定之矩范，免除种种推理与言说之过失。此即略同于西方所谓逻辑之所涵，及中国名理之学中，名墨诸家之学中所谓辩说之法之所涵。至于自己如何成就知识，则因明家重现量比量等。现量即直接经验，比量为推理。而论人之如何由现量比量，以成就知识，即与西方知识论之范围略同，亦即中国名理之学中"知实知理"之义之所涵。

此上我们略说明中国之名理之学之一名之所涵，与西方之逻辑、辩证法、知识论及印度之因明之所涵相通之处，及皆可以名理论一名指之之理由。但我们以下，仍用逻辑及知识论二名，以指名理论中之二部，并将辩证法附于逻辑之后，以分别略述在东西思想史之逻辑思想与知识论思想之发展中之若干要点，及逻辑与知识论之名所涵之若干变迁，以便学者对此等学问先有一概括之印象。至于更清晰之了解，则待于学者之进而求之。

第三节　西方之逻辑一名之涵义与内容之演变

西方之逻辑学，在今日有不视之为一哲学之一部者，此后当述及。但吾人仍有理由，自其关联于整个人类之言说界与知识界，而谓之不同于其他一切专门之知识学术；并依吾人前所讲之哲学之意义，而视之为哲学中之一部。而自历史上看来，西方之逻辑学，亦初为哲学之一部。在西方此名所指之涵义与内容之演变，可略如下述。

我们于上文曾说 Logic 之一字原于 Logos。Logos 之一字之义，由出口之辞，在心之意，而成指物之理。以 Logos 指宇宙之理，盖始于赫雷克利塔（Heraclitus）。后为斯多噶派所承。至基督教之《约翰福音》及教父哲学，而 Logos 成上帝之道。是皆为形上学或存在论中之概念。而与逻辑学之义，反不直接相干。

自西方之逻辑学之发展看，辩证法之称为学，柏拉图时代已然。此辩证法中，即包涵概念名词之分析，推理之原则之讨论等。此皆属于后来所谓逻辑者。亚里士多德著《工具论》（Organum）一书，世称为西方逻辑学之祖，但彼亦未正式名其书为 Logic。其书之第三部《分析篇》，论演绎推理之三段论式之法式规则，并及于演绎推理之前提，如何由归纳而来之问题，尤为后世所谓逻辑学之核心问题之所在。但其书之其余诸部，则颇复杂。如论范畴者多通于后所谓形上学。论《解释》（Interpretation），论《诡辩》，及《话题篇》（Topics）诸部，则涉及语言意义之解释、歧义、及纯粹有关辩论之诸问题。是皆有关逻辑，而不必皆能配合以成一系统之逻辑学者。至于 Logic 一名之正式成为哲学之一部，盖始于伊辟鸠鲁之哲学之三分法中，以 Logic 与物理学（Physics）伦理学（Ethios）并立。至中世而 Logic 成为七艺之一。但在中世讲 Logic 者，罕能出于亚氏所论者之外。直至中世末期，乃有威廉阿坎（William of Occam）及罗哲培根（Roger Bacon）等注意若干逻辑学之新问题[①]。

至西方近代之初，新科学与新科学方法论俱起。十六世纪有培根著《新工具》（Novum Organum）一书，提倡归纳法，以为新知识之来源。后来布尼兹曾欲建立普遍代数学（Universal Algebra），以为思维演算之工具，以求通逻辑与数学为一。至英人穆勒（J. S. Mill）著《逻辑系统》一书，进而建立归纳之五法，并将演绎法之地位，隶属于归纳法之下，同时确立逻辑之为由前提以推结论之推理之学，其所研究者，只此推理之如何有效之规则与方法，而不须论前提所本之原始的亲知，与所推得之结论之本身之真伪者[②]。由是而逻辑之对象与形上学及各种科学之本身之分际以明。

至于现代数理逻辑、符号逻辑之发展，则可谓遥承来布尼兹之理想，G. Boole 与 E. Schroder 诸人之论类与关系的演算之逻辑，发展而来。在廿世纪初罗素怀特海合著《数学原理》一书，可谓为一具体的求实现来布

[①] 罗素（B. Russell）《西方哲学史》一书第二卷十四章论二人之逻辑思想，乃一般之西方哲学史书所忽略者。

[②] 穆勒 A System of Logic 第一章。

尼兹之理想，由纯逻辑之命题之演算，至类与关系之命题之演算，以连接数学与逻辑，成一贯之演绎系统者。至德之数理哲学家赫伯特（Hilbert）之所谓"后数学"（Meta-Mathematics）则为求发现数学所依据之一切不自觉的设定，而加以指出，列之为数学中之公设，以指出数学不外依此公设而作之纯形式的推演者。至于后来之其他逻辑家，如路易士（C. I. Lewis）等之符号逻辑之系统之构造，维特根斯坦（L. Wittgenstein）之以真理函值，说明逻辑常项之理论之提出，卡纳普（R. Carnap）之逻辑语法理论之建立，以及其他当代学者对逻辑语法学、语意学、语用学之种种之研究，实开出一连串，属于逻辑与语言之专门之学术研究。而此所涉及于语言之研究者，又不同于研究人实际上所应用之语言之文法，语言之字源，或人用语言时之心理生理等。今之语法学之研究语句之形成之规律，互相转换之规律，语意学之研究语言与意义及所指之关系，语用学之研究语言与听者说者之关系，其目标或在指陈：不同语句可有同一之形式构造，不同形式之语句可互相转换，而仍可以有同一真理函值，或同一之指谓，或同一之意义；或在指陈：语言之同其指谓与意义者，可加以归约，而其不同者，亦可施以逻辑之分析，以免其混淆；或在指陈：依于人之不同之目标（此可为指实，可为表情，或引动人之行为，）人如何可依不同方式，以应用不同语言，使不同之语言，得各尽其用，以达荀子所谓："同则同之，异则异之"之理想。而此亦皆人之知名，用名，以名代名，所宜有当有之一种名理之学也。

　　此上所述，可谓由亚氏之逻辑一直发展至今之西方逻辑之学之正统。谓其为正统，乃表示其继续发展之历程，大体上有一贯相连之问题，与不断之进步。符号逻辑之出现，所以又表示一新阶段者，则唯在以前之逻辑，虽讨论各种推理之规则、法式、与方法，然此规则法式与方法本身之逻辑的关联，尚未真被逻辑地处理，逻辑地推演而出，并将其如何推演而出，加以充分形式化的表达。而现代之符号逻辑，则为能力求将每一逻辑概念与其定义及推演原则，及推演出之逻辑命题，全幅以符号及符号之变换，加以充分的形式化之表达者。

　　然除此以外，则西方逻辑 Logic 一名之所指，亦有数者为学者所宜知。其一为康德所谓超越逻辑。康德以此名，指吾人对传统形式逻辑中之种种命题或判断（如全称判断，特称判断，肯定判断，否定判断，……等十二判断）所根据之理解范畴（如一，多，有，无等）之一种研究。此实乃一种论一般逻辑之知识论基础之理论。其二为黑格尔所谓辩证逻辑,此乃原于古代希腊之辩证法。在希腊极重辩证法之柏拉图哲学中,辩证法为一种论辩与思想之方法。意在使人由互相问询辩论中,不断反省其所用之名,所说之话之深一层而更能自相一致之意义,以使其思想升进,而达于更高理念之认识者。故辩证法亦即其所谓哲学中之最高部分,为其《理想国》中之哲学的政治家所必治之学。在近代之康德哲学中,又发现在传统之形上学之论辩中,对若干问题,(如宇宙之有边无边,有始无始,或有不可分之部分与否等问题),皆有两面之主张,于此两面之主张,人皆似可由其另一面之不能成立,以肯定此面之能成立。他人又可再由此面之不能成立,以再肯定另一面之能成立。而其结果,则为两面皆似可成立,而实皆不能成立。此即康德之超越的辩证论中之主要论题。而由之以论证形上学问题,不能由纯粹理性加以解决者。至黑格尔则由此以论真正之真理,当为综合一切互为正反之观念思想,以成立者。而此所成立者,乃思想中之真理,亦即宇宙本身之客观之真理。此真理乃实际主宰万事万物之变化者。此种如何合正反以达真理之方法或历程本身,即称辩证法或辩证逻辑。至于黑格尔以后之马克思、恩格斯,则进而以此辩证法本身为社会现象之发展,自然现象之发展中之外在客观的法则;而人之依辩证法而由正至反,至反之反之合的思维方法,亦兼所以使人知此客观外在之法则者。此皆为以辩证法为思维方法,思维历程,并兼为存在历程之说;而合逻辑上之思想方法论、与认识论、及形而上学或自然社会之规律而一之者。

　　此上所谓超越逻辑,辩证逻辑之名,皆主要由 Logic 一字之原于 Logos,而此字原自道或理之义而来。从此义讲逻辑之内容者,在西方现代哲学中,又有如意大利新唯心论者克罗齐之以逻辑为发现纯粹概念之学;此亦即通形上学与逻辑中所包含之"理"之概念,以为论。现代德哲胡塞尔(E. G. Husserl)以 Logic 为论各种逻辑本质或逻辑法相 Logical Essences 及其本质的或法相的 Essential 关系者,亦是远原于 Logos 一字之在中世,通于 Essences 之观念而来。

　　除此以外,在现代哲学中,尚有承黑格尔及洛慈(R. H. Lotze)之逻辑理论,而发展出之英之新唯心论,如柏拉德来(F. H. Bradley),及鲍桑奎(B. Bosanquet)之所持。此派以人之逻辑思维 Logical thinking 可通于形上实在,然逻辑学则只重在说明逻辑思维 Logical thinking 本身之如何进行。故逻辑学仍可不与形而上学相混。但其中如柏拉德来之《逻辑原理》一书，重在论人求知识时之分析综合之活动之相关连，人推理时之如何从事"观念之构造"之说明。鲍氏又自称其《逻辑》书为知识之形态学。此实为合逻辑与知识论而一之者。至于二十世纪又有席勒（F. C. S. Schiller）之应用逻辑（Logic for Use），杜威之试验逻辑（Experimental Logic），皆反对形式逻辑，而注重一切思想之实用意义。杜威之早期逻辑理论，注重思维历程之步骤之说明，而将人之演绎思维与归纳思维之历程，皆融入于一"遇困难而虚提假设，引申涵义，再求证实"之思维历程中而论之。及至其晚年之《逻辑——探究之理论》（Logic: The Theory of Inquiry）一书，则是论一切逻辑思维，皆内在于"人在实际经验情境中，求一观念，有保证之可断定性（Warranted Assertibility）之求知研究之历程"中[①]。此路之思想，实倾向于化传统之逻辑思维为认识历程中之一事。而此认识历程之本身，则属于人之整个生活经验者。此派之说又有连心理学与逻辑（Logic）为一之嫌。遂与柏拉德来鲍桑奎一派之严别逻辑与心理学，并以逻辑思维贯彻于知识历程之中，亦可通接于知识历程之外，以达形上实在之说，又不相同者。

最后我们当略及逻辑哲学之一名。此名不常用，但如吾人前所说之维特斯根坦之《名理哲理论》一书之名，实即涵逻辑之哲学的讨论之意，而属于逻辑哲学。至所谓后逻辑的 Mata-logical 一名，今之一般意义与语法的 Syntastical 同，乃用以指逻辑语法之理论者。然吾人亦未尝不可扩充其义，以指一切对逻辑学本身之一切讨论。而吾人亦有理由以说，凡逻辑本身以外一切对逻辑之讨论与言说，皆属于逻辑哲学中。

譬如吾人以上说，由亚氏至今之符号逻辑，代表西方逻辑之正统，而其余之诸派，皆为混逻辑 logic 于其他之哲学部门者。无论吾人之此言为是为非，皆有种种理由可说。而此类之讨论，不属于任何逻辑之思想系统或符号系统之本身中，即当属逻辑之哲学中。而吾人如不以逻辑与知识论、形上学、心理学等相混，则吾人之进而讨论逻辑与此诸学之关系，或逻辑语言与其他语言之关系，或讨论逻辑语法学，是否在逻辑中，及逻辑与逻辑语法学、语意学等之关系。及逻辑上之真理之最后基础何在？是否在经验上之任意约定，或先验理性，或其他？由此可及于除不

---

① 可参考本书第二部第十七章有关实用主义之真理论。

同之逻辑系统外，是否有唯一之逻辑系统？语言符号表示之逻辑外，有无不能以语言符号表示之思维自身，或逻辑之理自身？及此理与其他理之关系之问题。此皆不在吾人先所指定为逻辑者所讨论之内容中，而可属于逻辑之哲学者。而此外吾人如欲论逻辑本身之价值，及逻辑之可否成为人之思想之规范，如传统若干逻辑家所说，皆可成为逻辑哲学之问题。唯此诸问题，亦未尝不可就其所关连者，而划归知识论或形上学或人生价值理想论中。故此名亦可不立。

第四节　略述印度之因明之特质及
中国之逻辑思想

至于在印度之因明，则其涉及于如何立论以悟他者，皆约同于西方之 Logic 之所论。尼也耶派之因明之五支比量，后经佛教中陈那之改革为三支比量，其结构即略同西方逻辑中之三段论式。但在因明中，结论称为宗，位在前。前提为因，次之。另又有喻，即同类事例，置于最后。西方逻辑三段论式为："凡人皆有死，孔子是人，孔子有死。"依因明之三支，则为"宗：孔子有死，因：以（孔子）是人故。——若是人，见皆有死。若非有死，见皆非人。——喻：如孟子荀子（之是人者皆有死）"此立结论于前，便见印度之因明之重在成立一结论为宗旨。西方之三段论式，立前提于先，以推演结论，结论复可为另一推论之前提。于是吾人可说西方之逻辑，重在次第推演，以成重重无尽之推演历程。印度之因明，则重在成立一颠扑不破之结论。又在亚氏式之三段论式，只将一普遍原理应用至特殊事例，以成一演绎推论，而无"喻"以举出同类事例。在因明则兼有"喻"，以举出同类事例，遂兼涵"由诸同类事例，以转证一普遍原理"之归纳的推论。故在西方逻辑学中之演绎法与归纳法，初为二种推论法者，在因明则合为一[①]，此皆可谓为因明之特色。

复次，印度之因明，尚有一重要特色。即特重视各种"过"之分析。过即西方逻辑中所谓谬误 Fallacies。在西方传统逻辑，其所重者在陈述推论之规则法式，谬误篇并不居主要地位。而印度之因明，则特重"过"之分析，此可说由于因明之用，更见于论辩之中，且重在使人之立论，

[①] 牟宗三《认识心之批判》第二部第一章第一节。

先居于无过之地。而西方之逻辑之用，则虽初亦见于论辩，但后则主要用以推演新知发现新真理之故①。

除因明外，辩证法之运用，在吠檀多之哲学，及佛学中之般若宗中，皆甚重要。印度哲学中之辩证法之运用，重在破而不重立，重"双非""两不"，而不重连正反以成合，此乃其与西方之辩证法不同者。

至于在中国方面，则逻辑之学之发达，似不仅不如西方，亦不如印度。但在先秦之《墨辩》及公孙龙子、惠施、及庄子与孟子荀子及《春秋》之《公羊谷梁》家言中，亦有种种逻辑思想，而其远原，则为孔子之重正名。孔子之正名，原重在说有某名位之人，则当有某实德。此本为伦理意义之正名。由此进一步，则可引申出知识意义上之名，当与所知之"实"相应之思想。墨家则重于不同类之实，以不同之名表之。《墨辩》之正名，遂重名之涵义之确定，使一一之名，各有其义，彼止于彼，此止于此，以"彼彼此此"。而此即通于西方逻辑中之思想律之此是此，而非非此之同一律与矛盾律。而《墨辩》复论种种推类之问题，亦即由一辞以生另一辞之推论之问题。近人之整理《墨辩》，固不无附会之说，然大体而言，此书包涵种种逻辑思想，则无疑义。

除《墨辩》外，名家之公孙龙子有白马非马之论。此为辩类名与种名之差别之逻辑理论，人所共认。孟子之重由同类以论相似，荀子之以类度类，及其《正名篇》之论名与辞及辩说等，亦皆包涵推类之术及如何定名辩实之逻辑思想。唯惠施庄子重天地一体之义，以"类与不类，相与为类"而终归于一超逻辑超言辩之"天地与我并生，万物与我为一""泛爱万物"之人生哲学。

大约以中国先秦逻辑思想与西方印度相较，似其所重者不在演绎与归纳，而在类推，即由一特殊事例之情形，以推同类之其他特殊事例之情形。但对贯于诸特殊事例之抽象普遍之原理或命题之提出，不似西方之逻辑及印度之因明之着重。由此而中国思想长于即事言理，以事喻理，而似略短于离事言理，以穷绎一理一命题之涵义，及划定一理一命题所指之界域。然亦无他方哲学思想之执抽象之理，以推至其极，而归于执一废百，卤莽灭裂之失。

---

① 因明中所谓"过"，不必皆为纯逻辑的推论上之Fallacy，如"世间相违过"，乃违共同经验，"立敌共许过"，乃对彼此共认，不待辩者而辩。

又中国之形式逻辑虽迄未发达，但如辩证法亦为逻辑之一种，则吾人可说，中国人自始即富于用辩证法之思想方式，以认识存在事物、人生事变、及历史之演进。此盖原于中国之《易》教。中国之辩证法之异于西方之辩证法者，在其初不由人与人对辩而后引出。而是由人之仰观俯察天地万物之变化历程之产物，以成为人之独居深念时之一思想方式。中国先哲之依此方式以观事物，不似西哲之重以思想限制思想，而由"正""反"以升进于"合"，亦不似印度哲人之重以辩证法作破斥之用，即不重"双非""两不"；而重在观一切相对而互为正反之事物之循环无端，以见正反阴阳之相生，即正即反、即阴即阳之处。而此种"两即"之思想方式，与中国之宇宙观形上学及人生哲学恒不可分，俟以后之论形上学等时，再及之。

先秦之末，名墨诸家之学即中断。至汉代，董仲舒著《春秋繁露》，重深察名号。但所重者，仍在正伦理政治上之名号。至晋有鲁胜《墨辩》注，申《墨辩》之旨。而魏晋之名理之学之中，亦颇有逻辑思想。然亦无系统之逻辑学。姚秦时鸠摩罗什来华，译《中论大智度论》等，中国人乃知印度之双非两不之辩证法。至唐玄奘窥基，乃正式传印度因明之学于中国。窥基《因明大疏》，卷帙颇繁。而后继研因明学者，更罕其人。然佛经之科判，较中国之经注，更重逻辑秩序。而禅宗之机锋中，则有一特殊型之辩证法之运用①，然昔亦无专著，论此型之思想方法。直至明代耶稣会士利玛窦等来华，国人乃知西方之有名理之学。至清之李之藻译一论亚里士多德式之逻辑之书，名《名理探》，中国乃有第一部西方逻辑书之译本。清末严复译穆勒《名学》，及耶芳斯之《名学浅说》，国人乃知近代西方之逻辑。清末与民国之学者，以对西方逻辑之新知，与中国先秦名墨诸家之名，互相参证，而于断绝几二千年之先秦之有关逻辑思想之论，渐得其解。民国以来，西方之各派逻辑，皆渐输入中国。大学亦以此科之为文法学院之必修科目。虽国人对此学之贡献不多，然中国之学术界，要已接上西方之此学。至于如何由先秦之逻辑思想之省察，以及于中国人之其他之思想方式，思维方法之研究，再及于佛家思维方式之传入中国之历史与影响，及西方逻辑之传入中国之历史与影响，而综述之，以成中国之逻辑思想史，则尚有待于来者。

---

① 牟宗三《理则学》附录传成纶之一文。

哲学之内容一、名理论 甲 逻辑　参考书目

刘奇译　《逻辑概论》　第二章论《逻辑发展之四时期》　J. E. Creighton：Introduction to Logic, ch. 2. 读此文可知西方逻辑思想之发展，至二十世纪初之一段。

J. Passmore：*A Hundred Years of Philosophy*（Wyman & Sons LTD 1957）

第十七章 Logic, Semantics and Methodology 及十八章 Wittgenstian and Ordinary Language Philosophy 对现代西方之逻辑问题及语意学等之发展，有一简明之叙述。

R. Carnap, C. W. Morris and O. Neurath 合编：*International Encyclopedia of Unified Science*, Vol. I. 中第一文 O. Neurath：Unified Science as Encyclopedia Integration.

读此文可知现代哲学之由逻辑分析，以进至科学之统一运动之历史源流。

熊十力　《因明大疏删注》。

吕澂　《因明纲要》。

S. C. Vidyabhusana：*History of Indian Logic*, Culcutta University，1921.

A. B. Keith：*Indian Logic and Atomism.*

前书论印度论理学颇繁，后书只及于尼耶也派及胜论之论理学。

章行严　《逻辑指要》。

此书将中西逻辑合论。本为逻辑概论式之书，但其所述之中国之逻辑思想，较其他近人之逻辑书为多。故可借以为了解中国逻辑思想之助。但此书现不易得。

章太炎　《国故论衡》卷下《原名》。

此文述先《秦》原有之名学问题，其所论者不必皆当。

伍非百　《中国名学丛著》。

此书未全出版。其中《墨辩解故》，曾印行于北平中国大学。其《公孙龙子释》，全部被编入陈柱《公孙龙子集解》中。其余似皆未出版。其每书之自序，曾由著者自印。但今皆不易觅得。

徐复观译中村元《中国人的思维方法》，中华文化教育事业委员会出版。

此书以比较观点，论中国人之思维与如何表达思维之方法之特色。

第四章　哲学之内容
二、名理论　乙　知识论

第一节　西方知识论之主要问题之演变

在西方哲学中，知识论（Epistemology）一名之出现甚晚。此名，始于费雷（I. E. Ferrier）于其1854年出版之一形上学书中。其中分哲学为知识论及存有论或本体论（Ontology）。在德文中同义字 Erkenntnistheorie，则首由德康德派哲学家莱因霍尔（K. I. Reinhold）于1789、1791年之著作中，加以使用。然直至1862年齐勒（E. Zeller）著《知识论之问题与意义》一书后，此名乃流行。此外在英文中之知识理论（Theory of Knowledge），亦即此字之同义字[①]。

在西方之 Epistemology 一名未出现之前，西方哲学中知识论之问题，亦统属于哲学之总名下，或逻辑之名下讨论。而此名之所以成立，使知识论为哲学之一大宗，盖由近代哲学家中如洛克以《人类理解论》名其书，巴克莱以《人类知识原理》名其书，休谟以《人类理解研究》名其书，康德以《纯粹理性批判》名其书以后，及其他现代哲学家特重知识问题之研究之故。

至于西方知识论之历史的起源，此盖始于人自问其何以能认识外物？此问题在西方哲学史中最早之答案，似即为恩辟多克（Empedocles）之以人身体之质素与外物之质素之相吸。后之德谟克利塔斯（Democritus）则又以外物之原子之透入感官，为此问题之答复。然依里亚学派（Eleatic School）则怀疑感官知识之可靠，而主张以纯粹之理性思想为认识宇宙真理之方。希腊自哲人学派中之普洛太各拉斯（Protagoras），又重感觉为知识之

[①]　D. D. Runes：Dictionary of Philosophy, p. 94.

源，并有以个人之感觉经验即真理之最后标准之论。而同时之高吉亚斯（Gorgias），则又主吾人对于在吾人以外之存在，不能有真知，即知之亦不能说之，以使人共喻。此二说皆为以个人之所知，封闭于个人之世界之说。

至苏格拉底柏拉图之哲学，则始于求个人与其他个人可彼此共喻之共同知识。而人之必求共同之知识，与其所以可能，则由人之必用共同之语言，又与人谈话辩论，必求归于一共同之结论，即可足作为一最直接之证明。由共同语言之共同意义之认识，而苏柏二氏遂逐渐发现，建立，普遍之道德观念，事物之类概念，及各种抽象普遍之"形""数""性质""关系"等存在与知识之理念，及"价值理想"与其他有关"政治秩序"之各种理念。而彼等之知识论问题，实不外求真知识之客观标准，以求别于封闭于个人主观之意见之问题而起。由柏拉图之哲学发展，至亚里士多德，则一切真知识所对之理念，皆成为一纯思之上帝心中之普遍形式①。此普遍形式，为事物之存在变化所向往之目标，为人之哲学思维，所欲纯净的，直接的加以观照把握，而亦为人类知识之至高之知识标准所在者。

在亚氏以后之伊辟鸠鲁派与斯多噶派，同重求真知识。前者以知识之源，在个人之感觉经验，而类似普洛太各拉斯之说。后者则溯之于人与自然宇宙共同之理性。其异于柏亚二氏者，在将柏亚二氏之理念与上帝心中之纯形式，再拉下来，以落实为自然宇宙中之理性。彼等之求真知识，乃所以为人生行为之标准。而彼等之知识论之研究之目标，亦即仍在真知识之标准之建立。至于认为此标准之建立为不可能者，则为希腊罗马后期之所谓怀疑学派。

至于新柏拉图派之哲学，则盖由感于人类之一般知识之所能达之境界，尚不足以为人生安身立命之地，遂归于：以超一般知识之神秘的冥想直觉，为达到对宇宙最高真实之知之门。再转手至基督教思想，则以信心或信仰，为达上帝所启示之道或真理之门。至最高之上帝之真理或神知之境界，即不复如亚氏之视为哲学家所可直接参与者，而只为人以其信心与之间接的相连接者。哲学家所能达之真理，即只为次一层之理性范围内之知识。由是而有启示之知识或信仰所对之超越真理，与一般理性之知识中之真理之对立。而中世纪之知识问题，即以信仰与理性之问题为一核心。

---

① 此可参考本书第三部第六章，论亚氏之哲学处。

在理性范围内，中古之经院哲学家，多以亚里士多德为宗。亚氏之上帝观，乃视上帝为永恒思维一切普遍之形式者。故世间各类事物中，所表现之共相，或原型 Archytype，皆在上帝心中，如对上帝为一实在。然此在人之理性思维上，又当如何说？毕竟人是否亦可依理性，而肯定共相或普遍者（Universals）之为一实在？或人只能直接认识个体之事物，普遍者唯存于人之概念之中？或人所说之普遍者，皆唯是一普遍应用的名词，唯所以指诸个体事物者？由此而有中世之唯实论（Realism）、概念论 Conceptualism）、唯名论（Nominalism）之争①。而此中之知识问题之核心，则初盖由人知与神知之对较而生之"人是否亦能如上帝之认识普遍者"之问题而起。而经院哲学中之圣多玛一派，肯定人能以理性认识普遍者，则意在证明人之理性与信仰之可一致。而邓士各塔（Duns Scotus）至威廉阿坎（William of Occam），罗哲培根（Roger Bacon）等重个体物者，则一方视人之理性与人之信仰为相分离，一方以人之理性不能离人对具体特殊之个体物之经验而孤立。由是遂开启近代思想，对于特殊个体事物之经验与认识之重视。

　　西方近代哲学初期之二大支，为英国方面之经验主义（Empiricism）之潮流，及大陆方面之理性主义（Rationalism）之潮流。此二潮流之思想，固各可溯其希腊与中世思想之根源。然此二潮流之重知识问题之动机，并不同于希腊哲人之为求建立与一般意见分别之真知之标准，以为人生之安身立命之地。亦不同于中古思想之由神知与人知之别，及为说明信仰与理性之关连，方引至人之所知者为普遍者或特殊个体物之讨论。此二潮流之兴，初皆纯由于近代西方之欲扩大其知识之范围，建立其知识之确定性，以使人能更充量的具有知识，把稳其知识之如何进行的路道而起。由此而近代之初之知识问题，乃纯为自问：吾人将依赖吾人自身之何种心理能力，根据何种人所必能知或已知之物事，以使吾人之知识之相续进展成就为可能？由是而经验主义之潮流，注重扩大对外在事物之经验（培根），反省吾人由经验而来之一切观念（洛克、巴克莱、休谟），并求对于可能经验者之继续经验（穆勒），而视之为人之知识之无尽的来源与根据之所在。而理性主义者，则或以对理性为自明而不可疑之观念知识，为以后之一切推理之原始根据（笛卡尔、斯宾诺萨）、或以

---

① 参考本书第二部第六章，《普遍者与知识》一章。

思想本身内部之规律、逻辑之原理，为构造世界之知识图像之理性架格（来布尼兹）。由是而知识来源之问题，在近代之知识论中，乃有其特殊之重要性。

　　近代之理性主义经验主义之知识论，至康德而得一综合。康德一方限定纯粹理性之推演所能及之范围，一方限定经验之知识可能及之范围。此知识之范围之如何确定，实为经验主义者之洛克、巴克莱、休谟所先注意之问题。而关联于知识之范围之问题之另一问题，即"人之能知之经验能力与理性能力，及所知之外物或知识对象之关系"之问题。亦即知识界与客观存在界之关系之问题，与由有此关系，而有之知识界之内部构造之问题。而康德知识论之目标，即在指出人之各种感性、理解、理性之能力与其中所涵之范畴之应用范围，以界划出知识之范围，兼表出知识世界之内部之构造者①。而此种对于能知所知之如何互相关联，以形成知识，或知识之构造之研究，则直贯注于今日西方之知识论中。而关于能知之心与各种可能的所知对象之问题，尤为康德以后论知识之构造者讨论之核心。如德之由布伦泰诺（F. Brentano）梅农（A. Meinong）至胡塞尔（E. Husserl），英美之新实在论者批判实在论者，皆为以能知所知问题，为其哲学中心之思想家。

　　另一在康德以后乃凸显之知识论问题，则为真理自身之意义与标准之问题。此中重要者不在问：何为形而上学的真实之理，亦不在问：何为知识之超越的标准——在柏拉图、亚里士多德、及中古经院哲学家，可以理念世界自身或上帝之全知为标准——而在问：吾人自己如何知吾人已得真理，如何知吾人所知者为真？所谓一知识为真，是何意义？或吾人应以何种真理之标准，以评定一知识为真？真理原可谓人之求知识最后所向往之目标，亦可谓知识所实现之价值。而问何者为真理之标准、真理之意义，则为决定人之各种已成的或可能的知识或知识系统之分别的价值高下，与如何加以配合或加以选择者。而此问题之所以在康德以后特为凸出，则盖由各种知识之日益分门别类之发展；各种学说思想日益分歧，人如何加以衡量、选择、融贯之事，日益迫切而来。对此问题，如詹姆士之倡实用主义之真理论，则意在由考察观念或知识之效用结果，以决定吾人对各种观念知识当如何选择者。而承黑格尔之说以倡融贯说

---

① 关于康德之知识论，可参考本书第二部第十章《知识之对象问题》第十一节。

之真理论者,则意在以融贯之理想,求会通不同之思想知识而使之各得其所者,布尔札诺(B. Bolzano)所倡真理自体论,胡塞尔柏格孙所倡之自明说直觉说之真理论,则为重以人反之于心,而洞然无疑者为真理所在。至于重符合说之罗素等,则为以外在于人之客观事实,以决定其主观之信念等之是非者。十九世纪之末以来之西方哲学,对真理问题之讨论之盛,而浸成一哲学之中心问题所在,盖前所未有者也。

由真理之问题相连之一问题,即为语言意义之问题。以一切思想理论、知识系统皆由语言表达,故吾人如欲问一语言所表达者之是否为真,即当先问语言与为其所表达之意义毕竟如何。由是"汝说者为何义"What do you mean 之问题,成为先于判断人所言之是否真之先决问题①。而吾人如欲问人之语言之意义,吾人又不可不先明吾所谓"意义"一字之意义,"意义"一字之所指者如何,及"语言"之一字所指者如何等问题?由是而即通至吾人上已提到之现代逻辑语法学及语意学等问题。而知识论之问题,即若转移至以知人之"语言"之意义,"语言之意义"之意义等为中心。而顺此一往重语言之意义之思维,以代传统之哲学问题者看来,则以前之一切知识论之问题,亦如可化为知"知识论"之一语言所指之意义之问题,或知"真理问题""能知所知关系问题"等等语言所指之意义问题。而一切哲学之思维,似皆可化为所谓"哲学之思维"一语言之意义之思维。此是否真可能,吾人暂不讨论。然现代西方知识论之重语言之意义之思维,亦代表一西方知识论之一发展。

第二节 印度哲学中之知识论问题

至于印度哲学中之知识论问题,自历史上看来,其初之复杂性亦不亚于西方。据拉达克芮希兰(Radhakrishnan)《印度哲学》,论印度六派哲学之共同特质,其一即为各派之哲学,皆以其知识论为其哲学之基础。大约印度哲学中知识论问题之起源,一方由纪元前六世纪别于《吠陀》之宗教思想之耆那教佛教等思想之兴起,对于所谓天启之《吠陀》若干

---

① 路易士(Lewis)谓数十年来现代哲学之一特色,即以 What do yon mean,代其他知识论之问题。见其选载于 Readings of Analytic Philosophy 中之一文。又同书中,Frege 之第一文论逻辑经验论之问题,亦谓主要在问 What do you mean?

教义之怀疑；一面由以后之六派之哲学之重绎《吠陀》之若干教义，加以理论的说明及对怀疑论者之答辩。由此各派之思想之相激相荡，而印度之逻辑知识论之问题，遂皆逐渐引出。

至于印度哲学中对知识论之思想，如与西方相较而论，则其主要之不同，则在印度人素无为知识而求知识，而将知识或一切哲学与生活及道德分离之习。故一切思索之目标，皆不只以成就知识理论，而腾为口说，形成教条为事，而必归于生活上之验证①。此乃与中国之情形，大体相同者。故印度哲学之论知识，亦即大皆悬一在一般知识以上之生活境界，而以对此生活境界中之一种知，为最高之知。此即于一般之理性之知自觉之知外，更肯定一超理性超自觉之直觉或开悟之知；此知乃同于神之知见者②。在西方中古哲学中，因神知与人知为对立，故由神之启示而来之信仰与由人之理性而来之知识成对立。西方中古哲学之核心诸问题，皆由此而来。而在印度及中国，则皆不以神与人，天与人为对立，亦不以人知与神知天知为对立。神知天知，皆人之升进其神明所能达，而亦一种最高形态之人之知之所涵。由此而东方哲学之论一般知识，遂不重以神智为其上限，而是以人之同于神知天知之知，为其上限。此人之同于神知天知之知，乃由人生活上之修持工夫所验证。而其余一切知识之知，亦即为永位于人之生活上修持之工夫之事之下者。

至于克就一般知识之如何成就之内部之问题而论，则因东方之哲学中，素缺西方近代之"人与自然内外对立"之思想，故关于"主观之能知，如何达于客观外物，以使之成为所知"之问题，亦自始不似在西方哲学中之严重。其异说分歧之情形，亦似不如西方。印度知识论之中心问题，吾人可说，乃在知识之来源之问题。其对知识之来源之考察，即所谓 Pramanas 之问题。其究心于此问题之目标，并不在由对此问题之决定，以便得"不断成就扩充知识"之立脚点；而唯是由其对已成知识，作一批判的省察，而遂追溯及其来源，以了解此知识之所以成为知识与其限制，而进以知：人尚有超于知识以上之知与内心修养生活行为上之事在。此可

---

① S. Radhakrishnan: Indian Philosophy, Vol.1 pp. 26 – 27. General Characteristics of Indian Thought, Vol. II. p. 25. 总论六派哲学之共同观念。

② S. Radhakrishnan: Indian Philosophy, Vol.1 pp. 26 – 27. General Characteristics of Indian Thought, Vol. II. p. 25. 总论六派哲学之共同观念。

谓在精神上略近于西方哲学中康德之知识论之所为。

至于就印度之知识论思想之发展而论，则最早之唯物论者喀瓦卡（Carvaka）及耆那教之知识论，盖明显为不信《吠陀》中之天启，为真正知识之来源所在之说者。依《吠陀》之天启说之一义，不仅此天启之真理与思想为永恒，即表此真理与思想之语言声音，亦可为永恒而常住。此即后来所谓声常之论。此思想直影响至后来之六派哲学。如胜论之以声为实体，只由空气传播而实不依空气而自存，及后之弥曼差派及吠檀多派之罗摩奴耶（Ramanuja）之以每一《吠陀》之言，最后皆直指上帝之思想，及印度之瑜伽中之重咒语，皆由此而来。而唯物论者之喀瓦卡及耆那教，则盖为首反对此说，改而直由人之经验理性，以论人之知识之来源者。

唯物论者之喀瓦卡只承认感觉为知识之来源。此颇类似希腊之普洛太各拉斯之说。耆那教则承认感觉之知、推理之知，与可征信之言说，同为知识之来源。至尼耶也派则又加比较，合为知识之来源有四之论。然胜论则只以感觉之知与推理之知为知识之来源，数论与瑜伽派起，则仍加上可征信之言说，合而为三。佛家陈那之《因明论》则只有真现量、真比量方为知识之二来源之说。唯弥曼差派之库麦利拉（Kumarila），则于此三者之外，再加比较及假设及"无体量"Non-Apprehension①，各为知识之一来源。然后之吠檀多派之罗摩奴耶（Ramanuja）又再回至知识之三来源之说。故此三来源说，为印度知识论大体上共许之说。

此外印度知识论之又一重要问题，则为能知之心，知外物以形成知识时，此知识与能知之心之关系，及此能知之心是否亦同时被知之问题。此问题乃以能知之心为中心，而非以所知之对象为中心，亦非以知识本身为中心之一知识问题。在耆那教，以知识为自我之一形态，直接属于自我，而所知之对象则在其外。在胜论及尼耶也派则以知识为自我之一属性，由能知所知相接触而直接产生者。此能知自我之存在，由于事后之内省而知。而弥曼差派之普拉巴卡拉（Prabhakaras），则以在一认识活动中之能知、及所知与知识三者同时呈现，而此能知亦同时为自觉而自明自照Selfluminousness之能知。库麦利拉进而以能知与所知之关系之本身，亦为一内在之自觉之所对。而后之吠檀多派之商羯罗（Samkara）亦承认一能知之心与知识之具此自明自照之性。唯罗摩奴耶以知识之自明

---

① 无体量乃旧译，此乃指对于消极的事实 negative fact 如"无什么"之一认识方式。

自照性，纯由能知之自我主体而来，而此主体亦具有此自明自照之知识，由此而知识即为此主体之一性质①。此即在一更高之义上，回到胜论尼耶也派之以知识为能知主体之性质之说。

至佛家之法相唯识宗之兴起，在弥曼差派前。唯识宗发展至护法，其论能知所知关系，有四分说，于见分之能知，相分之所知外，有自证分、证自证分之能知以统见相二分为一识。此更为以能知之心识为中心之知识论理论②。而唯识宗之转识成智之功夫，则为化除一般有能知所知之分别之认识，以达无分别之智慧之工夫。而此无分别之智，亦即由知识以超知识后之所证。亦为多派之印度哲学之所同向往，而其方法与归趣之境界则不必同，而此亦非吾人之所及论者。

此外在印度知识论，对于普遍之共相与特殊之殊相之问题，亦讨论甚繁。由佛家之无常之理论，发展至唯识宗之刹那生灭论后，则似倾向于只承认有当下之依他而起之特殊事，为实有，而视一切共相之概念，皆可为遍计所执之理论。六派之哲学，对此争辩尤烈③。唯识宗佛学之刹那生灭论及种子之理论，皆西方哲学中之唯名论者所未有。又佛家虽不以共相概念为实法，然亦未否认共相。而此诸问题又皆与解脱之道相连，而非只为一纯理论问题。故此问题，在印度哲学中复呈一特殊之复杂性；非西方哲学史上之所有。

对于印度哲学中之知识论，吾人暂举此数者，以略见其与西方哲人讨论之知识论问题时，用心目标及著重之点之不同。余则非今之所及。

第三节　中国哲学中之知识论问题

至于在中国哲学方面，则我们前已说到，中国哲学之精神，乃重知连于行，且有重行过重知之趋向者。此乃由中国文化自始即重实践而来。故《书经》中传说早有"知之匪艰，行之维艰。"之语。春秋时人虽重智，但《国语周语》仍谓"言智必及事，智、文之舆也。"孔子施教，恒

---

① Hiriyana: The Essentials of Indian Philosophy. p. 13 辨上列三说之异同之际。Radhakrishnan: Indian Philosophy, Vol. II. p. 395 及 p. 410 对弥曼差派论自明之解释，并可参考。

② 印人所著《印度哲学史》于佛学之论述颇为疏略，此乃由佛学典籍多绝于印之故。此须读中国之唯识宗书，乃知其详。

③ Radhakrishnan《印度哲学》一书第 24 页以六派哲学皆反对佛家之流转无常说。

仁智并举，但孔子之所谓智，多在"知人""利仁"方面说，乃以道德意义之智为主。在知识意义之智，则孔子有"吾有知乎哉？无知也。""知之为知之，不知为不知，是知也。"之说。孔子之学是不甚重知识之知的，此前已说过。孟子于此点，亦同于孔子。《大学》言致知格物归于诚意正心，《中庸》言明，则统于诚，皆摄智归德之论。

在先秦思想家中，对知识之来源等问题讨论较多者，为《墨辩》及荀子。对于能知与所知之相对关系，讨论较多者，为庄子。而庄子之思想及老子之思想，皆同有轻知识，而有超知识之趋向。庄子谓"知止乎其所不知，至矣。""吾生也有涯、而知也无涯，以有涯随无涯，殆已。"老子谓"知不知上""绝圣弃智"。此外则公孙龙子之论"指与物"之关系，"目不见而神见，神不见而见离"及"离坚得白，离白得坚"之理论，亦是关于"诸能知"——见，神，——与"能知"用以知"所知"之"指"，及"所知之物与坚白"之关系者。其书虽残佚，而其精微之见，仍不可掩。然先秦儒家发展至荀子，墨家思想至《墨辩》，及名家与其他辩者之兴起之时，先秦思想已至强弩之末。而整个言之，则先秦思想之精神之不在是，亦如其不在逻辑问题之讨论也。

至于由秦汉以至魏晋，在《吕览》、《淮南》、董仲舒、王弼、何晏、郭象、向秀之书中，亦多有论及知识与名言及理道之关系者。然仍不可名诸家为知识论者。惟汉末之王充著《论衡》，其辟虚妄，处处以经验与理性为据，可谓能力求辨知识与意见迷信之别，而其言多可谓为一知识论者之言。下及南北朝隋唐，印度佛学中之法相唯识之论传入，则其中实包涵一极复杂之能知所知关系之理论。唯其归趣，仍在转识成智，以超越于能所分别之一般知识境界之上，此上已说。而法相唯识之学，自慧沼、智周等以后，亦不得其传。宋元以后《唯宗镜录》及《相宗八要》等曾一辑法相唯识家言。儒者中唯明末之王船山，有《相宗络索》一书，述法相唯识之义。直至清末杨仁山，自日本取回已在中国失传之若干疏释法相唯识之书，乃有章太炎、欧阳竟无诸先生之弘扬法相唯识之学，而后此佛家之知识论之要义，乃重为国人所知。

至于在宋明理学家中，在北宋之张横渠与邵康节，为较重自然之知识者。然彼等之观自然，乃重观其变易之方面，而此观之之知，亦必归极于"神化"之知，仍不必为意在成就一一之特定事物之知识之知。在南宋，则朱子为较重格物穷理，以得知识之知者。然其所重之知识，仍偏于书本文字者为多。自整个宋明之学之精神而言，则自张程分德性之知与闻见之知后，德性之知实为各家所共重，而以之统闻见之知者。至王阳明所谓，以闻见之知为德性之知之用，则可谓为宋明理学家言知之一结穴义。吾人通常所谓知识，皆始于耳目对外之闻见，而再继以推理等之所成，即皆只在闻见之知之范围中。而闻见之知之上，则另有德性之知，即道德性之反省与觉悟，以为其主宰或主体，而以此由闻见来之知识为其用；则此德性之知，为一般知识之所不及，而在其范围以外。在西哲所视为知识范围以外者，恒指外物之本身或人外之上帝而言，此可称为人之知识范围之外限。而宋明儒所谓德性之知，在知识范围以外，则唯言其在一般缘于见闻知识之上，而为知识范围之上限而已。

在宋明理学之以德性之知统闻见之知之思想中，其重知识自不如西方，故宋明理学未能促进科学之发达。但此中亦无以闻见之知为虚幻之意。故亦不似印度哲人之多欲求达于一超闻见之知，超感觉之知之一神秘境界，或达于一使此闻见之知，成为无限，而得所谓天眼通、天耳通之神通之境界，或废弃世间之一切知识，而住于一超知识之智慧境界。而此后者，亦宋明理学家异于禅学者之一端。

宋明理学家既亦承认知识之地位，故对于表达记载一切德行与知识之语言文字与书籍，亦加以重视。中国思想中自始固无西方基督教中所谓上帝说出之字 Word 即道之思想，亦无印度思想中之声常论以声之所在即真理所在之论。老子及后之道教以道为无名，无名即 Non-word。此与"字即道"及声常之论正相反。然中国思想中之儒家，亦重名之用与言之用。即老子与庄子之重无名与忘言，而"行不言之教"，"不道之辩"，亦愿"得忘言之人而与之言"。然在另一面，则中国思想不使知重于行，亦不使言重于行，而立言者皆不重言之多与繁，尤不重以言说讲言说，以成无尽之语言串系，如西哲之所乐为；亦不重以言说破言说，如印哲之所为。中国先哲之以语言表达知识与德行，皆以足达意为止，而重言之简。其所赖以补简言之所不足者，则一在以行为代言，一在以他人之善于"听语"能"心知其意""知言"，以知言者所欲达之意。而人能由听语以心知其意，则亦可得意而忘言，以达于知识与德行之共喻，而又共契于忘言无言之境。此即中国思想中，无西方现代哲学中所谓语言分析代哲学思维之偏巨之论，亦无印度哲学中之喜高标不可思议不可言说之境界之倾向之又一故也。

哲学之内容 二、名理论 乙 知识论 参考书目

S. E. Frost: The Basic Teachings of Great Philosophers. 此书第十章 Ideas and Thinking 为对西方知识问题之发展之一最简单介绍, 但与本书本章之着眼点不同, 且所论尤浅。

P. Janet and G. Sealles: tr. by *Ada Modahan*, A History of Problems of Philosophy, 1902, Macmillan, London. 此书顺历史以论哲学问题之发展。其卷一论心理问题中亦包涵知识问题。

W. P. Montague: Ways of Knowing. 施友忠译名《认识之方法》。德文中颇有知识论史之著; 但英文中尚未见。此书乃分西方认识论为六派以论。于各派之历史, 亦随文论及。故今举以为一辅助阅读之书。此外, 读者如欲知西方之认识论问题之发展, 可直求之于西方哲学史, 如 B. A. C. Fuller 之《哲学史》于每一哲学家之认识论或形而上学之主张, 皆分别题目, 明白标出, 尤便查考。又罗素之《西洋哲学史》History of Western Philosophy, 除注意哲学史之文化背景外, 于西洋哲学史中之一时代中之新的逻辑观念及知识观念之提出, 亦特加讨论, 并可作参考。

熊十力　《读经示要》。

此书论德性之知与闻见之知等问题, 可据以了解中国之知识问题。

H. L. Atreya 原著《印度论理学》杨国宾译。商务印书馆出版。

此书名《印度论理学》, 亦涉及印度之知识论, 可由之以得对印度知识论之常识。

M. Hiriyana: Essentials of Indian Philosophy, Allen and Unwin, 1932.

Das Gupta: A History of Indian Philosophy, 5 Vols.

此书论印度哲学之知识论之部, 较 Radhakrishnan 之 Indian Philosophy 一书为详备清楚。后一书乃重在论印度哲学之精神, 及各派之说同原而可贯通之处。其目标是重在为印度哲学在世界哲学中争地位, 而不重印度哲学内部问题之分析, 与各派别之差异之讨论。而此则正为 Das Gupta 之书之所长。

Radhakrishnan 编 History of Eastern and Western Philosophy, Vol. I. London, Unwin, 1952.

此书为印度之学者合著之一世界哲学史, 第一卷专论印度及中国日本东方哲学。第二卷则论西方之希腊, 犹太, 阿拉伯及近代西方之哲学。行文皆浅近通俗。

第五章 哲学之内容
三、天道论——形上学（上）

第一节 天道论与形而上学，存有论或本体论，宇宙论第一哲学及神学之名义

我们现以天道论，概括中国所论玄学、理学、道学之不直接以人生理想价值等问题为对象之一部分，及西方之 Metaphysics, Ontology, Cosmology 及一义上之 Theology。此因中国所谓天道，至少有好几个意义。

（一）天道指上帝之道，如《诗书》中之天，即多指上帝。如"天讨有罪，""天命有德。"

（二）天道指一般所谓感觉所对之自然宇宙之道。此天乃统地而言，如荀子所谓："天行有常，不为尧存，不为桀亡"。此常行中之自然秩序，自然法则，即天道。此天道之狭义，即物质的自然宇宙之道。再一更狭义，即指日月星辰在太空运行之道。

（三）天道指天地万物或自然宇宙万物之所依，或所由以生以变化，或所依据之共同的究极原理，此究极原理乃可在天地万物，自然宇宙之上之先自己存在者。如老子言：道为先天地生，为天地人之所法（"人法地，地法天，天法道"）。庄子以道为"自本自根，神鬼神帝，……生天生地……先天地生而不为久，长于上古而不为老"。《易传》以道为"先天而天弗违"者。《淮南子天文训》论道曰："道始生虚廓，虚廓宇宙，宇宙生气，气有涯垠………"后乃有天地万物云云。后代道教亦有以道为先天地之说，宋明理学中，程伊川则以"所以阴阳"之形而上之理为道。朱子承之，亦以理言道，以生物之本为道，以天地之所由生为天地之道。此皆同以道为天地万物之所依据之根源，而可先于天地万物而自存者之说。而宋明理学中，由此遂有道体之名。

（四）天道指全体普遍之道，《说文》谓"天……至高无上，从一大。"程明道说："诗书中……有一包涵遍复的意思，则言天。"天无所不遍复，亦无所不包涵，一切事物皆在天中。则天道即指全体普遍的一切事物之道。如老子所谓"天之道，其犹张弓欤，高者抑之，下者举之，有余者损之，不足者补之。"此天之道与先天地生之道略异，乃就一切万物所普遍表现或共同之法则言，故韩非子《解老》谓："道者万物之所然也。"

中国后儒之所谓玄学、理学、道学中不直接以人生问题为对象时，所讨论之道，皆不出此几个意义之天道之外。

在西方哲学名词中亦有数名，其所论者，皆不直接以人生问题为对象者。

（一）形而上学。此为 Metaphysics 之译名，乃由"后"Meta 与"物理学"Physics 二字合成。此名原自亚氏后学 Andronicus of Rhodes 于纪元前七十年，编亚氏书时，将亚氏论宇宙之第一原理之著，编次于其物理学之后故名。英人柯灵乌（Collingwood）谓亚氏之形而上学之义，即对一般知识之背后之最后预设者 Ultimate Présupposition 之反省①。此一般知识之最后预设者，即其根本原理或第一原理。但在中世至近代之用此名者，大皆直以形上学为论宇宙之第一原理，或论宇宙之最后诸因，或"一切实有"之学。而形上的 Metaphysical 一名，又恒指超物理 super-physical 超感觉 super-sensible，超现象，而在物理界、感觉界、现象界之后之物之自身 Thing in itself，或物之自体 Noumenon 或实体 Substance 或本质 Essense 之义。大约在西方近代哲学家，自孔德（A. Comte）马哈（E. Mach）以降，至今之逻辑经验论者，所最反对之形上学，皆此义之形上学。在康德黑格尔所影响之新唯心论，及其他之现代哲学家之所谓形上学，大皆指一种对于全体实在之学说〔如在柏拉德来（F. H. Bradley）泰勒（A. E. Taylor）〕，或一种宇宙构造之理论〔如在怀特海（A. N. Whitehead）亚力山大（S. Alexander）〕，或一切具普遍意义而关于宇宙全体之一切思想与研究（如在詹姆士）。因而形上学一名，可概括一切实有论、宇宙论、神学于其中，如德哲泡尔生（Paulson）即持此见解②。

---

① R. G. Collingwood: Essay on Metaphysics, 1940, p. t. I.

② 参看本章附录参考书目。

（二）存有论、本体论。此为 Ontology 之译名，On 即 Being 加 logos，乃论一切存有之理。此与 Metaphysics 之恒被称为论"存有"之学无别。但 Metaphysics 恒有超物理、超感觉，在现象界感觉界之后，而不可直接接触之义；而 Ontology 则可无此义。故西方哲学家有不讲 Metaphysics，而仍讲 Ontology 者。如胡塞尔 A. G. L. Husserl 于其现象学中讲 General Ontology 与 Regional Ontology 而不讲 Metaphysics。哈特曼（N. Hartmann）以 Metaphysics 之问题为不可解决者，实有之可理解之一方面，皆属于 Ontology 中[①]，即其例。

（三）宇宙论。此名为 Cosmology 之译名，其语根 Cosmos 乃指有秩序可发见之宇宙。在西方宇宙论一名恒与本体论，及一义之形上学之名对立，如翁德（W. M. Wundt），温德尔班（W. Windelband）皆列形上学于宇宙论后。亦有以形上学为宇宙论之一部者，如培根（F. Bacon）。但宇宙论之原义，乃指普遍的研究宇宙之原始与其构造之义。黑格尔《哲学大全》第三十五节，以宇宙论为论世界之为必然或偶然，为永恒或被造，宇宙现象之一般定律，及人之自由与罪恶者。但后人多不以关于人之自由与罪恶问题属宇宙论中，而多将时间空间之性质与关系之问题，置入宇宙论中；则宇宙论仍只为研究实际的宇宙之构造之问题者。此可与研究一切存有之本身，或何为真正之存有，或最后实在之实有论或本体论相对，以成为形上学之一部者。

（四）第一哲学 First Philosophy。在亚里士多德曾以第一哲学之名，指研究一切存有之第一原理，根本属性之学，其中即包括神学。后笛卡尔亦以第一哲学之名，指其形上学思想。

（五）神学 Theology。此名在亚里士多德哲学中之原义，为研究宇宙之至高存在之神及其与世界关系之学。但在宗教中所谓神学，则恒指一种特殊宗教信仰中的对神、神人关系及神与世界关系之理论。实则此名，初不涵此义，亦不必涵此义，而只为一论神之存在及其与宇宙之存在之关系之学，而可为一般的哲学或形上学之一部门。

此西方所谓神学 Theology，略相当于我们上所谓第一义之"以天指神"之天道论。所谓宇宙论 Cosmology，约相当于第二义"以天指自然宇宙"之天道论。研究感觉界以上之第一原理之形上学 Metaphysics，相

---

① 德人 I. M. Bochensky：Contemporary European Philosophy，p. 215.

当于第三义"以天道为天之道"之天道论。研究一切存有之存有论或本体论 Ontology，则相当于第四义以天道为全体普遍之一切万物之道之天道论。

至西方 Metaphysics 一名之广义，则可兼通于此四义之天道论。然我们仍译之为形上学者，则以中国《易传》本有"形而上者谓之道"之一语。而在此语中所谓形而上，即由形以及于形之上者之谓。此可专指超于形之上者，但亦可兼指由"形"以及于"形之上"者。一切具普遍意义，而关涉整个宇宙之思想，皆为不限于某一事物本身之特定的现象或形相，而及于形以上者。故西方哲学中本体论之研究一切有，宇宙论之研究整个宇宙之构造与起源，与神学之研究神与世界之关系，皆同可包涵于形而上学中。而此义之形而上学，实西方哲学之核心，乃吾人将各种专门之哲学部门如逻辑伦理学，自哲学分出以后，所留下之哲学本部之所在。故詹姆士于其《哲学问题》一书视形上学即哲学①。此上为天道论或形上学之名义。下文当略述西方及印度中国之形上学之历史发展。

第二节 西方上古及中世之形上学之发展

关于西方形而上学历史的发展，我们可以说其与西方之哲学俱始。因希腊哲学中，最早之米利逊学派 Milesian School，即是以宇宙万物，所由构成之共同之质料，为中心问题。而赫雷克利塔（Heraclitus），进而注重万物之变化与其中之道。至依里亚学派，遂纯依理性，以将宇宙之万有合为一"大有"Being 一"太一"One，并论动与多之不可能，而以动与多之现象为虚幻。此亦即正式划分真实之形上界与虚幻之现象界之哲学。故此派之帕门尼德斯（Parmenides），被黑格尔视为第一个以思想把握普遍的"有"之哲学家。及至恩辟多克（Empedocles）于地、水、火、气之物质质料外，兼重爱、恨二力，而不可见之力之观念乃被重视。辟萨各拉斯（Phythagoras）以数说明万物，兼视数为实在之形上事物，遂又有形上的数理世界自身，与地上之事物世界之分。而辟萨各拉斯派之哲学及宗教性之生活，亦即欲人由地上之世界，经数理天

---

① W. James: Some Problems of Philosophy, p. 27.

文之认识,及其他生活上之禁戒,以求灵魂之超升,而入于另一彼界者。以后之安那萨各拉斯(Anaxagoras)哲学之贡献,则在承认一内在的主宰万物之目的性原则,或宇宙灵 Nous。原子论者之德谟克利塔(Democritus),则为开始建立一机械必然之宇宙秩序观;以由不可见之原子,在空间中之盲目的勾连冲击,以说明万物之所以形成与运动变化者。足见希腊之早期之自然哲学,即已将影响及西方数千年之科学及形上学思想之质料,力、变、不变,有、无、一、多、原子、空间、数、机械必然及目的之观念,全部加以提出。

在希腊之哲人学派,一方传授知识,一方亦反省知识之主观心理之根据,并怀疑知识之客观限效。至苏格拉底,则尝谓其兴趣主要在人生,而不在自然之林野。然其一生之人格精神,则表现一对超感觉、超形骸的人生价值与精神生活之肯定与信念。由此而彼虽不多论形上学,而实以其生活,展示一形上世界之存在。由此而其弟子柏拉图,乃透过人生价值之概念,如至善至美等,并综合其前之各派哲学中,所提出之哲学观念,再引而申之,触类而长之,在西方哲学史上第一次构成一涵盖万方之哲学系统。其哲学中之形而上学思想,除散见于其各《对话集》者外,其运用反复推演之辩证法,以讨论各抽象普遍之范畴,如有、无、同异之涵义及相互关系者,为《帕门尼得斯》Parmenides 一篇。而运用其诗人之想象力与概念之组织力,而透过神话之体裁,以说明宇宙之构造者,为《提谟士》Temeaus 一篇。在此语录中,柏拉图述理念世界中之至善与其理念,如何透过造物主 Demiurge 对宇宙之数理秩序之经营,以化出宇宙灵 World Soul、各种理性的灵魂,非理性的灵魂,及其他自然万物;而以宇宙中之无定限无任何规定性之有而非有之纯物质,为此依于理念之实有而有的,宇宙之秩序之承载者。吾人将不难于此一大玄想所构造之目的论的宇宙观中,看出希腊哲学中之物质观念,数理观念,太一,与万物之多,真有者,非有者,变者与不变者之观念,交关互织,而融成一系统。而以后之西方形上学之问题,与思想,亦皆多少导原于柏氏之哲学。故怀特海尝谓整个西方哲学,皆柏拉图之注释[①]。

[①] 关于柏氏哲学之理型论及亚氏之哲学之若干观念,可参考本书第三部第六章理型论及第七章有神论。

亚里士多德之哲学,由柏拉图出,而又与之相异。吾人可谓其异同之际,主要在亚氏之将柏氏之造物主 Demiurge 与宇宙灵 World soul 合为一上帝 God。由是而将其为造物主所效法之理念世界,与其中之至善之理念,及其所经营之数理秩序,皆一举而化之为上帝所永恒的思维之内容,即纯形式。而一切上帝以外之存在物,即皆为兼具物质性与潜能,以分别向往为上帝所思维之种种形式,而各有其自身之形式者。吾人可谓亚氏之宇宙观,有似将柏氏之《提谟士》中之宇宙,由两头向中间加以压缩,以构成之一"概念之界域分明,可为人之纯理智所加以把握"之一宇宙观。

在此宇宙观中,一切柏拉图式之理念,皆化为形式,而附属于上帝之实体,与其他存在物之实体者,由此而实体 Substance 之概念,在亚氏之系统,成一中心之概念。此乃以前所未有。再由亚氏之逻辑,亦以实体属性之概念为中心,而其实体之观念,对西方后世哲学之影响,遂至深且巨。此毕竟为亚氏之功或其过,则未易论。

柏亚二氏之思想固不同,然皆同着重由对于人心或人之思维自身之反省,以开形上学之门。至亚氏以后之伊辟鸠鲁,斯多噶二派,则在整个哲学精神上,皆为较重人生哲学上安身立命之道者。而在形上学中,则在根底上,皆为自然主义或唯物论。此乃由彼等之建立其形上学,皆主要在:本感觉以外望,而观自然,于是无论如伊辟鸠鲁之以自然为盲目原子之运动,或如斯多噶之由自然之秩序,而知自然中之有理性,皆在根底上不能脱于希腊古代之唯物论传统之外。

至在希腊罗马末期之新柏拉图派之哲学,及基督教之神学与哲学,则为向超自然之太一或上帝本身企望向往,而加以思索者。由此而人遂有对超感觉之世界,形上之世界,有一绝对的肯定与信仰。在希伯来之宗教传统中,上帝原为以意志为主之人格神,亦为创造天地,在天地未有之先,即已自有自存者。由是而生之上帝观,遂为原则上异于亚氏之纯思的上帝,亦异于斯多噶之物质宇宙中之上帝,而较近于柏氏之造物主。其不同者,唯在此上帝之神智或神意本身中,即包涵法则与道,而能自无中造世界,不似柏氏之造物主,似尚须仿效于至善之理念,并待于纯物质为接受者,乃能施其创造经营之事者耳。

在希伯来之宗教传统中,因特重上帝之在天地先之自有自存,及由无中创世界之诸义,故世界与上帝,自然与超自然之对较,在后来之基督教之思想中，遂特为凸出。而以在世界之先而超越于世界之上之上帝观念为背景，世界整个人类之历史与其命运之问题，亦特出凸出①。此即为奥古斯丁（Augustine）前后之时代，基督教之神学及哲学中之一中心问题。如人类之如何降生，如何犯罪，耶稣之如何化身为人赎罪，如何再来，皆为原始基督教念兹在兹之问题。而此问题所涵之形上学兼神学之问题，则为上帝之计划如何？人之堕落由何而来？人之意志之自由，与上帝计划之必然，如何相容？上帝之道之化成肉身之耶稣，以施其救赎计划时，耶稣之人性神性之关系如何？上帝与上帝之道及被差遣以遍化世人之圣灵之三位，是否为一体？如何为一体？等问题。此诸问题，在中古时代之教会，经历次会议以一定之答案为教条后，持异议者即被视为异端而被放逐，于是亦渐不复成讨论之中心。而后之神学哲学之问题，即转为上帝存在之论证之问题。对上帝心中之普遍者，与一切人所思之普遍者，人是否真有理由肯定其为实在之问题，及神之本性毕竟以理性为主或意志为主之问题。而此中除第二者兼属于前所谓知识论之问题外，对第一问题有安瑟姆（St. Anselm）与圣多玛（St. Thomas）之说之异。对第二问题有邓士各塔（Duns scotus）派与圣多玛之争。而此中古哲学中神意与神智问题之争，又贯于人之意志与理性孰重，意志之信仰，是否须与理性结合，及人之意志是否自由之问题；而直过渡至近世哲学中对人之灵魂、人性、及人心之能力性质之讨论者。此诸问题，则在形上学与伦理学之交界处。

　　大约西方中古之思想，乃自宗教上之超神论之信仰，及力求理性之思维，合于启示信仰之辩神论者之哲学及教父哲学始，而以十三四世纪邓士各塔、威廉阿坎（William of Occam）之分离信仰之事与理性之事之思想，及十五六世纪之尼古拉库萨（Nicolas of Cusa）（1401—1464）布儒诺（Bruno）（1548—1600）之以神表现于无限之世界中，而以无限之世界即神之泛神论终。而近世西方之形上学，则是人之只凭其经验理性，以求认识此直接呈现于人前之世界之整个构造或存在本体之产物。于是其涉及于神之问题者，亦非复主要在如何由神至世界之问题。而唯是在此世界是否尚可纯以理性，推证其有神，或依何种一般经验或宗教经验，

---

① Windelband 之《哲学史》英译本 pp. 255—262，即以重此人类之历史哲学之问题，为中古思想之异于希腊哲学之一极重要之点。

而可肯定有神之问题。因而神之存在与否，神之本性毕竟以理性为主或意志为主，皆非复必为一形上学之核心，而关于神之关系，与由此关系而生之关于人意志自由之问题，在近代，亦为人与自然关系如何，及人在自然科学知识所知之必然的自然律之下，如何仍可有自由之问题所代替。此乃西方哲学之又一划时代的转向，及毫无疑问者。

第三节　西方近代形上学之发展

在西方近代之科学与哲学之宇宙观中，实体及关系，物质世界与数理秩序，个体事物与普遍者，实同样重要。此中实兼涵亚柏二氏之思想中所重之观念，而贯彻于一般所谓本体论中之一元多元，唯心唯物等问题中；而又连接于中古哲学之世界观者，则为如何说明世界之"各种存在事物与其不同性质"之形成一存在之大链索之问题。

现代美哲洛夫举氏（A. O. Lovejoy）曾著《存在之大链索》Great Chain of Being 一书，谓西方哲学中自柏拉图以来，即有一存在之大链索之一观念。此观念，即一宇宙之无数之存在，连成一由低至高之串系之观念。此观念，在柏拉图亚里士多德思想中已有之。而在中世纪思想中，由人至上帝间之天使之串系，即为弥补人与上帝间之距离，而构出之存在串系，以形成一宇宙之存在之大链索 Chain 之完满的图像者。而此种世界之必为一如此连续之一存在之大链索，中间不容有裂痕之思想，直贯注近代之笛卡尔、来布尼兹、斯宾诺萨及席林以下之思想中。

吾人于此可进而说者，则吾人可谓：当中世之以上帝为存在之大链索之塔顶之思想，为上文所提及之尼古拉库萨、布儒诺之泛神论之思想所代后，近代哲学之中心问题，即逐渐化为如何说明此平面的世界中之事物，如何互相关系连续，并互相规定决定，以成一整体之世界之问题。而近代之物理科学，及康德以前之理性主义哲学，于此所用以构成如此之整体世界观之新的思想工具，则为说明存在物在时空与运动中之连续与无限之近世数学，而由此数学所成者，则初为科学的、平面的、齐同的、决定论的宇宙观。此种决定论之宇宙观，存在于伽利略牛顿之物理学思想中，存在于笛卡尔所谓心灵以外之物质世界观中，存在于斯宾诺萨之一体平铺的上帝即自然之思想中，亦存在于来布尼兹之依上帝之预定的调和所决定之单子之关系论中。而与此种思想相对应而生之人之自由之问题，即或归于根本否定人之自由之存在，或在此决定论之宇宙观中，同时为人与自由留地位，或置放此自由于主观之经验中，浪漫的诗人情怀中。或于此科学的决定论的世界之外，另肯定一道德之世界、形上之世界、或生命之世界，有机之世界，或未来之世界，或潜在可能之世界，或偶然之世界，或内在的主体世界，以为此"自由"谋一安顿之所。此问题亦可称为贯于西方近代思想之各派之一问题①。

在此种以近代之科学宇宙观为背景之近代西方形上学思想中，大陆之理性主义者，由笛卡尔、斯宾诺萨至来布尼兹为一路。彼等皆同以建立一在理性上为必然的决定的世界观为目标，唯或多少兼为上帝或自我之自由留地位者。而彼等之形上学之思索，则集中于上帝与人内部之心灵及外在之物之关系之问题，而至此派之殿军吴尔佛（Wolff），遂定理性的神学，理性的宇宙论，与理性的心理学，为其所谓哲学之三大部门。

但在英国之经验主义之哲学传统之发展，则为由洛克之以外物之为不可知，至巴克来之以外物之不存在，至休谟之以我与外物之本身皆不可知，而成就一形上学的破灭论。适与理性主义者之重形上学之建立成一对照。

至于所谓兼综理性主义与经验主义二流之思想之康德，对形上学之观念，则在其《未来形上学导言》及《纯理批判》等书，尝以为可成为知识之形上学，唯限于对知识所由构成之先验范畴之反省之形上学；而对吴尔佛（C. Wolff）所传之理性的神学，与理性的心理学，与理性的宇宙论，则以为此皆不能真成为知识者。在知识范围中，一切之上帝，自我，宇宙之形上学观念，在康德视之，皆惟所以轨约、引导人之知识之进行者。人如视此诸观念，为指本体界之存在的物之自身，求对之有知识，而所作之种种思辨，皆只有训练吾人之理性之运用之价值。而其训练之归结，则为人之自觉的了解，人本不能由纯粹思辨理性以探形上实在之门②。人唯当由道德理性，以认识真正之超感觉现象之世界，以达于

---

① 参考本书第四部，第六、七章《论意志自由问题》。
② 上述一段话初学或不易解，可参考本书第二部第十章第十一节，第三部第十七章第四节，及其他哲学史。

吾人之内在之本体界，而由自命自定之道德律之实践，以归于意志自由，灵魂不朽，上帝存在之设定（Postulate）。而康德遂可谓在纯粹理性以外，由道德理性以另开一形上学之门者。

　　在康德以后之形上学之一大宗，为由康德之批判精神，再转而重视玄思之构造之菲希特、黑格尔等之客观唯心论或绝对唯心论。此乃由康德所论之实践理性及纯粹理性内部之辩证现象，以再进一步，而以此实践理性统纯粹理性，或纯依辩证法而发展之理性，以达形上实在之形上学。此路向之哲学，在黑格尔死后，虽衰落于德，而流风则正面或反面影响及于英美法意之新唯心论之形成。而普遍自我，绝对精神、绝对经验、绝对理性，则为此一派哲学，用以包涵知识世界自然世界之形上学的归宿概念。

　　康德黑格尔之哲学，为西方近代哲学之一分水岭，其前之各派哲学之问题，皆汇归于彼等之哲学心灵，而以后之哲学，殆皆多少由彼等之一端，或对彼等思想之反对而出。其中之彻底反对一切唯心主义，依据自然科学之结论，而以物质能力为唯一之实在者，为十八九世纪之唯物主义之思潮。其顺休谟之经验主义，及康德对形上学之批判，而主人之知识，只能及于现象之世界，或可实证之事物者，为实证主义与不可知论。其不由理性与道德意志，以开形上学之门，而唯由人之现实的意志欲望之表现，以探形上的宇宙之生命意志之本体者，为叔本华、哈特曼（E. V. Hartmann）。而德国十九世纪末之新康德派，无论西南学派与马堡学派，皆为复兴康德之批判精神，而重价值规范之普遍有效性者。至于洛慈（R. H. Lotze）翁德（W. M. Wundt）则皆重科学知识之综合，而仍归至道德的唯心论之肯定者。至于英美之人格唯心论，则为反对绝对唯心论之以一"绝对"吞没一切，而忽个体之人格心灵之实在性者。美之实用主义者，则为兼承康德之重实践理性，英之经验主义，功利主义精神，及近代科学中之进化论思想，与逻辑上之机会偶然之观念；以论过去之可变，未来之非决定，及人生前途宇宙未来之为开展的，未决定的，而可容人之创造者。至如柏格孙之生命主义，则为更重宇宙之创造的进化，而由之以证生命之自由性者。至于当今之各种带柏拉图主义之色彩之新实在论，与重突创观念之新型之自然主义，则皆为反对绝对唯心论之主观主义色彩，及缺进化观点而生。今之存在主义哲学家，如海德格（M. Heidegger）之欲由对"实有"开朗以创一新本体论 Ontology，耶士培（K. Jaspers）之欲由人生存在之照明中，显超越者，皆有形上学之思想。而存在主义之开创者杞克噶之思想，则一方由反对黑格尔之只重非存在的客观普遍之真理，而忽主体之存在之真理而生。由此而康德黑格尔以后之各派哲学，均可谓多少受康德黑格尔之哲学之正面或反面之影响者。

第六章 哲学之内容
三、天道论——形上学（下）

第四节 印度哲学中之形上学精神

关于印度之形上学问题之发展，吾人不易作提要之叙述。近年印度及西方与日本之学者，对印度哲学之历史研究，所下之工夫固不少，亦有种种印度哲学史之有名著述出版。然吾人对印度思想之发展之认识，仍不足。大体而言[①]，吾人于印度思想之发展，可分之为四时期：一为吠陀时代。约由纪元前二五〇〇至六百年。四吠陀为印度原始之宗教文化之结集。由吠陀之本集Sanihita，发展为《梵书》Bramana及《奥义书》Upanisade，即包涵种种深厚之哲学思想。二为史诗时代。约由纪元前六百年或五百年，至纪元后二百年，此时之若干印度思想，则透过文学中之伟大的史诗等而表现，佛教耆那教及唯物论者皆起于此时。第三期经书Sntra时代，约当基督教之初期，六派哲学于此时，皆次第具体形成。第四为学院派时代。由第三世纪至十六世纪，此时为各学派之注释性著作不断堆积，而各学派辩论最多之时代。但由对印度《奥义书》之注释，而产生之新吠檀多学派，如商羯罗、罗摩奴耶、马德哇（Madhva）之哲学，亦在此时兴起。此中第三四时代，乃印度哲学思想中，最重要之时代，然此中之各派哲学，如何相激相荡，以次第生出之迹相，实远不如同时期内之西方之哲学发展之明朗。此中之主要理由，如印度之文化初不重历史，其哲学宗教之精神，自始为一超一般历史观念的。此一点，除为印度哲学之历史发展不易清楚把握之理由外；亦为印度哲学最富形

[①] 关于印度思想四期之分依Radhakrishnan与Moore所编Source Book in Indian Philosophy 导言。日人木村泰贤《印度哲学宗教史》主分七期，程观卢译本二十八—三十一页。

上学精神之理由，并可为我们论印度形上学时，何以可不必特重其历史之理由。

　　何以说印度宗教哲学精神为超一般历史观念的，亦即为最富形上学精神的？因我们可说形上学之对象，理当为来布尼兹及罗素之所说，乃以一切可能之世界为对象者。形上学的哲学家亦当如苏格拉底所谓为"一切时代之旁观者。"或如斯宾诺萨所谓"自永恒观点看世界者"，最高之宗教之目标，如在求整个世界之得救，则一切人以外之存在，如众生，或一切地球以外之其他世界，亦同在应得救者之例。因而依人之形上学的宗教的精神，即无特殊注意此地面上之人类之历史之必要。而印度哲学宗教之皆喜言整个世界之成毁，是为一劫，而世界有无量劫①。佛学更动辄言恒河沙数之世界，三千大千世界等，是即将地球上之人类之历史之重要性减轻。由此观点去看西方之哲学与宗教中之自希腊至中世诸观念：如"地球中心"之观念，"上帝于某一定时期造世界造人"之观念，"上帝特化身为耶路撒冷一木匠之子耶稣，以救赎世人"之观念，"世界末日随时可到，而耶稣将来此世界作最后审判，以后，人类即分入天堂地狱，不再存在于地上"之观念。即皆可谓西方人之只局限其注意力于人类之历史，而原于西方人未能将宗教精神，形上学精神，充量加以开拓，自永恒观点以思一切可能的世界之故也。

　　与印度之哲学宗教之超一般人类历史的精神相连者，为印度哲学宗教中之着重人或其他有情之现实情状，所根源于其无尽之前生之历史者。此即印度宗教中所重之业 Karma 之观念。业由任一有情无尽前生之历史之集结所成，而存于此当前之有情之生命之内，主宰此生命史之进行者。由业而有轮回②。故业为一形上学之观念。而与此业之观念相联者，则为吾人之缘业而来，对世界之种种之错误的认识，而使世界之真相为虚妄 Maya 或无明 Avidya 所掩盖之思想。由此而人遂必须由此种种虚妄解脱，而破除此无明，乃能了解世界之真相。而世界真相，在未被了解之先，亦即为如潜在于此一虚妄或无明之后，而纯

---

① Radhakrishnan：Indian philosophy，Vol Ⅱ．pp. 26、199 以此为印度各派思想所共许。
② Hirayana：Essentials of Indian Philosophy，p. 46 论印度哲学之第一特色即为业 Karma 之信仰。由业而有轮回。据高楠顺次郎及木村泰贤《印度哲学宗教史》第二篇《轮回说之起源》，谓此说形成于《奥义书》时代。然渊源则可溯至梵书时代云。

为一形而上者。

上述之重由虚妄中解脱之思想，直根于吠陀及《奥义书》等诸圣典，在此诸圣典中，即已谓此解脱后所达之境界，为一种忘我的欢悦，而同时与梵天之大我冥合之境。人如欲求达此境，或达此境后，人皆可有对此境界之赞美、歌颂等。故此诸书乃兼文学、宗教及哲学者。而其后之所谓六派哲学，皆由欲说明其中之所言者之某一方面，或反对其所言者之某方面而生。此与希腊哲学初乃离固有之民族宗教，而在殖民地独立发展，唯在辟萨各拉斯及柏拉图思想中，乃与希腊之宗教及神话相结合者，实大不相同。

第五节 印度各派形上学之分野

除印度传统之原始的宗教哲学思想外，海芮雅纳（Hiriyana）于《印度哲学要义》Essentials of Indian Philosophy，分印度之各派哲学为四组①：一为耆那教；Jaina 及佛教；二为胜论 Vaisesika 及尼耶也派 Nyaya 即正理派；三为数论 Sankhya 及瑜伽派 Yoga；此皆在原始之印度思想外别立门户者。而只以发挥原始之印度圣典中之思想为事者，则为弥曼差（Purva Mimamisa）及后之吠檀多派 Vedants，此合为一组。除尼耶也派之主要贡献在知识论，瑜伽派之主要贡献在修持方法外，兹将其余各派，略加简介如次：

（一）耆那教。上述诸派中，耆那教为由古至今尚存之一非吠陀的教派，释迦佛初实受其影响。此教派拒绝以动物作祀神之用，并素食，亦不信宇宙有一至上之神。而信精神与物质皆无始无终之存在，及人之业识之自己流转。在印度之宗教哲学之传统中，大皆以业识为非物质性的；耆那教则以之为含细微之物质性者。耆那派亦承认物质宇宙中原子之存在，并以为人欲求知形上实在之何所似，则有七步骤以思维之：一可能如是，二可能不如是，三可能如是又不如是，四可能是不可表示，五可能存在而不可表示，六可能不存在而不可表示，七可能存在又不存

---

① 自 Maxmuller 之《印度六派哲学》以降，西方及日人皆有印度六派哲学之说 Dasgupta 及 Radhakri shnan 之书，分论六派哲学及耆那教与佛教。梁漱溟《印度哲学概论》，则又益以若提子为主自然解脱论者，此乃唯见于中国佛经之外道之说。《印度哲学概论》二十一页。

在，而不可表示。此种可能说之理论 Doctrine of Maybe，乃兼以肯定、否定、不可表示等，论形上实在之思想方式，即为一具代表性的印度式之言说与思想之方式，而亦为佛教之所用者。

（二）胜论之哲学为多元论，乃承认宇宙由原子（中国旧译极微）构成之说，而带更多唯物论之色彩者[1]。印度之唯物论者，据中国佛典所载，有水论师，以水能生万物，亦有火论师，以火能生万物，又有空论师，以空能生万物，此与希腊哲学中之泰利士、海拉克利泰及安纳克塞门斯之说略同[2]。大约至喀瓦卡，乃一方主人之知识，只以感官知觉为来源，一方以宇宙由地水火气四物质之存在结合而成，此即近希腊恩辟多克之说。又在《奥义书》，曾以"空"为宇宙五元素之一。据中国佛典所载之外道说，又有方论师及时论师，以一切物由方（即空间）或时间生，故在胜论与尼耶也派所谓九实体中包括地，水、火、风、空间（旧译方），时间，Akasa[3]（旧译空），自我，及末那 Manas（执我识），并以人之感官认识，皆须透过一内在之末那，而后可能。是见胜论之唯物论之色彩，实不甚浓。又胜论论事物之范畴，除正面关涉存在者有六，即实体 Dravya，性质（德）Guna，动作（业）Karma，总相 Samavaya，别相 Visesa，普遍性（旧译和合性）Samanya 之外，并有不存在 Abhav 之范畴。而不存在有四种，此派中之言末那，及以时空为实体，及重论不存在之范畴，皆为能代表印度思想之特色者[4]。

（三）数论。为印度哲学中之大一系统。此说之特点，为自性与神我之二元论，有似笛卡尔之说，而又不同。因笛卡尔之心与物，仍由上

---

[1] 据梁漱溟《印度哲学概论》六十五—六十六页。

[2] Radhakrishnan: Indian Philosophy, Vol. II. p. 202 论印度胜论之原子论与希腊之原子论之不同，谓希腊谓 Democritus 以原子只有量之差别，而归一切性质之差别于量之差别。又 Democritus 与 Epicurus 皆以原子之根本性质为动，且以灵魂亦由原子而成，胜论之 Kanada 则以原子有性质之差别。又其性质初为静，且分别灵魂原子与物质原子之不同。

[3] Akasa 英文或译为 Ethe，乃遍满一切处，以成为一传声之媒介者。

[4] 印度各派哲学中，对"不存在"之讨论，皆有莫大兴趣（Dasgupta: A History of Indian Philosophy, Vol. I. p. 355），故几均有"不存在"或"空"之范畴，而以之说明世界。此亦与印度数学中有"零"之观念有关。印度科学家诸数学中之"零"为印度人所发明（A. N. Singh: Scientific Thought in Ancient India，论 Mathematics 之部。见 History of Philosophy Eastern and Western, Vol. I. p. 432.）西方在希腊罗马思想中，皆无"零"之观念，后阿拉伯自印度传入"零"之观念于西方，乃有近世之数学。按斯宾格勒于 Decline of West 中，亦谓"零"之观念对西方近代思想之影响至大。

帝创造。而数论之上帝，则只为诸神我之一①。神我与自性，皆无始无终，而另无创造之者，此为一种西方哲学中所无之二元论。

数论所谓自性 Prakti 为世界第一因，包涵三德 Gunas，即智材 Sattva（喜）能材 Rajas（忧）与质材 Tamas（无感）②。除神我外一切事物，皆由之而来，一切事物在未实际存在之先，即已存在于自性之中。故此说可称为因中有果论，而与尼耶也派、胜论派之"以果由因集合而成而与因异"之因中无果论者异。而此因中有果或无果，亦为印度哲学中之一重要问题，乃由印度思想之重反溯存在事物之潜在的根据而来者。

数论以世界原于自性，由自性所生者，首为理智 Intellect 即 Mahat，其次为个体化之原理，即我执 Ahamkara ③。由我执而有感官及粗细之物质等，合以形成世界。此所谓自性，有类于西方哲学中之宇宙的实体。然在数论，则于自性以外，另立神我 Perusa④。以神我与自性较，自性为动的，不断创生变化，而显为各形式之物的，而神我之本身则为静的，超于一切创生变化之事之外的。神我为一纯粹之能知能见者，或一纯觉，此纯觉中之一切印象观念，皆为夹杂由自性而来之物质成分者。此纯觉，如不假借缘于自性而来之内在的或外在感官等，以与外物相接，亦不能实有任何之思想与意志。由此二者之结合，前者静观，而后者盲动，则神我将感一不自在，而觉为自性之所束缚。由是而神我必须求自自性之束缚解脱。而此中之工夫，则要在人能如实知世界，并知世界之原于自性，而进知自性之别于神我。人真知自性别于神我，则神我可回到其自己。而此真知，则人在今生之所能达。由此真知，人复可知由自性化生之自然世界，存在之目的，即在其最后之销毁。

（四）弥曼差派（Purva-Mimamsa）与腾论之思想有相近处，即皆带多元的实在论的色彩，而信灵魂之多，与物质的基本质料之多。然此派于胜论之诸范畴中，只承认实体、属性、活动、和合性（普遍性），与不

---

① 数论分二派一为有神数论，一为无神数论，梁漱溟《印度哲学概论》谓应以无神数论为正宗。Dasgupta 之 A History of Indian Philosophy 论数论，亦重其为无神论之义。有神数论发展为瑜伽派。

② 旧译勇（智材）尘（能材），闇（质材，指无明之障）。

③ 中译《金七十论》译作我慢。

④ Perusa《金七十论》译作神我，今沿用之，实则译为纯我更佳。Dasgupta 以 Perusa 为绝对的纯意识（Absolute Pure Consciousness）A History of Indian Philosophy, Vol. I. p. 238.

存在之五范畴。此派又以实体、属性、特殊者与普遍者间之关系，乃异而同之关系，（Tadatmya 即 Identity in Difference 之关系。）此与耆那教及数论之重异中同之思想相近，而与胜论之以异者即为定异之说不同者。

其次，此派于胜论所谓实体中，又另加二实体，一为黑暗，一为声，此即声常论之哲学也。

又此派对胜论之原子论，亦有所修正。因原子可分，则原子非真为原子的。而对自然之观念，则此派不以知识为自我之属性，有如胜论所说，此前已及。又在胜论尚承认一至高之自我，即上帝，位于一般自我之上。弥曼差派之库麦利拉（Kumarila）则不承认上帝，而且以业说明宇宙。宇宙无创造者，而为自存者，亦无始无终者。又在此派，对普遍者分为二种：一为诸不同事物之共同者，一为贯于一事物中之普遍者，此后者颇有似于西方哲学中之具体共相之说。又此派以一切事物兼有其积极性质与消极性质，吾人必须兼以其积极性质与消极性质之全，规定之，乃能对事物有全体之知。

此派不似尼耶也派及瑜伽派 Nyaya-Yoga 之以吠陀所言之为真之根据，在其为天启。因此派不信天神。此派以吠陀所言之为真之根据，乃在其自存而永恒者，亦不必直照文字加以解释，而可加以自由的解释者。

又此派中之库麦利拉（Kumarila）在认识来源论中，特提出"无体量" Non apprehension（Anupalabdhi）一种认为消极的事实 Negative fact 之认识机能，此前文已论及。此虽为此派中之普拉巴卡拉（Prabhakara）所不承认，然彼仍承认"相互之不存在"之一观念。

（五）吠檀多派（一）近绝对唯心论者。

肯定吠陀之思想，除弥曼差派外，为吠檀多派。此派之重要人物，一为近绝对唯心论及神秘主义之商羯罗（Sankara），一为近有神论者或人格唯心论者之罗摩奴耶（Ramanuja）。商羯罗以前之吠檀多哲学家有巴普拉盘卡（Phatnprapance）。以大梵为世界一切差异之统一者，一切差异初乃隐含于统一中者，后乃由之而发展出。此说颇似数论以自性为万物之源，唯以自觉之大梵，代不自觉之自性而已。依此说，自我由大梵生出后，再得解脱，亦并不全没入大梵，仍保存其个性，不过经一精神之超化而已。而商羯罗则反对此说之以梵与世界同而又异之说，而以此说为自相矛盾者。由是而彼以世界中之一切差异，皆为虚妄相，唯大梵为唯一之永恒真实，此大梵之本身为上梵 Para-Brahman。唯同一之大梵，又一面显现为世界。称下梵 Apara-Brahman①。下梵显现于世界，亦与众多之自我连结，然此等等本身，实皆为依于虚妄 Maya 而显之相。然此虚妄亦依于一真实而生，如人之误绳为蛇，此蛇之观念虽为绝对之虚妄，然其所依之绳，则为真实。我们固可谓世界之根源，即虚妄 Maya，或数论之自性。然自虚妄之依于真实处言，则世界之根源惟是大梵，而大梵即有如数论所谓自性之内蕴。于此大梵，吾人如加以人格化，人亦可视之为上帝 God。然此上帝乃超离于世界，而非黏著于世界，亦非世俗所谓世界之创造者。其自身乃在虚幻之世界之外，而静观此虚幻之世界者。而此即商羯罗之绝对大梵观，异于西方之关联于世界之上帝观者。

（六）吠檀多派（二）有神论者。至于有神论之吠檀多派之罗摩奴耶，亦以上帝为自性与一切个体自我之内蕴，故世界与个体自我，不能离上帝而存在；上帝亦不能离个体自我与世界而存在。然上帝又异于诸个体自我与世界，而高高在上。由是而综合巴普拉盘卡及商羯罗之说。

依罗摩奴耶之说，上帝既不离世界，故其世界观中，亦包涵数论之自性之观念，即承认万物之有一"自性"，为创造之本源。唯此自性，非离上帝的独立，而有似上帝之身体或衣袍。罗摩奴耶论自我，以自我在为上帝之精神所贯注时，亦同于上帝之身体。由此而世界与自我，皆由内在之上帝为其主宰。而其间之关系之亲密，则以心身之关系为喻。此亦为一特殊型之上帝与世界及自我之关系论，与西方之超神论泛神论之说皆不同者。

（七）佛学。至于佛学，则我们可说为与上列诸派皆不同之哲学思想。其根本特色，即在其破除一切神我、自性、及原子极微之观念。原始佛学即主：诸行无常，诸法无我，而只承认各种法之依因缘而生，而不承认任何自己为因，自具动力，自具独立实在性之任何实体。

故佛学在根本上初为一彻底现象主义，因缘论者。佛学之发展，虽在小乘，有重分析诸法之说一切有部等，与说空之一说部及末期经量部等之别；后在大乘佛学中，又有重"观空而空亦空之般若智慧"之龙树学，与重"论一切法不离识，及瑜伽行"，之无著、世亲学之分别；然在

---

① 中国旧译，以就梵之本身言为上梵，至就其显为世界者言则为下梵。梁漱溟《印度哲学概论》七十一——七十六。

破外道之自性及重缘生上，则迄未有变化。而佛学之终不行于印度，而只流布于东南亚中国及日本，其理由之一，亦即在其与印度之其他派别思想，在此点上，根本不同。然佛学在重解脱，重超思议之境界上，又为与其他印度思想之目标，未尝有异者。至佛学之所以必破自性，及其他一切法执我执，则在佛学，以凡人在信有自性，神我等，而有任何之法执我执之处，人皆不能有真实之解脱故耳。唯此问题极大，非今之所及论。

第六节 中国先秦之形上学思想

至于在中国之形上学方面，则与西方印度之情形皆不同。在古代中国，人亦未尝无对天帝鬼神之宗教信仰。在此信仰中，天帝鬼神亦即是形而上的存在，但中国古代人之天或帝，只是世界之主宰，而初未尝有"上帝自无中创造世界之说，亦无世界自梵天流出之说"。中国之上帝，固亦降天命于人，但无西方之上帝对世界有预定计划之说，亦无希腊式之命运观念，能决定人生与自然之行程之说。中国古人信天之降命于人，恒于穆不已，不主故常。中国古代人固信人死之有鬼，然无地狱或净界与轮回之说。人之聪明正直者死而为神，神灵在天，又可与人间相感格。故中国古代之宗教形上学思想，未尝驰思于超历史之无穷的大千世界，与潜隐的"业"之世界，亦未尝特从事于对造物主或上帝之如何营造此如是如是之世界之玄思，更未尝有人之罪孽深重，惟待上帝之化身以救赎之思想。而与信天命之于穆不已，不主故常之思想相连者，则为一着重人在历史中之承先启后之实践，而不重此历史之始点与终点之玄思，而此承先启后之实践亦即所以奉天承命。是为以后中国哲学中，一切论"天人相与"，"天人合德"，"人与天地参"，"天人之际"之思想之远源。

在中国古代之尊天而不卑人，重天命之于穆不已，人在历史中之承先启后之思想中，中国人自始对物质宇宙之看法，皆不重思其最初由何而来，及其是否将归于一最后之毁灭等。于物质事物，亦不只静观其形式与质料之如何配合，其自身与外之空间之对立，或加以分析，而视为由原子或极微之所构成。亦不重思维此物质事物之运动变化之为必然的或自由的。中国先哲，初唯由"人之用物，而物在人前亦呈其功用"，"物之感人，而人亦感物"之种种实事上，进以观天地间之一切万物之相互感通，相互呈其功用，以生生不已，变化无穷上，见天道与天德①。而此亦即孔子之所以在川上叹"逝者如斯夫，不舍昼夜"，而以"四时行焉，百物生焉"，为天之无言之盛德也。

在此种不自物之质料与形式以观物之定相定质，而自物之功用以观物之变化之思想，使中国自然宇宙观，不以物体之外即为虚空；乃此虚空中，见其相感相通之机，而视虚空之处，皆为天地之生意化机之所流行。于是人与万物之形体之构造，皆不如充于此形体之内，而流行及于外之生意或生几或气或神之重要。此其所以不重物形体之几何形状之分析，及物之定数定量之计算，亦不以物之运动变化，为依必然机械之法则以进行者，而缺西方式纯服从数理法则之必然论、机械论之物质宇宙观也②。

由此而中国哲学中之形上学，遂或为注重说明宇宙之生化历程之历代之《易学》中所陈之形上学③，或为直就人之道德行为，而探溯其根原于人之心性，而由心性以知天之形上学④。遂与西方或印度之形上学，面貌皆不同。

唯此上所述之中国形上学之面貌，乃就其大体而言。其逐渐形成，乃历经曲折，非一朝一夕之事。先秦思想中，孔子之思想，较为浑涵，各端之义，多隐而未申。墨子由天之兼爱人，并为一切"义"之最高之源，而主天有志，并能施赏罚，乃为最近西方或印度之上帝观者。然墨子信天志而非命，又不以人有原始罪恶，则仍与他方之宗教中，言天志者必重天命之不可违逆，言天之至善，必以人之罪孽为对较者异。此乃仍代表中国精神者。

至于道家一派，则去除人格性之天帝观念，而重自然之天。其异于西方之德谟克利塔及伊辟鸠鲁之唯物论与印度之唯物论者之处，则在其能知吾人上文所提及之"虚"与"无"在天地间之大用。而道家之重"虚"与"无"，及重"忘言""无言"，乃其邻于印度各派哲学之重"不存在"之范畴与超思议境界者。然道家言"虚"与"无"，皆重连于万物之"生"与"化"上言。故老子言虚谓"虚而不屈"，无为"生有之

---

① 拙著《中国文化之精神价值》第五章《中国先哲之自然宇宙观》。
② 拙著《中国文化精神价值》第五章。
③ 参考本书第三部第五章。
④ 参考本书第四部第十九章。

无",而"虚无寂寞"遂为万物之本,"无有"为万物出入之天门。此又不必与印度之言空相同者。

至于儒家之思想,则不只如老子之重生,庄子之重化,而尤重生生。又不如墨子之直溯道德之源于天志,而直溯道德之源于人心之所安,人性之所存。而孟子之言性善言尽心知性以知天,亦即开启儒家之道德的形上学。此道德的形上学,不似柏拉图之《提谟士对话》中之道德形上学,乃由造物主之将至善之理念下彻,以创造世界,乃有宇宙魂之弥纶世界。而是由人之尽心知性以知天之工夫,以求上达,而归于人之"万物皆备于我矣","上下与天地同流"之境界之直接呈现。而此境界,则为内在之形上境界,而非如柏氏所陈之超越的形上境界也。而孟子之形上学,又为通于以诚为天人一贯之道之《中庸》之形而上学,及以人之仁通"乾元"、"坤元"之《易传》之形上学者①。

世称孟子近柏拉图,荀子近亚里士多德。荀子思想之重系统、重理智、重文化礼制之组织,实与亚氏精神有相类处。然亚氏哲学之最高境界,为思上帝所思之纯形式。而荀子则视天为自然,以天有常行其象可期,然于天之本身,则不求知,谓圣人不求知天,唯重在立人道以与天地参。即与亚氏之言大异。

第七节　秦汉以后中国形上学之发展

中国思想发展至秦汉,其时之《纬书》中,颇涵种种迷信与宗教思想,汉末至魏晋南北朝有道教之兴起,佛家之传入。此中国之中古时代之思想之为宗教的,未尝不有似于西方中古思想之为宗教的。

在汉代之中国思想中,宗教之迷信与五帝之信仰相结合,而在《淮南子》及《纬书》中,论太始、太易、太初之由无气而有气,无形而有形,以及天地万物所由生存,则皆宇宙开辟之哲学。此汉人之五帝观与

---

① 详论见本书第三部第十九章第四节。
关于先秦之《易传》成书年代,乃一未决之问题。然其远源于《易经》之辞,并应合于孔子四时行而百物生之天道观,盖无可疑。汉易为后世易学之大宗。汉易之阴阳五行之说,与五德终始之说相杂,而通于汉人之宗教思想。然汉易之诸系统本身,则为一宇宙论之哲学,而重说明变化者。

宇宙开辟论,与犹太教基督教之创世纪之神话中上帝观之不同,则在此汉人之宇宙开辟论,乃远源于驺衍,及汉人之由今溯古,遂由三代,以及太初之历史意识之所成。而汉人之五德终始说中之五帝本身,亦在历史中周而复始以当令。而非如犹太教、基督教之上帝,乃超于时间而存在之上帝。

中国之道教之思想见于道藏中者,多由受佛家影响后所成,然其根源,则在中国民间之原始宗教思想。而道教之宗教思想之特色,则在以超人格之绝对之道,为第一位,以代西方之上帝。此近似西方或印度之以绝对真理或绝对,为第一义之思想。道教又另立玉皇大帝以统群神,以代西方上帝之为世界之主 Lord,而主宰世界。然真正之学道者,则能直接悟道,而不在玉皇大帝之治下。此则为以"具最高之宗教精神者,超越于神之统治之事之外"之思想。此乃近印度及西方神秘主义之宗教观,而远于西方中古之上帝为万王之王,以神权制君权之政治化的宗教思想者。而中国道教中亦实有种种之形上学思想,恒为吾人所忽略,而待后人加以研究者。

汉末王充及魏晋之玄学思想,则大体而言,皆重自然之义,而有承于先秦道家思想者。至魏晋之思想中之形上学成分,则多为用以说明其人生与艺术思想,而可称为广义之艺术的形上学。然与道教思想,则无大关系。

印度当今之为印度哲学史者,多称佛学为道德的唯心论 Ethical Idealism。释迦亦实为最重伦理生活者。而其传入中国,即为中国人所接受,亦正由其在此根本点上,与中国人之精神相近。但佛学在印度之发展为龙树、提婆、无著、世亲之学,即包涵种种形上学之理论;输入中国而有中国之三论宗,即大乘空宗,唯识法相宗,即大乘有宗之建立。三论宗之论不生不灭,不一不异,不来不去,不常不断,乃用辩证之方法,以破除一切形上学之偏执,而近似西哲中柏拉德来之理论者。唯识法相宗之论赖耶缘起,则为原始佛教之业感缘起说之进一步。此实为依知识论而建立之形上学之系统。由此大乘之二宗入中国后,中国佛学家又有融合空有而近三论宗之天台宗,及近法相宗之华严宗。二宗皆自称圆教。天台有一念三千,佛性有恶之说,以明"心佛众生,三无差别"之义。华严宗重事理无碍,事事无碍,而统法界于一心,皆可谓即一即多之唯心论哲学。而此与中国佛学中重即心即佛之禅宗,亦可相印证。故后代中国之佛学,遂大体上成一"言教理则宗台贤,言修持则宗禅净"之局面。至言净土者之信阿弥陀，则有类西方印度宗教之重凭仗上帝大梵之力以得救者。此为一重他力不重自力之教。但至明代，则善言净土者，多兼言禅，而归于禅净合参之说。

宋明理学为中国儒教之复兴。其最初之反对佛学之理论，如周濂溪、张横渠、邵康节之所持者，皆以"吾儒本天"，对抗"释氏本心"。彼等之人生思想，在以人合天，而彼等之天道论，则为一实在论之哲学系统。其中如周濂溪之言无极太极与阴阳动静，张横渠之言太虚与气合一而成之太和，邵康节之以先天图言易，及其木、火、木、石之自然哲学，元、会、运、世之历史哲学，皆各为先成立一宇宙论，而再继以立人极以合太极（周濂溪），为乾坤之孝子（张横渠），及"心代天意，口代天言，身代天事，手代天工"（邵康节），之人生哲学。此皆近《易传》《中庸》之思路者。至继起之程明道程伊川，则其精神更近孟子，而直接溯道德之源于心性，由性即理，以言天理及道之"不随人而绝续"，与"冲漠无朕，而万象森然以备"诸义。此又为一论道德之形上学之学说。朱子之承二程之学，又会通之于周张邵之论，遂成其一贯通心性论与宇宙论之一大系统。

至陆象山之对"宇宙即吾心，吾心即宇宙"之体悟，亦本于道德的本心之自觉而来，初非西方式之由认识论及纯粹理性之推论而来之唯心论。唯后之杨慈湖之"《己易》"之说，则略有认识论的唯心论之嫌。然至王阳明之言"良知为造化的精灵"，则又重回到就道德的心灵之兼通天心天理以说。至王阳明学生王龙溪之进而主"在混沌中立根基"，晚明诸家之理学中更多直就道德心灵，以直通天心之德者。其中絜静精微，鞭辟入里之论，不可胜说，可谓为中国形上学之所独造。

至于明末之王船山，自亦为一旷代之大哲。其学宗横渠而兼为六经开生面，其形上学则全以大《易》为宗，主乾坤并建，以明一阴一阳之道，而由"继之者善也，成之者性也"，以通于宋明儒之心性之学。其形上学之路数，乃由宇宙论以说明心性论之路数。其宇宙论善言天之神化与大生广生，及终以成始之论。由是而其论天道与人之心性关系，乃有"命日降性日生"之说，至其言人道，则喜即事言理，而重言古今历史之变①。

---

① 一般论王船山之思想者，皆不得其要。参考拙著《王船山之性与天道论》《通释》《学原》第一卷二至四期）《王船山之人道论》（《学原》三卷二期）《王船山之文化论》（《学原》四卷一期）。

至于清代哲学中，颜习斋戴东原，亦各有其形上学，要皆以天道之本，在由气化，以成其生生之事；而宋明理学之理与心，则皆成第二义以下之概念。至于清代，则有胡煦焦循之《易》学。胡煦言生成，焦循言旁通，各为宇宙论之系统，要皆以说明宇宙之变化之理为事①。

至由清末至今，则初有章太炎先生之由儒而至佛，以"五无"为宇宙之归宿②，又有欧阳竟无先生之由儒家之寂，以通佛家之寂③，而后再有熊十力先生之再由佛之寂，以返于儒家之生化，而即寂以言生化，即生化以言寂，而兼寂与生化以言仁体④，此皆属于中国固有形上学之思想之流。至于国人数十年会通中西之论，吾虽以为不在一般当今之西哲所见之下，然因国运颠连，其志不舒，今所不及论⑤。

哲学之内容　三、天道论——形上学　参考书目

关于本章之论中西哲学处，可参考一般西洋哲学史及中国哲学史及本书附录中所举中西哲学之书。

S. Radhakrishnan and C. A. Moore：A Source Book in Indian Philosophy. Princeston University Press. 1957.

J. H. Muirhead：Comtemporary Indiann Philosophy. London，Allen Unwin. 1936.

P. A. Schilpp：The Philosophy of S. Radhakrishnan. Library of Living Philosophers Series. 1952.

除上章所引印度哲学史书籍，皆可供本章之参考外，上列之第一书；乃印度哲学原著之选辑。包括由古代至现代之 Sri Aurobindo & Radbakrishnan 等。此书后附有一西文中的印度哲学书目颇备。第二书为当代印度哲学家各撰一文所辑成。第三书为当代哲学家讨论 Radhakrishnan 之哲学及彼之答辩，合为一集者。读此可知印度哲学家与西方当代哲学家之交涉，其中论及宗教问题者，尤值注意。

其余关于西方及中国之形上学之书籍，及与此二章所论者相关者，可参考本书第三部之参考书目。

---

① 焦循胡煦之易学，友人牟宗三先生曾详论之于《易经与中国之元学及道德哲学》一书。
② 章太炎《五无》论见《章氏丛书》别录。
③ 欧阳先生会通儒佛之论，见其《中庸注》（支那内学院出版）。
④ 熊先生由释入儒之思想，主要见《新唯识论》（商务印书馆出版）。
⑤ 可参考本书附录参考书目。

第七章 哲学之内容
四、人道论、价值论

第一节 人道论与伦理学、人生哲学、美学、价值哲学之名义

我们今以人道论之名，概括中国从前所谓圣贤之学，人伦之学，及德性之知之学，正心诚意修身之学；道家之教人成为真人，至人，天人，圣人之学，以及佛家之行证之学，与印度哲学中之瑜伽学。并可以之概括西方哲学中所谓伦理学，人生哲学，道德哲学，价值哲学及一义上之美学等。其中佛家及印度之瑜伽学，虽可不限于为人而说，然在此世间，要为人之所学。而西方哲学中所谓价值哲学，固亦不限于论人生价值，然要以论人生之价值为主。其论人以外之价值者，亦恒以为此乃人所当了解体验，或当效法之，以求实现于人生者。因而亦可为人道论之所涵。

人道之名，在中国当源于孔子所谓"人能弘道，非道弘人"。孟子尝言"人者仁也，合而言之道也"。荀子谓"道非天之道，非地之道，人之所以为道也"。人道，即人之所当行之道。此道可指一德性之理想，如仁义礼智。亦可指实践此理想之行为方法或行为上的工夫。如《中庸》以"明善"为诚身之道，孟子以"强恕而行"，为"求仁"之道。亦可指一使个人之精神通至他人之各种伦理关系，如《中庸》以父子、兄弟、君臣、朋友、夫妇为人之五达道。亦可指一切人之行为，皆能各有其合理的方式，或彼此相容不碍之一人间社会之境界。如"天下有道"，"人相忘乎道术"；亦可指人在天地间对死者对天地鬼神之道，如祭祀天地鬼神之道。故《礼记》谓"三年之丧，人道之至文也"。亦可指人法于天地之道，如老子之"人法地，地法天，天法道"。亦可指各种人之善或不善之

行为方式，如君子之道、小人之道。故其义可极宽泛，而人道论可通于各种人生之理想与方法工夫之理论。至于伦理之一名，则当源于孟子所谓"圣人人伦之至也"。"学则三代共之，皆所以明人伦也"之言。而《乐记》亦谓"乐者通伦理者也。"荀子尝言"伦类不通，仁义不一，不可谓善学"。则伦理可指一切人与人之间所以相待之当然的道与理，亦指一人之所以待与我有伦理关系之人之道与理。

西方哲学中之伦理学一名，源于 Ethos，初乃指人在群体中之道德情操。在柏拉图之弟子色诺克拉特（Xenocrates），论述柏拉图哲学时，即已将柏氏论及人之意志行为方面之学，称为伦理学。以后亚里士多德于实践之学中，分创作之学与行为之学。行为之学中分伦理学与政治学。伊辟鸠鲁派亦以伦理学与物理学、逻辑学并立，各为哲学之一部。而此名即流行至今。至道德哲学 Moral Philosophy 之一名，则为英国哲学家所喜用，义全同于伦理学。

人生哲学 Philosophy of Human life 之一名，则较为德哲所喜用，乃较偏重于人在宇宙地位及整个之人生的意义、价值、理想之反省思索，而不只如一般伦理学家之重在道德价值、道德行为之研究者。然在西方希腊之所谓伦理学中，亦可包涵整个之人生意义、价值、与理想等之讨论，而道德之广义，亦可概括人对各种价值理想之追求。故人生哲学与伦理学二名之义，仍无大出入。

西方哲学中，美学 Aesthetics 之一名，则鲍噶登（Baumgarten）于一七五〇年，乃开始用之。后康德所谓 Transcendental Aesthetics，乃论感性之先验范畴，与美学不相干。黑格尔于一八二〇年，乃名其艺术之著作为 Aesthetics。西方所谓美学之对象，初乃以艺术之美为主。然在今日，则美的价值之共性与种类，及艺术之起源与分类，艺术之欣赏与创作之原理，皆美学中之重要问题。

吾人之以美学，亦可概括于人道论中者，则是自美之价值与理想，文学艺术之生活，皆是人所当体验者而言。美之范围中，除自然美，文学艺术美外，实以人格美为最高。此在德之文学家，如哥德、席勒，皆有此论。人格美亦可谓为人格之善之极致。孟子所谓"可欲之谓善，有诸己之谓信，充实之谓美"是也。美学所当论者，除美之共性种类外，尤当论美在宇宙人生中之地位，与人生如何能由至善而至美之道。而东西哲学中之论美者，亦恒连人生所求之真、善、神圣等其他人生价值以为论。故美学在一义上，亦可属于人道论中。至如就人之文学艺术之起源、种类，而反溯其所实现之美之共性种类，并论如何欣赏创作之道者，则宜专属于文化哲学中艺术哲学之一部门。此俟下章再及之。

至于价值哲学 Philosophy of Value 或价值论 Axiology 之一名，则为十九世纪至二十世纪西方哲学中乃特注重者①，其义为指一般之价值理论，此本可概括人生价值，自然价值，及超自然之价值，而并论之；然要以人生之价值为主。人所能论之自然价值及超自然价值，亦不能离人之心，与人之价值经验而说。人生之价值所在，恒即人所选择之目标所在，人生之理想所在，及人生活动之方向道路所在。故价值论亦可包涵于人道论中。唯价值论只及于一般价值，而非专论某一特殊之人生价值者。故此名之所涵，不如伦理学、美学之更为具体。而中国人之人道论一名，则必归于由伦理之道以言人道，故人道论一名所涵，亦更为具体，而内容亦较丰。

第二节 西方人生思想之发展——希腊与中世

西方之人生思想，毕竟何自而始？此当远溯至希腊古代之宗教神话之文学中。如尼采之《悲剧之诞生》，即以希腊之悲剧，为希腊之原始人生思想之所在。至苏格拉底以降，即为希腊人生思想之堕落。尼采以希腊悲剧原于狄奥尼索斯（Dionysius）精神及阿波罗（Apollo）精神之结合。前者为一狂热之生命精神，后者则为一冷静之观照。二者结合而有悲剧。然克就希腊哲人之人生思想言，则在希腊早期之自然哲学家中，除被称为哭的哲学家赫雷克利塔（Heraclitus），与笑的哲学家之德谟克利塔（Democritus）各有断片之人生思想，及辟萨各拉斯派有一种特殊的生活方式，与其哲学宗教思想相结合外，其他无足称。而希腊哲学之进入所谓人生伦理之时代 Ethical Period，通常皆由哲人学派及苏格拉底之时代始。

苏格拉底同时之普洛太各拉（Protagoras），尝持快乐为德行之目标之说，而柏拉图之 Protagoras 一对话所载普氏之主张，大体上当非柏氏之依

---

① C. Barrett: Contemporary Idealism in American Philosophy. P. 17. 引 F. C. S. Schiller 谓以价值为独立研究之范围，盖为十九世纪哲学之最大成就之一云云。又同书 p. 113 Y3. M. Urban 之文谓黑格尔在其《精神哲学》Philosophy of Mind 中只用价值 Value 一名一次云。

托。至苏格拉底之追问：何谓快乐？何谓虔诚？何谓节制？何谓勇敢？何谓正义？及人灵魂不朽等问题，则为希腊哲学中，自觉的对各方面之人生问题之反省之始。而苏氏之反省，并不先依于一已成之知识论，形上学之理论，或宗教上信仰，而是直就人生问题加以思索。彼又以其一生之生活与从容就义之事，作其所信之人生道德之真理之见证，可谓为能表现其对于道德之独立自主性 Autonomy of Morality 之肯定而信仰，此点为苏氏以后之西方哲学家，多不能及者。

　　苏氏后之柏拉图之论人生，在其以诗人之态度，讲述哲学的爱 Eros 与人所求之美善时，乃纯从人之不由自已的向上向往企慕之情上，论人生之价值理想，可谓能继苏氏之精神，并更达于高明之境者。然当其将人生之价值理想，置定为形上学之理念，而教人专以模仿此理念为事处，并视艺术为此理念之仿本的仿本之处；则无意间已使其人道论成为天道论之附庸，而使人疑及人之道德的意志行为，皆为一形上之理念之抄本，而有类乎孟子所谓义外之论。至当其视伦理学为其国家论政治论中之一部，对国家中各阶级之人，各规定一特殊之道德，与不同之道德义务，以尽其对整个国家之责任时；则其论个人道德之伦理学，成为其《理想国》之理论之一附庸，而可使人疑及除其所谓为哲学家之统治者外，其他人民，有任何真正自动自发之道德生活的自由与独立自主性①。如专自此点言，则其精神与苏氏之对一切人，皆重启发其道德之自觉者相较，则毋宁为一降落。而在苏氏后学中，较能保持苏氏之重道德之独立自主性者，则毋宁是当时之小苏格拉底派，如绝欲派 Cynics，快乐派 Cyrenaics 诸人之直重个人欲望之节制与苦行，或个人之快乐，以求人生之直接的安心之处者。唯彼等又失苏氏之重群体与道德之普遍性之精神，则为其短。

　　亚里士多德为西方哲学中首建立一系统之伦理学理论者。柏氏之只重国家而忽个人与家庭之缺点，在亚氏皆求加以补足。而亚氏之伦理学，亦为力求个人之特殊性，与群体国家之普遍目的能相配合而均得其实现者。然自一义言，亚氏之伦理学，仍可说只为其政治论之一部。因亚氏相信，在国家中，全体先于个人，因而仍以各阶级，当各尽其不同之道

---

① 现代西哲中有 K. R. Popper 著 The Open Society and its Enemies (1945) 即以柏拉图与黑格尔为西方极权思想之本。其言自过于偏激，不足为训。但柏氏之思想，亦有启此过激之评论之处。

德义务，互相配合，以求群体之全体之公共的普遍目的之达到。而其在论个人之道德目的时，以幸福为一切道德之总目标，则不免以道德意志，道德行为之价值，似唯是对此总目标，而有其工具价值。亚氏唯以幸福为具本身价值之目的物，则其于道德意志，道德行为自身之独立自主性，仍未能真加以自觉的认识。而在此点上，除苏格拉底以其人格，表现其对于道德之独立自主性之肯定与信仰外，以后之西哲，在康德以前，亦盖多未能于此有真正的自觉认识者。

在亚氏以后之伊壁鸠鲁派，斯多噶派，皆为重人生思想者。彼等思想之进于柏亚二氏者，在彼等皆直就人之为自然或宇宙之一分子以论，而不只就其为国家之一分子以论。而伊辟鸠鲁派所重之友谊，亦远比亚氏之所重者为广，遂得形成伊壁鸠鲁派人之学园生活。此为一种由独立之自由人或智者结成之一社会生活形态，而非一政治生活形态。斯多噶派则更依人之自然理性而有普遍的人道之观念，个人为宇宙的公民之观念。由此而有一世界性的道德观念，及法律观念之建立。然而伊壁鸠鲁派之顺应自然以自得其乐，及斯多噶派之求遵奉自然律以自制情欲之道德意识下，人未能自觉其为兼超于自然之上之自动自主的道德意志、道德行为之存在，即仍为未真肯定道德生活之独立自主性者。

由新柏拉图派至中世纪之宗教道德性思想，乃使人自觉其为超于一般自然物之上之存在，而另有一通接于超自然之神之道德责任与义务者。而耶稣之教，更多为直指人之本心，启发人之内在的道德自觉者。然自保罗之由重原始罪恶特重信望之德以后，则人之道德生活，乃要在由信仰耶稣与上帝，并祈望其赐恩典以成就。则人之道德生活，又成倒悬于对超越之上帝，及与上帝为一体之耶稣之信仰以成就者，而使伦理学在整个中世思想中，仍未能有独立自主性者。

但在此中世纪之宗教伦理思想中，人对于其道德生活之反省，如奥古士丁之《忏悔录》中之所陈，则为远较希腊人为深入者。在此种反省下，人对于罪恶之深植内心之体验，及求超越罪恶以直通神境之内在要求之体验，正为西方之伦理学中之一无价之宝。然不必皆为经人用其理性之光，全加以照明，而曾以清楚的哲学的语言，加以说明者。

在中世，多玛斯阿奎那之道德哲学为一大系统，并有较清楚之哲学的语言，对于道德加以说明者，彼企图融摄希腊哲学中之正义、智慧、节制、勇敢等道德观念于基督教之信、望、爱等道德观念之下。因其所谓上帝之性质,乃以神智为本,人之理性为类似于神智者。故人之自然理性所认识之道德,皆可与神直接启示于人之道德不相违。而超世间之宗教与世间之伦理道德,皆可不相违。然此大系统,仍以人之理性与神智相类似为前提,故仍是以伦理属于宗教神学之观点。唯在一种虔笃之宗教信仰下,吾人似亦当肯定神之意志之绝对自由,则神亦未尝不可随时变更其意志,变更其所启示于人之命令,如邓士各塔(Duns Scotus)之所持。若然,则上帝之意志如一朝欲另定一善恶之标准,人亦即当改变其善恶之标准;人之善恶之标准,即系于上帝之绝对自由的意志。而此处即见道德之隶属于宗教信仰,终不能建立道德之独立自主性。在此点上,中世之哲学家阿伯拉(Abelard)即已见及之,惟其说至近世而后渐伸耳。

第三节 西方人生思想之发展——近代

在近代之西方思想中,道德哲学初非西方哲人所特注目之问题。唯在英国之经验主义之潮流及大陆理性主义之潮流下,人皆视道德之问题,为人之意志情感理性之生活内部之问题,而非必须待一超越的神恩,以使人拔于罪恶过失之外,而自现实世界中求超升者。近代之初,笛卡尔以扼于教会,未敢多及于道德问题①,就其零篇文字以观,彼论道德修养,亦有如其论一般哲学,乃以对正当者之清楚知识为先务,而继之者则为意志之依知识而行,而不重对罪恶之忏悔者。来布尼兹以现实世界为一切的可能世界中之最好者,罪恶皆只为一负面的存在;用以烘托善而理当有者。而斯宾诺萨所创之伦理学系统,则欲人知一切人之情感行为之产生,皆为必然,因而其本身无所谓罪恶。而吾人能知一切事物之产生之为必然,别人可由被动而被束缚者,转成为自动而自由之存在。此更为纯以人自身之理性之运用,为解决人生伦理之问题之唯一道路者。

至在英国之经验主义潮流方面,则由培根《论文集》之杂论为人处世之道,霍布士之以自利心说明道德之根源,至洛克之以道德之目标为快乐,并肯定人之自然理性之存在,以说明政治之起源,皆对道德哲学无特殊贡献。赫齐孙(F. Hutchison)与莎夫持贝勒(A. A. C. Shaftsbury)则力主人有特殊之道德情操之说,克拉克(Clarke)卡德华士(Cud-

---

① H. Hoffding: A History of Modern Philosophy. Vol. I. Ch. I(f).

worth）之主张人有知性的道德直觉说相对。此外亚丹斯密（Adam Smith）以同情心论道德，休谟则以赞否之感情为道德之本原，亦英国哲学中之名家。然凡此等等与上述斯宾诺萨等之说，皆只由一般纯知的理性或直觉与自然感情，以论道德之起源，而仍未能见到人之自觉的自动自律之道德意志之存在，以论道德生活之成长与开展。因而皆未能建立道德生活之独立自主性，亦皆未能真建立伦理学之独立自主性。而能建立之者，则为康德之道德哲学。

康德初尝读卢梭之书而受感动，亦尝受莎夫持贝勒之影响，而以道德之基础，唯在人之自然的道德情操。然其思想终越过此一步，而纯从"依于人之实践理性而有之人之自觉自动自律之道德意志"上，论人类道德生活之核心。康德以形上学中之上帝存在，灵魂不朽，意志自由等论题，不能由纯粹理性而证明者，皆惟赖人之实践理性之要求而重被建立，又以人之道德生活，纯为自命自主之事；故道德生活，亦不直接立根于上帝之命令，而宗教非复道德之基础。反之，人之所以须信上帝之存在及灵魂不朽，乃依于人之道德的实践之要求。是宗教之基础乃在于道德。由是而康德之道德哲学，遂为西方哲学史中，真能建立道德生活之独立自主性与伦理学之独立自主性之一人。

至于康德以后，后康德派中之菲希特之哲学，乃直承康德重实践理性之精神，而由人之道德意志之主宰于人之知识要求之上，以重开形上学之门者。然其思想之归宿，乃在形上学。其后之黑格尔，更重形上学之建立，则又使伦理学无独立之地位。黑格尔于人之道德意志社会伦理，皆置于客观精神中之国家意志之下，而客观精神又在绝对精神之表现之艺术、宗教、哲学之下。此外在叔本华之哲学中之道德之地位，亦在绝弃意志之宗教精神之地位之下。自此而言，则纯就伦理学上说，彼等之哲学，亦为康德精神之一倒转。至于兼受康德黑格尔之影响而生之英国之新唯心论者，如格林（T. H. Green），柏拉德来（F. R. Bradley），鲍桑奎（B. Bosanquet），及意大利之新唯心论者如克罗齐（B. Groce），甄提勒（G. Gentil）诸哲，虽于道德哲学各有所见。然彼等于"道德生活，可不必先假定任何形上学之绝对普遍意识、绝对精神之概念而成立，而后者反须建基于人之道德意识，而后可能"，及"实践理性位在纯粹理性之上"之二义，亦皆不能如康德所见之纯。

在康德以后之人生哲学，能不将道德隶属于宗教或形上学者，其一派为承西方之传统之快乐主义，经休谟而发展出之近代的功利主义快乐主义之思想。如由边沁（J. Bentham），穆勒（J. S. Mill），至席其维克（H. Sidgewick）之所持。一为重人之利他的道德社会感情，如圣西蒙（St. Simon），孔德（A. Comte），克鲁泡特金（P. Kropotkin）之所持。此为西方近代之社会主义思想之本原所在。一为远源于柏拉图，近承英国之直觉主义之流之新直觉主义如穆尔（G. E. Moore），哈特曼（N. Hartmann）之所持。一为融康德之重实践理性与功利主义及进化论之自然主义思想所成之实用主义者，如杜威式之伦理学。一为承休谟之以感情说明道德之逻辑实证论者如石里克（M. Schlick），艾尔（A. G. Ayer）及史蒂文生（C. L. Stevenson）之新型的以道德判断为感情之表现，或对人之劝告命题之说。此上所述，唯哈特曼能承康德之先验主义之立场，而又取席纳（Max Sheler）等重道德价值独立性之立场，而以实质的道德价值之直觉，代康德之形式主义的道德律之建立，为最能深入人之道德生活之体验中，以建立一独立于宗教与形上学之外之伦理学体系者。

除此上所述外，康德以后之西方人生哲学之一大流，则为真正重人之生活，人之存在之人生哲学。此中之一支，为原本十八九世纪之浪漫主义之精神而来。如歌德之重人多方面生活之和谐，居友（Guyon）之重生命之扩张，狄尔泰（W. Dilthey）之重文化生活之心理之体验，倭铿（R. Eucken）之重精神生活之奋斗，柏格孙（H. Bergson）之重生命之创造进化，开展的道德宗教之生活。此可谓重在立道德之基础于广泛义之生活者。再一支为由尼采及杞克噶，至现在之海德格（M. Heidegger），雅士培（K. G. Jaspers），贝德叶夫（N. Berdyaev），萨特（G. P. Sartre）马塞尔（G. Marcel）之一支，此为重人自身之存在地位之内在的真切而深入之反省，而属于广义之存在哲学。此可溯源于巴斯噶及中世之哲学家，如奥古斯丁之重人之存在地位之反省之思想。又可直接于苏格拉底之人格精神者①。此二派之哲学，皆不限于狭义之道德问题之思索，而欲人对其整个生活与存在之有一具体的内在的直接的把握；而最不甘于只以抽象概念，对人之生活与存在，作间接的思维；不甘于将人之生活与存在客观化，对象化；亦不甘于将人只隶属之于人以下之自然，及人以

---

① Kierkigaard 于 Concluding Unscientific Postscript Pt. I Pt. II 多处以 Socrates 为 Existing subjective thinker.

上之形上实在者。因而亦最能面对人之生活与存在，而加以肯定，以直下保持人生与其道德之独立性之人生哲学。

至于就整个十九世纪至二十世纪之西方之人生思想而论，则有关人生价值人生理想之理论，在哲学中地位之提高，则为一不容否定之事。除人生哲学之一新名外，重论价值之哲学家，又有价值哲学一名之提出，专以价值自身为哲学研究之一对象。现代西哲，对于价值性质、价值经验、价值之存在地位、价值之种类，各种价值之互相关系、价值之标准，亦多有作系统之分析讨论者，而对各种价值之概念，价值之问题厘清，贡献尤多。本书之第四部，亦即以价值论为名，以论述此中之数主要问题，而此亦所以便读者更易接上西方现代哲学中之价值理论者。

第四节　印度之人生思想之特质——其与西方之人生哲学问题之不同

我们现再回头来看东方之印度及中国之道德哲学与人生哲学发展之大势。我们可以看出其与西方之道德哲学、人生哲学之重点，有一根本上之不同。此不同在：西方哲学中许多人生道德之哲学问题，在印度与中国哲学中，皆不成问题。即成问题，亦不重要。而真正成重要问题的，乃另有所在。大率西方关于人生道德之哲学问题，除上述之最后二派外，多是先把人之生活与道德现象，道德语言，先置定之为一对象，而对之运用思维，加以研究。由此而对各种道德概念之分析，如何谓善，何为正义等？成为问题。人生理想道德理想之如何以语言，加以适切的规定，如人生行为应否以快乐为目标，人应重自利或重利他等？成为问题。道德判断之性质，是否同于认识判断，与此判断之对象为何，（如行为之动机或结果）成为问题。道德与宗教形上学科学等之相互关系如何，成种种问题。道德生活之成就，与人之何种心理活动，何种情意，何种理性（如纯粹理性或实践理性）最为密切相关，成种种问题。人生与其道德生活所求实现之"价值"，为依其他实际存在而存在的，或为自己存在，自己潜在的，或依上帝而存在的，成种种问题。恶之来源如何说明，成种种问题。毕竟人有无实现道德上之理想与命令，以拔除罪恶之自由意志，人有无灵魂，是否不朽，如何证明其不朽，个人与人格之存在与上帝或自然之存在如何相关？人在宇宙之命运之客观的存在地位如何，亦成种种问题。这些问题，在东方哲学不是全莫有，但是在根本上说，都非是最重要的。

这些问题之所以对东方之人生道德之问题，为不重要，因西方哲人在讨论这些问题时，恒只是对这些问题，作一纯外在的、理论性的、一般性的思索，而对其义理，以语言加以说明。此即西方存在主义所谓，非存在的思索；而在东方之哲学中，则大体而言，皆是直下以我个人之如何成就其生活与道德，而提高其人格为问题，而对之作一内在的，实践性的，唯一单独的思索，并对其义理，加以超语言的印证。此即西方存在主义者所谓存在的思索或存在的照察。人在真从事后一种思索时，则人自始不必将人之生活与道德，视为一对象，以先论其客观的存在地位，其与上帝，自然，他人或自己之各种心理活动，或与宗教形上学之关系等。而将视此一切，皆为我在成就其真正的生活与道德之历程中，逐渐遭遇到，展现出，并成为我之真正的生活道德历程，所由构成之成分之种种事物，乃初不能在此历程的存在之先，加以预先的规定者。以至人之意志是否自由，人之有无灵魂，与其是否不朽，恶之来源，与其是否实在等，皆只当由人之实际的修养工夫，加以证验。而不能视同一般逻辑问题，知识问题，可由纯理论的讨论，加以解决者，此可谓东方之印度，与中国之对人生与道德之哲学思想，大体上共同的路数。

在东方之此种思想路数下，对人生与道德之理想目标之概念的规定，不是重要的。唯有人自身之存在状态之照察，才是重要的。人能照察其存在状态中不能安、不能忍之处，即同时反照出人生之理想与目标之所向。譬如在印度之各派哲学，几皆以求自业识、轮回、烦恼，无明等解脱为目标[①]。此乃由印度人之智慧之能照察到："人之存在于此类事物之中，而此类事物，亦存在于人之自身，以形成一互相黏缚之结。"这些烦恼、无明等，就在我之当下之存在之中，使我欲舍难舍，欲离而不能离。由此即反照出，人之当有求解脱与求出离之目标。此目标只是代表一路向。毕竟人达出离与解脱之目标后，所得者为何？在事先并不必知，亦不必须求知。而"真知"亦唯在人能逐渐出离与解脱时，乃逐渐实现。

---

① M. Hiriyana: Essentials of Indian Philosophy. pp. 50－56 论印度各派哲学共同之目标，即在求自轮回再生中解脱。

此真知亦即超越吾人今之知，而为吾人今之知之所不及，亦吾人今之言语之所不能及者。此即吾人前言印度之知识论，必肯定超知之知，及超语言之境界之存在之故。

第五节　印度人生思想之各型及其不重西方人生哲学中之若干问题之理由

大率在印度思想，为求达到解脱出离之目标而生之思想，依印度之宗教与各派之哲学，约有数形态。其第一种形态，即为一面信仰梵天及其所化生之诸神之存在，一面赞颂梵天与诸神之功德大能，一面铭记诵读其启示之语言，一面祈祷其赐恩接引，一面对之表一无限的依恃之情，并求与之有一神秘的结合，以求由超升，而拔离于业力输回等之外之形态。此为类似西方宗教，而亦为印度相传之民众的宗教生活之核心。

其第二种形态，为耆那教及其他苦行宗派，重在本心灵之自力由生活上之自制，与对一般之意志欲望之折磨，以求自意志欲望与其业报解脱者。

其第三种形态，为既不如婆罗门教徒之依恃梵天，亦不如苦行者全从意志之磨折，直接下工夫；而重以智慧了解正法，作如理之默想 Meditation 以求解脱之形态。在此点上胜论数论及原始佛学，皆可谓属于同一形态。其中胜论之多元论，乃以析物至极微，明上帝与诸自我之互不相待，并使人知物为和合而有，并破除人对于物、他人、及上帝之互相纠结黏缚之关系，以达于超苦乐之静定 Moska 境界者。数论之二元论，则以纯我为纯静观者，以使人知此纯我之异于产生群动之"自性"，而与"自性"所产生之群动隔离者。佛学则由明诸行之无常、诸法之无我，以使人自一切我执法执解脱，而证寂净之涅槃。

第四种形态，为弥曼差派及吠檀多派，重肯定"吠陀"或"梵书"所启示之真理与法，以之寄托信心。其中之吠檀多派，尤重由智慧而生之对真理与梵天之德之默想之工夫；但亦不废祈祷以求与梵天合一，得无尽之道福，而不止于消极的去苦去缚，达静定境与涅槃境者。

第五种形态为如大乘佛学之一面重以智慧观照真理，而一面又不只求安住于静定涅槃境，或只求个人与梵天之合一，而由智与悲双运，并以视世间与出世间不二之菩萨行,为真正之解脱道者。

此各种形态之求解脱之实际的工夫,与所达之境界之高下,自亦不必全同。唯瑜伽行则为各派所共同。瑜伽行有消极义与积极义。数论之瑜伽行,纯重在知自性之非纯我,而求纯我与自性之隔离 Disunion,乃偏于消极义者。而吠檀多派之瑜伽行,其求与绝对之梵天合一,乃偏于积极义者。至佛教之瑜伽行,则为重在对涅槃菩提境界之相应行,以使人逐渐"转"化超升其存在状态,以"依"于菩提涅槃之境界者。其即转即依,似为兼重瑜伽行之消极义与积极义者。而瑜伽行中之工夫,亦兼身体与内心之工夫之各方面,非吾人今所及而一一论者。

在印度之各派哲学,重实践之思想中,人之一切纯粹理性之应用,以求知世界之本相之事,如求知上帝与自然及人之关系等,皆为所以使人知真理所在,而默想真理,以助人自苦痛,情欲,罪业出离者。故无所谓纯粹理性与实践理性之对立。又因一般之知与情意,同为待修持工夫,加以超化;而解脱、涅槃、或梵我不二之境界,乃兼为人之知情意之所向往,故亦无西方道德哲学中之主知、主情、主意之说之对立。西方之利己主义与利他主义之争,在印度哲学中,亦无大意义。因人之修养工夫,正须超化此"己"。欲超化此"己",则须有种种对人之慈悲谦敬之梵行。唯其中之大乘佛学,因特重开发自己之大悲心,以观一切众生之苦,并有"一切众生皆令入无余涅槃而灭度之","我不入地狱,谁入地狱"之教,则为一人类宗教中胸量最为广大之思想。

此外,西方哲学中,对恶之来源之问题,意志自由问题,灵魂不朽之问题之诸理论,在印度之哲学中,同可目之为戏论。因人所重者,在去除烦恼染污等一切恶,而不在问其来源。如人中箭,重在拔箭,而不在问箭如何来。人之意志欲望,如为有染污者,则本为幻而非真,亦待他而起,其自身自非自由,亦人所当去者。至于道德意志、或解脱一般意志欲望之意志之为自由,若只如西哲康德之视之为一设定,亦不济事。而要在于修养工夫中,处处证实此设定。至于对自我之灵魂之是否不朽之问题,则在印度哲学中,或主个人有纯我,有独立之我,如胜论数论;或主无我,如原始佛教;或主有梵我,为大我,而个人之小我为幻有,如吠檀多派。是皆不同于西方之所谓灵魂。然我或业识之不灭而轮回不已,则几为各派之所共认。然只此不灭,轮回不已,并非即可爱乐,而亦可为至堪厌弃之事,须依此我此业识之存在状态为如何而定。

遂与世人之以长生或灵魂不灭之本身，若即为一人之所求之目标者，截然不同。

至于道德判断之对象，为人之动机或结果，价值之是否依于实际存在，或自为永恒存在或潜在，在印度哲学中，亦非重要问题之所在。因人之只有某动机，与其行为有某结果，皆不表示其人之存在状态之超升。而此实际存在之世界中所具之价值，乃人所不能满足于其中者。至人所求之价值如寂净解脱等，在未实现于人之存在本身时，其自身之永恒存在于理念世界或上帝心中，皆与人之存在本身，为不相干者。于此寄托人之玄思，并无助于人之实际的人生问题之解决；反可构成人之概念上法执，而以之掩盖人之实际上的苦痛，罪业之问题之存在，亦掩盖人由直接观照世界之苦痛罪业，而生起大悲心者。故此类西方之道德哲学人生哲学所重之问题，遂在印度哲学中，皆无重要之地位。

第六节　中国之人生哲学之发展——先秦

中国哲学与印度哲学，同为重由人之行为工夫，以求人生存在之状态之向上超升者。在西洋哲学中，关于人生道德之若干问题，在中国之不被重视，其理由亦与上述者大体相同。但中国之哲学所重之行为工夫，及其向上超升之目标，与印度哲学所重者，又不全同。故对印度哲学所不重之若干问题，中国哲人又较重视。

我们大家对中国之人生道德哲学之一共有之观感，是其初比较着重人对人之问题。此所谓人对人之问题，主要是个人对个人，如父对子，兄对弟，君对臣，夫对妇，朋友对朋友之伦理问题。此与西方哲学初更看重人对神、人对自然之问题，其论人对人之问题[①]，亦偏重个人对集体之问题者不同[②]。亦与印度之宗教哲学之初所重者，即为个人如何自其个人之罪业苦痛等求解脱，以彻底改变其原始之存在状态者不同。

中国之道德思想之起源，照孟子说，是"舜为司徒"即"教以人伦"。其中即包涵上述之五伦。此或为孟子推想之辞。然其所以如是推想，亦当

[①] 中国伦理之教之深义，除本章所论外，详论见本书第三部十九章第二节，及第四部第九章第五节。

[②] 梁漱溟《中国文化要义》，于此点曾详举西方社会历史之事实以证。

有其理由。如说中国之伦理思想之起源，不当溯源至舜，则《尚书》之《周书》及《诗经》等，所言之伦理之教，当大体可靠。《周书》中教人主敬天。然敬天即当保民。周之宗法制度封建制度，乃依亲亲尊尊之谊而立。亲亲之谊，始于孝友。尊尊之谊，本于敬祖而敬宗君宗子。此皆是以人伦为本。而《诗经》之所歌咏，亦多为兄弟、父子、男女、君子与小民及对宾客朋友之情。吾人如以《诗经》所描述之生活，为中国西周人民生活之实况，则此生活之情况，乃人民之散居自然界中，聚家成族，以与其土地田亩，及自然界之动植物，朝夕相依，以求人之相生相养之生活。此实与希腊罗马人之殖民异地者，初为个人之离其乡邦之土地，住居城市者，则个人与邦国之关系，特形密切之情形者不同。与印度古代人之处于草木丛生之炎热地带，谋食易而恒欲于森林中，求清凉求休息者亦不同。吾人有理由说，殖民异地之人，其心情因与异地之土地与人民，原不息息相关，因而其思想更易倾向于对客观之自然观察玄想。此即希腊之自然哲学，源于殖民地之人之故。而住居城市者，个人与邦国之关系特密，此即希腊之伦理思想，始于雅典之个人与邦国之冲突①，苏格拉底终为忠于雅典之法律而死；而柏拉图与亚里士多德之伦理学，皆连于其邦国之政治论之故。吾人有理由说，印度人在自然生活中之求清凉、求休息，引发印度哲人之在精神生活上求拔除一切内心之烦恼，以获得内心之宁静。吾人亦有理由说，中国古代人之家人父子，同工作于土地之农业生活，使中国古代之哲学思想，更重家庭之父子兄弟夫妇间，君子贵族与平民间，及往来之宾客朋友间之伦理。

　　大约中国古代人对其礼教伦理生活之意义之自觉，始于春秋时代之贤士大夫。孔子则由教孝教友，进而教人求仁，以仁为礼乐之精神之本，并以其一生之人格，体现其全幅之道德理想者。由仁字之从二人，则其初为人对人直接表现之德可知。故行仁要在忠恕。然孔子复以仁德之本在人之内心，而仁心之充量，则又可及于鬼神，及于天地，以"事死如事生，事天如事亲"，由是而人之德行即通于天命。而人对人之仁，亦非只所以维持人类社会之存在，而为人之自成其为人、为君子、为圣贤之

---

① 黑格尔之《精神现象学》Phenomenology of Mind, tran. by Baillie, pp. 464－499. 论希腊人之个人之家庭意识与邦国意识之冲突，《历史哲学》第二部《希腊世界》第三节中，论苏格拉底一段，论苏氏之个人主观性与雅典之邦国之要求之冲突。

事。孔子教人如何为人之学,亦即重在教人如何改过迁善,以为君子为圣贤上。而此亦即一重人之对自己之存在状态,加以超化,以向上升进,而自建造其人格之存在之学也。

自孔子之倡为人之学以后,墨家道家及儒家之孟荀,皆无不将一切思想理论,收归于自己之生活行事上言,以使人在其存在状态之自身,有一超化。墨者以绳墨自矫,而墨之名,盖亦即所以表示墨家之人之一生活方式[①]。庄子志在为真人,至人,神人,天人。孟荀则皆承孔子,而以君子圣人、大人、作为人之目标。孔子为圣,而自言"知我者其天乎"?孟子言"尽心知性则知天"。荀子言圣人之德,"经纬天地"。墨子以天志为法。庄子以天为宗。则诸家同以人成为大人、圣人、真人等之后,人即自能上达天德(儒)或同天(庄)或与天同志(墨)。而其中即包涵宗教性及形上学之感情与境界。然此种由人之正面的充其所以为人之量,以上达天德,等等之说,则与印度哲人之重消极的自"惑业""无明""幻妄"等解脱,以上合于梵天,而证静定涅槃之境者不同,亦与柏拉图新柏拉图派之以理念世界之光之下照,"太一"之德之下流,以引人上升,及西方基督教之重上帝之降世,以对人赐恩之说不同。由此而中国之儒墨道三家,皆直下欲以其道治天下,或以仁义之道治天下,或以兼爱尚同之道治天下,或以使"天下人相忘,而不治天下"之道治天下。三家皆未尝局限其精神于一阶级,一邦国,一选定之民族,或一狭义之友谊团体,一宗教之教会;亦不如印度哲人之根本忘情于天下国家之政治之外。而此三家之天下一家之精神,即中国古代之重家族伦理之情谊之精神,扩及于对天下一切人之所成者也。

在中国周代之礼教之思想中,及先秦诸家之重充人之所以为人之量,以使人之存在成为天人、圣人、真人、至人之存在之思想中,人并非由于先感罪业苦痛等之束缚,而求成为大人圣人。故人之罪业苦痛之超越的来源,在西方或印度之宗教哲学思想中,成主要问题者,在中国皆未尝成重要之问题。反之,人欲成为大人圣人等,必人之心性中先有此可能。因而孟子之性善论,成中国思想中之人性论思想之主流。荀子虽言性恶,亦同时肯定心之能知道守道而化性。道家之以真人、至人为人之

---

① 江瑔《读子卮言》论墨子非姓墨,墨乃绳墨瘠墨之义,则墨子乃以墨为教。至于墨之是否兼表示墨家人士之出身与职业,则是另一问题。

理想者，亦肯定人之原始的自然之性之本无不真。

在中国之礼教中，不重唯一之天帝之祭祀，或自然之神之祭祀，而重人对人之先人之祭祀。人在祭祀其先人时，可直觉先人之神之洋洋乎如在其上，如在其左右，人念其死后，亦知其将存在于其子孙后人之祭祀之心情中。由是人之死，非只为离形骸以孤往而入于幽冥，或轮回而不返之事，而死后之灵魂之是否不朽，如何证其不朽，依何状态而存在，皆非中国人生哲学中之主要问题。

在中国之使人如何成大人、圣人、真人、神人之教中，重人之自力，而不重凭仗神力与外在之自然之力。而神与自然，亦初未注定人以一必然之命运。人之所重者，乃其自己之志气精神之如何升起。"我欲仁，斯仁至矣"。"求则得之，舍则失之"。则儒家可无意志不自由之问题。墨子以命为无，谓治乱祸福，由人自致。道家老子言自胜者强，庄子言逍遥无待，则墨道二家皆无意志不自由之论。此又不同于印度哲人之先有罪业束缚之感，乃勤求解脱，实证自由。故中国先哲不重意志自由与否问题之讨论，虽与印度哲人同，而其所以不重此问题之故，又微有异。

第七节　中国之人生哲学之发展——秦以后至今

至于由先秦之人生道德哲学至今之思想之发展，则曲折至多。大要言之，则自法家之以政治统制人之道德行为之思想产生以后，秦汉思想家，大皆转而特重道德为实际政治之本之义。《吕览》、《淮南》、贾谊、董仲舒之思想，皆欲建立此义。而儒者之欲借阴阳灾变之说以儆人君，盖由汉代阴阳家思想盛行，而当时之伦理思想，更与宗教性的天人感应之思想相混合之故。又汉初之道德思想，与求稳定政治上之大一统之目标相一致，故以孝治天下及三纲之说兴。至汉末之知识分子之道德政治理想，则又以与实际政治相冲激，而人重节义之德操，对人品人物之评论或判断之思想，相缘而起。而有汉末及魏晋之人物才性之理论及清谈中之品藻人物之谈。此乃上本于孔孟之知言知人之思想，合于《尚书》所谓"知人则哲"之言，而以具体存在之人格，为人之思想对象之哲学，而异于西方之人生哲学，只以抽象之一般人生理想为人之思想之对象者也。

印度高僧之东来，初本是重在以其佛教教义传入中土，然魏晋时中国人之加以延接，则恒喜称道其谈吐、风谊、及行事。而中国本土之高僧，亦恒以其行谊之卓绝，为世所称。而其生活之方式，亦远较印度之僧人富于艺术文学之情调，并更重报父母恩与国恩之义，此中皆有中国之人生哲学之透入佛教者存焉。

然自整个而言，佛家思想及由秦汉以降之道家思想，自为重在远离世间之烦恼，而趋于出世者；或修养心性、而趋于超世者。故在南北朝隋唐佛道二家之思想，极盛一时之后，终有韩愈之辟佛老，及宋明学者重复兴儒学之运动。在此复兴儒学之运动中，前有范仲淹、欧阳修等之在位者之提倡于上，宋初三先生之讲学于下，北宋有洛朔蜀之学之分，南宋有湖湘之学，浙江之永康、永嘉之学，及朱子陆子之学之分。然其能承前启后，师友不绝者，则为由胡安定、孙泰山，至周程张朱陆王以下之所谓宋明理学之传。吾人今拟说之一义，是宋明理学家，至少自表面言，似不如先秦儒者孔孟荀之更重"好学"，"扩而充之"，"积伪"之正面的修养工夫。而较重"无欲"（濂溪），"变化气质"（横渠），"去人欲以存天理"（程朱），"剥落"，"不求日增，但求日减"（阳明）之似消极的减损的工夫①。而清人之所以疑宋明理学诸儒有近佛老处，亦不无一面之理由。

吾人探宋明儒者之较重此种消极的减损工夫之理由，实在于宋明儒之更信吾人之本来具足有能为圣为贤之"无极之真，二五之精"（濂溪），"天地之性"（横渠），"此性此理"（程朱），"本心"（象山），或"良知"（阳明），而无待于外面之增益之故。此种思想之根本点，在相信一切成终者，皆所以成始。人能为圣贤，而志于圣贤，正由人在其生命本原之心性上，原即纯善而无不善之故。而一切之修养工夫，即皆为求去掉变化属于第二义以下之"心性"为"气质之性"，"人欲之心"，或后天生活所成之"意见""习气"之事。至克就宋明儒之较先秦儒者更重消极的减损工夫处言，谓宋明儒之修养工夫论中，包括佛老或印度哲学中去执去缚之精神，固亦可说。然严格言之，则宋明儒学所倡之修养工夫论，实大体上，仍为一面体会人之生命本原上之天地之性，义理之性，

---

① 拙著《人类精神之行程》一文，详论宋明儒与先秦儒者在此点上之不同。（《人文精神重建》卷下）

本心良知之至善，而一面去除其反面之人欲、意见、习气、以使之不为人心之天理流行之障碍，之双管齐下之工夫。

关于由宋至明理学之修养工夫之理论之发展，简单言之，乃一步一步向人之心髓入微处发展。大率在开宋明理学之先河之三先生，如胡安定、孙明复、石徂徕所从事之工夫，皆不外以前传统儒学之工夫，以与学者砥砺志气，树立风范，并未特别标出在学问工夫上之宗旨。至濂溪言"主静无欲"以"立人极"，以"希贤希圣"为教，横渠言"变化气质"，而以"知化穷神"为对乾坤父母之"继志述事"，乃有特殊之工夫上之宗旨。然此犹偏在由人之矫偏去蔽，以合于天之处言工夫。而未直在心性之自觉上立根。至明道以识仁定性为言，伊川以主敬及致知穷理并重，乃为直在当下之生活中，从事存心养性，尽心知性之工夫，而体贴到天理即此人性，更无濂溪横渠之不免"大天而思之"，以希慕于外之失。至朱子之中和说之归于言一心之静中之动，与动中之静，而以敬贯乎动静之中，主存养，省察，致知，格物并重，而后濂溪二程所传之为学工夫，乃融成一贯之系统。至陆象山之发明本心，直下契合"宇宙内事即己份内事"之旨，以"先立乎其大者"，遂又由朱子博大精微之论，转为一简易直截之教。王阳明之单提致良知，则是于象山之所言之本心，就其一点灵明之"是是非非而不昧"处，直下加以自觉，以为圣贤之学中之点石成金之灵丹一粒。至于阳明以后之王学，如王龙溪之重"才动即觉，才觉即化"，聂双江罗念庵之重"归寂通感"，皆于良知之教，有所发挥。至刘蕺山则由阳明良知之学，进而以诚意慎独为圣学之核心。此皆是一步一步更向人之心髓入微处之所下之修养工夫也[①]。

至于由明末之王船山、黄梨洲、顾炎武至清代之颜习斋、戴东原，以下之学风，其与宋明理学之别，则在其重人文教化之流行，礼乐政治之施设，及知识技能之储具，过于宋明理学家。而戴东原之以情絜情言仁，以知照物言智，及焦循之以通情言仁，皆有补于宋明儒重性与理而忽情欲之失。及至道咸以后之公羊家，遂更重经世致用之教；下及于晚清之康南海、谭嗣同之本孔子大同之仁教，以变法维新，及孙中山之本中国道统之传中贵民之义，以成民族民权民生并重之政治思想，其归趣

---

① 拙著《中国文化之精神价值》第七、八章。

皆偏于立社会群体中之人道。而与宋明理学之重立"人之成为圣人之道"者自不同。然皆未尝外人而为道，远人而为道。且皆重由知到行，归于实践，以改变其自己之存在状态，而不只为世界之旁观者，默想者，则中国数千年学术精神之所注，固未尝有异者也。

哲学之内容　四、人道论、价值论　参考书目

三浦藤　《西洋伦理学史》　谢晋青译　商务印书馆出版。
此书几为中文中之唯一之西洋伦理学史之书。
伯洛特（C. D. Broad）庆泽彭译　《近世五大家伦理学》　商务印书馆出版。
此书以斯宾诺萨　布特勒　休谟　康德　席其维克等五家之伦理学代表近世西方伦理学之五型。
张东荪　《道德哲学》。
此书乃分型类，以论西方道德哲学书者。
黄建中　《比较伦理学》　第二章　《何谓伦理学》。
此书乃以中西比较观点，讲伦理学问题者。
中西哲学中关于道德基础论之一种变迁（拙著《中西哲学思想之比较论集》，三十二年正中书局版）。
拙著此书多误。此文之论中国之一半亦多误。但论西方之一部，语皆有据，亦大体不误。可供初学之参考。
I. T. Hobhouse：Morals in Evolution
此书乃泛论道德之发展，及比较伦理学之书。其第六、七二章，乃论西方之伦理学之发展者。
A. K. Rogers：A Short History of Ethics.
H. Sidgwick：Outline of The History of Ethics，1925，Macmillan.
英文中之伦理学书，多喜就伦理学之派别型类而分论之，伦理学史之书极少。此二书乃篇幅少而简明之一西方伦理学史之书。
S. Das Gapta：A History of Indian Philosophy.
L. E. Hiriyana：Essentials of Indian Philosophy.
印度人论伦理学，恒连其宗教与形上学以为论。此上二印度哲学史之著；后者甚简，前者最繁。吾人于本章论印度伦理学之部，乃抽译后者之一部而成。唯间亦参考前一书，及 Radhakrishnan 之 Indian Philosophy 一书。
Lin Yu-Tang 编 The Wisdom of India，1944.
林氏此书，重印度之人生智慧方面，对文学及佛家思想方面之材料，所选者

较多。

　　钟泰　《中国哲学史》　中国伦理学史之著，初有刘师培蔡元培之二种，皆不见佳。民国以来，为中国哲学史者皆喜据西哲之义，以释中国思想，又忽于中国伦理思想之部。钟书论中国哲学，无甚新义，但甚平实。其所征引中国先哲之原文较多，初学读之，不致误入歧途。

　　牟宗三　《陆王一系之心性之学》　《自由学人》第一卷一至三期　此文虽论陆王一系之心性之学，然直上溯至孔孟程朱之工夫论。而儒学实中国伦理学之核心。读此可了解此核心思想之发展之一线索。

第八章 哲学之内容
四、文化哲学

第一节 文化哲学历史哲学与一般哲学

吾人前以人文论之一名，概括文化哲学，历史哲学，及分部之文化哲学如教育哲学、经济哲学、政治哲学、宗教哲学、科学哲学（一般只以指自然科学与数学之哲学）、艺术哲学之类。然此类哲学之名之流行，无论在东方与西方，皆只为一二百年之事。在以前之东西哲学中，皆未尝视之为独立之各部门。吾人今既除数学、自然科学外，有研究人类文化之各方面之教育学、艺术学、政治学、经济学等文化科学（今用此名，以概括一切研究文化之一方面之专门之学），何以尚另有所谓文化哲学、历史哲学、及各种分部门之文化哲学呢？毕竟其与历史学与文化科学等之分界何在？此为吾人于此所须一略加说明者。吾人今所拟说明者是：如自所研究之对象上看，所谓文化哲学、历史哲学、与历史学、及各种文化科学间，原为无严格之分界者。一切哲学与科学之分，亦本为整个人类之学问世界中之一方便之划分。然此方便之划分，亦非无其根据。吾人今试分别一述在各种专门之文化科学之外，有各种之文化哲学，及在历史学之外有历史哲学之理由如下：

大率在诸专门之文化科学以外之文化哲学问题，一为关于某一专门科学之范围，当依何概念，加以规定，以别于其他科学之范围之问题。一为一专门科学中之基本概念名词，如何加以界说，以别于其他科学中之基本概念名词之问题。一为一专门科学之方法，如何加以说明，一专门科学知识之限效，如何加以规定，以别于其他科学之方法，其他科学知识之界效之问题。此诸问题，即一专门科学内部之逻辑与知识论之问题。其次为关于一专门科学之对象，与其他存在对象如自然之存在，上帝之存在，人之心理生理之存在，及其他形而上之存在，如理念或上帝存在之关系问题。此为关于专门科学之对象之存在地位的形上学问题。再次为一专门科学与其所研究之对象，是否表现价值，是否合于人之理想，如何方能表现价值，以合于人之理想，此为一文化科学内部之价值论人生论之问题。

至于总的文化哲学之问题，则为总论文化之范围，文化之概念，研究理解文化之方法，及人对文化之知识之限效；总论文化与自然及上帝人生之关系，人类文化世界中各种文化领域之价值，及其与人生之理想之关系，与人类之不同类型文化之价值与理想，及其如何配合，以实现一最有价值最合理想之人类文化之世界诸问题。

至于历史学之异于一般所谓专门之文化科学或文化哲学者，则在其不重从横剖面论文化，而重在顺时间之流行，以纵论人类文化之历史的发展。在历史中，吾人所注目者，乃文化之变迁中，承前启后之迹。于是吾人当注目于其一时代文化各方面之参伍错综之关系，在此参伍错综关系中之人物，如何从事于各种文化活动，及其他活动，所成之种种历史事件之相继相承之迹。至历史哲学之别于历史学者，则首为求规定历史学之范围，历史学中之诸概念之意义，历史学之特殊方法，历史知识之限效，此为历史学中之逻辑知识论问题。次为求通观洞识一时代之文物文化所共同表现之时代精神，其对于后一时代之文化，或对整个人类文化之意义，历史之变迁之根本动力之所在，其与自然环境之变化，或上帝之计划，或人生之自然心理之要求，精神要求之关系，及历史发展之有无必然法则，必然阶段，或必然命运之存在，此皆为历史之如何关连于其他存在或客观法则之形上学之问题。再次为求估定人类过去之各阶段之历史文化与历史人物之价值，讨论人类历史发展之目标及人当如何担负历史之使命，以开创其未来之历史，而实现人类之理想，此为历史哲学中之价值论人生论之问题。

吾人如了解上文之所言，则知在任一部分之文化哲学及总的文化哲学，与历史哲学中，皆各同时包涵逻辑、知识论、存在论或形上学、及价值论或人生论，三方面之问题。同时吾人亦可知每一门之文化哲学，虽似只局限于一文化领域之中，实亦连贯于通常所谓哲学之知识论、形上学、人生哲学之三部门，而是将三者会通而论之者。因而亦即可谓为会通此哲学三部门之哲学。于是吾人治哲学，如先自一专门之文化哲学下手，亦即可通于三部门之哲学之问题①。吾人今再不厌觊缕，依此观点以分别说明吾人通常所谓数学与自然科学之哲学，艺术哲学及美学，宗教哲学及神学，法律、政治、经济、教育，社会之哲学中之一般问题，以便初学者，更了解此义。

第二节　数学与自然科学之哲学

吾人以从事数学之演算，为数学之科学之事。在数学的哲学中，吾人首可问者，乃何为数学之范围？因自数学之发展而言，数学之范围，明为不断扩充者。其由原始之算术至代数，至解析几何、微积分……群论、数论……乃其范围之不断扩充。则吾人可问，吾人何以说其皆属于数学中？毕竟吾人将如何规定数学之范围？而此问题，亦即必引至吾人如何规定"数学"之概念及"数"之概念，数学之其他基本概念与公理等？数学之方法与推理原则如何？数学知识与其他学问之知识，如逻辑及自然科学之知识之关系如何？数学知识之客观的限效性如何？此即为关联于数学之逻辑知识论问题。

于此吾人如进而问数之是否存在？是一实际之存在或一理念之存在？数与其他之存在，如自然之存在，人心之存在之关系如何？则为由数之知识论之问题，而兼及于数之形上学的问题。而吾人如以"太一"名宇宙之至高实在，或主张"二"或"三"为有形上意义之数，则构成形上学之数之概念②。至吾人如问何种数为最好之数？如辟萨各拉斯之重四之数与九之数，视为表示正义者，则数成有价值论之涵义者。今之普恩加来（H. Poincare）与怀特海之谓数学中有美者，亦为肯定数学之价值论之涵义者。此外吾人复可问数及数学，对人生文化之价值毕竟何在？或人是否必当重视数量之差别，过于性质之差别？人是否当特重视数学而置于其他科学之上？此皆为关连于数理科学之价值论伦理学之问题。

在自然科学中，吾人以纯粹从事自然之观察与实验，而不自觉的依自

---

① 此上之观点盖为本书所独有。
② 西哲皮耳士（Pierce）即以一、二、三之数，皆有一义上之形上意义者，在黑格尔之哲学中之"三"，及中国《易》学家心目中之数，皆有形上学意义者。

然科学之方法，以求得自然知识而记录之，为纯粹之自然科学之事。然在自然科学之哲学中，则吾人可问：自然科学之范围如何？如心理学可否属自然科学中？依何义而可属？依何义而不属？由此吾人可引至"自然科学"之概念为何？"自然的存在"之一概念为何？科学中"物之概念""能"之概念为何？自然科学中人对自然之知识，与常识中对自然之知识之同异关系如何？自然科学是否依于人对自然之一先验的知识而成立？因果原则，归纳原则，是否人对自然之一先验的知识？自然科学可否离因果原则，归纳原则而仍能成立？函数律是否即因果律？概然律是否可代因果律？自然科学知识及一般自然知识，与吾人之感觉之知，逻辑之知识之关系如何？自然科学是否只以就人所经验之自然加以叙述为目的，或兼以解释之为目的？各种自然科学之方法如何？此皆为自然科学之哲学中之逻辑知识论问题。至于吾人问科学之知识，是否只达于物之现象，或兼及于物之本身？科学知识为反映客观存在物者，或只为主观的构造？在人之自然知识中之自然存在事物，是否被人之主观心理所改变？何种自然科学所研究之存在，为自然界最根本之存在？何种自然科学之知识，可以为说明其他自然科学，与其所研究之存在之最后根据？各自然科学所研究之各类存在之关系如何？则为自然科学之哲学中，涉及本体论、宇宙论，或形上学之问题。至于问科学知识是否真有使人得客观真理之价值？吾人可否谓在不同之民族文化，历史时代中，有不同之科学，故科学只有表现人之一民族一时代之文化精神之价值？（如斯宾格勒等之说）又如科学果能使人得客观真理，除得客观真理外，科学是否尚有其他价值？科学之实用价值，与科学之真理价值，孰为重要？科学真理有无美的价值与善的价值？科学是否应对人之道德价值观念加以指导？如何加以指导？此即成科学之发展与应用之价值论伦理论之问题。

第三节　艺术哲学与美学

吾人如以人之从事艺术之创作或欣赏，为艺术活动。克就艺术作品之形式、内容、技巧、风格、与创作之经过，而叙述之、研究之为艺术学；则艺术哲学及与艺术关连之美学可问：何为艺术？何谓美？艺术与美之意义与范围，如何在概念上，加以规定？艺术与一般实用技术，在概念上如何分别？艺术美与自然美、人格美，又如何在概念上加以分别？美之认知，如所谓美的直觉，与其他之认知，有何不同？美之判断与知识判断及道德判断，有何不同？艺术学之方法论如何？此可谓艺术哲学与美学中，关于艺术与美之逻辑、知识论之问题。至于问美之为主观的存在，或客观的存在？美是否存在于自然之内部？有无美之理念之自己存在？美是否存在于上帝心中？及各种美如优美、壮美，与不同之存在事物之关系如何？各种美的事物之形式与内容之关系如何？则为关联于美之存在基础之形上学问题。至于问艺术之起源如何？其与人之游戏本能及劳动与实用技术等之关系如何？与感情、想象、理性之关系如何？艺术之创造与人之天才及灵感之关系如何？艺术批评或美的判断、美的品鉴之标准如何？何谓理想的艺术？自然美与艺术美之价值孰为最高？美之价值与丑之关系如何？何谓艺术之丑中之美，与美中之丑？美与快乐之关系如何？悲剧何以使人感乐？喜剧何以亦使人生悲？喜剧与悲剧之价值何者为高？美与善之关系如何？人格美是否必涵人格善？美与其他之价值之关系如何？人当如何创造美？创造美其修养当如何？各种艺术各种美之如何配合，以成一整个之艺术世界与美的世界，以对人生表现价值？此皆为涉及艺术与美之人生论价值论之问题。

第四节　宗教哲学与自然神学

吾人可谓人克就各宗教之教义、教条、禁戒、历史、仪轨、教会之组织，所信之神之性质、功德、及其与人之关系而叙述之，为宗教学，或某某宗教中之神学。至于宗教哲学或自然神学，则当就人类之现有宗教生活，宗教信仰，宗教精神，加以反省，以了解何为宗教一名之所指？其内包如何？其外延如何？宗教与迷信魔术，有何分别？何谓宗教信仰、宗教精神？宗教信仰，宗教精神中，是否必须包涵神之信仰？宗教信仰中之认知成分如何？宗教信仰是否出于无知？宗教信仰中之所信者，是否兼为人所知者？信天启或一教条，人所知者是否只是一名言，而无意义？天启或教条，是否可为人世间之知识之标准？其与世间知识冲突时，当如何解决？宗教学之本身之方法论如何？此皆为关联于宗教学中之逻辑知识论之问题。至于问宗教信仰中之对象，如神等，是否真实存在？如何论证其真实存在？如存在，其数为一或为多？如为一，其性质是否兼全能、全善、全知等？如为多，其分别之性质如何？相互之关系又如何？如神皆非真实存在，是否可说神为人之另一真实存在之主观要求之客观化。此主观要求为何？是否即人之改造社会之要求？或人之求全能、全知、全善之要求？或人之下意识中欲返于母胎之欲望或其他？如视神为真实存在，则其与世界中存在之人，及自然与文化、历史与宗教本身之存在之关系如何？神与世界为合一而内在于世界或超越于世界？神在世界之先或兼在世界之后？为创造世界者？流出世界者？或只为世界之建筑师？如为创造世界，其创造为一度之事？或继续不断之事？神与吾人之行为之关系如何？神是否只为赏善罚恶或兼宽恕罪人者？又人之灵魂是否为神之所造？是否于死后仍存在？又是否于未生之前已存在？是否实有轮回、实有天堂地狱与净界？凡此等等皆为关联于宗教之形上学问题。至于问：人是否可同一于神？或成神成佛？或问：人赖其自力所成之德行之价值，是否可同一于神或高于神？人是否只有在神前自视为罪人，乃能蒙神之恩救？又一切人是否皆能成神，或皆能升天堂？或若干人只能永在地狱，永无得救之可能？若然，则是否有碍于神之至善，或正所以显神之威严与赏善罚恶之正义之德？一切人与众生，是否皆能成佛，或是否有种性之别，而有永不能成佛之一阐提①？若然，则是否碍于一切众生皆有佛性之说？人又当如何行为、如何修养，方可得神恩，或成神成佛？又人升天堂成神成佛以后，是否重至人间？最高之宗教生活之内容如何？宗教与道德及文化之关系如何？宗教之价值如何？此皆为关连于宗教之人生论价值论之问题。

第五节 法律哲学

吾人如以考究人之法律之历史的起源与发展，一般立法司法之原则，现行法律之条文与其解释，审判诉讼之程序，政府法律机关之组织等为法律学；则吾人可谓法律哲学之问题，首当及于何谓法律？法律与自然律或神圣律道德律之名词概念之意义，有何不同？人如何认知法律与命令之存在？此与认知自然律或道德律之存在，有无不同？人如何认知并判断人之行为之违法或犯罪，并依何种逻辑上之理由，方能确知此

---

① 佛家法相唯识宗谓众生有五种性，一，佛种性，二，菩萨种性，三，声闻缘觉种性，四，不定种性，五，一阐提种性，具第五种性者，即永不能成佛者。

判断之为真？此确知之确实性程度，能否同于吾人对于自然之知识之确实性？法律学之知识之本身之确实性如何？法律学之方法论又如何？此可谓关联于法律学之概念、方法、知识之逻辑知识论问题。其次，吾人可问，法律毕竟依于何种存在事物而存在？依于上帝之命令，人之自然欲望或客观理性或其他？吾人又可问，人之守法之习惯，可否化为存在的自然的心理本能，将来之人类，可否进化为自动的守法者，如斯宾塞之所说？法律与道德律、自然律与神圣律，可否说为一宇宙之律则之分别表现？此诸律，毕竟依何种之结构关系，而存在于客观世界或人心中？此为关联于法律之存在基础论之形上学问题。吾人又可问：法律之目标如何？价值何在？其目标在报复，以显正义之原则？或在劝化儆戒，以显其教育之作用？或法律只为维持一政治秩序一政治权力之存在之工具？最高之立法权应在君主一人，或少数人，或多数人？其最后之当然理由何在？吾人依何原理以估量各种法律之价值？理想的法律当如何？法律最后是否当归于消灭？此皆关联于法律之价值论伦理学之问题。

第六节　政治哲学

吾人可以研究政治现象，或"如何由人之政治行为，以形成一政治制度，一政治制度下人之如何行为"之政治现象者，为政治学。至于政治哲学之所当研究者，则为：何谓政治现象？其与其他之自然现象，文化现象，有何异同？所谓政治之领域与其他人类文化之领域，吾人如何在概念上，加以清楚划分，并加以关联？人如何认识政治现象？人如何对政治作判断？人对政治可有预言与神话，此预言神话之确实性如何？人在从事政治生活时，对政治之认识判断之确实性如何？政治学之方法论如何？此皆为关联于政治学之概念、方法、知识之逻辑知识论之问题。其次，吾人可问：政治上之伟大人物之使命感、命运感由何而来，有无形上学的根据？政治上所谓天命当作何解？政治与国家之究竟根源，在人之自然之权力欲，或为人之客观精神之表现，或其他？此皆为关联于形上学中所谓命运，必然与自由，自然与精神之问题者。至于吾人问人类之过去与现代之政治之缺点何在？价值何在？人类理想国当如何？国家之价值，是否必然高于个人？政治中之伟大人物，政治制度，及政治风气，孰为重要？英雄造时势或时势造英雄？战争与和平之价值，如何估定？理想的人类世界中之政治生活如何？政治对其他文化，当有何关系，表现何价值？政府与政治是否最后当在人类社会中消灭？此则皆为关联于政治之价值论及伦理学之问题。

第七节　经济哲学

吾人可以研究人之经济现象，或人以其经济行为所构成之经济上的生产、交换、消费、分配之关系，与经济组织之学为经济学。至于经济哲学之问题则当包涵：经济现象与其他文化现象及自然现象，在概念上如何加以分别？所谓经济之领域与其他人类文化之领域，吾人如何在概念上加以清楚划分，加以关联？人如何认识经济现象？人依何方法对经济现象作预测？人之经济知识之确实性如何？经济学之方法论如何？如数学方法，在经济学中重要性如何？历史学方法，于经济之研究，是否尤为重要？此皆可谓关联经济学之概念、方法、知识中之逻辑知识论问题。其次，如吾人问人类之经济生活之根源，是人类之自然的求生本能，或人类"精神"之求表现于物质的财富之生产与分配？经济生活中有无必然律？其与人之意志自由之关系如何？则为经济现象之关联于形上学中之自然与精神，及自由与必然之问题者。至于吾人如问人生理想，文化理想，与经济制度，经济生活之关系如何？是否经济决定文化与人生理想，如马克思之说？或人之人生文化理想，决定经济？如对于近代西方之资本主义经济，德人韦柏（Weber）说其来源在清教徒之精神。斯宾格勒则说之为近代西方人之无限追求之"浮士德"精神之表现。又经济学上所谓价值，与一般价值论中之价值之关系如何？何谓理想的人类经济社会？人当如何主宰其个人之经济行为？如何改变社会之经济制度？何种经济行为为道德的，何者为不道德的？则皆为关联于经济中之价值论伦理学之问题者。

第八节　教育哲学

吾人可以研究各种教材课程之如何编制，各种教育制度之如何订立，各种以不同人为对象之教育中，各种不同之教学方法如何设施，为教育学之内容。在教育哲学中，则吾人可问何谓教育？教育之意义是否同于生活之意义？教育之意义与文化之意义同异如何？教育学为一理论科学或只为应用科学？或只为一种技术？教育学之思想方法又如何？此即为关联于教育学概念、方法之逻辑知识论问题。吾人又可问教育之如何存在于世界中，其存在之地位如何？人之教育之事，是否为自然世界中之动物之养育后代之本能之延长？整个宇宙或天地自然，是否皆可在一意义与人以教育？人之教育对整个宇宙有何意义与价值？此则为关联于教育之存在论基础之形上学之问题者。最后吾人可问教育之目标理想当如何？教育之目标应重在个性之发扬或群性之发展？人在自我教育及相互教育中，人对其自己之关系及人与人之相互关系当如何？教育重在使人求承继整个过去之历史文化，或重在适应当前社会之需要，或在整个人格之完成？教育之价值何在？各种教育方法教育制度之价值，有何最后标准，加以衡定？何谓人类较合理想之教育？吾人当如何逐渐施行此较合理想之教育？此皆可谓关联于教育之价值论伦理论之问题。

第九节 社会哲学

吾人可以研究人之社会现象或各种人与人之社会关系，社会组织，与在此关系组织中之社会行为者，为社会学。则吾人可问：人与人之社会关系之意义如何？人类社会、与动物等之社会，在概念上如何分别？人之社会关系与人之政治关系，经济关系，法律伦理关系，分别如何？在概念上如何加以清楚的表达？人之意识，如何认知他人及社会之存在？此认知，是源于本能或经验或推理？或源于移情活动或投射活动？此认知如何是客观的有效？如何证其为有效？社会学之方法如何？此可谓关联于社会之概念之逻辑知识论问题。其次吾人如问：社会先于个人或个人先于社会？一存在事物之个体性与其属于一种类一群体之性，孰为最根本？社会自身为一实体或只为个人之集结？人对人之社会意识，与人对神之宗教意识之关系如何？人之社会关系，可否离语言与文化而存在，如禅宗以心传心？人之社会意识中，是否涵蕴一超个人之自我或普遍心灵之存在？人之社会意识与生物之群居本能，养育后裔之本能，及无生物间之亲和力，是否有同一之自然之根源？人类社会在宇宙之最后命运如何？则成为社会之存在论基础之形上学的问题。至于吾人如问何种社会为最理想之社会？何种价值，为属于个人人格之道德价值？何种价值为属于社会之价值？如公平、自由、或安全是否即属于社会之价值？此属于社会之价值，是否为真属于客观存在之社会之本身之价值？或只对个人人格之完成，而有工具价值？社会价值与政治价值、经济价值等其他人生文化价值之关系如何？又人当如何尽其对社会之义务与责任？如何护持属于社会之价值，以完成其人格？此皆为关联于社会之价值论伦理学问题。

唯吾人以上所论之各种之专门之科学，与各种哲学之分别，实唯是吾人前所说之观点之不同。而其分别，实为相对者。故吾人在一般专门之自然科学及政治法律学之中，亦未尝即无关于自然科学、政治学、法律学之哲学问题之讨论。而在所谓自然科学之哲学，或政治哲学法律哲学之书中，亦包涵专门之自然科学、政治学、法律学之若干知识于其中。然此种现象，并无碍于吾人之自观点之不同，以论此二者之分别。而观点之不同之无碍于内容之相通，及同一之内容在此时代之此思想家属于哲学中者，在另一时代之人，则又属之于科学中者；则正所以证人类之学问之全体之原为一整体，而一切科学哲学之分别，原只依于观点之不同，而方便建立者也。

哲学之内容　四、文化哲学　参考书目

《礼记》　《经解》　《乐记》　《礼运》
历代史书中之书、志、叙
章学诚　《文史通义》
马一浮　《六艺论》

文化哲学之一名，乃中国古所未有。然《礼记》之论礼乐各文，及《经解》之论《诗书》《礼》《乐》《易》《春秋》之教，即皆为文化哲学之讨论。而除经子之书以外，历代史书，如《礼》书，《乐》书……《艺文志》，《刑法志》等之叙言，其论礼乐等之文化之意义与价值，多原本于性与天道，旁通于治乱兴衰，即皆文化哲学之论也。

清人章学诚著《文史通义》，更以《诗书》、《礼》、《乐》、《易》、《春秋》之教，为中国学术之大原。近人马一浮先生，则有《六艺论》之著，亦意在以《六艺》之文化与其精神，通天人之故。此亦中国文化哲学之流。而吾人若自中国思想之一贯重视人文主义，以观中国思想，则谓中国之哲学，一直以文化哲学为中心，亦未尝不可。唯中国之文化哲学之论，不似西方之重对各种文化之领域　严加分划，并一一分

别陈其问题,析其涵义。故此类论文化哲学之著作,其系统自不能如西方哲学著作之严整;然此亦整个中国之学问面目,著述体裁,与西方原来不同之故,固不限于文化哲学为然也。

至于西方之文化哲学之辅助阅读书及参考书籍,则可略举数种如下:

E. Spranger: Types of Men.

此书由德文译英文、中文本名《人生之形式》,由董兆孚自英文本转译,于商务印书馆出版。

此书为一家言之文化哲学书,兼伦理学书;然其论各种人生价值及宗教,政治、经济、学术教育艺术等文化之关系,实为最富启发性之一书。

R. B Perry: Realm of Value. 1954, Harvard Press.

此中为一文化哲学书。

A. J. Bahm: Philosophy: An Introduction. Part Ⅲ.

西方一般哲学概论之书,皆以知识论形上学之问题为主,或再及于人生哲学或伦理学。论及文化哲学各部门之问题者甚少。本书第三部二十三章论美学问题,二十五章论宗教哲学问题,二十六章论社会哲学问题,二十七章论政治哲学问题,二十八章论经济哲学问题,二十九章论教育哲学问题。其所列举之问题甚多,但嫌琐碎。不似吾人在本章之论此诸问题,乃分为涉及逻辑知识论者,涉及形上学者与涉及价值论者三部,而加以贯串。然亦足资参考。学者由此可知哲学之范围之广。

L. O. Katsoff: Element of Philosophy, The Ronald Press, 1953.

此书第十七章论美学,十八章论人类之哲学,十九章论政治之哲学,二十章论宗教之哲学,及涉文化哲学者,亦较其他一般哲学概论者为多,亦可供初学之参考。

H. Sidgewick: Philosophy: Its Scope and Relations.

席其维克此书论哲学与科学及文化之他方面之关系,即可据以了解文化哲学之诸问题,及各部门文化哲学之涵义。

M. Black: The Nature of Mathematics.

此书论现代数学理论之逻辑斯蒂派、形式派、直觉派,可知数学哲学中之若干问题。

C. E. M Joad: Philosophical Aspects of Modern Science.

此书文字浅近可据以知现代科学中之哲学问题。

D. H. Parker: Aesthetics. 见 D. D Runes 所编 Twentieth Century Philosophy, 由此文可知西方当代美学之大旨。

朱光潜 《文艺心理学》

此书名《文艺心理学》,著者亦不乐用哲学之一名。然此书实为中文中出版之介绍西方之美学理论最多之一书,可作一艺术哲学之概论书读。

E. F. Carritt: Philosophies of Beauty, Oxford University Press.

M. Rader: A Modern Book of Aesthetics. Henry Holt & co. 1952.

此二书皆为西方美学论文之选集,后一书只限于二十世纪中之各家。

关于西方之美学之历史,除 Bosanquet 之 History of Aesthetics 外 B. Croce 之 Aesthetics as Science of Expression and General Linguistic, tr. by Ainslie D., London, Mcmillan, 1922 中,后附录一美学史,并可参考,以知此书之历史发展,及有关书目。惟二书皆已出版数十年,后出版之著,不能皆备。兹举上列二书之各家美学之选集,以作此学之概论。

谢扶雅　《宗教哲学》　香港图鸿印刷公司影印。

此为中文中通论宗教哲学之书。

W. K. Wright: Philosophy of Religion.

此书分论宗教哲学问题,多为与形上学密切相连者。被作为美国大学之教科书垂数十年。本书除论西方宗教思想外,亦略及于东方之各大宗教。

E. A. Burtt: Types of Religious Philosophy. Harpers & Brothers, New York, 1939.

此书分西方之宗教哲学之各型类,比较各派宗教之异同。各以若干命题作结论,颇便初学。

H. R. Mackintosh: Types of Modern Theology: Nisbet and Co., 7 Impression, 1954.

关于宗教哲学之书,各宗教派别各有其观点,最难客观。此上三书态度皆甚客观,故加以举介。

吴俊升　《教育哲学大纲》　商务印书馆出版

J. S. Brucher: Modern Philosophies of Education. Magraw, Hill Co., 1939

此上二书述西洋教育哲学之各派别略备。

萧公权　《中国政治思想史》　商务印书馆出版
梁启超　《先秦政治思想史》　商务印书馆出版

读此二书可略知中国之政治哲学及法律哲学之若干思想。

浦薛凤　《西洋政治思想史》　中华文化出版事业委员会出版

此书乃中文中西洋政治思想史中较好者,读之可略知西洋政治哲学及法律哲学中之若干问题。

唐庆增　《中国经济思想史》

此书所论大皆中国之经济哲学思想。

斯盘（Span）　《西洋经济思想史》　商务印书馆出版
宋巴特（W. Sombart）　《经济学解》　商务印书馆出版

关于经济学与哲学关联之书,中文译著之书中,盖唯此二书为最富启发性。

黄文山译素罗铿（P. Sorokin）原著　《当代社会学学说》　商务印书馆出版

西方当代社会学者,除德之 M. Weber 外,素氏为一最重哲学与宗教在社会文化中之地位者。此书为一叙述各派社会学说之书,然于每一派皆及其哲学上之基本观念。中文译本亦甚流畅。

第九章 哲学之方法与态度（上）

第一节 泛论读文学、历史及科学书与读哲学书之态度

我们在以前章已说明，哲学与专门之文化科学之不同，唯是观点之不同。哲学中之知识论，形上学与价值论，乃通于各种之文化哲学，以使哲学联系于人类文化之各面者。由此而我们可知哲学之方法态度，与科学之方法态度，及人之从事各种实际文化活动之方法态度，均有可相关联而论者。在不同之哲学派别中，其所特重之方法及态度，又恒各与人之从事某种实际文化活动时之态度，或研究某类科学之方法态度，特为相近。然除此以外，吾人亦可说有纯粹的哲学态度之本身，及直接相应于此态度之方法。但在我们论此等之先，我们当向初学者略论如何读哲学书，及如何引起学哲学之兴趣，及如何感受哲学问题之方法。

学哲学是否必须要读书？这本身亦可是一哲学问题。从一方面看，首先，我们可以说哲学之最高境界，或需要扫荡语言文字，我们在以前数章中，所提到之中西哲学家，亦大都有此种主张。在我们所说之哲学意义中，亦承认有超语言文字之外之哲学的生活。其次，我们亦可承认真有哲学的生活的哲人，并不必是曾讲过许多哲学理论，或著过许多书，读过许多书的人。哲人之哲学造诣，或所达之哲学的境界，并不与其讲说著述之多，读书之多，成正比例。如孔子、孟子、释迦、耶稣、苏格拉底等，本人皆不著书，亦不必读过许多书。希腊早期哲学家及孔门弟子，亦只留下少数名言，即名垂后世。如老子即只有五千言，即为道家思想与道教之主。但从此二点，我们并不能说学哲学可不必读书。此（一）因人要扫荡语言文字，仍须先经过语言文字之运用；不经过语言文字之运用，亦不能真知语言文字之所不及者何在？语言文字何以须在其

所不及者之前被扫荡。（二）因我们并不能轻易把我们自己与古今之圣哲相比。我们不必有与他们相等之智慧，以直接由宇宙、人生、社会中，识取真理。纵然我们之智慧与他们相等，而他们讲说了许多话，由后人载之于书，我们如能加以了解，我们亦对于同一问题少费许多心思。同时人费心思著书，即希望有人读。读书亦可说是一种我们对于著书人的义务。所以我们只要能读的书，皆可说即是我们当读的。此义可不须多说。

但古今哲学书籍，汗牛充栋。我们一人之精力有限，实际上能读之书不多，我们当如何去选择来读？究竟应该读最近的著作，或古代的名著，或原始的材料？究竟应该先顺自己个人的兴趣去读，或先依专家的指导去读？应该先求博览或先求专精？究竟应该循序渐进，或先读字字句句都能清楚理解的？或当先取法乎上，不能清楚理解的也读？究竟读书应依历史的秩序，或依论理的秩序？这在学哲学的情形，与学其他学问之情形，不必相同。各人的性格，亦或宜于如此，或宜于如彼。又在各人之不同学问之目标上，不同之治学的环境下，学问之不同阶段的进程中，亦有时当如此，有时又当如彼，颇难一概而论。

但我们可以说，读科学书，大概是读愈是最近出版的著作愈好。此乃由于科学知识，常一方是一点一滴积累而成，一方是愈后来之科学理论，愈能说明更多之事实，愈具备论理的一贯性；而后来之科学理论成立后，亦常可取以前之科学理论而代之。但读文学书，则宜多读经过历史的淘汰后，所留下的过去名著，因文学作品是一具体性之创作，后人并不能将其创作继续修补，以成一更完全之创作。后世人之创作，亦不能代替古人之创作之地位；文学之天才，亦尽可旷世而难一遇，文学之技巧，亦不必后人进于古人。读历史书，则如志在研究考证历史，亦对愈古而愈是第一手之材料者，愈当注意。但如目标在了解他人研究考证之成绩，则愈近之历史考证之著作，常为总结前人研究之所成，而愈当注意。至于读哲学书，则我们可以说愈与科学理论密切相关的哲学，亦愈是随科学的进步而进步，因而愈是现代的愈重要。其次，科学之哲学的分析，在逻辑的精密程度上，亦常是前修未密，后学转精。但如果是与文学较近的哲学著作，或表达个人直接的人生体验之著作，则今人亦尽可不如古人。而在哲学史上，纯综合贯通宇宙人生之多方面，以形成一大系统之大哲，亦常旷世难一遇，而读古代之大哲一家之书之所得，可远多于读无数从事一专门之哲学问题之琐屑分析之现代著作。

至于读书之究应依个人之兴趣选择，或求古人或师友，或专家之指导？当求博或求精？当循序渐进，或当取法于上？等种种问题，则当看各人情形而异其答案。亦尽是可并行不悖，相辅为用。唯大体上我们可说，在科学之研究中，比较更接近科学之历史考证工作中，与哲学中之逻辑知识论与宇宙论之研究中，人最须循序渐进，逐步的用功夫，并宜先自一专门之问题下手。尤须先求思想之有一定之法度，或循前人已成之规矩，以求自己之进步。至于在纯文学之欣赏与创作中，学历史而求对一时代之历史文化之各方面，加以会通的认识，学哲学而重在直契宇宙人生真理之本源；则一方须由博以返约，一方亦常须在开始一点上，即取法乎上，研读古今之大哲之代表作之书籍。唯此类之著作之境界较高，读者一时可悟会不及。然此悟会，亦可不由层级。一时之悟会不及者，亦可于旦暮遇之，不宜以难自阻。

至于读书，究应顺历史的秩序或论理的秩序？则我们可说：读科学书，是必然当重其理论如何连贯之论理的秩序的，而各科学之间及一切科学之各部门之间，亦常是有论理之秩序可寻的，如物理学依于数学，化学依于物理学，生物学依于化学之类。读历史是必然要重历史的秩序的。至于文学之各部门，及一部门之各文学作品间，则尽可各自成一天地，其间可并无一定之论理上的必然相依赖之关系。而由读某一种文学作品，至读另一种文学作品，亦恒须人全忘掉某一种文学作品之内容，而经一种心灵之跳跃。各时代文学作品之体裁变化，固为在一历史秩序中者。然我们如不是意在研究文学史，则我们无论读何时代之文学作品，皆同须设身处地，而视之如在目前，则历史的秩序亦非复重要。而我们如要从事文学之创作，则人虽可先胎息古人，最后终须自出心裁。而每一篇文学之创作，就其为一单独之整体言，皆可谓前无古人，后无来者，如根本不在一历史的秩序中。此亦即吾人前说文学之创作，不必后胜于前之故。

至于哲学，则一方固重论理的秩序，此有似于科学。然今日之科学，即由昨日之科学，积累修补而成。而一新哲学系统或一新哲学派别，则只能说是由昨日之哲学，加以重造而成。自其为重造言，则每一系统哲学之著作，即类似乎文学创作，而自成一天地。后代之哲学之不能代前代之哲学，亦有似于文学。此便与今日之科学，可代昨日之科学者不同。

然后代之哲学问题，又恒由前代之哲学所留下。历史上任一哲学系统与哲学派别，皆必留下若干问题。此便又不似文学之创作，如一成即永成，并无一定之问题，以留俟后人之解答者。由此而后人之从事文学之创作，亦尽可一切自我而始。人之学哲学者，则恒须由前人所留下之问题开始。而欲答此类问题，又必须了解前人之已成之哲学思想之本身。由是而学哲学者，对哲学史上之哲学思想与哲学问题，皆必由其个人之重新加以思索而后可。此所思索之过去人所留下之哲学思想与问题，所以如此如此发展，则又恒为兼具论理的秩序，与历史的秩序者。此即黑格尔之所以说哲学即哲学史之故。至于吾人之治哲学，若注重在历史文化之哲学，则吾人更当重历史的秩序中之事物，更不必论。由是学哲学之情形，又与学文学之情形不同。故我们之读哲学书，无论是以哲学问题为中心，或以一家一派之哲学为中心，我们都兼须注意到一哲学思想在历史中之地位，其所承于前，所启于后者何在？而此亦即所以求了解一哲学思想之所涵之意义，而辅助吾人了解各种哲学思想，各哲学问题间之论理上的相承相反之关系秩序者也。

第二节　如何引发对哲学之兴趣

我们以上略论读哲学书之法。我们将进而略论如何引起哲学之兴趣，及如何感受哲学问题之法。此是常有一些初学哲学的人，喜问我的问题。

关于我们如何可引起对哲学之兴趣，及如何能感受哲学问题，严格说来，是并无特殊之方法的。因我们对任何学问之有无兴趣，有无问题，是个人主观心理上的事。如有则有，无则无。如何由无到有，则无方法可讲。但是我们可以说，人在希望自己能对哲学有兴趣时，实多少对哲学已有一兴趣了。人在问如何能感受哲学问题时，人已对哲学发生问题了。顺此兴趣与问题，我们可以问如何延长此兴趣，而进以求感到哲学内部的问题。于此我们可提示一些意见，以供大家参考。

我们可以说，我们要能对哲学有兴趣，感受哲学问题，我们必须先对我们不自觉的信以为真的，一些由传闻、习俗、个人成见、或书籍而来的有关整个宇宙人生的观念、知识、信仰，忽发生某一些疑惑，或对我们生活所接触的环境中一些之事物，何以会存在于世界中，曾感到某一种情志上之不安。同时对这些疑惑与情志上之不安，我们却可并不想：

立刻由询问他人或查考书籍来求答复，亦暂时不想只由改变环境中存在的事物，或转移环境来求解决，亦暂不借文学艺术上的欣赏与创作，以发抒此不安之情志，或借一宗教性的信仰，以寄托此不安之情志。在此情形之下，则我们这些疑惑与情志上的不安，即沉入我们个人思想之内部，而逐渐化为直接待我们自己之思想本身，加以解决之我个人的哲学问题。

我们上段的话之意思，亦即通常所说哲学起于惊疑 Wonder 之意。此所谓惊疑，或是纯属于知识上的，或是属于情志方面的，但此二者有时实难严格划分。如分而言之，则我们可说凡是由知识上之惊疑而起之哲学问题，都是我们不能直接凭借于我们现成已有之知识，来解答的。并常是在现成已有知识中，无确定解答方法者。因而亦常非我们一经问询他人，或查考书籍即可解答者。其所以不能由已有之知识来解答，并无确定之解答方法，乃由于其在现成已有之知识之范围外，亦在现成已有之解答问题之方法之外。此解答，或在已有之各专门知识之间，或在专门知识与常识之间，或在专门知识与常识及我个人之若干直接经验之间。而对此等等"之间"去用心，即延长我们之哲学兴趣，并更深切的感受我们之知识上的哲学问题之道。

其次，属于情志方面的哲学性的问题之感受之加深，则通常皆由于我们在情志方面感受一哲学性问题时，我们能暂不直接由上述之改变环境，以得情志之满足等方法，以求解答。此亦可由哲学史上之哲学家之思想之所由生，加以证明。譬如我们看哲学思想之兴起，常是在文化剧烈变动之时。在此文化剧烈变动之时，即人之情志上，感到种种挫折与阻滞，而又不能直接以改变人所遇之环境，以满足情志之要求之时。又我们从哲学家之传记，我们复知一哲学家之成为哲学家，常由其个人之情志上之某一种要求，较常人为凸出，而又在性格上环境上，不愿或不能，用一般之方法，以使其情志得抒发寄托；于是将此情志中之问题，关系于宇宙人生者，皆化为其内在的反省所对之哲学问题，并由之以引出种种深远之哲学思想，此亦有种种之事实作证。[1]

---

[1] A. Herzberg 著《哲学家心理》Psychology of Philosophers. Kegan Paul Co., 1929. 即举西方三十个大哲之生活上情志上所受种种阻滞之事实，及其不用一般之方法求情志之畅达等，以说明其成为哲学家之理由。

我们如果了解上列二者，便知我们要能深切的感受哲学问题，或对哲学发生更多的兴趣，第一步，正在使我们自己有一些知识上的哲学问题，非现成已有之知识及解答问题方法，所能直接加以解答者。亦应有一些情志上之哲学问题，非我在现成已有环境中之现成已有之活动，所能加以解决者。前者恒是于现成知识之边缘上之知识论宇宙论之问题；后者则恒为个人之一生情志之所关心，而又连系于超个人之客观世界，非个人之力所及之苍茫宇宙，古往来今之人类之文化历史的，人生哲学、形上学、文化哲学、历史哲学之问题等。而要对这些问题，皆能深切感受或发生更多的兴趣，则人之情志之所关心者，不能不大，而人之求知的要求，亦必须处处能寄于一切现成已有的知识世界之上之外，以有所用心。

人如何使其情志之所关心者扩大，而及于许多普遍的宇宙人生之问题？这毕竟依于人之德性。人又如何能有及于各种现成已有的知识之上之外之求知的要求？这毕竟依人之智慧。此德性与智慧，同是随人之心量之开展而开展。但是人之心量，如果不能自然的开展，可有一种办法助其开展。即由其感受种种之思想上之不和谐、不一致，以及冲突矛盾，而逼迫之扩大开展。故人之感受知识与知识，知识与经验，知识与存在，知识与价值理想，价值理想与现实存在，价值理想与价值理想间之不和谐，或不一致，或冲突矛盾，而求加以融会贯通；正是人之哲学问题之所由生，此亦即是使人之心量，由其所感之矛盾冲突等，而自己扩大开展，以增长其智慧德性，并深切的感受哲学问题，对哲学发生更多的兴趣之一条道路。

从此说，则人要于哲学生更多的兴趣，在纯粹知识的问题上，实无妨从闻知种种哲学上之诡论下手，以至从分析诡辩下手亦无妨。因诡论与诡辩，都是使人感到一种思想上之不和谐与不一致或矛盾冲突者。我们看，无论东西方之逻辑学之原始，皆始于人与人之辩论。正当的辩论，则皆意在如何销除诡辩。而逻辑学之进步，则常欲由解决逻辑上之诡论，数学上之诡论而引起。是知诡论与诡辩之注意与认识，正是引起人对知识方面之哲学问题之兴趣之一最原始的道路。

其次，我们可以说，去尽量发觉各种知识与常识及存在间，与人之可能的思想间之不和谐、不一致或冲突矛盾之处，亦是使人感受哲学问题，而对哲学发生兴趣之道。常识中之空间为三度，而近似欧克里得几何学的空间的。然近代几何学中，却又有非欧克里得几何学。现代之物理学，又有物理的空间为近似非欧克里得几何学的空间之说。并有视时间为空间之一度而主四度空间之说，及物理空间之为圆形及不断膨胀之说。此皆为表面与常识之空间时间观念相违者。而近代无数的科学的哲学思想，正皆由于求对这许多知识及观念，加以协调配合而来。

至于在涉及与人之情志有关之宇宙人生之价值理想的问题方面，则人亦无妨从许多人生之矛盾以及悲剧，不同文化生活中之观念之冲突之认识下手。如人生之各种要求之互相违反，在宗教生活中之信仰与科学所得之知识之冲突，及不同文化相接触时，所生各种思想上生活上之矛盾。无论在东西之文化史上，皆曾为引起人之无数哲学上之新思想之来源。而亦唯在此处，吾人之一切有关价值理想之哲学之思维之进程，乃有其切问近思之始点。

然我们亦复须知，去发觉各种知识与常识及存在间与人生文化之诸价值理想之矛盾冲突等，虽为使我们更深切感受哲学问题，增加哲学兴趣之一道；然却尚不能说，人之能认识此冲突矛盾，并任由此相冲突矛盾之两面或诸面，更迭的引起种种思想，即能解决此中之问题。因一切冲突矛盾之能解决，实由于我们之有求不冲突矛盾之理想之先在，人亦须以不自己冲突矛盾之思想为根据，而后其冲突矛盾之化除以归于贯通，乃可能。一切哲学问题之解决，亦不能由此问题之本身得解决，而仍须以若干不成问题之思想为根据，求加以解决。人学哲学，若只是学一堆永有两面或数面道理可说，而永不能决之问题，则人之心灵将永在一疲于奔命之分裂状态中。其哲学之兴趣，亦即难久持。由是而吾人当说，人真欲维持其哲学之兴趣，人又复须有超越于问题之上，或不为解决哲学问题，而自动自发之哲学思想存在，而此类之思想，又为吾人自己所喜爱并视为不成问题之真理之所在者。反之，人若于任何哲学思想皆未尝发生喜爱，而视之为真，只求到处发现困心衡虑之哲学问题，而所读哲学书，又皆为专以罗列一一哲学问题中之冲突矛盾之见解为事者，亦不能对于哲学有继续不断之兴趣。此亦正如人永在饥饿求食之中，而又未尝饱者之必终于死亡，而不能维持其求食之兴趣之继续存在也。

然吾人何以能于若干哲学思想发生喜爱？则初不必皆自觉有种种颠扑不破之理由，因而其喜爱之事，亦不必能自证明其正当。而可只是人对若干哲学思想，有如是如是之会心，便有如是如是之喜爱。人于此，只须不觉其必不当喜爱，即有加以喜爱之权利。学哲学者于此，如因不知其喜爱之理由，遂立即自断此喜爱为不当有，而自断绝此喜爱；则此态度似为一最哲学的，而实亦正为使自己之哲学心灵，成为焦芽败种，而使哲学之兴趣，日归枯槁，以自断慧命者也。是义不可不知。

由人对若干哲学思想能加以喜爱，则人可再进一步，而对于若干哲学问题之本身，若干宇宙人生之疑谜之本身，亦发生喜爱。我们可说，有若干哲学问题，是我们未能解决者。亦有若干哲学问题，是我们能解决者；在解决后，问题即对我不存在，只对他人为存在者。亦有若干哲学问题，是我们能解决，然解决之后，此问题仍须不断出现，以使自己再重复自己已得之答案者。亦有若干哲学问题，在根本上，只是一种神圣庄严之疑情，与宇宙人生之神秘感。由此疑情与神秘感引生哲学问题，而此哲学问题解决后，则人可复归于此疑情与神秘感，而更加深之。① 然无论吾人之哲学问题，属于何种，我们如能就其为问题之本身而喜爱之，皆表示我们更进一步的对于哲学之真兴趣。此兴趣乃一对问题自身之存在之兴趣。既非一去解决问题之兴趣，亦非一解决了问题所生之兴趣，而只是一如是如是问之兴趣。既得答案，亦还可回到其"如是如是问"之兴趣。此即如小孩之喜问，而亦可止于问，既知而可再问之兴趣。人何以可对问题本身有兴趣？此乃因每一问，即是在人心之前面，展现出数种思想之可能。此可能之展现，即是人之心灵之一生长、一开展。而克在此生长开展之际说，则此数种思想同统摄于我们之心灵与思想之自身，其中可并无冲突矛盾之感，人亦并非必须解决此问题而后可者。此即犹如人行到歧道之口，在一时不知何往时，则二歧道同时呈现于吾人之前；而即此二途并望，便成风景，而足游目骋怀。又如草木之初发芽，而未尝分枝叶，亦见生几横溢。而吾人之学哲学至于能感问题，又能不论问题之有答无答，已答未答，皆能直下发生兴趣，吾人方可谓为真入于哲学之门中。但是我们以下论一般所谓哲学方法，仍只限于如何解决一般所谓哲学问题，以获得堪为我们所喜爱之哲学思想，哲学真理之方法而言。

---

① 如怀特海即常谓哲学始于疑情与神秘感，而最后仍归于疑情与神秘感。马塞尔亦有相类之说。

第三节　哲学方法及哲学中之科学方法之二型

究竟什么是哲学方法？其与科学方法，是否有原则上之不同？这似乎有各种可能的答案。因哲学家中有自以为其哲学方法即科学方法的，亦有以哲学方法与科学方法不同，并以各派哲学家，各自有其哲学方法的。若果我们以人之思想方法，并不能离人之实际思想之方式而独立，而思想之方式又不能离思想内容而独立；则我们亦可说，每一哲学家各有其一套思想方式，一种特殊的思想方法。而西方哲学家在陈述其哲学思想时，亦恒自介其思想方法，宛若与其他哲学家之思想方法皆不同，乃能表其哲学之特殊性。但是我们亦可说，各哲学家之思想内容虽不同，仍可分为若干形态。因而其所用的方法虽不同，我们亦可分之为若干形态。唯毕竟有多少形态，则不易说。所以我们以下所讲的不同形态的哲学方法，只有先承认其本不求完备；但在我们先由哲学方法与科学方法之同异问题，以讲到以哲学方法同于科学方法之说。

关于哲学方法与科学方法是同是异之问题，不仅在中国以前莫有，在西方十八世纪以前，此问题亦未正式成立。因当时之科学，仍可说是属于哲学中，而常被称为自然哲学。这时与人之科学及哲学之态度相对的，是神学与宗教之态度。在神学中，人之理性的运用，最后必须与信仰一致，与上帝之启示一致。在此，人之理性之运用，至少在某一方面，是不能绝对自由的。但在哲学与科学中，则人同可有其理性之自由的运用，而其如何运用理性之方法，虽在事实上有所不同，然亦未必为人所重视，而自觉的加以提出。

哲学方法与科学方法之同异之问题，乃十九世纪之科学发达以后，方为人所特加注意的。譬如在孔德，即以传统哲学中之玄学为非科学的。依他说，玄学之方法，乃是以一些不可实证的概念解释事实，并非以精简的定律，叙述事实之科学方法。而他所谓实证哲学的方法，实即同于叙述事实的科学方法。此外如斯宾塞之以科学之方法为由一类之现象之研究，归纳出关于该类现象之普遍的原理、定律；又以哲学为科学之综合，亦即对科学之原理定律，作进一步之归纳工作，以求一更概括化的宇宙原理。这亦是以哲学方法与科学方法，并无原则上之差别，而只有应用的范围之大小之别之说。

再一种以哲学方法在原则上并无异于科学方法之说，为我们在第二章中所述之著《哲学中之科学方法》之罗素，及以后之一切重语言之逻辑分析之一切哲学家之说。依罗素在其《哲学中之科学方法》之意，哲学之本质即逻辑。真正之哲学方法，乃依逻辑以分析一些为科学所运用，而未为科学家自己所清楚的各种科学的概念、设定与方法之自身。而此后之重语言之逻辑分析之哲学家，则以哲学之工作，主要不外对各种语言之意义、其逻辑构造、及语句转换之规则等作分析。而依此说去看传统哲学思想中有价值的部分，如近代之洛克、巴克来、休谟、以至康德之哲学中之有价值的一部分，亦均在他们所作之对于语言的逻辑分析的工作。① 依此说哲学之内容，虽可说与一特定科学内容不同，然哲学思维与科学思维之皆依于逻辑，以求说出的语言之意义之清晰确定，则并无不同。哲学对于语言之逻辑分析的工作，本身亦可以语言表达，而此表达之语言，仍须依于语言之逻辑规律，以求此所说出者清晰而确定，由此而我们不能说，真有外于科学方法之哲学方法。

第四节　直觉法之二型

但是在其他派之哲学家，却亦有以哲学方法与科学方法根本不同者。此尤以主直觉为哲学方法者为然。在哲学中，我们前曾说主直觉法者有二型。②。此中一为柏格孙之一型。依柏氏说，我们之认识事物之方法，一为位于事物之外，而以固定的理智概念对事物，不断加以概念之规定，此为对事物加以并排化 Juxtaposition 或空间化 Spacialization 之认识。此乃终不能把握事物之本身者，是为科学的认识。一为人之投入事物之内，而同情的了解或直觉其非固定的概念所能把握之内在运动或内在生命，由是以直达于事物之本身，此为哲学之认识。此哲学之认识，最低限度可以用来认识我们人自己之生命之流，自己之意识之流，而了悟到一前后绵延相续，不能加以概念的分割，或加以"并排化""空间化"的生命世界中之"真

---

① A. G. Ayer: Language Truth and Logic, Ch. II. The Function of Philosophy.
② 本书第一部第二章第七节。

时"Duration 之存在。此种以直觉①为哲学方法之说,与德国之各种以生命之体验为哲学之特殊方法之说,如尼采倭铿等之说,虽不必相同,然大体上亦为一路。

再一种以重直觉之哲学方法与一般科学方法不同,而仍可称一严格的科学方法者,则为我们前所提到之胡塞尔之现象主义之说。我们前于第二章谓此说所重之直觉与柏格孙相较,可称为静的直觉。依此说,真正之哲学方法,亦即现象主义之哲学方法。哲学与一般科学不同在:一般科学皆以实际存在者,为其研究之对象,其所用概念之来源,固亦本于人对于各种法相之直觉——因每一概念皆是对一法相②之直觉的把握,如方之概念即把握方,圆之概念即把握圆。但一般科学只应用已成之概念以说明存在;而哲学则当直接寄心灵于无限之法相之世界,以其心灵之光,去照耀发现无限之法相(此中包括心灵之"如何如何"去照耀之"如何如何"本身之法相,此为胡氏所谓纯粹现象学所研究之核心)。因而可能对哲学心灵而呈现之法相与概念,遂远较一般科学中所已用之概念为多。而我们之以心灵之光去照耀法相、发现法相,必须暂将实际存在之世界,用括弧括住③。此则所以免去我们之心灵之光之只向外沉陷,而以我们所肯定为实际存在之事物之范围,限制住了我们对于未表现于实际事物之上之超越的法相世界中,各种法相之发现。此各种超越的法相之真理,初只是对发现之之超越的意识,为直接呈现而自明,并不须先对实际事物,能有效的应用,或有对应的符合关系。由此而判断衡量一般叙述实际存在事物之科学知识,是否为真之方法,均不能在此应用。现象主义之方法,唯是使发现照耀各种超越的法相之超越的意识如何成为自己透明,以使关于法相的真理直接呈显,而成为自明之方法。而此中语言之应用,在最初只是作为一指示法相之标志。然一语言所指示之法相及其与其他法相之关联,则初可不真实呈显,而具于此语言之原来之意义中。而我们

---

① 拉丁文直觉 Intuition 一名始于安瑟姆(Anselm)以指直接知识。英之十七八世纪之道德哲学家,多以直觉论良心之知道德律,此近于下一义之静之直觉,与柏格孙之所谓动的直觉异。

② 胡塞尔之 Essence 不宜译为本质,因本质乃对存在事物言,而此处之 Essence 乃可离事物之存在性而言者。兹借用佛家之法相一名译,虽不全切合,然较为相近。

③ E. Husserl: Ideas, Pure Phenomenology 第一部第一章 Fact and Essence 及第二部第一章。胡塞尔书不易看,W. Farber: Phenomenology 见 D. Runes 所编 Twentieth Century Philosophy 于现象学有一简单之介绍。

之由此语言,以真实呈显其所指示之法相,与其相关联之法相,则是我们对于法相之直觉先行,而后赋此语言以一更充实之意义。由是而哲学之事,依此说,即不得说为只是为分析诸语言之已具意义,或诸语言所代表之已成概念之事;而是人如何扩充对于法相之直觉,以构造新概念,而不断充实语言之意义,而扩建语言之意义之世界之事。途与上面所说以分析语言之意义为事之哲学任务观,成一对反。

在古代之柏拉图哲学之重观照理型,及笛卡尔哲学之重观念之清楚明白,现代哲学中如桑他雅那(G. Santayana)之所谓超越绝对论之哲学方法①,及一切带柏拉图主义之色彩之直觉主义之哲学方法,以及印度大乘佛学中之法相宗之方法,在一义上皆可说与胡塞尔之哲学方法论为一型。

第五节 发生论的哲学方法

再一种形态之哲学方法,我们可姑名之为发生论的哲学方法②。依此种方法来讨论哲学上之知识、存在、及人生理想等问题,都是重在问其所以发生之时间上之先在的事件之根据。依此义,我们可说凡在知识论中,注重知识之心理的起源,或知识在生物进化历程中,社会历史之发展历程中之如何出现,及其出现后对此等历程之促进的功用,以论知识之价值者,皆是采发生论的观点③。由此而西方近代之经验主义者如洛克,其知识论之重说明人之无与生俱来之知识,一切知识中之观念,乃由后天之感觉与反省,次第一一孳生,即在根本上,是一发生论之观点。而休谟之论因果,归至人之过去之习惯之养成,亦可说是一发生论的说明。而现代之实用主义者,从生物之适应环境的要求,人之解决困难之心理的思维历程,以论逻辑与知识之成长;及一切从社会背景历史阶段,论思想与知识之功能价值,以至如罗素在《意义与真理之研究》一书中之论等,逻辑上之名字观念之心理

---

① Runes 编 Twentieth Century Philosophy. G. Santayana:Transcendental Absolutism 一文。
② Jerusalen 之 Introduction to Philosophy 有陈正谟译本名《西洋哲学概论》,即明倡发生论之哲学方法者。
③ 故此所谓发生论之观点,即重时间历程中所呈现之经验事实之观点。而通常所谓重经验事实之发生之考察者,即属于此类之哲学方法中。经验主义实证主义之哲学方法,或为重各类经验事实、或可实证之事实之共同原理之指出者。此当属于吾人上所述之第一种之哲学方法中。

的起源(如"或 or"之名字观念,原于人之心理上之迟疑)①,都可以是包括于我们所谓知识起源之发生论之观点之中。而依发生论之观点以论存在,则为着重说明后来之存在事物,如何由以前之存在事物,发生而来,而或归于以在时间上宇宙最早出现之存在,即为最真实者之理论。如宗教哲学上,以上帝为时间上在世界之先,唯物论者以物质为时间上先于一切生物人类而存在,即皆可成为"上帝或物质为原始之真实"之理由之一。至于在人生哲学或价值哲学上之发生论观点,则为重道德之如何起源,如何进化,"善"、"恶"、"应该"、"义务"等观念之心理起源,或原始的表现形态之推溯。此统可称为一发生论的哲学方法。此种哲学方法之目标,在寻求时间上之在先者,以说明在后者之所以发生。然此在先者,却并非必已见于历史之记载者,而恒是由人之推想,以设定其存在者,故为哲学而非历史。然吾人却可以说此种哲学方法为近历史方法的。此与重直觉之哲学方法,为近文学艺术者,同非直接以综合科学知识,或分析科学之语言或概念为事之哲学方法。

第六节　纯理的推演法

与此种发生论的方法相对者,我们可称为纯理的推演法;此种方法乃纯然是非历史的。此乃纯然是一由概念引出概念,由思想引出思想,由一命题引出另一命题,然又非被认为或自认为,只是纯思想上语言上的逻辑推论者;而是被认为或自认为,具备知识上、存在上或人生论上之客观的真理价值者。此在近代,斯宾诺萨之哲学,可为一明显之例。斯氏之哲学,乃纯为非历史的。他以一切历史的事件之前后相承而发生,皆有如归结之原自根据,乃理论的必然地如此如此发生者,如三角形之三内角之和,必等于二直角之类。则世间只有永恒的"如此"之连于"如彼",而并无流变。而其哲学系统,亦自认为纯由若干自明之公理,必然如此如此的推出而成者。来布尼兹以"一切真的命题,皆分析命题"②,以一切真命题中之宾辞之意义,均涵于主辞所指之存在事物之概

---

① B. Russell: An Inguiry into Meaning and Truth 第五章 Logical Words.
② 罗素之《来布尼兹哲学之批判的解释》A Critical Exposition of the Philosophy of Leibniz, ch. 2. 即以此义为主以释来氏之形上学。

念中；故吾人若能如上帝之把握一存在事物之概念之全部内容，则吾人对此存在事物之一切真知识，即皆为可由此概念中直接分析而出，推演而出。唯来氏并不以人能如上帝之把握一存在事物之概念全部内容，而彼亦未如斯氏之依公理以从事推演，以建立其哲学系统。然来氏之论灵魂之不朽，谓"人之灵魂，不是物理的东西，不是物理的东西不占空间，不占空间是不可分解的，不可分解的是不可毁灭的，不可毁灭的是不朽的"①。此仍是一纯理的推演法，而此种方法之远源，则可溯至柏拉图《帕门尼德斯》Parmenides。而柏拉图在《帕门尼德斯》中，对范畴之关系之理论，亦依一纯理的推演法而成。在中古哲学中，如圣多玛之由上帝为完全之有，以推至其至善、全知、全能等属性之方法，亦类是。毕竟此种思想方法性质如何，价值如何，固是一问题。然要为一非经验的，超历史的思想方法，而为人类之哲学方法之一型。

---

① 来氏之此一段论证，原文较长，初由 H. W. B. Joseph 引以作纯粹推理之例证，见其 Introduction to Logic 中，又经 Henle 及 Chapman 于其《逻辑基本》一书第一章（殷福生译正中版）所征引。

第十章 哲学之方法与态度（下）

第七节 比较法

用比较法与发生法研究哲学，都是把哲学思想当作一存在的对象来看。其不同，是发生法之所着眼点，在一哲学思想之所由生之后面的历史背景。而比较法之所着眼点，则在一哲学思想之本身之内容或系统，与其他哲学思想之内容或系统之异同。比较法本是人之最原始而最自然的思想方法。因人只要接触两个以上之具体事物，人即可施行比较。通常所谓抽象，乃是后于比较的。而人亦恒自然的将所接之各种天文上、地质上、地理上、生物界、社会界及历史中种种之事物加以比较，以构成各种常识与科学之知识。而各种经验科学中亦均须用到比较法。但在一般自然科学中，人常由不同事物之比较，得其共同原理后，即本原理以说明事实，而可不再重视比较研究之法。唯在个体性更显著之具体事物，其个体性不能由已知之抽象普遍原理说明者，乃使我们不得不重比较法。故比较法在生物科学、社会科学、历史科学、文化科学之价值尤大。而比较法因系以具体事物为对象，亦使我们最能不抹杀一具体事物与其他具体事物之一切同异之性质者。在人类各种思想中，我们又可说只有哲学家之哲学思想，最是各人自成一系统者。故我们前说哲学著作之各成天地，有如文学。因而我们研究人之其他科学思想，我们尚可只重在前后相承之迹者，而研究人之哲学思想，则必须就其各为具体之个体存在而比较之。如将各哲学家集成各哲学派别看，则当就各哲学派别，作比较研究。而我们在把一时代之哲学，一民族之哲学，视为一整体时，我们亦可从事各时代各民族哲学之比较研究。然此各种比较研究，在哲学上之所以较为重要者，仍因哲学思想之各有具体的个性而来。

比较是兼较同与较异，然一切思想中恒有异，异中又恒有同。有似异而实同者，亦有似同而实异者。然吾人见同时，又恒易忽其异，见异时又恒易忽其同，因而比较之事，似易而实难。而比较法之价值，则在由比较，而使同异皆显出，同以异为背景，而同益彰其同；异以同为背景，异亦更见其异。由是而使同异皆得凸显，而所比较之对象之具体的个体性，亦皆得凸显。而吾人之比较之思想活动本身，亦因而有更清楚丰富之思想内容。故吾人之从事对哲学思想之比较研究，亦即使吾人之哲学思想本身，升进为能综合所比较之哲学思想，以成一更高之哲学思想者。

吾人于第二章，谓哲学家中有特重哲学与文学之关连者，此种人，恒善于在文学之具体描写中，发现其抽象之义理。又或善于以具体事物，譬喻一抽象之义理。此实原于其能发现具体事物之某一方面，所隐含之抽象的义理，与自觉的明显表出抽象的义理，二者间之相同处而来。此正为依于一种特殊形态之比较法之运用者。

第八节　批判法

通常说批判法，是指康德哲学的方法。但我们只以此名指康德之批判法之较浅一层之意义，而可通于一般之所谓批判者。

我们说批判法，乃一种从看我们之某一类知识之有效性的限制，或某一类思想之有无成果，或某一种认识机能之是否适合于某对象；于是对于我们之知识思想或认识机能之价值，重加以估定批评，以重安排判别其应用之适合的范围之方法。此在康德哲学中，即表现为对以前之理性派经验派之知识论之批判。如理性派以由纯理之推演，可建立形上学之知识，康德以为不能。经验派以一切知识起源于经验，而以为只须经验即足够为知识成立之条件，康德亦以为不能。由此而康德以经验中之感性的认识机能，只能供给以知识之材料。知识之形式之来源，乃在吾人之理解活动中所运用之先验的范畴。又以此先验之范畴，只能用于可能的经验世界之范围，而不能应用之于此范围以外，以形成对于形而上的物之自身之知识[①]。然而为纯粹理性之思维，所不能决定之形上学问

[①] 康德之知识论，可参考本书第二部第十章第十一节。

题,如上帝是否存在、灵魂是否不朽、意志是否为自由自动等,在依于实践而有之道德生活中,则为人所必须加以设定,而被信仰者。由是而康德之所谓批判法,即不外对于我们之知识思想或认识机能之价值,重新加以估定批评,而重新安排判定其应用适合之范围之方法。而我们亦可说,一切重新审核我们已有之知识之有效性,一切指出我们之向某一方向进行之思想不能有成果,而转移其进行之方向,以使不同之思想,各向其可有成果之方向进行;使不同之知识或观念信仰,各得其可能有效之范围,即皆为批判法之哲学方法。

第九节 辩证法

辩证法在西方近代,乃由黑格尔之应用,及以后马克思之应用而流行。然在西方,实远源于赫雷克里塔(Heraclitus)。辩证法之为学,则初倡于柏拉图。在近代则由康德哲学中之辩证论,经菲希特,席林之辩证论,然后成黑格尔之辩证法。而在东方中国之老子、《易经》,及印度之新吠檀多派,与佛学之大乘空宗,皆同重此法。此法之意义,可有多种,其一为由人与人谈话对辩,而逐渐证明发现一片面或不适切之观念,与真理或全体之实在不相合,遂逐渐移向一较合真理或全体实在之观念之法。此可谓为柏拉图之辩证法之重要意义。一为发现一问题之正反二面之主张,皆似可因对方之不能成立,而反证其成立,实则又皆不能决定的成立。因而知吾人对此问题,不能真有所决定,进而知此问题原不当如是问。此为康德之辩证法之主要意义。一为谓任一"正面"之观念或存在,皆涵其"反面"之观念或存在,而"反面"之观念或存在,又涵其"反面之反面"或"合"之观念或存在。因而吾人可由一正面之观念或存在,以推至其反面与反之反或合。此为黑格尔辩证法之主要意义。一为一切正反二面之观念,皆相对而相销,因而使正反二面之观念,皆归于化除。此为印度之新吠檀多派,大乘空宗所重之辩证法。一为观一切相对者皆相反而又相成、相灭者亦相生之法,此为中国之《易传》老庄之辩证法。一为以正面之人生价值宗教道德价值,恒通过一反面者之否定而成就之辩证法,此在中西之正宗之人生哲学中多有之。菲希特黑格尔之哲学,及基督教之宗教哲学中亦有之。一为肯定历史之进行,为依正反之迭宕波动之历程而进行之法。此可归于历史之循环论,亦可归于历史之不断升进论。此在中国之历史哲学及黑格尔马克思,以及斯宾格勒(O. Spengler)之哲学,及一切之历史观中皆多少具有之。然此各种辩证法之意义,虽皆不同,但皆同可谓为要求人之思想由一面移至其能补足之之一面,以升进于全面之思想之认识,并接触全体之实在或真理之方法。

第十节　超越的反省法与贯通关联法

这种方法乃上述之批判法辩证法所根据的方法,然其涵义又可比批判法、辩证法本身之意义为广。超越的反省法可有不同形态,其最易直接把握之形态,即为一显出辩证的真理之形态。所谓超越的反省法,即对于我们之所言说,所有之认识、所知之存在、所知之价值、皆不加以执着,而超越之;以翻至其后面、上面、前面、或下面,看其所必可有之最相切近之另一面之言说、认识、存在、或价值之一种反省。譬如梵志向释迦说,一切语皆可破,释迦即问彼:汝之此语可破否?梵志行,旋即自念其堕负(即输理)。此例与希腊一克利塔人说"一切克利塔人皆说谎"之情形相类。对此问题,现代逻辑家用类型之理论来解决。但不管如何解决,人如说一切语皆可破,而再回头想到,此一语是否亦可破时,即是一超越之反省。由此反省,则人必须承认此语本身非可破之列,而反省到世间有不可破之语之存在。而此即至少可使其由思想一切语皆可破,至思想及有语非可破。亦可使其由说一切语皆可破,转而说:"一切语可破"之一语非可破。此即由一言说之超越的反省,而知有另一言说之一例,如吾人由"一切语可破之一语非可破",以谓"一切语非皆可破",遂至"一切语皆可破"之反面。此中即显出一辩证的真理。

其次,如笛卡尔尝觉一切事物皆可疑,然彼回头自念,我之疑之存在,乃不可疑。于是有"我思故我在"之说。今人如罗素,谓笛卡尔不能由我疑我思以推我在,只能由疑以言疑在。然我们可姑不问我是否在,然由疑,至知疑在,终为二事。如何人能由疑而知疑之在,此仍是由对疑作一超越的反省之所知。"疑"为一种认识活动之形态,"知疑在"为又一种认识活动之形态,此为由超越的反省而有另一认识活动之一例。

又笛卡尔初之疑,乃疑一般所对所思之物质事物之存在。物质事物存在是一类之存在。彼由超越的反省，方知疑在思在。此疑此思之在，乃其原先所疑所思之存在之外，另一类之非物质事物之存在，此又为由超越的反省，以知另一类之存在之一例。至于如罗素所说之一女逻辑家 C. Ladd Franklin 曾函罗素谓彼相信唯我论 solipsism，即只有我一人存在之学说），然又奇怪世间何以无他人亦信此唯我论。此女逻辑家，即明缺乏一超越的反省，不知其奇怪他人之不信此说，及写信与罗素之事中，已肯定有其他人之存在，而证明其并不能真相信唯我论①。

人问王阳明，人有良知，如何又有不善？阳明先生曰：知得不善即是良知。人有不善，是一叙述有不善之存在之事实，但谓人能知不善而恶不善，则是叙述一更高一层次之事实。此事实是兼关于价值者。不善是一负价值，但良知之恶不善，则是一正价值。我觉我有不善，我只觉一负价值；但我如对我之觉我有不善，作一超越的反省，则我可反省到我对此不善之觉之中，即有"恶此不善之良知"之存在，而此良知中有正价值。此是由超越的反省，而由一事实、一价值，以知有另一事实，另一价值之一例。

此诸例中之超越的反省，皆可使人由一面之理，以认识相反之一面之理，即皆可谓为显出一种辩证的真理者。而我们亦可说，一切辩证的真理之由"正"至"反"，再至"正反之相销"，或"正反之结合"，或"互为正反之相反相成"；皆必俟我们对原初之"正"作一超越之反省，而认识其后或其前之"反"，进而再超越此"正""反"等，而后可能。但是否一切超越的反省所显出者，皆为辩证之真理？则不能说。譬如在我之前，有笔墨纸砚，为我所觉，我初亦只觉此笔墨纸砚之存在；然如我对此"觉"，作一超越的反省，则我复知：我之觉此等物，乃统摄而觉之，且觉之于一整一之空间中。此"统摄而觉之"，"觉之于整一空间之中"，乃我之超越之反省之所认识；此所认识者之本身，乃在我原初对笔墨纸砚之认识之后之外之又一认识。然此二者间，即并无明显之互为正反之关系。杞克噶之哲学，论人之宗教信仰，谓此中重要者不在问所信者上帝之是否包涵真理，而重在问人之此信仰本身，是否亦包涵真理。此亦即为一超越的反省所发现之问题。对此问题，杞氏答：此信仰本身不特包涵真理，且其所包涵之真理，较所信者中之真理，尤为重要。因此"信"为"所信者中之真理之呈现于

---

① B. Russell: Human Knowledge, p. 180.

吾人"之所依。此所信者中之真理，与信之自身中之真理，亦并无互为正反之关系。又如我作一善事，于此再作一超越之反省，我可发现：对我所作之善事，有一心安之感，我对我所作之善事本身，能自判断之为善。此"所发现"与"我作之善事"二者间，亦无互为正反之关系。然此等等超越之反省，皆同可使我于原初之认识，或所认识之存在事物外，另有所认识，而另发现存在事物。

吾人能经超越的反省，而由一认识至另一认识，由一知识，至另一知识，由一存在至另一存在，吾人即能以认识限定认识，知识限定知识，存在限定存在，而批判一切逾越其限制范围之一切认识活动及一切知识、存在之观念之运用。因而吾人即能有哲学上之批判。而整个康德之批判哲学，实亦皆依于超越的反省而建立。

大率而言，超越的反省之用，在补偏成全，由浅至深，去散乱成定常。知正而又知反，即所以补偏成全。知如此而知其所以如此者，即所以由浅至深。知如此与如彼之互为局限，如此者是如此，如彼者只是如彼，不相混淆，则可以去散乱成定常。合此三者，使偏合于全，浅通于深，散乱者皆统于定常，是为求贯通关联之哲学方法，而此方法即兼涵辩证法与批判法之义而总之者也。

我们可说超越的反省，实一切哲学方法之核心。东西古今之大哲，盖无不在实际上以此法为其哲学方法之核心，而对此法之运用之妙，则存乎各大哲之心。而其例证，乃即见于其全般之思想系统中，而不胜枚举者。然吾人可有一问题，即此法是否即逻辑之分析法，或为一超一般逻辑之哲学方法？又其与逻辑之分析法或其余哲学方法之关系如何？此问题之详细讨论，实甚复杂，然我们可略答如下。

第十一节　超越的反省法与逻辑分析

表面看来，我们似可说所谓超越的反省法，当即所谓对于我们之知识或思想所预设者之反省。如西哲柯灵乌（R. G. Collingwood）即由亚氏之形上学，乃反省吾人之知识之所预设者之学，以谓一切形上学，皆为反省吾人之思想之所预设者[①]。而在一般逻辑家亦似可说，所谓一知识之

[①] R. G. Collingwood: An Essay on Metaphysics 第一部。

预设者，即为一知识本身之所涵蕴者，亦即为可由对一表达知识之言说之意义，加以分析而得者。但吾人之意，则以为超越的反省，是反省一种预设，然并不同于一般所谓逻辑上之分析一命题之所预设。而且，从一方面看，逻辑上之分析一命题之所预设，此本身亦实只是超越的反省之一形态，即逻辑上之分析之活动本身，亦是预设超越的反省之活动的。然超越的反省之活动之形态，却并不限于逻辑的分析之一形态，超越的反省之活动，亦不必然预设逻辑的分析之活动。

何以说超越的反省本身，不即是一般所谓逻辑分析因一般所谓逻辑分析，只涉及语言或知识之意义之分析，而超越的反省则可涉及认识本身之存在与价值。我们可以经逻辑分析，由"此是黄或红"，谓其中预设"此为有色"，而分析出"此为有色"之命题。我们可从"某甲为动物"，谓其预设"某甲为生物"，而分析出"某甲为生物"之命题。我们可以从任何表达我们之一知识之语言，如命题或名项，所涵诸意义，分析出其一一之意义。但我们是否可由我们之所说或所知之命题中，直接分析出我们对此命题"说"与"知"之存在呢？此问似乎琐屑，而实则重要。纯从上一义之逻辑分析本说，此明为不可能。因任一命题本身，可并不涵蕴对此命题等之"知"与"说"；此"知"与"说"之连于一命题，即成"我知此命题"与"我说此命题"之二命题。此二命题，乃综合此知与说及原命题所成之新命题。然此新命题如何成立呢？此只是由上所谓超越的反省，以反省我之对此命题，确有此知此说之存在而成立。然在我们初反省此知、此说之存在时，用以说此知、此说之"知"与"说"之二名，却可尚未说出，"我知此命题"，"我说此命题"之二语言或二命题，亦尚未说出。即此时此"知"与"说"之事实，尚存在于语言的世界之外，亦非由我原来已说之语言中，直接分析而出者。如果说逻辑分析，只是分析我们表达知识之命题或语言之意义，则此不能说即是逻辑分析。依此义，我们可说现代逻辑学中，一切所谓逻辑类型之理论，语言与存在事物关系之分析，逻辑与数学及科学之关系之分析，都不是上一义之逻辑分析。因这些分析，都要我们超越于当前之命题、语言、去反省其与其上、其外之其他事物之关系。然而流行之见，又似都承认这些都是逻辑分析。如果都是，则我们可说此各种之逻辑分析，都预设我们所谓超越的反省，我们可说除对我们所已知已说之命题，语言之本身所涵之意义，直接加以分析之事外；凡"对此命题名项及其所表达之知识、概念等之存在的地位，或存在的关联"之反省，而由之以引出新的逻辑理论，或其他理论，皆是依于我们所谓超越的反省；因而我们可说此各种所谓逻辑分析，皆预设我们所谓超越的反省。

但直就语言意义加以分析，是否即绝对不预设我们所谓超越的反省呢？这仍不能严格的说。严格的说，人之一切逻辑分析，及我们以上所说之各种哲学方法，或人之一切思想方法，都不能不多多少少预设我们上所谓超越的反省。因我们可说一切逻辑分析，及以上所说之各种哲学方法之运用，都在使我们于原有之知识言说之外，另有所增加的知识言说。而其增加之目的，皆在解决原有之观念思想上若干问题，而去掉其矛盾冲突，或把许多原有之知识言说间之裂缝，关联贯通起来。而此事之所以可能，皆由于我们之能超越于原来之知识言说之本身所涵之意义以外，而另发现可反省的对象。譬如即我们上所举之最简单之一一般称为逻辑分析：由"此是黄或红"分析出"此是有色"来说，我们可说"此是有色"之义，直接包涵于"此是黄"之中，亦包涵于"此是红"之中。此不成问题。但我们之问题在：我们如何能将"此是红""此是黄"中，所包涵"此是有色"分析出来，成一单独命题？此如依柏拉图派之哲学，便唯因红黄之概念，依于更高之有色之概念而存在。则我们如不对红黄之概念，作一超越的反省，我们即不能达于有色之概念。但依现代逻辑家于此又另有说法，即我们所以能由此是黄，分析出此是有色，可唯由我们对于黄的东西，依语言的规则，以黄名之者，我们亦可以有色名之。因而我们可说其是黄者，亦即可说其有色。我们只依于我们先定立之语言之规则，即可从说其是黄而说其有色，而由"此是黄"之命题，分析出"此是有色"之命题。但是此说仍不能全否认我们所谓超越的反省之存在。因我们问：我们最初如何定立此语言规则？此明只由于吾人之曾自定立："对某对象有以黄名之之活动，即可兼对之有以有色名之之活动"。而此整个活动，明为"以黄名之之活动"与"以有色名之之活动"二者之综合。唯由此综合，而有此规则。在未有此综合时，此二活动初实互相外在。则我们之由一活动至其他，由以黄名之至以有色名之，此中仍有一超越的反省。即由以黄名之语言活动之超越，而反省到：吾人于以黄名之者，曾自定立为，可以有色名之者。于是我们遂以有色名之。则此极简单之逻辑分析，便仍预设我们所谓超越的反省之存在。至于较复杂的有关真正哲学问题之逻辑分析，更无不预设我们所谓超越的反省之存在，亦可由此类推。

第十二节　超越的反省法与其他哲学方法

其次，我们当一略说其余之哲学方法，亦无不在一义上预设我们所谓超越的反省之方法。譬如在斯宾塞式之"综合科学知识系统，以成哲学知识系统"之方法之运用中，人仍必须经由一科学中，原理定律之省察，而又不使其心灵，即陷溺于任一种科学之范围之中，乃不断翻出以转向至他种科学之范围，从事他种科学之原理之省察。此本身即已是一超越的反省之历程。又二科学之原理，无论如何共同，其所说明之具体事物，终有不同。如具体事物有不同，则与此共同之原理，相关联之其他次级之原理，亦即必有不同。由是人之由一科学之范围中翻出，而转向至另一科学范围，亦即必自原先之所反省者超出，而另有所反省。而人亦唯此不断之超越的反省，人乃能由第一科学、至第二科学、至第三科学……以综合科学知识成哲学知识。是知此种综合科学以成哲学之方法，仍预设吾人所谓超越的反省法之运用。

复次，我们上所谓柏格孙式之动的直觉法，亦未尝不预设吾人之所谓超越的反省。因吾人由一般之理智的观点去看静的事物，再转至由直觉的观点去看动的事物，此本身即是一种由"理智式之认识"超越出来，以从事直觉式之认识之事。而谓此直觉式之认识，为没入动的对象，而同情的了解之事，亦即一"依于动的历程，而不断自己超越，以成就此了解"之事。人在有此了解以后，必须再以譬喻式之言语，或其他言语，加以说明；则人又须再超越此直觉之本身，以移向适合的言语之寻求与运用。而此寻求，仍是一反省之事。此乃由人之再超越直觉活动之本身，而暂不沉没于直觉所对之中，然后可能之事。由此而吾人上所谓柏格孙式之直觉法，亦预设我们所谓超越的反省。

其次胡塞尔式之静的直觉法，亦复预设我们所谓超越的反省。其所谓现象学的括弧之用，在将人之纯粹意识之直接所对的法相之现实存在性，加以括住，而使此直接所对之法相，如如呈现。此亦即使吾人之认识力，由直接所对者之现实存在性中拔出，而将此直接所对者在现实存在上之牵连,暂加以一刀两截;而将常识心灵中,关于此直接所对者之现实存在性与其牵连之认识,加以超越。唯由此,而后人乃能反而以此直接所对之法相世界自身,为吾人认识省察之活动之所凝注。则其中即预设一超越的反省之历程甚明。

再其次,是我们上述之纯理的推演法,其中亦预设我们所谓超越的反省。表面看来,一切依纯理的推演法而成之哲学系统,似只为一依其所肯定之诸前题原理,而从事一直线的推理之所成。然此只是其表达之方式如此。实则,此派之哲学家,若非先立脚于一般之知识,再向上层层翻溯,或向内层层剥落,则彼等将无由得此干净整齐之诸前题原理,以为推演之根据。而此亦即依于一超越之反省而得。至其既得之后,再次第引申其涵义,并应用之以解释具体事物时,则至少有赖于此前题原理之原始表现方式之超越,以反省出其可能引申之涵义,及说明具体事实之意义。故此中仍预设一超越的反省法之存在。

至于在吾人上所谓发生法中,则人所重者,乃在由一人之知识思想之本身之反省超越,而从事于此知识思想本身之存在的起源,与存在的历史背景之关系之反省。在比较法中,则人所重者,在由一思想或思想系统之本身之超越,而从事于"其与其他思想或思想系统之或同或异之关系"之反省。而此二者中之超越的反省之特色,则与以前之其他哲学方法中之超越的反省皆不同。在科学之综合法,与逻辑的分析中,人乃以已成知识与已成语言为把柄。在二种直觉法中,人乃以直觉所对之一般的生命性质,或法相为对象。而在发生法比较法,则以"具体存在之知识思想,与具体存在之其他事实或其他知识思想"之关系,为对象。

至于批判法与辩证法,吾人早已言其根于超越的反省,不须更论。批判法与辩证法,与上列其他哲学方法之不同,则在其乃以发现各思想知识之不同的有效性之限度,与不同的思想知识之互相转化销融之关系为事。此中人必须有一涵盖各思想知识之心灵之直接呈现。此约有似于人用发生法、比较法、以研究不同之思想时,人之必须有一"涵盖一切所欲考察其起源之思想,所欲加以比较之思想"的心灵之直接呈现。然人在用发生法与比较法时,人乃置定其研究之思想,为一存在对象,而求知其如何发生,与其他思想有何同异关系。人在用批判法与辩证法时,则人所重者,乃观一思想之价值。如一思想之有效性之限度，即表现一思想之价值之限度。各思想之互相转化而销融为一，则表现一思想诞生其他思想，融成更高思想之价值。在批判法、辩证法之运用中，人乃位于一更高之观点，对其所研究之诸思想，重新估定其分别之价值，而加以重组。由是而其所研究之诸思想，即失其相对峙之隔离性，亦不复只被置定为一存在之对象，而被纳入研究之之哲学心灵之主体自身，而成为此心灵主体内容之规定者，并显其贯通关联性于此心灵主体之前。故较其前之哲学方法，在理论层次上，为较高之哲学方法。

至于所谓超越的反省法之自身，其别于批判法、辩证法者，则在其运用之形态，并不限于作批判的思维与辩证的思维，即不必须是有所批判而后存在，亦不必须是循正反之历程进行者。而可只是由一低级的思想，至此思想所依之一更高一级之思想之升进，此升进，可纯是正面的思想之伸展。如吾人前之所说。故人之超越的反省，乃可不为解决问题，而自动生起。此法之要点，唯在吾人之由一思想自己超越，而思想其所依所根。此所依所根者，自其最切近处言之，唯是作此思想之吾人之心灵主体，及吾人之人生存在自己。而吾人能一度反省吾人之心灵主体，及吾人之人生存在自己，吾人即可有更高一层次之思想之孳生。只须吾人不泯失此主体及人生存在自己，并不断反省，则此更高一层次之思想之孳生，乃在原则上可继续不穷，而新新不已者。在此处，即有一无尽的哲学思想之泉原之呈现。然此境界，在古今哲人中真能达到者，亦不多觏。对初学言，此亦只是悬为标的，所谓"高山仰止，景行行止，虽不能至，心向往之"是也。但如吾人不就其最切近处，言此超越的反省之运用，则我们可说，凡在我们能超越一认识、一存在、一价值、以及于其他认识，其他存在，其他价值之反省处，均有一广泛义之超越的反省。我们遂可说，人之一切哲学方法之运用中，均预设一种超越的反省。如上文所说。以至吾人尚可说，对人之任何语言之逻辑的分析，以及其他任何人的思想之引申推演，无一能离超越的反省而可能。因一切思想之引申推演，都是超越一思想之本身，而另有所思，即皆是一超越一思想，而反省及其他之事。然吾人之所以暂不如此说，则一因若如此说，须另建立理由；二因吾人若如此说，则吾人将不能辨别各种哲学方法之差别，亦不能辨别哲学与科学及常识之思维方法之差别。而我们之亦实可不如此说者，则以此"超越的反省"之存在于不同之科学与常识之思维中,及各种哲学方法中者,亦确有其各种不同之情形在。此当于下文详之。

第十三节 超越的反省法与其他思维方法之分别

我们说在科学及常识之思维中,我们思维之目标及对象,乃我们先已限定者。在此限定之范围之世界中,我们虽可不断超越其中某一知识,某一存在,以及其他,然此范围之本身,为我们所不须超越者。由是而吾人在此范围之世界中之一切思想,即皆为对此范围之世界中之事物之内在的观察反省。而吾人亦可不说,此中之思维方法为超越的反省。然而在哲学的思维中,则吾人之思维,为原则上不受一定之范围之世界之限制者。而在任何一定之范围中之世界,亦皆可规定为某一科学之研究之对象,其中遂可无哲学活动之余地。人之哲学活动,只能在各科学知识或各常识所及之诸范围外,或其相互之关系间进行,冀发现建立吾人之各种科学与常识之贯通关联,及其与存在事物之贯通关联等。此即哲学思维,永不能成为只对一定范围之世界,作内在的观察反省者,而必须成为对此限定范围之世界,作超越的反省者之故。

至于我们说各种哲学方法,皆预设一意义之超越的反省,而我们不必皆名之为超越的反省法者;则以其他哲学方法之预设超越的反省者,此超越的反省之事,并非是自觉的,而其中之超越的反省之活动,乃附着于另一自觉的目标者(如综合科学知识,从事语言之逻辑分析,认识动的生命或法相之世界等)。此即同于说,在此诸哲学方法之运用中之超越的反省,乃隶属于此目标之下,而未尝自此目标等本身超越而出者。而在我们所谓纯粹的超越的反省之哲学方法中,则我们可自觉纯在从事如是如是之超越的反省。此反省本身,即是反省之目标,可另无其他自觉的目标。至毕竟人由此超越的反省所得者为何,人亦并不能在事先加以自觉。人所自觉者,只是求超越此认识、此存在、此价值、而求知此认识、此存在、此价值之"所依、所根"之其他认识或存在或价值,并对之有一超越的向往,存于吾人之作超越的反省之目标中。此所向往者,初应为其最切近之所依所根之自觉。然由此最切近之所依所根之自觉,亦可通至其较疏远之"所依、所根"之自觉。又人在未得其最切近者时,亦可先自其较疏远之"所依所根"开始思索,以反求其最切近者。而人之达于此最切近者所经之历程，亦可千万不同，而系于人对哲学之造诣。由此而人之超越的反省之哲学方法，亦可与任何哲学方法相结合，或暂隐于任何哲学方法之中，而疑若不存在，或暂弃置而不用。于是，人亦可进而再超越，忘却"此超越的反省之哲学方法"之自身，而只肯定其他哲学方法之存在。吾人亦不能以超越的反省法，为唯一之哲学方法，而必须兼肯定其他哲学方法，与超越的反省法之并在，以各成其为哲学方法之一种。不能以各种哲学方法，皆须设一意义之超越的反省法，而并名之为超越的反省法，谓只有此一种哲学方法之存在也。

第十四节　哲学心灵之超越性与亲和性

我们以上论各种哲学方法之不同，及其自觉之目标之不同，然其最后之总目标，我们可说皆不外于：成就我们对于各种知识、存在、与价值之贯通关联之认识或自觉。而此亦即我们前说哲学之所以为哲学之意义之所在。于此，我们还可进而对哲学心灵，与其所欲贯通关联者之关系，加以一描述，以终此章。

我们说哲学心灵，欲贯通关联各种知识、存在、与价值，则哲学心灵须置身于各种知识、存在与价值之间或之下或之上，而不与其所欲贯通关联者，居一层级。此为哲学心灵自身之一绝对的超越性。由此超越性，我们可说哲学心灵，是可暂游离于一切已成之知识，已显之存在，已实现之价值之外的，而若对此一切均有距离，如初不相识者。此即来布尼兹所谓"生疏是哲学的秘密"，今之存在主义哲学家所谓"不系著"Detachment。此不系著之义，在中国之儒道二家及印度之佛家论知道之方时，则几为一常谈。

但是此哲学心灵在另一面，又须对其所欲贯通关联者，有一普遍的亲和性。此普遍的亲和性，是一求对于一切知识存在与价值，皆求如其所如的加以自觉，加以认识之性。此普遍的亲和性，亦即一具超越性之哲学心灵，在其再反省回顾时之所表现。由此亲和性，而此哲学心灵对于呈现于其前之一切，皆不忍有所泯没抹杀；而此哲学心灵自身，遂显为原能贯通关联于一切知识存在与价值，而四门洞达之一心灵。此心灵在根本上实依人之仁心之如何能广度深度的呈现，而赖于哲学家之为人之修养工夫，但此则非今之所及论。

由此哲学心灵之具此超越性与亲和性，此哲学心灵遂为兼虚与灵的。虚言其无所不超越，灵言其无所不贯通关联。虚灵而不昧，故一方能知异类者之各为异类，而分析的知之；一方能知异类者之关联处，而综摄的知之。其执一而废百者，谓之灭裂；而执一以概百者，则成鲁莽。灭裂而思想之关联断，鲁莽而知识语言之混乱起。关联断，故无以见其贯通；混乱起，则异类者互相纠结黏缚，似贯通而实非贯通。欲去执一以废百之病，在超乎一以还望百，而归于综摄。欲去执一以概百之病，在析一中之百，以各当其位，而归于分析。故分析与综摄，似操术不同，然分析之使异类者，不相纠结黏缚而生混乱，正所以为综摄之初阶，而使其真正之关联贯通之处，得以昭明者。故世之为分析哲学者，恒分析之事毕，而所分析成者之关联之处即显。盖知同者之同，固为关联，知异者之异，此异之本身，亦即已是关联之一种。则知异者之为异之本身，即已为一综摄异者而知之之事。故裂"分析"于"综摄"，仍为灭裂之事；亦犹以"综摄"概"分析"，仍不出乎鲁莽。唯使分析与综摄相辅为用，更无任何执一之习，以智周万物，而后吾人之哲学心灵，乃无往而不表现其普遍的超越性与亲和性，而得达其求各种知识、存在、与价值之贯通关联之自觉或认识之目的也。

哲学之方法与态度　参考书目

本章各派哲学方法之参考书，已见前附注。兹所举者乃供读者可自由阅览之，以培养哲学态度，运用哲学方法之书。

《礼记》　《学记》　《学记》一篇，为泛论教学法之文。然哲学为学问中一种，故此文所论之为学方法，亦可应用于哲学。

《朱子读书法》　朱子论读书治学为人之道，最足开导学者。其所论者固不限于哲学。然及于哲学者亦不少。皆可为百世师者也。

《十力语要》　本书时论为学之道，然又尝谓学哲学无一定之方法。要在学者有一段为学之精诚。实则此正为中国先哲教人，最重要之方法也。

《漱溟卅后文录》　本书中有关哲学方法之讲演及论文数篇，皆出自亲切体会之言，不同稗贩之论。

Pascal: Pense

E. S. Haldane 编 The Wisdom of Hege. Kegan Paul Press.

A. H. Johnson 编 The Wit and Wisdom of Whitehead. Boston. The Beacon Press 1947.

上列三书，前一书乃 Pascal 之名著；后二者乃分别辑录黑格尔及怀特海言之所成。皆零篇断语，不成系统。然初学者，欲知哲学之方法，则读此类零篇断语中之论哲学者，而有会于心，则尽可于一言半句，终身受用不尽。

P. G. Collingwood: An Essay on Philosophical Method. Clarendon Press, Oxford, 1938.

附注：宋禅师慧杲谓只载一车兵器，加以搬运，并非必能战者，我则寸铁足以杀人（大意如此）。故知只如本书本章举陈种种哲学方法，加以叙述，犹是只搬运兵器之事。真知寸铁杀人者，所用之方法，固不必多也。

第十一章　哲学之价值

第一节　怀疑哲学价值之诸理由

我们在上章论各种哲学之方法之总目标，在求达到对于各种不同之知识、存在、与价值间之关联贯通之认识或自觉，以成就我们之哲学的活动。但是我们可以问：此目标是否真能达到？哲学之活动是否真正可能的，而真是有价值的？或哲学是否在今后还可以说，是应该存在的一种学问？这些问题，在事实上不仅一般人有，即哲学家们亦有。所以我们在本章，一加以讨论。①

人之怀疑或否定今后之哲学之存在的价值的人，有不同的理由。如我们略加以分析，大约有几种重要的可说。

第一种理由，是对于哲学之目标的怀疑。譬如我们说哲学之目标，在求达到各种知识、存在、价值间之关联贯通之认识或自觉，或说哲学之目标，在建立一整个之宇宙观、人生观、知识观。这似乎都必须假定，人能把握各种知识、各种存在、各种价值之全体；亦似必须假定，学哲学者之个人，能如上帝之全知而后可。然此明非人智之所可及。而此假定，亦根本是不能成立的。由此而人之学哲学，即同于人之悬一人所不能达之目标。因而哲学在其定义上，即是一对人为不可能之学问。

若果说，人之学哲学，只是综合已成之知识之全体，而总结之，则在古代，或可说是可能的。如在中国有孔子之删述《六经》。在希腊有亚里士多德之综合希腊当时之知识于其哲学。在近代各科学尚未分门别类

---

①　如从人类文化史上看哲学家对人类文化与思想贡献之大，是不成问题的，试想在中国文化中将孔子、孟子、老子、庄子、程、朱、陆、王去掉，中国文化成何局面？西方文化史中将柏拉图、亚里士多德、笛卡尔、来布尼兹、培根、洛克、康德、黑格尔等去掉，成何局面？但本章不自此哲学家之影响力量上说，而纯是以一批判的态度，讨论哲学自身之价值。

第十一章 哲学之价值

的发展时，亦尚勉强可能。如在中国宋代，有朱子之综合其以前之儒学，在近代西洋，有黑格尔之遍论人类知识与文化之各领域，由宗教、艺术、法律、历史、以及于自然哲学，逻辑与哲学史，有斯宾塞之建立综合哲学。然而在现代各科学已分门别类的发展之时代，则谁也不能再说他能综合一切已成知识，以成一无所不包之哲学系统。因而此形态之哲学，今后亦不能存在，如有人勉强求其存在，亦必无价值之可言。

第二种理由，是就哲学之内容中所包涵之问题说。哲学之问题，照传统的说法，都是比一般之知识学术之问题，更根本更究竟的问题。如东西哲学史中，都充满对于这些根本究竟问题的讨论。如真理之意义与标准是什么？宇宙的最后的实在，是一元呢？或多元呢？是心呢？或是物呢？人之意志是否自由的呢？善之标准是什么呢？这些问题，似乎从古到今，经无数哲学家之讨论，而彼亦一是非，此亦一是非，无一定之答案。这全不似科学与历史学上之问题，不断发生，亦不断解决，而解决后常有可永不再疑之情形。由是而在哲学上，每一哲学家永是在重新开始思想一些哲学上之老问题。此义，我们前亦说到。而其重新开始思想后所得之答案，亦重新为后人所否定。则我们不能不怀疑到：这些所谓关于知识、宇宙、人生之根本究竟的哲学问题本身，是否真值得研究呢？亦可以怀疑到：这些问题是否真正成一个问题呢？或是本不成问题，而只是由人妄造的呢？如是人妄造的，则我们可以取消这些问题。取消了问题，亦即无异解决了问题。如人梦中遇虎，欲逃无路，困难万分，突然醒来，知虎本是无有，则此如何逃之问题，即不解决而自解决。然取消此类哲学问题，亦即同时取消了研究此类问题之哲学，而使研究此类问题之哲学，再不复存在。

第三种理由，是从哲学之方法上说。我们上章，论了各种哲学之方法。但是这些方法，人都可说是主观的，皆不如科学方法之精确。即哲学家能重视科学之结论之综合，与各种语言之逻辑分析，力求思想语言之逻辑的精确，亦不能如科学家之亲自从事实验，并处处求数量上的精确。且人于此仍可说，哲学家之综合科学结论，及从事逻辑分析时，其所采之观点立场，依然不脱其个人之主观色彩。在希腊之亚里士多德，即已以哲学之为纯思想的事，以表示哲学之地位之崇高。然换一观点来看，则此亦正证明哲学知识，永不能如科学知识之切实精确者。

第四种理由是从哲学家之性格上说。我们可以说在任何学问中，皆有极困难之问题。但是在哲学以外之其他学问中，人遇大问题不能解决时，尽可缩小问题；遇一人之力，不足解决一问题时，则可彼此分工合作，共同研究。但在哲学上，则一哲学家如不能对一些大问题有主张，似即不能成真正的哲学家。而一切哲学问题，似都须一哲学家，一一亲身加以思索过，而自形成一整全之思想系统。每一哲学家，必须自构成一思想的天地，不同之哲学家，即构成不同的思想的天地。于是不同之哲学家，如何共存于一哲学之世界，即有一问题。故有人说，我们可以想象一不同的科学家，合成的共和国，然而我们却很难想象不同的哲学家，能合成一共和国①。哲学家似乎必须与其他哲学家表示异议，而与其他哲学家不断争论的②。故哲学家可以主张人类之永久和平，而哲学之世界，则在永恒的战争中。此战争之根源，在哲学之思想系统，既是必须由哲学家个人之亲身的思索，加以构成，而他又要以论证证明其为涵普遍的真理价值，以求一切人之同意的。文学之创作是个人的，但文学家并不以论证，证明其涵普遍的真理价值，或审美价值，而可任由人之欣赏好尚。科学上之真理是普遍的，但科学家可并不要求形成一整全无缺之思想系统；而哲学家则兼欲要求此二者。由此而哲学之世界，必在永恒之战争中。此即使一切哲学系统，在哲学世界中，皆不能安稳存在，而整个之哲学世界之一切哲学系统，亦似皆有相毁相灭，而同归于尽之可能。

第五种理由，是从哲学之文化效用人生效用上说。毕竟哲学之存在，对人类为祸为福，亦是一问题。我们看历史上有许多大哲，其对科学之贡献，或对人类其他文化事业之贡献，常是永恒的，如伽利略尝谓其曾多年治哲学，只用数月于数学③；然他于数学物理，则有不朽之贡献，于哲学之贡献，则几于无有。又如笛卡尔对解析几何之贡献，来布尼兹对微积分之贡献，菲希特对德国之教育与政治之贡献，及中国无数先哲，对中国社会文化之贡献，都可说是永恒的。然他们之哲学主张，则明无同样之永恒性，而时时在为反对者之所反对。若果我们现在假定这些大

---

① International Encyclopedia of Unified Science, p. 3.
② 哲学家之合作，恒不能久，如黑格尔与席林早年欲宣扬同一之哲学之合作；今之怀特海与罗素在作《数理原理》时之合作；与美之新实在论者批判实在论者间之合作，皆未有能长久者。
③ W. James: Some Problems of Philosophy 中 Philosophy and its Critics 一章。

第十一章 哲学之价值

哲,都把其聪明智慧贡献于科学,及其他文化事业方面,而不浪费于永无定论之哲学问题的思维,岂不更是造福于人之事?此哲学问题之浪费这些大哲之聪明智慧,岂不明为人类之祸?

尤其重要之一点,是从历史上看,哲学明可把一时代之流行的观念,某种现实社会之存在状态,哲学家个人之偏见与意见,以及一时之科学上的学说,加以理由化。一时代之科学学说,加上哲学理由以后,即宛成永恒之原理,而反阻碍后来科学之进步①。个人之偏执意见,一时代之流行观念,加上哲学理由以后,亦再不易化除,而某种现实社会之存在状态,有哲学理由为之说明,其中之一切罪恶,更皆如化为神圣,而使人莫之敢非;而人亦可进而如戴东原所谓"以理杀人","死于法犹有怜之者,死于理其谁怜之?"我们看西方宗教上之残杀异端,与廿纪之纳粹党共产党之以集中营,待不同政见者,均同有哲学理论为其根据。此中一切被杀被囚者,皆还须自认无理,此实造成人间无数之惨痛。则哲学虽不杀人,而人实可为哲学所杀。世间若无哲学,则哲学之利虽不必得,然哲学之害则可得而除。利害相权,为得为失,固未易论,然此要足为人怀疑哲学之价值之理由。

复次,世间之人物莫高乎圣贤,然东西古今之圣贤,皆重行过于重言,亦无一重建立思想系统者。同时亦皆以为愈多世间知识,愈多思想意见之人,所谓博学善辩之士,愈难入于真理之途。故在佛教,多闻之阿难,最后得道。佛教言理障之为害,亦过于人之欲障。在基督教,则耶稣决不与法利赛之知识分子论道。圣保罗亦以愈是当时自以为哲学家者,愈当改悔。在中国之道家,则以"博者不知","辩者不见",而欲人之"绝圣弃智","大辩若讷"。在儒家亦唯有"不违如愚"之颜渊,与似鲁之曾子,能得孔子之传。而善辩之子贡,长于文学之子游子夏,反不与焉。宋明理学诸大师,亦以记诵之广为玩物丧志,并以与有意见之人最难谈。而今之一般所谓哲学家,皆无不唯以辩论言说为事,且唯告人以各种不同之理论意见,而使人再各自形成其一人一套之理论意见,以为其一人之哲学。城府既成,而距真正之大道弥远。自此而言,则世

---

① 法兰克 P. Frank《论何以哲学家恒与科学家异议》Why Scientists and Philosophers Disagree 谓此乃由于哲学家之思想,恒将其时之科学学说加上理由,以僵固化为一永恒之哲学原理,遂与后来之科学上之进步理论相冲突。Readings in Philosophy of Science, pp. 473–479.

间之哲学，其能免于增益戏论，助成邪见之过者实甚少，而古往今来之哲学之价值，毕竟如何，亦正可疑也。

第二节 哲学家之消灭哲学论

对于上面所述各种怀疑哲学价值之论，吾人并不能以为其中皆无理。在哲学家中，亦正多有主张人必须由哲学而超哲学者，如东西之圣哲及佛教中之禅宗与神秘主义者之徒，即多由先经历哲学之思辨，而归于超哲学之人生境界者。西哲柏拉德来所谓哲学之最后境界，为哲学之自杀，亦有至理存焉。此外之哲学家，如孔德之实证哲学，亦归于人类今后之文化，只当有实证科学之论。马克思则有哲学家不当重在了解世界，而当重在改变世界之说。至依列宁之主张，则在哲学家皆成革命家以后，一切哲学家，即当只为宣传同一之哲学真理而工作。而哲学世界中一切理论之争，即可归于休止，如在今之苏俄之情形。此亦即同于谓纯粹的哲学世界之可不再存在。此外在西方各派哲学中，多有谓哲学中当废弃形上学者。在休谟，即已谓形上学类之书当烧去。今逻辑经验论者，亦谓形上学之问题为本身无意义者。又有谓认识论为当废弃者，如新康德派之纳尔生（Nelson）即以认识论为不可能。又有谓传统之伦理学中，研究道德风俗之一部，应并入社会学，研究道德心理之一部，当并入心理学，而使伦理学中唯留下伦理概念之分析者。此外亦有逻辑经验论者感于哲学之一名之内容涵义不清，为宜加以废弃者①。凡此等等，皆由感哲学之目标之难于实现，哲学中之某类问题，无由解答，哲学之方法不如科学之精确，及哲学家之彼此争论无已，方有此等欲消灭哲学或废弃哲学之名之论。而任一哲学家，如以其哲学已为最后之真理，或以其对哲学之判断，即最后之判断，亦似不必望哲学之继续存在，使人再对此最后真理及最后之判断，再孳生疑惑。由此而哲学家，亦未尝不乐闻哲学在未来归于消灭之论。而此盖亦即消灭哲学之论，恒由哲学家自身提出之一故也。

吾人今既学哲学，则吾人对于哲学之价值，宜取加以肯定之态度，而此所以维护哲学之存在，即所以答上列之疑难。然吾人之维护哲学，

---

① A. Pap: Elements of Analytic Philosophy, Preface VI.

亦不必归于无条件之维护。上列之疑难，如确有道出哲学之害者，吾人亦当求如何避掉此害，以便吾人之哲学活动表现更高之价值。

第三节　哲学中之切问近思

对于第一疑难，吾人可答复曰：哲学之活动根本不须假定人之全知。哲学之求各种知识、存在、与价值之贯通关联，并非赖于人之已知各种知识存在与价值之全体，而后可能。以至吾人可说，吾人如悬一无所不包之哲学系统，为吾人之目标，即吾人学哲学时开始点上之一错误。此不仅无人能达，而吾人亦不必以一哲学系统最大之哲学家，如亚里士多德，黑格尔，为吾人初学哲学时之外在的模范。实则吾人唯在觉各种知识，存在与价值间，似有一相矛盾冲突之情形，可有、宜有或当有一贯通关联，以划除此矛盾冲突时，吾人乃有一求知此贯通关联处何在之哲学冲动。如吾人观一般知识，盖皆以实际对象之存在与否，定其真伪，而数学则又可不以实际之对象之存在与否，定其真伪，此中似有一相矛盾冲突之情形。吾人遂有何谓真伪？数学知识与一般知识之是同是异？等哲学问题。又如吾人望存在者皆涵价值，而存在者又多不涵价值，此中亦似有一相矛盾冲突之情形，吾人乃有存在与价值之关系之哲学问题。又如吾人有时望善人得福、得快乐、然吾人又似不能以我个人之快乐幸福，为我行善之目的，此中亦似有一矛盾冲突，吾人乃有快乐与幸福及善行之如何关联之哲学问题。故哲学问题，皆由吾人所感之各知识、各存在、与各价值间，有似相矛盾冲突之情形而起。哲学亦即可直自吾人当下所感之似有矛盾冲突之处开始。而真正哲学活动之进程，实乃自一问题，再进至另一问题，由一思想上所感之矛盾冲突之划除，或裂痕之弥补，至另一思想上所感之矛盾冲突之划除，与裂痕之弥补，由一贯通关联处之发见，至另一贯通关联处之发见，以使人之哲学思想之系统，次第增大之历程。此方为由哲学活动以求各种知识、存在、价值之贯通关联之切实义。而吾人如谓哲学活动开始点，即为求一囊括一切知识存在价值之整全系统，则此固非人之所能，而如此为哲学，亦实无开始点之下手处也。

吾人如知上文所说哲学之求关联贯通之一切实义，则吾人可知：人之感受哲学问题，而学哲学，并非必须待于人之已先知世间之一切科学知识之尽头处，方再欲由哲学，以百尺竿头，更进一步。吾人亦尽可即在日常生活、日常谈话中随处因所见、所闻、所感而发生哲学问题。譬如吾尝闻数小孩，讨论何物为最大。第一小孩曰山大，第二小孩曰地大，第三小孩曰天大，忽一小孩曰眼大。此时天旋黑，另一最小之孩子忽曰黑大，遂放声而哭了。如何一小孩会想到眼大，此明是就眼之认识而言。此认识之可在一义上，大于山与地或天，正是哲学上之观念论者之所持。然此小孩尽可无意间，触发出同类之哲学思想。而另一小孩之觉黑蔽眼，遂觉黑大而哭，则此乃因觉黑之存在，使其所认识之世界不存在，而生悲。此悲乃依于"感黑之对知识之无价值"之价值感。则此小孩之哭，正由于发现一种知识、存在与价值感之交织关系。吾人若加以细思，则其中正又展示一极深奥之哲学问题；而引发此问题之小孩，却只是一数岁之小孩。此外如童话中之《阿丽思漫游奇境记》等书，人皆谓其可启发一种哲学思想，然皆是就小孩之心境而设想者。是可见哲学问题与哲学思想，尽可先于一般科学知识，科学思想而存在。此亦即人类在未有专门科学之知识，而先有宗教及哲学上之思想之理由之一①。

至于在人类之各种科学知识世界，既分门别类成立以后，人亦不必同时兼知各专门之知识世界之一切内容，而后可从事于哲学之研究。此理由亦甚简单。即哲学之欲贯通关联各专门知识之世界，尽可自各专门知识之世界，所由建立之根据之某一方面下手。而只须此某一方面之关联贯通被发现，则各专门知识世界之全体知识间之关联贯通处，亦即可被发现。此正犹如有二大城市于此，吾人只须于其间能建成一二道路与桥梁，加以贯通关联，则二大城市间一切街道，互相往来之路线，亦即同时建成。此中，是否二大城市各街道皆有人与车辆行经此新建之一二道路与桥梁，非重要问题。亦正如吾人将二知识世界，所由构成之某一方面之关联贯通之处，加以发现后，吾人是否对此二知识世界中一一知识，皆思维其如何直接间接可关联贯通于另一知识世界中之一一知识，并非重要之问题。人对哲学之贡献，亦并不必与其专门知识之多少，成正比例，而专门知识之多，亦可无与于哲学。此盖即庄子之所以言"博之不必知，辩之不必慧"，而哲学之思维虽在于求知识之关联贯通，并无

---

① 雅士培（K. Jaspers）：Way to Wisdom, tr. by R. Manheim, New Haven, Yale University Press. 1951. 第一章曾举出哲学问题直接由小孩之心灵而发出之例，可供参考。

待于人之全知，亦可无疑矣。

第四节　哲学问题之答案

对于上述之第二种对哲学之疑难，所谓哲学问题之思索，恒无一定之答案云云，我们可提出下列之答复：

（一）我们可以说，哲学问题之思索，所以似无一定之答案，乃缘于人由哲学思维而产生之有一定之答案的部分，均已化为人之其他知识常识之内容。如我们可以从人之学术史中，知道无数被今人认为确定的知识，最初都是原于人之哲学上的玄想。如今之科学上之原子论，时空相对论，物质能力为一论，进化论，下意识之心理学……最初都是原于人之哲学上之玄想，而经科学上观察实验，加以证实，而成科学内容者。以至我们还可由学术史以知，任何一专门科学之建立，皆由一些哲学家倡始其事。而哲学家之倡始建立某一科学，亦同时是把其知识中之比较确定的部分，置诸科学之范围中，而只留下其成问题之部分，以作为其哲学的思索的内容。则今之哲学中所以只留下无数未解决之问题，并非哲学的思维，不能解决问题之证；而只是其解决过之问题，皆移交与科学，以另从事进一步之其他问题之思索之证。此正如一开辟土地之大将，将其已开辟之土地，分交守令治理，更长征绝漠；此不足证此大将之未尝开辟土地，而正所以证此大将之功成不居之盛德。若诸守令于此，反谓此大将一无土地，一事无成，则人必谓此守令忘恩负德。则人之本专门知识之立场，由今之哲学中充满问题，而谓哲学之思维无价值者，亦无乃类是。

（二）我们虽可承认哲学上若干之根本问题，自古及今，迄无定论。但是我们并不能否认哲学史中所表现之哲学进步。我们绝无理由谓古之一元论与今之二元论，古之多元论与今之多元论，因其同名，而谓其只是同一答案之更迭出现，而忘其所以为一元论多元论之思想内容之由浅而深，由简而繁之发展与进步。自哲学史之发展看，后起之一元论者，对于以前之多元论者之主张，亦通常并非只持一往的反面之否定态度，而恒是综合以前之多元论，以归向于一更高之一元论。则所谓以前之哲学，只为后来之哲学所否定，其间全无层累而进之迹，亦不合事实。至毕竟自古及今是哲学之进步大，或科学之进步大，亦有两面之理由可说。

如美哲詹姆士尝谓"如亚里士多德笛卡尔复生,重访问吾人之地球,则吾人之科学之进步,将并不使其如何惊异。然彼等如将今日之形上学书展卷而读,或至哲学教室听讲,彼等将更感一切皆生疏或新异"①。则哲学之进步,亦正可说更大于科学之进步。

(三)我们可视哲学,为一组哲学问题,且每一问题皆分别有其答案之一集合体。但我们亦可视哲学为诸多哲学家之思想系统之一集合体。如依前一观点看,则对一哲学问题,我们只要发现其有不同之答案,则可说此问题未决定。但如依后一观点看,则每一哲学家对一问题之如何答,乃为其思想系统之他部分之所决定者。在其思想系统之他部分为如何如何之情形下,其对某一问题,有如何如何之答案,则可为一逻辑上必然当如此如此决定者。故吾人若将一哲学问题之答案,置于一哲学系统之内部看,则每一哲学系统,对各哲学问题之分别答案,即可互组成一在大体上定然无疑之全体。此全体,要为一人类思想之一表现,一创造。即其根本不合事实,而只是其中之思想之各方面之依逻辑的秩序,如是如是的配合形成,亦即有一价值。吾人如真能以此观点,去看一哲学问题之不同答案,则我们亦可说,此不同答案在不同之哲学系统中,可各有其价值。以至可说相对于不同之哲学系统言,此不同之答案,皆有一意义上之真②。而每一哲学系统之为一包涵逻辑秩序之全体,即其内部为有某一种贯通关联,而可满足人之自一种观点出发,以了解世界之贯通关联之哲学要求者。

(四)至于克就对一哲学问题之不同答案,未尝决定言,我们诚必要求一决定。但吾人并不能说,吾人之思想未能求得一决定,此思想即无价值。因吾人即未能得一决定,而吾人若能知:吾人之何以不能有一决定,而更清楚的了解此问题之本身,此仍为吾人之一知识上之增加。如康德之《纯理批判》一书之大部分,皆为论吾人对形上学之问题,为不能由纯粹理性加以决定者。然吾人却须经历形上学之思维,乃能决定的知其不能决定。此形上学思维之价值,即唯在成就吾人之纯粹理性之训练;以使吾人之纯粹理性,能自知其限度,进以知实践理性之重要,及形上学之当依实践理性之要求而建立者。吾人之举此例,即以说明吾人

---

① James: Some Problems of Philosophy 中 Philosophy and its Critics 一章。
② 参考本书第二部十八章〈真理之意义与标准〉论融贯说之真理论一节。

对一问题，不能得一决定之结论，非即对此问题之思维皆无价值之证。一更浅近之一比喻，亦可帮助说明此义。如二人下棋，毕竟孰胜孰败，固可在相当长之时间，皆不能决定。然此下棋之趣味与价值，亦即在其尚未决定胜败，而不断求决定胜败之历程中。若其至最后，仍不能决定胜败，则成和局，或惟有撤盘另下。然复须知，此和局与撤盘另下之本身，仍为一决定。即决定的"胜败之不能决定"，而决定的留下"二人棋技之高下之问题，以俟未来之再定"。然此问题之能如此清楚的留下，则又非先有一度之下棋不可。此即所以比喻，吾人真要确知一哲学问题之不能解决，仍须先经哲学之思维，而后能说。而此亦即此哲学思维之价值。

（五）我们还可说所谓哲学问题之不能决定，都是我们对他人或自己已作之答案，似皆可再生疑难而说。但此实是从人之哲学思维之停息处，而自外看哲学思维所得之已成结果上说的话。我们如果真回到哲学思维本身之内部看，则我们可反而说，每一思维之进行，其步步皆是求得一当下之决定。我们问甲是乙或丙，我们可想"甲是丙"，另一人亦可想"如甲是丙则非乙"，再另一人亦可想，"如甲非丙则为乙"。然而无论我们如何想，此每一想，皆是一决定。以至我们可说，我们每一步之思想，只要有所想，即有所决定。此每一决定，都可说是答复一问题。由是而我们可说，我们若未尝不断答复问题，即不能不断考虑问题。所谓不断考虑一问题，即不断决定此问题之一些部分。故我们如从我们思想历程中之处处必有所思想，有所决定处，看任一思想之历程，即都成"一一之思想之决定"之相续历程，此中亦可不见问题之存在。此亦犹如人在下棋时，人可并不觉其下棋，是为求解决孰胜孰败之问题，而只是步步求决定一棋之如何下法。而其每一步之思维如何下法，实皆无不归宿于一决定，亦即无不归于一问题之解决。所谓终有问题未解决者，唯是自解决后，尚有新问题而言。此亦犹如自一着棋决定后，尚有后着之棋，待决定而言。吾人于此若专从每一棋，皆有后着而言，则说满盘棋子，皆是问题之集结处固可，然说此满盘棋子皆是问题之解答亦可。此二者观点之异，唯是吾人之或自下棋者本身内部之思想之进程上看，或自其思想之落脚处看之别。吾人之毕竟以哲学唯是一串问题，永无解决之日，或哲学思维实步步在解决问题，亦唯是或由哲学思想进程之本身看，或自其落脚处看之别。然真下棋者，必自其思想进程之本身看，而视其下棋乃步步决定一棋之问题之事。真从事哲学活动者，亦必自其思想进程本身看，而视哲学为步步决定一哲学中之问题之事。唯通常人之学哲学者，恒是自他人已得之结论处开始，则人尽可觉此结论为可疑，其下之问题待决定，遂以为哲学唯由问题始。此亦犹如人之接他人之已成棋局，而自着者，其第一步，唯见处处是问题；而不知此已成棋局，是问题，亦是答案。吾人只须思其如何而成，或自己依谱照下，便知其皆是答案。知此例，则知人之以哲学只是问题而无答案之说，皆自外看哲学之结论之不足处，而未尝自内看一切哲学之结论之所以由生者也。

第五节　哲学思想中之混淆与精确

至于我们对第三疑中关于哲学方法之不如科学方法之精确，则我们可作如下之答复：

（一）我们承认哲学中，莫有如科学中所谓以数量规定事物之数量的精确性。哲学之名词之涵义，亦恒不如科学的名词之涵义之精确。哲学之理论，亦恒不似科学历史上之理论之可以其实验工作，及历史文物，作客观的证明。于是哲学之思想，似纯为个人之主观上的事。但是我们有理由询问，是否人之心灵，处处皆要求对于数量有精确的认识？这明明不然。因人并不须："简发而栉，数米而炊"（《庄子》），而我们亦可以说，只有在我们对于一类事物之性质决定以后，我们才求决定其数量。凡我们要求决定数量的地方，即我们对"性质"已不成问题的地方。而凡在性质已不成问题，而只求决定数量的地方，此中即无哲学问题。因对一切同性质的东西，此性质之相同，即已将其关联贯通起来。又对事物之数量的决定，唯系于标准的计算器之反复的运用。此反复的运用，在原则上总可继续下去，则此中可无任何思想上观念上之裂缝，或似矛盾冲突的情形发生，而亦无哲学问题之存在。故哲学问题，唯发生于有异质异类之知识、存在、或价值在此，而其间似有裂缝及矛盾冲突，而待吾人加以贯通关联的说明之处。由是而哲学之不求数量之精确，乃由其问题本不由欲对事物作数量之规定而起。而我们亦可说：哲学问题，都是关于不同"性质"的如何关联的问题，而无一为直接关于事物之数量多少之计量之问题者。则哲学思想中无关于事物之数量的多少之精确的计量，皆由其乃哲学家之不为，而非哲学家之所不能也。

(二) 我们如果撇开求数量之精确之问题于哲学之外，则我们可说哲学之所求者，唯是概念之精确或概念之严格。而求概念之精确与严格，及思想系统内部之一贯，盖为一切哲学同有之一目标。然吾人今之问题，则在何以古今哲学之用语，实际上又不如科学家之用语之严格与精确？对此问题，吾人之答复，为哲学家之用语，恒不免取常识中之语言，及过去哲学家之语言。常识中之语言，本为多歧义者。过去哲学家之语言，亦各有其专用之义。今再袭取而用之，歧义即势所不免。而哲学又似不能仿效专门科学，以另造一套涵义精确之语言，而不能不兼用常识中之语言，与以往之哲学家所用之语言。此理由如下述。

何以哲学不能仿效专门科学，以另造一套涵义精确之语言？此即因吾人如为哲学另造一套语言，而与常识之语言，及以往之哲学家之语言，全然脱节；则吾人新语言中之新思想，亦即与用常识之语言，及用已往哲学家语言之人之思想脱节，而失其彼此之贯通关联之路道。哲学之任务，既在成就贯通关联之思想，则哲学家即无理由使其思想，失去其与他人之思想贯通关联之路道。于是吾人即为哲学另造一套新语言，吾人还须先说明常识中之语言，或已往哲学家所用之语言之一一之义，与此另造哲学语言之一一之相当。在此说明中，即还须了解常识与已往之哲学家之语言，而运用之。由是而在哲学范围中，常识及已往之哲学家之语言，遂为永无法完全废止者。由此所导致之哲学语言之涵义多歧，远于精确，遂为哲学家之一永恒的负担，而在原则上无法完全解除者。

哲学家之用语，因其必须兼用常识中之语言，及已往哲学家所用之语言，而恒不能免于涵义多歧，远于精确，固是一事实；然力求其思想之一贯，用语之一贯，并不断对于包涵混淆成分之思想，加以分析清理，仍为一切哲学家，大体上共同努力之方向。则吾人可问一问题，即：毕竟在"自始即用精确之概念与语言，以从事研究之科学家"，及"由分析混淆之思想及涵义多歧之概念语言，以归向于精确之概念语言之哲学家"之二者中，何者代表一更重思想之精确之精神？或实现更多之此精神之价值，于思想言语之世界中？此亦犹如问：毕竟在吾人之依健康以致健康，由治平以达治平，与由疾病以致健康，由乱世以达治平之二者间，何者更代表一重健康重治平之精神，何者更能实现健康与治平之价值？

吾人对此问题之答复，明可归于：由疾病以致健康，由乱世以达治平者，更能实现健康与治平之价值。依同理，哲学家亦即有一更重思想之精确之精神,更能实现更多之"精确"之价值,于思想语言之世界中。在哲学家思想之历程中,虽或仍不能免于夹带若干涵义多歧之语言,及若干混淆之思想以进行,而不必能达于绝对之精确,其功过要亦足以相抵。而此中之哲学家之过失,实即由哲学家所用思想与语言,不能不求与常识及已往之哲学家之思想语言,相关联贯通之故,而自愿担负之过失。此正为耶稣欲救世人,不能不担负人间之罪孽,为其罪孽也。

(三)复次,我们尚可有一更进一步之问题,即人之语言概念涵义之多歧,及由此所导致的,人思想上之各种混淆,是否自始即全无价值者?吾人可承认,吾人所用概念与语言及吾人之思想,必须由混淆,以归向于精确。但若自始无混淆,是否又有由分析混淆而得之精确?吾人可问:一切概念语言之混淆,由何而生?此岂非正由各概念语言之有不同涵义,又互相胶结不清而生?然此互相胶结不清,正由于此概念语言之有不同涵义之存在。则人之所混淆者愈多,亦即愈证我们所能分析出,原可不相混淆之概念语言之涵义愈多,而我们所可能有之精确思想亦愈多。则一切概念语言之混淆,岂非即精确之思想所由产生之母?吾人亦可再问:何以一语言,不与其他任何语言相混淆?何以一概念,不与其他任何概念相混淆?我们岂不可说,凡可相混淆者,其中必有某种可贯通关联之处。唯此贯通关联处,未清楚呈现,人乃依此可贯通关联之处,而造成混淆,遂泯没其彼此差异之处。则凡有混淆之处,即为我们可由之以分析出各种差异者之处,亦即为我们可由此差异者之清楚认识,而愈发现其可以为混淆之根据之贯通关联之处①,如人之混狼与狗,正由狼狗之有相似处,为其混淆之根据。而当狼狗之别,真被清楚认识之时,其相似处,亦复被清楚认识,而此相似处,亦即其彼此间一种贯通关联处也。由此而吾人遂可说,哲学之不能免于用混淆之概念语言,及哲学之又不能不以混淆之概念语言,为其清理之对象,求去混淆以归于**精确**,正所以证明混淆之概念语言与精确之概念语言,同为使哲学活动之继续进行之所凭藉,乃人所不可不深察,而皆不可以一笔抹杀其价值者也。

至于哲学之方法之主观性之问题,我们合并于下文对第四疑难之答复中讨论。

---

① 本书第二部〈知识之价值〉一章第三节重申此上之义。

第六节　哲学思想相互了解之可能与道路

在第四疑难中人对哲学价值之怀疑，乃由觉各哲学家之思想系统，如各成一天地，恒不能彼此共许，以不断相争论而起。此亦即人之所以以哲学之思维方法，纯属哲学家个人的主观之一主要理由。

吾人对此疑难之答复，是哲学家之恒相争论，固是一事实；然相争论是一相互表示异议之事，亦是不断自己解释自己之思想，以互求了解之事。哲学家无异议，不致相争。然如不求彼此了解以贯通其思想，亦不致相争。而相争之际，若彼此无同一之问题，无若干共同之语言，与若干语言之共同意义之了解，亦使相争之事不可能。而凡此等等，即哲学家相争时所共许成分。则谓哲学世界中只有永恒的战争，其中无和平之成分，则绝无是处。

诚然，由哲学家之恒欲自构成一整全的思想系统，亦望人之整个的加以同意，则不同哲学家间之争执，似即可成一生死之争，而其中若无和平共处之可能者。然吾人可说，哲学家之欲构成一整全的思想系统，乃是只悬之为一理想，而不必自以为已完全实现。则此理想的整全的思想系统，可为一开放的系统，而非一封闭的系统。若果哲学家皆自以其理想之哲学系统，为已完全实现之一封闭系统，哲学家之争执，诚为生死之事。然若果哲学家，真自以其理想系统已完全实现，而为一封闭的系统，则此即与哲学之求各种知识、存在、价值之贯通关联之根本精神相违。而一哲学家之自以为已完全实现此理想，亦即此一哲学家之死亡。而实际上，在一哲学家一息尚存时，彼必皆有所用心，亦即从未自认其思想系统，为一绝对之封闭系统者。而其与人之争论，亦即不甘自封闭于其思想之世界，而求与人之思想世界相通之证明，如方才所说。

诚然，在实际上，哲学家不易互相了解是一事实。而今之西方现代哲学家之辩论时，亦恒以"我不了解你所说"，以为排拒之计。而哲学家亦恒有妄执若干观念，一生不肯变易者。哲学家亦时有一自甘于沉陷其成见或已成思想之机括，并由其与人辩论争胜，而更增益其成见之趋向。然此仍非必使哲学家之相互之了解成绝不可能，使哲学之世界恒在战争中。此理由可略述如下：

（一）为不易相了解，非绝不能相了解。吾人尽有理由谓：凡人之所思所知者,皆有相了解之可能。此中并无所谓绝对之主观。

何以吾人可说凡人之所思所知者,皆有相了解之可能?此或即须一复杂哲学理论,为之说明。但此理由可简单说:甲、即吾人对吾人之任何所思所知者,吾人如就其本身看,皆不能看出其只有被我了解之性质。吾人通常皆承认,吾人之所思所知者,皆为一理,任何理之本身,皆为具普遍性,因而为原则上,可能被人所了解者。乙、吾人还可以上所谓人之有言说辩论之事为证。人在言说辩论时,人即在求人之了解其所说。而此求人之了解其所说之要求中,即已肯定其所说之可能被了解。吾人即以此二义论定,一切人之所思所知所说皆有被共同了解之可能。而此共同了解,待于一定之条件,亦如对科学真理之了解,待于一定之条件。在一定之条件具足时,此共同了解即成立。则哲学之世界与科学之世界中,即同无绝对之主观。此外吾人尚可说,若此中真有一绝对之主观,而使二哲学家之世界,永无彼此了解之可能,则无异肯定世间有绝对不可相关联贯通之世界,使哲学本身成不可能矣。

(二)于此唯一可使哲学家间之相互了解,似成绝不可能者,即一哲学家之所说者,可全无意义,而只是一些混乱的言语,或只表示其个人之生活上之一些感情欲望,而彼亦不知其何以如此说者。在此情形之下,则其他哲学家可无法就一般哲学之观点,而了解之。但吾人于此复须知,即在此情形下,说此全无意义之混乱语言之哲学家,本身亦不了解其所说。此中所有者,乃共同之不了解,亦并无绝不可共同之了解。又自另一面看,则此时为说者之哲学家,不了解其自己所说,听者仍可将此说者之所说,加以分析,而了解其何以如此说,以至了解其何以有此混乱之言语等。唯此可与哲学本身无干,而只为一种心理学上之对人之了解之事,不在吾人所论之列。

(三)吾人若承认一切人所知所思之理,皆同有被了解之可能,则他人向我说出其所知所思时,即我有一同情的加以了解之义务。此义务,为吾人对人之道德义务,亦为吾人从事哲学活动,而求贯通关联人与我之不同知识时,当有之事。自此而言,则哲学之活动,即不当只是要求人与我同意之事,而亦当是如何使我了解他人,而与他人同意之事。而我之只沉陷于我之成见,而只以与人辩论争胜,而不肯虚心求了解他人之所说,即为一道德上兼哲学上之罪过。然在此处,我如只知辩论争胜,并只求人与我同意,而不求我之尽量了解他人,与他人同意;则我又尽有其绝对之自由，无外在之事物，可加以拘束者。故我与人之愿意求相了解之意志之存在，即为一哲学上之相了解之事可能之必须条件。而一哲学家如不愿具备此必须条件，则彼亦可说一切哲学上之真理，皆为属于各哲学家之个人主观的，而哲学之世界中，即可说只有永恒的战争，而更无和平。吾人对此种哲学家，亦除谓其不具哲学之求贯通关联之精神外，更无他话可说；而吾人与此种哲学家之一切辩论，亦即只能休止。然在此休止处，仍可说其间有一哲学的和平。

第七节　哲学对人生文化之价值与学哲学者之修养

至于吾人对第五疑难中，关于哲学对人生文化之价值之怀疑之答复，则可略述如下：

（一）我们亦不否认人类之用于哲学之思维活动，从一方面看，可说是人类之智慧力之一种浪费于无用之地；但是我们并不能由古代哲学家，其对科学与人类文化之贡献，常有永恒的价值，而其哲学之主张，则恒只成为后人争论之问题；遂谓哲学家之哲学的工作只是浪费。因我们尽可说一兼对科学有贡献之哲学家，若无其哲学思想，则亦不必能对科学有贡献。即以前文所举之例来说，来布尼兹如在哲学上无"无限小"之哲学观念，则他明不必能在科学上发明微积分。笛卡尔如无"形量可纯以数量表示"之哲学观念，他亦明不必能发明解析几何。菲希特如无其如何如何之唯心论之哲学，亦必不能对德国之政治教育，有如何如何之贡献。而伽利略若无对于哲学先下之工夫，是否必有其对物理学之贡献，亦可成问题。至于中国之儒家若无其哲学，亦明不必能对中国之社会文化有所贡献。至于哲学家之哲学主张之成为后人争论的问题，并不足证明此主张之无价值，此点吾人于上文第三段已加以答复，今不复更论。

（二）至于哲学对于文化与人生之价值，有时是负面的，亦可说。但我们更不能否认哲学对人之文化人生之价值常是正面的。哲学固可将科学之假设僵固化，但哲学亦可将科学之假设，化为具更大之概括性之假设。哲学固可将某种之现实社会存在状态及其流行观念，个人之偏执意见，加以理由化，以造成种种之戏论邪见，而障人生之正道；但哲学亦为人之正知正见，建立理由，而以种种理由，开拓人之正知正见。一切改造现实社会、现实人生之崇高远大之理想，多初由哲学家提出，此亦历史上信而有征之事；则哲学固可助人以理杀人，而哲学亦未尝不以理救人。至于古今东西之圣贤，皆重行过于重言，不必自建思想系统，更不必特贵博辩之士，固是一事实；然一切圣贤之教之发扬，仍不能不待于辩论与言说。孔子之无言，若不继以孟荀之善辩；耶稣之直指天国，若不继以教父之哲学，经院之哲学；释迦之徒事譬喻，如不继以大小乘之经论；则孔子耶稣释迦之教，又岂能光大于后世？得失利害相权，则哲学之价值，又焉得而被否认？

（三）吾人以上列之说，答第五疑难，吾人却不能不对此疑难之重要性，另眼相看。吾人亦当更研讨人之哲学思想，何以会趋于将个人之偏执意见，及某种现实社会之存在状态及其流行观念，加以理由化，以至造作种种戏论邪见，以障人生之正道之故，而求所以避免之道。亦唯如是，而后吾人之哲学思维，乃皆成真正有价值之思维。

我们可说，人在哲学思维中，原有一趋于将一切内界外界之现实存在（包括社会流行之观念个人之偏执意见等），皆加以理由化之趋向。此乃由哲学之目标，在求各种知识与存在及价值之贯通关联而来。人欲求得此贯通关联，原有二道，其一是以吾人所真肯定为有价值之理想，为吾人之立场，以观现实之存在之事物，而于后者之不合于前者之处，则谓应加以改变，以合乎前者，而提升超化原来之现实之存在，以成为更合理想之现实存在，而使理想实现，以达此二者关联贯通之目的。其另一道，则为不求实现吾人原所肯定为有价值之理想，而以哲学惟当就已成之现实存在，而贯通关联的加以了解之为事。然人于此，如又终觉不能完全舍弃其一切价值理想之向慕时，则人只有转而以说明此现实存在者，亦原为有价值合理想者，而加以理由化为事，以达其贯通关联此二者之哲学目标。在此二道中，人如取前一道，而求由改变已知之现实存在，以合于其真肯定之价值理想，其事有如负重登山，乃逆而难。而人之只徒转而顺应其所知之现实存在，而设法加以理由化，则其事如轻车滑路，乃顺而易。故人之哲学思维，实有一顺其现有的偏执意见，与其所接之某种现实社会之存在状态，及其流行观念，而加以理由化之自然倾向。此倾向之深植根于人之意识之底层，即足以决定吾人之一切上穷碧落，下达黄泉之无尽的哲学思想运行之道路。而人如只就现有之哲学思想之内容本身看，则人对此意识底层之此倾向之存在，又可冥然罔觉。

而人之顺应其现有之偏执意见等，求加以理由化，以为哲学者，其愈恃聪明，而所成之思想系统愈大者，其病根亦愈深，而愈不能免于满盘戏论，与满腹邪见之讥。此即东西之圣哲，所以不贵博辩多闻之士，而宁取似愚似鲁，无多知识之人之故。是好学深思之士，所不可不深察者也。

吾人若真知上述之学哲学者之病根所在，则若欲使吾人之哲学活动，为真有价值，吾人除论哲学之方法外，实当兼论哲学之修养工夫。而此修养工夫之要点，则在一对于自己之偏执之意见，与一切只求顺应现实之习气，加以一深刻反省，在吾人之哲学意识之本原上，求一清净与端正。而此种哲学上之正心诚意工夫，乃东方哲人之所特重，而恒为西哲之所忽。然此处忽过，则吾人终无法保证，吾人之哲学活动，不成为吾人之偏执意见，用以维护其自身之存在之工具。亦不能保证，吾人所造成之哲学理论，不成为现实社会之存在状态中一切不合理者，与罪恶，所利用以维护其自身之存在之工具；更不能保证，吾人之哲学不为满盘之戏论，与满腹邪见，成人生之正道之障碍。而人之有偏执意见，横梗于中者，则人亦将无我们上节所说之愿意求与他人相了解之意志，以虚心了解他人之思想他人之哲学。若人人如此，则哲学之世界，亦即永为各哲学家相互战争之战场，各哲学家之世界，亦即永无互相关联贯通之真实的可能，而此亦即哲学之不可能。

然吾人如知人之将其偏执意见，横梗于心，必不肯虚心了解他人哲学之意见；则吾人若力求有虚心了解他人哲学之意见，亦即所以自化除其偏执意见之一道。吾人如知人之无虚心求了解他人哲学之意见者，必以为哲学之世界，只有不同其哲学思想之哲学家之相互战争，更无共同之真理；则吾人能深信有共同之真理，亦即所以去除吾人之偏执意见之一道。吾人如知吾人之精神，只求顺应现实存在，必使吾人之哲学思想，亦趋于将现实存在，皆加以理由化；则知吾人有拔乎流俗之精神，两眼不只看现实存在，而能尚友古人，瞻望来者，则吾人可转移：吾人之将现实存在，加以理由化之意识倾向。而吾人若知吾人之偏执与意见，恒深藏于吾人之哲学意识之底层，则吾人有时亦当忘吾之哲学意识之存在，而超溢于哲学意识之外，以入于其他人生文化意识之中。由是而吾人真欲使吾人之哲学活动，表现最高之哲学价值，则吾人须有一超越吾个人之哲学活动，而通于天下万世之古人与来者之哲学活动，与其他人生文化活动之心量。而此在根本上，仍是一道德的心量。人唯力求有此道德的心量，乃能使其哲学活动，表现最高价值。则哲学之最高价值，乃由吾人之努力加以实现，而后真实存在，而非可只视之为一已成存在，而加以讨论者。而如何使人类之哲学活动，皆表现最高之价值，则为吾人之哲学之最后的理想。此吾人之本东方之哲学传统，以论哲学之价值，而略异于世之只本西方之一种观点，只化哲学为一外在之对象，而讨论其价值之何若者也。

结　论

本章论哲学的价值之问题，姑止于此，而此上所论，皆唯是对于怀疑哲学之价值者之答辩。至于哲学之正面的价值何在，则读者可重览以前论哲学之意义及哲学之内容诸章。我们可说凡哲学之意义之所在、哲学之内容之所在，亦即哲学之正面的价值之所在。如我们说哲学之根本意义，在贯通关联不同之学问。此使不同之学问，贯通关联，以印合于心灵之整个性，以形成一统一和谐之人生，亦即哲学之主要价值之所在。又如我们说在哲学特关联于科学时，哲学求综合科学之结论，分析科学之概念设定，……此亦即哲学对科学之价值之所在。再如我们说哲学之意义包涵对历史、文学、宗教、及其他文化之根本原理之说明，此亦即哲学对历史，文学、宗教等之价值之所在。大率以哲学与其他专门学问之价值之比较而言，则因哲学重贯通关联不同之学问，恒要求人超越一专门学问之表面，而自其底层及周围用心，因而恒较一专门学问之用心为深、为广，而其价值亦恒在思想之深度或广度方面表现。反之，一专门学问则恒要求人之用心，凝聚于一定之范围，细察其内容，而其价值亦恒在思想之密度强度方面表现。此皆不及一一多论。

哲学之价值　参考书目

方东树　《汉学商兑》　清代颜李学派，以宋明理学为无用，汉学家以宋明理学为空疏，此皆可以指哲学之全体。东树此书，为宋明理学之空疏无用辩，亦皆所以为哲学之价值辩护也。

方东美　《科学哲学与人生》　本书第一章《论哲学之起源》兼及其价值。

谢幼伟　《哲学讲话》　第一部第五章《论哲学之价值》。

W. James：Some Problems of Philosophy 其中 Philosophy and its Critics 将人怀疑哲学价值之理由，加以举出后，再一一加以答复。

A. N. Whitehead：Science and Modern World 第九章 Science and Philosophy. 怀疑哲学之有价值者多依科学立论。此文对科学与哲学之相依并进，由近代之文化史之事实，加以指出，不同空论科学哲学之关系者。

J. Ratner：J. Dewey's Philosophy. The Meaning of Philosophy 项下所选三杜氏文。

怀疑哲学之价值，多就哲学对实际人生文化应用立论，杜威则以哲学为当处处与实际人生文化相关，以有其实用价值者。

B. Russell：The Value of Philosophy 见其 The Problems of Philosophy 十五章。

怀疑哲学之价值多从哲学问题之不能有最后之解决立论，罗素论哲学之价值则重在其养成人之怀疑态度，去成见，自狭小之我执解脱之一面。此即谓哲学之问题，纵无一能解决，而哲学之价值仍在也。

Plato：Republic. Book Ⅵ 484—501.

柏拉图论哲学之价值，重在使哲学家之精神，升至不变永恒之原理之认识处说。此为影响西方后来之哲学传统最大之哲学价值观。

第二部 知识论

第一章 知识论之意义

第一节 中文中知与识之传统的意义与今之所谓知识

我们可称知识论，为讨论知识之所以为知识之一种哲学。亦可说是对于我们之知识，加以反省，而欲对我们之知识本身，求有一种知或知识之哲学。由此而知识论之中心问题，即为说明"何谓知识"。

在中文中，知与识这两个字，如分开来说，知之一字用得比较早，而涵义亦比较多。知与智亦常通用。《说文》说：知，觉也。知从矢、从口，智从矢、从口、从曰。从矢，乃表示有所向、而有所注入之义。从口从曰，乃表示显于言语之义。知与智之原义，当即指一切心觉有所向，而有所注入之义。由此而知之义恒通于行为与意志情感。如孟子之以儿童之孝亲敬长，为良知良能。《左传》以知政为主政；后世之知县知府之官名，皆从此出。至于从知之通于智说，则在先哲，智之主要意义，为道德上之辨善恶是非。故孟子谓"是非之心，智之端也。"荀子亦谓"是是非非之谓智，非是是非之谓愚。"其次是所谓智谋、智巧之智，则与道德上之是非善恶无关，只是与事务上之成败利害有关，而求如何求成去败、求利去害之智。再其次，是辨事实上之然否，而"然于然"（如于马，说是马），"不然于不然"（如于非马，说非马）之智。至于老庄所谓大智或大知，及佛家所谓知慧，则可为超一切是非善恶，成败利害，然与不然之上之另一种智。

至于"识"之一字，则在先秦，初盖为存记于心之义。如孔子所谓"默而识之"，盖即默而存记于心之义。此可谓为知之结果。识之义，引申为辨识之识，即分辨然否、是非、善恶等之识；再引申为识见之识，即事未至而先知其归趣之识。而至于志识之识，则为自定一行为之归向，而能自觉其所当为之识。识度识量之识，则为指识见、志识之度量而言。此度量恒表现于自己之已有之识见志识之外，兼能知他人之志识识见所存，而加以涵容，或再加以分辨之处。由识之度量之大，而有所谓通识。至于在佛学中如法相唯识宗所谓识，别唯取识之分辨义，即分别义。此宗之佛学，克就心之能分别之知以言识，而以智为超分别以上之知。故人必须转识以成智，方证佛果。宋明理学中如王龙溪，亦由此以分识与知。

至于吾人今日之将知识或智识二字连用，如所谓知识分子或智识分子，则其义可通于中国传统之所谓知与识，但亦可不相通。因一般所谓知识，盖皆不连人之情感行为而言，亦不连古人所谓志识、识度、识量而言，更少有知"知"与"识"二者，在法相唯识宗为截然异义者。而多只以知识，指一种纯理智的关于事理名物之分辨之知，此与西方所谓Knowledge 之一字之涵义为近。而吾人今所谓知识论（相当于西方所谓Epistemology）所讨论之知识，亦主要只是此种知识。但我们亦须知，此种狭义之知识，并不能全离开中国传统所谓广义之知与识而独立。

第二节 知识与知识论

此种专指吾人关于事理名物之分辨之知，为知识之狭义之知识观，在中国古代可说是导源于墨子与荀子。荀子在《解蔽》篇说"以知，人之性也。可知，物之理也。"又于《正名》篇曾说"所以知之在人者谓之知"，"知有所合谓之智"。墨子之《墨辩》，曾说"知，材也。""知，接也。""恕，明也。""恕也者，以其知论物而其知之也著，若明。"此上所谓知，便纯然是理智上的对事物之分辨之知。至于荀子墨子之言知"类"，则为由知事物之共同之理而来。而他们之重名，则是由重表达人对事物，与其类、其理之知而来。

依荀子墨子之此种知识观，则我们对人之知识，可从三方面说：一是能知。此即荀子所谓"所以知之在人者"。墨子所谓"知，材也"之知。此中可概括我们今所谓感觉、知觉、记忆、想象、比较、分析、综合、推理等各种人心之认识能力。二是所知。此即荀子所谓"知之所合",墨子所谓"知之所遇"之物。此可概括我们今之所谓一切认识之对象与存在事物及其相状、性质、原理、规律、法则等,以及已成为被知之知的能力。(如我们求知我们之各种知之能力时,则此知的能力,成为被知。)三是知识。此即"能知"知"所知"所成之结果,而可表之于语言文字等符号者。即荀子所谓"知有所合"时所成之"智",墨子所谓能有所明之"恕"。此可概括我们今所谓各种常识、历史、自然科学、数学、几何以及逻辑与知识论之本身等各种知识于其中。此种能知、所知、知识之别,即印度因明中之能量、所量、量果之别。能知,是能量之见分,如尺。所知,是所量之相分,如布。量果,如以尺量布后所得的结果,如布有八尺。此即以喻我们能知知所知后,所得之知识之结果,此知识人能自证其有,属于自证分。在西方哲学中则能知为 Knowing 或知者 Knower,或知识上之主体 Epistemologial subject。所知是被知 Being Known,是知识上之客体或对象 Epistemological Object。由此而我们亦可说知识论,即求知"我们之能知如何关联于所知,以构成知识"之学问。

第三节 知识论与心理学

我们要清楚了解知识论之意义,我们尚须了解知识论与心理学及一般之语言学、与各种专门知识、及形上学、宇宙论、逻辑学等之分别。

我们说知识由"能知"知"所知"而成,我们自然想到"能认知"之各种能力,如感觉、想象、推理等,是人之心理能力。则知识论之考察人之能认知之心理能力,岂不同于心理学?对此问题,我们可略答如下:

(一)心理学与知识论,固然同须论到人之能认知之心理能力;但心理学是直接以人之心理能力,及由之而有之对刺激所生之反应行为,等等本身之存在状态,原因及结果,为研究的对象;而知识论之考察人之认知能力如感觉、想象、推理等,则是考察其对于成就真正知识之贡献。即知识论只把此诸认知能力,当作成就真正知识之条件看。由此而其所重者,乃是此诸认知能力对真知识之成就,所表现之价值意义,而不同于此诸认知能力本身之存在状态及原因结果等。

（二）由知识论之将人之认知能力，只是视作成就知识之条件看，故我们可说知识论之直接对象，乃是我们已有之知识之本身。我们是先设定有种种知识在此，如各种常识科学与哲学知识，然后再回头反省其如何构成。由此而吾人方追溯知识之所以起源，至我们之各种认知能力。我们之知识，虽是由我们运用我们各认知能力来，然我们在用我们之此各种认知能力时，我们并不必同时能自觉我们是用什么认知能力，以成就某种知识；更不必能反省到，我们之各种认知能力，对各种知识之成就之分别的贡献或价值安在，其能成为某种知识之必须条件之故安在。我们之自觉的知道，各种认知能力之存在，与其对各种知识之贡献价值等，恒是由我们在种种知识已成后，再回头反省其由而何成，我们方知道。如我们已有数理之知识，我们回头反省，其何由而成，又知其不能直接由感觉想象而成，乃知有成就数理知识之理性的心理能力。在此回头反省的阶段，我们恒须扣紧我们已有之知识，以求反省出其以何种认知能力为条件；而不能直接取资于心理学，以解释吾人知识之所由成。故知识论关于人之认知能力之一切讨论，都是由我们之直接目标，在求知知识之所由成时，而间接引出的。

（三）我们可以说，知识论并非必须根据某种心理学，而心理学本身则是一种知识。如人初无知识，则心理学知识，亦不能有。此可称为知识对一切专门知识之在先性。而只要有知识成立，知识论亦即可成立。故知识论之讨论上，可不必根据某一种心理学。反之，心理学要成为知识，则必须有其成为知识之条件。而知识论之研究知识之如何形成为知识，亦同时包括研究心理学之如何成为知识之条件。于此，我们可说，心理学不能全说明知识与知识论。因知识之条件，不只是人之认知能力，还有所认知之对象；而知识论则能说明心理学之成为知识，并可以讨论衡定某种心理学，能否真成为知识。此可见知识论对于心理学之独立性。

第四节　知识论与语言学各专门知识及形上学

其次知识论与一般所谓语言学、以及语意学、语法学之意义，亦须分别。我们承认知识，恒必须用语言表达，而我们在思想时，亦恒离不开一心中之语言。但是否离开语言，即不能有思想与知识？此语言与思想知识之关系，本身是一极复杂的问题，此问题亦在知识论中。对此问题，我们不能在未研究之先，即预断其关系之如何。照我们一般的说法，语言文字，只是表达我们之思想知识，则"语言文字"，与"思想知识"二者之涵义，明是不同的。因而直接以语言文字为对象之语言学与知识论，即是不同之学问。而所谓语意学、语法学之目标，如重在说明"语言之意义""语言之逻辑结构"，仍是与知识论之涵义是不同的。但思想知识既至少须由语言表达，则语言之是否能切合的表达思想知识，或同一语言，是否能表达同一之思想知识，不同语言，是否亦能表达同一之思想知识，语言对思想知识之贡献如何，价值如何，亦是知识论本身中之一问题。而所谓语意学、语法学之目标，如果不只重在说明"语言"之意义与逻辑结构，而重在说明语言之"意义"与"逻辑结构"，对于真正知识之成就与表达之关系，则亦可属于知识论中。

至于知识论与其他各种专门知识之分别，则我们可说各种专门之知识，都是有其特定之知识内容的；而知识论则重在讨论一切知识之通性，与其所关联之问题。如我们上述之"一切知识，皆由能知所知合成"之一句话，即是论一切知识之通性之一句话。知识论之论及某一专门知识之如何成立，可称之为某一专门之学之知识论。但通常，某一专门知识之如何成立之知识论问题之所由生，皆由对照其他专门知识或常识而后有的。如对照自然科学，而后有关社会科学之如何成立之知识问题。故以知识论之问题，皆不在各专门知识之内部，而在其外或其间。只可说其属于整个之知识界之内部，而为吾人由一切知识之通性之讨论，而求通于各种专门知识之性质之了解时，所当涉及者。

知识论虽与各专门知识相分别，然讨论各专门知识之分类与关联，即属于知识论。如我们说"科学分数理科学与自然科学、社会科学"，此一语即不属于数理科学，亦不属于自然科学或社会科学，而为知识论中之语言。又如我们说"自然科学须根据数理科学，社会科学须根据自然科学"，则此二语分别言之，前者可为自然科学中之语言，后者可为社会科学中之语言。然合而并列地言之，则为知识论中之语言。我们能辨此中语言层次之不同，亦即可使吾人对知识论与一般专门知识之不同，有一亲切之了解。

至于知识论与形上学或本体论宇宙论等之不同，在此我们只须提示一点，即形上学或本体论、宇宙论，皆直接以存在为对象，而知识论则以知识为对象。诚然，知识是能知与所知相关联而成，而能知之心与所知之对象,亦皆恒为存在者。但形上学、宇宙论、本体论之就此心与其对象为存在者而论之,与知识论中之就其如何相关联以构成知识而论之,至少有观点之不同,则不能谓其为同一之学问。

第五节　知识论与逻辑

至于对知识与逻辑之界限,则我们可以说,逻辑学本身只是从事纯形式之推演之学,而知识论则是说明人已有之知识之学。此知识,由人之能知与所知相关联而成,此如何关联,乃有具体内容可说者。人之能知之能力,虽主要为人之理性之思想,然亦不尽为人之理性之思想。而逻辑上之推演,则唯在人之理性的思想中进行,且可止于一符号上之运算者。如自逻辑的推演,只在人之理性的思想中进行看,则逻辑可成知识论中之一章。但吾人若从一切其他认知能力,如感觉、想象等之运用于对象,皆须受人的理性的思想之主宰,然后有知识之形成,及一切知识,皆恒须用语言文字符号加以表达上看;则一切知识之形成与表达,皆同须依循逻辑之法则。而逻辑之分析,亦可及于一切理性的思想中之观念、判断、与一切语言文字、符号之运用上。逻辑之分析中,亦可包括知识论之思想之本身如何进行之分析,与知识论之语言之本身意义之分析。但我们须知,逻辑之分析之本身,并非逻辑学。我们亦不能由一切思想之进行,皆须依循逻辑,或一切知识之表达于语言文字符号,皆可施以逻辑分析,而谓一切知识论之研究,皆逻辑学之一章[①]。因我们如知逻辑之推演,只在思想中进行,则逻辑分析,亦只在思想中进行。而逻辑分析之目标,如只在清楚知识,而成就知识,则逻辑分析,仍只为人之求清楚成就知识中之一事。而论究此逻辑分析之所以为逻辑分析者,仍只是知识论中之一章。至如吾人以逻辑的推演,只是符号之运算,则只在人之知识用种种符号表达时,乃有关于人之知识之符号之运算。而知识之如何形成之问题,即明在此义之逻辑推演之外。与此相关联之逻辑分析,亦只在对符号与其所表达之意义及知识之关系,施行分析。则此义之分析,在符号对意义知识之表达关系已成立以后。而此分析之目标,乃在获得"关于符号是否真能表达意义、知识、如何表达意义及知

[①] 此为吾人之见与逻辑经验论者如卡纳普等之以哲学只为逻辑之一支之说不同者。

识"之知识。此知识仍只为知识论中之一章。

在此，人恒由其思想之进行，知识之形成，语言符号之运用，必须预设逻辑之规律与法则，而谓无逻辑则无知识，逻辑学对于知识论有逻辑上之在先性。但此后一语实并不能说。因我们尽可承认，抽象之逻辑规律法则，对于具体知识之形成，有一逻辑之在先性；但逻辑学对于知识论，却并无逻辑的在先性。因逻辑学本身，不即是逻辑的规律法则之自身，而是对此规律法则之一种知识。逻辑知识对其他知识，并无逻辑的在先性。逻辑学对知识论，亦无逻辑的在先性。因吾人无逻辑知识，仍可有其他知识，无逻辑学，仍可有知识论。所谓逻辑之分析，在其有成果时，固可得一种由逻辑分析而成之知识。然我们尽可不自觉的依循逻辑的法则，以从事分析，而得此分析而成之知识；则此知识，亦不须预设我们"对逻辑之法则，先有知识"。是见由逻辑分析所成之知识，亦不预设逻辑学之知识。故逻辑学之知识，对于一切知识之形成，皆无逻辑之在先性；而知识论之研究知识，亦非必须人之先有逻辑学之知识。

第六节　知识论之问题

我们了解了知识论与其他学问之界限与关系，再连我们上所说知识由能知与所知相关联而成，及求知识为人生中之一事，以看知识论内部之问题；则我们可以初步分析为下列几个问题：

（一）知识之通性与知识之分类，此是泛指知识之内涵与外延而论列之。

（二）知识之起源。此是就已成之种种知识，而追问其原始之形态，或其所根源于人所具之认知能力或经验者。

（三）知识之结构：能知所知之关系。此是克就人之认知之能力与所知之对象，而论其关系，如所知之对象，是否离能知独立，即此中之一重要问题。

（四）知识之推度：已知与未知之关系。此可概括：就不同意义之已知，以推不同意义之未知者，而论其关系与所依之原则之诸问题。如经验知识中之归纳原则，因果原则，逻辑的先验知识与其他先验知识中之原则等问题。

（五）知识之理想：由人之以"能知"知"所知"，必归于求确定而包涵真理之真正之知识，与各种知识之关联贯通，而有知识之理想。知识之理想中之问题，即包涵通常所谓知识之确定性及真理之意义与标准，及知识之系统化与统一如何可能之问题。

（六）知识之价值：由知识之可包涵真理及各知识之相对效用，与知识对于知识外之整个人生存在之效用，即有知识之价值问题。

（七）知识与语言、行为、德性之知，及智慧之关系。此是论究知识与"成就知识、表达知识、显出知识之价值"之语言与行为，及知识之知与超一般知识之德性之知及智慧等之如何关系，以决定知识之存在地位之问题。此为知识论与存在论及人生哲学之交界之问题。

但这些问题本身有关联性，我们常不能孤立而论，或孤立的加以解决。而此中之最后之一问题，关于知识与语言及行为之问题，尤为直接关联于第一问题中之知识之通性及知识之分类之问题者。故此下各章，并不全依此上之次序，加以讨论。亦有一二问题，如知识之系统化如何可能，及知识与德性之知及智慧之关系，乃今所不及论者。

知识论之意义　参考书目

F. G. E. Woodbridge：Perception and Epistemology，此文载于 D. J. Bonstein Basic Problems of Philosophy 中。按对知识论与心理学之关系问题，主将知识论建基于心理学者，为十九世纪之心理主义者。詹姆士、杜威、以知识为人之一适应环境之机能，而重论思想之历程，亦有将知识论建立于心理学之趋向。力反此说者为论理主义者，如德之胡塞尔，及美之新实在论者，以及此下之一切重知识之逻辑上的有效性者皆是。今选新实在论者之此文，以代表一种反心理主义之认识论观点。

W. T. Marvin：Emancipation of Philosophy From Epistemoloogy 载 Holt and Others 合著 New Realism. 1912.

B. Blanshard：The Nature of Thought，1940.

以知识论与逻辑对言，有重知识论之在先性者，有重逻辑之在先性者。如柏拉德来（Bradley）鲍桑奎（Bosanquet）二氏之逻辑书，实皆以知识论观点论逻辑，而无异知识论先于逻辑。至如新实在论及以后之重逻辑分析之哲学，皆以知识论之讨论，只为逻辑之分析之一种应用，而逻辑乃先于知识论者，亦可独立于知识论之外者。今举马文氏之一文，以代表主张逻辑与形上学应先于知识论，亦不须假定知识论而能成立者。举后一书代表不混同知识论与逻辑，而又以知识论为逻辑之根据，以重申布鲍二氏一型之说者。

D. C. Macintosh：The Problem of Knowledge. 1915.

W. H. Werkmeister: The Basis and Structure of Knowledge. 1945.

对于知识论问题之分法，本无一定。库尔培（O. Kulpe）之《哲学概论》，分为知识之起源，知识之限度，知识之对象三问题，颇为后人所习用。日本及中国早期之哲学概论中，论及知识问题时，皆以此三者为主。但如孟秦苟（W. Montague）《认识之方法》Ways of Knowledge 一书，则欲以知识之来源之问题，概括各知识论派别中之中心思想。而一般新实在论者，批判实在论者，皆重以人对于能知所知关系问题之主张，分知识论之派别。如彼等在 New Realism 及 Critical Realism 二书中所著之文之所表现。亦有重在以对于真理之主张，分知识论之派别者，如詹姆士等实用主义者。及以对观念之主张分知识论之派别者，如 B. Blanshard 之 The Nature of Thought。逻辑经验论者，则以对知识如何证实之问题之不同主张，分知识论之派别。依吾人在第四章中之所说，则以为在西方知识论之发展历程中，不同时代，实有其不同之中心问题，可参考吾人于本书第一部第四章之所论。今举上列二书，取其所涉及之问题较多。

第二章 知识之通性

第一节 直接经验之知之性质

我们在前章中,谓中文中之知之最广义,乃指一切心觉之有所向而有所注入之事,而恒是通于情感与意志行为的;知识之知,则只是知之一种,乃指一种纯理智的,关于事理名物之分辨之知,而其中有明显之能知与所知之分别的。如从此最广义之知说,则我们可说,人生之一切情志之活动中,皆几于莫不有知。然此知,可是先于知识之知,亦可说后于知识之知。如我们在通常用语中,说人感痛感痒,而搔痒去痛,为知痛痒;小孩能吮乳走路,为知吮乳走路;少年春情初动,为知识初开,久病思食为知饮知食。都是先知识之知的知。而我们通常说,知古先圣贤之故事,再生崇仰之情,为知崇仰圣贤;知国家之种种实际情形,而生忧国报国之心,为知爱国;已有种种知识而爱知识,为知好学,则是兼后于知识之知的知。关于后于知识之知的情形,比较复杂,但亦可与先于知识之知,有同类之性质。我们今要明白知识之通性,最好以之与先于知识之知,作一比较。此先于知识之知之最原始者,我们可说是一种感觉知觉,而通于情感意志行为之知。此可称为一直接经验之知,或亲知或独知。而上所举之知痛痒之知,则为最浅近之一例。而我们即可以此一例,来说明此种知之性质。

(一)譬如我们在知痛痒时,试反省此知之状态如何?当然我们可说此时有一感觉。但此感觉却同时是连着情感上之不快,与意志上之欲搔痒去痛之行为的。此三者间,并无截然的界限,而此时感觉与其所感觉,亦不得分为二;即此中并无能知与所知之分别。我正知痛痒时,此知初不在痛痒之上或之外,而是即在痛痒之中,痛痒亦在知中。此处只有整个之一感觉,一痛痒之知。如人在痛痒时,忽忘此痛痒,则知不在，而痛痒亦不在；痛痒不在，而其中之知亦不在。此知，如只是痛痒中之一明觉。此明觉，如自痛痒之中心，以照澈此痛痒，而未尝以此痛痒为一明觉所对之对象。而由痛痒之感觉，连于情志行为上之不快与搔痒去痛等，此知此明觉，亦即贯注至此情志行为。人去除痛痒时，亦自知其痛痒之渐轻渐减。故此知、此明觉，乃内在于此"由感觉至情志行为"之具体的人生经验事，而处处与其所知，直接相渗，浑然无间，而一体流转之一知、一明觉。此即此种先知识之知之第一性质。此可称为此知之内在于具体之人生经验事，而"能""所"不二性。

（二）与此种先知识之知之"能所不二性"，相连之一性质，我们可称之为"超言说性"。谓此知具超言说性，即由此知之为内在于具体之人生经验事，而能所不二而来。因一具体之人生经验事，皆为特殊而唯一无二的。而言说之事，如真是对一事有所说，而不只是一呼唤命令，或只是对一事物以一名指之，则必依对此事与他事之共同性相——即共相——之知，而用共名。而此共名，亦只能表达其对共相之知，而不能切合的表达内在于此特殊而唯一无二之事，之特殊而唯一无二之知。如人知痛痒时，人说此痛痒是那一类之痛痒，即一正式之言说。说此痛痒是那一类之痛痒，即是依对此痛痒与其他痛痒之共相之一种知而起。但此知，不是人正痛痒时，在痛痒中之知。其所以不是，即因在痛痒中之知，可无将此痛痒，与其外之痛痒，加以比较，而知其为何类之痛痒之意。而人在感痛痒最深时，人亦无暇作此比较，且将排斥此去比较之念。由此而亦即可无此痛痒属何类痛痒之知，同时可无说其为何类痛痒之语言。而他人之说其为何类痛痒之语言，亦即成为不能切合的表达其在痛痒中之知者。此之谓此种知之超言说性，或不可言说性，此在宋明儒，则程子有所谓"如人饮水，冷暖自知"之说，"谈虎色变"之喻；王阳明有"哑子吃苦瓜，与你说不得。若要知此苦，还须汝自吃"之说[①]。而吾人如假定，在现有之耳目等感官之视听等感觉，与其相连之情志行为以外，忽新增一感官一感觉，另有其相连之情志行为，则此等等中，仍可有一知，而其初非吾人之言语所能切合的表达，亦彰彰

[①] 宋明儒此诸言，本所以喻德性之知，此常为指后于知识之知而通于情志之知。今则还以直指先于知识之知。

明甚。

在此人易发生之二问题，是说这种知，虽在人生之具体事中，不能用一般依乎抽象的共同之认识，而生之语言来表达；但是我们说其皆是一种知，皆具有此能所不二性及超语言性二种性质，便仍是表达其共相之语言。但是这种驳难，实际上是不相干的。当然，我们可说此种种知都是知，他们皆有此二性质。此二性质，皆可说是此种知之共相。但是我们在说"知痛痒"，"知冷暖"皆是知之时，我们同时亦知道"痛痒之知"，不等于"冷暖之知"，亦不等于其为"知"之共相，更不等于我们对其为知之"知"，与说其为知之"说"。故我们虽一面说其为"知"，并知其为知，我们仍并未说：可以"知"之概念，概括其为知，以"知之一语言"，切合的表达其为知。而我们上文之所以有说其具此二性质之一段话，亦正兼由我们之知其不能只以"知之一语言"，说尽其所以为知者，亦不能以我们通常所谓"能知所知之分别之语言"，以说明其为知而来。故上文一段话，并未正面的切合的说及其所以为知之具体的，积极的性质，而只是普泛的说及其为知之抽象性质，及其与一般之知对照，而显出之反面的抽象的消极的性质。如不与一般之知对照，则无此二性质可说。而我们若不从事知识论之反省，我们亦可不说其皆为知。故以上的话，都不是非说不可者。然而无论我们之说与不说，无论我们之是否知"知痛痒""知冷暖"之皆为知，而知痛痒中有一种知，知冷暖中有一种知自若。

（三）这种内在于具体人生之经验事中，通感觉情志行为之超言语性之知，我们前谓其为直接经验之知、亲知、或独知，而谓其为独知，亦即谓其有一绝对之主观性。谓此独知为具绝对主观性，非谓其他人必不能亦有之，而是说：在我们正有此知时，我们可并不知他人有之与否。如人在梦中之知，即为独知，然此亦不碍他人之或有作同类之梦者。而我在时时刻刻之生活中，我亦时时刻刻有此独知，此亦并不碍他人与我共同生活时，有同类之独知。此中之要点，唯在我有此知时，我不必同时知他人之有此同类之知。而我在知他人有此同类之知时，我之知他人之有此同类之知之知，初仍只是我之独知。由此而我们可说，我们总是先住于一独知之世界中。而即在我们知他人之所知时，我们亦未尝全离开此绝对主观之独知世界。

第二节　直接经验之知或独知世界之相貌

我们在论直接经验之知之性质后，我们可进而一描述此知之世界或独知之世界之相貌。我们只须有一粗略之反省，我们都可发现，此世界中之种种知或直接经验，是来来往往的。如忽而见此色，忽而闻彼声，忽而知此痛痒，忽而痛痒消逝，忽而月东出，忽而月西没。此世界中之种种直接经验，皆不断的消逝，亦不断的生起。从其不断消逝方面说，我们可称之为此世界之无常性。从其不断生起方面说，我们可称之为此世界之创新性。从无常性方面看，则一切生起者，皆一度生起，由消逝而继续的向下沉沦。从创新方面看，则此直接经验之世界之前面一端，如永是不断的向前面开展，我们如永不知何处是其界限之所在，而其前途亦不可测。要而言之，即此为一变化无方之世界。此即此直接经验之知或独知之世界之一相貌。

第三节　知识之知之性质

我们了解了直接经验之知之性质，即可由对较而了解知识之知之性质。

（一）我册说知识之知之第一性质，为超越于当前之直接经验而有所知；此所知者，为当前直接经验之所指，或所涵，而通于其他直接经验者。今姑且暂举日常生活中之最简单之知识之知为例，以便说明。如我见茅舍炊烟为直接经验，而知其下有人烧饭，此所知，即茅舍炊烟之所指。见电光闪闪是直接经验，而知空中有无数电子跳动，此所知，即电光闪闪之所指。飞机过三峡，见蜀江水碧蜀山青，是直接经验，而知夔府孤城在侧，即水碧山青之所指。此外如闻弦歌而知雅意，与一切由文字语言，而知其所表之意义，皆是由直接经验之弦歌与文字语言之如是形、如是声，以知其所指。然吾人知此乃茅舍非华屋，此乃炊烟非暮霭，此乃电光非原子弹光，此乃蜀山蜀水非吴山楚水，此是弦歌非鼓乐，则是就直接经验，而知其所涵，而分辨其所属之类。凡所指者，皆在当前直接经验外。此或为其他个体事物，如当前茅舍中之人家之烧饭；或为一类之事物，如一群电子之跳动；或为非事物之意理，如弦歌之雅意。而凡所涵者，皆不只在当前之直接经验之事物内，而兼在非直接经验之其他同类事物内者。故知一事物之所涵，而辨其类之知，乃通接于全类之事物者。如见茅舍而知其为茅舍，则"见"虽只及当前茅舍，而此"知"其为茅舍之"知"，已纳此茅舍于一切茅舍所成之类中，而"知"通接于全茅舍之类矣。见三峡之水碧山青，而知为蜀山蜀水，则"见"虽止于目前之水碧山青，而"知"其为蜀山蜀水之知，则匪特遥接于平生往来于三峡，所见之水碧山青，亦通于剑阁峨嵋之山，岷沱嘉陵之水，所合成之蜀山蜀水之类矣。是证凡知一直接经验事物内容之所涵，此所涵亦引吾人之心意，至此事物之外，而另有其所指向与所知。由此而吾人即可说一切知识之知，异于直接经验之知者，皆在其恒指向此直接经验之外，以有所知，而此所知者，与直接经验中之知，相对而观，则如为外在而超越于此"知"者。而吾人之此"知"之"所欲知者"，亦若只是知一与此"知"成相对待，而超越外在之一对象。而此处即有能知与所知之分别。遂与直接经验中之能所不二之知，截然不同。

（二）此种知识之知之第二性质，则为可言说性。其所以可言说，是因此知识之知中，必包涵共相之知，亦必多少通过共相之知而成就。共相之知，可赖为共名之语言文字，加以表达。何以知识之知，必包涵共相之知？此一因吾人所知之一经验事物之所涵，乃可通于其他同类经验事物者，此本身即一共相。此义易明，不须另释。此外，吾人亦只能凭共相，以想象思维彼为直接经验事物之所指，而不在直接经验中之其他事物。试想：当吾人见茅舍炊烟，而念下有人烧饭时，吾人于其下之人与饭，作何想象？作何思维？如只想其为人、为饭，则人与饭为一共名，所表者固为人与饭之共相。若进而想其人为白发老翁，或垂髫女郎，其饭或为粒粒白米，或为一半黄粱；此诸语，仍为共名，所表者仍为共相。而吾人之想象思维，无论进至何处，吾人所想象思维者，皆恒为一共相。其证在：吾人不能由吾人所想象思维者之如是如是，以谓世界只有一个体事物，能合吾人之所想象思维者，而如是如是。譬如吾若想其为白发老翁，则天下之白发老翁何限？吾若想其为垂髫女郎，天下之垂髫女郎又何限？此中吾固可将吾之所想象者，具体特殊化；至想象此白发老翁状如吾人之祖父，此垂髫女郎，状如吾之幼妹。然吾之祖父幼妹之像貌之如是如是，亦非限于一日一时，而为多时多日，早已如是如是者，则此仍为一共相。即一人之一刹那间所表现如是如是之像貌，吾人在想之之时，可想之，又重想之，则其显于吾人之前后相续之想中，仍为一共相。由此而见，凡在吾人之想象思维中，而为吾人所凭借之，以指向一直接经验外之事物者，皆只能为一共相。而吾人亦唯在凭借此共相为媒介或通路，以达于所欲知之对象；再由对所欲知之对象之直接经验，见其所显之相状，同于吾人之所想象思维者，而为同一之共相；乃能证吾人之所思维想象者之为真。由此而见知识之知之成就，必赖于对共相之知，而为共名之语言文字，则可表达此共相之知。此知识之知即具可言说性。

（三）知识之知之第三性质，即与主观性相反之客观性。吾人说，知识之知必包涵共相之知，而可用共名表达。共相既为一类事物之所共有，亦即我所经验之事物，与人所经验之事物之所共有。共名既所以表共相，而可为人所共用，而共知其义者，则我以一共名表共相，人闻此共名，即知我所知之共相，而使此共相为人我所共知，而为人我所知之心中共有之共相。由此而一直接经验之知，虽若只为人与我之所分别独有，而分属于人之各别之主观者；然人我所共知之共相，与赖共相而成之知识，则为人我所共有，超越于人我之主观独有之外，而有普遍性，亦有客观性者。故吾见茅屋炊烟，而谓其为茅屋炊烟之言果为真，则天下人之言其为茅屋炊烟，皆为真。吾思茅屋之下执炊者为白发老翁，而谓其为白发老翁之言，果为真，天下人亦皆不得谓此言为妄。而果天下人皆谓我言为妄，则吾唯有自疑我言之为妄。而将与人互求了解其言之所指，共勘定何言之为真，而归于一是。一切求知识之知者，所以必互相辩论研讨，而各抒己见，皆非止于各抒己见，而是望己之所知，成为人之所知，或人之所知亦成为己之所知，以共行于真理之途，共成就一公共之知识世界之故也。

第四节　知识世界之相貌

最后，吾人可将知识世界与直接经验之世界之相貌对较，加以描述。吾人如说，直接经验之世界是变化无方者，则知识之世界是定必而有常者。吾人如说直接经验之世界，是一切不断消逝，不断生起，其前途为不可测，则在知识之世界中，人于不断消逝者，如欲使之长留；于不断生起者，如欲使之暂住；而于不可测者，必求所以测之。而其目标则在成就一定必而有常之知识世界。

人如何能成就一定必而有常之知识世界？其道无他，亦即由种种共相之知，以通贯所知之直接经验之世界而已。每一共相既为一共相，则在此事物如是，在彼事物亦如是，而必不不如是，亦常如是，此即其自身定必而常。而吾人如透过共相以观世界之事物，则事物虽变化无方，而亦有不变不化者存。"前水复后水，古今相续流，今人非旧人，年年桥上游"。逝者如斯，而起伏之态，未尝往也。死生大矣，而古今人性，不必异也。而吾人能通过共相以对彼今日已涸之江，思其前日之波光云影，对彼长眠之枯骨，思其在生时之音容笑貌，固皆如宛在目前。而此亦即无异于使化者不终化，而挽此直接经验世界之事物之沉沦，而长留其所呈之共相。至于日落星明，夜深不寐，忆彼皎日之光明，坐待来朝金轮之再出。此则既"怀故而又慕新"，以期必一共相之贯乎往昔与来今之直接经验之世界，以为其常之事。自常观变，而今之红日，犹昔之红日，今之星月，犹昔之星月，今日之我，犹昔日之我，如各住于其自身者矣。即其变化，亦有律则可寻。律则亦共相。律则不变，而变化可测，则变化皆不变者之所显。而古今之人之辛勤求知识之知，其于天文、地质、动、植、人群皆欲分其类别，知其关联，以一一明其不变之律则，其目标无他，唯所以化变化无方之直接经验之世界，成定必有常之知识世界而已。

第五节　直接经验之知及其世界，与知识之知及其世界间之关系与问题

我们以上分别说明，先知识之直接经验之知，与知识之知之性质之不同，及直接经验之世界，与知识世界之相貌之不同；我们所说的一切话，皆旨在描述，而未作详细之分析。但即就此已所描述，我们已知此二种之知，与其所对之世界，一方有一根本之性质相貌之相反，而一方知识之知，又不能离直接经验之世界而独立。我们以后在论到知识之起源等问题时，更将见知识之知之一主要来源，即直接之经验，与直接经验事中之直觉之知。然而此知识之知，又永似要超越再造此直接经验之知与其世界，于不同之特殊具体之经验事中，发现抽象普遍之共相，而表以共名，而使之由不可言说而成可言说，使之由能所不二，而化为能所分别，由变化无方而成定必有常。而无数知识论中之专门问题，皆与

"此直接经验之知及其世界,与知识之知及其世界之性质相貌二者相反,而人又欲由前者以成就后者"之要求有关。如知识世界只为一知识世界,直接经验之世界,为一先知识或超知识之世界,则哲学上之知识论问题,即大皆不只在知识之世界之内部,而恒是由求知"知识世界"与"先知识超知识之直接经验之世界"之如何关系,所引出者。而其解决之道,亦正随处有赖于我们对此二者之性质与相貌之认识。故我们以此章为知识论一部之导言。而此下则将分别就知识论中之专门问题,从事分别讨论。至在本章中未明之义,在以后诸章,亦将随处涉及。

知识之通性 参考书目

J. S. Mill: System of Logic 严复译名《穆勒名学》导论第四节,穆勒论亲知与推知之别,而逻辑只及于推知云云。

B. Russell: Some Problems of Philosophy. Ch. 5.

B. Russell: Mysticism And Logic. Ch. X 皆论亲知与述知之问题。

W. James: Essays on Radical Empirism. Ch. 2. The World of Pure Experience.

F. M. Conford: Platcis Theory of Knowledge, PP. 62—65 Objection to a Simple Identification and Knowing.

此三者乃立于不同立场,而同归于分辨直接经验或直接知觉不同于知识之理论。

H. R. Lotze; Logic. Ch. I.

此书以直接经验者之客观化,为一切知识之原始。

P. H. Bradley: Principle of Logic. Vol. I. Pt. I. Ch. I. The General Nature of Judgement.

B. Bosanquet: Logic. Vol. I. Ch. 1. II.

此二书皆力辨知识之始于判断,而非始于观念。判断之表达为命题为句子。由此而有现代之知识论者,如罗素以降之以一切知识之真妄,为命题句子之真妄之说。

C. I. Lewis: An Analysis of Knowledge and Valuation. Ch. 2. Knowledge Experience and Meaning.

路氏此书为近年知识论及价值论中之一颇重要之著。此章所论知识之性质,较吾人所论者为多,如知识必须为真、为确定等;但吾人之此章,重辨知识与亲知之不同,则毋庸及此。

第三章　知识与语言（上）

第一节　知识之知之外在的证明

我们在上章说，通于情感，意志，行为之直接经验之知，有一超语言性，又说知识之知可以语言表达。我们通常亦由他人之语言之运用，以断定他人之是否有知识之知；而不能只由他人之情感意志行为，以定人之是否有知识之知。此我们可先以一浅近之例，加以说明。

（一）譬如一小孩见虎则逃，并啼哭，他明有一情感意志行为之活动，但我们并不能断定其对虎之凶猛、能噬人等，真有一知识。因其见虎即逃，可同于鼠见猫即逃之类，而只为本能之反应。

（二）又如我们说虎，而小孩则有惊惧之色，或骇而逃，此小孩亦有一情志之活动。但我们是否能断定小孩对虎有知识？此仍不能。此亦可能由于吾人前对小孩说虎时，曾打小孩，故今彼闻虎之名，即惊惧。此惊惧只为一交替之反应。

（三）再如小孩见一虎，我说是犬，小孩曰否，曰是虎。则我们可说此小孩至少能知犬之一名，不能用于其所经验之此物，而虎之一名能用。则吾人可说此小孩对犬虎二名之所指，及犬虎二物之名，有一知识①。其有知识之证明即其能用不同之名。

（四）在上述之情形下，如小孩于我说虎时，彼即进而说虎为类似猫者，并说出虎与猫之共同性质，或共相，及虎与犬等之不同性质，则吾人说此小孩对虎与猫之共相有知识，且对猫虎二名之内涵意义有一知识。其有知识之证明，即在其能用语言以说明事物之共相，并解释其所用语言之意义。

---

① 关于知名之义，亦为知识之一种。见知识之分类一章第三节。

此上一例,即足证明吾人之不能只由他人之行为表情,以确知他人之是否有知识,而必由他人对语言之运用,乃能确定他人之有知识与否。此外之例,不胜枚举。而人之知识亦无不赖语言文字,加以表达。故吾人之论知识论之问题,亦即可由语言与知识之关系问题开始。而此中当先论之问题,则为除语言表达知识外,语言是否皆有知识之意义,语言之符号与其他自然符号之异同,及语言何以能表达意义之问题。

第二节　语言之知识意义及其与自然符号之不同,与语言何以能表义之理由

我们问:一切语言是否都有知识意义?此问题似并不易作一简单之答复。如现代之西方若干哲学家,皆分语言为二种:一种是陈述事理之语言,如科学中之语言,及文法中所谓直陈语句之语言。如地球是圆形,二加三等于五。此是有知识意义的。另一种则是表达情志之语言,如文学中之语言,宣传时所用之语言,及文法中所谓祈求之语句,(如说上帝助我。)命令之语句,(如快点来。)惊叹之语句,(如天乎冤哉。)此是无知识意义的。此外还有人指出一切图像式之语言[①],如表中有蓝色而无重量之小魔鬼,然开表彼即飞去,在表中亦不增表之重,故无由以经验证其有,亦是无知识意义的。表达情志之语句之所以无知识意义,我们可说由其是我们之情志所引出的。亦可说由其只对我们之情志而有主观的意义。图像之语言之无知识意义,是因其只使人心中有某一想象,而无由证实所想象者之实有。此二种语言,皆非欲对实有之事理之内容共相,有所说明,因而无客观的知识意义。此种分别,亦可由我们上章所谓知识世界与先知识之直接的经验世界之分别中,导引而出,故是可以说的。

但是从另一方面看,图像之语言亦可有知识意义者,如谓时间像流水,此流水亦为一图像,用以譬喻时间者。此种图像譬喻之所由生,乃

---

① V. C, Aldrich: Pictorial Meaninng and Picture thinking, Sellars Readings in Analytic Philosophy. 此文论图像式之意义与思考,后之逻辑经验论者竟引用此名为贬辞,实则此并非皆可贬。西哲如 W. M. Urban: Language and Reality 一书第八章论 Language of Metaphysics 处,论此问题远较世俗之见为精深。

是由于人对用作譬喻之图像之内容，与所欲譬喻者之内容，其某一类似之点或共相有所知，则依吾人上章所谓知识之意义，便不能说其全无知识意义。此种图像的譬喻语言之缺点，唯在其缺表达其所知之共相之语言。然吾人听者，则可由其语言，以知其必有其所知之共相之存在，而求知之，或代为说出之。如说时间与流水二者之共相，为"一去不回"……至于纯述一想象之语言，如表中有蓝色而无重量之小魔鬼之类，及表达情志之语言，因说者唯顺其想象而随意说之，或意只在以语言表情或达某目的，则其语言对说者固可全无知识之意义；因其不对一客观事理而说。然对听者，亦可有知识之意义。即在听者，可将说者之语言，视作一符号，而加以适切之了解，而由之以知说者之想象情感意志之如何如何。由此而我们如从客观方面看语言，则一切语言，皆可反指其所以说出此语之心意，而有一义上之知识意义。

吾人之进一步之问题，则为语言是否一符号？如为一符号，其与一般之自然符号有何不同？如吾人通常以电光闪，为雷雨将临之符号，以春风吹，为花开之符号。此皆可称为自然之符号。而一语言亦可成为一事物或一观念之符号，此为一人为之符号。在人之实际生活中，一自然之符号，与人为之语言符号，明似可有同一之效果。如电光闪之事与"电光闪了"之一语，同可使人思及雷雨，而发生躲避雷雨之行为。而诗人之面容与诗人之诗，亦同为吾人了解诗人之若干心情之符号。则此二种符号，似无严格分别。

然而此语，吾人以为并不能说。因此自然之符号（如电光闪），与符号之所表者（如雷雨）间，恒先有某一种自然之一定的因果线索。然吾人明可任意共同约定 以有某声某形之语言，表同一情感，或指同一之事理。吾人亦未尝不可任意共同约定，以有某声某形之自然符号，表任何之情感或事理，而化之为语言之符号。如天上之电光闪之状，在自然界只为雷雨将临之自然符号。然人尽可在实验中制造同一之电光之闪状，谓此闪状为任何情感之符号，或任何事理之符号。则此电光之闪状，即同于语言之符号。

复次，自然之符号，因其所表者间，有某一种因果线索，故此自然之符号本身，为一真实存在之事实。然语言是否真可作为一存在之事实看，则甚难说。人所发出之语言文字，有一特定声调有特定形状，固为一事实。但人以语言指事理时，此语言之特定的声调形状，皆为不重要者。一字尽可以不同声调读之,不同姿态写之,只须大体相同,吾人即仍视为一字。以至将一字翻译成另一国文字,吾人仍视为一字。在此美哲皮尔士(C. S. Pierce)曾提出一字之"例"Token 与"型"Type 之别。谓吾人当下以一定声调一定形态写出说出之一字,只为一字之"例",而一字之"型"则包涵其一切可能之声调与写法。但若如此说,一字之"型",即不能作一存在之事实看。而吾人之运用一字,显然非以一定之"例"为重要者,而乃以一字之"型"为重要者。吾人恒自觉是透过一字之"型",而随意用一字之"例"。然如离一字之"例",而言一字之"型",毕竟是何物?则为极难解答者①。然此"型"要非一可视为存在之特殊事实,则可断定。

如今吾人本前章所说,以答此问题。则吾人可说,吾人当前之直接经验中之一有声形之字之为一字,其重要处,唯在其为"吾人之用以思及或指向,超越于此字之对象"之媒介或通路。吾人欲达此对象,亦兼须超越此字之本身。此字之声形之本身原为待超越者。故人之用不同声调与写法以写或说一字,以指对象时,只须所指之对象为同一,此不同之声调与写法,在此对象前之功用仍为同一。而具不同的声调写法的一字之各"例",可说属于一"型",而为一字。

至于吾人若问:一字之声形,既为待超越者,则人何以必须有不同类声形之字或语言,以指不同之对象?则吾人可说其理由,唯在吾人必须有不同之字或语言,乃能使人之能知的心灵,分别各有其媒介或通路,以达于不同之对象。此不同之语言,乃所以成就:由吾人之能知之心灵,分途达于所知之对象之各通路,而非只在构成一一语言与一一对象之一定之联系之本身。此中每一语言与一对象之一定之联系之价值,亦主要在使诸语言所造成之各通路,不相混乱。故人于此,必须有具不同类之声形之语言,与不同类之对象,分别构成种种一定之联系。而此中每一语言之价值,唯在其消极的足以别于其他语言上显示。不同之语言所表达者,唯是各种不同之"由能知之心灵以达所知对象之种种通路"。此种种通路,乃一头辐辏于能用诸语言之能知之心灵,如百竿在手。而另一头,则散挂于不同之对象者,如竿各钓鱼。

---

① Pap: Elements of Analytic Philosophy. p. 311 以 Carnap 之 Expression Desigh 与 Type 相当 Expression event 与 Token 相当。

此处如离能知之心与所知之对象，而言语言文字，即只有以不同之声调写法，而说出写出之不同语言文字之"例"Token，并无语言文字之"型"Type 可说，且此一一之"例"Token，亦皆无意义，亦无成就知识之意义者。

第三节　语言如何取得一定之意义

我们再进一步之问题，是文字之意义是如何加以约定或加以规定的？在此一简单之说法，是归其根源之于社会习惯。如最初有某人随意用某字指某一类对象，其后彼自己及他人，复继续用某字指某类对象，再以之教未知用字之小孩。由是代代相传，某字即涵具指某一类对象之特定意义。此种说法，颇便于说明单个文字之取得一定意义，但尚不足以说明新文字之所以创造，文字之意义之如何有引申变化，及文字之系统之所以形成。吾人今提出另一说法，则为先假定：吾人本有通过不同之文字，以达不同之对象之要求；而吾人亦有了解他人，以了解他人所用文字之意义，及与人相模仿同情，以共用一字表某义之要求。由是方形成吾人之用某字表某义之社会习惯。然某字之表某义，初乃只所以别于他字所表之他义。故一字只须不与他字之义相混淆，即尽可逐渐引申新义，而加以扩大，或缩小或改变，要以能与他字之他义，不相混淆而相配合，以成一文字之系统；而足够使吾人之通过文字之系统，以达于世界中各种不同而相关联以存在之对象为准。吾人之此说，即涵蕴：一单个文字之确定的内包外延，尚非文字之有意义之最初根据，只有各文字向各对象而指时之各方向，及各方向间相互之界限，为文字有意义之最初根据。文字之所指，最初亦尽可为指一方向中之诸对象，而非指一定的抽象的性质，或具某一定性质之一类对象者。此上所陈，吾人可略加说明如下：

欲明上文所谓"各文字向各对象而指时之各方向"之意义，我们可先自这、This. 那、That、这些 These、那些 Those、这个 The 一个、a, an 等指示词，冠词或代名词，如我、你、他等人称代名词之意义，及表示时间之现在、未来、过去、表示空间之关系之前后，左右、上下、内外之字上措思。这些字之意义，都可作多方面之不同分析。但有一点是确定的，即：这些字都是以说者自我为中心①，而兼表示说者向对象而指时之各方向。其意义，则是互相限制，互相规定，而其所指之一一对象为何，则初可是不定者。如我们说"这"一字，并非只是表我们之指示活动之本身，而是有所指之对象的。人听我说"这"，人亦由听此字，而求此字之所指。故此字虽由我而发，然对人对己，并非即全无知识意义。然此知识意义是什么？则只有一点。即：我们可由此字为凭借，以达某对象。然此对象为何，则因我们可用"这"字来指任何对象，我们便不能由此字本身之了解，加以确定。因而"这"字、无一般名词之确定的内包外延之意义。"这"之意义，只有与"那"之意义相对相限制而规定。即指我所直指者为"这"，指非此所直指者则为"那"。此指我所直指，为一方向，指非此所直指者，为又一方向，二者互相排斥。故非"这"者皆为"那"，非"那"者皆为"这"。"这"与"那"互相规定，而形成一最简单的文字系统。

此外我们在说这个，乃就其为一单独之个体说。说一个，乃就其为一类之分子说。任何事物，都可就其为单独之个体，而对之说"这个"，亦可就其为一类之分子，而说其为"一个"。"这个"之一字，使人之思想，向其单独之个体性上措思。"一个"之一字，使人之思想，向其为一类之分子之性上措思。而各表示一种向对象而指之方向。

我说我，指说者之我自己；说你，指听者之你；说他，指在我你以外之他人。易地以看，则我为你的你，亦是他的他。而人人皆我，人人皆你，人人皆他。则我、你、他，亦无一般名词之确定的内包外延。然我们说我、你、他，亦皆有所指，皆能使人求其所指，则不能说全无知识意义。而其分别，亦唯在所指之方向不同。说者回指自己为我，直指听者为你，旁指其余人为他。而此三字亦互相规定，以配成一系统，而可穷尽的指人所说及之一切人之全体。

过去，未来，现在之名，亦可配成一系统。人于一切正经验者正说到者，皆可名之为现在。今天、今年、现代、皆可为现在一名之所指。

---

① 罗素于 An Inquiry into Meaning and Truth 第一章称这、那、等为非"对象字 Object Word 之"命题字"。于其《人类知识之范围及其限度》（Human Knowledge: Its Scope and Its Limit）第四章则称"这""那""过去""现在""未来"等为自我中心之字 Egocentric Word。但其所据之立场，与本书所陈者异。

其前者为过去，其后者为未来。现在、过去、未来三名，所指之内容不定，然各可使人之思想向一方向，以通向对象。此各方向之互相规定，即成一系统。

左右、前后、上下之各名，本为表示空间方向之名。此诸名之各规定一"人由能知之心灵以达所知"之方向，而各方向互相限制规定，配成一系统，可以之穷尽的指空间中之事物，其理更易知。不须繁释。

第四节 语言意义之互相限制规定性，及确定之意义与限定之意义之分

我们如果了解此类表示人向各方向之对象而指时之字，其意义之互相限制规定，以形成一系统之情形；我们即可由之以了解：一般之字之意义，亦同样为人用之以向对象而指时之方向所规定。由此我们亦最易了解，文字意义之所以有引申变化发展之故，及人之创造新字之要求所自产生之故。

首先，我们来看文字中之固有名词。固有名词毕竟有涵、无涵、或所涵为何，即为逻辑学家所争之一问题。如一地名人名等固有名词，其所涵之意义，即明为随其所指而不断变化，而可使人发生疑惑者。我们试问：南京市一词所指之市区，毕竟如何？在市区繁荣增大之时，何以仍可以南京市名之？人已老大，何以仍用幼年之名？从所指之对象本身看，此地名人名之涵义，明已有变；何以于此我们不说此一名有歧义，而涵义不清？欲知此中之理由，只有从我们用名向对象而指时，此名只规定我们向一方向中之对象去想。我们不能将此名黏著于一对象之一时之情状上去想。我们说南京市，此名乃所以指非"南京市以外之地区"之一地区。南京市一名，只导引吾人向某一方向，想某一地区或某一范围中之事物，而实未尝限定南京市本身之内涵。故南京市无论如何繁荣增大，只要不侵入南京市以外之地区，则永可称为南京市。依此，某一人之名，亦只规定我们之思想，继续向某方向去想某人。某人无论如何变老大，只须其逐渐由幼小至老大之变化，乃相缘而起；则吾人即可顺其相缘而起之变化之方向，而想某人仍是某人，并以原名指之。只须某人非突然变为吾人原用另一名所指之另一人，吾人亦不须以另一名指之。故在此等处，一名之意义，皆纯由其所指之方向，及其与他名所指之方

第三章　知识与语言（上）

向之不同，而互相限制规定，合以形成一语言之系统者。

其次，我们当论一般被认为有确定的内包外延之语言，其意义是否即能完全确定。我们通常用以表示事物种类之名词，表示事物之动态之动词，表示事物之性质形状之形容词，副词，表事物之数目之数目词，表事物之关系之介词及各种关系词，表示语句之连接之接续词，都是被认为是有确定的内包外延之意义，而为我们用以直指事物之如何如何之共相的。我们上述之以自我为中心说出之字，如这、那、现在、过去等，亦必须与这些字相结合，由这些字以规定其意义，乃能正式构成表达知识之语句。如"这"与种类之名词"马"，形容词之"白"，合为"这马白"，即为一表达知识之语句。而人之以一具体名词指一个体事物，而对此事物之种类，动态、性质、数目等，毫无所知，此亦事实上所未有。然人如对一个体事物之种类、性质等有所知，则我们亦即必须用到此类字，乃能表达我们对此个体事物之知识。表达我们之知识，既必须用到这些字，则这些字本身必须有确定之意义，否则其所表达者，是此又是彼，则等于非此又非彼，而同于无所表达。

我们在用上述这些字时，我们必须使之有确定意义，是不成问题的。但是一文字之有某确定的意义，不必同时是限定只有某意义。而一文字如未能有一限定的意义，我们亦可说一文字之意义，尚未由被规定，而达完全确定之最高标准。

所谓一字有确定之意义，而不必有限定之意义，可自各方面说。（一）是就对一字所指之事物之了解增加，而一字之意义即可增加生长而说。譬如我们以狗指某动物，此狗之意义，最初可只为某形状之动物。但当我们知狗能守门打猎，对狗之了解增加时，则我们心中之狗之意义，即亦有增加生长。我们可以说一切实际事物之种类名词之意义，皆无不可由我们对所指之事物之知识之增加，而增加生长。（二）是一字虽确定的涵某义，但亦未尝不可兼用以指类似或所关联之其他事物，以涵另一意义。如小孩初学语言，知以"红"指红，"蓝"指蓝。但如彼在颜色字中，只知此二字，则彼见橙色，亦可说之为红，见绿色亦可说之为蓝。又如苏轼居东坡，"东坡"一名初指其所居之地，彼以东坡居士自名，而后人则以东坡为其名。在前一情形下，我们可称为一字之内涵，由移用而增加生长。在后一种情形下，则是一名之外延，由改变而增加生长。其增加生长，固非漫无规则。如在上述之例中，乃由我们用一名向对象而指时，即依一对象与其他对象之相似关系如红似橙，或在时空上之接近关系，如苏轼居于东坡，以使一名之意义，顺一方向而增加生长。然其意义增加生长后，其原义尽可不失，则此名仍有其确定之意义。却不可说其有限定之意义。

从一字之意义之生长增加方面说，我们初无一必然之权利，以直接限定一字之意义。如不由他字之意义，加以限制规定，一字之意义，实未尝不可由生长增加，以至无限。试想，如吾人今只有一字，初只以指某类事物或某性质，吾人试否真有权利，以限定此一字之意义？此明为不可能。譬如色之一字，初只以指颜色，但吾人如顺颜色所类似或关联之各方面事物，以向各方面伸展此一字之意义，而以色之一字指之；则色之一字之意义，即可不断生长增加，以至无限。如吾人可以色指女色，男色。亦可以色指一切被感觉之对象。如声、香、味、触，在佛家同称为色。色亦可指成色之活动，如僧肇《不真空论》中所谓之"色"色之"色"，亦可指有情所住之有色之整个世界，如佛家所谓色界。而当佛家言色涵空义时，则色即是空，空即是色，而色亦可指空。是见单就一字而言，如顺任何一字初所指者之所关联者，而以此一字指之，则任何字之意义，皆可无限的引申。而吾人实亦无任何必然的权利，加以限定。此亦略有类似：吾人于立名之初，吾人之原有本自由约定，以一字表任何意义之可能。

吾人以上说，单就一字而言，吾人并无一必然之权利，以限定一字之意义。然则何以一字之意义，又不能生长增加至无限？此则纯由有其他文字之存在，足多少限定此一字之意义。而此限定之第一步，则为相异而不同意义之字之互相限定。如吾人欲使色之一字，只限于所见之色，而不以之指声香味，吾人即以色之一字所指，不当侵犯"声""香""味"诸字所指之界域为理由。而声、香、味诸字，不能指色，亦在其不当侵犯色之一字之界域。此诸字之所指之界域，则唯由其互相限定，而渐归于确定。而凡互相限定所指之诸字，或互相限定其意义之诸字，亦皆结成一系统。

在此，人恒发生一疑难，以反对吾人之文字之所指或意义互相限定之说，因如此说，则似一字之意义，待他字而定，他字之意义，又待此字而定，便成循环互待，而任一字之意义，皆不能定。但此疑难，实极易答。因吾人尽可承认，吾人最初用一字时，即已有一暂时的确定的所指。吾人只是说，此时之确定，并非限定。而吾人欲加以限定，则只能凭借他字之意义，以还限定此字之意义。如吾人只能由已有不同之味字之表示味，而谓不当用色之一字以表味。然吾人在不知有不同之味字以表味时，吾人初并无权利，将色字限于最初之所指。此即佛家之可以色兼指声香味等之故也。

第五节　定义之价值与其限度

　　吾人对一字意义之第二步之限定，为通常所谓由定义法以对一字之意义加以规定。一般之定义法是指出一字之内涵，以造一定义。如"人"为"理性之动物"、"凶手"为"违法律之杀人者"之类。但吾人造一定义以规定一字之意义，此定义中新用之字，还须进一步加以规定，以再造定义。如何谓动物，何谓理性，何谓法律，皆可再加以规定，再造一定义。"如动物为有知觉能运动之生物"、"法律为人所制定的，人在社会中当遵守之行为规律，人如违犯之，则当受社会或政府之惩罚者"等。然何谓知觉，何谓运动，何谓社会，何谓行为规律等，似又还须用定义，再加以规定。每进一步之定义中，所新用之字之意义，亦复还须如上段所说，以具相异之意义之他字，加以限定。由是而定义之事，遂为一串极复杂之事。而一字之一串之定义本身，亦为结成一系统，而又与其他相异之字之定义，共结成一互相限定其意义之文字系统者。

　　然一定义之串系，必不能为无限延长之串系。因如其为一无限长之串系，则一字之所指，永只是其定义中之字，而不能对文字外之世界有所指。若欲其于文字外之世界有所指，则一定义之串系，最后必归于指某一实有之对象事物。然在其指对象事物之阶段，则文字意义之绝对的限定，又复再成问题①。譬如我们上说"人为动物"，又说"动物为能知觉能运动者"，我们可姑以后者已至动物之定义之最后阶段。今我们试

---

　　①　现代重逻辑分析之哲学初起时，恒欲求一单位语言文字之最后的确定而限定的意义。如罗素穆尔及早期之维根斯坦，皆向往于此。然晚期之维根斯坦于其《哲学研究》中 Philosophical Investigations 中，则归于文字语言之意义，唯当在人实际之用法中了解，而极反对其早期之说。I. Passmore：A Hundred years Philosophy. Ch. 18. 至于语言在指实在对象时，其意义非限定的，而为开放的，则称为 Open texture of language，乃现代数理哲学家 Waismann 所特重。I. Passmore：A Hundred years Philosophy. pp. 455—458.

问：所谓能知觉能运动之所指对象为何，吾人说犬马能知觉能运动，故说其是动物，此似无问题。蜂蚁有知觉能运动，故是动物，此亦似无问题。下至水螅，阿米巴，亦可说其能知觉能运动，是动物。但阿米巴如是动物，则其他微生物皆成动物。则在动植物间之一种单细胞生物是否亦是动物？如其亦是，则植物性之菌，岂不亦可称为动物？而其他植物，岂不亦可称为动物？而此处欲确定动物一名之绝对的界限，吾人只能另由一定义，以确定一标准。如吾人以固著于空间与否，或有某种细胞与否，为动植物之分界，以分别为动植物下定义。然即专门之生物学家，于所谓某种与非某种之辨，有时亦恒苦难确定。此中之理由，一方固由我们对对象之认识之恒有不足。在另一面，则由吾人所用以指对象之名之意义，亦尽可由对对象之认识之增加，而增加。吾人若无权利以限定一名之意义，不得增加，则吾人亦尽可增加一名之意义，以指我们原来用此名时所未指之对象。譬如吾人忽发现在猿人与人猿间之一动物，而不能确定其是否合吾人之猿人之意义时，吾人毕竟是引申猿人之义，而仍名之为猿人，或以其不合猿人之义，而谓之为人猿，或为之另造新名，即为无一定的决定之法者。在此处，除非吾人能另造新名，以新名指我们原来之人猿与猿人二名之所不指，并以之限定人猿，猿人二名之所指；则人猿与猿人之二名，即皆可改变其原义，而另增加新义，以指此在猿人与人猿间之动物，而其意义即为未尝完全限定，以达最高之确定之标准者。此即重印证吾人前所谓一名之意义，必须由相异之他名之意义，加以限定之说，及文字意义乃在与其他文字合成之文字系统中，乃能被规定之说。

　　吾人如了解上文之说，则知文字在应用至所指之对象时；此文字之意义之前程，乃开放者。此可以说明文字之意义，所以时在增加生长改变中之普遍现象。人如不凭借相异之文字之意义，以限定一文字之意义，而只对一文字加以正面之定义，并只正面的用此文字与此定义中之文字，以指对象，则其所指者，皆为不能限定于一定之范围中者。吾人今若分世界中之对象事物，为已有文字加以指之一部，及尚未有文字指及之一部——如新经验新发现之事物所成之世界——则对于尚未有文字指及之世界，吾人皆有引申已有文字之涵义，以指及之之权利。逻辑学家之欲于此限定文字之意义，在实际上，皆无效者。而此已有之文字之涵义之引申，如顺对象间之种种关联，而循种种曲曲折折之路道以进行，则任何字皆未尝不可引申其涵义，以指任何对象，如吾人上所说。此事在事实上所以不发生者，则唯以各字之意义以彼此相异，而互相限制，又由其彼此相异，于是人就各字之原义以引申新义，而指一新对象时，其所循之道路，即有远近难易之别。缘是而各文字，即各有其最易引申出之新义之范围，以分别达于未有文字指及之世界之各部，而不致有将一字之意义，作无定限之引申之事之发生。

吾人如了解文字之意义，恒在由引申而增加生长，以达于初未为文字所指及之世界之事物之历程中；又知各相异之文字之意义，恒互相限定，以结成系统；则我们可以图像式之语言，说一民族文化中之文字系统，乃如一有活的生命之存在，时在向初未为文字表达之世界中，不断伸出手足，以求增益其所涵之意义者。而各相异文字之意义，自其能互相限定其意义处言，则又可譬如冰山之各部之互相限定。而自其所指及之对象，乃时在变动中言，则又可譬如冰山之在海上移动漂流。然人若只住于冰山之中者，则不知此事。此即以喻只住在文字之世界中，而只观相异文字之互相限定其意义处，看一文字之限定的意义者，恒忘却文字之意义之在增加生长之中也。

第六节　语言意义之含浑与混淆之原因

然文字意义之可不断引申，为文字之意义之不断增加生长之源，亦为文字之有含浑 Vague 混淆，而可导致种种文字之误用，思想之错谬矛盾之源。

所谓文字之含浑 Vague，通常是指一个字可用以指某一情形中之对象，但又似亦可不用而言。即一字所能用之情形，似是不定的，而若可用于不定限的不同情形之下。如通常所谓刚柔、冷热、迟速、长短、大小等表示相对的联续量之字，应用起来，即常有游移不定之情形。这时我们固可取一标准，以规定我们当用何者，以表示某情形之事物为宜。但通常我们并不自觉我们之标准，亦可随时更易我们之标准。在疑似之情形下，我们直不知用何者为宜。如人以六七尺高者为长人，三四尺者为短人，但五尺九之人如何？五尺八者又如何？五尺五、五尺四者又如何？毕竟在若干尺寸以上称长人，以下者为短人或中人，吾人实无一确定之标准。于是我们恒对若干尺寸高的人，有时或称之为长人，有时称之为中人或短人。而长人中人之字，于此即成可用亦可不用，而可用于不定之不同情形下者。而此不定之情形之存在，即由一字之所指可以加以扩大缩小，而不能确定而来。此外在集合名词之运用中，如问若干根头发，乃称为一撮头发？若干点灰，乃称为一堆灰？若干人乃称一群人？此所谓一撮、一堆、一群之集合名词之所指，亦同有一不易确定之情形。吾人如谓五十根头发，为一撮头发，则吾人辄易思及四十九根，亦是一撮，四十根，亦是一撮。但如是递减，至十根如何？三根如何？二根如何？一根如何？则吾人将于何处划一界限，谓此上为一撮发，此下非一撮发。由此界限之难定，于是我们对有若干根头发之人，吾人遂谓之有一撮头发固可，谓之为秃子亦可。依同理，对若干灰点之集合，谓之一堆灰可，谓之为一点灰亦可；于若干人之集合，谓之为一群人可，谓之为几个人亦可[①]。而此诸集合名词之如何运用，亦即同样有游移不定之情形。

此外文字复有涵义混淆之情形，即一文字可以同时涵相异以至相反之诸义。如我相信你，我不相信鬼。此二句话中，同用一相信，然意义明非一。我相信你，乃信托你或信你所说之话之真实。而我不相信鬼，乃不相信鬼存在之义。此二处之所以皆用"相信"一字，唯由于我们信人之言时，亦有"信人之言有其所指者在"之义。于是信鬼存在，亦为信鬼，不信鬼存在，则为不信鬼。然信人之言有其所指者在，与信一名之所指者存在，明为两种信。然因其间有类似关联之处，遂使信之一字，有此歧义。而我们遂可视我相信你与我相信鬼，为同一之相信，而加以混淆，或误以此二句话之逻辑构造为同一。

此外文字语言之字同而义异，而使人以此为彼者，不胜枚举。一字之所以有异义，皆由引申而来。而其所以如此引申之理由，则尽可为偶然发现之类似，偶然之事件之联想所形成之关联。如畜狗似狮子，即名之为狮子。而人真以有此狗为有一狮子，则为由混淆一名之二义而来。而中国古代所谓郢书燕说[②]虽其效可以治国，而其为一名义之混淆与误解

---

① 此种语言文字之游移性滑动性，称为 difficulty of slipery slop. Hospers philosophical Analysis, p. 41.

② 《韩非子外储说》："郑人有遗燕相国书者，夜书，火不明，因谓持烛者曰'举烛……'。燕相受书而说之曰：'举烛者尚明也，尚明也者举贤而任之'。燕相白王大说，国以治。治则治矣，非书意也。"

如故。

复次，由文字而组成之语句，恒有文法相似，其中之逻辑字亦似为一字，而实涵义各别者。如金"是"黄，孔子"是"叔梁纥之次子，孔子"是"人，人"是"动物，时间"是"金钱，人"是"无羽毛之二足动物诸语句，文法皆相似，而其中之逻辑字，亦皆为"是"之一字；而实则自逻辑上说，各语句之意义全异①。又如"当今之英国王是女性"，与"当今之法国王是男子"，文法亦相似。而逻辑就说，二语句之意义亦异②。此皆为今之逻辑哲学家所乐于分析者，在未经分析时，我们恒不能免于混淆者。而此混淆之源，亦在人之曾将一语言之意义，依相似关系等而引申，而应用之以表不同之义。

此外，吾人之一切推理上之错误，各种逻辑上之诡论，均恒由对文字意义之不能分辨，而任意加以混淆，或不知如何加以分辨，以销除错误与诡论而起。而此混淆之源，仍或由吾人之不自觉的将一字之意义，加以转移改变，或随意引申新义，以致侵入他字之意义范围而起。如吾人不能分辨"孔子'是'叔梁纥次子"中之"是"，与"孔子'是'人"中之'是'之别，而见由"孔子是叔梁纥之次子"，可推出"叔梁纥之次子是孔子"；遂由"孔子是人"，以推"人是孔子"，则成一推理上之错误。至吾人如见"孔子是叔梁纥之次子"，"孔子又是孔伯鱼之父"，可推出孔伯鱼之父是叔梁纥之次子；遂由"孔子是人"，"孟子是人"，以推"孔子是孟子"，则为人人所知之大错误。然人由遇一广东人而好利，再遇一广东人时，遂亦以之为好利，亦正为此类之错误，而恒为人所忽者。此亦唯由吾人见一广东人而好利时，即不知觉间，于广东人之意义中，加入好利之意义，而忘了广东人为人之省别之名，好利与否，为人之德性之名。人忘了德性之名之涵义，不当侵入人之省别之名中，方有此逻辑上之错误也。

此外逻辑上之一切诡论，亦由名词之意义之含浑，混淆或不易确定而起。其中问题较复杂，但逻辑书中，不乏其例证与分析之讨论，今皆从略。

---

① 金是黄之"是"表属性，孔子是叔梁纥之次子之"是"，表全同一。孔子是人之"是"，表一个体属于一类，人是动物之"是"，表一类包括于一类，时间是金钱之"是"，表示如果有时间，则可工作以得金钱之"若果、则"之关系。

② "当今之英国之王是女性"中之主辞存在，"当今之法国王是男子"中之主辞不存在。

第七节　语言意义之含浑与混淆乃应用语言所必经之历程

由文字意义之有含浑与混淆，人遂有以为哲学思维之目标，唯在求我们所用之文字意义之确定清楚者。但吾人今不拟作此断定。吾人今所能说者，唯是求免除意义之含浑与混淆，要为吾人求知识或表达知识时，所当抱之一理想，而吾人于此必须用不少工夫。

吾人今试问：吾人如何能绝对免除文字之含浑与混淆？其一答案，即吾人于一切不同之对象事物，皆与以一不同之名。此种想法，在柏拉图《对话集》中曾提及。但柏氏以为此乃不可能者。并以为此事若可能，则吾人之知识，反成不可能。吾人今可说，依此种想法，以免除文字之含浑与混淆，有下列之困难。（一）吾人今姑不论世间之事物无限，即事物之数为有限，而此有限之事物之情态变化，亦为无穷复杂而无限者。由此而吾人势不能于每一情态之事物，皆以一名表之，以成无限之名。此因无限之名，乃为人之所不能制造，亦无法驾御运用者。至吾人如假定世间事物为有限，其情态亦为有限，而一名亦只指一事物之一情态，则此中有二可能。其一为每一事物之情态，皆在变化中，从无完全相同之情态之再现，则每一名皆只能用一次，吾人即无保存任何名言之必要。另一为一事物之情态之变化，乃反复循环，已逝可再来者。然在此情形下，一事物之情态，即成一共相，具同一共相之事物，即成一种类。此共相种类，关联于不同之个体事物，并关联于不同事物之其他情态；而表达共相之名，亦即有顺此关联而增益转移改变其原来之意义，以指其他情态或直指个体事物之可能。如中国古之圣原指人之至，圣经原指儒家之圣之经。在基督教徒，则于耶稣门徒皆称为圣，并以圣经之名，专指基督教之圣经。而在另一方面，则表个体事物之名，恒亦转为表种类共相之名。如江河之原指长江黄河，今则泛指河流，西施原指一越溪之女，今则泛指美人。由此文字之意义之有改变增加，人亦即有加以混淆，而产生语言之误用之可能。然人欲求知识之正确的表达，则正须以此可能之存在为代价。故人之学习语言，亦几无不多少须先经运用错误之一阶段，而此亦为必有而未尝不当有者。

譬如吾人今试以年长之人之眼光，看小孩或年幼之人之运用语言，吾人皆可发现其包含错误，或可笑之成分。如小孩初习狗之字，则遇狼亦称狗，而遇马则或称之为大狗。然吾人可并不必以其错误而责之，或反觉其有趣者，正以在其不知狼与马之名时，彼本可有自由引申一名之涵义之权利。此自由引申之事，正所以见其语言世界之在生长之途程中，如吾人前之所论。小孩之学习语言之历程，实即不外由不断学习不同之新字，以指不同之事物，而限定其原用之字之意义之历程。由此一历程之继续，即可逐渐形成一有更高之确定意义之语言之系统。在此系统未能完全的形成时，人对语言意义之随意引申之事，皆为不可免，而语言运用之错误，亦为不可免。然此误用之经历与其被改正，而代以他字之运用，正为使人更注意分辨诸字之意义，而自觉其语言之何以当如此用，不当如彼用之理由者。如小孩之遇狼亦称狗，遇马称大狗，而人再告以此为狼或马而非狗，即使小孩注意狗与狼马之不同，而知此诸名之限定的意义，并知何以狗之一字，不能用于狼马之理由。反之，人如未尝试引申一字之意义，以指其他事物，而再发现其他事物已有他名指之，以自知其用之谬误；则纵人所用之语言，一一皆当，彼亦不能自觉其何以当如此用，不当如彼用之理由。故人之能逐渐用有确定意义之语言，而用语言得当，并知其所以得当，正依于语言之原可误用，及此误用之可加以改正。今之逻辑家，如因感于人之自然语言之意义，恒不确定，而欲造一一皆有确定意义之人为语言，以代自然之语言，以使人自始即不犯误用语言之过者，实不知此为不可能之事。亦不知如人不先经过意义恒不确定之自然语言之误用，则即此意义确定之人造语言之价值，亦不能为人所自觉，而人亦将无欲造作意义确定之语言之理想矣。

第八节　以表达共相之语言表达特殊的个体事物如何可能

我们前说人之意义确定之语言，恒为表达共相或概念之语言。表达共相概念之诸语言，固可由其意义之互相限定，而能确定的表达一类事物之共相。然吾人将如何运用之，以确定的表达一特殊的个体事物？对此问题，吾人之答复是：吾人决不能因此而只以直指个体事物之语言为重，而废弃表达共相之语言。吾人仍只有运用表达共相之语言，并赖其意义之互相规定，而以之为确定的表达特殊的个体事物之用。

我们之运用表达共相之语言，以确定的表达特殊的个体事物，或被视为一不可能之事。因表达共相之语言，即表达"由吾人对诸共相之认识，而构成之诸概念"之语言。而一特殊的个体事物，明不能等于吾人对之之概念之和。如吾人说苏格拉底是哲学家又是教育家。此哲学家与教育家之概念之和，明不能即等于苏格拉底之所以为苏格拉底。吾人即再加上吾人对苏格拉底之其他性质；如身体短小，鼻子朝天，富有风趣，忠于国家，于生死淡然等之概念，仍不能等于苏格拉底。由此诸性质之概念之互相规定，所构成者，仍为一抽象之集合概念。而在无限之时空中，亦未尝不可有一人具同样之性质或共相，而可以同样之概念规定之者。则吾人之以表达共相概念之语言，表达个体事物，即永不能将一特殊的个体事物之个体性，加以表达出。亦即终不能绝去人之误会此诸语言之集合，为指另一其他个体事物之可能。

但依吾人之见，则此问题，并不如此困难。因吾人之以表概念之语言，表达事物之原始目标，只在足够吾人自己之辨别一事物与他事物之不同，而足以为吾人心灵，分别通向此不同之事物之不同的通路或媒介为止。对上述之例言，吾人并不必思及：在无限时空中是否必无可以同样之概念与语言规定表达之类似苏格拉底者之存在，吾人只须问：吾人所用之概念语言，是否足够使吾人能辨别苏格拉底与吾人所知之古今历史中之他人之异？如其足够，则吾人之心灵已可凭借之以通向唯一之苏格拉底，而不至误及于他人，而此诸概念语言已可谓将苏格拉底之唯一的个体性表出。吾人如万一再知另一人亦可以同样之概念语言表之，则吾人可再进而研究苏格拉底之另一特性，为此一人之所无者。再加上此特性之概念，于吾人对苏格拉底之概念中，则此概念与其语言，仍足够使吾人能辨别与此一人之与苏格拉底异，而将苏格拉底之唯一的个体性表出。

第四章　知识与语言（下）

第九节　定义之方式问题

　　吾人上文已说明，吾人可运用表达概念之语言，以表达个体事物。然此所谓表达，唯是吾人可通过此等语言之互相规定，以指及思及个体事物之谓。而并非谓此等语言之互相限制规定，即能一无遗漏的，将此个体之全部性质，完全表达之谓；——此全部性质之表达，仍为吾人只能向之接近凑泊，而不能在知识境界中达到者——尤非谓此等语言即能切合的表达吾人对个体事物之直接经验中之亲知独知之谓。因此乃在知识境界之外者。在知识境界中，吾人所要求者，唯在吾人所用以表达概念之语言之意义，能由互相限制规定，而逐渐形成一语言之系统，以为成就系统化之知识之用。而欲求表达概念之语言之意义之确定，吾人须再一重论对语言之各种定义方式之问题。

　　吾人欲求一语言意义之确定，吾人必须对一语言下定义。然吾人如何对一语言下一确定之定义？则为一不易答之问题。在西方传统之逻辑与哲学中，有所谓唯名之定义与实质之定义之分。而在亚里士多德以及穆勒，盖皆重实质之定义者。在亚氏所传之逻辑中，论实质之定义，最重语言所指事物之本质的属性之指出。至非本质之属性，则称为事物之偶有的属性，乃为一完全之定义中，可提及或不提及者。然所谓事物有本质的属性之说，在近代哲学中，已引起种种问题。科学家明可只研究事物之定律，而不研究其属性。即研究其属性，亦可根本不指定，何者为本质之属性。欲说何者为一事物之本质属性，亦尽可以观点之不同而异说，及研究之进展而改变。而本质的属性之指定，亦恒引起不易决定之问题。如亚里士多德以理性为人之本质的属性，而以理性之动物为人之定义。然在柏拉图《对话中》，则曾谓人为无羽毛之两脚动物。此似亦非不可说。近世人则尽可就人之所作之事,以定"人为造工具之动物"(富兰克林);或就人之表情方式,而定"人为会笑之动物"(尼采)。现代人亦尽可以无理性之疯子亦是人之说,驳斥亚氏之人的定义。由此而现代人乃有或特重事物之如何发生,而有发生之定义,或特重事物之有何功用,而重功用之定义者。然此皆同可称为一种广义之实质之定义。至现代之若干重逻辑分析的哲学家,则多主张根本取消实质的定义之说,以一切定义皆是以语言界定语言,而重主张唯名的定义之说。又依此派人之说,吾人之为一名下如何之定义,乃纯属任意自由者,因一一语言并无先验的意义,而只有约定俗成之意义。故吾人如与人另作约定,或一人独用某一名以指某义,皆未尝不可。至于以语言界定语言之事,如欲免于循环,则必有不能界定之原始语言或符号。而此原始语言或符号,若为未界定而又非指实物者,遂可为无意义者。其意义唯待于吾人之解释,乃能成为指某一事物或实际观念者。然此如何解释之问题,乃在定义之本身之问题之外;而未尝由定义加以规定,亦不能由定义加以规定,而属于人之自由者。故一被定义之语言系统之原始的语言符号,为尽可由人作不同之解释者。而纯关于语言之如何定义之问题,则现代逻辑中又有种种关于定义之理论。此上所述,可谓为现代哲学中关于定义问题之所由生。

如依吾人上文之所说,以论定义之问题,则吾人可对各种重要之定义方式,作下列各项之提示。

第十节　定义之各种方式——第一种至第四种

（一）纯语言之定义（Verbal Definition）。从语言之为一可感觉之声形的符号上说,一语言之所指者为何,本来是由人定的。此中语言与其所指间,是本无必然之联系的。此如天上星球,人对之取了许多名字。但我们明可把其名字,一一互相换过。由此我们可说一切语言都是方便约定的,是尽可由吾人加以改变的。如吾人可以银星代金星之名。但我们在作此一改变时,我们明可说一句话,即:"此新名之银星之所指,即旧名之金星之所指"。此亦即可称为对银星一名下了一定义。然我们了解此一句话,却并非必须了解金星之所指为何。这种定义,我们可称为纯语言的。在我们查字典时,我们可知甲字之解释中,用到乙丙二字,乙字之解释用到丁字，丙字之解释用到戊字。我们亦可对这些字一一之所指，都不知道；而却知道戊可解释丙，丁可解释乙，乙丙可解释甲。由此对甲之意义，有某一种了解。此字典上之对甲之解释，亦即对我为纯语言之定义。此外一作家初用某一新字时，可以其他语言释之，说所谓什么即是什么。此对新字之定义，亦是纯语言的。严格言之，所谓纯语言之定义，即"说一语言之所指，同于另一语言之所指"之定义。由此显出此二语言之可相代替。而人所知者，亦可只及于其可相代替而止。在日常谈话中，是很少有此纯语言之定义的。在数学与逻辑中，则我们尽可处处有此种纯语言之定义，以说出某一语言符号之所指，同于另一语言符号。此种纯语言之意义，对于语言之同异关系，有一种确定。但对语言之所指，可无所说。因而可以说其所指是绝对的不确定，而可纯由人任意加以解释者。①

（二）指谓之定义 Ostensive Definition. Denotative Definition。

所谓指谓之定义，即直指一事物为例证，以说明一语言为能应用于何类事物之语言。如小孩学习语言时，我们恒指室中之某物，而名之曰桌曰椅。此即对小孩指示桌椅二字之意义，使其知桌椅二字为能用于何类事物者。在我们用指谓的定义方式，以说明一语言之意义时，在说者心中，此一语言是确定的有所指的。但在听者对一语言所指之了解，恒不必能与说者所了解者同一。如父母对小孩指一有书之桌，而谓之为桌；在小孩之了解，可以桌之名指书。此须俟父母对一无书之桌，亦谓之为桌时，小孩方由此处之无书可指，而知桌一名不指书，只指桌。然小孩之了解桌，亦可只自其形状了解。如果他又不知凳之一名，以表示形状同而大小与桌异之凳，亦可指凳为桌。此即吾人前所说语言之意义，必须由相限制而后能确定之例证。然此种确定，仍不能免于一意义上之含浑，亦如前说。如小孩遇一略小于其所用之小桌而大于凳者，则彼甚难决定，应名之为桌或凳。

（三）功用的定义与运作的定义 Definition by Function and Definition by Operation。上述之小孩，在遇一略小于桌，而略大于凳之家具，而不能定

---

① 西方逻辑家有分语言之定义，为语言的定义 Verbal Definition 及唯名的定义 Nominal Definition 二种者。谓后者纯指以简单符号代复杂符号，以别于一般之语言的定义之为以定义者界定被定义者。然此分别乃不重要者。

其为桌或凳时；则小孩可由大人之是否坐于其上，以称其为桌或凳。此处彼之用凳之名于一家具与否，即纯从人之如何运用一家具，此家具有何功用，以为决定。于是我们可说可置物者即桌，可坐者即凳，可睡者即床，可行于上者即路，可被目看者即色，可被耳听者即声。由是我们即可以我们如何运用一对象事物，如何活动于一对象事物，或一对象事物之有引起吾人之何种活动之功能作用，以为对象事物之定义。此即功用的定义。故当我以可睡者为床时，则如我睡于桌上或地板之上，桌与地板即为我临时之床。而我若死，则棺木与大地，皆可称为我之床。此通常则谓之为文学性之隐喻 Metaphor。然依上文之所说，则谓之为一种定义之方式，亦未尝不可。在此种定义方式中，对象之本身为何物，非我们所注目者。唯我之如何运用一对象事物，或对之作何活动，及对象能引起我之何活动，方为我所注目。因而在我以可睡者为床时，其所指之对象事物，乃不确定者。然睡之活动之异于其他之活动，则为吾人之所知，亦吾人可用语言加以确定者。由是而依此种定义之方式，可使前种定义之方式所不能确定者，化为确定者。如一小而似桌之物，为可用以坐者，则吾人可确定之为凳。然在一对象事物，吾人可对之发生不同活动时，如一家具可睡可置物又可坐，则吾人又将觉依此种定义之方式，不能构成一确定之定义，或有待于其他定义之方式，以使此不确定之定义，成为确定。

在现代哲学家，有所谓运作之定义 Definition by Operation。如硬之定义，即吾以手接之而不能透入者。盐即吾尝之而觉咸者。一物五尺之长，即以尺颠倒量之之活动，共经历五次，乃由一端至另一端者。此是兼以吾人对一对象试作一定活动后，所产生之一定结果，规定一对象之定义。此为较由我对对象之一般性的活动，或对象之一般性功用，以定一类物之定义者，进一步之求更严格的分辨、决定、不同对象事物之意义之定义方式。但专就其为定义之一方式而言，则与上述者属于一类。

（四）实质之定义 Material Definition。所谓实质之定义，即由对一名所指之事物之本身之种类、性质、关系之指出，以定一名之意义。在西方传统之说，则此中所最重要者，为知事物之本质的属性。事物是否有本质的属性？吾人以为可能有。因一事物之诸多属性中，可能有一属性，为其他一切属性之共同根据，而为其他属性之所由引生出。但吾人如何决定一事物之本质的属性，则由吾人对事物之具体知识之情形，以为决定。若吾人之目标，只在求语言概念之意义之确定，则欲达此目标，并不待于吾人对事物之最后的本质的属性之了解，故吾人今可不讨论此问题。

吾人虽可不论本质的属性之问题，但吾人不能否认有一种定义方式，乃从一语言所指之对象事物本身之种类、性质关系着眼，而非自其与吾人之活动之关系着眼者。此种定义，我们可说其目标在规定一语言所指之事物。亦可说其目标，在说明对什么事物此语言能应用，否则不能应用。因而规定一语言之实质之定义，亦即求明显的（Explicity）指出应用一语言之必须而充足之条件，而仍兼是为语言之应用下定义。

所谓就一语言所指对象事物之种类性质着眼以作定义，即看于一对象事物，吾人可以何种类性质之概念语言规定之。吾人若撇开本质的属性之问题，则吾人可说：于一对象，吾人尽可自由以不同之种类性质之概念语言规定之。如吾人可以黄金之色泽，规定黄金，亦可以黄金之经济上之购买力，规定黄金。又可以黄金之原子量化学性质，规定黄金。由此而称黄金为有某种审美价值之装饰品之类之物，或称黄金为有极高交换价值之财货，或称黄金为金属中之某种原质，皆无不可。吾人之以何者规定之，唯是依吾人之观点而定。由一观点，即发现黄金之一性质，而可将黄金置于一种类之事物系统中，而以语言规定其在此系统中之地位。此语言，亦只须能足够说明其与在此系统中之其他事物之不同，而不与说明其他事物之语言之界域，互相混淆侵犯为止。

至于纯从对象事物之关系着眼，以规定事物之意义，则吾人可不看一事物本身之性质，而只看其与其他事物之关系。但关系本身可分为多种。一类关系中之各关系，可构成一关系系统。在一关系系统内，我们可以其他不同事物与此物之不同关系，规定此物，亦可以此物与其他不同事物之不同关系，规定其他之不同事物。如以空间之关系系统而言，吾人可以距东京上海香港之不同的距离关系，规定南京市。谓南京市为距东京、距上海、距香港、各若干里之一城市。然我们亦可谓东京为在南京之东北经纬度若干里之一城市；香港为在南京之西南之经纬度若干之一城市。在家庭之关系系统中，吾可以他人与吾之不同关系，以规定吾为某父、为某兄、为某子。亦可以吾与他人之不同关系，以规定某为吾子，某为吾弟，某为吾父。而在物理科学中，吾人亦尽可以各原质之原子量之多少之关系，而将各原质之意义，皆加以确定。故我们亦可不说黄金之原子量如何，而只说其为较某某原质之原子量少若干，多若干者，即可使吾人确定黄金之所以为黄金之一种意义。此外，我们如知黄金之原子量，我们亦可不说银或铁等之原子量为如何，而只说其较黄金之原子量少若干多若干，以确定银或铁之一种意义。

在各种关系中，因果关系为其中极重要之一种。如父母生殖子女之关系，即为因果关系。父母与子女之代代相续，构成宗族之系统。而一宗族之系统，均可说由一远祖开始。吾人遂可以一远祖与宗族之人之不同关系，规定宗族中之一切人。吾人亦可说此全宗族之人与其相互关系，皆由远祖成婚某氏而开始发生。由是而我们若对全宗族中之人，与其相互关系本身下一定义，亦即可说其为由远祖与某氏成婚而来。此即为一发生之定义。而一切凡依因果关系而成之事物，吾人亦莫不可为之下种种定义。如天文界、地质界、生物界、历史社会界之不同种类之事物，同依因果关系而存在，即同可为之下发生的定义。然对不同事物之不同的发生之定义，亦必须足够说明其所以不同。此与吾人之依性质、种类或其他关系，以为定义之根据者，同依于一定义之规律。

在佛学中论定义有所谓持业释、依士释。此皆是依事物之体用关系上说。持业释是依用以说体，依士释是由体以说用。如谓人能言语思想，此是持业释。谓能言语思想者为人，是为依士释。持业释是求知一事物之性质作用，依士释则是求知其发生之原因与所依之实体。在此原因与实体二概念，可同一。

第十一节　定义之各种方式——第五种至第九种

（五）概念构造之定义，Definition by Conceptual Construction。我们所用之语言，不只用以指及存在之实际事物，亦有用以表达各种理想事物之概念，及其中所包涵之理想事物自身者。如我们用以指及实际事物之各种关系、性质、种类之语言，即为表达各种关系、性质、种类之概念之本身，亦为表达此诸概念中所包涵之理想事物者。此外我们所假定为存在之事物与其情状，在未被证实之前，对吾人亦为一理想事物，而吾人此时对之所有之概念，亦为一对理想事物之概念。但此类理想事物之概念与表达之之语言本身，如何加以定义，则为一极困难之问题。因我们通常只是用这些概念语言，以为一般之具体事物之语言作定义，而不觉此概念语言之自身，有加以定义之必要。而我们如对一切用以作定义者，皆再作一定义，则成一无底止之历程，亦为事实上不可能者。故吾人必须承认，有不能定义之概念语言。此类语言乃唯有赖于上所说指谓之定义，加以定义者。性质语言如红、黄、酸、甜等，关系语言如大、小、长、短等，似均为不可再加定义，而其意义，唯由人于学习语言时，由他人对之作指谓的定义，以使其了解者。但毕竟此类之语言，是否绝对不能加以定义，或何种语言方为绝对不能加以定义，乃不易决定之问题。如上所谓红黄等，虽不能作直接的定义，但亦未尝不可就红色黄色所关连之光波振动数，为红色黄色作一关系之定义。然而此类语言中，要亦有能加以定义者。如种名即可以合类名与种差，以作一定义。而此类定义之性质如何，则须略加讨论。

依吾人之意，是：凡此类发达理想事物之概念之语言之定义，皆是说明此概念之如何构造而成之定义。所谓一构造，有如一房屋，其所由以构造者，乃若干之材料。唯由此材料之互相架构，便形成一构造。而吾人对一理想事物之概念，加以定义时，其用以定义之概念等，亦可视如若干材料。唯由后者之互相架构，即构成此理想事物之概念。又凡一构造，在未形成之先，只有材料，与施于材料之活动。但在活动既施于材料后，则构造成，而原先之材料与活动，即隐于构造之中，而若不见。于是由一构造，以反溯其如何形成，人恒可有不同之想法。此乃由于对同一材料之不同活动方式，亦可形成同一之构造之故。由是吾人之求一概念之构造的定义，亦恒有不同之可能的想法。唯此又非有无限之可能。此乃因构造之形式有定，而若干材料又必须先加以架构，乃能从事其他之架构之故。如造屋之必先造地基，而不能先造房顶。此即所以喻欲形成一概念之构造之定义，必须依一定之方式与秩序，而非有无限之可能。

吾人如了解上文之比喻，则知一概念语言之构造的定义，不同于指出实际的一类事物或个体事物之本质属性，并依此本质属性而作成之定义。因吾人在作后一种定义时，吾人明知实际事物有其他属性；因而被定义者与定义之内涵，即不能全一致。然在吾人对一概念作一构造之定义时，如吾人以圆周为"一点以一定距离绕一中心而旋转所成之轨迹"。或圆周为"其中之任何点皆与一点之距离相等之一线"。或圆周为"与一点距离相等之点合成之'类'"。此中被定义者因只为一抽象之理想事物，吾人所作之定义亦只需要与此理想事物相合，故被定义者，与定义者之范围，即可完全一致。又如我们定"种"之概念之自身，为"类加种差"。此二者之范围，亦全一致。此为最简单之构造的定义。至于今之数学家哲学家，如布鲁维（L. E. G. Brouwer）之所谓数学之直觉之构造，哲学家罗素之所谓逻辑之构造，怀特海之依扩延的抽象法，以论各种点之概念、直线之概念、时间上之瞬之概念、所由而成，皆为一种就已成之抽象概念，而讨论其理当如何逐步构造而成之事，皆同可称之为概念所由构成之历程之分析。唯凡此等等概念之构造的定义之造作，概念所由构成之历程之分析，皆是就已有之概念，再返溯其所自始而成。人如纯自此概念之本身看，则若皆各为单一之概念，而初不见其所以构造而成。吾人亦恒难臆断，其只能经由如何如何之历程以构造而成。由此而人可有各种不同想法，以论一概念之如何构造而成。其问题似极复杂。然粗略言之，则关于概念之如何构造而成，乃知识论中讨论及每一抽象概念之意义时，皆多少须涉及之问题。吾人于此只须略说明此种构造之定义之性质即足。

（六）使用的定义。Definition in use，（Contextual Definition）对于包涵理想之事物之概念语言，尚有一定义之方式，即使用的定义。此所谓使用的定义，即不从一概念语言之内涵本身上求其定义，而先看此语言之使用于一语句中，其外延上所指之事物如何，并据之而另使用一语句或语句之连结，以说明或代替此原来之语句，而在此后者中，则可不再用此我们所欲界定之语言。譬如我们如要对"种"之一语言下定义，我们可全不从"类加种差"上措思；我们只从在什么语句中用到种类二字，及在此语句说到种类时，其外延上所指之个体事物间有何关系上措思；则我们可这样规定种类之定义。如"说 A 类是 B 类之一种，即说：凡是具有 A 性之一切个体，皆是具 B 性之个体。但具 B 性中之个体，不必是具 A 性之个体"。则我们即由 AB 二种类之名所指之个体事物之具 A 性者，是否具 B 性，以为此二名，下了一确定之定义。又如我们要确定一种关系之意义，如确定兄弟关系之意义，我们亦可只去看包涵兄弟之语句中，其中之个体名词所指之个体事物间有何关系，具何性质，是在何种情形下；则我们亦即可界定兄弟关系之意义。如"说 A 是 B 之兄弟，即是 A 与 B 是同父母所生，而 A 是男性。"又如今之逻辑家界定各种对称、不对称、传递不传递之关系，逻辑上之凡与有之概念名词，都是用此方式。如要界定不对称关系，则说"如 A 对 B 有 R 关系，则 B 对 A 莫有 R 关系；此 R 关系即名不对称关系"。要界定传递之关系则说，"如 A 对 B 有 R 关系，B 对 C 有 R 关系，则 A 对 C 有 R 关系；此 R 关系名传递关系。……"如要界定什么是凡人皆有死之一全称命题之意义，亦就此中之人与有死所指一切个体事物着想，而想其是人者同时是有死者。于是说："所谓凡人皆有死，即对一切个体事物，说其是人为真时，则说其有死，亦为真。"我们如以 X 指任何个体事物，则此上之语言同于："对一切 X，如 X 是人，则 X 有死"。而凡人皆有死之意义，即不须由人之内涵之性质，其有生必有死上着想，而可纯从其外延上所指之一一个体上着想。于是当我们想到此"是人兼是有死"乃同时对一切个体为真时，则说凡人皆有死。而如当我们想到此"是人兼是有死"，对一切个体皆不真时，则我们说凡人皆不死。而当我们想到此"是人兼是有死"，不是对一切个体皆不真时，则我们说有些人有死。当我们想到"是人兼是有死"，不是对一切个体皆真时，则我们说有些人非有死。由此而所谓 AEIO 之命题之意义，即皆由其所使用之语言之外延上所指及之个体事物之情形，来加以规定。此是又一种定义之方式，而为今之逻辑分析家所常用者。

（七）设定的定义 Postulational Definition，隐含的定义 Implicit Definition。我们对于一符号，可不知其所指的是什么，但是我们可提出若干设定的命题，以限定此符号之如何运用或其可应用的范围。由是以规定我们之解释此符号之路道。譬如数学中，表示相等之符号" = "，与表示加法之符号" + "，我们可不知其是什么，但我们可提若干设定，以规定二符号之用法：如对于" = "之符号，我们可以"若 $x=y$ 则 $y=x$，若 $x=y$，$y=z$ 则 $x=z$，及 $x=x$"三设定规定之。对于" + "之符号，我们可以 $x+y=y+x$，$(x+y)+z=x+(y+z)$，$xy+xz=x(y+z)$ 三设定，规定之。

对于" = "之关系，上述之"$x=y$ 则 $y=x$，"表示了 = 之关系是对称的。即表示其非大小之关系。大小之关系为不对称的。（如 $x<y$ 则 $y \not< x$。）上述之 $x=y$，$y=z$ 则 $x=z$，表示" = "关系是传递的。即表示其非不等之关系等。不等之关系乃非传递的，（如 $x \neq y$，$y \neq z$ 则 $x \neq z$ 或 $x=z$）。$x=x$ 表示此关系是反身的。即表其既非大小之关系等，亦非不等之关系等，因其皆不反身的。而此三设定中，即隐涵的表出数学中所谓" = "之一符号之用法与意义。我们即可循此三设定，以解释" = "一符号之意义。

其次对于" + "之关系，上述之 $x+y=y+x$ 是数学中加法之交换律

Comulative law。(x+y) +z=x+ (y+z) 是数学中加法之联合律 Associative law。xy+xz=x(y+z) 是数学中加法之分配律 Distributive law。交换律亦对乘法有效，因 x×y=y×x。但对除法及减法则无效，因 x÷y≠y÷x 又 x-y≠y-x。联合律对乘法有效，因 (x×y) ×z=x× (y×z)。但对除法减法则无效，因 (x-y) -z≠x- (y-z) 又 (x÷y) ÷z≠x÷ (y÷z)。分配律对减法有效，因 xy-xz=x (y-z)。但对乘法除法无效，因 xy×xz≠x (y×z)，又 xy÷xz≠x (y÷z)。只有对加法，此三律乃皆有效。由是而将此三律加以表出之三设定中，即将"+"之符号之用法隐涵的表出，同时将加法之所以为加法之性质隐涵的表出了。

（八）遮拨的定义，我们有时对于一语言符号之所指，可根本不作正面的定义。此或由我们不知其作法，或由此所指者，根本非语言所能表达，而只有待于人之直接经验。或吾人虽能作正面的定义，然又知此定义，只能使人思及其所指，而不能正面的对所指有直接经验。在此种种情形下，吾人如又望人对一语言文字之所指，有一直接经验时，则吾人恒可一面以一语言指吾人之所欲指，而同时说一般用以说明此所指之各种定义，不能真说明此所指，或非此所指。吾人于此时即可造作一遮拨之定义。如吾人可以"月"之一语言指月，但对"月"不说明其是什么，而只就人之当前所见者而说：此不是山，不是水，不是花草，不是星辰……。待我们将人所思及而非吾人所指者，皆一一知其不是后，则人可自悟所指者为"月"。而人之求悟解一文字之意义或一真理时，亦常有上穷碧落，下达黄泉，皆无所得，而于无意间得之者。如辛稼轩词"众里寻他千里度，蓦然回首，那人却在灯火阑珊处。"某尼僧诗"尽日寻春不见春，芒鞋踏破陇头云。归来笑捻梅花嗅，春在枝头已十分。"皆此之谓。中国画中所谓拱云托月法，亦即是以不表示为表示之一道。此种遮拨之定义，即以"说不"为说，而显出"不说处为所说处"之一种定义法。唯此恒为一种玄学之定义法，而非一般之科学知识之定义法。

（九）劝服的定义，Persuative Definition。

再有一种定义法，亦为超乎知识范围之定义法。即人之不知某名之意义，恒由其缺一种直接经验；其所以缺此直接经验，则由其行为态度上或用心方向上，有一错误。吾人于此便恒须用一劝服的定义。如人有只向外求知识而不知良心为何物者，则吾人此时，须一面劝导其暂停其向外求知之活动，而反省其觉有罪过而忏悔时之心，是何种心，则人可由此以自悟其良知。人又有不知圣贤境界为何物，对圣贤之言觉无意义者，则吾人于此若亦无法用其他一般定义法，使人真切了解圣贤境界与圣贤之言，则只有劝导人一面从事种种道德修养，一面虚心体会圣贤之言，以使人能了解圣贤境界之一名，及圣贤之言之意义。而为达劝导之目的，有时我们可用今所谓劝服之定义。① 即就人所喜好之语言，而为之新造一定义，以诱人逐渐转移其用心之方向。如人爱好知识，则谓真知识为如何如何；喜好荣誉，则谓真荣誉当如何如何。而人对此知识荣誉之新定义，乃尽可不合于其一般之原义，而唯是表示吾人欲劝服诱导人，转移其用心方向，而注意吾人所望其注意，以进而改变其道德上之行为态度之方便而已。

我们以上举了各种作定义之方式，皆在求使人对某些概念语言之定义，有一确定之了解。我们之所举，不必能完备；但大体上已足够。我们可试循此各种方式，去对我们所用语言之意义，加以界定，以求其更能确定的互相限制，以配成一系统。但因语言之意义，终必由人之引申推扩，而增加改变，故语言意义之绝对确定，仍为人所不能达。而语言之含浑混淆及误用之事，仍将与语言之运用相终始。此理由仍如前所述。而补救人之运用语言之根本缺点之道，则一方系于人之用语言者，尽量求其意义之确定。一方赖于人对他人所用之语言，善作同情的解释。此所谓同情之解释，即虚心探求他人所用语言之意义，而在他人之经验知识之系统及所用之语言之系统之本身内，求语言意义之解释。由人与人之日益相互了解其所用之语言之意义，则人可逐渐共用同一之语言，以表达同一之意义；同时保留其不同之语言，略改变引申其涵义，以表达其他尚未有语言表达之事物。如此，则人可一方逐渐减少由语言意义不同而生之彼此之误解，一方亦使不同语言，皆渐各得其所，使语言之世界更向超语言之世界而扩展，以增加语言所表达之思想知识之范围。是为人类运用语言之理想。

知识与语言　参考书目

公孙龙子　《迹府篇》

---

① 此名为现代西哲 C. I. Stevenson 之所用，但其义较吾人今之用此名为狭。

荀子　《正名篇》

董仲舒　《春秋繁露》　《深察名号篇》

拙著　《中国思想中理之六义》　第三节　论魏晋之名理之学　新亚学报第一卷一期

景幼南　《名理新探》　第一二章

陈大齐　《名理论丛》

章行严　《逻辑指要》

徐复观译　《中国人之思维方法》　中华文化事业出版委员会

李安宅　《意义学》　商务印书馆

徐道邻　《语意学概要》　友联出版社

S. K. Langer: Philosophy in A New Key, A Mentor Book, The New American Library, 1942. Ch. 3. The Logic of Sighs and Symbols

此书为一销行甚广而易引人兴趣之论语言及其他符号在学术文化中之机能之书。

J. G. Brennan: The Meaning of Philosophy Ch. 2. Language. Harpers New York 1953.

J. Hospers: Philosophical Analysis 第一章

此上二者皆为今之哲学概论书，而以语言问题之讨论为先，并代表一今日之哲学趋向者。吾人本书论知识问题，以语言与知识之问题为先，亦未能免俗。吾人之立场，与下列之语言哲学之书籍中之前二种为近。其余近数十年较有名而以英文写作之语言与哲学关系之著作，亦略列之于后。

E. Cassirer: Philosophy of Symbolic Forms, Vol. I. Language. Yale Uni. Press. 1953.

关于语言哲学之问题，为现代西方之逻辑经验论者所喜论。但彼等对语言哲学之认识甚狭隘卡西纳此书顺历史之次序，述西方近代之语言哲学之发展，其观点实较为广博。

W. M. Urban: Language and Reality, Macmillan. 1939.

此书为承黑格尔所谓语言为文化之现实化之义，以论语言之哲学。其书第一章 Theme of Philosophy of Language 为一简单之西方语言哲学史。

Wittgenstein: Tractatus Logico-Philosophicus, Harcourt, Brace and Co. 1922.

此为现代逻辑哲学及语言哲学之一经典性著述。

C. K. Ogden and I. A. Richards: Meaning of Meaning, Harcourt, Brance and Company. Third Impression. 1953.

此为较早之语意学书籍。

C. W. Morris: Signs, Language and Behavour. Prentice-Hall, New Jercey 1946.

此为自行为科学观点论符号与语言之书。

R. Carnap: Philosophy and Logical Syntax. Kegan Paul London. 1937.

此为论逻辑语法之经典性著作。

C. I. Lewis: An Analysis of Knowledge and Valuation, Bk I, Meaning and Analysis of Truth. Open Court Publishing Company 1946.

路氏初为逻辑名家，此书为其晚年之著。其第一部，乃反对一般逻辑经验论者及约定主义者之意义理论，而近柏拉图的实在论者。

A. F. Ayer: Language, Truth and Logic. rev. ed. Victor Colancy Limited. London. 1948. Language and Philosophy. Cornell University Press. 1949.

前书为英国之逻辑经验论代表性著作。

R. Robinson: Definition. Oxford Press. 1954.

此书论定义之种类，与本书本章所论定义之种类相出入，而所分析关于定义之专门问题较多。

第五章 知识的分类

第一节 中国书籍之分类与知识之分类

知识之分类，与学问之分类及书籍之分类密切相关，而义又不全同。在中国过去，似不甚重知识之分类，然甚重书籍之分类；即所谓目录之学是。西方则在希腊与中古时，已有各种学艺之分，近代由培根以降，至十九世纪末，皆甚重科学之分类。此乃近代科学不断分门别类之发展途程中应有之现象。又以书籍种类之日益增多，最近乃有图书馆学之发达，而有重书籍之分类之倾向。现代西方学者，讨论科学之分类者，反不若十九世纪以前者之多。人依不同观点，以为知识之分类者，亦可与书籍之分类、科学之分类、相应或不相应。今试先一述中国过去之书籍之分类之大概，及西方各种古代中世之学艺分类及近世之科学分类之说，然后再讨论知识之分类之问题。

关于中国之书籍之分类，《左传》有所谓《三坟》、《五典》，《八索》、《九邱》之说。《国语》有所谓故、训、传、等之分。但其义不能详考。至六艺之分，则初为指礼乐射御书数，乃一种古代学艺之分类。何时以六艺指《六经》，而有《六经》之名，亦一待考证之问题。《论语》载"子所雅言，诗书执礼"，尚无《六经》之说。孟荀言诗书礼乐，亦无六经之名。唯《庄子外篇》中，乃有六经之名，《天下篇》有一段讨论诗书礼乐易春秋之语。《礼记经解》，亦为一讨论书礼乐易春秋之教者。汉人乃多以六艺专指六经。至刘向刘歆父子校书，遂有七略之分。其中之《六艺略》即专指六经经籍。除六艺略外有：《辑略》、《诸子略》、《诗赋略》、《方伎略》、《兵书略》、《术数略》。以后班固《汉书艺文志》，即因之分艺文志为七志。荀勖提出四部之分，初名甲乙丙丁四部，至唐玄宗乃名为经史子集四库之名，直至清之四库全书之分，皆因之。

中国历史上之所以重书籍之分类，而不重知识学问之分类，其长短得失，甚未易论。本来《七略》中之《诗赋略》，即今所谓文学，《方伎略》即今所谓应用科学，《兵书略》即军事学，《术数略》则包括各种占卜星相之术数。术数为一种以特殊之方法，求一种特殊之应用知识者，如西方先科学之占星学、骨相学之类。其《诸子略》中儒、道、阴阳、名、法、道德、农、墨、杂、纵横各家之分，则为一种哲学派别之分，亦为一种各派所重之知识内容之分。如《汉书艺文志》，谓儒家者流，出于司徒之官，则意在以伦理教育之学，为儒家之学。其谓道家者流，出于史官，即以知历史之成败兴亡之学，为道家之学。其谓阴阳家者流，出于羲和之官，即以天文之学，为阴阳家之学。其谓墨家者流，出于清庙之守，则以宗教祭祀之学，为墨家之学。此外又以刑赏法律之学，为法家之学，正名别位之学，为名家之学，外交之学，为纵横家之学，农业之学为农家之学。故此各家之分，即有学术知识之分之涵义具于其中，而其所以如此分，亦并非无其理由者。

上言七略之分，后变为四库之分。四库中经之为经，唯以其为中国学术文化之本原与标准之所在。一切历代学者，注释阐扬古经之书，皆所以为古经之羽翼，以更确立此标准，故亦属于经部。子部则为一家之言之积集，而除九流十家之诸子外，佛老之言在其内，兵、医、天文算法、术数之书，亦在其内。史部为一切人物、史事、典章制度之记载，而地理、金石等凡属实物实事之记载，皆在其内。集部为个人之专集，而个人文学与思想之作品，及个人与他人之书信，对他人所作之碑、铭、传志及个人之所见所闻所感等，可并载一集中。章实斋《校仇通义》尝论集为子之流。盖子与集同为一家一人之私言之集辑。又论史为经之流。盖经与史同为整个民族之学术文化之精神命脉所在，而为天下之公言。然子与经皆以"义理之阐扬"为主。而史之足以见整个文化历史之治乱盛衰，与集之足以见一人之平生之志业行为，则皆所以"彰真实之事情"。是见经史子集之分类标准，乃依言之为公言或私言，与言之重在言义理，或言事情以为分。而经史子集中所包涵之知识学术，亦即不外属于义理与事情之二大类。唯以义理有已被共同认许与否之别，故或在子或在经。事情亦有只属于个人或属于天下万世者之别，故或在史或在集。

唯经史子集之书中之所载，有不属于一专门之学术者，如杂录之类。亦有不属于纯粹知识学术之范围内者，如诗赋文艺之类。足见语言文字与书籍之范围，大于专门知识学术之范围。然我们对纯表达知识之语言文字，与绝对不表达知识之语言文字，除在概念上可严格分开外，在实际上是否能严格分开，则本身可是一问题。至少，从一人之表达思想知识、抒发情感、与记录所见之三种语言文字，可属于一人言，此三者为不能严格分开者。则所谓重表达义理之子部书籍中，兼有文学性作品，与若干历史故事；而所谓以文学作品为主之集部书籍中，兼有思想性之文章，与记录所见所闻之历史性记载，亦不足为异。吾人亦无必加以割裂之理由。此即谓吾人是否必须把表达思想知识之语言文字，在实际上与非表达思想知识之语言文字，严格加以划分，此本身仍只代表吾人一种思想知识观点，或一种人生文化之观点。此观点之采取，本身并无必然性。如吾人根本不取此观点，则吾人即可使表达知识之语言文字，与不表达知识之语言文字，互相连系，而分别隶属之于一一之人，或一一之时代之民族与人类，如四库之分类法之所为。此四库之分类法本身，亦为对表达知识之语言文字之一种分类法，同时亦为对人之语言文字所表达之知识之一种分类法。此可称之为以人为主体，而将表达知识之语言，与非表达知识之语言相连系，同隶属于人之主体，以使"吾人更能合此二类语言，以了解人之主体"之一种知识分类方式。此又可称为依于"将知识连于具体之人"之一具体的知识观，而有之知识分类方式。其意义与价值亦甚高。但依此具体之知识观，以作知识之分类，则不如直接以表达知识之语言与知识本身为对象，以作知识之分类者，较易于使人了解知识世界之全幅图像。而此即为由希腊、中古之学问分类观，发展而来之西方近代作学术知识分类之观点。此将于下文略论之。

第二节　西方学问之分类与知识之分类

常言西方一切之学问，皆原于希腊之哲学。但在苏格拉底以前，尚无哲学之名；与苏氏同时之知识分子，多自称为智者。当时之智者及苏格拉底，虽传授知识，讲论各种学问，但似尚未及于知识学问之分类问题。在柏拉图之《理想国》论教育，于其所谓由音乐、体育、至数学、几何学、辩证法次第中，似涵一学问之分类观，但彼未明说为论知识之

第五章　知识的分类

分类①。至亚里士多德，乃于其《形上学》中②，分学问为：一，理论之学，其中包括自然哲学，数学及第一哲学。二，实用之学，如伦理政治之学。三为创作之学，后人将诗学，修辞学皆列入其下。此三者之分，乃以人治学问时之目的为标准。如纯为求真理不计实用功利者，为理论之学。应用于人生者，为实用之学。创制造作者，为创作之学。至中古而有七艺之一名，乃代表当时学校教育中之一种学问分类观。七艺中之文法学、修词学、及论理学为一组，称三学 Trivium。此皆与语言文字之运用，直接相关者。算学、音乐、几何、天文学，为一组，称四术 Quadrivium。此为关于形数等之理者。然亚氏之学问分类观，与七艺之名，明不能包括尽希腊中古所传之全部知识。如一般之实用技术知识，及历史知识，皆不在其中。至近代之初之培根，乃首本人之认知之机能，而提出一系统之学问分类法。彼以人类认知之机能，主要有三：一为理性，一为想象，一为记忆。于是分人类之学问为记忆之学、想象之学、与理性之学。记忆之学为历史，想象之学为文学，理性之学则依其对象而分为神学与自然哲学。自然哲学分自然神学，自然界之学，与人类之学三者。自然界之学中，又分理论之学与实用之学。人类之学又分为关于人之心身之医学伦理学等，及关于人之社会性活动之商业政治等③。

```
        ┌─────────┐
        │ 社 会 学 │
      ┌─┴─────────┴─┐
      │  生 物 学    │
    ┌─┴─────────────┴─┐
    │    化      学    │
  ┌─┴─────────────────┴─┐
  │     物  理  学       │
┌─┴─────────────────────┴─┐
│      天    文    学      │
├─────────────────────────┤
│      数           学     │
└─────────────────────────┘
```

培根之方法，较亚氏之分类所包括者自较广，而其依人之认知之机

---

① 柏拉图论教育及各学科之意义价值，主要见于 Republic, Book VII.
② Aristotle: Metaphysics, Book I.
③ 培氏之学术分类观，见其《学问之进步》Advancement of Learning 及 De Augmentis Scientiarum 中。前者有中文译本。尤佳章《译西洋科学史》（W. Libby: An Introduction to the History of Sciencs）四十六页——五十七页，对培根之科学分类法，有一介绍。

能，以为其分类法之根据，则不同亚氏之依学问之目标以为分类之根据。

在培根以外，近代西方学者科学分类之论，尚有孔德之说，亦颇重要。其说乃以各种科学之普遍性及复杂性之增减，与各科学之相依赖之关系，以分各种科学。如下表：

依孔德意，在此表中愈居于下层之科学，其所研究之对象愈简单，其所得之原理之普遍性愈高，而研究之方法，亦较为简单。愈居于上层之科学，所研究之对象，则较为复杂，研究之方法，亦较为复杂。然所得之原理，其应用之普遍性反较小。又愈居上层之科学，亦愈须以更多之下层之科学为基础，而其成立亦较晚。其中如数学因其只以形与数之计算为目标，数学原理又为可普遍应用于一切对象者，故为一切科学之基础，而成立亦最早者。至天文学则为研究无机之自然现象，而为须根据于数学几何学者。至其方法则须于计算外兼用观察。天文学之原理，只能普遍应用于天文现象，遂不及数学之普遍性之大。至物理学与化学，则为研究地球上之物体者，其范围又较天文学之研究一切天体者为小。而研究之方法，则除计算观察以外，尚须增以实验，以研究物质能力之变化。故物理化学之方法，又较为复杂。至于生物学，则为研究有机之自然现象者。因动植物各成种类，不能只用一般的物理化学之原理，加以解释。故除观察实验之方法外，尚须再加以比较之方法，则生物学所研究者及研究之方法，又更复杂。生物学原理之应用范围，又更小。至于社会学，则为研究集体的人类社会者。人类为生物之一，故社会学所研究之对象，在上列之表中，范围为最小者。人类不只为一般之生物。一般生物之形态生理，多受其遗传环境决定，人类则能创造文化，并保留文化于社会。社会之发展，人类之行为，乃兼受其过去文化之影响。而构成社会现象之因素，又为更复杂者。故研究社会现象，须于上述之科学方法之外，再益以历史法。其研究之方法，在各科学中，为最复杂者。此即孔德之科学分类之理论根据之所在。

除孔德外，英之斯宾塞曾著《科学分类》一书。彼不似孔德之自各种科学方法之简单复杂，与各科学之依赖关系上着眼，而自各科学知识之对象着眼，以主张科学可分为三类。一为具体科学，为研究具体事物者，如天文学、地质学、生物学、心理学、社会学等。二为抽象科学，为研究抽象的形式关系者如数学。三为抽象而兼具体之科学，为研究具体事物之抽象法则关系者，如力学、物理学、化学。

至在德国方面，则黑格尔在其哲学中，以自然哲学与精神哲学相对。而在科学中，亦有自然科学与精神科学相对之论。天文、物理、化学、生物学，皆属自然科学。其研究人类之主观精神之心理学，与研究人类客观精神之伦理学政治学，及研究宗教艺术之学，皆属精神科学。此亦为纯从所研究之对象之性质，以作科学分类者。然此与斯宾塞之初从对象之为具体与抽象之形式性质，以分科学之类者又不同，而可谓纯是由对象之内容性质之为属于精神与自然之某一方面者，以分科学之类者。

在黑氏后之新康德派之西南学派之文德尔班（W. Windelband），亦重各种科学性质之分类之讨论。其说之特色，在力辨自然科学与历史科学之不同。前者只以普遍原理之知识之形成为目标，而后者则以研究唯一无二而具个体性之历史事件为目标。前者唯及于存在之事实，后者则及于历史上之人物事件之价值。此派之李卡德（H. Richart）则进而以只研究自然之事实者为自然科学，以研究文化之价值者，为文化科学，而有自然科学与文化科学二者之并立。

此外翁德（W. M. Wundt）之科学分类，则一方有形式科学（如数学）与实质科学之分。于实质科学中，又依对象而分为自然科学与精神科学。于此二者中，再依对象之三方面，即现象的 phenomenal 方面，发生之历史的 genetic 方面，及组织结构系统的 systematic 方面，而分出各种科学。如在自然科学中，现象的自然科学，为物理化学生理学等；发生的自然科学为地质学，天体发生论等；系统的自然科学为天文学、地理学、动物学、植物学等。在精神科学中，现象的精神科学为心理学社会学等；发生的精神科学为历史；系统的精神科学为经济学法律学等。

大约上述之各种学问知识分类法，皆是就人类之各种学问知识系统已成立后，再就其目标方法、对象之异同，加以省察，为之作种种之分类①。然吾人亦可不就已成立之各学问知识系统，加以分类；而可先就一一之知识或表达知识之单个命题，就其不同之起源，与如何被认为真之方式，以直接对知识加以分类。如墨子之分知为闻、说、亲三种；印度哲学中之分知为感觉之知、比量之知、与闻知等；来布尼兹之分一切

---

① 关于科学分类之说，此外尚多。可参考 Encyclopedia Britanica 科学及有关之项目。中文可参考何兆清《科学思想概论》及李石岑《哲学概论》，皆较本章所述为详。

知识命题为逻辑之分析命题，与形而上学中之分析命题（实即现代所谓经验的综合命题）；康德之分知识为经验知识与先验知识；而后者中包括先验之分析命题与先验之综合命题；及现代若干哲学家之分析一切有知识意义之命题，为逻辑之分析命题与经验的综合命题。此皆为先自——单个之知识命题之如何起源，如何被认为真上着眼，以作知识分类之论。而非先就已成之学问知识系统上着眼加以分类者。而吾人欲求对于不同知识有清晰之概念，最后亦恒须归于自此单个之知识命题上着眼。唯此种单个的知识命题之分类，虽较就人类已有之各种学问知识系统作分类之事，较为简单；然人欲决定某单个之知识命题之毕竟为分析的或综合的，及其如何起源等，又另具一种复杂性。此可于哲学上对知识之起源问题，与何谓分析命题与综合命题之争执中见之。此乃吾人以后所当讨论者①。在此处，吾人仍宜先以人类已成之学问与知识，为一参照的标准，以求对于人类知识世界之划分，有一粗略之认识，然后乃能及于此类较精微之问题之讨论。

然吾人上之所谓以已成之学问与知识为参照之标准，不能在开始一点，即求对各专门学者所研究之各种学问知识系统，皆与以一精确之分类；而当先就一般常识中之所谓学问与知识之种类，为一参照之标准。如小学中学之课程中，所授之各种知识，亦可为吾人讨论此问题之一最好之参照标准。由此吾人可先归至一下列之知识分类说。此为自知识之对象与目的上作分类，而非自认知机能与方法上作分类者。

第三节 语言文字之知识

（一）语言文字之知识，吾人皆知在小学中学之课程中，语言文字之课程为最基本者。人之欲求得任何专门之学问知识，与获得一切对人处世之常识，亦必以了解语言文字为先。但吾人是否真可说语言文字之了解本身，亦为一种知识？

通常之观点，皆以语言文字，除表达人之情感意志外，兼可表达知识。吾人尽可由了解他人之语言文字，以了解他人之情感意志，兼获得他人所获得之知识；但语言文字之了解与应用本身，并非知识，而只为

---

① 见本书本部第十五章。

第五章 知识的分类

传达知识之媒介与凭借或通路。又语言文字之表达知识，亦常不能适切的表达。因语言文字之意义，时有引申与改变，恒不能完成其如实的传达之功能。而不同之语言文字，亦可为传达同一知识之媒介与凭借或通路，此皆为吾人上二章之所论及。故语言文字本身之了解与应用，非即知识。

但此问题尚不如是简单，即吾人可说，在吾人正了解或应用语言文字时，吾人乃缘语言文字，以思其所表达与所指。此中之语言文字，诚只为我之能知之心灵，由之以达其所指或其所表达者之媒介或通路。于此，语言文字之本身，固至多只为知识或知识之传达之一条件，而非知识。但在吾人正学习语言时，吾人知一语言指示某对象事物，表达某意义时，则吾人此时并非在应用一语言，以表达吾人所欲表达，亦非在了解他人语言，以知其所表达；而唯在求自己记取、自己形成建立："有如此之形声之言语，与其所指所表达者"之连结。① 并知"与吾在同一社会中之他人，亦恒以某语言指某事物某意义"之事实；兼知"某事物某意义，为可以此语言表之，而其他之事物意义，则不可以此语言表之，而当以其他语言表之"。由此看，则学习语言文字，尽有可说为学习一种知识之理由；因吾人此时之目标，并不在以语言为媒介或通路，以过渡至其所指所表达，而在直下的自己记取、自己形成建立语言与其所指所表达者间之一种连结也。

在此，人之另一不以学习语言为学习一知识之理由，为谓：此上所说之连结为一松懈之连结，可由人自加以撤销；又各民族各社会所形成建立之"语言与其所指事物及意义之连结"，又各不相同，因而此连结乃无必然性者。但吾人是否有必然之理由，以说一切知识，皆须有必然性普遍性？吾人亦可问：所谓知识之必然性，作何解释？此等等皆为一待决之问题。如依吾人在本部第二章所论知识之性质上说，则知识之异乎非知识，唯在知识之境界中，必有能知所知之相对，及吾人之能知对对象之有所知。至于此所知者，是否必然连系于某对象，乃另一问题，可

---

① 此种学习，乃人对语言之自觉的学习。除自觉的学习外，尚有不自觉的学习。此即唯由一交替反应所构成之"语言之刺激，与他物或行为之连结"而来。此乃类似于动物之由学习而对符号作某种之反应者。然人不能由人亦有此种学习语言文字之方式，以否认人于此种学习外，或此种学习中，兼有自觉的学习：即自觉的建立"语言与意义之连结"之事。此乃人之学习与动物之学习不同者。

并不妨碍知识之为知识者。在一般之用语中，吾人亦承认若干无必然性之知识为知识。科学中之知识，亦尽可为只具概然性者。吾人亦有理由说，一切关于存在事实之经验知识，皆为只具实然性者。吾人之知"一语言在我所在之社会中，乃指某事物某意义"，此即只为具实然性之经验知识。吾所在之社会之实以某一语言表某事物与某意义，有某历史之原因，及其他之心理的原因。然此诸原因，皆可改变，则此语之意义，自亦为可变者。此亦如此时之天气为热，有其物理原因，此原因变而天气之热亦可变。然此无碍于吾人之知此时天气之为热。依同理，则在一社会中一语言之意义可改变，仍无碍于吾人之知在此时之一社会中，此语言被公认为表某义者。

在此之又一种驳论，是说：如吾人之学习语言，乃是在求知此语言在我们所在之社会中之通用之意义；则无异于谓吾人之学习语言，乃意在获得"某社会以某语言指某意义之知识"。此乃社会学家语言学家所求之一种经验科学之知识，然非即吾人初学习语言时之目的。吾人初学习语言时之目的，乃在求了解他人所用语言之意义，而自己应用之，以表达自己之所欲表达；而非意在知吾所在之某一社会以某语言表某意义之经验科学之知识。故语言之学习，仍不同于学习知识。

对此问题，吾人可如下答：即所谓"学习语言，乃求知此语言在吾人所在之社会之通用之意义"一语本身有二义：其一为将吾人所在之社会，客观化为一对象，而谓此社会中之某语言表某意义，此自只为语言学家社会学家之事，而非吾人初学习语言之目的。然此语之另一义，则为求知："吾人所常接触而同在一社会中之一一个体人，如父母、兄弟、朋友、邻人等，恒用某一语言，以表何意义之事实；而由此以规定吾人自己对一语言之用法，并便利吾人以后之了解他人之语言。"在此中，则吾并不须客观化吾人所在之社会为一对象，以使吾人之此所求得之知识，成社会学语言学中之经验知识。然吾人之学习语言之历程中，其第一步之知此语言在吾所常接触而同在社会中之他人心目中之意义，仍可说为一经验知识。在常识中，吾人亦明承认人之知一他人之名字，为一种知识。则知任一事物或任一意义之名字语言之知，自亦为一种知识。一人尽可有不同之名字，或改变其名字，然此无碍吾人对其一一名字之知，皆为关于某人之一种知识。则一事物纵有不同之名字，一意义纵可以不同之语言表之，仍不碍吾人对此一一名字语言之知，为关于某事物或某意义之一知识。

然吾人学习语言时"对某语言之恒连结于某事物或某意义"或"某事物与某意义可以某语言表之"之知识，毕竟与一般的经验知识不同。此不同处，在一般经验知识中之知 A 连结于 B，如知电光连结于雷声，此中之电光与雷声，皆只为属于所知之对象者。而在吾人知一语言连结于某意义或某事物时，则此语言，一方面固亦为所知对象，亦唯以此，吾人方可说吾人之知"语言之恒连结于某意义"为一知识。但自另一方面说，则在吾人运用语言或通过语言，以知他人由语言之所表达者时，语言为吾人所运用通过后，即为吾人所超越，而终于不成我们所知之对象。此亦即上文所谓：语言在日常谈话及文章中作为传达之用时，只为一由之以达其意义或所指之媒介或通路之义。在此处，语言即不复为知识之对象。而吾人之学习语言，以知一语言之连于何意义，而由此以得之语言之知识，最后无不归于以语言作为传达之用，而使语言不成知识之对象；于是吾今之"知某语言之连结于某意义"之"知识"之本身，亦即成"使语言成非知识之对象"之"媒介或通路"。语言成非知识对象时，则吾人对语言不复有知识。由是而人之求语言之知识，遂即所以归于对语言知识之超化。此即人之所以在以语言为彼此传达知识之用时，不觉吾人对语言有知识，而只觉有语言所传达之知识之故。实则此并非吾人对语言从未有知识之证，而只是因语言之知识，为由经验而有之知识，又为异于其他一般经验知识者。其异处，即在语言一被作为传达之用时，即不成知识之对象，而吾人对之，亦即如无知识之可言。故语言之知识，亦即一种归宿于非知识之知识，而可称一种知识界与非知识界之交界之知识。

第四节　历史及地理类之知识

（二）历史及地理或对在时空中分布之事物之知识。历史地理中之事物，即在时空中分布之事物，此皆为具体事物。此诸具体事物，吾人皆可以一一语言名之，而吾人遂知此一一语言之分别指何具体事物，并有关于诸具体事物之名字之知识。然此尚不能称为关于诸具体事物本身之知识。

吾人关于具体事物本身之知识有多种。其中一种为不把一具体事物，视作一类之分子而观之，而只视之为在某一时间空间中之存在，并就其与其他具体事物之时间空间关系及其在某一时间空间中表现之性质而观之之时，所得之知识。此知识皆可称为广义之历史地理知识，或对在时空中分布之事物之知识。

吾人之广义的历史地理知识，或对时空中分布之事物之知识，可包括：对吾人所接之当前环境中之事物之知识，最近之过去经验中之事物，至较远之过去经验中事物之知识，及与此类事物有直接间接之时空关系之一切现存在或曾存在事物之知识。故由吾人对当前房屋中之桌、椅、床、柜之空间关系之知识，至此房屋与邻近房屋之关系，此房屋之街道与邻近街道及此城市中其他街道之关系，此城市与其他城市及全球各地之关系之知识，与此地球及日月星辰之空间关系之知识，皆可属于一"空间中之分布事物之地理知识系统"中。而由我今日之起床、穿衣、吃饭，至我昨日前日所作之事，我昨年前年所作之事，我青年、幼年时所作之事，及我未生之前，一切成为我之生之原因之事，如父母之结婚，我祖先之存在，及最早人类之存在，人类如何存在于地球，地球与太阳系之如何产生……及此等事之相互之时间关系，亦皆可属于一"时间中分布事物之历史知识系统"中。此种对时空中分布之事物之全部知识之系统，乃为无穷复杂，而非任何人所能实际的加以形成，而可容无数之人由之以获得无尽之知识者。

此种对时空中分布之事物之知识，有某一种之必然性或定然性，为吾人对一事物之名字之知识中所缺乏者。吾人对一事物之名字之知识，固根于事实上若干人们之常以某一名字，指某一事物。然吾人并不于此重视一事物所以有某名之历史原因。吾人用一名字，以表达一事物时，吾人因自觉亦可不用此一名字，遂易觉其间之连结，无必然或定然之理由。然吾人就某事物在时空中之地位，及其与其他事物之左右先后，相近相远等关系而说，则可说其中有某一种必然性定然性，乃为不能由人任意自由的加以改变者。如当前之笔与纸较近，与桌较远，即为关于此笔与纸及桌之"空间关系"之一定然之知识。此定然之知识，肯定其当下之是如此而非不如此。而自此当下之是如此，乃为其原因所规定而说，即有一义之必然性。至如吾人之说此笔与此桌，可分离而不必有此空间关系，如此笔可连于另一桌，则此非就所知之现实时空中之实物实事说，而只是就可能说。此所说之"此笔可与此桌分离"，乃只是关于笔之抽象的物理知识，而非就现实之笔，在实际上与他物相关之现实的空间关系上说。纯从其与他物之现实的空间关系上说，则其是如何即如何，此中即无其他之可能，而为定然及具一义上之必然者。由此而吾人对一切时空分布中之事物，皆同可有此种定然必然之知识。

第五节　各类事物之原理定律知识

（三）对各类事物之原理定律知识。此即如对天体之物之天文学知识（非指一一星球在空间中之分布之知识，而只指对各类星球如何分布之共同原理定律之天文学知识），对矿物类之矿物学知识，对动物植物类之动物学植物学知识，及对人类之人类学知识。此种知识之特征，非就一一具体事物，在时空中之特殊地位，以论其与他事物之关系，而只以研究一类具体事物之共同原理定律为目的。由是而具体事物在时空中之地位，纵彼此差别，皆可无碍其为一类。如一同类之鼠，在中国与美国，仍同属一类，今年所生者与去年所生者，亦同为一类。由是而对一类具体事物中之一个体或少数个体之若干知识，亦可应用于同类之物。此种知识，即通常被认为有普遍性必然性者之知识。至于人之知识，如只可应用于一类中之某些个体，而不能应用至其他某些个体，则为人之用以分一类事物之种别或次类者。然人对于一类事物中之种别或次类之事物之若干知识，仍必须为可应用于同一种别、同一次类中之任一个体事物者。由是而此种知识，仍有其一范围内之普遍性必然性。至于关于知识之普遍性必然性之进一步之问题，则非今之所能讨论。

西方之为科学分类者，如上述之斯宾塞翁德等，皆将生理学与生物学分别，物理学化学与矿物学分别，此在一义为可说者。即生物学之研究生物，矿物学之研究无生物，皆直接是本于种类之观点；而生理学之研究生命现象，化学物理学之研究化学现象物理现象，皆非直接依于种类之观点，而纯是依于理之观点，或性质及关系之观点。故吾人可说，就各生物种类而分辨其形态与构造，为生物学中事；而研究各生物有机体之如何对环境之刺激，产生生理反应，生物有机体之各部分，如各组织各器官系统、如何表现其营养、消化、呼吸、生殖之生理机能，则为生理学中事。又吾人之就矿物而分类研究，为矿物学；研究各种物质之结合分解时，所产生之化学变化，为化学；就各种物质之能力，如声光力电之动静聚散，而研究其定律，为物理学。唯此二类之学之分别，亦可说为从一类之事物着眼，与从一类之现象上着眼二者之不同。实则吾人之不能离生理学，以言生物学，亦不能离物理学、化学，以言矿物学。生理学、物理学、化学所研究者，只是各类之物之生理现象、物理现象、化学现象。而离各类之物所表现之各种现象以外，是否尚有各类物之分别可说，亦极成问题者。唯吾人之指出各类物之存在，其第一步可为直本吾人之一般观察，以作一初步之分类，后乃进一步，就事物之内部之各种构造之各种机能，与其他物发生关系时，各种可能的反应与变化之现象，加以考察。由是而吾人遂可说，前者纯为由类之观点研究事物，而后者则为由性质与关系之观点研究事物也。

无论以类之观点或兼以性质关系之观点，从事研究，以求知识，皆可以自然事物为对象，亦可以社会事物、或文化事物、或所谓精神事物为对象。人类学亦即为一面通于自然与文化者，故有自然人类学，文化人类学之分。而人之心理现象，亦可为自然心理现象，而与其他高级动物所有之心理现象，相差不远者；亦可为人所独有之所谓纯精神的心理现象。自然与非自然之界限，亦不易论。故人多有以一切自然科学、社会科学、文化科学、精神科学，彼此间无本质上之分别者。唯吾人由各别科学所研究之对象种类之不同，以定各科学之分别，并非必须对于一类对象与他类对象之边界，加以严格的划开。而自人独能创造文化，自觉的组织社会，及人之有超自然之精神活动言；则人非只为一般之自然之存在，乃可定然无疑者。吾人亦理当于研究人类社会中之政治、经济、法律、社会文化现象之原理定律之学，称之为非自然科学之社会科学或社会文化之科学；并称研究依于人之超自然之精神活动，而有之艺术、文学、宗教、道德之学，为一般社会科学以上之一种学问。因人之艺术、文学、宗教、道德之活动，均可为人既超越自然，亦超越社会，而唯面对着苍茫宇宙，以运其神思、灵感及信仰、祈祷、修持之工夫，以补造化之所不足，而升天、成佛、参赞天地之活动；故研究艺术、文学、宗教、道德之学，不宜称为社会科学。即称为社会文化科学，亦不甚相宜，而称之为精神科学或人文科学较宜。然其为研究宇宙间之一种存在之事物，而可使人得若干知识，则与其他研究自然社会之学同。至于人在社会所从事之政治、经济、法律等活动，文学、艺术、宗教、道德之活动之本身，则可为超知识之活动。而人之如何一面求得知识，一面使知识连系于超知识之智慧情感行为等，则为人生哲学、文化哲学所当讨论之问题，而非吾人所能及论者。

第六节　数学、几何学、逻辑等纯形式科学之知识

（四）再一类之知识，吾人可称之为数学、几何学、逻辑等纯形式之科学知识。此类之知识吾人可说其初不以实际存在之某类事物为对象。一切类之事物，皆可说有数，则数学之知识可应用于一切事物。几何学如只研究空间中形之关系，则只能及于存在于空间之各类事物，而不能用于只存在于时间中及人之内心中之事物。然如视几何学为研究各种方向 Directions 区域 Regions 之关系者，则几何学亦未尝不可兼应用于存在时间中及内心中之事物。如吾人以直线之意义，为"线上之诸点，皆指向一方面"，并以此点为一抽象符号，可以代任何事物者；则吾人亦即可说：在射猎时不仅射猎之枪头、枪尾可成一直线，以向目的物；吾人对目的物之感觉，由感觉而生之观念，观念后之矜持之情感，与情感后之意志，及其所引起之动作，皆同在一直线上。又吾人如以圆之意义，为一点绕一中心，次第历各点，以周而复始回到原来之点，而吾人又视吾人之一观念为一点；则吾人亦可说，当吾人以一观念指物，历其相近之观念至较远之观念，最远之观念，再回到较近之其他观念，而归于原来之观念时，吾人之思想即为历一圆周以进行者。吾人通常说某人之处事为周到，或某人之人品为方正，此固为譬喻之辞，亦未尝不可持以证：吾人所谓精神之事物间之关系，亦有类似一般所谓空间中之物质事物之关系，而同可以一种几何之语言，加以叙述或规定者。唯关于此中之问题，有极深微之处，而非吾人今之所能及者。

至于逻辑之学，则无论吾人如何加以规定，要皆为一纯形式之学。如吾人以逻辑之学，为研究存在事物普遍之理，则一切类之存在事物，皆同表现此逻辑之理，而逻辑之学即为一切事物之共同的存在之形式之学。如谓逻辑之学为研究思想之规范或推理之法则者，则逻辑之学，是研究吾人求一切存在事物之知识时，吾人思想之推理之形式，或一切存在事物之知识所由组成之共同形式者。如吾人谓逻辑之学，只是研究语句之涵蕴关系，或语句之形成及转换之规则，则逻辑之学，是研究一切

存在事物之知识由语言表达时之共同规则或形式者。

数学、几何学、逻辑学，皆为一纯形式之学。此诸纯形式之学，皆可应用于实际存在之各种具体事物之研究。逻辑原理之应用于具体事物之研究，则成为各种学问之方法论。数学之计算与几何式之图表，应用于具体事物之研究，则为统计学与各种之图表法。至数学、几何学、逻辑三者之关系，及其与存在事物及思想语言之关系毕竟如何，则尚为哲学中之一聚讼不决之问题。

第七节　应用科学之知识

（五）再一类之知识，吾人称之为应用科学之知识。应用科学与理论科学之不同，主要在目标之不同。即理论科学乃纯为知识而求知识，而应用科学之目标，则为求应用知识于实际生活中，以达吾人所怀抱之各种目的者。吾人欲应用知识，以达吾人所怀之目的，吾人一方须选择吾人已有之有实用价值之理论知识，而引申其涵义，以便于吾人加以应用；而同时对应用时所新发生之问题，一一加以思索。凡一种知识之应用，皆应用于某一些特定之具体场合中或某一些特定之时空个之事物。亦须由某一一特定之人或人群，自己配合组织其各种活动行为，以从事于某知识之应用，方能达吾人所怀之目的。吾人所怀之目的之达到，如何不致与吾人之其他目的之达到，不相冲突，而相配合和谐，尤为吾人从事知识之应用时，所必当思及之问题。此诸问题之答案，即成吾人之应用科学之知识。此应用科学知识获得后，人之下一步之事，即实际去应用。在实际应用中，人如不断感受新问题，则人又须不断修正、扩充、其原来之应用科学知识。由是而应用科学知识，乃为达应用之目标而有，亦在实际之应用中，不断增益成长者。此亦即今之实用主义之知识观，以知识当与行为结合之一理由所在①。

吾人如知方才所谓应用科学之意义，则知人在求应用科学知识时，人必须还回到其具体之环境、具体之生活中。由是而人必须先有对时空中之事物分布之历史地理性之知识，人必须将其对一类事物之性质关系等之抽象普遍之原理定律之知识，特殊化具体化，以成为关于存在的各

---

① 参考本书本部真理论之一章《论实用主义之知识论》之一节。

类事物之若干个体之知识。而此对客观事物之抽象普遍之知识之价值，亦即须在此考验。而此时之逻辑思维，遂亦在根本上成为方法论的、数学、几何学之知识，亦皆成作统计表格之工具。而此一切知识，乃皆受人之应用之目的所主宰。至于此目的欲与其他人生目的配合和谐，则系于人之道德意识。此时人之一切知识，亦即间接为人之道德意识所主宰。此道德意识之本身在被反省时，虽亦可入于知识之范围，而形成人对道德之知识。然在此意识正存在而向上生长时，则亦可不为人之知识性的反省之所对，而属于超知识境界。由此而应用之知识，遂又为一种与超知识境界接触，而位居于其下之一种知识。

第八节　哲学知识

（六）哲学之知识。吾人论知识之分类之一最后之问题，为哲学是否为知识之一种？在吾人论哲学之意义时，已言及各哲学派别之哲学家，对此问题，有不同之答案。有以哲学为知识者，亦有以哲学为非知识，而只为一活动、一态度，或超知识之智慧，或一种生活者。然吾人于此可作一折衷之论，即在知识范围中看哲学，哲学即是知识。吾人之此章，乃论知识之分类，则尽可自知识范围中看哲学，而以哲学为人之知识之一种。

所谓哲学为人之知识之一种，乃指在哲学心灵中，亦有能知所知之别而说。如吾人在知识论中研究知识，此知识即为哲学之心灵之所对。吾人之哲学心灵，明可对知识之性质，以及知识之分类等问题，加以反省，而对知识之本身，有种种或是或非之知识，如吾人以上之所论。而吾人以上之所论，若非全为废话，则吾人明可对知识有知识；此对知识之知识，即一种哲学知识之例证。

但怀疑哲学之为知识者，亦可循吾人上之所论，首提出一理由，以谓哲学非知识。即哲学讨论知识时，知识为所讨论之对象，则哲学心灵在知识之上。如吾人由哲学，以讨论知识之种类性质构造等，此哲学心灵即在所讨论之知识之种类之上，因而不在知识之各种中，以为其一种。如更严格言之，则涉及现代逻辑家所谓类型之理论。依此类型之理论，一类之本身，不可视如此类下之一分子。如人类本身，非人中之一分子，人类非一个体人。故吾人说类之语言，与说类中之分子之语言，乃属于二层次，亦不为一型之语言。如说人类之语言，非说一一个体人之语言。由是而吾人虽可说知识有多种，其每一种皆为知识类中之一分子。然"知识类"本身并非知识之一种，亦非知识类中之一分子，正如"人类"非人之一分子。由是讨论知识类有若干分子或知识有若干种之哲学语言，亦即非一种属于知识中之语言。此语言之所表达者，亦非知识之一种。而此外之一切讨论知识之性质构造等之哲学语言，亦非属于知识中之语言。此即可证哲学之非知识。

但依吾人之见，则至少在此处，类型之理论乃不能应用者。即吾人虽承认讨论一般知识之种类性质等之语言为哲学语言，此哲学语言乃属于另一层次语言；但吾人亦可以哲学之语言讲说哲学之语言。吾人在讲说哲学之语言时，则此被讲说之哲学语言，与其他语言，同为语言之一种，而可同为语言类中之分子。由此即可谓：此哲学语言所表达之哲学知识，亦为各种知识之一种，为知识类中之一分子。依类型之理论，吾人可说：当吾人初论知识有若干种时，此论之之哲学不在一般之知识中；而此论之之哲学语言，即不在一般知识语言中。但吾人在论其他知识之种类既毕，则尽可说"此知识有若干种"之本身，亦为吾人之知识，而为人类所能有之知识之一种。因而可将其与他种知识并列，而于知识中，再增加一种。此亦由如一人在队外点名时，其数为十，此时彼不在队中，而不为队中之一员。然当点名完毕，彼亦可再入队中，成为队中之一员，乃谓队中之人数为十一。此并非在理论上必不可说者。由此可知，吾人并不能引用类型之理论，以说论知识之分类等问题之哲学之非知识。此即为自知识范围中看哲学，哲学亦为一知识之理由。至于自超知识范围中看哲学，则哲学亦可非知识者，则是就哲学之活动，恒为对一切知识以及已成之哲学知识，皆能加以超越反省，并恒能引导人之心境胸襟之改变，及行为生活之改变而言。此与上所说，并不相悖。

知识的分类　参考书目

班固《汉书艺文志》。

章学诚《文史通义》。

H. E. Bliss: The Organization of Knowledge. With Introduction by J. Dewey Henry. Holt and Co. New York 此书中 Historical Survey of System of Knowledge 一章，曾论自柏拉

第五章 知识的分类

图亚里士多德至斯宾塞孔德之知识分类观。

何兆清《科学思想概论》下篇第二章统观《科学之种类》，对培根孔德斯宾塞之科学分类理论，有一简单之介绍。

F. Bacon: Advancement of Learning 有关琪桐译本，名《学问之进步》。

Thomson: Outline of Science 中文有译本名《科学大纲》，此中论科学者虽多嫌陈旧，然其中第三十六篇《科学与近世思想》论科学之分类者仍可取。

第六章　普遍者与知识

第一节　共相、概念与共名

在常识中,我们大皆承认在知识中,须用到各种普遍的概念。普遍的概念之内容,可称为共相。其表达于语言,可称为共名。我们在求知识之历程中,明似随时都要去认识各种事物之共相,由之以形成概念,再以共名表之。而我们同时亦由他人所用之共名,而知其有对某种共相之概念。

譬如我们随便说一句话,说桃花是红而美丽的。此桃花即可指一切具体存在的——特殊的个体之桃花,而为一共名。此共名之成立,应当由于我们对一切桃花之共相,有所认知,而对桃花有一概念。所谓红与美丽,亦即二共相。我们认知红与美丽,又即对红与美丽各有一概念,而有红与美丽之共名,以遍指一切红物,如朝霞大火之红,及一切美人与美物之美。即"此是红而美丽"中之"是"与"而",亦明为一共名。"是"可见于一切肯定之句子中,如"人'是'万物之灵","人'是'有死"中。"而"可见于一切并举二事物之句子中,如"孔子是温'而'厉,恭'而'安"。由此而"桃花是红而美丽的"一句中之文字,即全是由共名组成,而我们亦可说,此句子所表之知识,全由共相之概念所结合而成。

但是从另一方面说,则我们亦有专指个体事物之专名,如人名地名之类。而一切共相,亦似皆只是特殊个体事物之共同的性质或关系等之相。我们用概念共名,以指示事物,成就知识时,我们所指示之事物,亦恒为特殊个体事物。如我们以桃花是红而美丽,指当前之桃花。此当前之桃花即为特殊个体之事物。我们亦似有理由说,一切抽象普遍之知识,最后都须用来指特殊个体之事物。我们通常亦只承认特殊个体之事物,是真实存在的。如这一株桃花,那一株桃花,这一个人,那一个人是真实存在的。至所谓共名所表之概念，共相之自身，如红、美丽、桃花之概念共相之自身，则似不能自己存在，而只是用以形成我们对具体事物之知识者。这一种常识中对于共名、概念、共相，及特殊具体事物之是否实在之观点，亦是我们在以前诸章中论知识之性质，知识与语言，知识之分类等问题时，所设定者。表面看来，其中似无什么哲学问题存在。但是我们一细推求共名、共相、概念之是否为实在，及其与个体事物之关系，则可引出种种严重复杂的哲学问题，为东西古今之哲学家，所同乐于讨论，及今未决者。

第二节　东西哲学中之唯名论与实在论之争

关于共相、共名、概念之问题，从哲学史上看，有似针锋相对之二派主张。一为唯名论者 Nominalist 之只承认有共名，而否认有所谓共相之真实存在之说；一为由共名及概念之存在，以推论共相亦为一实在之实在论者 Realist 之说。但在东方之中国之哲学中，几无彻底之实在论与彻底之唯名论。在中国先秦诸子如墨家，与儒家孟荀，皆重类之观念。类即共相，类名即共名，对类之"意"即概念。但二家皆不以共相或类，能离一类中之个体事物而存在。唯公孙龙子重分别诸共名之异，如白马与马之异，坚白之异，及名之所指与事实之异。其说似可解释为：肯定共名所指之共相自身，亦为实在者①。然此解释未必谛当。在印度哲学中，则对于共相、共名、概念之问题之讨论，虽极复杂；但除胜论有以共相为自己存在之思想，近于实在论，及佛家之三论宗，有以一切共名共相，皆是"假"非实，近于唯名论外；其他各派，皆非彻底之唯名论或实在论。而此一问题，在东方哲学中之重要性，似不如其在西方哲学中之重要性。

在西方哲学中，对此问题之一最早而直影响至今之一主张，即柏拉图之实在论。彼乃由对人类之共同知识与共名之反省，而进以主张共名所表之理念（即概念或共相②）自身为真实，且较现实之个体事物为更

---

① 如冯友兰之《中国哲学史论》公孙龙子即如此解释。
② 柏氏之理念，可视为概念，亦可只视为共相。大约依西方之唯心论者之解释，则视之为概念；依西方之实在论者之解释，则只视之为共相。

真实者。其目标乃在成立一形上的理念世界之存在于现实世界之上。此为一力求超越于常识之见之说，而将此问题之重要性，加以凸显者。

柏氏之此种主张，明与常识极相远者。亚里士多德即提出反对之论，谓共相不能离个体事物而存在。然亚氏亦同时承认有只存在于上帝心中之共相，并有"种类"永存之论，此实与柏氏之说不相远①。中世之哲学之实在论者，即承此说，而视一切人及物，皆依于上帝心中之人及物之原型 Archytype 而造，并以此原型为实在者。而中世末期之唯名论，则循亚氏之言共相不能离个体事物之义，进而主张，共相及认知共相所成之概念，不能如个体事物之为实在，而只有共名者。而近世之经验哲学家，更提出种种理由，以指出共相概念之不能为我们思想之所对，由此以归到一经验主义之唯名论。而在现代逻辑家，更济以种种逻辑上之技术，将吾人运用共名之语句，或将表达我们对类之知识之语句，化为表达我们对个体事物之知识之语句，而使一普遍知识命题，皆化同于我们对一类中一一个体事物之一一单个的知识命题之集合。由此以归到一逻辑的唯名论。然而在另一方面，则理性主义、理想主义及直觉主义、实在主义之哲学家，亦提出种种之论据，以反驳唯名论。由是而此问题之重要性，遂贯于西方之整个哲学史中。而其争辩之烈，亦远较东方哲学中为甚。但我们以下不拟叙述此问题在东西哲学上之争辩之历史。而唯试一先分析唯名论者之所以以共相概念，不能与个体事物同为实在，而只有共名为成就知识之工具之主要理由。然后再进而依据实在论者及反唯名论者之主张，以说明共名与概念共相，在知识之成就历程中之地位，而对此问题，作一疏导之工作，与暂时之答案。

第三节　唯名论反对共相概念为实在之理由

（一）唯名论者以共相与概念不能与个体事物同为实在之理由，首是依经验主义立场说，我们并不能将共相与概念作为想象之所对而认识之。譬如巴克来（Berkeley）曾说，我们试反省，我们想三角形之概念时，我们心中所想的是什么。抽象的三角形之概念，乃指一切三角形之共同之

---

① 史特士（W. T. Stace）著《批评的希腊哲学史》（有中文译本）论此点颇清晰易解，读者可参考。

处。故抽象的三角形之概念,既非指直角三角形,亦非指两等边三角形,或三等边三角形,或不等边三角形。但我们试问:我们能否想象一抽象三角形呢?实际上我们在想三角形时,如不是想此三角形,即想彼三角形。而每一人所能想的三角形,如非直角者,即两等边者,或三等边者,或不等边者,且必为有一定角度,一定大小之三角形,决无一抽象的三角形,能为吾人思想之所对。由此类推,则我们想人时,非想张三即想李四;想桃花时,非想此树桃花,即想彼树桃花。故一切概念共相本身,皆不能成我们想象之所对。而其本身亦即非实在者。故我们不能说,我们真有由对共相之认识所构成之抽象概念;而只可说,有重复的用以指各特殊个体事物之共名。如我们以一三角形之共名,指一一三角形,以人之名,指一一人①。

(二)第二种可以说明概念共相等,不能视同个体事物之实在之理由,是如佛家之分假法与实法。实法乃有实作用者,而假法则无实作用者。一切概念共相等本身,正是假法。一实际存在之个体事物有实作用;如当前之一袭衣,穿了可使人暖,一碗饭,吃了可使人饱,是有实作用的。当前一株桃花,可使人生某一感觉,生某一情绪,亦是有实作用的。然关于衣之共相,衣之概念,饭之共相,饭之概念,则衣之不暖,食之不饱。桃花之共相概念,与桃花之红与美丽之共相概念,亦不能使人生一感觉情绪。便皆是无实作用者,因而亦非实在者。

(三)第三种可以说明概念共相之非实在之理由,即一切指"类"或"抽象之性质关系"之语言,皆可翻译为指一一个体事物之语言②。如所谓"凡人皆有死"之一语言,初为指人类而说,而人类为一概念。但我们可说,所谓"凡人皆有死"即指张三、李四、赵大、钱二等一一个人之有死之和。吾人即可以"张三有死,李四有死,赵大有死……"之语,代替"凡人皆有死"之语。此语中之"凡"与"人"之共名即可不用;而其所指之人类之概念,与为此概念内容之共相,亦即无单独之实在性可说。如吾人说蓝是颜色,此似是表示我们对一抽象普遍的蓝之一知识。

---

① G. Berkeley 之说之简单说明,见《人类知识原理》Principle of Human Knowledge 导论中第十段至第十一段。

② 此即逻辑的唯名论者之说,如蒯因(Quine)之所持。Pap: Elements of Analytic Philosophy pp. 89-91 有一简单之介绍。

但我们可说，这句话之意义，乃是说"对任何个体事物如果他是蓝的，则他是有色的。"又如我们说凡人皆有死，这句话之意义，乃是对"对任何个体事物，如他是有人性的，则他是有死的。"至如我们说"猫比狗多"一类的话，则情形诚较复杂。因此时吾人所说是全体之猫之数，比狗之数多，此非说的关于某一个体之猫与个体之狗的话。此中之猫与狗，皆普遍之类名，表示类概念者，因而此语所表者，似只为一对猫类与狗类数量关系之一抽象知识。但是我们在说猫比狗多时，我们所想的可即是："有一只猫，不必有一只狗，""有二只猫，不必有二只狗"，"有百只猫，不必有百只狗"……之种种情形。则猫比狗多一语，可翻译为"或至少有一猫，而不至少有一狗；或至少有二猫而不至少有二狗……或至少有百只猫而不至少有百只狗。……。而在此一串话中，即将"猫比狗多"一语，所指种种情形表出。而所谓"猫比狗多"之一语似表示人之抽象普遍的知识之语言，即化为表示：一特殊具体的猫与狗之集合在一起，被思想所把握时之一一特殊具体的情形之语言。而此语所说者，即：或是"有一猫而非有一狗之情形"，或是"有二猫而非有二狗之情形"，或是"有百猫而非有百狗之情形"，或是"有千猫而非有千狗之情形"……。此中，每一情形，皆是一具体特殊情形，亦即一具体特殊事物。于是更无抽象普遍的猫类与狗类之概念，为猫比狗多一句之所指。而此语，亦非对"抽象的普遍的'猫类之数'与'狗类之数'的数量之关系"之知识，而唯是对于可能有的一一之特殊具体情形之一种知识，或一种陈述。

依类似于上述之逻辑技术，我们即可以从原则上说，一切"表示人对于抽象的性质、关系、种类之知识"之语言，都可翻译为"表达人对其所指之特殊具体事物之性质、关系之知识"之语言，而我们最后亦即实无"以抽象之性质、关系、种类等，为我们之认识所对"之知识。

第四节　实在论者及非唯名论者以有共名必有概念共相之理由

上述各种唯名论所提出之理由，从一方面看，似皆可以成立的。但是我们是否即可由此以真正归到唯名论，而谓在知识历程中，只须有共名而不须有概念、共相之存在？又我们是否真正能在实际上将我们对概念、共相之知识,化为对一一个体事物之知识?此皆是成问题的。吾人如主张在知识历程中,必须有概念、共相之存在,及人可有纯粹的对共相、概念本身之知识,亦有下列之理由可说:

(一)如果唯名论者主张在知识历程中,吾人所须有者,只是以一共名,指各特殊事物,如以一"三角形"之共名,指一一特殊之三角形,以"人"之共名指一一特殊之人,则吾人可问:吾人如何能知一共名之运用,是适切的?即毕竟我们之用一共名于一对象,是否有一内在之标准?如无标准,则吾人何以于某一形,名之三角形;于某一生物,名之为人,而不名之为其他?如我们承认有共相,有概念,则此共相与概念,即为一标准。我们可说一三角形与他三角形,有同一之共相,一人与他人,有同一之共相,故我名之为三角形或人。我们亦可说,此形合于我们之三角形之概念,此生物合于我们之人之概念,故名之为三角形与人。若我们否认共相与概念之有,则特殊之物,既为个个不同者,吾人何以不只以个个不同之名名之,而必须以一共名名之?此共名之成为"共",其根据在何处?若无根据,则不能有共名;而一切须用到共名之知识,即不可能。且吾人如承认有共名,岂非即已承认"一名之可用于不同之特殊具体事物之本身"为一名之共性共相?若名可有共性、共相,而吾人对名之此共性、共相,可有一概念;则其他事物岂可即无共相?吾人岂不亦可有其他概念?

(二)一种唯名论者,对上列问题之答复。是说:我们之用一共名于不同之特殊对象之根据,唯在此各特殊对象间,或我们对之之观念间,有某一种相似之关系。因一人与他人相似,故我们同名之为人。一三角形与三角形相似,故同名之为三角形。此中并不必须设定:有同一之共相,存于不同之事物中,亦不须设定:我们对不同事物,有同一概念,以为我们用同一之共名之根据;而只须设定:我们能认识各特殊事物,各种特殊观念之相似之关系即足。此即休谟之主张。

但是此种只承认有特殊事物或特殊观念之相似,而否认有对同一之共相之认识所成之概念,为用同一之共名之根据之说,又有其他之困难。即我们在常识中说,二物相似时,即指其有一部分之同一,此部分之同一即其共相。如因猫与虎同有某共相,故猫虎相似。二物之同一之点愈多者,即其同表现之共相愈多,而愈相似。然二物只要有不同之点,则亦有其不相似之处。故凡相似者,皆可说不相似。唯视吾人之着眼其同一之点与否为定。若吾人根本否认共相，否认二物有其同一之点之存在，以为相似之根据，则我们说其相似时，何所根据？若无根据，则凡相似者皆既可说有不相似处，则我们何以只说其相似，而不只说其不相似？又我们如谓世间只有各特殊事物、各特殊观念，无同一之概念，则所谓相似之概念，亦即不能成立。因吾人如有相似之概念，则相似之概念即是同一于相似之概念者，而"相似"之概念之内容，即一切事物之相似性或相似关系。此相似性或相似关系，表现于各种不同之相似之事物之中，则其相似性或相似关系，即又成一共相。唯依此同一之共相之认识，乃有同一之"相似"之概念与"相似"之一共名。如吾人于此又进而谓：一种事物间之"相似性"或"相似关系"，亦只是与他种事物间之"相似性""相似关系"相似，因而亦无所谓同一之"相似性"或"相似关系"之共相；则"相似"之概念，与"相似"之概念，应亦非同一，此一"相似"之一名，与彼一"相似"之一名，亦即非同一；"相似"之一共名，即不能成立。而吾人之说"A与B相似"，又说"C与D相似"，吾人只须用"相似"之名二次，即为用一不同之"相似"之名，非用同一之"相似"之名，只是此"相似"之名与彼"相似"之名相似而已。是即归于共名本身之否定。而唯名论者，如承认共名之存在，至此则归于自相矛盾①。

（三）诚然，一唯名论者，亦可为求其理论之一贯，而主张根本无共名之存在，只有名与名之相似，如吾人之用手写或以口说一名时，在不同情境下所写所说，亦确非为同一而只为相似者。但世间若绝无所谓同一之共名，则"同一之共名"之一名，又何由出？此亦如世间之决无同一之概念，同一之共相，则"同一之概念""同一之共相"之名，何由而出？此亦使人难于理解。唯名论之所以说无同一之概念共相之根据，唯在其提出有共名之说，以解释人之所以觉有同一之概念与共相之故。若其说必归至无共名，则彼亦即不能解释人之所以觉有同一之概念及共相，与有此"同一之概念"及"同一之共相"之名之故。如吾人说，所谓同一之共名，皆非同一，或说"同一之概念"，"同一之共相"之名，亦自己与自己不同一；则此无异根本否认吾人之逻辑。而吾人说一名自己与自己不同一之一语时，此中之"不同一"如说二次，亦应即自己与自己

---

① Bradley 于 Principle of Logic, Vol. I 论相似与部分的同一之处，甚精，可参考。

不同一，则亦将无同一之"不同一"。而吾人才说其"不同一"（A）后，而再说其"不同一"（B）时，即已非复是初所说之"不同一"（A）。于是吾人所说一切之"不同一"，便皆才说即逝，永无重复，而吾人亦即无曾说之"不同一"之可说；而说"不同一"，亦同于无所说。故吾人若欲有所说，而否定有同一之共名，乃毕竟不可能者。而人承认有同一之共名，亦即必须承认一切同一之共名间之有一共性共相，而对此共性共相有概念，此乃吾人在本节之（一）项所已论。

（四）上文（一）所论者是：人如承认共名，则不能否定共相概念之存在，（二）（三）所论者是：在言说界，人必须承认有同一之共名，故人必须承认有共相概念之存在。因我们不能否认共名与概念共相之存在，故所谓逻辑的唯名论者，严格言之，皆非能真成为唯名论者。逻辑的唯名论者之所为，唯是用逻辑技术，将吾人对于普遍之"性质""类"等有所说之语言，化为对于具体之个体事物，有所说之语言。此自为可能者。然此并不能完全取消对"性质"、"类"等有所说之语言之存在，亦不能否定有"性质"、"类"等之共名与概念之存在。一切逻辑语言，如所谓"是"与"或"，"如果，则"等本身，即为表示种种逻辑关系之种种共名。而此种种共名之所表者，即吾人对种种逻辑关系之种种概念。吾人如谓：在不同之以"或"，"与"，"如果——则"等构成之诸语句中，有"或"与"如果——则"等共名，为其共相；或谓在不同之依"或"之概念，与"如果——则"之概念，而构成之判断思维中，有"或"之概念，与"如果——则"之概念之运用，为其共相，亦明为可说者。又吾人除可将对于性质与类等有所说之语言，化为对一一个体事物有所说之语言外；我们亦明可由我们对一一个体事物有所说之语言，以构成出，或抽绎出，对类与性质有所说之语言，为今之逻辑家所习为者。如吾人可由前者以主张逻辑唯名论，则我们应亦可由后者以主张逻辑实在论。而引向逻辑实在论之根据，亦即在一切逻辑之讨论，皆不能离共名，而承认有共名又承认共名之有所表，则不能否认有概念与共相，如上一段文之所说。

第五节　共相概念与特殊具体事物之关系

我们以上论唯名论与实在论两面所持之理由，似为针锋相对，而二者不得同真者。然自另一面观之，则二者亦实并非能针锋相对。因唯名论者之所坚持者，唯是谓共相概念之不能如一般之特殊事物，特殊观念之成为存在对象，并谓吾人对性质与类之知识，可化为对一一个体事物之知识。而实在论者之所坚持者，乃由共名之存在，以论定共相概念之存在。而此所谓存在，本可不同于一般所谓特殊事物之存在之意。而自柏拉图以来之实在论者，论概念共相等之存在，初皆唯是谓其为存在于：人求知识时，而欲对特殊事物，说其是什么与非什么之思想历程中者，或说其为形上世界之另一种存在。故吾人尽可一面承认共相概念等，不能如一般存在的特殊事物之成为想象之对象；然吾人仍可肯定其存在于思想中，而在人之求知识历程中，有其不容抹杀之存在地位。至于其本身是否有形上之独立的实在性，则吾人在知识论中，可暂置诸不论。吾人今所当注意之问题，唯是在人之求知识历程中，吾人之如何连系概念共相于特殊之具体事物，以成就知识，及普遍之概念共相，应用于特殊之具体事物时，其与特殊具体事物之结合之如何可能？

关于吾人之如何连系概念共相于特殊具体事物，以成就知识之问题，吾人须指出在一整一之求知识历程中，此特殊具体事物与概念共相，初乃吾人视为属于不同之层次，而可不相黏附者。无论吾人是由诸特殊之具体事物中，发现其贯通之之共相，或持共相以求应用于特殊事物，此二者，皆在高下不同之二层次。在吾人之日常一般之求知之历程中，吾人通常皆是：以一共名表一共相概念，并以之应用于特殊具体之事物，以对特殊具体之事物有知识。而在吾人此知识历程中，吾人应用一共名，表一共相概念，以判断特殊具体事物时；吾人之心，乃如吾人在知识与语言一章所言，一方虽直觉此诸普遍者如共名、概念、共相等之存在，然同时又通过之，以达于特殊事物，而全不留驻于此共名、概念、共相之上，因而可不自觉此共名之另有所表。此正有如吾人通过窗棂，以看外面之风景，通过道路两旁之事物以前行时，吾人之不可觉窗棂与道路之存在。于是此时吾之能知之心，所视为心之所对者，遂可唯是种种特殊的具体事物。此共名与概念共相，皆至多只为此特殊具体事物之属性或宾辞，而不能有单独之实在性者。而此亦即唯名论之所以只肯定特殊事物为认识之所对之理由所在。

但自另一面观之，则如吾人非只是应用一共名与其所表之概念共相于特殊事物，而是由于特殊事物，以发现共相概念，再以共名表之；或吾人

第六章 普遍者与知识

于应用共名于一特殊事物时，同时能转而回头反省我们之何以用此共名，而不用彼共名之理由；则吾人将立即发现：一共名之必有其所表之概念共相之存在。此亦犹如吾人在路上前行时，可不自觉路之存在。然吾人在问路在何处，或行过一路而回头眺望时，则必自觉路之存在。而此亦即实在论之所以恒由共名之存在，以反证共相概念之存在理由所在也。

至于吾人应用一共名所表之概念共相于一特殊事物时，二者之结合如何可能，亦可为一极复杂之问题，而为常识中可不发生者。如吾人说一性质如红，是一概念一共相；一关系如大，是一概念一共相。则此问题所问者是：红之概念共相与各各之红花、红霞、红玉、红火中之一一特殊之红，如何结合？或大之关系之概念共相，与各各之表现大之关系者如"某甲身大于某乙"，"某山大于某石"中之一一特殊之大之关系，如何结合？此处之问题之所以发生，是因：如红之概念共相，大之概念共相为普遍者，各特殊之红，各表现大之关系之事物皆为特殊者，普遍非特殊，特殊非普遍，则其二者之结合，便似无可能。又任一特殊事物皆可同时表现不同之共相，以不同之概念思维之，如红花既红而又圆，而此不同之共相概念，就其自身而言，乃一一分别者，此非彼而彼亦非此，则其结合又如何而可能？如其不可能，则一切为普遍者之概念共相皆不能应用于特殊事物。而一切以普遍者之概念共相，说明特殊事物之知识，即皆不可能。

对此问题，吾人如不欲在知识界中陷于普遍者与特殊个体事物之二元论，亦不欲陷于"普遍者唯存在于主观思想，而不存在于客观的个体事物"之概念论，则吾人只有谓普遍者与特殊个体事物之关系，乃一方为内在，而一方为超越之关系。此即谓：吾人必须一方肯定普遍者在特殊之个体事物之中，如人性在某个人之中，白在某个白物之中，三角形在某一三角形物之中，红与圆皆在某花之中；而在另一方面，亦须肯定普遍者之超越于特殊个体事物之外，如人性之超越于某个人之外，白之超越某个白物之外。因如人性不内在某一个人中或某一个人中无人性，则吾人之说其有人性之知识成无所指，而吾人即不能对某个人之人性有知识。反之，如人性只在某个人中，而不超越于某个人之外，则吾人不能说其他个人有人性。故在吾人知识世界中之共相，同时为内在于个体事物，而又为超越之者。而吾人用对共相之知所构成之概念，以指一具体事物时，此概念本身亦须内在于对一具体事物之观念之中，而同时亦超越于此观念之外,以便应用于其他具体事物者。由是而此概念在应用于具体事物时,即须融入于吾人对具体之事物之观念中而具体化,而具"具体性"。然其具"具体性",亦不碍其兼具一超越特定具体事物之超越性与普遍性。如吾人只承认概念之可具体化而具"具体性",否认其具普遍性,则我们将主张只有对具体事物之观念,与具体事物之存在,而归于唯名论。反之,吾人如只承认概念之具普遍性,而否认其具具体性,则吾人便只有归于普遍之概念,与具体特殊者之二元论,并使此二元成不能沟通者,而吾人于此,如从普遍之概念本身看,则必归于:否定个体事物之实在性,或以个体事物之实在性,由分享普遍的概念或其内在之共相之实在性而来,于是此普遍的概念或共相遂升为一更高之实在。如柏拉图式之实在论。然吾人如视普遍者与具体特殊者为二元,则普遍者之存在,可无待具体特殊者之存在,普遍者之如何关联于具体特殊者以成就吾人之知识,亦为永不能真正答复之问题,而将引出无穷之诡论者。至吾人之以普遍者之共相或概念,一方内在特殊之具体事物,而一面又超越之,则可再以一图喻之。

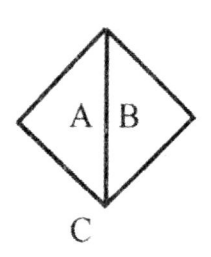

此图中之中间线 C,喻普遍者。此普遍者分别观之,为内在于左之三角形 A 而属于左之三角形 A,亦内在于右之三角形 B 而属于右之三角形 B 者。然合而观之:则吾人自其不只属于左之三角形,而属于右之三角形说,则此线亦为能超越左之三角形 A 者;而自其不只属于右之三角形,而属于左之三角形说,则亦为超越右之三角形 B 者。

此种共相概念与特殊具体事物之关系之理论,在希腊为亚里士多德所持,而在近代,则为黑格尔以下之理想主义之所持,亦为与吾人在本章第一节所述之常识中"对于共相概念及特殊具体事物之关系"之想法,大体上相合者。唯其中之问题,关于知识论之他方面及形上学者,则不能尽于本章中讨论,当俟后文再及之。

普遍者与知识　参考书目

公孙龙子《白马论》《指物论》。

荀子《正名篇》。

熊十力《因明大疏删注》十一十二页，熊先生释自相共相，较窥基原疏更清晰。

R. T. Aaron: The Theory of Universals. Oxford University Press, 1952.

柴熙《认识论》第一部第五章。

A. Pap: Elements of Analytic Philosophy. Macmillan, New York, 1949. pp. 77 – 92. Nominalism and Realism.

B. Russell: Problem of Philosophy Ⅸ 及 Ⅹ 论普遍者之问题。

B. Russell: On the Relations of Univeasals and Particulars. 此文载入 R. C. Marsh: 所编 B. Russell: Logic and Knowledge. Arrowsmith 1952. 此乃罗素早期之一论文，经 R. C. Marsh 编入此书者，与罗素后来之意见，颇有改变，但此文陈述问题颇清楚。

第七章　经验、理性、直觉与闻知——知识之起源（上）

第一节　常识中之四种知识之分别及知识起源问题

人都有许多知识，但我们如问一普通人，其知识是如何来的？则对不同之问题，常有不同之答复。

一、如我们问一人，你如何知道孔子至今已二千五百年？如何知道海王星之光到地球，光行须历四小时？人可答复：此乃老师教给我的，书上或报纸上记载的。此种知识之来源，我们说是闻知。

二、又如我们问一人，你如何知道糖都是甜的，如何知道某甲对你的友谊真是很好？人通常的答复，是我曾吃过许多糖，与某甲长期交往。则此种知识，我们说是由经验而知。

三、又如我们问一人，你怎样知道你父母亦曾当过儿童，怎样知道隔壁说话的是一个人，而非其他牛头马面之动物？如何知道你自己将来亦会死？父母在儿童时之情状，与隔壁之他人之面目，及其自己之死，皆是在其自己已有之经验以外。故人通常对这些问题之答复说：这是由推想推理而知。此所谓知，我们称之为一种理性之知。

四、如一人生而盲，忽经医生治愈，而他人置红绿二色于其前，问其此二色是否相同？彼必说不同，但彼以前对此二色并无经验，彼之知其不同，亦非由于推理。则彼之知此二色之不同，乃直接觉知其不同。此种知，我们可称为直觉之知。再如一人从未听过京剧或贝多芬之音乐，而一听则知其美。我们试问他何由知其美？则彼不能以已往之经验为理由，亦不能说由推理而知。彼于此恒答复道，我直接觉知其美。此种知，我们亦称为直觉之知。

此是常识中四种知之分别。

但是在常识中，人们亦承认人之某一种知识，可同时有几种起源。如吾人知郊外有某种风景美，此初是闻知。而后来亲自去看而感其美时，则初所闻知者成今日本直觉之所知。又如人在小孩时，闻大人告以多食伤身，此亦只是闻知。然到自己长大了，其继续不断的经验，而更知此语之不虚，则初所闻知者，成后来本经验之所知。至于人在学了生理学，知人之胃之消化机能，与人之生理上之其他部分之关系时，则人又可由推理而更知此语之真。我们可以举无数之例证，以说明一人之知识之来源于此者，可进而兼来源于其他。

人之知识，固必有其来源。但其来源如何，却可初不为我们所自觉。或初为我们所知者，后来又忘了。亦有许多我们已认之为真之知识，我们觉不易决定其来源如何。如我们如何知道二加二等于四，如何知道有原因必有结果，又如何知道共相而形成概念？此毕竟依于经验或理性或直觉，亦不易决定。而在一般常识中，亦不必有此类之问题。

其次，我们还可问：如知识有此各种之来源，则何者为最根本的？是否可说有一种是最根本的？其他知识之来源，皆由之而来？如何由之而来？或我们可否将他们缩减为三种、二种或一种？依何理由加以缩减？如不能缩减，则那一类知识之来源，为以闻知为主？那一类知识之来源，为以经验之知为主？……又各种知识之不同来源，如何相依为用，以形成人类之知识？对此种种问题之思索，即使我们由常识之说，入于哲学中知识起源问题之讨论。

第二节　中国及印度哲学中对于知识起源问题之理论

在中国哲学史中，孔子有"生知""学知"之分，孟子有"闻知""见知"之分。但此皆为德性意义之知，初非指知识意义之知。孔子所谓生知，乃指人之生而质性纯厚，能于道德安而行之者而言。学知，则指由不倦不厌之修养工夫，以知德者而言。孟子之闻知，其义乃指闻百世之上之人之风而兴起者言。见知则指人由自己之动心忍性等工夫，而有道德之觉悟者而言。故皆非知识意义之知。唯孔子孟子之所谓生知、学知、闻知、见知，虽皆为德性意义之知，其中亦非全不包括知识意义之知。如孔子之学知中，包括好古敏求，孟子之闻知中之闻古人之风而兴起者，亦必先知古人之行事。好古敏求与知古人行事之知之本身，即亦为知识意义之闻知。

至于纯粹偏在由知识意义以论人之知之来源之说，则当推荀子及《墨辩》之说。《墨辩》谓"知：闻、说、亲"。此为明白持知识之有三来源者。此所谓闻知，当即本文之初之所谓闻知。而其所谓说知①，即推理之知。而亲知则当概括吾人篇首所谓经验之知与直觉之知。

至于荀子之论知，亦兼重此四种知。其《正名篇》论人之用名说："刑名从商，爵名从周……散名之加于万物者，则从诸夏之成俗曲期。"吾人前曾说，人对语言文字之知，亦为知之一种。今荀子谓用名当依历史成俗。然人如何知一名在历史成俗中之意义，并随而用之？此则舍由闻知不得。至于荀子《正名篇》言心，又说心有征知。"征知则缘耳而知声，缘目而知形"，此则为指由经验而来之知。然荀子又谓"心征之而无说，则人莫不然谓之不知。"故只有征知尚非真知。必由征知而辨所知之物之同异，并以或同或异之名表达之，论说之，乃为真知。而此分别物之同异以用名之知，则当赖于人之对物之同异之直觉。至于分别物之同异后，由同以知物之所共之相，而有共名，由大共名以至小共名，所谓"推而共之"；并由异以知物之所不共而相别之相如何，而有别名，由大别名以至小别名，所谓"推而别之"；及荀子所常言之"以类度类"，则明依于一种理性之运用而连系于推理之知者②。故荀子之论知识之来源，亦为兼重上文所说之四种者。

至于中国宋明儒所谓闻见之知与德性之之知之分，则德性之知纯为道德意义之知，闻见之知纯为知识意义之知。而此所谓闻见之知，与孟子之所谓闻知、见知之本为指德性之知，而只包涵知识意义者，又截然不同。此可谓是将孟子之所谓闻知见知中之"知识意义之知"之一部分提出，以通于墨子所谓闻知，荀子所谓徵知等，所成之新名。此宋明儒

---

① 《墨辩》谓"以说出故"。故即谓由，由说出理由，而知者，即推理之知。
② 依荀子《正名篇》，物为大共名，鸟兽为大别名。然对物言，则鸟与兽皆为较小之共名。而各种鸟对鸟，即较小之别名，各种兽对兽，亦较小之别名。凡可以别名或较小之共名表之者，皆可以较大之共名表之。如是鸟兽者必是物。由是而吾人即可由 A 之是鸟以推知其是物，此即一最简单之推理之知。至于荀子之以类度类，即由同类者之一以推其他，如以一人之情推他人之情等，此即今所谓类推也。

所谓闻见之知，亦非只指由感觉经验而来之知，乃概括一切不属于内心之道德觉悟，而与闻见有关之一切对事物之知而言。其中可概括由闻见之感觉经验而起，及由对文字语言符号闻见而起之一切"对客观世界之事物，在时空中之分布，同异之分辨，及共同原理"之知。故此闻见之知之名之意义范围亦甚广。然大体上言，宋明儒对此纯知识之见闻之知之内容，乃尚未加详细分析者。

至于在印度哲学中，则其知识论较重知识意义之知。其知识起源之论，在吾人第一部，亦曾略加叙说。此中与中国学术史关系较深者，为佛学之理论。佛学与多派之印度哲学，在论知识来源时皆将现量之知与比量之知，严加分别。佛学所谓现量之知，乃指现成现见而现在之知。此可称为一种如其所如之直接经验之知。比量之知乃指此类已知之事，以量知未知之事，则为推理之知。然一般人之现量比量所不及者，可为圣者之现量所及。由是而圣者之述其现量所亲证之境界，如诸法之实相，亦为人所当信。由是而圣者之言，亦为人之知识之一来源。此称为圣言量。人之知此圣言量，则初只为一闻知。由是而人之真知识之来源，即为现量之经验，比量之推理，与对圣言量之闻知三者。而人欲由圣言量，以求自己亦亲证其所亲证之诸法实相，则待于人之修养之工夫。由此而依此种佛学之知识论，不仅人之德性之知，待于人之道德修养，即人之对诸法实相求亲证而有真知，亦待于人之一种道德修养。而道德修养亦即成此种知识之知之一来源。此乃与中国后儒者之分德性之知与闻见之知之知识之为二，及西方之知识起源论，大皆不以道德修养为知识之知之一来源，皆不同者。唯其详，则非吾人今所及论。

第三节 西方哲学中知识起源问题之争论及经验论之知识起源论

至西方哲学中之知识起源之论争，则主要为经验论与理性论之争。此可溯源于柏拉图之重普遍者之超越于特殊事物，与亚里士多德之重普遍者之内在于特殊事物二说之不同，及中世之唯名论与唯实论之争，乃成近代之理性主义潮流与经验主义潮流之知识起源论之不同。大率注重人对共相或普遍之概念原理之认识，并本之以作推理，而应用于具体事物与具体经验之说明者，恒被认为理性论者。而注重人对具体事物之认识或经验,而缘之以发现共相,成立普遍之概念与共名,并以对具体事物之认识与经验,为一切普遍之概念原理定律之证实者或否证者,恒被称为经验论者。故理性论与经验论之争,与唯名论唯实论之争乃相关连者。然在康德所开启之理想主义哲学潮流中,理性论与经验论之思想,即有一融合。而现代哲学中之实用主义与逻辑经验论,亦皆为由二者之融合而成之一种哲学形态。至重直觉之直觉主义之知识起源论,则同时表现于理性论者与经验论者之思想中,而又可独立成立为知识起源论之一型。至于闻知之重要性,则表面颇为此上各派之所忽。然实则无论在理性论之重共名之分析,及经验论之重具体事物之经验观察之报告之分析,及一切哲学思想之重文字语言意义之解释者,皆包含闻知为一知识之来源之肯定。唯不注重道德修养之"足使人之求知之理性日益开发,对事物之经验与直觉,日趋真切,对他人之语言之同情的了解,日益增加"之种种效用,则盖为西哲之知识起源论共有之缺点。今试分别述西方哲学中经验论、理性论、直觉论等之知识起源论据如下:

经验论之理论可以下列四者说明:

(一)无经验即无知识:经验论之知识起源之主要论据,乃谓人若无经验,则无知识。此所谓经验之意义,可指甲:人对于通常所谓由具体事物之认识所成,特殊的观念感情之知。亦可指乙:吾人所经历的一切已往之事。亦可指丙:吾人与环境之交互感应所成之事变。亦可指丁:吾人对具体事物之纯粹之觉识之历程,及其所觉之内容。亦可指戊:吾人对具体事物之观察。亦可指己:吾人之一切事物之猜想假设之得事实上之验证者①。无论依何义,经验皆为涉及特殊具体事物者,而我们亦都可说,人若无经验,则人不能有知识。由此而可说人之有知识之本身,亦即人所经验之一事。而人亦最易相信知识之范围,皆在经验之范围中,而相信经验论之理论。

经验论者恒自称其与非经验论之差别,在其否认先天或先验的知识。即人在未有经验之先,人根本即无任何知识。此即洛克之所以说在人之初生,人心如白纸之说。我们每一人亦皆知婴儿之初生,几无任何知识;是见一切知识皆后于经验而有,而证明一切知识皆原于经验,人无经验

---

① G. H. Randall, J. Buchle: Philosophy, An Introduction 第七章,经验与理性,分析西文中之经验理性二字之诸义,可供参考。

即无知识之说。

（二）普遍概念普遍定律之起源，可由经验加以说明：经验论者大皆不否认——经验皆为具体特殊者。如一经验必为某一人之经验，而非其他人之经验。一个人之诸多经验，亦各各为其人之各各时、各各地、对各各特殊环境、特殊事物之经验。此亦即一般人在常识中对经验之看法。然若果人之经验皆为具体特殊，则每一经验即皆为唯一者，一次出现者，旋生旋灭者。然吾人在知识中，则似明有抽象普遍之概念定律。此概念定律之意义，似可为永恒不变，亦可普遍的应用于一切同类经验事物者。则经验论者对此普遍概念定律，将如何说明？

大约经验论对于普遍概念定律之说明方式，主要有二种。其一即持上章所谓唯名论之说。谓世间本无普遍概念之存在，而只有各种之共名。而此说应用于科学定律之说明，则为以所谓定律，亦只是对各种经验事实之常相连接者，另以一简约之符号公式，加以记述，以节省人之思想，而产生思想经济之效果者。此即为马哈（E. Mach）皮尔逊（K·Pearson）之科学理论之所主张①。

其二即为承认有普遍之概念，与由概念相连结而成之定律之知识，而以此概念乃由人对各种特殊而具体之事物之种种观念印象，施行一比较、分辨、抽象、或其他之心理活动而形成。如依洛克之说，则人所有之各种抽象概念如数之概念，距离之概念，广袤之概念，各种关系能力之概念……皆是由人之根据感觉之经验，加以反省，而将不同之具体特殊之观念，加以比较、分辨，并对其某一方面或相互关系，并特加注意抽象而成；或是将一由抽象而成之观念，与其他观念加以组合而成。其详见其《人类理解论》之一书②。而其他经验主义者论共同概念之形成，则又或归之于各种特殊观念印象之可互相混融，而使其特殊性隐而不显，由此遂构成一普遍之概念。如吾人将各直角、钝角、锐角三角形之观念、印象互相混融，则成一既非直角亦非钝角锐角之三角形之观念印象，亦成为可兼指各钝角锐角三角形之概念。而吾人能由抽象、组合、或混融，以形成概念，即可进而再连接概念，以形成各种普遍之原理定律之知识。

（三）普遍之原理定律之知识根据经验而建立，亦可为经验之所否

---

① 马哈《感觉之分析》，与皮尔逊之《科学典范》，皆有中文译本，商务印书馆出版。
② 洛克（Locke）《人类理解论》An Essay Concerning Human Understanding 第二卷。

证。经验论者可承认人对于具体事物之知识，恒由人之推理而知。然依经验论者说，人之一切推理，皆始于经验，或归于经验。人之推理，或为所谓归纳推理，即由特殊事物之经验，以求普遍之原理定律。此普遍之原理定律之求得，乃原于人对特殊事物之经验，施行上文所谓比较抽象综合之活动之结果。至于所谓演绎推理。此则或为以一普遍之原理定律为大前提，而据以定然的推断特殊事物之情状；或为以臆构之假设为前提，而试演绎出其理论上必然之归结，以试假然的推断一特殊事物之情状。然实则此二种推断，并无根本之分别。譬如在前一情形下一普遍的原理定律，其所由建立，初仍是本于经验之归纳。而根据普遍的原理定律，以定然的推断特殊事物之情状者，最后仍须以对特殊事物之经验，加以证实。此时如人对特殊事物之经险，与吾人初所推断者不合，则吾人可谓由此特殊事物，不属于此普遍定律能应用之事物之类，但亦可否证此普遍定律之存在。如吾人由过去经验之归纳，而知凡服砒霜至一定量者皆有死，并视之为一普遍定律，吾人即可以之为根据，以推断某甲之服砒霜至一定量者必死。但若吾人由经验发见某甲之服砒霜，至一定量者不死，则吾人可谓某甲非吾人所谓凡人中之人，而为某一种特殊人，或视之为非人而为仙。但吾人通常则尽可由此否证"人服砒霜至一定量者必死"之为一普遍定律。此外，一切我们所谓科学上普遍定律，亦皆同有此被经验所否证之可能。如依牛顿之天文学之理论，所推算之天体之运动，为现代人之实验观察之所否证，即为一例。由此而一切所谓为演绎推理之大前提之原理定律，在根本之性质上，与一切科学上臆构之假设，其性质亦相同。一切科学上之假设，得若干实验与观察之证实者，我们即可称之为原理定律。然一切已往所证实者，同可为以后之观察实验之经验所否证。由此而吾人之一切依于所谓普遍之大前提或假设而生之对具体特殊事物之推断，皆非真普遍必然，而唯由经验之证实或否证，以决定其是否为真知识者。此之谓一切普遍之原理定律皆根据于经验而建立，亦可为经验所否证之说。

（四）数理知识之普遍性必然性可由其从未为经验所否证等加以说明。至于对传统理性论者所认为具必然性普遍性之知识，如数学逻辑之知识，及关于存在与知识之基本原则之知识，如因果原则，自然齐一律 Uniformity of Nature 之类，依经验论之立场，仍谓此类之知识，乃由经验而来。如自洛克至巴克莱至休谟等经验论者，皆以数学之知识中之一切观念之来源，同出于经验。至其所以具必然性，则休谟以为，此乃原于数学原为只反省吾人自己之观念间之关系而成。如吾人之以二加二必等于四，此唯由吾人之反省：吾人对二事物之二观念，与对另二事物之二观念之结合，即产生此四之观念而来。因吾人此时所反省者，只限于吾人之主观之观念内，吾人反省而得者是如此，亦总是如此；故此知识即有其必然性。至于对归纳推理所依之因果原则，则休谟以为所谓因果之关系，即二事之出现，常相连接之关系。而吾人之所以若觉其间有必然性，并以为吾人可由其因以必然的推断其果，则由二事常相连结所养成之心理习惯而来。后之穆勒对于数学之知识，及归纳法所依据之自然齐一律之说明，亦谓其皆由于归纳而来。其异于其他由归纳而来之知识者，唯在其乃由各种不同类事物之经验，归纳而来，故有其更大之普遍性，且为人类自古及今之经验从未尝加以否证者，故似有其绝对之必然性。由是而依经验论者之观点，即可不否认我们有具普遍性必然性之数学知识，及"若干关于存在与知识之基本原则"之知识，然仍溯其起源于吾人之经验之自身。

第四节　理性论之知识起源论

至于在理性论者之立场，则其立论，适足与上列经验论者所提之四点相对应，以说明理性为知识之主要来源之理由，可略如下说：

（一）有经验不必有知识：对应经验论者之主张"无经验即无知识"之第一理由，理性论者之理由是说"有经验不必有知识"。理性论者可承认：人如自始无任何经验即无知识，故经验是人之有知识之生起因或历史因。但只有经验，人不必即有知识，人必须有理性之运用，人乃有知识。故理性方为人之知识之成就因或实现因。如在经验论者之所谓经验之广义，可谓人之"自觉其有知识"本身，亦是人之一经验，则理性论者将说，如人无理性而只有经验，则人亦不能有"自觉其有知识"之经验。

吾人所谓经验，有不同之意义。吾人所谓理性，即在知识范围中之说，亦有不同之意义。甲：理性可指一切由已知推未知事物之具体情状之能力。此或为不自觉的依一普遍之知识原理，以由已知之具体事物之一方面，推未知之具体事物之另一方面。如吾人隔墙见角，而推知有牛，此即依于人有一不自觉的"凡此类之角，皆牛之角"之原理之肯定而来。或为自觉的依一普遍之定律知识作大前提，以之为已知，以推未知之具体事物之情状。如由普遍之万有引力律，推日月之相吸引。乙：理性可指一切把握或认识共相或普遍者之能力。其中可包括由经验事物中认识共相或普遍者，如白，色等之能力。或直接把握一切呈现于思想中之共相或普遍者，如各种思想范畴之"有""无""一""多"等之能力。丙：理性可指一切纯依抽象的概念，原理或假设而作纯理论之推演之能力，如数学推演之能力。丁、理性可指综合贯通不同的经验之内容，概念，共相，发现其关联，或纳之于一系统，及综合贯通零碎的知识，以构成知识系统之能力。戊、理性可指自觉依逻辑或思想规律以思想，并批判思想，兼校正经验中之幻觉错觉等之能力。然要之无论何义之理性运用，皆为不限于某一特殊之经验事物，而求贯通不同事物经验，而多多少少包涵一对普遍的概念共相及其关联之不自觉或自觉的认知，而可依之以推知：某一不在已有经验中之事物之情状，或推知其他普遍的概念共相与其关联者。故吾人如谓一切经验，皆为属于一时一地之某人，而各为一特殊者，则一切理性之运用，皆为依于一普遍者，以突破一人之一时一地之经验之限制，而求通于不同时不同地，以及不同人之经验，或其他普遍者之事。经验中所包涵者，唯是一一特殊具体之事，而理性活动之所通过者，则为诸普遍抽象之理。吾人依此对理性与经验之分别之了解，遂可言，一切经验只能为知识之生起因，而不能为知识之成就因。因人之最低知识之成就，皆依于以共名所表之普遍者或共相，而以之指一特殊具体之事物。此为吾人上章之所已论。故知识之成就，其关键在人之有理性以认识普遍者，而不在人之有对具体事物之经验。而所谓无经验则无知识，乃惟是自人必须先有经验乃有理性之运用上说。然人由理性之运用，而已构成若干概念与原理原则之知识后，人尽可无新经验之增加，而只依概念与原理原则之知识，作纯理论的推演，以产生一新知识或新形式之知识（如依逻辑之理性，而由"凡人是动物"之知识，以推出"有些动物是人"之知识之类）；则理性活动即可为一独立之知识之来源。故不能由人之一切理性之运用，皆有赖于人先有之经验，遂谓人之理性之根源，唯是人所先有之经验。

（二）共名与概念必待于理性之运用而建立：对于经验论之主张一切所谓普遍之知识，皆只为经验之简约的记述，或普遍之概念，皆由将经

第七章 经验、理性、直觉与闻知——知识之起源（上）

验事物加以比较抽象等而得之说；理性论则主张一切共相之认识，共名与普遍概念之建立，皆待于理性之运用，而人之一切理性之运用，皆在所谓经验事物之上一层次上。理性主义者可承认，吾人知识之开始点，只是记述，而最原始之记述，即对吾人之感觉经验而作记述。此感觉经验，自可说为特殊具体之事物，初并非普遍概念或共相。但理性论者不难指出：人因不能对每一特定感觉经验，都为之取一特定之名字，于是其一切记述，皆须用我们前所谓共名①，而共名所表者，即为一概念或共相。此概念共相，即只为人之理性所认识。如吾人记述吾人在一荒山所见之果，而谓之为红而圆。此红与圆即各为一共名。吾人如问：吾人见此从未见过之果时，何以即忆起此红字圆字以记述之，而不忆其他字？此只能谓由吾人直觉此果之色与所见之红物之红相同，而有同一之共相。又觉此果之形与所见之圆物之形相同，亦有同一之共相。此中吾人若否认此对共相之直觉之存在，则吾人无任何理由，以说明吾人之所以以红圆二字记述之，而不以他字记述之之理由。而此共相之直觉，即为一不自觉的依理性而有之直觉。故当人怀疑其记述中所用之名，是否适切于当前之物时，人即恒反而回想，吾人之曾否用此名指同类之物。而当吾人忆起曾用此名指同类之物时，则吾人即可进而自觉的认识，此当前之物与其他同类之物之共相。而此共相之是否真有，即为判定我们之是否可用此名于当前之物之标准。此亦为吾人在本部第六章所言及。是见吾人若不肯定共相之存在，及其可为吾人所自觉之认识，则吾人永不能知吾人之从事记述时，所用之名之是否适当。而一切之自知为适当之记述，即必待于肯定吾人之能自觉的认识共相。而此自觉的认识共相之能力，即一种理性。

复次，除一般简单之共相、概念、共名外，理性论者自亦可承认若干抽象之概念与共名之形成，有赖于人之将不同经验事物，从多方加以比较，再继以种种抽象、分辨、组合之工夫。然此种抽象分辨组合之工夫，毕竟为经验之活动或理性之活动？在经验论者如洛克等，固可说此比较、抽象等，即吾人之反省活动，反省亦为吾人之内在之经验。但在理性论，则可以此诸活动之目标，在发现共相、概念、定律等，说其为理性的活动。于此，经验论者固可由"比较""抽象"等所造成之概念，

---

① 本部第三章《语言与知识》第八节及第六章《普遍者与知识》第四节。

其材料为经验事物,而主经验论。然理性论者亦可由人在"比较"经验事物之异同,而加以"抽象",留同舍异,以形成概念时,人亦同时将其原先之经验之若干方面,加以削除,加以舍弃,而改造超越原先之经验,以成就对共相之认识,以形成概念者;而视此比较、抽象之活动,为运行于原先之对事物之经验之上之高一层次之理性活动,而不称之为经验活动。

(三) 理性对经验之选择与校正,安顿引导之作用

与经验论者之"知识由经验建立可为经验所否证"之理由,相对应之理性论者之理由为:理性亦决定其所选择之经验,并可校正、引导吾人之经验,以形成知识,而一般对具体事物之知识之所以可受经验之否证,正由其非依于纯粹理性而成之知识。

所谓理性之决定其所选择之经验,乃指吾人之经验中,恒有种种之幻觉与错觉,种种不正常之经验,与其他正常经验相分别。而人之求知,至少在其最先之一步,必须选择正常经验,以为形成各种对具体事物之知识之根据。但若自任何经验皆同样为一经验观之,则一切幻觉错觉等不正常之经验,亦同为一经验世界中之事实。然则吾人将依何标准,而谓错觉幻觉为不正常,而不在第一步,即取之为形成知识之根据?此只能由于吾人之感到幻觉错觉恒相矛盾冲突,不能彼此配合。至其他之正常的知觉经验,则大体上为能彼此配合者。此种配合与否之发见,则由吾人之能超出各特殊的知觉经验之限制,而通观各知觉经验之内容之关系,及其能否纳之于一系统中。依理性论者之说,吾人不仅可应用吾人之理性,以定正常经验与不正常经验之别,而选择经验,以形成知识;吾人亦可依理性以校正吾人之经验,引导吾人往求另一新经验,或依于对不正常经验之一般的原因之探索,而使吾人对不正常之经验本身,亦求有一正常之理解与正常之知识,如由生理学心理学之知识,以说明其所以产生。例如,吾人对一"依极细微之分别,而构成之一串系之事物"之诸经验,恒觉难于分别。如光谱即为只有极细微之分别之诸光色构成之一串系。吾人在光谱中,于邻近之诸光色间,恒无法由经验加以分别。吾人恒觉 A 色与 B 色无别,B 色与 C 色亦无别。然吾人又恒能由经验以发现 A 与 C 之有别。于此再济以理性之运用,则吾人可推知 A 与 B 间或 B 与 C 间,必实有别。因如 A 与 B 及 B 与 C 间皆无别,则 A 等于 B,B 等于 C,A 亦应等于 C。今 A 不等于 C,是必由 A 之不等于 B,或 B 之不

等于 C。由此推理，吾人遂可校正吾人之经验，知在经验中之无分别者，实有分别。于是吾人遂又可本理性所先已预断者，使吾人以更细心之观察，或以显微镜助吾人之观察，以冀发现其中必有之分别，由此而导引出：吾人"对其分别之认识"之经验。于此，吾人亦可再回头以生理上或心理上之原因，解释吾人最初之所以不能加以分别之故。由此以将吾人之原初"对之不能加以分别"之经验之本身，亦纳入另一种生理学心理学之知识之系统，而使之有一安顿，而得其所。此亦即心理学之解释一切不正常经验，以形成心理学上之正常知识之路道。

至于经验论者所谓：吾人对于具体事物之一切依理性而作之推理，其所依据之大前提，恒必依经验之归纳而建立，最后皆可由经验加以证实或否证云云，理性论者亦可加以承认。然在历史上之理性论者，则不由此以论证人之理性之缺点，而反由此以论证：人对具体事物之经验本身之不完备，吾人又恒势不能免于以由此不完备之经验归纳而得者，为推理之根据。此正所证吾人之经验之缺点。如吾人说，凡吃某定量之砒霜者必死。吾人之此知识，自是由经验之归纳而来，而亦可为未来之经验所否证者。然其所以如此，正因吾人之凡吃某定量之砒霜者必死，所根据之经验为不完备者。吾人只根据此不完备之经验，如纯依理性而推，原并不能推出或归纳出：凡吃某定量之砒霜者必死之结论，以为其他推理之大前提。此在近代，则称此类知识，始终皆不能脱离假设之性质，或为只有概然性之知识。然在传统之理性主义者，则以此类知识，乃不具必然性普遍性之低一级之知识。而高一级之知识，正当为不依具体事物之经验之归纳，以为推论之根据者；而当为依对理性为自明之理，以为推论之根据者。而此类知识，即非依于经验而建立，亦无由经验之证实或否证以决定其命运之情形。而此种知识，即为逻辑与数学几何学等之知识之类。由此即见人之对于具体事物所作之推理之恒有错误，其咎遂不在此推理所依之理性之本身，而唯在此中之理性，未能纯以"对其自身为自明"之理，以作推理之根据，而反依人之不完备之经验，作推理之根据。而此推理之所以必须不断要求以后之经验证实之者，则唯证不完备之经验之本不足形成必然普遍之知识，而必须要求以后之经验以完备之而已。而此求经验之完备之要求，在理性主义者，亦可称之为一理性之要求。

（四）具普遍性必然性之知识不能由经验而建立

由上所述经验论者与理性论者之论争，最后即逼至一问题，即是否有对理性为自明之理，而可由之以推出种种纯粹理性的知识；及逻辑数学几何学等知识，是否依于纯粹理性而建立之知识之问题。而经验主义之第四理由，即为否证依于纯粹理性而建立之知识之存在，而主一切数学逻辑之知识，皆依经验而建立者。对应此经验主义之主张，理性论者之主张为：经验世界中之经验事物，根本无"与构成普遍必然之知识之概念"全相切合者。而此类之知识——其中包括经验的归纳所依之原理原则，如因果律自然齐一律之类——亦皆不能由经验而建立。

西方之理性论者，自柏拉图至近代之笛卡尔，来布尼兹，斯宾诺萨以来，一贯的指出数学知识中之概念，为无经验之事物，能全与之相切合者。如经验中无绝对的圆与方；数之本身之非感觉的对象，数学知识中所谓负数、无理数、无限数等其不直指一经验之对象之数量，皆人所共知。逻辑上之基本原理，如思想律中之同一律之"A 是 A"，或"任何是 A 者不能兼是非 A"，与事物存在之充足理由律，因果律等之本身亦皆不能直接成为经验之对象。而我们对数学逻辑之知识，则又公认为有普遍性必然性者。近代之经验主义者，由培根、洛克、巴克来、休谟、穆勒之说此类知识皆原于经验，实亦从未尝真由一一具体之经验，以导引此种种数学逻辑之概念与知识。洛克休谟谓逻辑数学为只涉及主观之观念之关系者。休谟穆勒以一切逻辑数学上之知识原理等之所以具普遍必然性，唯由吾人经常发现吾人之主观观念有某种数理关系或逻辑关系及已有经验之从未加以否证；此实皆同忽视数学与逻辑之知识、原理等，何以能应用于一切客观事物，或一切可能之经验，以成就吾人之知识之问题。而彼等亦不能说明何以一切可能之经验，皆不能否证数学逻辑之知识原理之理由。我们凡说经验，皆只能说已有之经验。未来之经验及可能之经验，皆非已有之经验。然而人明可思想及未来之经验及可能之经验。吾人对一切涉及具体事物之知识，吾人都可设想其或在吾人对该具体事物之未来经验及可能经验中被否证。然而我们并不能设想一数学逻辑上之原理，如 A 是 A，二加二等于四，在任何对具体事物之经验前被否证。如此中之理由，只在此等原理知识，从未在过去一切经验中被否证；则此只足证明其在过去一切经验中为真，而终不能证明其在一切未来之可能的经验中之为真。而吾人于此之断定其对一切可能的经验皆为真，此即当下为一超越已成经验之一断定。此一断定，既不依于已有经验；即只能说是依于其对吾人之理性自身为自明，或由对理性自身为自明之知识，依理性推演而成者。此一断定，同时是断定其可通过一切可能经验之具体事物，而不遇任何足以否证之者。如吾人能在当下，即可断定在未来之任何时间内之任何处，是A者之必是A，二加二必等于四。是见吾人之知此类知识之真，乃通过一切时间或超越一切特定之时间，而知其为普遍的真，必然的真亦永恒的真者。然吾人之任何经验，莫不存在于某一特定时间，而为某特定时间之特定经验。吾人亦无一经验，就其自身言，为必然的永恒存在者。吾人更不能将一切可能经验，全部化为一吾人已有之经验。则吾人之所以能知此类之知识，为超越一切特定之时间而普遍必然的真，永恒的真；其根据即决不能在人已有之经验，而只能在人之直就其真之为普遍，必然永恒而认识之把握之之理性。

第八章 经验、理性、直觉与闻知
——知识之起源（下）

第五节 理性论与经验论之异同及加以融通之诸形态之哲学思想

由上文所述经验论与理性论之论争，其中自尚有若干问题，如逻辑、数学、先验知识、归纳原则、因果律等之本性问题，待于进一步之分析者，此在本部第十一章至第十五章之五章中再及之。但由吾人上之所论已可见，哲学上经验论与理性论之争，并非如人初闻此二名之所联想，以此二者之争，乃一只知经验，一只知理性之别。实则倡经验论，亦未尝否认理性运用之价值，而倡理性论者，亦不否认人之若干知识之根于经验。二者争论之焦点，唯在普遍者或共相，在知识中之地位问题，及是否有纯依理性而建立之普遍必然知识之问题。依吾人上文之讨论，则知经验论，乃较近于常识者。因其不承认纯依理性而建立之知识，故所肯定之知识之范围，乃较小者。而理性论则较远于常识，其所肯定之知识范围，乃兼及于一般对经验具体事物之知识，与由纯理性而建立之知识者。然理性论者，恒有以后者为高一级之真知识之意，于是被其认为真知识之范围，则又较狭。然就上文所述之双方所持之理由以观，则经验论者至少不能否定：有"异于一般之对具体事物之知识"之数学逻辑知识之存在；亦不能否认：人之认识共相或普遍者之理性，不同于直接接触具体事物之经验，而理性论者，亦未尝否认一般对具体事物之经验知识，亦为知识之一种。吾人今如从经验论者所指出：人之推理知识之起于经验，并由经验而加以证实否证；及理性论者所指出：人对经验之记述，亦须本于共相之认识；二者合看，则经验论与理性论之自有其相互为用，而互相融通之处。而此种融通之哲学，大约有数种主要之形态可说。

此中之第一形态，即为同时肯定理性与经验为人之知识之来源，并分开理性的先验知识，与一般所谓经验的知识，再进而说明理性与经验之如何关联，以形成吾人对整个世界之认识者。此即康德哲学之所为。

第二形态为以理性为主，而着眼于理性所知之普遍者或共相，必须视为能特殊化，以贯入具体事物而内在其中，以成具体之共相者。故人之思想，亦必须由抽象的理解，走向具体事物，而以理性认识其具体之共相，而于所经验之具体事物发展变化之历程中，同时获得在理性上为必然之知识者，此即黑格尔哲学之所为。

第三种形态，为将人之认识普遍之共相，或形成概念之理性能力，自始即放在一整个的经验之流，或经验相连续所成之经验系统中，或由大字母所表之"经验 Experience"中看。由是而理性之功能，其所形成之普遍的观念或概念之价值，即在其联系经验，组织经验，使经验自身更成一和谐配合之系统；而理性之活动之所以引出，与普遍的观念或概念之产生，亦即由人类经验，在进行发展中，遭遇困难阻碍，而后引出产生，用以解决其问题者。由是而理性亦即经验自求其和谐配合，而进行发展时之一种内在之机能；而一切普遍之观念或概念，则可说为达其进行发展之目标之工具。此即实用主义之哲学家，如詹姆士、杜威等之所为。唯此派之哲学，为表示理性之自始在经验中活动，不承认纯理性之知识之独立，故在杜威恒用智慧 Intelligence 之一名，以代传统西方哲学中理性 Reason 之一名。

第四种形态，为确认对具体事物之经验的知识与数学逻辑之先验之知识之别，而以一切先验知识，皆为分析命题，因而否认康德所谓先验的综合判断为知识之说，此为现代逻辑经验论者之说。此说在实际上，亦为求综合理性主义与经验主义之思想。然因其逻辑数学理论，恒归于视逻辑数学上之原理，乃建基于对若干符号之意义之约定上，而于数学逻辑之知识，皆或视同一种符号之演算，故不重以理性为逻辑数学之基础。

关于此四种理论，皆涉及知识论之其他问题，吾人以后论其他问题时，当再加讨论。

第六节 权威主义及直觉之诸义

在西方哲学史之论知识起源论，除理性论与经验论之论争外，尚有所谓权威主义、直觉主义与理性论与经验论相互间之论争。如中古时期及今之宗教家之以《新旧约》为神之语言，亦人类之知识之来源者，即属于所谓权威主义。而凡以一切历史上被人共认之知识，即当成为后人所共信而不容轻易怀疑者，亦权威主义之一型[①]。权威主义之根源，乃在重闻知；然闻知之范围，则可较西方所谓权威主义之范围为广大。此俟后论之。

至于所谓直觉主义，则或为着重超越一般经验之一种神秘经验之直觉主义，如宗教上之所谓神秘主义。或为重吾人之日常生活中之直觉者，而此直觉，则或为价值之直觉，亦或为纯知识意义之直觉。此纯知识意义之直觉，又或为特殊经验之直觉，或为理性上之认知普遍者与普遍者间之关系之直觉。此亦为近世经验主义与理性主义哲学家所重视。然以直觉主义标宗者，则尤强调人之经验及理性活动中之直觉之认识，为一切人之当下颠扑不破，确然无疑之知识来源。而与一般理性主义之重纯粹理性之推理，及一般经验主义之重经验之积累，及本过去经验，以由已知推未知者略异。

关于此后二者与前二者在西方哲学中之论争，乃头绪纷繁，而迄今未已者。吾人亦不必详加介绍。但吾人可本吾人上文对于经验主义理性主义之讨论，并本吾人自己之经验与理性，以论究人之直觉之知及闻知，皆确为人之一知识之主要来源，而可与较狭义之经验与理性之运用，并列为人之知识之四种来源。此下当先略论理性主义者经验主义者亦重直觉之知之说，然后直就直觉之知之内容，一加分析。

对于直觉之知，在西方近代之理性主义者与经验主义者实皆同是重视的。如笛卡尔以一切知识皆由直觉与演绎来，而称直觉为理性之光。因由直觉来者为更简单的，故其确定性更高于由演绎来者。彼以人皆可直觉其自己之在思想，及其自身之存在，人皆可直觉：三角形之只由三

[①] 关于西方之权威主义之知识论之陈述，以孟泰苟之 W. Montague《认知之方法》Ways of Knowing 之第一章所论为扼要，有施友忠译本，商务版。

直线围绕而成,圆球面为一整面①。洛克亦以人之知二观念之一致与不一致,如知白与黑之不一致,三与"二加一"之一致,皆原于直觉。而人之一切三段论式之推理,皆须以对此二观念之一致不一致之直觉为基础。如吾人直觉 A 与 B 之全一致,又直觉 B 与 C 之全一致,即可推知 A 与 C 之全一致②。但笛卡尔所谓直觉我在思想,如只指一思之事实,当为一经验的直觉;而洛克所谓直觉一观念与一观念之一致,如其中包涵共相之认识,则为理性的直觉。故二家之所谓直觉,其涵义尚可作进一步分析。而各种直觉之存在,固有为吾人一般之自觉所及者。但亦有不在一般之自觉中,其存在之本身,亦有待于推知者。故其中之问题,亦颇复杂。今试顺前已论,更分析直觉为数种以论之。

(一)第一种之直觉为吾人于本书本部第二章中所谓亲知之直觉,如哑子吃黄连之类。此即在人之一切活动中之一种知,或一种明觉。此为人于未有反省自觉之前,亦在人之语言之运用之前,内在于一一活动中之直觉,因而亦为本身无直接之知识意义之经验之直觉。

(二)第二种之直觉,为对于第一种意义之直觉,加以反省,而由其"所是",以直觉其与他时之所经验之同类事物之"所是",有某种共同之相状性质,而即以语言表之之直觉。此为理性之直觉之原始形态。而吾人于某经验事物,所以能不待思维而直接以某名表之,亦恒由吾人直觉其与某类之经验事物,有某一种共相之故。否则吾人将不能解释,吾人何以能直接用某名表之之理由。然此种直觉之存在,则初可不在吾人之自觉中,而为由对我们之用名之事,加以反省后,方推出其存在者。

(三)第三种直觉为自觉一共相之为一共相,或一共名之为一共名,必有其共相为其所指,遂对共相之同异等关系之一种直觉;此为一种自觉的理性之直觉。如吾人之直觉方之异于圆而同为形。此中之共相,皆为明显的,表出的 Explicit 被直觉者,而异于第二种直觉中之共相乃隐涵的 Implicit 被直觉者。笛卡尔所谓三角形为由三线围绕而成之直觉,即此类。因此三角形中,三线皆为共名,亦各表一共相。

(四)第四种直觉,为我们自觉以共名、概念、共相指事物或预期事

---

① R. Descartes: Rules for the Direction of the Understanding, Rule Ⅲ.
② J. Locke: An Essay Concerning Human Understanding, BK. IV. ch. 2.

物,而后来之经验事物竟适如所期时,吾人之发现后来所经验者与自觉的预期者相合之一种直觉。如吾人自觉的预期某物之形为三角,后经验某物时,发现其正为有三角。则此中即有两重直觉,其一为经验某物时之一亲知的直觉,其另一为直觉"此所经验者之所是",同于"吾人用以预期之共名之所指或概念共相之所是"之直觉。此种直觉,乃一切假设或知识之证实阶段,皆不能全无者;而此种直觉,则为兼通于理性与经验者。

此四种直觉,为贯于吾人之理性经验之活动,而对其存在,人大皆可无异辞者。

(五)第五种直觉为直觉一一经验之存在之直觉。譬如我们方做了某事,人问我是否已做过,我答做过,是即我知某一经验事之存在之直觉。此时,我之知我曾做某事,乃不由推理而知,亦非只知某事之共相,而只为知某事之存在。此种对于一事之存在之直觉,在一般知识中,或无甚大之重要性;然在知识论,形上学中,则有甚大之重要性。此后文当再及之。因吾人之知某事之存在,乃直就某事之存在性而知之。故吾人可知有某事之存在,而忘其为何事。如我一日外出,某人托我一事,而归来忘记了;然我却可觉彼曾托我某事而耿耿于怀,我即可再往问之。彼再说一次,我即顿觉忽然开朗,并知其今所说者即彼昔之所说,而忆及其昔之向我如何说之事。是证当我之忘其所说之事时,我亦知其曾向我说之事之存在,此知,初乃直向该事,以知其存在性,而不必知其内容者。

(六)第六种直觉为直觉一经验事,与他一经验事之分别之直觉。此乃与第五种直觉相连者。因吾人如肯定吾人有对一经验事之存在之知,则吾人亦可有对不同经验事之分别存在之知。譬如我方才举手再举足,吾人于此亦不经任何推理,而知此为二事。然吾人如何能知其为二事非一事,是否必需凭二事之不同相状性质,乃能知之?此似不能说。因纵然此二事之相状性质全同——如吾人闭目举手再举手,此二次举手时吾之筋肉感觉之相状可全同——吾人仍知其为二事。此知其为二事,自可说由其间有间隔之事,或由二事之前后相关之事不同(如第二次举手,有前次之举手为前事,第一次则无),故吾人可加以分别。但吾人如根本不能直下将事与事加以分别,即亦不能分别出前事与中间之间隔事,及中间之间隔事与后事,亦不能知事之有其前事。故对事与事之分别之知,必为一原始之直觉。至于吾人所以有此原始之直觉，以分别事与事，则由于吾人不特能感事之存在，且能感其"不存在"。如吾人之所以觉后之举足，非前之举手者，依常识说，此唯因吾人知举足之事乃继举手之事而起。而所谓举足之事继举手之事而起，亦即"举手之事由存在而归于不存在后，举足之事乃由不存在而存在"之谓。而吾人之所以觉前一次之举手，非后一次之举手，此中亦有"前一次之举手之由存在而不存在"，先为吾人之所觉。故后一次之举手，虽与前一次之举手完全相同，然因其为继前者之不存在而起，即为其"与前者分别之感"所由生。此前者之由存在而不存在之"不存在"，即可使前者别于后者，如空间之空无所有，即为可分别一切相状相同之二事物者。

此种能分别经验事与经验事之直觉，实一切经验主义者理性主义者之所以同谓"一经验事为具体特殊唯一无二者"之一原始理由之所在。唯吾人欲确知一经验事之所以异于其他经验事，则尚须依理性，以对一一经验事，施以不同之概念规定。而此种能分别一一经验事之直觉，亦应与"能对不同经验事，与以不同之概念规定之理性活动"，有一种分别。惟依此分别，吾人乃能知经验事之不同于一切概念与共相。又此直觉之本身，既为能分别诸经验事者，则不当与其所分别之诸经验事，属于一层次。此能分别之直觉之运于诸经验事之间，与人之理性活动之运于诸经验事间，亦正有一方面之类似。故此直觉，亦即不能只说为一般之经验之直觉，而亦可说之为一理性之直觉。此直觉在形上学上亦有其深奥之意义，为今之所不及。

（七）第七种直觉，为对于经验事历程之始终相涵之直觉。吾人之经验事，盖皆为一有始有终之历程。此乃詹姆士之心理学，所特着重加以说明者。在吾人有一般所谓自觉之目的或潜在之目的之活动中，此历程之性质，尤为显著。如吾人忽忘某人之名，遂求知其名，初若不得，而既得后，便知此为吾人初之所求。又如饥饿求食得食，吾人亦不特感一满足，且知此食物为吾人之所求。吾人今试问：此知为何种知？此亦只能谓之为一直觉。此直觉乃直觉一历程之终，即所以完成"一历程之始之所向"之潜在之目的。而吾人前所举第四项之直觉，则为直觉"一经验事物之完成吾人求知之历程中开始时之自觉的目的"——即望经验事物之如所预期——。此即可在一意义上，属于此一种直觉之下，而为其一特例。

在此种经验事之始终相涵之历程之直觉中，尚可概括吾人之经验中一种因果连锁之直觉；如吾人吃饭即饱，人恒直觉吃饭为饱之因。被打即觉痛，吾人恒直觉被打为觉痛之因。吾人感疲倦则求休息，吾人亦直觉感疲倦，为求休息之因。此种因果连锁之直觉，在化为明显之判断与知识时，似常包含因果之错置（如因被打而觉痛者可以其觉痛由于身体中有病）。然此中之一种对因之存在感，则可并无错误，亦只为直觉一为因之事之存在。然以此中之为因之事，如有一种向性，而以果之事为其终，吾人即直觉其为始终相涵之二事，其间有一因果连锁。此因果连锁之直觉中，既包涵"为因之事与为果之事之分别"，又包涵"为因之事如有一向性以向为果之事"。由此而在因果连锁之直觉中，吾人乃"一方直觉为因之事之由存在以走向不存在，一方即直觉为果之事之由不存在以走向存在"。此与吾人上（六）中所谓对二事之分别之感中，吾人乃于前事不存在后，再觉后事之存在者又不同。但关于因果之问题，尚有其他种种牵连，为吾人今所不及论①。

除上述之在吾人之日常生活即可证实其有之理性之直觉与经验之直觉外，尚有其他之直觉，如生命经验之前后连续渗透之直觉，如柏格森所说。及对于他心之存在之直觉，此皆可谓为常人之所共有者。至于对上帝或神秘境界之直觉等，则可非常人所能有。然因吾人不能预断吾人之常人之经验，即人之唯一可能之经验，则吾人亦不能以常人之经验为标准，以断其必无，故亦即在原则上皆可成为人之一知识之来源者。

第七节　直觉知识、理性知识与经验知识

吾人将理性主义者经验主义者思想中所谓理性之直觉及经验之直觉析出而论，则吾人可谓纯粹之理性，应为表现于推理或演绎历程中之理性；而所谓经验之为知识之源泉，则当纯从已有之经验之积累为知识之来源，及经验之能证实或否证人之一切依普遍原理与假设而成之推断处说。而直觉知识与理性知识及经验知识之分别，则在理性的直觉知识，乃不待另一前提而作推理，即直接认知共相之所以为共相，及共相与共相之关系之知识。经验的直觉知识，则为不待过去之经验之积累，而直

---

① 关于因果问题，本书中较详之讨论，在因果原则与知识一章。

接认知经验事及与其他经验事之分别等之知识。然在后一种知识，以概念语言表达时，则同时亦即可化为理性之直觉的知识。如觉糖甜，为经验的直觉；而在说糖是甜时，吾人即更直觉其同于一切糖之甜。此后一直觉，即兼为理性的直觉。至于一般之理性知识，则为待推而知，由推以知，不推则不知之关于不受时空限制之共相之知识。一般之经验知识，则或为根于过去已有之经验，并可据以推知未经验之具体事物之知识，或为根于现在之经验，以证实已有之推断，或更规定过去之所经验之具体事物之为如何之知识。是为此数种知识之界限。由是，吾人亦即可说直觉之知识，与一般理性经验知识之差别，即在前者之为当下可确然无疑的完成的，而后者则为当下不能确然无疑，不经推断或不由经验之积累，则不能完成者。前种知识可说为静观之所对，而后种知识，则在动的推理，动的经验之历程中不断发展者。

第八节　闻知之种类与价值

至于闻知之所以亦可与经验之知、理性之知、直觉之知同为知识之一来源，则我们之意，是重在闻知乃一种"由他人之语言，以间接的知他人之所知"之知。诚然，他人之所以有其语言，以说出其所知，如非亦由其闻另外他人之言而知，则必由于他人自身之经验、理性、直觉之活动。而他人之由另外之他人而得之闻知，一直追溯上去，其最初仍皆莫不原于人之经验、理性、与直觉。又我们之由他人而得之闻知，亦必须多少经我自己之经验直觉或理性之印证，然后才真成为自己之知识。否则道听途说，以讹传讹，则不能成知识。故吾人亦似可不将闻知，视作一独立之知识之来源。但是我们亦有理由说，闻知为一独立之知识来源。而闻知可说有下列数种：

（一）语言文字之意义之闻知：我们当承认我们之知文字语言之表达某义，亦为吾人之知识之一种，其理由如在知识之分类一章中所说。而一文字语言在一社会中之表达某义，即我们只有由闻知以知者。在此，除中国之若干象形文字外，我们皆不能由直觉以知某字之为某义，亦不能只由推理以知某字之有某义，更不能由我个人之主观经验，以知某字有某义。至多只能说，由我之社会经验以知某字有某义。然此所谓由社会经验以知某字有某义，亦即由闻见社会中之他人，大皆以某字表某物指某物，以知某字之具某义。此即是由闻而知。

（二）由闻知而来之历史地理知识：除关于文字语言之表达某义之知识外，历史地理之知识，亦恒由闻知而来。我们恒只须知若干文字语言之意义，而再由闻他人将诸字连结成文，便可得某种历史地理之知识。然此知识，却非凭我个人之理性、经验、直觉之运用所能知者。而亦大皆非可由我个人之经验或直觉，所能加以证实者。且吾人纵可依个人之理性、经验、直觉，及已有之自然社会之知识，以定所传之某一事之妄，亦不能用我个人之理性、经验、直觉，以定某一事之必真。吾人之相信其真，乃唯由吾人对于十口相传，史家所载，游历家考察地理者所言者之信赖。吾人之有此信赖与否，固为有所依据于我自身之经验与理性者。如吾人信托某甲之报告，而不甚信托某乙之报告之理由，恒在某甲之观察力之锐敏，记忆之少讹误，能正确推断事理；并说话诚实等；而此则为可由吾人自身与某甲相处之经验，并本我之理性以推知者。于是我即可进而由之以推知：如一人为除我以外之众人所信赖者，其报告亦更堪信赖；一人之为某堪信赖之人所信赖者，亦更堪信赖；为众堪信赖之人所信赖者，尤堪信赖。由是而吾人相信名记者、名游历家之所报告，名地理学家、史家之所撰述，而彼等即成此类知识上之权威人物。然复须知，吾人所以信赖他人之所述，有我自己之经验上理性上之理由是一事；而吾人对他人之所述，可全无我自己之理性经验直觉为之证明，又是一事。故此处我之能有此类知识，遂可全依于吾人对他人之信赖，吾由他人之语言所得之闻知。此闻知自不保证此所知者之绝对真确性。然吾人之由自己个人之经验理性直觉而知者，亦非即皆有绝对真确性。而此中之真确性之问题之所以发生，唯是因吾人恒缺乏绝对充足之理由，以绝对的信赖他人所言者之真。然吾于此，在亦无绝对充足之理由，以怀疑他人所言者之真时，吾即有一依于对他人所言者之道德性之尊重，而自然生出之信赖。由是而人遂有自然的愿相信他人之所言，以得历史地理之知识之倾向。

（三）由闻知而来之科学知识。至于在语言文字之知识与历史地理之知识外之各种自然科学，社会科学，数学几何学之知识，则其中除属于纯事实之报告一部分，吾人可由闻而知，即加信赖外；至于其中之理论的部分，则大皆兼赖于吾人之运用自己之理性，方能加以了解。至涉及经验事物之原理者，则吾人亦随时可本于我自己之经验实验，加以证实或否证。然吾人在用自己之理性加以了解，而未有自己之经验实验，加以证实时，吾人亦可本于对科学家之人格与经验，观察力，理性之思想力之信赖，而信其所得之结论为真。则吾人于此结论之知识，亦即是一种闻知。如吾人闻依爱因斯坦之相对论：物质之质量，以速率增加而增加，吾人既不知其理论根据，又不知其实验根据，此即只为一种闻知。

至于吾人之闻一种科学理论，而又依自己之理性加以了解，并本自己之直觉经验或实验，加以证实，则吾人此时之由闻而知者，即最后皆可化为由我之理性、经验、直觉之运用而知者。然因人之智慧有高低，学术知识之待各时代有智慧之人，不断的运用智慧，以积累而成；则吾人如不先由读他人之书，闻他人之言下手，循其言之所指示，以运用其理性，求证于经验、直觉，吾人仍不能单独的由我个人之理性经验直觉之运用，以有此知识。

（四）由闻知而来之关于我自己之知识。吾人虽皆可凭借吾人自己之理性、经验、直觉以得知识，然吾人对自己之理性经验直觉，所凭借之感官身体之外表态度，及吾人行为时身体之状况，恒在原则上不能有直觉以外之知识者。吾人不能在运用感官身体时，皆同时对镜以自知此感官身体之态度状况等。故其毕竟如何，如吾之眼之近视程度如何，乃大多只能由闻而知者。他人并可凭其对我之感官身体之所知者，以考核我自己经验及经验性直觉之是否正常，或是否与一般人相同。而此即与吾人之凭此经验直觉所构成之知识，是否正确，或是否有普遍性，是否为真正之知识，密切相关。此亦即心理生理学之所以有助于知识之说明之理由所在。

本于上文所说之四者，于是吾人可说至少对个人之求知言，闻知为知识之一主要之来源，而与其他个人之直接运用其理性、经验、直觉以求知，为同样重要，或更为重要者。闻知之直接对象为言语，间接对象为言语之所指与所表。此与运用我个人直觉、经验、理性活动而求知时，吾人之直接对象，初在经验事物或概念共相，后乃归于以言语表达我所对经验事物及共相概念之所知，乃一不同之知识进行之方向。我以言语来表达我之所知，其本意亦在使他人由闻我言语而有知。学者著述家之勤于著作，珍爱其著作，以至过于其生命，亦正由于其觉若无此著述，则他人将不能知其自己所有之知识。是见闻知之可为本吾自己个人之理性、经验、直觉以求知外之另一种知识来源，乃吾人必须加以肯定者。

复次，吾人若深探语言文字与吾人之所知之关系，吾人皆知，以语言文字，清晰的表达吾人之所知，而免于一切混淆之难。然吾人之不能以语言文字，清晰的表达吾人之所知，亦恒即吾人对语言文字之所表所指，尚未能清晰的把握之证。故吾人于吾人之所知，恒必求表达之于语言。其既表达于语言之后，则吾人可直由写下说出之语言，以随时提起其所表达。而吾人之知识，亦唯在此时，方为吾人所能自由运用，而真实的加以主宰者。吾人之由自己说过写下之语言，以知吾人初说写此语言时之所表达，亦即吾人今日之所知，与昔日之所知，互相交通，而可使我更能进而循昔日之所知，以求新知者。至吾人之由他人之语言，以知他人之所知，则为一种自己之所知与他人之所知之交通，而亦使我可循他人之所知，以求新知者。又吾人于自己之所知，恒有表达之于语言之要求，故吾人恒乐闻他人之所言，能表达我自己之所知。我于我之所知，若未能表达之于语言文字者，尤望人能以其言代为表达。由此而吾人之欲闻人之言，不仅可出于求知己所未知者之要求，亦可出于一望人之所言，能表达己之所知者之要求。在后一种情形下，则吾人由闻人言之所知者，遂一方是知他人言之所表达，而知他人之所知；一方亦是知他人之言之能表达自己之所知，再一方则为知"自己之知与他人之所知之相同"。此知"自己之所知与他人所知之相同"，即可为我之知"他人之理性、经验、直觉，与我之理性经验直觉之相同"之根据，亦为我心之能兼知他心与我心之根据。凡此等等本身，亦可为一义上之知识。然此知识，乃由语言之为公共的，以知"知识本身之为公共的"。而除非人彼此相互由"闻"以知他人之所知，则吾人终难知"知识之为公共的"。如知识不能成为公共的，则知识之真正普遍性，即无由见。知识之普遍性无由见，则一切知识，亦即可能只对我为真，而对人不真。一知识如对我真而对人不真，则互为不真，而吾人即可怀疑此一知识之为真；人遂必再以语言与人相讨论，必至同归于一共同之结论，得证其有公共知识时，人之求知，乃得其最后归宿处。是见人之闻知，不只为人之一知识之来源，而亦为"人之求知识之事之达其归宿处，而互证其知识之为公共的"之一来源。

经验、理性、直觉与闻知——知识之起源　参考书目

《墨辩》论知识诸条。

荀子《正名篇》。

梁漱溟《印度哲学概论》第三编第一章知识之本源之问题。

J. Hospers：Introduction to Philosophical Analysis. 2. Ⅰ Ⅶ.

此书为近年英文出版之哲学概论类书籍中，对理性与经验论之问题分析较多者。其中 2. Necessary Knowledge Ⅶ 所假想之理性论者与经验论者之问答对辩，颇足启发思想。

W. P. Montague：Ways of Knowing，中文有施友忠译本，商务版。

此书乃以知识起源问题为中心之知识论著作。施译本颇佳，惜略去原著附录之《知者与所知》The Knower and The Known 之对话一篇。另有钟兆麟译本，名《哲学方法概论》，开明版，兼译此对话。但此二译本皆不易购得。

第九章 知识之对象问题——能知与所知之关系（上）

第一节 知识对象或所知之意义

关于"知识对象"、或"所知"之名，可有不同意义。在一意义，乃指一切能知之心之所向。则不特经验之具体事物，是知识对象或所知，一切抽象的性质、关系、共相、概念、原理、定律等，在被反省时，亦为知识对象，而为所知。以至吾人可谓知识本身亦为人之所知之对象。如吾人在本部中讨论知识问题，亦即可谓以知识为对象，为我们之所知。但狭义的知识对象，大皆指经验之具体事物。

所谓经验之具体事物之一名，亦可有不同意义。一是指吾人之一一具体经验，一是指所经验之一一具体事物。而在通常之语言中，事与物又不同，如手执笔是一事，而手与笔则各是一物。笔之放在桌上，是关于笔之一事，笔之成毁动静，亦是关于笔之一事。而所谓对事物之经验，亦有多义。如经验笔之好写，是一经验，感笔之形状之美，亦是一经验。但我们可说，我们对事物之原始经验，乃是一单纯的感觉知觉之经验，感觉知觉某一物，是一较单纯之经验事。在此经验事中，我们可说，所感觉知觉之物，其所表现之现象与所依之本体等，是所知之对象。而能感觉知觉，及缘之而起之其他认识活动，皆为能知之心。我们当前之问题，则在讨论以感觉知觉为中心之能知与所知对象之关系，由此以展示能知之心之各方面，所知对象之各方面，及其中间之关联者，所合以构成之能知所知之结构之大体。

关于能知所知之如何关联，此中可有各种不同之看法或理论。此各种看法与理论，亦大体上可排列成一秩序。后一种之看法与理论，常由前一种看法与理论中之困难与问题引出。

第二节 素朴实在论

第一种对于能知与所知之关联之看法与理论，可称为素朴实在论 Naive Realism，即常识中之实在论。此乃代表常人对此问题之看法者。此种实在论，如分析言之，包涵下列数者之肯定：

（一）能知之心与所知之外物对象为二，能知之心，非创造所知之对象者；所知之对象，更非创造人之能知之心者。如我心不创造门外之树，门外之树亦未创造我之心。

（二）所知之对象不被知时，仍可继续存在，故可离能知之心而独立。如门外之树不被知，仍继续存在。

（三）所知之对象，有种种性质属性，属于所知之对象，而为对象之一部。如红、软、圆，同为一橘子之属性。而人之认识之，亦未曾改变其属性。如人不见橘子，橘子亦是红的。人之认识之，亦未尝使之更红。

（四）所知之对象像什么，即是什么；而说其是什么，即说其像什么。故在此说法中，并无哲学上之所谓现象与真实之本体之别。如水像绿的，即其本身是绿的。

（五）对象直接被吾人所知，亦可说吾人之心直接接触对象，中间并无第三者为媒介。如人看山，即是人直接看山。

（六）所知对象与其性质是公共的，即我能如是认识之，他人亦能如是认识之，或一切有同样认识能力者，皆能如是认识之。如山我可看见，大家都可看见①。

这种常识之实在论，粗疏的说，亦为可成立的。但这种说法，以为人心能直接认识外物对象，外物像什么，即是什么，首先不能说明我们之认识，何以有种种错误的知觉？或我们何以对于同一外物，我们有时认识其如此，有时认识其如彼？如同一竹竿，在空气中，我们觉其是直的，插到水中，则又觉其像曲。如果外物像什么即是什么，则竹竿应又直又曲。如我们于此再本触觉，以断定其为直，则其插入水中时之像曲，

---

① 本节及下节将素朴实在论及代表实在论之特色，分为六点，以便相比较之说，乃根据 Bahm: Introduction to Philosophy, 1953。此书知识论之部，专讨论能知所知之关系论之诸说。于每一说，皆分为六点，以便比较，读者可参看。

便只是现象，而非真实，只是错觉，而非正常之感觉。人之此错觉，便不能是对竿本身直接认识所生。

其次，我们即不将外物之地位改变，以同一感官与同类外物接触，只须我们以前之经验不同，外物之性质亦可有所改变。如入芝兰之室，久而不闻其香，入鲍鱼之肆，久而不闻其臭。吃同一之糖，第一块甚甜，第二三块则次之。如吃十余块，则可反觉酸。吃橄榄，则初觉苦而后回甜。提同一重量之物，初提觉轻，后又觉重。同一之温水，手初插入，觉其甚热，久则不觉热。同一之时钟之声，本无高低，然吾人闻之，则觉滴答滴答，而前低后高。同一物之色，我们初看甚鲜明，再看则不似以前之鲜明。再其次，以同一之感官，对不同物，加以感觉后，互相对较，则所觉者亦变。如吃甜后吃酸，则淡而无味。一手置热炉旁，一手置冰雪中，则冷者特冷，而热者特热。以红绿相对较，亦红特红而绿特绿。试问：如果我们所认识之外物对象之性质，皆属于外物之自身，则何以外物有时有此性质，有时又无？而不同之人，其对同一物之感觉，可各不相同，亦正如吾之一人在不同时，对同一之物之感觉之不同？则我们又何能说外物对象与其性质是公共的，我如是认识，他人亦能如是认识的？

复次，在常识中之以外物为离心独立而自己存在，在实际上常是并无自觉之理由的。人只是如此相信；然人之此相信，并不保证其所信者之必真。如人在梦中，亦以梦境中之外物，为离心而独立存在的。初看电影者，据云亦有视之为真事，而以枪射击银幕上之坏人者。又吾人如何断定吾人之一生非一大梦？如中国小说中之《黄粱梦》之类。此在常识中，并无一定之理由，以答复此问。故在常识中，人亦常喜闻人生如梦之语。而此语果为真，吾人即不能断定外物对象之果为离心而独立存在，而非梦境中之事物。

此种常识之实在论之根本缺点，在其为未经过批判，而建立之实在论。此种实在论，乃将吾人之所直接经验者，皆视为客观存在之一种实在论。此种实在论，亦即可谓是：将吾人直接经验之世界之内容，初步加以反省时，而直下即视作客观真实存在之世界之本相之一种知识论。此种知识论，全未尝思及：一外物在不同环境条件下，在吾人之不同之心理生理情形下，皆可显出不同之相状与性质。吾人之直下所感觉者，不过其在一种之环境条件下，吾人之生理心理之一种情形下之一种相状性质。我之个人与其他之人，在不同之心理生理情形下，与在不同之环境条件之同一外物接触，尽可所感觉者千殊万别。因而吾人亦即不能由吾人当下之见其相状性质之为如此如此，而即以为外物真是如此如此，并以其相状性质，亦皆为离心而独立存在者。

第三节　代表实在论

代表实在论 Representative Realism 为一种经批判后的常识所持之知识论，亦为西方十六、七、八世纪若干哲学家科学家所持之知识论。此种理论，与上一种理论之大不同点，在不主张我们能直接认识外物，而主张：吾人乃通过由感觉知觉所得之对于外物之印象观念，以间接认识外物。此说不以我们对外物之印象观念，即外物自身。此印象观念，亦不必与外物本身之相状相合。故此说可解释各人对外物之印象观念之差异的情形，与缘是而有之一切所谓错误的知觉如幻觉错觉等。这种理论，在西方哲学家中主张者颇多，可以洛克为代表。其要点与第一种理论相较，可分为下列数点说明：

（一）我们能知之心与外物对象为二，且可说是不同的实体。吾人之心对外物有感觉后，再继以吾人对由感觉所得之印象观念之反省，此即是我们之一切经验之来源，亦是一切知识之来源。外物与吾人之心之本身，彼此不互相创造。但我们之一切印象观念，却是由人感觉外物，外物对人心发生影响后，由人心自己创造出来的。

（二）外物本身可离人心而存在。如无外物本身之存在，则我们之感觉，即无外面之来源，而不能发生。又我们在感觉外物时，对外物之存在，亦可有一直觉之确定性①。

（三）外物具备各种性质，而其中之性质，可分为二种。其一种称为外物之初性，或第一性质 Primary Qualities。即如外物之形状、大小、长度、数量、坚实性、密度、能动静之性、与运动之速度等。此即一般自然科学家所研究之物之性质。其第二种为物之次性或第二性质 Secondary Qualities，即如眼所见之色，耳所闻之声，口所尝之味，鼻所得之嗅，身

---

① 洛克《人类悟性论》承认感觉中之直觉确定性，但其他代表实在论者如笛卡尔，则初曾怀疑此点。

所感之冷热等。但此二种性质，只有初性乃是外物之本身所具备。至于物之次性，如色声香味，则并非外物本身所具备，而只是我们之感觉观念。但是外物以其初性与我们之感官接触时，外物即可说有引起我们之色声香味之感觉观念之能力。故吾人亦可说外物有此次性。至于我们之所以要分初性与次性，则因我们所感到之色声香味等，是人各不同的。如同一之声波、光波，其长度、振动数则是一定的。同一之香气与食物，其密度、体积等之量，亦是一定的。而各人之香味色声之感觉，在各情形下，则明可各不相同，如上节之所说。故后者不能称为客观外物所具，而只能说是主观的。如后者亦称为外物所具，则必同一之芝兰又香又不香，同一之糖又甜又酸，便产生矛盾。

（四）因外物有二性质，一为客观，一为主观。故我们不能说外物在我们之前所显之相状现象，或由我们对外物之感觉知觉，而得之观念印象，都是与实在外物之性质相合的。即外物像什么，不必即是什么。如糖似甜，而糖之自身并无甜。水似冷，而其本身并无冷……。于是我们所觉之色声香味等，即属于一假像之世界。真正之外物世界本身所具有者，只是其各种形状、大小、长度、坚实性、密度等。由此而可确立所知之现象与实在自身之差别。

（五）我们只能直接认识我们之观念与其间之关系，而不能直接认识外物。我们只是通过我们对外物之观念，以认识外物。我们对外物之观念，有与外物之性质相符合者，如我们对外物之形状数量之观念。亦有并无外物本身之性质（初性）与之相符合，而只有外物之能引起我们之感觉观念之能力（次性），与之相切应者。我们一方通过此等等观念，以认识外物；我们一方亦能自觉的根据此种种由接触外物而得之观念，再加以比较、组合、抽象，而创造出种种观念。如由对外物感觉时所得之红绿等五色，及各种物之形状之观念中，抽象出普遍的形色之观念，并将各种形状组合，成想象中之形状等。此在洛克称之为复杂观念Complex Idea。至我们初对外物感觉时，所生之各各个个之感觉观念，则称为单纯观念。我们之单纯观念，最初虽由与外物接触时之感觉所生，但当其既生出，则与复杂观念，同为人心之所具有。而人可直接认识其一致与不一致之处。由此以形成关于观念与观念之关系之知识。人亦可自由运用其所有之观念，以判断外物，而对外物有知识。然此却不能保证其必真。因人尽可自由运用其心中之观念，以指任何外物。如以方的观念指圆，以红指绿，以心中制造之天使观念，指一小孩。由此而人对外物之知识，常可错误，而缺乏确定性。至如何使吾人确知吾人之观念与外物相符合切应，则仍唯赖于我们对外物之继续的经验，或进一步的加以感觉。由此感觉，人对外物之性质与其存在之认识，即可渐有一确定性。

（六）外物之本身与其本身之性质，乃客观存在者，故为人人所可认识，而为公共的。但人对外物之观念，则皆由一一人之心，分别与外物接触而得。一人之一切观念，皆属于一人，而为私有的。即二人同观一外物，得同样之方形之观念，然各人仍各有其方形之观念，其中绝无混淆。每一方形之观念，仍只为一个人之所私有。故物可有共性共相，人对之亦可有概念；然此概念本身，则为不共者。此概念，在洛克则名之为抽象之观念。

第四节　主观观念论

主观观念论 Subjective Idealism 乃表面上与常识最相违之一理论。此理论之要点是：主观观念即外物，外物亦即等于观念。此可以西方哲学中巴克来（G. Berkeley）之说为代表。

巴氏之说，是从洛克发展出来。我们今避掉机械之比较法，试说明其理论之如何可由洛克式之代表实在论发展而来。此我们可首试问：洛克所谓物之初性与次性之分之说，是否真能成立？如依洛克说，色、声、香、味是次性。形状、动静、大小数量等是初性。但我们试想：一颜色能否没有形状？而我们所看见的任何形状，能否全没有颜色？全无颜色之形状，我们能否感觉？如形状与其大小之数量动静等不能相分离，则与颜色亦不能相分离。如颜色是主观的，则其形状大小数量动静等，又如何能独是客观的？

洛克等所以说外物之色声香味是主观的，乃由其随各人主观之感觉知觉印象观念而变。但我们试想：一物之形状之大小数量，动静之形态，从各人对之感觉知觉，及由之而得之印象观念来看，是否即全相同？同一山近看则高可落帽，远看则低于屋檐。同一桌，正看为方，侧看为斜。人在岸上觉船动，人在船上觉岸动。人头晕时，亦可觉天地旋转。则吾人对外物之形状动静之感觉观念等，岂非亦相对于吾人之主观而变？

若物之色声香味之性质，相对于主观而变，便可说其非属于客观外物自身的；则我们何以不说：物之形状大小之数量、动静等，亦相对于主观而变，而非属于客观外物自身？

由此而巴克来即提出一根本的问题，即：什么是客观外物自身？除了我们对客观外物之各种性质，如色、声、香、味、形状、大小、数量等之观念之和外，是否还有离能知之心，与独立之客观外物自身？如有，我们如何能知其有？

于此，我们试反省，我们对于所谓客观外物自身之观念是如何。我们即可发现：我们无论如何反省，我们所得者，皆只是关于外物之性质之观念。如我们反省我们对橘之观念，我们所得者，便唯是关于橘之形状、颜色、软硬、味嗅等观念。是否除此等等之外，尚有如常识及洛克等所说，在后面支持此种性质，并将其集合在一起之外物之自身？是否我们因觉我们之感官之观察，不够锐敏，而以显微镜望远镜等，帮助我们观看外物，即可达于外物之自身？依巴克来之理论，则我们无论在任何情形下，皆只能知所谓外物之性质之表现于吾人之前者。我们是永不能知此性质之后的外物之自身。而我们对外物性质之一切所知，亦即是吾人对物之诸性质之观念。

巴克来此种理论，他自称并没有否定常识中所谓外物，而只是要我们重新反省：在我们常识中，所谓外物及外物之性质，毕竟是什么？所谓外物存在，毕竟是何意义？人如问人，你所谓门前之桃花存在是何意义？此岂不即是同于说其形在，其香在，其色在？如果说其形、香、色等一切性质都不在，你又如何能说桃花存在？但是什么是香，岂不即是我们所嗅的？什么是形色，岂不即是我们所见的？由此以推知：声即是我们所闻的，味即是我们所尝的，外物之性质，皆是我们所知觉的。此外并无外物之自身。故外物存在，即等于说其性质存在，而其性质存在，即等于说我们对于性质之知觉或观念存在。故巴克来说存在即被知 To be is to be perceived。至于所谓外物之自身，根本从未为人所知；则吾人亦不能知其存在，说其存在。

在相信有外物自身存在的人，常是从我们之观念知觉之必有一来源，及我们之观念如果是真，必需符合于一外物，或与外物自身之性质相类似去想。但巴克来问：何以我们之观念，必须与另一在观念外者相类似？我们试问：我们之观念，如何能与一外物之自身或外物之性质相类似？

如果我们说观念是思想性的，外物是非思想性的，则思想性的东西，如何能与非思想的东西相类似？我们在经验中，只知一观念与另一观念之相类似，如对于霞彩之观念，与对于虹之观念相类似；只知我在此时此地之观念，与我在彼时彼地之观念相类似，如我在今日看门外之桃花所得之观念，与昨日看时所得之观念相类似。我们何时曾经验过，一非观念的东西，与观念之相类似？此乃在原则上不可能者。因我们如有此经验，则我们对于非观念的东西已有经验，并已有一观念。我们便仍只是发现此观念与另一观念相类似，而仍未发现非观念之东西与观念之相类似。故我们之观念，如必须在我们之外另有所类似，并以此所类似者，即我们观念之来源；则此来源，亦只能是另一观念或思想性的东西，而仍不能是"非观念非思想性的东西之外物自身"。

然而巴克来之此种理论，并未尝主张整个世界，等于我个人已有之观念，亦不抹杀感觉知觉之本身，与由感觉知觉而有，并存记于人心中已有观念之差别。巴克来只是说，人之一一感觉知觉之本身，即是一一之观念。感觉知觉之观念，其异于人之其他存记于心中之已有观念者在：对前者，人并不能以其意志，使之自由生起，或任意加以消灭；而对后者，则人可以其意志，使之自由生起，或任意加以消灭。又我个人之观念之由感觉知觉而有者，亦时在增加之中，我们不断的生活，不断的有新经验之生起，亦即不断有由感觉知觉而来的观念之增加。感觉知觉之观念之生起，亦有其自己之一定之秩序。如我们之看一花之生长，由发芽生叶，至开花结果，我们此中之一串之感觉知觉之观念之生起而连结，即形成一秩序。此秩序，并不能由我们随意加以颠倒。而我们之各串之感觉知觉之观念之生起连结，亦皆各有其不同之生起连结之秩序定律。今如我们自由生起的内心中之一串观念，其秩序又能与某一串感觉知觉之观念生起之秩序，互相一致，则吾人有所谓自然之知识。依此以论，则吾人不须假定任何观念与其外之外物自身之一致，亦可说明自然知识之所以成立。

至于我们之感觉知觉之观念之不断生起，既不是由我们之意志，自由使之生起，而其生起，又有一定之秩序定律，则此当有一客观之来源。此来源，我们前已说其不能是非思想性的、非观念的外物之存在，便只能是一思想性的而又实含具人心所可能有之一切观念之存在，而此即为一无限心或上帝心。于是一切观念之尚不属于我与他人之有限心者，皆先属于此无限心或上帝；一切观念之由不属于我与他人，以成为属于我与他人者，皆来自上帝心中原有之观念，而由上帝为原因，以赐与吾人者。至吾人之一切感觉、知觉、观念之生起，其秩序定律之所以不变，其最后根据则在此上帝之继续不变的依此秩序定律，以相类似之观念，赐与吾人之意志。此即巴克来之主观观念论之大旨。

第五节　休谟之纯印象观念主义

上述之巴克来观念论之根本论证，在以我们之观念之来源，或其所类似符合者，只能亦是观念。故不能有外物之自身为我们观念之来源，为其所类似符合者。于是为人之继续不断生起之感觉知觉观念之来源者，即为一无限心或上帝心中之观念。但如顺此巴克来所谓只有类似于我们之观念者，才能为吾人之观念之来源或原因之说，一直推下去；则我们之能知之心之本身或自我及上帝之本身，亦可皆不能成我们之观念之来源或原因。因依巴克来说，我们之心之本身或自我为统属我之诸观念者，上帝为统属一切观念者，其自身皆在所统属之观念之上，而与其所统属之诸观念实并不相类似者①则他们又如何能成为我们之观念之原因？于是巴克来之后学休谟，遂进而一方根本否认我们能知外物自身之存在，亦否认我们能知上帝之存在，以及在我的观念之上，统属一切观念之我的心之本身或自我之存在；而以一切经验知识之内容，只是各种观念之联结，此外并无在观念之外或观念之上之外物，心之本身或自我之存在②。所谓外物，是一束色、声、香、味、形状之观念之连结。而我试反省我之心，我之自我，亦只见有许多印象、情感、意志之观念，在这儿往往来来，而互相连结在一起。至一切通常所谓可由人自由唤起之观念与感觉之差别，则在休谟看来，只在其鲜明之程度之不同。即前者似不如后者之鲜明，同时我们总是先有此种鲜明之感觉知觉之观念，后来才有可由我们自由唤起之观念。故后者亦可谓前者之仿本。为表示其差别，休谟乃称感觉知觉之观念为印象，而以通常所谓可由人自由唤起之观念

---

① 巴克来于其《人类知识原理》之开端，即分别一般观念 Idea，与能知观念之心或精神或灵魂之自身。

② D. Hume: Treatise of Human Nature. Book I. Pt. II. Section VI 论无印象观念以外之外物。又同书 Pt. IV. Section VI 论由反省人无"自我"可得。

为观念。而真观念之所以为真，则在其能为印象之一仿本。依休谟之理论以论知识，则一切知识皆依于观念之联结。观念或依相似而连结，或依时空之邻近而连结。而其连结之秩序，能与印象之连结相一致者，则为真知识。如我们隔墙见角，而想是牛，发生一牛之观念。此如能与吾人去看时所得之牛之印象一致，则此知识为真。反之则为假。而依此理论，以看因果之连结，亦只为某一所谓因之事物之观念，与其他所谓果之事物之观念，恒常的相连结之谓。我们唯因过去曾经验一观念与另一观念之恒常的相连，遂养成见一观念即思另一观念之习惯，而觉为因与为果之观念间，有一必然关系。此即成一将常识及他派哲学中，所谓所知之外物及能知之心之本身或自我，皆加以怀疑掉，而只留印象观念与其连结，以说明知识之理论。

第六节　现象主义与不可知主义

休谟这种理论，虽去掉了能知之心之本身或自我与所知之外物；但在其理论中，印象与观念之地位，是不同的。观念是来自印象。若先无印象，则无印象之观念。观念之种类之范围，不能超出于印象之种类外，而另有所增加。然而印象之范围，即通常所谓感觉知觉之范围，则是可以随人之生活而不断扩充，以增加的。在感觉知觉不断扩充之历程中，我们明可觉我们是不断的新有所感觉知觉，则感觉知觉之"能"，与所感觉知觉者，当有一分别。此所感觉知觉者，乃是呈现于此感觉知觉之前者。此呈现于感觉知觉之前者，如不称之为外物，以免除巴克来式之驳难，则可称为现象。于是我们即可称此一切，为我们感觉知觉之所知，而不断呈现于其前之现象之和，为一现象世界。由此而有所谓现象主义Phenomenalism及实证主义Positivism之能知所知关系论。

西方近代之现象主义有数形态。其一为康德之现象主义，此是在现象之上，再肯定种种原于能知之主体的范畴之加施于此现象之上之知识论。其理论比较复杂，不宜只以现象主义一名概之。其二为斯宾塞式之现象主义，此是同时肯定一现象所自生之不可知之本体，以为宗教信仰之所寄托处之现象主义。亦非彻底之现象主义。其三是只肯定各种现象之如是如是相关联而呈现，即顺其如是呈现，而积极的求认识之，记述之，以发现现象相关连之定律之现象主义、此即孔德所谓实证主义，及马哈之感觉主义。孔德之实证主义,重在去掉一切现象之后面的原因之追求,而以凡从事后面原因之追求者,皆为玄学思想,而非积极的肯定现象,以求认识现象之思想。故其说称为 Positivism。马哈之感觉主义,乃以感觉中,只有种种感相呈现。而此感相,为非心非物,而可兼隶属"对于所谓心之知识系统"及"对于所谓物之知识系统"的。第四种形态为皮尔逊 K. Pearson 式之现象主义,此乃为人之"只能知现象",提出一生理学心理学上之理由之现象主义。此说谓人之一切感觉知觉,皆由外物刺激感官,传至大脑而生。故一切感觉知觉中之世界,皆由人之大脑受外物刺激后,而显于感觉知觉思想之心灵之前之现象世界。人之心灵,永不能离其感官大脑,以认识世界,则人亦永不能达于外物之自身。而人之心灵之依大脑感受刺激,而传来之消息,加以连结,以认识外面之世界,有如接电生在电话局,接得各方来之电话,并加以连结,以知外面之世界之情状。在此处,接电生之不能离电话局以出外访问,正如人之心灵之不能离大脑感受刺激而传来之消息,以直接认知外面之世界。依此,人之心灵之只能知外物在心灵之前,所呈现之可感觉知觉之现象,而不能离现象以另有所知,即可由此而得一科学的说明。

然此数种现象主义之形态中,第一二两种,皆承认有现象外之物之自身,或不可知之本体。上已言其实非彻底之现象主义,而唯谓现象以外之物之自身及本体乃不可知,而为在知识之外者而已。至此二说,在西方哲学史上所引起之问题,则在:吾人既谓物之自身及本体不可知,则吾人又如何知其必有此物之自身、物之本体?第四说以我们所知者只是外物刺激感官大脑后,在吾人心灵中所引起之感觉知觉中之现象,然又肯定有外物存在,亦非彻底之现象主义。因如吾人从未直接接触外面的世界,而只知大脑传来之外面世界之消息,在我心灵中所引起之现象,有如一接电生之一生从未离电话局,终生除听电话外无他事,亦未尝遇见任何人与外面之世界;则吾人试问:此接电生又有何理由,以推知必有外面之世界?彼岂不可想,只是此接电话之机器,自己不断发声?依此说,一生理学家或一心理学家,亦首当怀疑有外面世界之存在。而彼亦不能将其生理学心理学之知识,应用于其外之他人,谓其具客观的有效性。如一生理学家一心理学家,相信其生理学心理学知识,必可以应用于其自己以外之他人,而具客观的有效性,则彼首须假定其对外界之他人之身体、大脑、感官等,皆有客观之认识。而承认此一点,即不能谓生理学家心理学家之心灵,乃封闭于其个人之大脑,所接受之刺激之界限之内者。而其他人之心灵亦应如是。故此种学说,虽意在以心理学生理学证明现象主义,而实则其肯定心理学生理学之知识,具客观有效性时,即已否定其所主张之现象主义。

在此上诸说中,唯第三种形态之现象主义,乃为一彻底之现象主义。然此种彻底之现象主义之根本问题,则在如何说明现象之继续不断之生起?因依此种现象主义,所谓因果,只是现象之相连,人亦唯在已有一现象后,乃能进而视其他已有之以前之现象,为其原因;再本过去经验,凡此类现象生起后,其相继者,恒为某类现象,以推想其以后之结果;而此推想,则唯待于以后生起之现象,方能为之证实。然未来之是否必有现象之继续不断之生起?或除我所经验或感觉知觉以外,是否必另有现象之继续呈现于我之前?则是只经验已有现象之我,所不能保证的。如必须肯定有现象之生起,则须于我所经验现象之外,另肯定一生起现象之外在的原因,而属于形上学之一种肯定。此乃反形上学之现象主义,所不愿加以讨论的。但是实际上,此肯定,不仅为一形上学之肯定,亦为人求知识时之所要求。因人之求知,不只是求知其所已知之现象,且是求知其所未知之现象。而实证主义更是要人尽量的去观察各种自然社会之现象而认识之,叙述之,并发现其关联之律则者。然而人求去观察各种现象时,即必已先肯定有尚未被观察,而可被观察,或尚未呈现于前,而可呈现于我前之现象之必有或可有。此必有或可有之现象,为如何之现象,可不为我所知。然在我之不断求知之活动中,已包涵我之肯定其必有或可有。然我们将依何根据,而肯定其必有或可有?此要不在我已知之现象,或已呈现于我前之现象之和之自身。因此必有可有之现象,乃超越于并外在于此已知已呈现之现象之和者。而另一种可用以说明"我们所已知之现象之外,必有可有其他现象之为我们所知"之理论,即谓世间本有种种客观之实在,为现象之所自生之根源。由是而吾人还须回到一种实在论之思想。

但吾人在了解主观观念论,现象主义中所涵具之真理成分后,吾人所将回到之实在论,即不能再是素朴实在论或代表实在论。而西方现代哲学中,遂有一种新实在论之提出。

第七节 新实在论

此种新实在论 Neo-Realism 之要点，是说呈现于吾人之能知心灵之前之现象，皆为一种实在。此实在唯于其呈现于吾人心灵之前时，乃称为现象。然其呈现于我们能知之心灵之前，却并非此实在所必须具有之一种性质。此实在，不呈现于吾人能知之心灵之前，仍可不失其为一种实在。而世间亦尽可有其他无数未呈现于我心灵之前以成为现象之其他实在。然此实在，要必为可呈现于能知之心灵之前，而为可知，以获得一被知之性质，或与能知之心灵，发生关系者。故依此种新实在论，将不肯定任何在本性上在能知心灵之外，为心灵所不可知，或不能直接认识之实在。然亦不主张一切实在，皆必为能知心灵之所知之印象观念，或已呈现于心灵之前之现象，而反对"存在即被知"或"现象即实在"之说。

依此种新实在论之理论，其所谓实在之范围，除包括吾人通常所认为实际存在事物，如人物山川等外；亦包括吾人所谓存在事物之性质、关系、定律、价值等。而除存在事物之性质关系等外，吾人心中所幻想其存在之事物，理想中与希望中之事物，或似纯由人之思想所臆构之假设理论，及一切可能存在而尚未存在、可能被思想而尚未被思想之一切具体抽象之事物或"有"，皆为一种实在。除通常所认为实际存在之事物，可直称为存在者外，其余可存在而未存在及不能单独实际存在者，如性质关系等，皆称为潜在（Subsistents）。由此而潜在之世界，乃广大于存在之世界者。数学家所研究之一切从未为实际事物适切的表现之数理关系，文学家之幻想世间所无之境相，皆是对一潜在之有之一种认知。而此潜在之有，则为一最广大的所知之对象之世界。至所谓实际事物之世界，则不过一部分之潜在之有，实现于实际时空之所成；而我们对之之知识，乃远少于我们对此"潜在之有"可能有之知识者。此潜在之有之世界，就其自身言，乃无所谓生灭变化者。因生灭变化，只是缘于不同之潜在之有，更迭的实现于实际时空而来。如所谓天上彩霞之由红变橙，由似鲸而变为似山，不过由于潜在之红与橙、鲸形与山形之更迭而显现，我们遂觉有生灭变化。然此红与橙，鲸形与山形，就其本身言，则无所谓更迭而显现，亦即无所谓生灭与变化。由此而人对于潜在之有之知识，亦为一以超生灭变化者为对象之知识。此即类似柏拉图之以永恒的理念，为最后之真知识之对象之说。此说实牵涉一形上学之问题，非我们在此处可能详论者①。

新实在论以人之所知对象，包括实际存在于时空中之事物，与一切潜在之有。则人之所知之世界，乃远较常识或素朴实在论，只以实际存在事物为所知之对象者，更为广大。但其以人能直接认识所知之实在，中间不须以第三者为媒介，则正同于素朴实在论之说。其主要困难，亦与之相同。即此说不易说明知识之何以有错误。新实在论以幻觉错觉之所对，亦是一种"有"。如在空气中之竿为直，在水中者为曲，直与曲二者，皆为知觉所对之一种"有"，一种实在。又如在近处之铁路，两轨平行，远处之两轨相交，亦皆各为知觉所对之一种有，一种实在。幻觉中之空花，与正常知觉中之花，亦各为一种有，一种实在。只要我们不视此为彼，则皆不为妄。而我们之所以视此为彼，亦只因二者原皆为有，然后有视此为彼之事。故错误亦有客观实在之根据。但是现在之问题，是人何以会视此为彼，而有错误？人之视此为彼之事，毕竟是如何一回事？如果人对一切实在，皆是一一分别的直接认识，则视此为彼之事，又如何可能？

第八节　批判实在论

由上述新实在论之问题所引出之一现代西方哲学中之理论，可称为批判实在论 Critical Realism。依此批判实在论，人对对象事物有认识时，其认识并非直接认识，而是通过第三者为媒介之间接认识。此第三者非如代表实在论所谓观念，而是一种性相之丛 Character－Complex（或 Essences）。我们凭借此性相之丛，以认识对象。如我们认识竿是直，是圆筒形，是绿。此直、圆筒形、绿等，即合为一性相之丛。我们凭借此性相之丛，以认识竿。我们不必说此性相之丛，只是我们主观之观念。因此性相之丛，可说在心，亦表现于一物或多物之中，且未尝不可离心灵

---

① 对此新实在论之主张，除后文所列之参考书外，中文中施友忠所译英人约德（C. E. M. Joad）所著之《物质生命与价值》Matter, Life and Value 1929. Oxford Press 一书及《饭后哲学》一书，皆加以介绍，二书皆清晰可诵。

与外物以自成为一种潜在①。此性相之丛，即我们前所谓之共相之聚集。我们可说此性相之丛，为我们认识时之心灵之内容，而为心灵所直觉，以别于超越于我们心灵之外，而自己存在之实际存在者。我们通过此性质之丛去判断对象，指及或论谓对象，或定置之于对象之上后；而对象亦实表现此性相之丛，而实以之为其存在之内容时，则我们即于对象有真知。反之，则我们发现一对象不表现此性相之丛时，我们即发现我们之错误。而依此说以解释方才所谓人之误此为彼之事之所以可能，则当说此唯由于人之将此所表现之性相之丛，误定置于彼，误用以判断彼，指及彼，论谓彼之故。非人之真能将此与彼之为二对象之本身，混而一之也。

依此种理论，去看我们之能知心灵与所知对象之关系，因此中有一第三者之性相之丛为媒介，遂成为一种三项关系，与代表实在论之以能知之心，通过观念为媒介以认识外物之说略同，而与素朴实在论，主观观念论，新实在论之视认识关系，为只有能知所知二项之关系者，或视能知所知为一项者异。然其理论上之困难情形，亦与代表实在论有相同处。即如果我们能知之心，所凭借以认识外物之性相之丛，只是我们能知之心之内容，外物乃超越于此心与其内容之外，而自己存在者；则我们如何能知此心之内容与外物之内容之合一？在此，只说我们凭借我们心灵之内容，以指及论谓对象，而定置此内容中之性相之丛于对象之上，是不够的。因为如果对象真是对心灵与其内容为超越的，则我们将永不能知此二者之是否相合。反之，如我们真能知此二者之相合，则对象不能只对心灵为超越的。而当我们真知心灵之内容与对象之内容相合时，我们又如何能说，此认识仍只是一三项关系之间接认识，而非以"同一之内容"贯于"心灵之能知"与"对象之所知"二端，而连二端为一，以形成心灵对对象之直接认识者？此正为此说所难答复者。

---

① 批判实在论之二派中之一派，谓此性相之丛兼存在于心灵中或外物中，但不承认其能离心灵与外物，而成为一潜在，另一派则承认其能离心灵与外物，以自成为一潜在。

第十章　知识之对象问题——能知与所知之关系（下）

第九节　实用主义

依实用主义 Pragmatism，此上之各种理论之言能知之心灵与所知之对象之关系，都是把能知之心灵与所知对象，置于静的对待关系中去看者。但是我们可根本不把心灵与对象，置于一静的对待关系中看。我们可以说：所谓所知之对象事物之毕竟是什么？根本上应当由其在各情境下所表现之作用功能而见，亦要从其能影响于我们之行为，或我们之行为施于其上后，其所表现之作用功能而见。则我们并不能直截的说：某一对象事物之性相是什么，只当说其在何情境下，及我们对之如何行为，或如何加以运用时①，彼即表现何种作用功能而呈现何种性相。我们要决定我们对一对象之作用功能与性相之判断是否为真时；则我们之心灵，不能只是一静观之心灵，而当兼是一能发动行为，以在种种情境下，运用对象之心灵；并由此对象，所表现之作用功能或性相，以验证我们之判断之是否为真。依此说，则一所知之对象所表现之作用功能与性相，为一变项而非一常项。而我们对所谓一对象之知识，亦为一变项而非常项。譬如依此说以论我们对于水之知识，则我们当说水是置于火上则能灭火的，水是人吃下即能解渴的，水是在置于电流之下，则将分解为氢二氧一的。凡此等等与水为目所见时之为流动的物体等，皆为我们关于水之知识。而此每一知识中，皆可谓包涵一种对于水之性相之认识。然而我们却不能离开水所在之情境，及我们行为后，水所表现之一切作用功能，

---

① 我们之行为施于一定情境下之某物，此行为之本身，亦属于一广义之情境中，而为其中之一成分。

去悬空孤立的论水之一定之性相,及其外在而独立的存在。这种理论,可以说是把一对象,置于其与其情境中之其他对象之交互作用的系统,及与我们之行为之交互作用的系统中,以看我们之能知之心灵,对于对象之所知之认识理论。

此种"一对象事物可在不同情境下,及我们对之有不同之行为时,表现不同之作用功能或性相"之说,固是真的。但某一对象,在某一定之情境下,或人对之有某一定之行为时,其所表现之作用功能,仍必为一定,且必呈现一定之性相。而每一定之性相,就其本身而言,仍皆为如其所如,无所谓变化,亦不与其他性相相淆乱者。而我们之说某一对象在一情境中,与其他对象发生关系,则可改变其功能作用性相云云,我们最初亦仍必须先以一定之性相,来指定标别某一对象,另以其他一定之性相,来指定标别其他对象,再指定标别二者间之关系是什么关系;然后说"由其发生关系,而其作用功能性相皆改变"之一语,乃有意义。否则我们将不知我们所说的是什么。由此而至少在我们认识对象之第一阶段,我们仍必需先有种种"关于一定之性相"之概念,来指定标别各种不同之对象。此仍为一不易之真理。

第十节 逻辑经验论

在近代西方哲学中,一方以一定的关于所经验之对象之性相之概念,标别不同对象,一方又以我们对对象之命题,亦待于我们对对象施以行为,加以运用,以求对对象之新经验,予以证实,而去掉以前之实证主义现象主义之只是接受现象而描述之者,为逻辑经验论。依此说,我们用以指示论谓事物之一切语言概念之意义,皆必须是一定的。于是我们可对之施行逻辑的分析,演绎出其涵义。但是只本此语言概念之分析,我们可以有逻辑的知识,我们不能有关于存在的对象事物之知识。一切关于存在的对象事物之知识,皆是综合的,而非只是分析的。其所成之命题语句,皆是综合的。换句话说,即除我们先依语言定义,以某语言指某一事物外,我们尚须于某事物之他方面,另有所知,另以语言表此所知,而连结此语言与原先用以指某事物之语言,以成综合的命题语句。如我们依人之定义,而指某物或某类物为人,我们若能于其是人之外,兼知其他性质,如有死,而以有死一名与人之名连结成人有死之命题语句，则成一综合的命题语句，而表示我们对人之知识者。因我们对对象事物之知识皆为综合的，则其是否为真，不能只依定义以从事分析演绎而知。如吾人以有理性之动物为人之定义，吾人可由此定义，以分析演绎出人为有理性与人为动物；然不能分析出人有死。而我们之所以说人有死，唯在吾人除经验过人之外，兼曾经验过人之有死。而吾人之经验人有死，皆在种种特殊情形下经验。如在人之种种老之情形下，病之情形下，或遇其他灾害之情形下，经验人之有死。吾人欲证实人之必有死，亦即必须在种种情形下，求证实之。而纯科学家为证实此理，亦可将人置于病中，灾害之中，以实验其是否必有死，如其实验其他事物。此即待于种种之实验行为。然由此证实而得之知识，除人之有死外，亦包涵在不同情形下，有不同之死法；然此不同之情形与不同之死法，既可各以一定之概念语言确定的表达之，则吾人仍处处有确定之知识。

依逻辑的经验论，以言能知所知之关系之问题，其特色在：视吾人上所谓观念论实在论之争，皆为无意义者。即无论吾人说所知之对象，独立于能知之心灵外，或在其内，而只是人心之种种观念，皆为无意义者。而问何者为真，亦无意义之问题。依此说，吾人如问人之是否有死，则为有意义之问题。其所以有意义，乃因吾人知如何去证实人之是否有死。如至战场中病院中去看。纵我们不能看，然他人可去看。故凡有意义之命题，依此说，皆为人在原则上可加以证实者，虽或为在现在之技术上所不能证实者[①]，如月球上有人之类。而在证实之之时，则吾人可有不同之经验，以决定其为真或为假。然而吾人如只说有外物存在于人心外，在人心外为绝不可经验者，则吾人将不知如何证实之。如泛指外物，而未指定某一种在如何如何情形下存在之外物，吾人亦不知将如何证实之。然吾人如指定为在某种情形下存在的外物，则吾人可有证实之之道，即：置身于某情形下。然在此情形下，吾人证实某外物存在之经验，同时亦即证实吾人对某外物之观念存在。由是而依实在论说，某外物自身独立存在，与依观念论说某外物之观念存在，其证实方法无别，其意义

[①] 此派论可能不可能分三种。一为逻辑的，二为经验的，三为技术的。逻辑上之不可能，及经验上之不可能者，为无意义。至于一时技术上之不可能，则尽可为原则上可经验，在逻辑上亦可能者，而亦有一意义者。Readings in Analytic Philosophy. H. Feigl Operationism and Scientific Method。此即与老实证主义者如孔德之以涉及一切技术上不可能加以证实之命题皆无意义者不同。（如孔德以研究天上行星之化学构造为无意义，见同书 H. Fiegl Logical Empiricism 之一文）

亦即无别。而吾人亦另无方法，由不同之经验，以分别决定何说为真，何说为妄。而此问题即成无意义者。

依此说以论吾人之知识，一切涉及存在事物之综合命题，皆必须为可被证实者。然在吾人本种种经验以证实此种种命题时，吾人亦可以种种之命题，叙述种种经验；而此叙述种种不同经验之命题，则可为合以证实一命题者。如吾人谓桌下有猫，吾人可俯至桌下而观之，遂对桌下之某物有种种经验，而可以种种命题表之。如谓其头如何，其身如何，爪如何，尾如何。而此诸命题，即合以证实桌下之某物为猫之命题。由此而说某处有某外物或某实际事物存在，即同于说有种种可能用以证实之种种经验。而说其存在之命题，皆可消归为说此种种经验存在之命题。或说当吾人在某情境下对对象如何如何行为时，此种种经验即出现之命题①。此直接陈述经验之命题，可称基原命题。

此说所引生之问题是：是否除逻辑命题外，一切对存在之对象事物之知识命题，均可消归为：陈述诸证实一命题之经验之基原命题，一切知识是否皆可由亦必须由经验加以证实？所谓对象事物存在之意义，是否即等于我们能证实之之种种经验存在之意义？观念论实在论之争，是否皆为一无意义之争？或何谓"有意义"、"无意义"之意义？此类问题，皆牵涉甚广，亦此派中学者及西方现代哲学界正在争论中者。我们以下只能略对此说，加以批评②。

我们对此说批评时，首当注意者是：最初倡此说者之石里克（Schilick）初所提出之一切有意义之命题，皆可由经验加以完全的证实之原则，在此说之发展历程中，已不得不不断加以修正③。如我们对存在事物，明有种种之假设，此假设本身，即不能直接由经验加以完全证实者。如科学中关于原子核之构造之假设等，即明只能作一间接的证实者。此犹如人之说其所不能进入之黑暗之屋中之构造如何如何者，只能加以间接的证实。于此，我们初只能说，若原子核中之构造为 H，则我们对

---

① 如"某甲 A、某时 T、观察得某现象 P，于某地位 L" Carnap 及 Neurath 名之为一基原命题 Protocal Proposition. Ayer 则以直接陈述经验之命题为 Basic Proposition 义实无别。

② 关于何谓有意义之命题有各种说法 Hospers：Philosophical Analysis 第一二章可参考。

③ C. G. Hempel：Problems and Changes in The Empirist Criterion of Meaning L. Linsky 所编 Semantics and The Philosophy of Language. 1952. pp. 163—185. I. Passmore：A Hundred Years Philosophy 十六章—十八章。

第十章 知识之对象问题——能知与所知之关系（下）

之作某种实验，如以电光射入，则反射出之光谱为 L 等。遂进而以电光射入，以求间接证实 H 之假设。然此证实能否完全证实？则此派之学者已知其不可能。此因同一之归结，不必原于同一之前提，而对于同一之现象，恒可以不同之假设，加以说明。故一切假设，皆不能证明其自身为唯一之假设；吾人对存在事物所作之假设之命题，不同于叙述证实之之经验命题，亦皆此派学者之所承认。

但吾人只须承认吾人对存在事物所作之假设中之命题，不同于叙述证实之之经验之命题，即须再进而承认：肯定存在事物之存在之命题，并不同于肯定我们对此存在事物之经验之存在之命题，而前者亦永不能消归于后者①。我们可仍自常识中举例。如我们说天上之月亮存在，我们亦有种种经验，以证实月亮之存在，如种种举头望月，及望远镜中望月之事。然古往今来，江上何人初见月？江月何年初照人？我们毕竟何时开始对月有经验，我们对月之全部经验有若干？乃非人之所能统计。吾人以各种不同之地位与远近之程度，望与地球在不同关系下之月，吾人可能有之经验，乃可无限者。然吾人至少在常识中，却只说一月。是否吾人可说，吾人每一次见月，皆有一新观念、新印象，而见一新月。此依主观观念论及现象主义，均可如此说者。但如此说，则必归于在人不见月时，即无理由以肯定其存在。至多只能如巴克来之说其存于上帝之知见中。而逻辑经验论者，却并未如此主张。因其仍承认在人未经验月之时，天上有月之命题为有意义者。但天上之月为一，而可用以证实之之经验，乃为无限之多。则说"天上之月存在"之命题之意义，明不同于说："可用以证实之之经验为无限"之命题之意义。而此可用以证实之经验为无限，又明异于我们实际上用以证实之之经验之为有限。则谓"吾人诸证实之之有限经验存在"之意义，亦不同于谓"有可用以证实之之无限经验"之意义。于是我们不能不问一问题，即：月毕竟是否存在于我们已有之经验之外？或我们不望月时，月是否存在？是否此问题真为无意义者？如吾人于此答谓月仍存在，则此即已为实在论。如谓月存在于其他望月者之心及上帝之心中，则为观

---

① 此派学者如英之艾耳（Ayer）于其《经验知识之基础》Foundation of Empirical Knowledge 一书亦承认叙述一物之陈述辞，不能销归为叙述吾人直接所经验之感相之陈述辞。然彼仍谓前者由后者构造出，并以二种陈述辞之别，唯是语言之问题（I. Passmrse: A Hundred Years Philosophy. pp. 390—393）。依吾人之见，则此处二种陈述辞之语言之不同，即表示有二种对象之不同。

念论。如谓我们只知呈现于经验之前之月之现象存在，则为现象主义。此诸答案，岂皆为无意义者？而逻辑经验论者如不否认其存在，则仍为一实在论。

依吾人之意，在知识论中，吾人乃可承认一意义之实在论者。说"有在吾人已有经验以外之存在事物"，此一语本身即有一意义。其意义，乃与说其被经验或可由经验证实之语言之意义，乃不同者。吾人此语自身，亦可由经验证明。即吾人之经验本身，原在更迭发展之历程中。在此历程中，吾人一方不断经验新事物，亦即不断经验本不在旧经验中之新事物。于此新事物，吾人固可说其在新经验中存在，然亦同时可说其不在旧经验中存在。此语本身明为有意义者。今设吾人之经验，由 A 发展至 B，A 经验中所经验者为 a，B 经验中所经验者为 b。吾人于此，明可一面说 b 在 B 中存在，一面说 b 不在 A 中存在。但吾人果能如此说，则吾人只有 A 经验而未有 B 经验时，无论吾人何所根据以说"b 将存在"，克就此语本身而言，乃明不同于说"b 将在 B 中存在"之一语。而"b 将存在"本身之意义中，亦明不涵"b 将在 B 中存在"之意义。由此即可证明吾人在室中时，吾人之说窗外之月存在，及一切山河大地之存在，并不同于说其将为我们所经验，或可为我们所经验，而可由经验证实。吾人如重忆上段所说证实一物，如月之存在，其经验之敷可为无限，此无限经验，乃并不能实际皆呈现而存在者；则吾人之说"一物存在"，不同于说"其为经验所证实"，或"存在于我们之经验中"，或"对之之全幅经验之存在"，乃明显而无疑之事。

第十一节　康德之能知所知之关系论

由吾人对逻辑经验论之批评，于是吾人可进而讨论康德之超越唯心论之理论。此理论在西方哲学史中看，虽出现于上述之实用主义、新实在论、逻辑经验论者之前；而在若干细节上，后来诸说自有"后学转精"之处。然在整个知识之规模上，则此说亦实有为后来诸说所不及者。

康德之能知所知关系论，在根本上，乃综合实在论与观念论者。所谓综合实在论观念论，即此说并不否认有在人之已有经验外之实在，或所知之外物之对象之自身之存在。然此说以物之自身，可思而不可感。可感者，乃此物之自身与吾人感官接触时，呈现于吾人之前之现象。然只直觉此感觉现象，并不成知识。此感觉现象，必须呈现于时空之格局中，并纳于种种经验概念之规定下，乃成为知识。人之能有经验概念，以规定所感觉之现象，则系于人心本具各种理解感觉现象之方式或范畴。如吾人皆能自某现象之如何呈现，以了解某物之"有"什么，是什么；其不如何呈现，以了解其某物"无"什么，不是什么；"统一的"了解：一切什么皆是什么，一切什么皆不是什么；分散或分"多"的了解；有些什么是什么，有些什么不是什么。此中之有、无、一、多等本身，即是我们用以规范我们之如何运用种种经验概念，于经验事物之范畴，以正式形成经验知识者。如凡人皆有死之"凡"，有些人是教育家之"有些"，即规范此人之概念，及人之概念所指之事物，以成一关于人之经验知识者。此范畴等，乃经验知识所由成立之条件，而内在于人之理解之活动，以为其活动之方式，初不由所经验之对象来者。此亦如时空之格局（即时空之范畴）之不由时空中之感觉现象来。故皆为先验的。于是我们对此种种范畴之本身及时空格局之知识，皆称为先验知识。由是而数学几何学及若干之物理知识，如因果律，物质常住律，皆可成为先验知识。而此诸先验范畴，先验知识，皆统于我们之能知心灵本身之超越的统觉。然因此诸先验范畴，初唯是我们能知心灵之统觉，用以统摄一切所经验之现象，而认识之之各种中间之架构，用以获得对存在事物之经验知识者。故此诸先验知识之有效性，仍只限于可能经验之世界，而亦实只对可能经验之世界而有效者。如数学几何学及若干物理的知识皆然。然人若离此可能经验之世界，视此诸知识本身为真，并本之以构造出人对于物自身之形上学知识，则皆为只能引出问题，而不能得定然不移之结论者。康德之庞大的知识论系统中之问题，固极复杂。而其哲学系统中之每一点，亦几皆有后人对之提异议；其关于先验知识之理论，及数学几何学为先验的综合之知识之说，近人之所论，亦为较康德为精密。然吾人即就此上所说，已可见康德之能知所知之关系论，有其不容抹杀者数点，而为他派之知识论所不能及者。

（一）康德知识论之第一要点，是认定只有感觉现象之直觉，而不通过概念之规定及范畴之运用，则知识不可能。我们可依此以简别一切素朴实在论，主观观念论，及现象主义之说。而依吾人以前诸章所论，亦谓不通过概念共相，则一切知识不可能。

（二）康德知识论之第二要点，是在确立我们之能知之心灵，决非只是为"分别的呈现于其前之现象"之经验者，而是能统摄的把握一切已经验之现象，及可能经验之现象，而超越的涵盖其上之心灵，即具超越的统觉之心灵①。我们可说，人无此心灵，以超越其已经验之现象之范围，则对一切未呈现之现象之求知与预测，对一切超出于已有之经验外之任何实在事物之肯定，及对实在事物之内部构造所作之假设，以及求未来经验对吾人之预测、肯定、及假设等加以证实，皆同为不可能。

（三）康德所谓时空之格局，不特为一般感觉现象之格局。吾人尚可谓之为吾人前所谓一切历史地理性之知识之成立所必需之格局。此点乃康德所未论。然吾人可引申其义，以论吾人在本书本部知识之分类一章中所言者之根据。吾人可谓，如吾人不承认已经验事物所占之时空外，尚有吾人之能知之心灵自身所涌出之对其外之时间与空间之想象，合以构成统一的时空之格局；则吾人之逐渐扩充吾人对历史地理之知识，并配合之于一系统中之事，即不可能。而在人之求知远古事物及远方事物之时，吾人亦明可在不知其事物之内容时，已将一时间与空间之范畴，运用于其上，或预设其在空间时间之中。故吾人可想伏羲以前之时间，可想象星河之背后之空间，而却不知其中曾有何事何物之出现。吾人在日常生活中，所以能想有明天或明年，吾人之行于道中，所以能想前面之必有下一步之空间可容此足，亦皆由于吾人对于"时空之有"之知，乃断然可先于其中之"事物之有"之知者。故吾人之经验可未及于某事物，而对某事物尚未有种种具体之知识时，已知道某事物之必有其所在之时空。中国小说中有谓苏东坡嘲其妹之高额曰："未出庭前三五步，额颅先到画堂前"。此可以喻吾人对"时空之有"之知，总是先于对其中之事物之经验而有。至于康德之所谓时空纯为主观之说，是否真能成立，则吾人可暂不加讨论。

（四）康德所谓先验概念或先验范畴之数目，吾人尽可有不同之异议。然经验概念之不同于先验概念，则为吾人所不能否认。经验概念为只可应用于某类事物者，而先验概念则为可用于一切类之事物者。如有、无、一、多之概念，即为可用于一切类事物者。吾人对先验概念之产生，如何说明，固亦可与康德持不同之意见，如人或主张此先验概念仍是由经验概念抽出，或只为人所发现的。然吾人欲对任何事物有知识，必须

---

① 超越的统觉之涵盖性与超越性，详论见本书第三部第十七章第四节。

兼以经验概念与不同于经验概念如康德所谓先验概念规定之，则为确然而无疑。而吾人于先验概念本身，可有知识，亦可确然无疑。如有异于无，即一先验之知识。数学逻辑几何学知识之为先验的，而异于其他之对经验事物之知识，亦为吾人于知识之分类一章所曾讨论者。

（五）康德知识论之最受人批评者，在其以物之本身为不可知之说。因人可问：如其为不可知，则吾人又如何知其有？然吾人可说康德所谓物之自身为不可知，乃谓其未入于经验，则吾人不能知其何所是，故对之不能有知识。然吾人对之不能有"知其何所是"之知识，不同于谓吾人不能知其存在。此种对其存在之知，则康德名之为思①。而依吾人之见，则吾人之直觉的感知一事物之存在，而不知其何所是，亦并非绝不可能者。此可以吾人前在知识之起源一章第六节所举之例，帮助说明此义。如：当吾人忆一人之名，在此名若隐若现之际，吾人即明可知此一名之存在，而不知其如何。吾人在突然受一打击时，吾人亦可知有打我者，而不知其为人、为石、或其他。须知：吾人所谓知某物之存在，可只是由于其作用之显于另一存在而知，而此作用即可初只是一排斥其他存在，或使其他存在改变其性质或丧失其存在之作用，则吾人可于感其作用时，知其存在，而不知其为何。故吾人受打时，吾人可不知打我者为何物，而只因此打，使我改变我之存在原来之状态，便直接感知一物之存在。吾人忆一名，亦可不知一名之为何，而只因此存于潜意识中之一名之时隐时现，若在引动吾人之回忆之活动，吾人便直接感知其存在。吾人在感知事物之存在而不知其为何时，用以表示此所知之存在之语言，可只为"这"或"那"。康德谓有物之自身为我们之感觉知觉现象之来源，彼固尚未能如吾人上文之所说，加以指证。然其所谓物之自身不可知，而可思其存在之说，亦当初依于吾人先能直接感知其存在而后起者。故吾人即依康德之说，而主张有在经验知识外之物之自身之存在，并非必然导致一理论上之自相矛盾，而非不可说者。

至于纯从理论方面说，则在一已经验世界之外，肯定有物之自身之存在，亦为说明我们所经验之现象，何以不断生起，与可能经验世界之何以不断开辟，及知识世界之何以不断成就之所必须者。依康德哲学言，只有由吾人之能知之心灵所发出之先验范畴或先验概念及诸已成之经验

---

① Caird：Critical Philosophy of Kant. Ch. IX 特重说明此义。

概念，吾人乃明不能由之以推断不断生起之现象之为何所似者。此不断生起之现象，唯如此如此展现，如此如此给与吾人，吾人于此并不能作自由的选择。则某一现象何以如此展现，如此给与吾人，必须有一客观外在之理由。否则吾人将不能说明吾人何以不能自由的选择吾人所经验之现象，并说明此种种现象何以不断生起，此现象世界何以能不断开辟，而不顿时大地平沉，山河粉碎之故。吾人以上评论休谟及现象主义之哲学时，已谓欲使人之求知识之事成为可能，必须肯定有继续不断之印象观念及现象之生起。然肯定有继续不断之印象观念及现象之生起，即须肯定在已有之印象观念现象外，有能生起其他之印象观念现象之一客观的根源。而此亦即物之自身之存在。

　　在此，人所产生之一疑难为：吾人如欲假定一物之自身，以说明吾人之知识，似仍必须兼假定我们对外物之已先有所知。如吾人之假定地球之内部有溶液，以说明火山之产生，则吾人已知此地球内部之物为溶液。此所知者，仍属于吾人之知识之范围内，而不在其外。但吾人于此可如是答：即吾人亦尽可全不知一外物之为如何如何，而只假定或肯定其存在。如吾人由外返家，忽见室中什物大乱，吾人即可假定亦可肯定，有外物使之如此扰乱。然吾人却尽可不假定其为人，或其他动物，或因地基振荡。又如一科学家在实验室中，忽发现电流场发生扰乱，彼亦必先假定或肯定有某物之引生此扰乱，而亦可初全未思及其为何物。此中人之对于一原因存在之假定或肯定，亦明为在原因是什么之假定之先。而此中人之所以必假定或肯定一原因之理由，亦即唯由吾人感到原来状态之事物由存在而不存在，而另一状态之事物又由不存在而存在，此中有一变化。吾人又知此原来状态之事物之自身不能自动有此变化；遂觉必须假定或肯定另一外在之物之存在，以说明此变化。即吾人此时必须应用因果原则以说明此变化，并先假定或肯定此因果原则，必能向一可能经验之物而运用。吾人在正作此假定或肯定之时，则吾人明可对此可能经验之物之为如何如何无所知，而只知其为存在。此"单纯的对其存在之知"，亦无别于对此物之自身之存在之知。对一此知，依康德哲学，亦应名为思。

　　吾人如承认吾人可不知一物之为为何，而仍可假定或肯定其存在，并对其自身之存在之一点有所知有所思，则吾人尽可于已经验之世界外，肯定一物之自身之世界。谓吾人所经验之现象之继续不断生起，皆由物之自身为根源，由是以使我有种种对现象之印象观念。此诸印象观念之纳于时空之格局中，种种概念范畴之运用下，一一为我之超越的统觉所统摄，即知识之所由以不断形成。由此而吾人之能知与所知之关系之构造，即可以下图表示①。

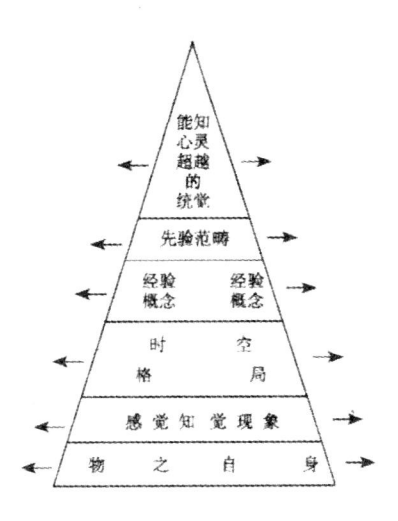

```
              ╱╲
             ╱能╲
            ╱ 知 ╲
           ╱ 心灵 ╲
          ╱ 超越的╲
      ←  ╱  统觉   ╲  →
        ╱──────────╲
    ←  ╱  先验范畴   ╲  →
      ╱──────────────╲
  ←  ╱ 经验    经验    ╲  →
    ╱  概念    概念     ╲
   ╱────────────────────╲
 ← ╱   时      空        ╲ →
  ╱     格      局         ╲
 ╱──────────────────────────╲
← 感 觉 知 觉 现 象  →
╱──────────────────────────────╲
← 物    之    自    身  →
```

康德之此种知识论之论能知与所知之关系，在规模上，实较以前之诸说为博大。依其理论以观人之知识，乃视为一立体之架构，其中心包涵不同之层面。吾人如依其系统以观，吾人前所论之素朴实在论，主观观念论，休谟之现象主义，即皆为只视知识为一平面层者。依其系统以观新实在论，则为只知重所谓先验概念、经验概念之内容之共相者。依其系统以观批判实在论及代表实在论之说，则见彼等皆忽略超越之统觉之重要性，并忽略物之自身之问题，不能在已有之知识内决定。此等之说，皆欲对于超越而外在之外物之自身之性质、相状之存在有所肯定，而不知一涉及外物之性质、相状，即为在知识内而不能在知识外者，遂成矛盾。然在康德哲学，则凡涉及吾人对外物之性质相状之知识者，则皆在知识或经验之范围之内之决定，即无此矛盾。然康德又肯定在知识范围外之物之自身之存在，以保留一切实在论之优点。

对于康德之理论，所唯一可能有之原则性之批评，唯是其所谓外物

---

① 箭头表示整个知识世界经验世界之不断开辟而成就。

之自身,是否真对能知之心灵,为超越而外在之问题。依上文所讲,在理论方面,康德哲学之所以必须肯定物自身之存在,盖唯所以说明吾人之所经验之现象之不断生起与知识之不断成就。即唯因我们不能说存在之世界,限于我所已经验之世界,故必须肯定已经验之世界之外,有物之自身存在。但外物之自身存在于已经验之世界之外,是否即真能存在于一切可能的经验世界之外?依康德之说,吾人对物之自身虽无知识,亦不能知其性相之如何,但人仍可思其存在,而知其为存在;则其存在即终不能离此心灵之思其存在之思。而由此义,以改造康德之物之本身与能知心灵之二元论之观点者,则为客观的唯心论。然此客观唯心论,最后乃归向于一形上学之成就,而不重在一知识论上之成就者。

第十二节 客观唯心论之能知所知关系论

关于客观唯心论一名,可以指由菲希特、经席林至黑格尔及英美之格林(T. H. Green)柏拉德来(F. H. Bradley)鲍桑奎(B. Bosanquet)罗哀斯(I. Royce)等之理论。人于此或再分别客观唯心论与绝对唯心论。但至少自知识论上言,此乃不必须者。因此二者在知识论上主张之要点,同在以能知之心不只为主观之心而为一客观之心,并由此以论一切存在事物皆不外在于此心,以超越康德之二元论观点者。唯诸客观唯心论之理论甚繁,吾人今只顺菲希特之思想,以指陈其一义。

此义是说我们诚可视外物存在于吾人之能知之自我之外,而视之为非我。但吾人方说其在吾人之能知自我外而为非我时,吾人即同时呈现一"兼知此我与非我"之"我",以"统一此我与非我"之"心灵"。而此即为"超越于我之主观,以超越的涵盖客观之非我"之一客观之心灵。对此客观的心灵言,则一切非我之外物,皆不能真在其外者。

何以对上述之心灵,一切外物皆不能真在其外?因上述之心灵之本性,即是一行为 Deed。此心灵之继续求知本身,便是一继续进行之行为。吾人如认清吾人之求知是一继续进行之行为,则知:在此求知之进程中,不仅有我之面向非我之客观外物而对之求知,亦有此非我之外物之逐渐内在化,为此能知之心灵之内容以属于我;而此亦我们之求知之心灵,赖以逐渐达到其求知之行为之目的,而实现此心灵之本性者。由此而见人之知识之相续成就之事,亦即外物之逐渐超越其外在性而内在化,以属于我之此心，以继续实现此心灵之本性之事。而在此求知之行为下，外物既必逐渐超越其外在性以内在化，而属于我之此心，则外物亦即以：实被知而内在化以属于我，为其本性。由此而能知之心与所知之物，即不能互外而视为二元，而知识之不断形成之历程，在常识说之为能知之心灵与所知之外物，二者不断求相连结，以次第形成一一之统一体之历程者。依此说则当为由此心灵与外物之实现其本性，以使此一一之统一体，次第呈现之历程。而吾人如果能置心于此一一统一体之次第呈现处，以观吾人知识之不断形成，则所知之物无尽而无限，此能知之心灵，应亦与之同其无尽而无限，而不能有任何物能外在于此心灵之外。

对此种说法，一般之怀疑，皆由人恒以吾人之能知心灵之认知能力，在实际上不能为无限，人只有有限之生命与心灵，而外物为无限，非人所能尽知。但依此说，则所谓吾人之生命心灵为有限，外物为无限云云，此亦为吾人之心灵之所知。吾人之知吾人心灵有限，此知岂不已超出此有限？吾人岂不可说，有此知之心灵即非有限？而吾人之能知外物之无限，则此能知外物之无限之心灵，如何又能为有限？如有限之心灵，只能知有限之外物，则彼将何所据，以言外物为无限？如其能确知外物之无限，则彼又岂能不与外物之无限，同其无限？如其并不能确知外物之无限，而只是有一无限数之外物之概念，则此概念岂非由此能知之心灵所形成？则能形成此无限数之外物之概念之心灵，如何可说之为有限？此人心可非有限而为无限，而可与所谓无限之外物合为一统一体，以形成一无限之知识历程之理论，最后必归至通一切人心与上帝心以为一心之理论。此即一形上学之理论，而超乎知识范围之外，非吾人今所及而论者矣。

第十三节　能知之心灵与所知之对象之互为内外关系之种种

吾人上文述西方哲学各派之能知所知之关系论，已在大体上指出如何由一派之问题，以引出他派之主张。而康德之理论，自知识论立场言，明为较能把握能知与所知间之整个结构者。至在知识论中之客观唯心论，则吾人今只视之为康德之理论之一种补充的讨论。纯从知识论之立场，吾人亦并非必须证明，吾人之能知之心灵为无限，乃能有知识之成就。

至康德之说之缺点，则在其未明显的指出由经验的直觉以感知事物之存在之义。而忽此义，则彼所谓由"思"以知外物自身之存在，乃毕竟无经验上之证实者。吾人于上文指出，吾人可由经验的直觉以感知外物之存在，而可不知其为如何如何之存在，则一方可证成康德所谓在知识以外，有存在事物之自身之说，一方亦可与常识或素朴实在论之直接认识事物之存在之说相印证。而吾人之所以能直觉的感知外物之存在，实由吾人自身之存在状态，可由外物之存在状态以引起改变而来。此即谓如吾人只有一静观之心灵，则吾人并不能知实有外物之存在。吾人在只以概念共相为所知之对象，或只是被动的接受一切呈现给与之现象时，吾人之心灵即纯静观的。此时吾人亦确上穷碧落，下达黄泉，皆只能发现如是如是之共相或现象之呈现，更不能知有外物之存在。而一哲学家如不能由静观共相及现象之呈现，以返自现实生活上多少有一体会之工夫，而以其自身之存在，与外物之存在相遭遇，则彼亦将永不能直觉的感知，一其自身之心灵之外之客观对象之存在。此亦即代表实在论、现象主义、批判实在论、新实在论、及逻辑经验论者、皆不能确立客观对象存在之故。然于此复须知，吾人能直觉的感知客观对象存在是一事，而知其为如何如何之存在又是一事，在吾人未知其为如何如何之存在时，则不能有知识，又是一事。吾人之知一对象为如何如何之存在，皆须用共相或概念。吾人之用共相与概念，以知吾人所感知之存在，皆可是可非。如人之被打，而以思想猜测假设打我者为人或石或木，即皆为概念，而皆可是可非者。如其是，则必须在吾人之思想中所呈之概念共相，与事物之性质有一种应合。然此应合，则尽可只有间接之证实，而无直接之证实，因而人之一切预测与假设，初皆为主观的而非客观的。而由预测或假设所生之一切推演，亦为在主观思想中进行，而亦不必一一有客观外物，与之应合者。吾人之所以可用不同之假设，说明同一之经验事实，即证明此假设之为主观的而非客观的。然一假设亦可逐渐证明为唯一之假设；即不能证明为唯一之假设者，此假设之内容，亦为可合于客观事物之真实者。则吾人于此时即不得说，一假设中之内容只为主观思想之内容，而非客观事实之内容；而当说，同一之共相或理，可兼表现为思想之内容与客观事物之内容。由此而一切客观事物之内容，亦皆无一在原则上永不能成人之思想之内容者。吾人即可据此以谓客观存在事物必为可知者，必为有可被知性，而非绝对在能知心灵之外者。一切求真知识者,同向往于求得对客观对象之知识,即已肯定客观对象之为可知,而有此可被知性。吾人亦即可说,当吾人无定限的求知识世界之开辟时,吾人之求知识的心灵,即超越的涵盖此一切可被知之客观对象之全体,而求实现吾人之一一实知,于其一一之对象,以成就吾人之知识世界之开辟者。而人如谓有在此心灵的超越涵盖之量之外的客观对象,即无异于谓有对象为必不可知,此乃与吾人求知识时所已肯定者相违,而自相矛盾,亦毕竟不可说者。至于吾人所实现之实知,毕竟有多少,则为一事实问题。吾人之心灵所能实际的实现之实知,以吾人生命力之有限而为有限,亦无碍于吾人在求知之时,可有一超越的涵盖的心灵,居临于一切可知之对象之上。此亦犹如白居易之诗,谓唐明皇之于杨贵妃,"后宫佳丽三千人,三千宠爱在一身",无碍于三千人之同在唐明皇之后宫,而为其权力涵盖之所及。

由是而吾人欲对于能知心灵与所知者之关系作一较详之分析,则当知其相互之内在或外在之关系,应依不同意义之能知与所知,以为鉴别。此可略述如下。

(一)如吾人之能知之心,只指一当前之感觉心,则除当下所感觉之感相及其存在,可为此心之所知,而皆在一意义内在于此心;此引起感觉感相之存在的客观外物及共相等,即皆在此感觉心外。

(二)如吾人视所感觉之感相为一共相,并以吾人之知此一类共相之心,为我们之能知之心,则其他共相与此共相所指之可能感觉之事物,皆在此心外。

(三)如吾人只以能自由回忆想象各种客观事物可感觉之非共相之感相,而综合的或更迭的把握之者,为我们之能知之心;则一切抽象的共相概念,皆在我们之能知之心外。

(四)如吾人只以能静观一切共相与其关系者,为我们能知之心;则一切感觉所直接接触之非共相之感相,与实际存在之客观对象,皆在我们能知之心外。

(五)如吾人以由各种客观事物之感觉的感相,以发现各客观事物之共相或概念者,为我们之能知之心;则未被感觉或未被经验之事物之存在,皆在吾人之能知之心灵外。

(六)如吾人以能知可能经验事物之存在,而不知其为如何如何之存在者,为吾人之能知之心;则此心或为对事物之存在之直觉,或为对事物之存在性之本身之思；而此外之一切感相、共相、概念，皆在此心之外。

（七）吾人如以能思一切可能经验事物之存在，而又能以时空之格局及其他之经验概念，先验概念规定之，以成就吾人对之之知识，并能将由此以得之一一知识，配合成一不相矛盾之系统者，为我们之能知之心：则一切可能经验之事物，皆在吾人之能知之心超越的加以涵盖之量之下，而不能有任何可能经验事物，在此心之外。

（八）然如吾人只以能实际形成某一知识，实际构造成某一特定之知识系统之心，为吾人之能知之心；则具其他知识之心灵，或形成另一特定之知识系统之我自己以后之心，与他人之心，皆在此能知之心灵外。

（九）如吾人以能不断的构成特定知识或特定知识系统，而又能不断的批判之，或任顺可能经验之事物加以否证，并力求知他人之所知而虚心的了解之者，为吾人能知之心；则此能知之心，为超越的涵盖一切可能形成之特定知识与特定知识系统之心灵，而无任何特定知识与特定知识系统能在此心灵之涵盖之量之外。

（十）由（七）与（九）吾人可说，世间无在吾人之心灵之超越涵盖之量之外者。然谓此心灵之超越涵盖之量之无外，而于一切可经验之事物及可能有之知识，皆能加以涵盖，乃是依理上说其有此"能"，而非依事上说其已于一切皆加以尽知。以理与事对言，则事非理。故就理言，吾人虽有能无所不涵盖之心灵，而就事言，则一一对经验事物之真实知识在未成就时，皆无不在此心灵之外。此成就真实知识之事，乃一无底止之历程，而其中之每一事，亦为在他事之外者。

（十一）然此超越涵盖之心灵之本身，可并非只是静观的涵盖可经验之事物与可能有之知识，而同时又是兼求落实，以求实知一一切可经验之事物，以成就此一一求实知之之事者。则吾人即可说，实无一事，真能在此"自超越其超越涵盖性以落实"之超越涵盖的心灵之外。而吾人之求实知之事，必须一事后再继以一事，亦即此心灵之不自限于一定之事，以使求知之事成无底止之历程者。由此，而一不断有求实知之事之心灵，则为一真正无外之心灵。然此心灵，亦为不自限不留驻于一切已经验事物与已成知识，而对一切可经验之事物，可能有之知识，皆持一绝对开朗的态度之心灵，而其内部亦如空无所有而无内者。故于此心灵，谓一切经验事物与知识在其外与在其内，即亦皆可同为戏论。而吾人于此亦可说西方哲学中之实在论观念论之争，皆为戏论，而无意义者。然吾人却须先经过此中之问题，而全幅透过之，乃能达此结论。故如逻辑经验论之说其为无意义之争，仍非吾人之所取。而其说之本身，亦只为吾人所当透过之一说，以达吾人之结论者。

知识之对象问题——能知与所知之关系　参考书目

本章参考书除洛克巴克来康德等本人著作外，下列者为便初学之书。

A. J. Bahm：Philosophy, An Introduction. pp. 36—168.

此书论知识论共分十二派，每派之主张各分六点论，以比较其同异。吾人于此章，曾取其论素朴实在论及代表实在论之说，其余则非本书所取。但亦足资参考。

L. Wood：Recent Epistemological Schools：见 V. Ferm：A History of Philosophical Systems. pp. 516—539.

此为对五十年来现代西方哲学中之五派认识论，皆自能知所知之问题，加以叙述者。

柴熙　《认识论》　商务版。

此书著者为德人，用中文所写，乃天主教之哲学立场，但对各家认识论皆有介绍。

W. P. Montague：The Story of American Realism 载 W. G Muelder and L. Sears 所编 The Development of American Philosophy. Houghton Mifflin Co. 1940.

此文虽只论美国实在论，然可由之以了解现代各派实在论之问题及论据。

I. Locke：An Essay Concerning Human Understanding, Bk Ⅱ. Ch. 8. Bk Ⅵ. Ch. 9.

G. Berkeley：A Treatise Concerning the Principles of Human Knowledge.

D. Hume：A Treatise of Human Nature. p. Ⅸ.

E. B. Holt and Others：The New Realism. Macmillan 1912.

D. Drake and Others：Essays in Critical Realism. Macmillan 1920.

I. Kant：Critique of Pure Reason. I. The Elements of Transcendentalism, Second Part. First Division. Book Ⅰ. Ch. 2.

第十一章 解释与归纳原则

第一节 常识中之解释与推知

纯自一一求知之事上说，人所求知者，皆为一特定之知识。此特定知识之种类，不外吾人于知识之分类一章所说。而此各种知识中，吾人所首当讨论者，为关于各类具体事物之经验知识之成就，所依之根本假定或原则之问题。此问题盖皆由吾人之求说明一经验事物何以如此，及以后将相连而起之经验事物如何而来者。

大约人在能说话不久，即能发问。而小孩最初之所问者，除问什么东西叫何名字外，即问事物之为什么如此？或为什么存在？如天为什么下雨？蜜蜂为什么采花？为什么有他自己？而人之根据于经验事物，以推断另一经验事物之已存在或将存在，则可能在未说话之前，已在婴孩之不自觉的心灵中进行。吾人皆知婴儿之见母解衣，则已准备吮乳。一次火烧手，以后见火即会缩手。此是否由其已推断母乳将呈于其前，火再烧彼手当感痛？此似不能说。但其行为至少貌似有一推断。罗素曾称之为生理上之推断。而在婴儿稍大能言语时，则他明能说出种种推断。如见桌上摆碗筷，即知说要吃饭了；门外铃响，即说有客人来了；母亲将衣服穿整齐，即知其要出门了。再到大了一些，则知由天上阴云，以推知将雨，由寒暑表上升，以推知天热。由父亲收入减少，以推知以后生活将更困难。而人之一切常识与科学知识之发展，亦即主要不外使我们能一步一步根据一些现已经验之事，以推知未经验的事。而医生可由病征，以推知腹中之寄生虫，生物学家可由一动物之齿，以推知一切动物之构造，天文学家可由现在之日月星辰之位置，以推知千百年后之日月星辰之位置。但毕竟我们何以对一切事物要问为什么，又何以能由什么以推断其他的什么？此却是属于知识论中之大问题。

第十一章　解释与归纳原则

我们之问一事之为什么而有，是一返溯性之思维。我们之由一事之已有，推断另一事之有，是一前推性之思维。但吾人通常对于常见事物，恒不问其为什么而有。我们总是对突发之事，未常见之事，才问其为什么而有。而我们之前推性的思维，通常亦要根据一突发的事或所特别注意的事，以进行推断。我们很少根据我们常见之事物，不特别注意之事物，以向前进行推断。故人并不由其日日所用之桌椅及时时滴答之钟摆，一直是明亮之灯等，以推断其他何事物当由之而发生。

大人对于小孩之"为什么"一类问题之答复，通常有四种方式。（一）如小孩子问为什么燕子冬来南飞，为什么太阳天天都从东方出来？大人可答，每年燕子到冬皆南飞，太阳天天都从东方出来。此是要把小孩所视为突发的事，而化归为常见的事或恒常经验中一例，以取消问题。（二）如小孩问为什么人要吃饭？大人说因食饭才可饱暖。小孩问为什么天下雨？大人可说天下雨，谷子才能熟，人才有饭吃。此是以一般性的目的之达到，作为事物之发生之理由。（三）是小孩问父母你为什么不许我拿邻家的东西？则父母可不说理由，而只说我不许就是不许。又如小孩问糖何以甜？父母亦可答：因它是甜的所以是甜的。此是以一命令或一语句本身，为一命令一语句本身成立之纯逻辑之理由。此中大人解释时，乃在求其语言命令之一致。（四）是小孩子问，何以此树心空了？大人说因虫在树中蛀了树心。小孩问何以腹中发胀？大人说因你吃得太多。此种答为什么的方式，则纯是一种以原理或律则解释现象的方式。

至于人之在常识中，本一事以推知另一事之发生，亦有各种方式；但与我们之答复为什么之各方式，不必相对应。如我们在常识中，很少由人之目的是什么，便推知将有一合目的之事之产生。我们很少从人之有欲飞之目的，便推知其能飞。从某人有为大将之野心，便推知其能为大将。我们亦很少只是从一事物之过去现在之如此，以推知其以后将长久如此。或只由其今是什么，以推知其永是什么，如我们很少由月圆以推知其必永圆，花红以推知其必永红。我们通常恒是由一事物一方面之如此，以推知其另一方面或另一事物之如彼。而我们之由此以推彼，亦不必是由因推果，而可是由果推因；又可根本不是由因推果，或由果推因，而只是以同为一因之果之一事，以推知其另一事。如由电光以推知雷声将临，此二者同为阴阳电冲击之果。亦可是由一物之一面相，以推知其另一面相。如由日之升，推日之将落。或由在一观点下之一物之面相，推知其在另一观点下之面相。如吾人由距一物远时，物形较小，以推知距一物近时，物之形必较大。或由一事物为另一事物之符徵，以推知另一事物之存在。如由一人衣袋上之徽章，以推知其官阶，由酒旗以推知酒店。但是在常识中答为什么有雷时，人恒只谓此原于阴阳电之冲击，使空气振动，而少有人答为什么有雷，谓此原于电光之闪，亦少有人以电光之闪原于雷。人在答"一物在远距离何以小？"亦很少说此因其在距离近时则大。亦很少有人答"何以日会落？"谓此由于日之升。又少有人答"何以某人有某官阶？"谓因其有某徽章。更少有人答"何以此店为酒店？"谓因其有酒旗。此即见吾人之由一事以推知另一事之方式，与吾人答复一事之为什么之方式，二者不必相对应。至于其何以不必相对应之相由，则我们可暂存而不论①。

第二节 科学中之解释与普遍律则及其种类

至于纯属于科学知识范围之解释与推知，则其与常识之不同，主要在常识中之解释与推知，常未能自觉的提出其解释与推知中所根据之普遍律则。此普遍律则，在常识之解释与推知中，实际上亦是包涵着的。如常识中以虫在树中蛀了树心，解释树之心空，即包涵"凡虫蛀树心则树心空"之普遍律则之肯定；见电光以推知雷声将临，此中即包涵"凡有电光即有雷声"之普遍律则之肯定。由寒暑表下降以推知天气将冷，即包涵"凡寒暑表指示气温"，"凡寒暑表水银柱下降，指示气温下降"之肯定。此与科学中一切定律皆为一普遍律则，并无本质上之分别。然在科学知识范围中，将一切足以为解释与推理之根据之普遍律则，皆加以自觉的提出，则可以对常识中不自觉肯定之普遍律则，加以批判，加以厘清，加以分析，与加以归并；并由是以演绎出其他普遍律则，解释其他可能解释的事实，或应用至其他事实，以进行其他的推知。同时去对宇宙间之各种事物作研究，以发现关联各种事物之各种普遍原则；而

---

① 大率在常识中，人在从事解释时，总想把一特殊之事物化为常见事物中、一般目的、语言规则、或普遍原理下之一例；而在推理时，恒是由我们所知事物之如此，以推事物之其他方面或他事物之如彼。而事物之"如此"，亦只须可作为吾人推其他方面或他物之"如彼"之充足理由，而不须为其必须理由，故亦不能逆转，而由"如彼"以推"如此"。但常识对其如何解释及如何推理之历程恒不自觉，吾人亦可暂不深论。

人类知识之范围，遂得大为扩展。

实际上，从事各类事物之研究以发现其普遍律则者，为分门别类之科学工作。研究"人如何从事各类事物之观察实验，如何从事于分析所观察实验者，如何从事于假设之构造，并求如何建立有效之普遍律则"之方法者，为逻辑家之工作。但吾人如果问一般普遍律则之建立之最后根据，毕竟在何处？是否被建立为普遍律则者，即是真正之普遍律则，必可有效应用于一切特殊事物？其可有效的应用之保证在何处？则是一哲学中知识论之问题。而要讨论这些问题，我们须以较简单的普遍律则为例证，以论究所谓应用于特殊事物之普遍律则之性质。

譬如我们从"凡寒暑表之水银柱下降则气温下降"之常识中，所承认之普遍律则下手。我们问：何以寒暑表之水银柱下降则气温下降？我们说此乃因寒暑表中之水银柱遇热则胀，遇冷则缩。即"凡水银皆为热胀冷缩"，先已被认为普遍律则。然"凡水银皆为热胀冷缩"，是否依于一凡"物质皆热胀冷缩"之普遍律则？则似乎不能说。因水冷至成冰时则反胀。但除水以外，其余之物，皆热胀冷缩。如我们问，何以这些物皆热胀冷缩？则可说：热胀由于物体之分子，以热而运动速度增加，而分子遂相冲击，使分子运动所占之空间扩大，而体积增加。冷缩由于物体之分子，以冷而运动速度减少，再依于分子之黏合力，使体积减少。在此例中，我们一方看出：一普遍律则之依于另一更普遍之律则而成立的情形，及普遍原则亦有例外之情形。而此中所谓水银柱之热胀冷缩，在常识则以之为一因果关系。然人看寒暑表，以知天气将冷，则亦可不知此水银柱与天气冷热之因果关系，或不想及此因果关系；而只是以寒暑表水银柱之降下之事实，为一指示天气之将冷之另一事实者，而由之以推知天气将冷。因而亦可忽视或至否认其间真有因果关系。于此则我们可问下列种种问题：即这些普遍律则，如水银热胀冷缩等，毕竟是根据什么而建立的？我们如何断定一普遍律则之必无例外，而保证其必可应用于特殊事物？是否一切可应用于特殊事物之普遍律则，皆依于因果关系而建立？皆是因果原则之化身？又此因果原则，依什么而建立？是否一切事物皆有因有果？是否同因必同果，异因必异果？因果间之关系是否必然？因果是连的或不相连的？这都是东西古今哲学史中极困难的问题。

关于应用于特殊事物之普遍律则之建立，其最后根据何在？一般粗略的说法，是说其皆原于经验。因特殊事物，必须由经验以认知。但由所谓广义之经验而得之普遍律则知识，实可有好几种情形。

（一）一种由经验而认知，而可应用于特殊事物之普遍律则，乃我们通常视为人在自然之所发现之自然律则者。如人由火烧灼肤，而知凡火烧必灼肤，及上述之水银热胀冷缩之类。

（二）一种由经验而认知而可应用于特殊事物之普遍律则，乃不属于自然律，而只为社会人群之所约定之人间律。如吾人知邻家之父之姓，即知其子之姓，与其子之兄弟之姓。此乃依于子女皆从父姓之普遍律则。但此律则并非自然律，而唯由人之习惯所约定。但约定之后，吾人又由"闻知"，以知此普遍律则，亦即可据以由一家族中之父姓或祖宗之姓，以推知其一切子孙之姓。

（三）再一种所谓由经验之认知而可应用于特殊事物之普遍律则，乃似具直觉之确定性者。如吾人可一次见方物与圆物之不相掩，即知一切方与圆皆不相掩。若有人真信天圆地方，而又谓天地相合，吾人可立即断其绝无此事。又如吾人由经验，知于二堆相等之苹果中，各除去相等之苹果，其剩余之苹果相等；即可知等量减等量，其差相等。此亦为明以具直觉之确定性者。

（四）再一种所谓由经验而认知，又可应用于特殊事物之普遍律则，乃依于理性之构造而成者。如由诸自然律所综合而成之自然律。譬如我们知热胀冷缩为一自然律，又知压力大体积小亦为一自然律；则合此二者，我们可说一物体积之大小，与其温度之高低成正比，并与所受压力之大小成反比。此律虽亦根于经验，然人不经理性之运用，先分别在压力不变与温度不变之情形下，考察温度与体积之关系，及压力与体积之关系，再加以综合，则此律不能构成。而吾人如只在压力与温度同时变化之具体情形下，经验体积之大小，则吾人纵集有无数次之经验，仍不能知此自然律[①]。

通常所谓由经验而知普遍律则，恒于此四者不加分别。而依吾人在论知识之起源一章所论，实唯有第一种可谓直由经验而知者。

[①] 若所观察之例，皆为压力与温度同时变，如压力变大时温度亦变大，则未变前与已变后，其体积可相等，则吾人不能知压力温度与体积之关系。

第三节　因果律与函数律

其次应用于特殊事物之普遍律则，是否皆依于因果原则而建立，则吾人可如是答。

（一）凡表示形数、时空、与其他共相间之关联而建立之普遍律则，而可以几何学数学、及时空之形式关系与其他种种共相间之形式关系自身加以说明者，皆至少在表面非依于因果原则、因果关系而建立者。而此种普遍律则，可说为只表示事物之形式性质之函数关系者。譬如物体近看则大，远看则小，我们可说物相之大小，与吾人感官之距离成反比。而物理学上所谓反平方之定律，亦可兼应用于力学、电学、光学中。如牛顿力学中所谓"二物体之吸引力之大小，与二物之距离之大小成反比"。但吾人不能克就此"距离之大小"本身，而说之为一物相之大小或吸引力之强度之大小等之原因。因此距离之大小，只是一空间关系。二物相之相对的大小，亦只是一空间关系。物理学上所谓吸引力之大小，表现于相吸引之物体之运动之速度；此速度只是在一定时间中所经过之空间量。则此中之距离之大小与物相之大小，物体之速度之关系，乃一纯粹之时、空、数量之形式关系。吾人于此所知者，唯是此三者之相倚而变，以表现一自然律。然吾人恒不易决定，此诸变项中何者为因，何者为果。即所谓"二物相吸引而互为其速度之因果"一语，亦可不说。（如在今之相对论物理学中）。此外，吾人在经验中凡遇相异相反之物相对较时，则二者之强度皆似增加。如红与绿相较，静寂与响音相较，圣洁与无耻相较，其强度量皆似增加。此亦可成一普遍律。然此中亦难于决定，在相对较者之二者中，何者为因，何者为果。而似只能说其强度量之相倚而变。

（二）凡直接表示一事与另一事之关系而建立之普遍原则，则为因果关系。如由敲桌生声响，由阳光照草木、雨水润草木而草木生长，由饥荒而战争，由货物出产多而价格低落，皆为依一事与另一事之关联而建立之因果关系。在因果关系中，通常或以时间上在先者为因，在后者为果。或以倚赖而变者为果，被倚赖而变者为因。或以决定者为因，被决定者为果。在宽泛义上，此皆为可说者。

然此上所说之函数关系与因果关系，毕竟以何者为主，或是否可通而为一？则是一问题。譬如吾人说货物出产多，则生产者竞售，消费者观望。由是生产者竞削价，而价格低落，此自纯为一因果之连锁。但如纯从货物之生产量之增多，与消费量之减少上，推知价格之逐渐降落，则其中之关系，亦可说只为量与量之相倚而变之函数关系。而经济学家亦尽可只研究计算此相倚而变之函数关系。然吾人却可说此函数关系，乃依于货物之多少，所引起于生产者消费者之心理反应之因果关系。则吾人又如何知物理界中之一切函数关系，不在根本上亦依于一因果关系？然此问题，在知识论中，吾人尽可存而不论。因吾人之求知识，至少有时是直接以因果关系之认知为目标，而有时则并非直接以因果关系之认知为目标者。于是吾人即可说，有此二类之关于特殊事物之普遍律则或所谓自然律之知识。

第四节　归纳原则与其根据问题

现在我们可以不问，毕竟吾人对于事物之普遍律则或自然律之知识，是否关于事物之形数等共相间之函数关系之知识，或因果关系之知识；我们都可说其同须根据归纳原则之运用，由个别特殊事物之情形之观察实验而建立。譬如吾人可由观察一物体由一斜板滑下时，在不同的单位时间，所经过之空间距离，以知其下降时之加速度。而伽利略遂有物体下坠律之提出。我们可观察在不同时间中，在太阳系中之行星之位置，便知各行星之运行之轨道与运行之速度，由此而凯蒲勒有天体三大定律之提出。我们亦可由几次实验，知温度与体积与压力之关系，而波以耳（Boyle）与查理士（Charles）有气体定律之提出。这些定律，都是我们只对少数之事例，作观察实验后，便能依归纳而加以建立之普遍定律。普遍定律是可用于一切事例，即无限数之同类事例的。然而我们之观察实验，无论重复多少次，皆只是少数有限事例。此无限事例可不须远求，而即通常所视为一事例者中，亦可包涵无限事例。如依伽利略之物体下降律，则物体下坠时，在每一点每一瞬之速度，皆是合乎此定律的。而一物体之下坠所经之空间时间中，即可分为无限点、无限瞬，或无定限的分为更小之时空之片段。一物体在任一点之一瞬，或在任一片段之时空中，皆可为一事例，则一物体之一次下坠之事例中，即可包含无限事例。于此，吾人便不能不发生一问题：即吾人何以能由有限的若干次对特殊事例之观察实验，以归纳出可应用于无限事例之普遍律则？然而我们在日常生活与科学研究中，实无时无地不在由少数特殊事物之观察实验，以归纳出普遍之律则。吾人随处从事归纳，则归纳本身成为我们思维活动之一种进行之方式，所经常遵照之一种原则，而为一切吾人对其他自然界之普遍律则之知识，所由建立之根据。然我们却可问：此归纳原则之本身，毕竟又依何根据而成立？

对此问题在哲学史上有数种答案。

（一）亚里士多德之答案，即将归纳原则之根据，归于存在之特殊事物，原是各有其类者。每一类之特殊事物，原有其共同之形式或性质，而此形式与性质即其律则。而吾人之所以能由少数特殊事物之观察，即可建立一普遍律则者，乃由特殊事物中之本有普遍律则之内在。故吾人所观察者，虽为特殊事物，然吾人所推知者，则为普遍律则。此种由一类中之特殊事物，以推知一类事物所同遵照之普遍律则，在亚氏称为直觉之归纳 Intuitive Induction。如由一鱼之构造，以推知一切同类鱼之构造；由物体向地心落，以推知一切物体皆向地心落。

亚氏式之答案在形上学上，未尝不可说。然若就知识论之立场观之，则为一种独断之论法。因吾人如谓归纳原则之根据，在一类之物，有其共同形式或性质；则吾人必须已先知一类之物，有其共同之形式与性质。然吾人如何知一类之物，有其共同之形式性质？此本身正是由吾人之先施行归纳而后能知者。吾人之必先施行归纳，乃能知某一类之事物，有某些共同之形式性质，则吾人不能以吾人之施行归纳之根据，在一类之事物有其共同之形式性质，以成一循环论证。

（二）为穆勒式之说，此说以一切自然现象，皆表现一自然齐一律 Uniformity of Nature。所谓自然齐一律，即"在以同类现象或事象为条件下，所发生之现象或事象恒相同"之律。此自然齐一律，可谓乃一切具普遍性之自然律所同依之律。因若无此自然齐一律，则一切自然律，亦皆不能成立。然此自然齐一律之根据何在？则穆勒以为一切自然律之建立，其根据皆在经验，故自然齐一律之根据，亦在经验。吾人之所以知此自然齐一律，即因吾人在经验中，无往而不证实同一条件下，所生之现象之相同。而凡现象之不同者，其所以生之条件必不同而已。

此种穆勒式之说与亚氏式之说虽不同，然亦同犯循环论证之过。因其一方以自然齐一律为一切经验之归纳的根据，而一方又以自然齐一律，乃由经验之归纳而次第建立。然如谓自然齐一律，乃由归纳而次第建立，则无异谓永不能完全建立。而在人所已历之归纳之事以外，一切继起之归纳之事中所处理之其他事物，是否服从自然齐一律，亦不可知者。而若谓此继起之归纳之事之进行，必须先根据对自然齐一律之肯定，则此自然齐一律，应为不须待归纳以建立者。而此两难，穆勒必不能逃其一。

（三）为罗素之论归纳原则之生理心理之起源之说，即谓人从事归纳之事，可溯源于人之生理的推理，或交替反应。此乃人与动物之所有者。如人对犬或小孩每一次摇铃（A）即与以食物（B），则下次摇铃（A），犬及小孩皆口流涎，而期待食物（B）之来。此正与人之作归纳推理者，每见 A 事即连 B 事，于是于再见 A 类之事，即推测 B 类之事之来，有相同处。而后者之起源亦即在前者。此说不代表罗素对归纳原则全部之理论，然吾人亦可取而视为人之肯定归纳原则之一种生理心理之根据之论。

吾人如论人之所以信归纳原则之主观的生理心理之起源，则罗素之此说，亦未尝无足资启发之处。然吾人明不能以吾人求知时之运用归纳原则，其根据只在此种生理之推理或交替反应。此首因后者乃非自觉的。次因后者之例中，如犬与小孩之反应，乃纯为被动的，被制约的。三因后者之例中，如犬与小孩之反应，乃并非真能建立成一普遍之律则者。如犬与小孩可因铃得食物，乃唯对其主人或家人等之铃为然，而非对一切铃皆然者。因而乃不能由此以建立："凡有铃声即有食物，当对之流涎"之普遍律则者①。然吾人在依归纳原则从事归纳时，吾人乃自觉自动的求建立种种现象间或事物间之如何连结之真正的普遍律则者。

吾人如知归纳原则之根据，既不在一类之客观事物本身所有之形式性质，亦不在由经验所得之自然齐一律，又不在吾人之生理的推理或交替反应，则吾人尚有二可能，以说归纳原则之根据。

（四）归纳原则只为人求知时所遵循之一规则，吾人亦只能假然的设定归纳原则之有效，然不能定然的肯定归纳原则之有效②。吾人只能不断

---

① 罗素亦承认此点，故在其《人类知识之范围及其限度》一书之末，终于谓归纳原则为一设定 Postuiate，此即略同下列第四说。

② 此即今之逻辑经验论之说。H. Feigl：The Logical Character of Principle of Induction. H. Reichenbach：On The Justification of Induction, Readings in Analytic Philosophy. Pt. V.

依此原则去由少数特殊事例，以推得普遍之律则；然吾人并不能事先保证吾人处处皆可由若干特殊事例，以推得普遍之律则。依此说，则吾人亦非不可能遇见若干特殊事例，为吾人所不能由之推出普遍律则，或其中之一事象与一事象之连结，乃根本不见普遍律则存于其中，而一一皆为一偶然之聚合者。

人之谓归纳原则，只为人所遵循之一规则，吾人只能假然的设定其有效，又非谓其同于一般之假设。因一般之假设皆可否证，吾人亦能设想可加以否证之种种情形；然此归纳原则，乃吾人所不能否证者。吾人至多只能说，吾人于若干事例中，常未能推得其普遍律则。然吾人永不能断其无普遍律则，则吾人仍可依归纳原则，以进而求其普遍律则。吾人虽可想一一之事象与事象之聚合为偶然，然吾人亦永不能证明其为偶然。而吾人之知识之进展，正为一步一步发现吾人昔所认为偶然聚合者，实非偶然；则吾人永不能证明事象与事象之聚合为偶然。而此亦即同于谓：人永可遵循归纳原则以求知，而永不能加以否证。而自其不能否证处说，则不能谓之为一般之假设。

然此归纳原则既为永不能否证者，则其所以不能否证之理由何在？如无不能否证之理由，则吾人何以必须遵循此归纳原则以求知？又如其必不能否证，则何以吾人不可定然的加以肯定？何以不可说其有定然的理性根据？则为此说所未能答者。

（五）除上列诸说外，吾人之论归纳原则之根据，尚有一可能；即此是直接根据于吾人在思维活动中，吾人之理性之自身，原为能自觉自动的肯定普遍律则之存在，并依归纳原则，以由特殊事相之经验，求建立此普遍律则者。至于何以人之理性自身，肯定有普遍律则之存在，而客观事物亦即有普遍律则之可求得而被建立，则最后只能说由于客观事物之存在本身，即涵合理之意义，而为理性的 Rational。即人之理性本身，与存在于客观事物中之普遍律则之形上之根据原为一。然此乃是一形上学之命题。在知识论之立场说，则吾人只须说，吾人永当依理性，本吾人对事相与事相①之相连结之经验，以求建立普遍律则于其中；亦无任何经验事相，能在原则上拒绝吾人之求建立

---

① 此所谓事相，可指事，亦可指事中之相，如性质关系之共相等，故事相与事相之关系，包括事与事之因果关系，及其相与相之函数关系。

普遍律则于其中之活动。此即已足证吾人之理性活动，与其中所包涵之归纳原则之具普遍的有效性矣。

人之怀疑归纳原则之根于人之理性者，恒是从人之依于归纳原则而建立之普遍律则，可为错误的，或可为以后之经验所否证处着眼。然实则此中所否证者，唯是吾人本理性中之归纳原则，而夹带经验概念，所建立之关于某种经验事相之连结之普遍律则，而非此归纳原则，与其所依之人之理性之自身。吾人之谓归纳原则，依于吾人之理性之自身，即谓吾人之所以必由经验事相之连结，而求建立普遍律则于其中，初乃原于吾人之将所经验事相之连结，加以普遍化之性向。由此普遍化，此连结，当下即化为普遍律则。而所谓归纳原则，亦即此加以普遍化之性向，而更无其他。此加以普遍化之性向，乃吾人自身所具有，而自觉自动的表现于吾人之思维之进程中者。吾人所谓理即普遍者。因而此普遍化事相之连结，以使之成为一普遍律则之性向，即一理性。吾人之理性，可说是使一一理成就之性，而此成就理之性，亦即见于吾人之普遍化事相之连结，以建立普遍律则之思维进程中。而此思维进程本身，亦即显吾人之"成就一理"之性，而为吾人理性之呈显。而此理性之呈显，初即在将事相之连结，加以普遍化处呈显，故初亦即夹带吾人所经验之事相之连结以进行。而世间亦初无任何吾人所经验之事相之连结，为吾人之理性所不能加以普遍化者。故吾人只须一次经验二事相之连结，亦可立加以普遍化，而试建立一普遍律则。宋人之一次在株边得兔，而即守株待兔，与科学家之一次见氢能自燃，即知一切氢皆自燃，皆同依于人之理性之可将一次所经验之事相中之连结，加以普遍化之理性。而前者之所以为大愚，唯在其于一次之兔在株边之事中，所发现兔与株之连结，加以普遍化以后，再虽证实，而恒被有株无兔之经验所否证，而后者则无否证之者。然吾人若初无普遍化当前所经验之事相之连结之理性，则亦无所谓以后之证实与否证；而此中之所证实与否证者，皆唯是吾人之理性，据所经验之事相之连结，加以普遍化后，而被吾人试建立为普遍律则者。而非此求普遍化之理性活动之自身，或其中所涵之归纳原则之自身也。

吾人上说归纳原则，包涵于人之理性活动中。然复当说明，一切归纳之知识，或关于经验事物之普遍律则之知识，欲求更确定的建立，惟赖于经验。因依理性，吾人原可将一切事相之连结，加以普遍化，试建立之为普遍律则，以求证实于未来者。然此中有能证实而真成为普遍律则者，有不能证实而不能真成为普遍律则者。此何者被证实，何者被否证，关键全在后来所遇之经验。因除非事相之连结，依于一数学逻辑上或某种直觉上之必然，则此事相之连结，即皆为可不如此连结者。而知其如此连结之根据，便惟在经验。而吾人之将其连结，加以普遍化后，如无后来继起之经验加以证实，则亦即当被思为可不如是连结，而成不必然相连结，亦不能真成为普遍律则者。由是而能真成为普遍律则之事相之连结，即必须为横通一切经验而无阻者。其能如是横通，而只须有A事相即有B事相者，吾人即以A为B之充足条件。凡无A即无B者，吾人以A为B之必须条件。凡有A即无B者，吾人谓A与B相排斥。凡无A即有B者，吾人谓A与B合以穷尽一情形下之各种可能。由此吾人即可得各种关于A与B之关系之种种之确定之知识。而吾人如欲建立"A——B"之一普遍律则，或欲证明A为B之充足而必然之条件（即只须有A则有B，无A必无B)，则吾人须考察在一切经验中，是否皆只须有A即有B，无A即无B。然此中则有一大困难；即吾人之经验，永为有限。吾人不能在实际上，具有一切可能之经验。由是而吾人虽在已有之经验中，皆发现有A处即有B，无A处即无B；然吾人终不能证明，无与A俱起之C，此C为B之生之另一必须条件，而此C为吾人所未经验而未知者。由是而吾人即永不能证明，A为B之充足条件。而当在一情形下有A而无CB时，吾人之由A以推B，即可产生错误，不能有绝对之确定性。

"A——B"之普遍律则之绝对确定性，虽不能由经验而建立；然吾人如在各种时间空间之情境下，由观察实验而得之经验，皆见有A即有B，则吾人可谓A为B之充足条件或充足理由。因如上述之未知之C，亦为B生起之一独立的必须条件，则在不同之时间空间情境下，C即为可不存在者。故如在不同之时空情境下，吾人皆见有A即有B，则吾人可说C之存在与否，与B之生起为不相干者，而此A即可为B之必须而充足之条件。如此C仍实处处存在，而为与A恒相伴随而起之B之另一必须条件，则吾人虽不能说A为B之充足条件；然此仍无碍于吾人之由A以推B，而以A之存在为吾人推B之充足理由。吾人之推理，即仍有效。故吾人愈能在不同时空情境下，由观察实验而得之经验，皆发见有A即有B无A即无B，则吾人所建立之A——B之普遍律则之确定性必愈高，即其概然性①，愈高，而几于绝对之确定性矣。

解释与归纳原则　参考书目

J. Hospers：What Is Explanation? 见 A. Flew 所选 Essays in Conceptual Analysis. Macmillan 1956.

B. Russell：Problems of Philosophy. Ⅵ On Induction.

J. S. Mill：System of Logic. Book Ⅲ. Ch. Ⅲ. on The Ground of Induction.

H. Feigl & W. Sellars：Readings in Philosophical Analysis. 第五部 Induction and Probability. 其中有 H. Fiegl H. Reichenbach，R. Carnap 等论归纳与概然问题之文。又本书第七部 Problems of Description and Explanation in Empirical Sciences 其中包括 H. Fiegl C. J. Ducasse 论解释之二文。

Max Black：Problems of Analysis，Ch. X. Pragmatic Justification of Induction. Routledge & Kegand Paul 1954.

---

① 西文之 Probability 或译为盖然，今译为概然。按盖为虚辞，概有平均之义。概本为平斗斛之木，所以衡满，管子曰"斗斛满，则人概之，人满则天概之"。一切概然率之计算，系于正例与负例之相衡，故今译为概然。

第十二章 因果原则与知识

第一节 归纳原则与因果原则之关系

我们上章说，关于普遍律则之知识，乃原于我们将我们所经验之少数特殊事相中之连结，普遍化而成，而此去普遍化之思维活动中所涵之原则，即归纳原则。我们所知之少数特殊事相中之连结，可以是一种因果的连结，而表现一因果关系者。亦可以是表现其他关系的，如形数等之相倚共变之函数关系。但无论为何者，如果我们不依归纳原则，以将此所知之连结关系，加以普遍化，则我们同不能有普遍律则之知识。换言之，即如归纳原则无效，则一切关于因果关系与其他关系之普遍律则，皆不能建立。但属于因果关系之律则，只是普遍律则之一种。故吾人不能说，归纳原则有效，因果关系之律则，即必然能实际建立起来而被肯定。因果关系，似不类其他之形数等关系，常有一种直觉之确定性，并可以理性帮助其建立。因果关系，乃为纯粹之事与事之关系，似并无直觉之确定性，亦不能由理性帮助其建立，而似只能靠反复的经验为根据，加以建立者。其所以如此之故，在因果关系非如形数关系等，其中之相关系之项，与其间之关系，似皆可同时呈现于我们之前者。因果关系中之为因之事与为果之事，乃恒在异时出现，而中间若有时间之间隔，或时间之经过，而若可截断以观者。由是而归纳原则之建立，不等于因果原则之建立。而吾人欲建立因果原则，则一方包涵归纳原则之如何建立之问题，另一方，亦包涵因果原则自身如何建立之一特殊问题。所以我们分出此章，以专讨论因果原则之如何建立问题。

第二节　常识中对普遍的因果律之信仰及其疑难

我们方才说因果原则似更无直觉之确定性，这是纯从因果关系非共相与共相之关系，我们不能有一理性的直觉，以直接确定其间之必然关系上说。但照我们前在知识之起源一章所论，与常识之信念上说，则因果原则又似最有直觉上之确定性者。而常人亦总相信一切事之发生皆有原因，且必有结果。吾人对常人说，一事无因而生，无果而逝，乃极难被相信者。如说一小孩忽然自空中生出，或一物忽然消失，无任何结果，人不以为是梦境或幻觉，则只有以之为神所创造之奇迹。然而以此为梦境或幻觉，即谓此为人心所造，而以人心为此种现象发生之原因；如以此事为神所造之奇迹，即以神为此种现象发生之原因，人仍未尝废弃其因果原则之信念。

常人不特相信因必有果，果必有因；且信同因必同果，异果必异因。常人相信同样耕耘，应同样收获。如耕耘同而收获不同，必因土地硗瘠不同。如耕耘同，土地硗瘠同，收获仍不同，必因雨水之多少等其他条件不同。如说一切条件同，如同在一邻近而土质相同之田，同样耕种，同得一定之雨量、阳光，施同样之肥料于同样之种子，而一则稻谷满仓，一则一粒无收，则人必大为骇怪；相信此外必有不同之原因，以使一人稻谷满仓，一人一粒无收，而将往请农业专家，来加以研究，必至发现另一原因（如田中之某种害虫），而后骇怪可消。

然吾人如反问持常识之见之人，何以知因必有果，果必有因，同因必同果，异果必异因？则其所举之理由，初仍不出于经验。譬如彼可举出火炉使室温暖，以为因有果之例。以为室中之忽然温暖，由炉火正红，或春阳入户，以为果有因之例。以同一之镜，照出同样之容貌，以为同因同果之例。以人在不同之哈哈镜中，即有不同之奇形怪状之容貌出现，以为异因异果之例。然而吾人若问：人何以由已经验之若干事物之有某因者，必有某果，遂知一切未经验之此类事物中之其他事物，有某因者，亦有某果？或问：如何知一类事物其相同处，必可生同果，必有同因，其相异处，必生异果，必有异因？如何知一类事物与他类事物之相同处，必有同因与同果？其相异处，亦必有异因与异果？或再进而问：人何以知宇宙间之无穷无尽之事物，皆有因必有果，且同因必同果，异果必异因？此经验上之根据在何处？则人可茫然不知所答。而此一问题，亦即"于已知之若干事物上，发现因果关系，再应用归纳原则，以建立普遍的因果律，毕竟何所根据"之问题。唯吾人在上章，既已说明归纳原则之本身之根据，在吾人之理性，谓吾人本有权将特殊事象中所发现之连结，加以普遍化；则吾人似亦即有将吾人于事物中所发现之因果连结，加以普遍化，以建立上述之普遍因果律之权。

然此中有一情形，乃事与事之因果之关系，与其他形数之关系不同者；即一切形数间之普遍关系（即普遍律则），或表现在具体事相中之形数间之普遍关系，皆为抽象的形式上之普遍关系。如吾人可由甲物之大于乙物，乙物之大于丙物，而知甲物之大于丙物，并普遍化此三者之关系，以建立一："对任何三物，如 x 大于 y，y 大于 z，则 x 大于 z"。此即一抽象的形式上之普遍关系，或普遍律则。此种普遍关系或普遍律则，有一性质，即纵如世间除此甲乙丙三物，以"大于"之关系相连结外，实际上更另无由"大于"之关系连结之事物，吾人所建立之此种普遍关系或普遍律则，仍不失其为真，只是不能再应用而已。然因果之关系，则纯为具体事与具体事之关系，而非只是一抽象的形式上之关系。抽象形式上的关系，不应用仍可不失其为真。但具体事与具体事之关系，如为可普遍化而成一为普遍律则者，则必须为可普遍应用于其他同类之具体事者，否则此关系，非真能普遍化以成一普遍律则者。

然具体事间之因果关系之普遍化，有时虽似不成问题，有时则大成问题。譬如在同类事物间，其中所表现之因果关系之普遍化，诚似不成问题。如一鼠见猫而逃，他鼠亦几莫不然。此水可以电解，而成氢二氧一，其他之水，亦莫不然。但是我们如将世间之一一事物，视作一唯一无二之具体事物看，则其中所表现之因果关系，是否皆能普遍化，则成问题。于是同因同果、异因异果之普遍因果律之本身，亦可成问题。

在唯一无二之具体事物前，所以有种种因果之问题发生，乃缘于我们在此，根本上不能发现有完全同一之事物，亦即不能有同一之因与同一之果。由是而一方面看，一切因果关系，似皆只是各各为唯一之因果关系，而皆为不能真正加以普遍化，以建立之为普遍的因果律之知识者。在另一方面看，则一切加以重复应用之所谓普遍之因果律之知识，一落到唯一无一之具体事物上，亦无一真能完全切合；而人亦即无法保证此知识之必然可应用于推断。兹先论前者。

  譬如我们以双胎之二兄弟为例。此二人皆由同父母一时所生，其存在之原因，可说大体相同。然此二人出生以后，最后之事业、学问、人格上之成就，决不全相同。何以不同？我们说是因环境不同。但究竟有多少环境中之因素，可决定二人之事业学问及人格之成就？此只能说是无限数。则我们无论由多少因素之相同，以推论二人之事业学问及人格之成就之相同，皆成无效。我们纵说其受教育之机会同，所交之师友同，所游历之地方同……如是列举，无论至多少项，我们仍不能由之以建立一普遍的因果律，而由一人之情形，以推知其他人之情形。因一人之情形，只须有一项与另一人不同，如一人忽闻一高僧之一句话而感悟，另一人则由受一人偶然之诱惑而犯过，则可使二人以后之活动方向全部不同。而其以前之一切相同之处之意义价值，皆以此一项不同之处，而随其以后之活动方向之不同，以全部不同。此正如罗素所举之喜马拉雅山上之二接近之雨点，因所受风力微不同，可一入于印度洋，一入于大西洋。世间一切关于唯一无二之具体事物之因果关系之情形，皆无不类是。

第三节　因果律知识应用之疑难

  从唯一无二之具体事物之因果关系上看，一方是不能真正加以普遍化，以建立为普遍的因果律之知识；一方是我们之无法保证，我们之加以重复应用之所谓普遍的因果律之知识，必然可应用于推断。因各唯一无二之事，既各有其所连结之不同之事，而使其所生之结果不同，而一事在未来所能连结之事，又非事先所能决定者；则我们不能运用我们所谓普遍的因果律之知识，以从一为因之事之存在，而推知其必有果。因此为因之事，尽可能随时与另一事连结，而使为因之事不复存在，或使其效果，不复存在者。如通常说，人吃砒霜必死；但人吃砒霜后，旋即吐出，或服解毒药，则人可不死。又人如使一为因之事与另一事连结，又可使此另一事代替原可为因之事而为因，以生

第十二章　因果原则与知识　　311

同样之果或异果。如人吃砒霜以求死后，再立即以手枪自杀，则其死之果，不可说由于吃砒霜，而由以手枪自杀。此死之果，可与服砒霜之归于死相同。但亦可相异，如服砒霜死者，无枪口之伤。由此而吾人初用以推断之因果知识，如人服砒霜必死，于此即不能切合的应用。而一切因果知识之应用于具体事物，其所遇之情形，皆同可能如是，而无必然可应用之保证者。

然此上对于因果知识所生之问题，尚只限于因果知识之如何可应用于具体事物之问题，而未及于因果律之观念之自身，因果律亦可不因此而被否认。此下之疑难，则为及于因果律之自身者。

第四节　因果律观念自身之疑难

一种对因果律自身之疑难，是从因果为相继而相异之一串事而起。即如因与果是相继而相异之一串事，则我们可问：因与果是连续的或不连续的？因中是涵有果的成分，或是莫有？此乃在印度哲学中，早曾引起之严重论争之问题。于此，人可主张因果间之关系是连续的，而主因至果，以及因中有果；由因到果，非绝对的变异，而为常（如数论）。人于此亦可由因果之异，而主张因果之关系是不连续的，而主因不至果，以及因中无果，因到果乃绝对之变异，是断而非常（如胜论）。而佛家之大乘空宗，则主因果间之关系，非断非常，因中既非有果，亦非无果，果事只是依因事，而如是如是现；至常识及他派哲学中，所谓因能生果之因果观念，则根本是虚妄的法执。依此说，无论说因中有果，与因中无果，因皆不能生果，若因中有果，则既已有果，何必生果？如帽中已有苹果，何必再生苹果？若因中无果，则其中既无果，又岂能生果？若一切无果者皆能生果，应石中生饭，火上生莲。而说因中有果，由因至果，非断而是常，明与现见（即经验）相违。因现不见蛋中有鸡。由蛋至鸡，明有变异而非常。若说因中无果，由因至果非常而断，是亦与现见相违。因现见果依因起，相续而现，如鸡依蛋起，蛋形鸡形，相续而现，亦实无断处。如因果间有断处，则果非依因起，鸡非因蛋起。故此派反对一切因能生果之说，而谓无论因中有果无果，皆不能生果，因果之关系，非断非常，而破斥常识及他派哲学中之因能生果之观念①。此种破斥一般因能生果观念之理论，在西哲中如柏拉德来所说，与佛家之大乘空宗或三论宗所说，大体相同。唯今可不论。

除此种纯以哲学上之辩证，破斥因果观念者外，则有休谟纯从因果观念之经验上之来源上设想，以怀疑一般常识及他派哲学中之因果观念者。他说一般所谓因能生果，乃谓因有生果之能力，然此能力本身，实不能成为被经验之对象。吾人说火有熔化蜡之能力，但吾人所见者，只是火在蜡旁，则蜡渐熔化。吾人并不见此能力。吾人说一弹子有推动另一弹子之能力，吾人所见者，只是一弹子接触另一弹子，另一弹子即相承而动，吾人亦不见此能力。以至于吾人谓吾人有举手之能力，亦实只由吾人有某种筋肉感觉之后，便见此手之举起。由是而所谓因果关系，唯是一种所经验之印象观念，与另一印象观念相承而起之别名。而谓一印象观念另有一产生其他印象观念之"能力"，则其本身从未被经验，吾人亦不能谓其有。故吾人亦不得说因真有一生果之能力。

然吾人既未经验因之生果之能力，则吾人何以觉因似有此能力，且因似趋向于果，有因亦必有果？此能力与"有因必有果"中之必然观念，从何而来？休谟于此，则归之于吾人过去屡次之经验，所养成之心理习惯。

依休谟说，因能生果之必然观念，明非吾人对所谓因之事及为果之事，所经验之印象观念中所能导引而出者。吾人只先经验火之在蜡旁，而有火在蜡旁之种种印象观念。继而经验蜡之熔化，又有蜡之熔化之种种印象观念。吾人实从未经验其间之必然关系。今试假定有火在蜡旁，吾人亦有种种火在蜡旁之印象观念，而蜡不熔化，即无一切有关蜡熔化之印象观念，此明非不可设想者。吾人若说有一方形而无角，此即为不能设想者。因此为自相矛盾者。故方形之有角，可说为必然。然火在蜡旁而蜡熔化，则非必然。因火在蜡前，蜡不熔化，并非自相矛盾，亦非不能设想者。而今试假定，人在初经验蜡在火旁时，从未经验蜡之熔

---

① 可参考龙树所著之《中论》卷五，及柏拉得来之《现象与实在》（Appearance and Reality）第一卷第五章。关于二家思想之相同处，拙著有《三论宗与柏拉得来》一文发表于北平出版之《哲学评论》（民国廿三年）。

化，则彼岂能知蜡在火旁之必继以蜡之熔化？是见我们之所以相信蜡在火旁，必有蜡之熔化，其根据唯在过去之迭次经验二者相连所养成之心理习惯，于是吾人经验其一，即依此习惯而思及其他。而此中之因果观念所自生之根据，正与吾人上章论归纳原则时，所谓归纳原则根据于人之生理的推理或交替反应之说相通。然吾人之恒依此心理的习惯，而由一为因之事物之印象观念，以思及另一为果之事物之印象观念，则并不保证在客观上所谓为因之事物，其后必继以为果之事物。此亦正如吾人之不能由过去每次闻铃声之得食，以保证今后闻铃声之必得食相同。由是而对一般人所信之因果有必然联系之说言，休谟之理论，仍自称为怀疑论。

第五节 原因与理由合一之理论

对于上述因果问题之疑难，人有各种解答之方式。其第一种解答方式，为以一事物之产生，必须有其充足理由，而将一事物之因，与其所根据之充足理由合一，以建立因果律者。此乃西方哲学中由柏拉图，亚里士多德，至近代之理性主义者，大体上一贯相承之理论；而亦与印度佛学中之唯识宗之因果理论，原则上相通者。依此说，一事物之发生，必有其所以如是如是发生之理由，否则不当如是如是发生，而可不发生。然通常所指为一事物之因者，实常不能说明事物之所以如是如是发生。如通常以种子为树木成形之因，然种子中实无树木之形。种子本身之形，并不能成树木之形之所以如是如是之理由。由此而亚里士多德，即承柏拉图之理念论，谓种子之所以能发育成树木之形，有其形而上之形式因，为树木之所以实际上之依如是如是形式而发生之理由。此形而上之形式因，亦在逻辑上可说为涵蕴其实际上如是如是发生之形式者。而一切事物之为如何如何之一事物，以及其如何如何变化生长，皆有其先在之形而上的形式因。此形式因，即为亚氏所最重视之因，而被其视为真足以说明一事物之果，所以如何如何者。此说之异于因中有果论者，则在此说中所谓因，乃只是一形而上的形式因。此形式因之本身中，只有为果之实际事物之形式，而并无其实质。此实质乃由实现形式之材料物，与此形式相结合而有。此说并不以实现形式之材料物中有果，故并不以种子中已有成形之树。此说遂无上述之因中有果论之困难。此说之问题，在其所谓具体事物之形式因与质料因中，皆只有具体事物之所以形成之因之一部分，则此二者如何相结合，以成具体事物，仍须另有说明。故亚里士多德又有动力因目的因之说，以说明质料之实现形式之动力之来源，及质料实现形式时所归向之结果。亚氏之哲学，最后又以一切事物之形式因、目的因、动力因归诸上帝，而上帝遂为一永恒常住之第一因。中古哲学承此说更进而谓一切物质材料皆由上帝自无中所造，而上帝遂成世界之唯一因。近代之来布尼兹，亦承此中古之思想，而以任何个体物全部之形式性质，皆先在上帝之神智中，而再由上帝意志加以实现，合以为一具体事物之存在之充足理由或真因[①]。

上述因果之理论，吾人今不能详论，而其在形上学之价值，吾人亦不能加以否认。然自知识论之立场观之，则纵其能确立一切事物发生必有形而上之形式因或其他因之义；然实并不能成就吾人之因果知识，亦不能使吾人"由一般所谓为因之事物，以推断其果之事"，成为必然有效。如吾人尽可承认一种子生长为成形之树时，有其形式因，然吾人请问：吾人如何可由见一种子，以推断其将为如何之树？此形式因于此，若只存在而非吾人所知，明为全无助于吾人之推断者。若其为吾人所知，则还须归原于吾人过去之经验中，曾经验何形之种子，在何类环境下，曾长成何形之树。由此以形成吾人一般之因果知识。然吾人如何能由过去经验中之何形之种子与何形之树之印象观念之连结，以推知吾此后所见之何形之种子，必然与何形之树相连结？吾人如何保证此推知之为必然有效？如何能确知种子与树形间有必然的因果关系？此说于此明不能有丝毫帮助于吾人。而此亦即见此说并不能解答休谟所提出之疑难。

第六节　因果观念之废弃与现象之相承

对因果之疑难之第二种解答，为承休谟之思想而根本废弃一般的因能生果之观念，而只以有规则性的现象之相承，说明因果，或迳废弃因果观念，而以科学知识只简约的叙述现象之相续呈现或前后之相

[①] 以上诸说之讨论，见本书第三部第六章及第十一章。

承为目的，而不以说明现象之何以发生之形而上的原因为目的者。前者即穆勒及今之石里克①之说，后者即孔德马哈等实证主义之说。依此类之说，吾人经验中之有现象之相承，乃一事实。如月晕而风，础润而雨，阳光照草木而草木生长，刀入身而血流。时时处处，吾人皆见有现象与现象之相承，并可容人之分类而叙述之，以成知识。而世间所谓因果之知识，亦即不外此类之知识。吾人如能于此现象相承处着眼，则前一为因之现象中，是否有后一为果之现象存于其中，或除前一为因之现象外，是否有另一产生后一现象之形上之原因，即皆非吾人之问题所在。吾人唯须依求因果之规则以问：有前一现象处，是否有后一现象或只有后一现象？又有后一现象处，是否皆有前一现象或只有前一现象？然吾人由经验可知，有一定之前一现象时，常有一定之后一现象，其间有一定相承之秩序，吾人即可由之以形成种种之普遍律则之知识，以之为推断未来之根据，如吾人上之所论。此外亦更无其他之关于因果关系之知识。

　　此上之说归于：由一定之现象相承之秩序，以形成吾人对普遍律则之知识，并以之作为吾人推断未来之根据，而代替一般之必然之因果关系之论，诚不失为一主张。然此中之问题，则为吾人已由经验以发现，有一定之前一类现象与后一类现象之相承处，吾人固可说其中有一定之现象之相承之秩序；然在吾人未尝由经验以发现有一定之现象与现象相承处，是否其中亦必有一定的现象相承之秩序？于此问题，则依穆勒之说，便只有引用自然齐一律，谓依已往之经验，凡在以一定现象为条件之情形下，皆有一定之现象相承而发生，故知一切现象皆相承而发生。然吾人上章已论自然齐一律由经验而建立之说之不能成立，则吾人今亦即不能只由已经验过之现象，皆相承而发生，以断定一切现象，皆必与其他现象相承而发生，以形成秩序。而吾人如不能证明一切现象皆必然相承而发生以形成秩序，则此说即不能代替一般之必然之因果关系之论。因后者乃以一切现象皆必依因果关系而发生者。

---

① 石里克 M. Schilick：Causality in Everyday Life and in Recent Sciene 归于以因果为承续之规则性 Regularity of Sequence.

第七节 康德之因果理论

第三种对因果之疑难之答案为康德之说。此说之第一要点，在承认吾人之所以有因果之观念，乃由于吾人对果之事之印象观念，与吾人对因之事之印象观念之相承而发生。然依康德说，相承而发生，并非只是相联而发生。印象观念之相联而发生者，不必有因果之关系。如吾人观一房屋由左至右时，其中亦有印象观念之恒常的如此如此相联以发生。然吾人并不说此为因果之关系。因此中之印象观念相联之秩序，可以逆转。如吾人由左至右后，再由右至左，则所生之印象观念之相联之秩序，即全部逆转。然吾人对于有因果关系之事物，所生之印象观念之秩序，则只能先有对因事之印象观念，而后有对果事之印象观念，而不能逆转。如吾人之必先有食饭之印象观念，乃有饱之印象观念。先有推船之印象观念，乃有船行之印象观念。先有船在上流之印象观念，乃有由船至下流之印象观念。而由因至果，亦正如水之向下流，为不能逆转者。此不能逆转之相承之诸印象观念，乃在一时间之系列中，先先后后，以呈现于吾人之意识之前者。由是而因果之关系，不能离吾人"凭之以认识世界，而安顿吾人由世界所得之印象观念"之"时间格局之秩序"而理解。

康德之说之第二要点，在承认因果关系之必然性，并不能自先后呈现之事物之印象观念之本身中求根据。如吾人并不能直接由诸手推船之印象观念中，必然的推出船动之印象观念。然则吾人如何可说，一定之印象观念之后，必可有一定之印象观念相承而起，而以前者为因，后者为果？则此初只根据于吾人通过时间之秩序，以认识世界事物时，依吾人理性之要求，吾人必求在一单线之时间之前后段中，先后呈现之印象观念间，发现一定然不移之关系或连结，可为吾人之综贯前后时间之统觉，所确定的把握者。唯在吾人有此确定的把握，而自觉其所把握之关系或连结之是如此，而非如彼；吾人乃能自觉吾人之能知自我之是其自身，而为一统一之自我，吾人之理性要求，乃得满足。故依康德之说，外在事物之自身，是否有因果之关联，本非吾人所能先验的决定者。印象观念与印象观念间之必然的关系，亦非吾人所能由经验发现者。然吾人认识世界事物时，依于吾人之理性，吾人却必然要求先后呈现之印象观念，其相承而起，有一定然不移之关系或连结，为吾人所把握，以成就吾人之所谓确定的因果关系之知识。吾人之必然如此要求，亦即同于谓吾人之必然要求通过因果方式，以认识世界。而因果在康德之哲学中，即成为吾人之理解世界之一先验范畴。

康德之因果理论，以吾人之所以必通过因果方式以认识世界，方能满足吾人理性要求之论，可先自浅处，连吾人上章所论，再加以说明。譬如吾人在日常生活中，先有一印象观念，如吃饭，继有一观念，为饱。吾人明能依吾人之统觉，以统一的把握此二者，而关联之为一全体。则依于吾人在上章所谓本于理性而有之归纳原则之应用，吾人即将普遍化此关联而望下次之吃饭亦饱。亦即使此吃饭与饱之关联成定然不移者。如下次吃饭不饱，则吾人必感一失望，而觉不同时之我之所知者，不能相互一致而不确定。同时亦感一吾人之能知自我之自身，不一致不统一。故吾人可说，依于吾人之理性，吾人乃必然要求，吾人所经验之印象观念，其相承而起之关联为确定者，亦即吾人乃必然要求"一定之因生一定之果"之确定知识者。

于此，吾人对于康德之因果理论，仍可生一问题。即吾人虽必依理性而通过因果方式以认识世界，而求确知种种事物间之因果关系，然吾人将如何保证吾人之必能确知事物间之实有因果关系？吾人如何能确知每饭之必饱？如不饱又将如何？则此问题依康德之理论，当说，吃饭不饱，必有外在之原因。如胃失感觉之能力，或所吃之饭乃似饭而实非饭……者，故吾人当求知此另外之原因。而人如再问，何以人必须求知此另外之原因，知之有何必要？则可如是答：即人知此另外之原因使吃饭不饱后，则此中之同吃一饭而一饱一不饱之矛盾即解消，即同因不同果之矛盾解消，同因同果异因异果之原则得照旧维持，而吾人之理性要求，即再得满足。至于人如果更进而问，吾人如何知于上例中必有可能求得之另外之原因，则康德之答案，当仍回到：依吾人求知之理性，吾人必通过因果之格局，以认识世界。因而吾人必先肯定于上例中有另外之原因，为人所可能求得。此肯定乃吾人之求知之理性，不容自己的发出者，亦更无反面之理由，以谓其不当有者。至于此另外原因之存在之证实，则原为在对之未有经验之先，所不能证实者。此即康德在先验辩证论中，所以未尝否认世界除因果律外有自由律之存在之故。

至于在康德以后其不满意上列诸种因果理论者，则或如实用主义之视因果律为一可应用的假设，或如罗素之视因果律只为人之求知识时之一不能证明之信念、一设定，或则以人之谓事物必有因果律可发现，只是一愿望①。然皆与上列休谟穆勒石里克之说，同欲去掉康德之以因果律有先验根据之说。于是在一般论科学方法者之观念中，因果律渐成一外无所附、内无所根，而纯为人之知识活动进行时之一虚悬之架格，用以条理化吾人之所经验者之一工具，而此工具之价值，则只须就其能成就种种经验知识之结果上，加以肯定。至其应用于经验事物之是否必然有效，其保证在何处？依此类之说，则认为人之求知活动，并不须待于得此保证，然后乃能进行，而亦不须求其必然有效之保证。而此种之说，实亦除废弃康德所谓因果律有先验理性根据一点外，与康德之以因果律在应用时，只是一凌空的认识之方式或范畴之说，在原则上并无差别。

第八节 因果关系为实事与实事之关系及因果关系之直觉的确定性

康德一派下来之因果理论，只将因果方式提举为一虚的范畴规则，以求条理化人之各种经验内容之说，仍有一终不能令常识满意者。即依此类之说，人之谓事物有因果，可只表示一主观之信念愿望，至多亦只有内在理性之根据，而另无经验以直接认知此关系之存在，亦无其必可继续应用之保证；则人仍未尝不可随处撤回此因果之范畴或规则之应用，而不求知事物之因。则吾人之求知因果之活动，即亦可无继续进行之必要。

依吾人之意，欲于此问题，求一更满意之解决，唯有先回至吾人在知识之起源一章第六节及能知所知之关系一章第十一节所说，而重新肯定：世间之有因果关系之存在，至少具一义之直觉的确定性。而欲真了解此义，则系于吾人之重新把稳因果关系为实事与实事之关系，而非只是由一形式之理与形式之理相涵蕴之关系，或单纯的现象与现象，或印象观念与印象观念之相续呈现，之前后相承之关系而撰成者。以上之说，

---

① 如 Pap: Elements of Analytic Philosophy p. 226. 即指出事物有因果可发现，唯是人之愿望。

第十二章　因果原则与知识

皆不能免此数途,以论因果。而由此数途以论因果,则谓世间之确有因果关系之存在,乃终不能证成。因形式之理与形式之理之涵蕴关系,只为一逻辑关系,非即因果关系。现象与现象之关系,印象观念与印象观念之关系,皆为可截断分离而观者。而此即使其间可无一定相联系之关系,亦即不能证成因果关系之存在。

如吾人把稳因果为实事与实事间之关系之说,则上述之一切以因果关系只是依现象与现象,印象观念与印象观念之相续呈现,前后相承而撰成之说,即皆为对吾人之经验,未加深一层之反省,而只在其浮面上反省之见。如依此类之说,人之吃饭而饱,亦只是一吃饭时之饭之色如何、味如何之现象或印象观念之呈现于吾人之前,后再继以一饱之现象或印象观念。然前一类之现象或印象观念,何以必须继以后一类之现象或印象观念而起?自其二者为可截断分离,视为不同相异之现象印象观念以观,其中实无一定之联系可说,即亦可无因果关系之存在。但吾人如进一步看,则吾人当说,吃饭为一实事,而觉饱为又一种实事,此中之因果关系,唯是指前一实事与后一实事之关系。此种二实事之关系,乃由"前一实事如有一向性,以向后一实事,而此二实事又更迭而生处"以见。即此中之前一事由存在以走向不存在,后一事即由不存在以走向存在;二者如秤之一低一昂,可合为一全体,以俱被把握,吾人亦即可直觉二者之相依而不离,而对此相依而不离关系之存在,有一直觉之确定性。而此关系,即吾人生活经验中之因果关系也[①]。

吾人以上所谓一事之由存在而不存在,即一事之消逝,所谓一事之由不存在而存在,即一事之生起。故吾人亦可说吾人之直觉一实事之生起与一实事之消逝之相依而不离,亦即直觉一因果关系。如以中国哲学之言说之,则一事之生起为阳,一事之消逝为阴。而直觉此消逝与生起,或阴与阳之相依,亦即直觉一因果关系。

吾人在生活经验中,能否只觉一事之生起,而不觉他事之消逝,吾人以为是不可能者。表面观之,吾人于觉一事之前,似可另无所觉,如吾人觉一声以前,可不觉其他任何事物。实则吾人不觉声,则所觉为一片寂静,继而方觉声之继寂静之境界而起。则在觉声之前,并非无所觉。而在吾人觉声时,实有声之生起与寂静之消逝之二实事之相依而起。而

[①] 本书本部第八章第六节。

此二者间，即仍有一因果之关系。故吾人可说，声破寂静。此外在吾人之生活中，吾人虽尽可于若干实事生起后，或不觉其所引生之另一实事，然未有不觉其生起乃同时依于他事之消逝者。如吾人之吃饭而觉饱，吾人如向前看，此觉饱所引生之实事为何，吾人或不知。然吾人如向后看，则吾人觉饱时，亦即不再吃饭，而吃饭之事已消逝时。此中即至少有吃饭与觉饱因果关系。

吾人所说之一实事之生起与他实事之消逝间，有因果关系，恒被人加以忽视。人恒以为无论因或果，皆当为积极的实事之生起，而不当只为消极的实事之消逝。且人又以为吾人在论客观事物之因果关系时，更罕有指一事之消逝，为一事之因或果者。然依吾人之意，则以为吾人即在论客观事物之因果关系时，吾人所谓为果之事，虽似皆指一积极之事之生起，而试细加分析，仍可见此中任一积极的事之生起，皆恒以消极的一事之消逝，为其背景①。如吾人在常识中谓置纸于火，则火烧纸，二者皆使人有积极性之印象观念，或使人见积极性之现象，因而若只为积极的二事之相联系。然实则置纸于火，即移动原来在他处之纸以就火。而此中即已有"纸在他处"之事之消逝，与之同时。而纸之覆火，即有未被纸覆前之呈何状态之火之燃之事之消逝。至纸被火烧，则为火中之纸之消逝。唯由此，乃有火之更熊熊燃烧之事，依纸之不断消逝以俱起。又如吾人自电池发电以入水中，将水加以电解，成氢二氧一。吾人亦似处处只见诸积极的诸事生起之联系。然实则在电流池中出时，即有在电池中电流之消逝。而电流之入水中，即在水外之电流之消逝。水被电解，即原来之水之消逝，由是而后有氢氧之气之生起。以此类推，则知一切积极的事之生起，皆依于一消极的事之消逝。而一切所谓积极的事之生起之相联系，皆以消极的事之消逝为媒介。此消逝虽可只暂时消逝，而以后亦可再来，然要是一暂时之消逝。由此吾人遂可说，一事之生起之直接的原因，即在一般所谓原因之他事之消逝。而由一事之生起，所以引起之另一事之生起，则正在此事再归于消逝。故一事之生起之似为积

---

① 在因果关系有所谓与果并存之因，即果生而因仍不消逝者，此除所谓形上学中之因果关系，非今所论及外，世间之因果关系中亦似有之，如人为因而生之镜中之影，即似为因果并存，果生而因不消逝者。但吾人如以因果为二事时，则未有果事存而因事不消逝者。因如因事与果事真为同时并在，则吾人应可称为一事，而上述之例中，人之光至镜面，镜乃反映影，则此中仍是由前者之消逝，乃有后者之生。

极的成就他事之生起者，亦实为消极的以其消逝以积极的成就他事之生起者。吾人如只从一事之生起积极的成就他事之生起上看，则一事之现象与他事之现象，既截然相异此中无彼，彼中无此，而并在对立，则此中之一定的联系，即可有可无，而不须肯定其存在，亦即吾人不须肯定有所谓因果关系。然从一事之生起而又消逝处，看其与另一事之生起之联系，则在二者中，此之有与彼之无，如天秤两头之一低一昂，并在对立而相反相成。吾人遂可直下觉"此之有"与"彼之无"之相依而不离之关系，必须肯定世间有此一关系之存在，此一关系即上文所谓一定之联系，而吾人亦必须肯定有因果关系之存在。

吾人上谓世间之有因果关系之存在，初乃依于一事之消逝与一事之生起之相依不离之直觉而建立。而在其建立后吾人即可依理性，而将此直觉所建立者加以普遍化，以成对"凡有因必有果之原则"之信念。此信念亦即"任一事由存在而向不存在时，必有他事由不存在而向存在"之信念。此乃吾人可本吾人之生活经验之进行，而在有生之年，随处可由生活经验以证实者。此点亦一切对因果之怀疑论者，所不能怀疑者。因人之怀疑因果此本身，亦为一实事。而人在有怀疑因果之实事时，此怀疑本身，即有使其心中之因果观念暂消逝之效果。而其怀疑之事既起而消逝后，此怀疑后所引起之心境行为，亦可与未有此怀疑之前有不同。故人以后再提及因果观念又可再现此怀疑，以使其因果观念再归消逝，此即为其以前之怀疑之事所生之效果。休谟论因果无客观必然性，乃唯依于过去之经验中之二印象观念。恒常相连而生之主观之习惯，实亦同不免有类似之自相矛盾。因如人在过去经验中，经验一印象观念与另一印象观念相连，即使一印象观念之孤立状态消逝；而此相连之经验已消逝后，人仍可留下一习惯①，以使其以后遇一印象观念时，即思及其他；并于此中使所遇之一印象观念之孤立状态消逝，此本身正证明过去之经验之有一效果，故过去经验，由存在而消逝后，仍能为因，再以引起一类似之经验也。

---

① 人之留下此一习惯，可说留于一潜意识中，人之由"无某习惯之潜意识状态"，至"有某习惯之潜意识状态"，亦可说为由一前者之消逝而有后者之生起。又在潜意识习惯之再表现于意识中，亦可说为"其在潜意识状态"之消逝，而存在于意识中，以成为"兼在意识中之存在"。此即下文："吾人之遇一印象观念即思及其他"之事。

第九节　已成世界与方生世界之因果关系

然此种由吾人自身之经验生活,所能处处加以证实之因果关系之存在,是否能保证客观世界之一切事物间,皆有因果关系之存在?则吾人之意是,如将其他一切事物,皆视为绝对外在于吾人之生活经验之事物,则此保证,自仍为永不能有者。然吾人如谓吾人所谓客观世界之事物,皆只为吾人之更迭而起之经验中之事物,或视一切事物,皆为吾人可能经验之事物。则吾人在发现世界事物有一新变化时①,吾人至少可说,吾人原先所可能经验之已成现实世界,与后来所可能经验之现实世界,乃更迭而起者。而依吾人上所谓因果之意义,即应说其间有一因果关系。即一前者由存在而消逝即有后者之生起之因果关系。

吾人一般所感之因果问题之复杂性,皆由吾人在发现世界事物之一新变化时,吾人恒不能知其因果之所在而起。吾人所视为因者,或非必然,或非充足;而吾人所有之关于事物之因果律之知识,亦不必皆普遍而必然。然吾人之所以相信果必有因,因必有果者,吾人所信者唯是如因不在此处,必在彼处,果不在此处,必在彼处。而吾人只须于已成之现实世界之任一处,发现吾人所求之因,或以后之世界之任一处,发现吾人所求之果,吾人皆可满足吾人之要求。故吾人之信因必有果,果必有因,初乃以整个世界之已成全部事物(即先所可能经验之已成的现实世界),与方生之全部事物(即后来所可能经验之现实世界)间,有因果关系存焉。初未标别何者为何者之因,何者为何者之果;而吾人之视为有因果关系之事物,则恒只为一极有限之少数经验事物。则欲由对后者之知识,以证实凡有因必有果,有果必有因之普遍原则,自为不可能。然此却无碍于吾人之肯定:在可能经验之世界中之已成之事物,与方生事物间之必有因果关系。因而吾人终可依因果方式,以观可能经验之世界事物,进而逐渐求标别何者为何者之因,何者为何者之果。

吾人此上所论一切事物之变化,有因必有果,有果必有因之原则,乃纯形式之普遍原则。此形式原则,吾人亦可再依纯理性加以讨论,以

---

① 在形上学上说,客观世界可无新变化,此一切变化亦可如幻影。然在此情形下,则人可不求知事物之因果,而人亦可不以因果方式思维世界,而因果之问题,亦根本取消。

论其在吾人理性自身中之根源。但非吾人今之所及。然将吾人上之所说与康德之论合而观之，已大体上足够确立此原则。此原则亦即可引申出同因必同果异果必异因之原则。盖如异果不异因，则有果为无因；同因不同果，则有因为无果。然由此原则，却不能证明世间有完全相同之具体事。因自整个世界看，任何具体事皆有其唯一无二之地位，而为不可再者。而此有因必有果，有果必有因之普遍原则，亦不能使人保证其已有之因果知识之必真，更不保证条列之抽象的因果知识，能全部说明一具体事物之为如何如何；更不保证吾人对一具体事之因与果，能有完全的知识。而只保证：如世界有任何新事物之由生起而存在，必同时有与之相依而不存在或消逝者；亦必有继其自身之消逝而起者①。因而吾人求知一事物之因与果之事，在原则上，必可逐渐求得。即不得，亦有理由以信其有，如上之所陈。至于过此以往，如一切因果知识之如何逐渐求得而确定的建立，则非哲学之思辨之事。仍要在本可能经验世界中之实事与实事之继起，所呈于吾人之前之现象与现象，印象观念与印象观念之连结，而依归纳原则加以普遍化，看其孰为能不断由经验证实，而真实普遍化者，以定其是否为真，以建立因果知识。此则为吾人之常识的观察与科学研究之辛勤工作，而另无巧妙之道路可循者。

因果原则与知识　参考书目

牟宗三　《认识心之批判》　第二章《生理感中心之现起事》之客观化，论因果之直觉的确定性。

《中论》　《破因果品》。又梁漱溟《印度哲学概论》第二篇第四章《因果一异有无论》。

F. H. Bradley：Appearance and Reality Ch. VI. Causation.

F. H. Bradley：Principle of Logic. Vol. II. Pt. II. Ch. III. Validity of Inference.

本书此章评穆勒之因果之五法，皆不能确定的建立必然性的因果。

Hume：An Inquiry Concerning Human Understanding, On the Idea of Necessary Connection. Ch.

---

① 如世间事物，由互相冲突而互相毁灭，以消逝净尽，世间固可只有一片空虚。但吾人仍可说，此世界之成一片空虚之事，为事物之冲突毁灭而消逝净尽之事之果。至于此后之世界，若长在空虚中，而另无新事之生起，则吾人亦再不能以因果方式思维世界，而因果之问题亦取消。

中文有关琪桐译本 A Treatise on Human Nature. BK I. part. Ⅲ Sect. Ⅱ-Ⅳ.

B. Russell: Mysticism and Logic, IX. On the Notion of Cause. Published in Pelican Book 1953.

B. Russell: Human Knowledge its Scope and its Limit. Pt. VI. Ch. V.

关于罗素对因果理论在其《哲学问题》、《哲学中之科学方法》、《心之分析》、《物之分析》等书，皆有所论。有 E. Gotlind 并著有《罗素之因果理论》Bertrand Russells Theories of Causation. 可见其一生盘桓于因果问题。

M. Schlick: Causality in Everyday Life and in Recent Science. 选载于 H. Feigl: Readings in Philosophical Analysis PP. 515 – 534. 及 Krikorian & Edel Contemporary Philosophical Problem 二书中。此文力主因果只为现象承续之规则性。

R. G. Collingwood: An Essay on Metaphysics. Part Ⅲ C 论因果之为一形而上学的预设。

A. C. Ewing: A Defence of Causality, 选载于 Contemporary Philosophical Problems. Ed. Y. H. Krikorian and A. Edel. 此文为反对因果只为现象承续之规则性，而为实在事物间之必然关系者。

第十三章 数学与逻辑知识之性质(上)

第一节 数学与逻辑知识及经验事物之知识

吾人在上章已提及,实事间之因果关系,与抽象之形数之理及逻辑之理之关系之不同。而数学与逻辑之知识,在一般观念中,亦明不同于一般之经验事物之知识。此种不同,最显著处有三:

(一)吾人对一般经验事物之知识,皆由扩大吾人经验性之观察实验之范围而增加。而数学逻辑之知识,则似惟待吾人之理性之推演与反省而求得。

(二)吾人对一般经验事物之知识,皆原于吾人对经验事物之为如何如何,预先作某种猜想或假设,此猜想或假设,乃可用后来之经验加以证实或否证者。然此一切证实,又皆不能为绝对完全之证实。因而此一切猜想或假设,亦皆可修正,或为其他假设所代替而被放弃者。然在数学或逻辑之知识之本身中,则可无关于经验事物之为如何如何之猜想或假设之成分。而数学逻辑之知识,亦似无待于经验之证实,同时亦不能为经验所否证者。

(三)由一般经验事物之知识,待于经验之证实而后真,故其真,非本身自明而必然的,亦非只由演绎推理可证明其为必然者。而数学逻辑之知识之若干,则似为本身自明而必然的,而其余者,则皆可由演绎以证明其为必然者。

数学及逻辑之知识,与一般经验事物之知识之性质固不同,然二者亦同为人之知识。且人由数学逻辑所得之知识,亦实可应用于吾人对一般经验事物之求知历程中。唯其如此应用,又并不能使吾人一般经验之知识,同于数学逻辑知识之不待经验与假设而成就者,更不能使前者同于后者之必然而确定。由是而数学逻辑之知识之根据毕竟何在，即成一严重之哲学问题。

第二节　数学逻辑知识之根据于客观存在事物性质之说

第一种数学逻辑之知识根据之理论，是从数学逻辑知识与其他经验事物之知识，皆同对客观之存在事物有效着眼，而以数学逻辑之知识中之根本观念，皆为客观事物之存在的性质之反映，或代表某种客观之存在者。而数学逻辑知识之根据，亦即在客观存在之自身。依此理论，人之所以有数学之知识，唯因客观事物本身有二三四等数。人之所以有几何学，唯因客观事物本身有方圆等形。如西方最早之数学家辟萨各拉斯对于形数之观念，即以每一形数，皆代表一客观存在事物之某种性质。如一代表事物之统一性，二代表事物之对偶性，四、九、方、表示正义等。而中国《易》学中对于数学之观念，亦以奇数代表宇宙之阳性，偶数代表宇宙之阴性。后来人之以河图洛书之数，代表宇宙之一种构造之图像，亦为类似之主张。

至于在逻辑中，则西方逻辑上之思想三律，照亚里士多德所说，亦为代表客观事物之普遍的共同性质者。如在亚里士多德之逻辑思想中，三律之意义如下：

同一律之意义为：对于同一之主辞，以一宾辞表之，即以一宾辞表之。

矛盾律之意义为：同一宾辞，不能同时在同一意义下，表一主辞，而又不表一主辞。

排中律之意义为：对于一主辞，或以一宾辞表之，或不以一宾辞表之，此外无其他可能①。

然亚氏论此三律之根据，则归于任一主辞所指之任一存在事物之性质，是为如何即如何，而非非如何等。

同一律矛盾律，在西方哲学史中最早之提出者，乃巴门尼德斯。彼以有是有，不是非有，即一同一律之提出。然此同一律即为一方在思想

---

① 此段释亚氏三律之意义，未全照亚氏原文。

中，亦一方为宇宙之真实存在之律者。

此外西方之讲辩证逻辑者，远溯至赫雷克利泰，近至黑格尔与马克思恩格斯等，皆以思想之律，即存在事物之律，乃兼反映客观事物之存在之律者。

第三节　数学之观念知识根据于客观存在事物性质之说之疑难

上述此种理论，为一种数学逻辑之形上学理论。如从数学思想逻辑思想，为一种存在于人之思想看，则此思想既存在，即亦应有其存在之根据，而可在形上学中加以讨论。然在知识论中，则吾人之问题唯在问：吾人之如何有此数学逻辑之思想与知识。吾人似不能先设定，此思想与知识内容本身，皆为在思想知识外之存在事物之内容。而若其果兼为存在事物之内容，吾人尚须问：吾人如何知之？

于此，吾人若说数学逻辑之思想中之内容，皆存在事物之内容，吾人当先证明吾人之数学逻辑观念，皆由吾人对存在事物之观念而来，或数学逻辑中之语言，皆所以指示存在事物之性质或状态者。然事实上似明不如此。如方圆之观念，固可说由方圆之物而来，然柏拉图已指出：世间并无绝对方与绝对圆之物。而数学中则可有此绝对方与绝对圆之概念，可由其他之数学概念，加以规定者。又如世间之物固有数，吾人亦可将一物与一物之数，相加成一总数。如一加一成二。吾人固可说，一物有一之数，二物有二之数，此皆为属客观存在之外物者。吾人可说一为奇数，二为偶数，亦可说：凡能以二除尽之数，皆偶数，反之皆奇数。然吾人可否说奇数偶数之观念，亦为由客观存在之外物来？如有一物在此，则其中有一奇数；再一物在此，其中亦有一奇数。然将二物相加为二，则其中即有一偶数，而无奇数。然则最初之奇数何往？偶数又由何而来？如说物之自身中之奇数忽不在，则存在者如何能忽不在？如其在，则偶数岂能来于二奇数之中？是知奇偶之数之观念，不能说直由客观存在外物来。此亦为柏拉图所已提出之论点①。而柏拉图所归至之说，则以数之自身，乃在理念世界中自己存在者，而非依于通常所谓客观外物之

---

① 见柏氏 Phaedo 篇 100—101 节。

存在而存在者。

此外吾人今可复试思，在几何学中有无厚薄之面，无宽窄之线，无长短之点，此类之物又岂能实际存在？

又吾人有可任意增大之数。如由十百千万至亿兆京垓以至无限，此岂皆有实际事物之数与之相应？实际事物之数，岂必为无限？又无论事物之数为有限或无限，吾人岂不可总事物之数而思之之后再加一数，以成一数？则谓数之观念皆由实际事物之数来，即不应理。

又吾人之数中有负数，是否负数乃负性之存在之数？世间能否有负性之存在？负性之存在岂能是存在？

此外吾人有分数，小数。此分数小数是否即与一物所能剖分成之分子原子电子之数相当者？一分数一小数，可再分以成更小之分数小数，以至无穷。岂每一小数分数，皆可同时分别各指一具定量之存在之物之量？存在之物，是否真成一由大至小至无穷小之串系？吾人又何由知其有此串系？则吾人岂能说每一小数分数，皆同时分别指一定量之存在事物？

又吾人以数指一存在事物时，恒是用以规定存在事物之量之多少。此量本身是否亦为一存在？而吾人以数规定量时，明可以不同之数，对同一之量作规定。如以十寸与一尺或十分之一丈，规定同一之量。此中之存在事物之量为一，而数为多。如数原于存在事物之量，则何以有多种数皆同可规定一量？

此外数中又有无理数。无理数之为数，乃不能实求得其数值之数。吾人如何有无理数之观念？此岂能是先由用无理数所表存在事物之量之计算而来？然一存在事物之量，可以无理数表之者，亦可以有理数表之；反之亦然。如一直角之二等边三角形，其二边各为二尺，则弦之量为八尺之平方根，而为无理数。然吾人如试将此三角形之弦之二分之一，定之为一尺，另造一种尺，则此弦为二尺，勾股之量皆成二尺之平方根，遂皆成一无理数所表之量。如无理数之观念，由存在之物之量来，则何以同一之量，可以无理数表之，又可不以无理数表之？

此外吾人尚有序数。如第一第二第三之数。对若干存在之物，吾人明可以不同之标准，以定其序数。吾人可说某甲之智慧第一，某乙之智慧第二。亦可说某乙之德性第一，某甲之德性第二。此序数岂皆由存在事物本身之性质所决定？吾人岂不亦可任意思想事物，而以先思想者为第一，次者为第二？此第一第二之分，与存在事物之性质又何关？

此外数学中尚有种种抽象复杂之数之观念，皆难说其直接由存在事物之量与性质抽撰而成，而亦无待于数学家对存在事物之新经验方能构成此种种之数之观念者。则谓此种种观念，皆由存在之事物之性质反映而来，更决难应理。

第四节　逻辑之观念知识根据于客观存在事物之性质之说之疑难

其次关于逻辑上之观念，说其为存在事物之普遍性质而来，亦难应理。

譬如依亚里士多德之说，同一律及矛盾律之根据应为一物之是什么者即是什么，而不能不是什么。

吾人试设此为逻辑上之同一律矛盾律之根据，则吾人当问：此中所谓"不能"与"是""不是"，果何所指？是否存在事物中有"不能"或"是""不是"，为一存在事物之性质？吾人说人不是犬，不是马，不是神，是否在人之存在中，同时有此无穷之"不是什么"亦存在于其中？吾人今可谓，人不是机器人。但在未造机器人之先，是否已有一人之"不是机器人"，已存在于人中：此岂不同于谓机器人未存在，而人之"不是机器人"已先存在。然此"机器人"既未存在，人之不是机器人如何能先已存在？则谓一物之"不是什么"本身，直接为一吾人所知之存在事物内部之性质，终为难于成立者。而是之为是，是否即直接为存在事物之性质亦难说。如吾人说此花是红，此红为花之性质。但吾人是否可说此"是红"本身亦为花之性质？若然，则花应先有"是红"之性质，然后乃有红之性质。然吾人如何说花有"是红"之性质？是否吾人当先说花是"是红"。若然，则在吾人未说花是"是红"之先，花又应先有"是是红"之性质。如有，则吾人又如何说其有"是是红"之性质？岂非又须说花是"是是红"……？如吾人之所说皆本于存在事物之性质，吾人势必谓花在有红之性质时，已有是红、是是红……等无限之性质之串系，同时客观存在着。然若非因吾人之原有可能说其是红、是是红……之思想语言之串系，吾人又岂能说其有无限之性质之串系之客观存在着？

则吾人岂能说吾人之思想语言之串系，乃依于先已客观存在的无限之性质之串系？而谓吾人之思想语言之串系中之能说"是"，其根据唯在存在事物之性质？

复次，吾人在逻辑中之说"凡"all，说"有些"some，说"如果——则"if-then，说"或"or，说"与"and 等，此一一之观念，岂皆有存在事物与之相对应？岂吾人一接触存在事物，即必能有此诸观念？若然，何以禽兽与人接触同一存在事物，而彼等皆不能说，"凡"与"有些"，"如果—则"等？

至吾人之可决定的证明此诸观念不能由所知之存在事物本身之存在状态而来，则在：吾人对同一堆之存在事物，可自由应用此诸观念及是或不是之观念于其上，而说出不同之命题。如当前之事物，为风吹皱一池春水，吾人明可依吾人以不同方式思维之，而说"凡风来水上，皆有波澜"或"有些池水，有风吹起波澜"，或"若果风静，则水将平静无波"，或"任凭风来或风去，同是一池春水"，或"风来又风去，波动再波平"，或"风来非风去，波动即非平"……种种命题，及由之推演出之种种命题。而此可能推演出之命题，即依一单纯之换质换位法，亦为一无穷之串系。如风来非风去，风去非风来。风来非非风来，风来是非非风来。风来非非非风来……然在吾人当前存在之事物，实亦不过风吹皱一池春水之一事而已。此一事毕竟干卿底事，而可引出人之种种思想，在此思想中，应用种种逻辑之观念，以形成种种逻辑命题，此要非由此一事之存在本身决定，实为彰明较著之事。则吾人如何能说逻辑中之观念，皆直接反映存在事物之存在性，或直接代表客观存在事物之自身与其状态者。

第五节　数学逻辑之观念知识根据于经验之说

第二种数学逻辑之理论，为承认数学逻辑中种种复杂之观念与知识，并不直接表示客观存在事物之性质或状态，亦可无存在事物之性质或状态，直接与之相对应。但此说以一切知识观念，皆始于经验，一切具体之观念，皆由经验而来。至一切抽象之观念或概念，亦必根据由经验而来之具体观念，经层层之抽象而成。及其既成，虽若与原初之经验，渺不相涉，然探其最初之本源，仍在于经验，然后方可再应用于经验。此

第十三章 数学与逻辑知识之性质（上）

亦如万丈高楼，最初之必由地起，其最底层，乃直接于地上者。由是而此派论逻辑数学，遂从其最原始之观念与经验之关系处着眼。此即洛克、巴克莱、休谟、穆勒之经验主义之数学理论。

此理论并不以数学逻辑中之观念，皆反映客观存在事物。因吾人由对所谓客观存在事物之接触而得者，唯是种种具体之印象或观念。此中可并无数学与逻辑之观念。然则此类之观念何自来？答，由于对具体事物之印象观念之反省与抽象而来。

依洛克说，人初由反省所成之观念有"统一"与"继续"。如吾人直对某观念自身，加以反省，觉其为统一的，则产生"统一"之观念。如对若干观念之相续生起，加以反省，则有"继续"之观念。如吾人直对红之观念，加以反省，可有一统一之观念。对黄亦然；对任一声亦然。以及对复合之观念，如红而美丽之花，亦然。换言之，即吾人对任何观念加以反省，皆可生"统一"之观念。而此"统一"之观念，遂可自任何观念之内容中抽象而出，而为具普遍性之统一之观念，此统一之观念，即数之始之"一"之观念。吾人于是可以"一"之观念，指任何观念与任何引生观念之事物，或观念所指之事物。而一饮一啄，一颦一笑，一花一草，一家一国，皆是一。吾人对世界随意任划出一范围，皆是一。然此一之观念，则实唯在吾人之反省中，而初不在所反省之观念之自身，更不必在其所指之客观对象中也。

吾人有"一"之观念，再依于吾人之知何谓继续，便能将此一之观念，继续的加以重复。则由一，又一，对此"一又一"再加以反省，而视之若一，则成二。由此递展则成三，成四，成五。然无论由此以成何数后，吾人皆若可再加一，以再成一更大之数。而吾人于此"数皆有其更大数"再加反省，则知一切数之数为无限，而任一数亦可由不断加一，以大至无穷。于是有无限数无穷数之观念①。

顺上文之思路，吾人可引申洛克之意谓甲数大于乙数，则乙数小于甲数。其所小之数，则为负数。吾人又可由反省而知，任一物之形，皆有其部分，而各部分又皆可分。由此而吾人知任一物之为一，皆可分为

---

① 按洛克之论数，见其《人类理解论》第二卷第十六章，论数之无限问题，见第二卷十七章。彼只及于数之由逐渐加一而成，亦未明说此依于继续之观念。但实际上是依于继续而有加一。至于吾人下文之说，则纯为吾人依洛克之思想所作之引申。

多。可以一表之者，亦可分为二，而以二个二分之一表之。分者可再分，而有可无穷分下去之分数。由分数亦可以解释小数之所以成。如"〇、一"即一之十分之一之数，"〇、〇一"即百分之一之数。又设一物之量可分为三部分，每部分又可分为三；则一物之量，可分为九部分。即三乘三，或三之三倍，而一物之量，可以倍数表之。

对于一量，我们可视为他量之几分之几，而以他量之分数，为此量之数，亦可以他量之倍数，为此量之数。故吾人可称一量为十倍一寸之十寸，或十分之一丈，或只称之为一尺。而此事之所以可能，唯因每一量皆为一定量。此定量可视为他量之一部分，亦可视为他量之诸部分所合成。至于一物之全体之量之可分成各部分，及所分成之各部分之和之等于全体之量，则为吾人可由反省"全体之量"与"分成之各部分"二者之契合而可知者。

依此对经验之反省，吾人知经验事物之有数量，而亦有形。吾人将物之形体，自其色抽离，便成一几何形体。将体上之面，自体抽离，则成几何之面。将面上之线，自面抽离则成线。将线上之点，自线抽离，则成点。而几何学之基本观念以成。

至于几何学上之公理，如等量加等量其和相等，等量减等量其差相等……，则皆可诉诸对于形量之部分全体之关系之经验之直觉。

由是而数学几何学之观念，即皆可依经验之反省与抽象而说明。

至于逻辑上之思想律，则依此派所说，其根据乃在观念与观念间之同异关系之直觉。如同一律 A 是 A，即谓一观念与其自身之同一，及与其相同者之同一。矛盾律即谓一观念与其相异者之不同一。排中律即谓一观念与另一观念非同即异，另无第三可能。而此诸律之所以为真，唯因吾人确可由经验直觉，以知红之同于红，而异于非红之黄绿。亦可由经验以知，一物之色，如不异于红，即同于红，不同于红即异于红。此中无一例外。又对一切经验事物，吾人亦皆可发现其相互之同异关系，而思想律即成一普遍必然之律则。而穆勒之论数学、几何学真理之为普遍必然，亦从其对一切经验而皆真上立论。此亦前所提及①。

---

① 本部第十一章第四节。

第六节　经验主义之数学逻辑理论之批评及康德之数学逻辑理论

对于上述一派之数学逻辑之理论，如纯自数学逻辑之心理之起源上看，亦大体上，未始不可说，并有亲切易解之长。但此中有数大问题。一者吾人纵承认数学之观念，皆由反省抽象而成，吾人仍可问：如人最初之感觉经验中，原无数学之观念存在，又人之反省抽象之能力之本身，亦原为一空无所有之一反省抽象之能力；何以一接触经验事物，则有数学观念之生出？人之反省抽象能力，要必有其运用之方式，此方式，岂能不存在于此反省抽象之能力之内部？如吾人说，由反省吾人之观念，而生出统一与继续之观念，则吾人可问：此统一与继续之观念，毕竟是由反省而出，或为吾人反省进行之方式？假若吾人之反省活动本身非统一的，吾人是否能反省出统一之观念？如吾人不继续反省，吾人是否能反省出继续之观念？则此统一继续之观念，初应为吾人反省之方式，而非反省一般由感觉经验来之观念所产生。而如其为反省之方式，则应为随反省而俱现，初亦内在于吾人之反省之"能"之中者。

此外，吾人即假定由此统一之观念，所成之"一"之递加，即可构成数之串系之说为真；吾人之如是如是以由一再至一，而综合之以成二等，之思想活动中，又岂能不依一定之思想方式进行？由此以推，则吾人之每一数学观念之出现，数学知识之形成，皆应由吾人之依一定思想方式，以思想以前所成之观念，而后可能。而此诸思想方式，方为诸数学观念，得以出现之真正根据，真正起源，而不必以一初无内容之反省抽象之活动与感觉经验来之观念接触，为各种数学观念之起源也。

其次，吾人如以一切数学几何学之观念，皆由经验之反省抽象而来，则其所以还可应用于经验之理由，似易得一说明。因吾人所谓经验，可只指已成经验。吾人所谓反省抽象，乃对已成经验而反省抽象。由对已成经验之反省抽象而来者，对已成经验必真，即不成问题。而在已成之一切经验中，已证其为普遍之真者，对已成之一切经验必然为真，亦不成问题。则穆勒之谓数学知识，因其从未为经验所否定，故为对已成经验已证为普遍的真，必然的真者，亦不成问题。然吾人于此可问：由已成经验所反省抽象而出者，如何能应用至一切尚未有之经验，或一切可能经验，而对之亦普遍必然的真？此便仍成为一问题。然吾人却似明可先绝对的确定：数学逻辑之知识，对一切未来之可能经验皆为普遍必然的真，而与一般由经验而得之知识，吾人之不能绝对的确定其对未来可能经验为真者不同。

吾人之此二种批评，即导出康德哲学中之数学逻辑理论者。

依康德之哲学，吾人论任何种抽象之观念知识之产生，吾人皆须溯源于吾人之思想活动，认识活动之方式。而一切知识论之最大问题，则在说明可应用于一切可能经验之先验知识如何可能。而数学几何学知识，实即各为先验知识之一种。

依康德说，吾人之知识命题①有三种。一为先验之分析命题，如物体是有广延的。此种命题中之宾辞之意义，可直接由主辞中分析而出。而吾人肯定主辞，即不能否定宾辞。如否定之，则陷于自相矛盾。故此命题为必真，亦非待经验而真，并非经验可加以否证以使之成不真者。此之谓先验之分析命题。二为经验之综合命题，如物体有重量。此种命题之宾辞之意义，不能直接自主辞中分析而出。而吾人如肯定主辞而否定宾辞，并不陷于自相矛盾。如一梦中之物体，即可无重量。经验的综合命题之所以为真，唯因吾人所经验者之如是如是。如经验中之所见之物体，在被提举时，吾人确感一重量。故此命题、待经验而真。而一朝经验中之物体变为无重量，此命题亦即成为不真者。而此成为不真之可能，乃吾人所可在事先，加以承认者。第三者为先验的综合命题。此种命题之真，非可只由分析此命题中之主辞之意义而得者。在此种命题中，宾辞之加于主辞，乃对主辞之意义，有所增益。但其真又不待经验而真，而为一切经验所不能加以否证，并对一切已成经验可能经验皆真者。此如各种数学几何学之命题，及其他之先验综合命题。

数学中之命题如"'七加五'等于十二"，"'三角形三角之和'等于二直角"之二命题中之宾辞，皆不能自主辞中分析而出。吾人之说七加五等于十二时，此"等于十二"之宾辞，对"七加五"之主辞之意义，有一增益，使吾人对"七加五"有一新了解，故为一综合命题。然此命题之真，非只对已成已有之经验为真，而是对一切可能经验皆真，故为先验命题。三角形三角之和等于二直角亦然。

---

① 康德原用判断二字，义同于命题。

康德知识论之中心问题，则为问：此种先验的综合命题，如何可能？即其成立依于何处？至其对数学与几何学之先验综合命题之所以可能之讨论，则在其时空与数学几何学之关系之理论。

依康德说，一切可能经验事物，皆在时空之格局（即范畴）下被经验。而时空即为感觉认识之方式，乃内在而非外在，为感觉经验可能之先验条件，而非感觉之所对。几何学之知识，乃关于依空间而起之形相之知识。数学中之知识，乃关于依时间而起之数之知识。数学几何学之知识，所以能普遍有效于一切经验事物，即因一切经验事物，皆在先验之时空之格局下，而数学几何学知识，则正为依此格局而成立之知识。

康德何以说时间空间为经验事物之先验条件，而不说时空之观念，由经验而来？此简单言之，即为吾人对事物之经验，皆必须被安排于一整个之时空之格局中，而在时空有一地位；然时空之本身，则非被经验之事物，而只为吾人之超越之统觉之所摄。吾人之统觉，能统摄一切无定限之向东西南北上下伸展之空间，亦能统摄无定限的由过去伸展至现在，以达未来之时间，以形成一囊括经验世界事物之时空大格局。然吾人不能视此格局为一已成之所对，或外在之对象。亦不能离此格局，而对事物有经验。吾人乃必须凭此大格局中之不同时间不同空间，以分别安排所经验之事物，故此格局，为经验之先验条件，而只为吾人之超越之统觉所摄。

依康德此说，则所谓几何学所研究之形相与关系无他，即此整个之空间中各种界划所成之图形与其关系。而吾人亦不难依吾人之想象，以想象此面前之虚空中，此处有一三角形，彼处有一圆形，并或想象一方形在圆形中，而对之求有种种之知识。吾人此圆形三角形之知识，亦即对表现圆与方形之事物之几何学的知识。在表现圆与方形之事未出现之先，吾人对此圆与方之知识，明可先有。此先有之知识，亦必将对一切表现圆或方之事物皆有效。因此知识，乃只涉及事物所表现之圆或方，而不涉及事物之其他方面者，则事物之其他方面，无论为何，皆与此知识为不相干，对之亦无加以证实或否证之效。而此事物所表现之圆与方，亦只是此知识中之圆与方。故此知识，可成为对方圆之物之方圆之先验知识也。

至于对数学之知识，则康德以为吾人之所以有数之观念，不能只源于经验事物。因经验事物之现象，乃各各差异者。而数之为数，乃由同质之单位构成者。而吾人在用数以规定一事物之量时，吾人所着重者即不在事物之性质。如三尺布，三尺草，三尺木中之布、草、木之经验性质之不同，吾人对之之印象观念之不同，皆与此中之三尺之三之观念，所由产生不相干。依此，洛克之由对印象观念自身之反省，以成就数之单位之"一"之说，遂可不用。而数之观念所由生，则要在相继之计数之活动。此相继之计数活动，不只是将一与一加以堆积，以成一本身为客观对象之二三之数，如洛克之说；而要在依于次第之综合的前进之思维历程，以成一属于主观之心，而可应用于经验事物之数。此思维历程之所凭，既非经验事物或其印象观念之统一性之一，则其所凭为何？康德则谓之一般性的齐同的直觉 Homogeneous Intuition。再由此思维历程，将此齐同的直觉，次第加以综合所成之诸统一，即为一一之数。

康德之此种理论之重要点，在将人之一一印象观念，纳之于时间之系列中。吾人在每一时间，直觉一印象观念，（康德名表象）实即通过对时间之直觉，以直觉一印象观念。然今吾人试将一时间中所直觉之印象之内容，置之不顾，则唯留下时间之直觉。吾人在不同时间，固有不同之印象。然吾人皆可将其内容，一一弃置。则吾人此时便只有诸齐同的时间之直觉，每一直觉可为一单位。而吾将此诸单位，次第加以综合，而再统一之，则成数矣。

康德依时间之直觉以言数之理论，其特殊价值，一方在时间之直觉本为可分为齐同之单位者，一方在时间具前进不回之性质。吾人依时间以计数，亦即一方求为将其所分成之单位，皆加以把握，一方亦自具前进不回之性质。吾人之计数之思维，若非前进不回，并将其所计过之各单位，皆加以把握；则吾人可旋计旋忘，永止于一；亦尽可前进后又折回，重复计已计之数，而永不能止于一定之数。然吾人依于时间之可分为单位，及其具前进不回之性质，以次第计数，则可无此问题。而依洛克之理论，只就各单位之综合以言数，则盖难保证其综合之事，不来往重复，而物之数，如何能加以确定，即可成一问题。

康德依时间之直觉言数，而吾人对事物之一切可能之经验，又皆在时间历程中，在时间之直觉中，同时被直觉；故依时间之直觉而生之数，与对此数之知识，亦皆可应用于可能经验之事物。由此而可说明数学之所以能对一切可能经验事物皆为真之故。而吾人所以于未来之可能经验之事物，皆知其必有数，且知吾人今之数学，亦必对之应用而有效者；

亦唯以吾人今已知：任何可能经验之事物，当其在次第之时间单位中被经验时，此一一时间单位之直觉，乃吾人所必能加以综合以成数者。而此数，亦即此可能经验事物必能有之数也。

第七节　康德理论之批评

康德之数学理论，其中心问题，在数学之何以能应用于可能经验之感觉事物，其说自有一匠心。但以时间之直觉释数之起源，至多只能及于常识中用以计事物之数。因在常识中，吾人对事物是在时间单位中加以直觉，故可以此时间单位之直觉之综合，以说明数之产生。然此能综合时间之单位，而计之之活动，其本身必不只为直觉；亦必为在诸时间单位之上，施行其综合之事者。于此吾人即可问：此计数之活动，即此在时间单位之上，逐步施行综合之事之活动，是否亦在时间中？如亦在时间中，则对其所经时间之单位，应再可计其数。而此计其数之综合的活动，仍应又在此诸时间之单位之上。然无论如何，在计数时，吾人自身之综合活动之步骤之数，要不能在此综合活动之一一步骤未存在之先，已先存在，而当是依此综合活动之一一步骤已存在之后而有者。则此数，便应为由此综合之活动自己所诞生，而初不依于对经验事物之直觉以起者。此为纯依康德之思路设想所应有之一问题。

复次，康德所谓由次第综合所成之数，实唯由加一所成之加数。加数既成，再去其所加，则成减数，此皆可说。然依此说，如何讲乘除之数？如今有二数相乘，吾人若欲对其乘积之数，依直觉一一加以印证，并与一系列之时间单位相配合，便只能在乘积之数既得之后。今吾人可问：在乘积未得之前，二数相乘毕竟是数非数？如说非数，则与一般之数学观念相违；如说是数，则此时并无直觉加以印证，亦未与时间单位相配合，则依康德义，如何可说是数？此中势须于数之定义，另换说法。于乘数之反面之除数亦然。此外对于可无定限的分解整数所成之分数小数，及无定限的以数相乘所成之倍数积数，平方数，及其他，如无理数、无限数、级数等，皆难一一以康德所谓直觉，加以印证，并难与时间之系列中之单位相对应配合而论者。

其次，康德之几何学理论，乃以欧克里得之几何为唯一之几何；然康德以后，事实上已有二类非欧克里得之几何学。此三种几何学，对于直线平行线之基本假设，彼此相异，如三者皆同为对实际空间中之形相关系之理论，势必其中只有一为真。然依纯几何学观点，吾人并不以其任一之本身为假，而可各为一种几何学。则其所以皆可成为几何学之故，即不可说在其为研究实际空间中之形相之关系，而当别有所在。

再其次，康德说数学与几何学之命题，是先验必然的综合命题。所谓数学几何学知识为必然，可有二种意义。一是数学几何学知识之本身之必真而不能为假，有如对一主辞以一宾辞表之者，则不能不以一宾辞表之。例如对七加五只能说是十二，不能说是非十二，此是一义。二数学几何学之知识，必能应用于一切可能经验。例如七加五等于十二，不仅可应用于当前之事物，且必可应用于未经验而可能经验之事物。康德心中之主要问题，乃后者，故以时间空间为数学几何学知识之应用于可能经验之事物之媒介。而对此问题之解答，亦在其关于时空之理论。然吾人将应用于经验之问题撇开，而惟着眼于一一数学几何学知识本身之必然性由何而来，则其时空之理论，即可对数学几何学为多余。而彼纵能以此理论，保证数学几何学知识，必可应用于一切经验事物，数学几何学知识本身之必然性，仍有待说明。如七加五何以必等于十二，而不等于十一，此毕竟如何说明？仍为一未决之问题。

至于对逻辑之理论，则康德之说是于一般形式逻辑之外，另立超越逻辑之名，以为形式逻辑之概念之知识论基础，并说明人之先验范畴所以可应用于经验事物之认识之故。依其超越逻辑论，形式逻辑中之概念与命题，皆依于吾人之认识理解经验事物之有不同的先验方式或先验范畴而有。如依"统一"之范畴，以看事物，则构成"凡"之概念，全称之命题。依"杂多"之范畴，以看事物，则将事物分为各部，而构成"有些"之概念，特称之命题。依"实有性"之范畴以看事物，则有说事物"是"什么之肯定命题……。依"虚无性"之范畴，以看事物，则有说事物"非"什么之否定命题等。缘此而成其十二范畴之论，以为十二种形式逻辑命题之知识论上的超越根据。而此十二范畴，则一方与时间之图型 Schema 可相应，以便吾人之透过时间以看经验事物，形成经验知识之原则者，一方又统于人之超越统觉者。故康德此说，与洛克之以逻辑之基本规律，依于观念间之同异关系，及亚氏之以逻辑规律兼为普遍的存在事物之规律之说，皆截然不同。而为将逻辑之基础，纯建立于吾人之认识事物之主体之说。

第十三章 数学与逻辑知识之性质（上）

然吾人如只遵循康德之将形式逻辑之概念，由超越逻辑加以说明，以形式逻辑之概念命题，皆由吾人之理解经验事物之先验的方式中，导引而出之说；吾人却不易说明，无知识论意义之纯粹逻辑命题，如当代逻辑家所论者，所以产生。又吾人在讨论超越逻辑时，吾人思维此超越逻辑之思维之本身，亦明须运用到或展示出种种形式逻辑之概念，如吾人说"统一之范畴'非'杂多之范畴"，"先验范畴皆'是'可应用于经验世界"等语句之本身，即直接连用到或展示出种种逻辑概念，如肯定之"是"否定之"非"等。然吾人于此却可不说此诸概念，亦只是由吾人认识经验世界时之实有性虚无性之先验范畴等导引而出。因此处之逻辑概念，乃可用以论谓所谓先验范畴之本身者，亦即可超越于康德所谓知识论意义之先验范畴之本身之上者。由是而康德之以超越逻辑为形式逻辑之根据之说，亦不必能成立。

第十四章 数学与逻辑知识之性质(下)

第八节 数学与逻辑合一之理论

以上各种数学逻辑之理论,皆为欲于数学与逻辑之知识本身外,求其中观念之来源;并说明其所以能对经验世界有效应用之故。但今吾人试问:若数学逻辑之知识本身全不应用,或将其与一切客观存在、主观心理、及时空等之关联,完全截断,是否其本身即不能为真,或不能成立?我们又试假定,我们所经验之世界,表面全变为不合逻辑数学者,是否逻辑数学中之规律,即可被否定?

譬如吾人今试假想:我们将二苹果加二苹果,由经验得者乃为五苹果或三苹果,又试假想一苹果方是绿,又忽是红,或方是苹果,再看即成一条金蛇,又看则成一美女。吾人于此是否即必怀疑数学逻辑之知识之真,而谓二加二不等于四,或 A 不是 A?

但我们一细想,便知吾人即在此情形下,仍不能怀疑数学逻辑知识之真。因如吾人将二苹果加二苹果而得五苹果或三苹果时,我们通常可不怀疑二加二等于四,而可想此由于另一苹果自他处出来,或一苹果被人偷去,亦可想此乃我们之视觉看错,亦可想我们计数时,少计了一个,或多计了一个①。此外,我们还可以想,苹果是如人之能生殖,由二人可生出第三人者;或苹果是能合并的,如一体积水之透入另一体积之物,仍成一体积。总之我们不愿怀疑二加二之等于四。而此数学中之二加二等于四之意义,亦实并不全等于我们通常所谓把二个物与另二个物置于

---

① D. Gasking: Mathematics and the World 载 A. G. K. Flew 所编 Logic and Language 之第二集,亦论此问题,可与本章所论相参证。

一处之意义。因将二个物与另二个物置于一处，依其相互之因果关系，其最后之结果，可等于任何数。如二狼与二羊，置于一处，则最后只有二狼。一国之二战士与敌国之二战士，置于一处，可互相斗杀，最后无一战士。二阿米巴与二阿米巴置于一处，最后之结果为无数之阿米巴。吾人如知"二加二等于四"之意义，并不等于"二物与二物置于一处必有四物"之意义，则任何经验界之二物与二物置于一处所生之结果，其数如何，即无一能否证二加二等于四者。而无论此结果是什么，我们都可以经验界之物与物之因果关系等，加以解释；并在此解释中应用到数学。如二狼与二羊置于一处成二狼。则吾人说二加二再减二等于二。如二战士与二战士相斗而皆死，则我们说：二减二等于零。如二阿米巴与二阿米巴自己分裂成无限，则我们说二乘二乘二……成无限。由是而无论二事物与二事物置于一处其所生之结果变如何数，永有其他数学知识可应用。

其次，在几何学中，其知识之不能由经验世界事物之存在状态之变化加以否证，其情形亦相同。如在欧克里得几何学中，吾人说三角形之三角，等于百八十度。今试设有三角板，才量是百八十度，再量似只有百七十九度。吾人亦必不说三角形之三角之和，可少于百八十度，而只说此三角板上之三角形，非几何学上之三角形；或说因其他物理原因，使原为三角板之三边之直线，由直成曲，成非三角形。因而不再将此三角板之形，当作三角形看，而当作非三角形看。于是对之不应用三角形之几何知识，而应用其他形之几何学知识。由是而几何学之知识，亦永不能为所经验事物之几何形状之变化所否定，而吾人亦永可有其他几何知识，可应用于变化后经验事物之上。

此外在逻辑上，吾人说 A 是 A，A 非非 A，亦不能为经验事物所否定。即如一物才红又绿，才是苹果，又成一条金蛇，再成美人，此固可能。但只要变化后之物有其所是者可说，吾人仍可说红是红，而非非红。苹果是苹果，而非非苹果。说 A 是 A，只是说是 A 者是 A，或如是 A 则是 A，并非说，是 A 者必须永远是 A。则是 A 者之由是 A 而不是 A，并不能否证是 A 者之是 A。而若一是 A 者，由是 A 而是非 A 之 B，则我们可转而对于 B 说"是 B 者是 B"。而此即同于"是 A 者是 A"，之为表示逻辑上之同一律者。由是而此逻辑上之同一律，亦永不能为经验事物之所否证。而无论事物之由是什么之变为什么，此同一律皆为对之可应用者。对矛盾律,排中律者,皆同可如此加以解释。

吾人如了解上述之数学与逻辑之知识应用于经验事物,乃永不能被否证,且无论经验事物之如何变化,皆可有可应用之数学逻辑知识;便知我们讨论数学逻辑之知识,所以有必然性及其根据,可全不从其与经验事物之关系上着想,而可纯从数学逻辑之知识本身,如何形成上着想。

如自数学本身着想,我们如要问为什么二加二等于四,则我们尽可不问一二三四是什么,"加"是什么。但是我们可说一加一叫做二,二加一叫做三,三加一叫做四。或说二之定义即一加一,三之定义即二加一,四之定义即三加一。则我们可以纯从此定义推演,以证明二加二等于四。

$2 = (1+1)$ A
$3 = (2+1)$ B
$4 = (3+1)$ C
依 B 以 $(2+1)$ 代 3
$4 = ((2+1)+1))$ D
移动括弧
$4 = (2+(1+1))$ E
依 A 以 2 代 $(1+1)$
$4 = (2+2)$ F
移项
$(2+2=4)$ G

此即来布尼兹对于 $2+2=4$ 之一证法。

依此种说法,我们可不问一二三四是什么,而只须知我们对一二三四之定义,即可证明二加二等于四。此亦如我们可不知道唏唏,呵呵,哈哈是什么,但我们如说呵呵之定义是"唏唏加唏唏"(A),哈哈之定义是呵呵加唏唏(B),则我们即可说:哈哈是"唏唏加唏唏"加唏唏(C),哈哈是唏唏加"唏唏加唏唏"(D),哈哈是唏唏加呵呵(E),唏唏加呵呵是哈哈(F)。由此而数学之推理之原则,即可与逻辑之原则若完全相同。

我们上述之依定义而作之数学推理,其中亦实假定某种律则。如 ABCD 纯依定义而立,可无问题。但 E 中之 $=2+(1+1)$ 与 D 中之 $=(2+1)+1$,二者之形式,仍然不同。E 乃由将 D 之括弧拆开,而将其中之"1"与其外之"1",联合在一括弧中而成。此种将一数学公式中括弧拆开,而将其中之数之项,另与其他数之项联合之规则,此称为数学中之联合律。联合律之形式,可以 (A+B) +C=A+ (B+C) 表之。又F与G之形式亦不同,而吾人之可将一数学公式之=号两旁之数项,加以移项,则为数学中之交换律。交换律之形式可以 A+B=B+A 表之。

此二律则在逻辑中亦同样有之,如上所举之唏唏哈哈之例中由C至D,即依于联合律,由E至F即依于交换律。

但是我们可以不知一二三四是什么,而纯依诸数之定义以推论;与我们不知唏唏哈哈等是什么,而可依对之之定义以推论,在逻辑形式上之相同,仍只是一方面的说法。因我们在常识中,仍觉我们是知道一二三四是什么的,至少我们知其是数。我们又知由数一二三四,可数至五六七八九十……以造一无穷尽的数之系列,我们知其中后之一数,皆可由不断的加一于以前之数而成,又知由不断加一,我们即不断有一新数。然在唏唏哈哈之例中,我们并不能由唏唏加唏唏,以生出哈哈。我们必须先有"唏唏""哈哈"等名词,并对之先加以定义,乃能有上述之推论。但我们却可不必先有一一之数之名,先有一一数之名之定义;而可由加一于以前之数以生一数后,再与以一名;并可即以一数之所由生,为一数之名之定义。而我们之由加一于以前之数以生数时,我们必须有一起点之数。比起点之数即为零之数,故"零为一数"。而对零加一所成之数,即可称为,继零之数而起之继数,继数亦为一数。如0+1成1。此1即0之继数,而亦为一数。而此1之定义亦即0+1。继数复有其继数,如1+1成2,2即为一之继数。此2之定义,即1+1,亦即0+1+1。此处吾人如假定:吾人之不断加一以产生数,乃一直前进之历程,或假定"无两数有同一继数",即一数只有一继数,一继数亦只为一数之继数,又"零不能成任何数之继数",又假定"由零而次第产生之一切继数,有其共同之性质";则吾人即可造成一自然数(Natural number)之系列。而此数之系列中之一切数,因皆具有共同之性质,以属于一系列,吾人遂可以同一之方式,加以运算①。依上述之思路以说明数之产生,吾人可只须有若干之基本观念如〇、数、继数等,若干基本命题,如上述

---

① 如依联合律(x+y)+z=x+(y+z)则(1+2)+3=1+(2+3),(2+3)+4=2+(3+4)……(10+30)+70=10+(30+70)……。此皆为依同一之方式而作之运算。

之"零为一数""无两数有同一之继数"等,即可构造出自然数之系列,而此数之系列中之一切数,又皆为具有共同之性质,并可依一定方式加以运算者。然吾人于此却可不须先知此基本观念之意义,及诸基本命题之其他根据,而只说有此诸基本观念及诸基本命题,便可构成自然数之系列,其中一一之数,皆为可依一定方式加以运算者。此即为将求数学之基础,建立于吾人所自觉的设定之基本观念、基本命题上;而求化数学为纯粹的逻辑的演绎系统之一种现代数理哲学之路向,而可由符芮格(Frege)之说以代表者。

但是在知识论上,我们总不能完全满足于任何未加以说明观念及基本命题。故人总想知道〇是什么,数是什么,继数是什么,并由此以确知运用此诸基本观念,所成之基本命题之根据何在。此在现代哲学中一条道路,即罗素之以类说明数之理论。此可配合以前他家之数学理论,略加介绍。

罗素这种理论,其目标在欲自符芮格(Frege)进一步,以求连系数学与逻辑。因"类"乃是逻辑中之概念。我们要定一类,只须某一性质,具有某性质之一切个体,即合成一类。如具有人性之一切个体成人类。依罗素说,性质与类之概念,皆初可不假定数之概念。一类中有许多个体,每一个体皆可各予以单独之名字,亦可不用到数。但一类中之各个体,与另一类之各个体,可有一与一相当 One to one correspondence。如一类中有三个体者,其三个体,即可与其他类有三个体者,有一与一之相当。而诸有三个体之类,又可合为一类。此类所合成之类,即名为类之类 Class of Classes。而此处之三,即所以标别此类之类之异于其他之类之类(如有四个体之类之类)者。此三即数。此三之为数,在其为诸有三个体之各类,被视为一类之共同根据。依常识,吾人似可直就某一类中有三个体,以说其为三。但实则吾人在说其为三时,并非只在此一类中有三个体之事实上说其为三,而是从其与有一切有三个体之类,有相类似处,而可合为一类之类处,说其为三。依此,每一数可定一类之类,而数之概念乃可指一切数者,则"数"为一切"类之类"合成之类。

依以类言数之思路,每一基数皆为一类之类。一类之类中,其分子为类;而一类中之分子,则为个体。吾人以某性质规定一类,一类中可有多个体或一个体为分子。(如圣人之类可只有孔子)或无个体为其分

第十四章　数学与逻辑知识之性质（下）　　345

子。无个体为分子之类，如龟毛兔角，即为空类。由此可导出零为一数之说。

以类言数，则所谓数之相乘，亦以类之观念界定。即吾人可以一性质定一类，又可合并二性质以上以定类，或合二类以上以一成类，如人而神之类。今设有二类 AB 于此，吾人可设定一类中之一项，各能与另一类中一项，分别配列成对，则吾人即定一类，即"二类之各项相互配列成对"所成之类。而此类中分子之数，即为二类中之分子数之相乘所成之数。而此即可成为乘法之基础。

此种以类言数之理论，其归根在一类中个体之存在。如一切类中皆无个体，则类皆为空类而除零外无数。因有一个体之类，故有一，又有二个体之类，故有二，以至有千个体之类，故有千。然吾人在数学中，明可于任何数皆加一以成另一数，而异于前之数。由此而"数"之数，应为无穷而各各不同者。欲使此一切之数，皆能各定一类，则世间应有无穷之个体事物。因若世间之个体事物为有穷，如止于千，则千零一及千零二以上之数，皆为空类，而所定之类遂无分别可言。今欲使其分别成可能，使一切之数，皆能各定一类，则必待于世间之有无穷个体。然此为不可证者，吾人只能如此设定。此在罗素称之为无穷公理之设定 Axiom of Infinity。

此外一类之所涵，为其中个体之全部；类之类之所涵，为诸类之全部。类之数可多于个体之数，因一个体可属于多类，而类与类集合成之类之数，又可多于类之数。如设色有五类，形有三类，五色与三形分别集合成之类之数，即有十五类。类本身不能视为一个体，类之类本身亦非类中之一，此中有层次之不同。然类之所指，只为其中之各个体。而类之类之所指，初为各类，最后仍为各类之各个体。依各个体而有类，依类而有类所集合成之类之类。而集合成之类之类还指类，再还指个体，即为数有意义之必须条件。而设定此事之可能之公理，为还原公理 Axiom of Reducibility。

此外又有相乘公理 Axiom of Multiplication，为上文所谓"二数中之分子配列成对之事为可能"之设定。如无此设定，则乘法无根据。此与前二公理，皆为所以使数学之基础，得建立于逻辑中之类与个体之概念之上者。

第九节 依类言数之理论在知识论中之价值

罗素这种数学理论之全部系统，自非我们之所能详论。但即上之所述，我们已可说其以类论数之说之价值，在指出一般之认识历程中，数之观念并非最先生起，而为后起。同时确定数为普遍的概念；而并非直接依于外在之存在事物，或主观观念或直觉以起者。

在常识之见，恒以为吾人一看世界，即能直觉数之存在。如一见而知这里有二个人，那里有三个马。然又奇怪何以有当前一二十人以上时，吾人可一眼望尽此一二十人，而不能直下即知其数？实则吾人之认识世界，最初只有一片感觉、感相、或现象呈于目前。此感觉、感相或现象呈于目前，我们可并不觉其数。对于三个马，我们可一次看尽，或分二次看，三次看，然亦尽可不注意其类，亦不知其数。而我们在对世界有所感觉后，我们如要对世界有知识，我们首先一步，乃以我们之所感觉之内容，而对外物作一判断。如见马形，则谓这是马；见人形，则谓这是人。此判断在日常经验中，亦常有误。如判断草人为人，判断牛为马之类。而我们之说我们直见一人、一马、一花、一草，乃唯因我们自信所判断者之无误，而在日常经验中亦大皆不误之故。于是忘此中之判断与感觉之俱起。实则，凡我们有所感觉而知其是什么，或谓之为什么时，无不有判断俱起。而在此判断中，我们最少是以一普遍之性质，论谓对象，而施于对象。如谓其是人，即谓其有人之性质，谓其是马，即谓有马之性质。故我们在日常经验中，实持种种性质之概念之套子，以施于对象之上。此时因对象本身是什么，尚未决定，我们可称凡能合此性质概念之对象为 x。于是吾人可说，在我们之认识事物之历程中，吾人乃先想种种之"x 是有马性"，"x 是有人性"之套子，套于种种对象之上，而俟以后之决定。在决定时，吾人乃可说，彼物是有马性，此物有人性，以成真正之命题。依此命题，乃知彼属于马类，此属于人类，而谓彼是马，此是人。在此命题未形成之先，"x 是有马性"，"x 是有人性"之套子，则只可称为一命题函值 Propositional function。对此命题函值之 x 之变项，以常项加以决定后，乃有种种之命题。而吾人在日常经验中，所谓直接经验之这是花，这是草，对山上者是树，在池中者是影，实则皆依吾人之判断而有，亦即依吾人之将种种命题函值，加以初步之决定后，以成之种种命题。

依此以看，吾人之常识中所谓这里有三个马，便不当说之为吾人一次之直觉之认识所成。而当说吾人对这些对象，一一将"x 是有马性"之命题函值之套子套上去，而一一皆发现其真而成：甲是马，乙是马，丙是马之诸命题。此即吾人对这些对象之第一步的知识。在此知识中，吾人发现有甲乙丙之个体对象，皆能满足"是有马性"之条件，而为"x 是有马性"之命题函值中 x 之值。至吾人之说这些个体对象之数为"三"，则不只是就这些个体对象本身上说。因"三"亦可指三人（亦即指能满足"x 是有人性"命题函值中之条件之个体对象之数目）三牛等，故三之数为一普遍者，而可成一类名者。即指"三个体对象之类之类"之名。

依此，便知吾人在常识中之直说三个马，三个人，此数字排列之次序，乃并不与吾人之认识次序相应者。如要使之相应，我们可试说，马个个个三，人个个个三，此三乃又可通于三人、三牛、三光等者。如再以图形表之，则三在诸三马，三人，三牛之地位，可如图：

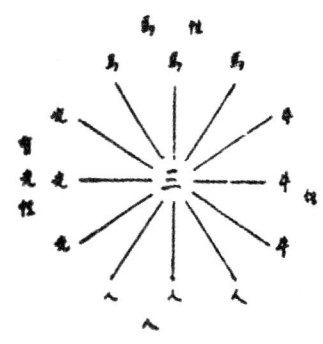

上述之三为一概念一类名之说，可应用于一切数，而视一切数皆为一概念、一类名。依上文所述，在认识之次序中，吾人乃先依种种之性质之概念，以判断对象，成种种命题后，乃有数之出现。故数又为后于上述之命题之形成，乃形成而被认识者。此种将数确定为概念为类名，并确定其在认识次序中后命题之形成而形成，乃罗素之理论之根本价值之存在。

第十节 数之产生与理性活动及依类言数之理论之改造

罗素之理论，除将数视为概念类名外，又将数之成立依附于个体之存在。于是有个体非无穷则数不能无穷之无穷公理之设定；又以数之概念依附于类，以类与类之分子配列成对之可能，为相乘数之根据，而有相乘公理之设定；再以类依附于个体，而有还原公理之设定。其说遂使数学之基础，建基于本身不能证实，亦无必然之理性基础之设定上。此中之根本问题，则唯在：数之在日常经验中，乃指个体之数者，是否即必然归于"数必依个体之存在而后能说"之论。

吾人在日常经验中，数诚大皆为指个体之数者。如三指三马等。但吾人可试问三马之三，毕竟是初由外面之三个体，能满足为马之条件而来，或由吾人之三次发现有对象，能满足为马之条件而来？于此吾人固可说，唯因外有三马，故吾人有此三次发现。然吾人何以不说，唯依吾人有此三次发现，乃说有三马？吾人如取后一说法，则三马之三，即可不依外面之马而成立，而唯依吾人之认识马，判断马之认识判断之三次相继而成立。而吾人若欲说三之为类名，何不说之为：吾人对有三项之类，皆可同样有之"三次之认识判断之活动"之类名？若如此说，则吾人说有三马时，所说之三，虽似在马上与一切涵三项之物上，而其根源正在吾人之认识判断活动之为三次之上也。

吾人若能于此转念，求数之根源于吾人之认识判断之本身，则吾人可说，当吾人以任一概念，判断一对象时（即求一对象以决定"x 有某性质"之命题函值中 x 之变项时），因一概念为理，吾人即有"肯定对象为如何"之一理性之活动。此判断为真，则此肯定之活动，即完成其自身，而对对象之为如何，有一置定。此吾人对对象之为如何，有一置定，即可于对象说"一"。而此"一"之根源，则唯在吾人之有此判断，有此理性之活动。而对另一对象，如吾人又可以同一概念判断之，则吾人又可说一。而吾人由前一至后一，乃有一判断之更迭者。从客观方面说，即可说此由于前对象与后对象间，有一距离。此距离可为空间之距离，亦可为二对象之性质之除相同之处外，又有不同之处，所造成之距离。然如从吾人之理性活动之本身方面说，则此更迭，乃原于理性活动之生起，而消逝后，又再生起。由是而吾人之能说有一一之对象，其根源便唯在此理性活动之继续不断之生起，又再生起。而吾人之依自觉心，以综摄此生起至再生起，亦即同时综摄前一与后一，此岂不可即为二之所自来？更综摄此生起之一，再生起之后一，与再再生起之再后一，此岂不可即为三之所自来？此一二三等，即常言之基数。又吾人如于觉"后一"时，再回头望"前一"；觉"再后一"时，再回头望"后一"；则吾人即觉此诸一之相继而起之次序。而吾人既已于"前一"生起时说一，"后一"生起时，可回头望前一，而综摄之以说二，再后之"一"生起时，又可回头望前一与后一而综摄之以说三；则吾人为实表此诸"一"之相继而起之次序，岂不可即有第一第二第三之序数之名？

如依上文之说，则吾人仍可保留罗素之数为后起，及数为概念及类名之说。吾人不仅可承认，吾人之能说物之数，乃后于吾人之认识判断之理性活动之相继而起者；吾人亦可承认，在此理性活动正相继而起时，吾人亦初无其相继而起之自觉。此自觉，乃由吾人之心灵，升高一层，以反省吾人之认识判断之理性活动而来。则吾人此时应有一去置定吾人之认识判断之理性活动之存在之高一层的理性活动。吾人去置定一认识判断之活动之存在，则吾人可说有一认识判断之活动。再置定一认识判断之活动之存在，又可说有一认识判断之活动。而合此二者，则吾人亦即可说，吾人有二次之认识判断活动。缘是而吾人在认识判断外面某类物有三个体时，吾人亦应同时自觉吾人之有三次之认识判断之活动之存在。唯在常人因恒缺此反省，故在说外面某类物有三个体时，不能同时自觉吾人之有三次之认识判断活动，与之相应。因而亦即不能自觉的了解"此某类物有三个体"之"三"之根源，在吾人之三次之认识判断之理性活动也。

吾人方才说吾人有三次认识判断之理性活动时，吾人可不自觉其有三次。此自觉，必待于更高一层之理性活动。人如问：此高一层之理性活动本身，是否有数？则吾人之答案为：此数，仍必须待再高层之理性活动，以对之加以自觉的反省，即对此理性活动再加以置定，乃能说者。若无此再高一层之理性活动，对之加以自觉的反省，则此理性活动未被置定，其数乃仍不能说者。而即在其被反省置定而有数可说时，此反省置定之再高层之理性活动，仍无"数"而在"数"之上。如此逐渐翻上去看，则最高之理性活动，亦毕竟在数之上，而为数之根源之所在。故吾人说"一"与"一"之理性活动，与综合"一"与"一"成"二"，综合"一"与"一"与"一"成"三"之理性活动，同在此诸"一"及"二""三"等之上，而亦初无所谓数者。（至吾人在形上学上之说，理性活动为一，乃自其为一切"一"之根源，或能综合诸"一"以成他数，而倒说之之名也。此当作别论。）

吾人能循此思路以论数，则数可不必待外在对象之存在而成立。其所以在日常经验中，似必待外在之对象而成立，亦唯由一外在之对象，可引发吾人之一理性活动，而使吾人得置定一如何如何之存在而言。然吾人之任何主观之观念，及任何认识判断之活动，在被反省自觉时，吾人亦皆可置定此观念之存在及此认识判断之活动之存在。此乃与吾人之置定一如何如何之外物存在，同为完成吾人之一理性活动，亦同可使吾人有"一"之数之概念，及综合诸"一"所成之其他数之概念者。故吾人在常识中，亦承认吾人于有三对象如三马在前时，吾人如一次数之，则谓之为一堆马。二次数之则为二堆。而再重复数之，则马之堆数可为三四五六……以至无尽。而此事之所以可能，其理由正在吾人之可直接由吾人之"观念及认识判断活动之存在"之分别置定上，建立数之观念也。

由是而吾人可改造罗素之数学理论，以谓吾人无论对外界之一如何如何之存在加以置定，或对吾人之任何观念之存在，任何认识判断之活动之存在，加以置定，同所以完成吾人之一理性活动，吾人皆可依之而有"一"之概念，及由其综合而成之二三四五之基数，及第一第二第三……之序数。由此而数之可成无尽，其根源即可在吾人之理性活动之生起，可相续无尽上说。而吾人亦即无须假定无穷个体事物之存在，以说明数之数之可无穷；而又不必谓实有无穷之数，独立于吾人之认识活动理性活动，而悬空外在的存在也。

吾人如自理性活动上言数之根源，则所谓数之可分为诸分数，及数之可相乘为乘数，皆不必如上章第五节之从量上说，亦不必如罗素之自二类之分子之配列成对上说。因吾人之理性活动原能综合诸"一"以成数，如二、三。综合之事毕后，吾人亦知此综合活动之为一，如二为"一"个二，三为"一"个三，而此二又原为二个"一"，三原为三个"一"；此处即见分者之可合，与合者之可分。而此即已可作为分数乘数及其串系之根源。

譬如吾人在说有一个三，而此中之三即三个一时；则吾人认识一个三之理性活动，与认识三个一之理性活动，即有一贯通或同一之处。今吾人假定"一"个三中之"一"为大一，则三个"一"中之"一"为小一，此三个"一"中之每"一"，为三个"一"中之一，亦即所谓"一"个三中之"一"之三分之一，此即为分数。而"一"个三中之"一"为三个"一"之综合，亦即所谓"一"之三倍，而此所谓三个"一"，其本身即为倍数乘数。又此中每"一"既为"一"之三分之一，则"一"即三个"三分之一"之综合，亦即为"三分之一"之三倍，或三乘"三分之一"，而此"一"个三，亦为倍数乘数。此上之"一"之可分为三，三之可视为三个"一"，三个"一"之可综合为"一"个三之关键，唯在认识"一"个三之理性活动，与认识三个"一"之理性活动之贯通与同一而已。

至于所谓分数乘数之串系，如由三分之一，再三分之，为九分之一，更三分之，为廿七分之一……由三乘一为三，至再乘以三为九，九再乘以三为廿七……则其根源不外由于吾人依理性以继续其分合之事之所成。因吾人既可于"一"分之为三个"一"，则吾人自可普遍化"此分为三之事"于"一"之中，而将此"一"再分为三……以成三个更小之"小一"。又吾人既可综合三个"一"，三倍"一"，以为"一"个三，则吾人亦可普遍化此综合三个"一"而三倍"一"之事，而将"一"亦三倍之，综合此三个"一"以成更大之"一"个"三"……。而吾人由此以产生之九分之一或九，廿七分之一或廿七……之串系中之项目，因其可无尽的增加，于是，总觉其前另有数，而此数之串系亦若为自行伸展而可视一如外在客观之存在之串系。然自其本源而观之，此串系之继续，其根据唯在吾人之继续依理性之运用，以普遍化此"分一为三个一"，或"合三为一个三"之活动。唯吾人有依理性之运用，以普遍化此分合之活动之趋向在后、在内，乃有此似向前伸展而似为外在之数之串系也。

吾人于此，可不将吾人之如何依理性之运用以构成一切分数乘数之串系之全部次第，以严格之形式，加以说出，亦不能于此穷尽"以理性之运用所产生之活动，说数"之说之涵义，以说明一切数之所以产生，与数学知识之形成。吾人之意，唯在指出数之可分为分数，与可合为乘数，及分数乘数之串系，皆不须直接依物之量之可分可合而成立，亦不须依一类之分子与他类之分子可配列成对而成立；而可直接如上述之由吾人之理性活动之相续施于其自身之成果之数，而贯彻于其成果之数之中以成立，另无待于外，至于其他之问题，则可不多及。

第十一节　逻辑中所谓思想律之问题与各可能之答案

至于对逻辑中所谓思想律之问题，则现代哲学之趋向，亦皆不自所经验之事物观念之同异上，或事物之有某性质或无性质上，说所谓思想律之根据。而多喜由判断、命题、句子之真妄之值或符号意义之约定上，说所谓思想律之所由生。或则迳将所谓思想律，视作一种逻辑命题。亦有欲取消思想律中之不矛盾律、排中律；并有以吾人可对逻辑名词之意义，另作约定，以任意造成不同逻辑系统者①。

关于以思想律之根据，在吾人对事物之观念之同异，或存在事物之有无某性质之说，其不当之处，在不知思想律中之是非，或肯定否定之概念，与有无同异之概念，似可相对应，而涵义又不同。诚然，我们可以说因甲与乙相同，故说甲是乙。甲与乙相异，故甲非乙。亦可因甲有某性质，如白，故甲是白。甲无某性质，如无白，故说甲非白。然事物之同异，是自二事物之关系上说，性质之有无，是自一一事物与某性质之关系上说。此皆是就对象方面说。而是非或肯定否定，则唯是吾人之判断活动之形态。一为对象之事物，与其他为对象之事物，可由同而异，由异而同。一事物可由有某性质而无某性质，亦可由无某性质而有某性质。事物自身并不能保证其同不能异，有不能无，因而亦不永自有其所有，或永同其所同。然吾人之思想事物与陈述事物，而说其是如何或肯定其如何时，吾人同时即自求确定吾人之是如何说，是如何肯定。故吾人于一定之事物对象，肯定其是如何，即确定的肯定其是如何，同时否定其不是如何，或否定否定其是如何。唯依此而后有思想律。故思想律只可说为吾人思想时所自定之是是而非非之律，不可说其直接依事物对象之同异有无之关系而建立者。

我们说或肯定：一事物是如何或是什么，即成一命题。谓一事物是什么，亦即表示吾人肯定什么于一事物。吾人肯定什么于一事物，是肯定什么于一事物，此即同一律。吾人肯定什么于一事物，非否定什么于一事物，即不矛盾律。吾人"肯定甚么于一事物，或否定什么于一事物"，而非"既不肯定什么于一事物，又不否定什么于一事物"亦非"既肯定什么于一事物，又否定什么于一事物"，为排中律。

但吾人之肯定什么于一事物，即说所肯定之什么，对一事物为真；亦即说，一事物成为：是什么之"x"中之一项，或可代入"x 是什么"

---

① 如布鲁维（Brouwer）主排中律可去掉，卡纳普（Carnap）以逻辑中无道德，并以人可自由约定逻辑名词之意义，以另造逻辑系统，下文将讨论之。

之命题函值中，以造成一真命题者。由是而吾人可说，肯定什么于一事物，即同于说一命题为真。而否定什么于一事物，即同于说一命题为假。于是所谓同一律，即等于"说一命题为真，即说一命题为真"。不矛盾律等于"说一命题为真，即说"说一命题为假"。排中律等于"说一命题为真，或说一命题为假"。故"若P则P"为同一律之表示。"若P则非~P"为不矛盾律之表示。而"P或~P"，则为排中律之表示。此可为现代逻辑家所共认。

然现代逻辑中所发生之问题，则为如所谓思想律必须联系于命题之真假而说，则一命题如无真假，或吾人不知其真假，又当如何？如吾人肯定什么于一事物时，吾人有时固确知吾人之能如是肯定者，有时确知吾人之不能如是肯定，然有时亦可不确知吾人之能与不能。如吾人肯定前面之一对象是人时，有时吾人确知能如是肯定，而"彼为人"之命题为真。有时确知不能如是肯定，则"彼为人"之命题为假。然如吾人在夜间遥望一物，不能决定其为人与否，即似既不能有所肯定，亦不能否定吾人试作之肯定。又吾人通常对未来之事物作一肯定时，亦恒不能决定吾人之肯定之是与否，为真或为假。于是吾人即可说于肯定或否定一命题之外，或以一命题之为真或为假之外，另有第三种态度。即既不确定的肯定，亦不确定的否定，或只抱一疑问之态度。此疑问之态度，亦为一认识态度。在此认识态度中，似无排中律之存在。而于此，肯定否定之活动，既皆不能确定，则自吾人主观思想方面言，此中亦似根本无思想律之存在。

然就另一方面言，则无论吾人之是否能知一命题之真假，吾人总可说，对一事实言，一命题之非真即假。如吾说前面之物为人，此命题之真假，吾固可不知；然要必有真假，而不能同时皆真或皆假。此乃因前面之物是否为人，乃一客观之事实。此事实或是如此，或不如此，应为一定者。故吾人可知此命题之非真即假。而此即现代之逻辑家之或只就对一定事实而言，一命题之真假之不相容，以论排中律同一律之根据，而忽去其与思想中之肯定否定之关系之论所由生。

然吾人如以一命题不真则假之根据，唯自其与客观事实之关系说，则此是先假定客观事实本身之已存在而后能说。而未来事实之为如何，则不能谓为已存在者。吾人如何能谓一涉及未来之命题，其真或假，为已确定者？涉及未来之命题，似只能说其大概为真或假，而此大概为真或假，可有各种不同之程度。此即于一命题之真假二值外，再立一不定值，或无数之不定值之三值逻辑或多值逻辑之理论之所由生[①]。

涉及未来之命题之真假值，以未来事实之未存在，固可说为吾人所不能确定。然吾人仍可说未来之事物，总有所是。即不是如此，即如彼，或是如此，则非不如此，而终不能又是如此又是非如此。则吾人仍可对一命题有一确定，即确定其或真或假，不能既真且假。由此以知其不真即假，不假即真，而仍保持排中律，谓一命题之只有真假二值，无第三可能。

然吾人若欲建立排中律于事物之总有一定之所是上，此本身乃立逻辑之基础，于一本体论或形上学之上。因吾人如何能纯自吾人现有之经验与知识之立场，以断定未来事物之必有一定之所是。仍为难决之问题。未来事物岂即不可为一团混沌，而一无所是？吾人如建逻辑之基础，于事物之有一定之"所是"上，则于其"所是"之常在变化迁流中者，如辩证法逻辑之所重者，又将如何说？如吾人纯自事物有一定之所是处立逻辑，则事物之在变化迁流中，不断扬弃其一定之是，岂非即为逻辑之否定？

由此而另一更为正宗之逻辑家之说法，则谓逻辑既不以思想为基础，亦不以事物之有无其所是为基础，而唯以吾人所用之语言必有一定之意义为基础。

依此说则所谓同一律、不矛盾律、排中律，唯是所以规定，吾人用语言时，每一语言之有其一定之意义，而不能前后矛盾。故吾人以水是柔之语言，指某物之有某性质，而有何意义，水是柔之一语即有某意义。吾人在继续用水是柔之一语言时，亦当使其所指之意义，前后同一而一致。于是吾人之规定一语言之意义而谓：一语言之意义如是，则此语言之意义如是，如"说P即说P"，此便是同一律。谓一语言意义如是，则非不如是，如"说P即非说~P"，则为不矛盾律。谓一语言意义如是或不如是，"说P或说~P"，则为排中律。由是而传统之逻辑中之三律，仍可保存。

然吾人可问语言之意义，何由而定？此当只是由人而定。人何以必须规定某一语言意义为如何？此则无客观上之必然之理由可说。人亦未尝不可任定一语言之意义。唯吾人可说：如人已定一语言之意义，则人

[①] 如卢卡色维克（Lukasiewicz）即以未来事之未定论三值逻辑。

当自遵守其所定。然何以必当遵守？依此说，则最后归至：如语言之意义才定即改，则人对其所继续运用之语言之意义，永不能有一确定之了解。而人即不能达其运用语言之目标，使人了解其语言。故人若欲达其运用语言之目标，则必须确定语言之意义，并肯定逻辑上之同一律，不矛盾律及一切逻辑规律。由是而逻辑之学即成：为达吾人运用语言之目标，使语言之意义能一贯，而为语言之运用，语言之构造，语言之转变，指出种种规则，并将此规则，以逻辑命题表之者。

依现代逻辑家之以语言之意义为约定之说，逻辑学中之逻辑语言之意义，亦或被视为由人约定者。如吾人之以～表否定，以·表"与"，以⊃表"如果—则"，以 P 表"命题"，以 S 表语句，即现代逻辑家共同约定者。而此诸符号之如何加以定义，则可由一逻辑家在其逻辑系统中自己规定，以符号之连结表之。如 P ⊃ Q ＝ ～ Pvq. df.，再将若干符号，结成若干逻辑之基本命题。此基本命题与定义，恒亦为表示吾人运用符号，或以符号代符号之规则者。依此规则，而吾人即可以基本命题为前题，而将其中所包涵之项代以其他，而施行逻辑上之演绎，以构成逻辑系统，其中可包括传统逻辑中之若干命题，及其他。于是在现代西方有种种新逻辑系统之出现。

第十二节　逻辑之约定主义与逻辑之理性主义

然吾人不论各种新逻辑系统之如何构造，其中同有一属于知识论上之根本问题。即：毕竟吾人之将若干逻辑上之符号，连结形成定义与若干基本命题，并定下运用符号之规则，是否其本身全为任意者？如其非任意，则其根据应求之于何处？此任意约定之是否可能，同可由同一律，不矛盾律，排中律之意，能否加以任意约定之问题，以论之。

譬如在一般逻辑系统中，皆承认同一律之表示，为如 P 则 P，不矛盾律之表示，为若 P 则非非 P。吾人试问：此是否只为一约定？如为一约定，则吾人可否另作约定，而谓若 P 则非 P，以造成一逻辑系统而免于自相矛盾？吾人首当说，据若 P 则非 P 之约定，以另造之逻辑系统，而免于自相矛盾乃不可能者。因吾人若约定"若 P 则非 P"，则吾人可以"非 P"代入其中之 P，而成"若'非 P'则非'非 P'"。而此非"非 P"即同于 P，则还证"若 P 则 P"之同一律，遂与原约定相矛盾。如吾人说

"若 P 则非 P"之义，同于"若 P 是真则 P 是假"，则以"P 是假"代入 P 即成："若'P 是假'是真，则'P 是假'是假"，而"P 是假"是假，同于 P 是真，则还证"若 P 是真则 P 是真"之同一律，仍与原约定相矛盾。

然人或以为此唯由吾人将真与假之意义，先依同一律而加以规定之故，乃有此矛盾①。若吾人自始不假定同一律，则真假之意义即无事先之一定之规定。而吾人之第一次用假字时之意义，与第二次用假字，即可为全然相反之另一意义。此假如以 ~ 表之，则吾人第一次用 ~ 之符号，与吾人第二次用此符号时，可有全然相反之义。真字亦然。吾人于是如以"P 是假"代入"若 P 是真则 P 是假"之命题中之 P 时，固可成"若'P 是假'是真，则'P 是假'是假"之一新命题。然此中真假之意义，皆已改变至其反面。则新命题中之"P 是假"是真，同于："P 是真"是假。"P 是假"是假，同于："P 是真"是真，而新命题同于："若'P 是真'是假，则'P 是真'是真"。在此中，如以"P 是真"为 P，则"P 是真"是假，可以 ~P 表示。"P 是真"是真，仍以 P 表示，则整个之命题，应以 ~P⊃P 表示。再以 ~P 代入此中之 P，则成 ~ ~P ⊃ ~P。如 ~ ~P 即 P，则成 P⊃ ~P。是仍返证成原命题，而未尝自相矛盾。

依此上之说，则吾人如对于一逻辑名词之意义，如一一皆另作相反之约定，则吾人纵假定 P⊃ ~P，而取消同一律不矛盾律等，仍可构成一不自相矛盾之逻辑系统。于是吾人所以以违背同一律不矛盾律之逻辑系统为不可能，其根据唯在吾人已依同一律等以规定诸逻辑名词之意义。如吾人自始未尝依同一律等以规定诸逻辑名词之意义，吾人未尝不可造成一违背同一律等之逻辑系统。由此而见吾人之造成何种逻辑系统，纯可由吾人之自由决定，唯视吾人之如何规定一逻辑上之符号语言之意义而定。而在吾人未依同一律等以一一规定逻辑语言之意义之先，吾人乃可使一符号语言之意义，同于其反面之意义，亦未尝不可使一符号语言之意义，在每次上之符号语言之运用时皆不同者。在此情形下，则吾人依同一律等而建立之逻辑系统，亦即整个无效。而其有效，乃吾人之逻辑语言已规定后之事，而非其以前之事。由此而逻辑上之同一律等，唯依符号语言意义之约定而成立之说遂立。

---

① W. V. Quine: Truth by Convention (Readings in Analytic Philosophy. pp. 264—266) 一文，即指出如 P 则 ~P，可因符号意义之另作约定而成为真。

然吾人今日之问题，则为谁为约定或规定语言之意义者？吾人既可随意规定一语言之意义，并规定一语言涵其相反之意义，或使一语言之意义，每次用之皆不同；则吾人何以又不愿随意规定一语言意义，且必求一语言之意义之定而有常？此除为利便于人之相互了解之外，是否即别无理由或理性根据之可说？

由是而吾人之问题，即还至语言之意义如何被规定之问题。譬如吾人规定"方"之语言，指某一种形，规定人之语言，指某一种动物，吾人在如是规定一语言之意义时，吾人心中岂能无所思之对象？此对象岂能不表示一共相？此共相岂能无普遍呈现于不同时空之同类事物之性质？则吾人之认识此共相，岂非即本于吾人之理性？岂非以吾人之理性有对此共相之认识，而后有语言意义之规定？则语言之意义之规定，又岂能不本于吾人之理性？

又吾人规定一语言之意义，岂非同时规定吾人以后亦将以此语言，指同一之意义？而此规定，岂非即一超越吾人当下之用此语言之事，而对人之将来之如何用此语言，施以一规定？岂非规定吾人任何时用此语言，皆有共同而普遍呈现于吾人之不同时思想中的意义？此中又岂能不依于一理性之活动？

然吾人如承认吾人之能规定语言之意义，乃依于吾人之理性之活动，则吾人纵谓同一律不矛盾律等，唯在语言之意义之规定上表现，同一律不矛盾律之根源，仍不在已规定之语言之意义中，而在能规定语言之意义之理性活动上。

吾人规定语言之意义，如必以白之语言指白，是吾人理性活动之一种表现，吾人之对白物而自规定：必思之为白，亦是依于吾人之理性活动之一种规定。在吾人规定语言之意义，谓此语言之意义，是如此即是如此等处，可表现同一律，则吾人对白物思之为白，岂不亦表现同一律？吾人在自思此用语言之活动，或白物为白之判断活动时，而自谓"此用一语言之活动是用一语言之活动"，或"一判断之活动，是一判断之活动"，此中岂不亦表现一同一律？吾人在此诸活动中，自动规定语言之意义如此如此，即自肯定"语言意义如此如此"；自规定对白物思之为白，即自肯定"于白物思之为白"。自谓用一语言之活动是用一语言之活动，或一判断活动是一判断活动，即自肯定"用语言之活动，是用语言之活动"，"判断之活动是判断之活动"。此中皆同有同一律之表现。则吾人岂不可说：凡人有肯定其所肯定者处，皆同一律之表现？而吾人之肯定其所肯定者时，同时否定"吾人之否定其所肯定"，此岂非即不矛盾律之意义？至吾人"肯定吾人所肯定"，或"否定吾人之所肯定"，而否定"对此二者之皆加以否定"与"对此二者皆加以肯定"，则为排中律之意义。由此而吾人乃不复只是由吾人肯定或否定什么于一对象处，求同一律不矛盾律排中律之意义与根据；而可纯由吾人之理性活动之自肯定其所肯定，而否定对此肯定之否定等上，求同一律不矛盾律排中律之意义与根据。由是而传统逻辑中之思想三律，即重由理性之保证而建立。而吾人之所以不随意规定语言之意义，而必求语言意义定而有常，亦即有其理性上之必然理由；而不只是为利便他人之了解，以实现语言之目标者矣。

由此而吾人之论逻辑之基础即归于理性主义，而不止于约定主义。

至于现代哲学中之论几何学之基础之问题，则自非欧克里得几何学产生后，人大皆怀疑几何学中之基本命题，为先验知识之说。而欲将几何学化为一与数学及逻辑类似，而只依若干基本定义与基本命题而演绎所成之系统。然其中涉及先验综合命题之是否可能之基本问题，故只于下章中论先验综合命题中附及之。

数学与逻辑知识之性质　参考书目

牟宗三　《认识心之批判》第二部。

H. Feigl & Sellars：Readings in Philosophical Analysis. PT. III, The Nature of Logic and Mathematics. 中 E. Nagel, F. Waismann, C. G. Hempel, W. V. Quine 等之文。

Locke：An Essay Concerning Human Understanding. Pt II Chap. 16. 17.

Kant：Critique of Pure Reason. First Division BK. I. Chap. I.

M. Black：The Nature of Mathematics. London, 1933.

B. Russell：Introduction to Mathematical Philosophy. Macmillan, 1919.

R. Carnap：The Foundations of Logic and Mathematics. 见 International Encyclopedia of Unlied Science. Vol. I. Uni. of Chicago press. 1938.

C. G. Hempel：Geometryand Empirical Science. 见 Reading in Philosophy of Science.

D. Gasking：Mathematics and the World. 见 A. G. W. Flew 所编：Logic and Language. Philoso phical Library, New York, 153.

E. Nagel：Logic without Ontology, 见 Fiegl & Sellars. 所编 Readings in Analytic Philosophy 中。

第十五章 先验知识问题

第一节 西方哲学史中之先验知识问题

关于经验论理性论之争，我们前已多少论及。但那只是就知识起源问题，对之作一广泛的讨论。现在我们单就他们所争之牵涉到西方各派哲学之先验知识问题，对其发展作一进一步的讨论。

所谓先验知识之为先验知识，有各种意义。我们如说，不直接由经验观察而得之知识，即先验知识，则在西方哲学史中，柏拉图所重之理念知识，即第一种意义之先验知识。

此第一意义之先验知识或柏拉图之所谓理念知识，一为形上学的先验知识，一为几何学数学的先验知识。他论理念知识之特色，即在其不由感官经验来，而可纯由人之反省来。譬如我们以其《曼诺》Meno 篇所举之例来说；在此对话中，苏格拉底问曼诺一奴，如何可造一方形，其面积等于八平方尺。此平方之边，应当大于二尺，小于三尺。因二尺边之平方，应为四平方尺。三尺边之平方，应为九平方尺。然小于三尺而大于二尺之边，其平方尺为八尺者，却非整数。即小数多少，亦不易定。此小孩初想此问题时，亦一时茫然不知所措。但当其换一思想，却终于想到八平方尺之一倍为十六平方尺。而十六平方尺之边为四尺。此十六平方尺之方形，是我们所能造的。然后再想到：将此十六平方尺之方形每边之中点，互相以直线连结，构成一内部之小平方，此小平方，正为大平方之一半，其量正为八平方尺。

我们试思此知识之由何而来，此明是纯由人之反省而逐渐发现，并非由向外观察经验而来。依此，柏拉图名此类知识为理念的知识。其来源可说是由于人之前生之灵魂，原曾住于理念世界中。由此而一切数学几何学之知识，同为理念之知识，不由后天之感觉经验来。

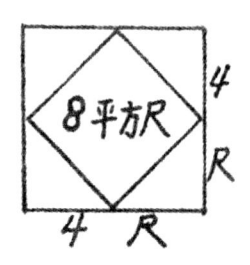

[图：正方形内接一菱形，菱形内标"8平方R"，外部标"4R"、"4R"]

除此种知识外，柏拉图在《帕门尼德斯》篇，对各种形上学中之有无同异之范畴，可互相引申，而互相关联之论述，亦可算一种形上学之知识。此与其他形上学知识在柏拉图之系统中，同为纯理念之知识。

第二意义之先验知识，是西方中古神学家之先验知识。如安瑟姆（St. Anselm）之由上帝为最大之存在、以证上帝之存在，即以吾人可不待经验，唯由吾人之有上帝为最大存在之一观念，以推知客观之上帝之存在。此亦为一种先验知识。后来圣多玛，虽反对安瑟姆之论证上帝存在之方式，而主张本经验事物，以推证上帝之存在。但其由经验事物以推证上帝存在时，所本之原则，如"凡物必有因"、"动必有使之动者"、"有较完全者必有最完全者"等，则为彼所直接加以肯定而不疑者。而彼于人如何知此原则，则最后归于自然理性之能力。而此诸原则之知识，亦即非经验知识，而为先验知识。此外，在其神学之论述中，对于上帝之属性之种种知识，亦皆由上帝之为全有，以一一推演出来，而皆为必然者。则此亦可谓不由经验来，而唯由理性来之知识。此皆可谓为形上学或神学之知识。此外关于数学及逻辑之知识之真，皆可由人之自然理性而认识，亦为圣多玛一派之经院哲学所承认。

此种以自然理性能认识若干不由经验来的知识之理论，最后恒须归此诸知识之根源于上帝。因自然理性原由上帝赋给。而此自然理性所认识之必然性知识，何以如是如是，其最后根据，亦在上帝所立之法则之如是如是。由是而即可产生一问题，即如上帝所立之法则变了，此一切知识之必然性亦即不可说。故在经院哲学中之另一派如邓士各塔（Duns Scotus）一派，遂谓如上帝一朝真规定三角形三角不等于二直角，则此几

第十五章 先验知识问题

何学之定律,亦即不复成立。然上帝之是否不改变其所立之法则与定律,非人所能知。由是而一切依上帝所立之法则与定律而有之此类知识,亦即无绝对之必然性。

在西方近代之另一种对先验之知识之理论,是自笛卡尔至来布尼兹斯宾诺萨之理性主义之理论。此种理论,虽多由中古经院哲学而来;但其根本精神,我们前已说其不同[①]。其不同处,就其对先验知识之问题来说,是他们之论数学、几何学及逻辑知识之为先验的,乃重在自此类知识系统之诸基本命题(或明白之公理)上说。因除此基本命题外之其他知识,皆只是由此基本命题演绎而来。故只须说明此基本命题,不依经验,而依理性之直觉以建立,亦即说明了这些知识系统,为不由经验而建立。其次,是他们论这些基本命题之不由经验而建立,即直接从其对人之理性为自明,或不容人不加以肯定处说。由是而使一切不由经验而来之基本的先验知识,成为被人所自觉的加以肯定者,而不只是不自觉的加以假设者。同时亦即无异于以其对人心之自明,为其绝对确定之保证,而非以此诸知识内容中之观念律则等,为自存于理念世界,或为上帝所如是规定者,以为其绝对确定之保证。笛卡尔后之西方哲学之讨论数学逻辑之知识是否不由经验而来,或只由理性而来者,亦即可专就其基本命题,是否不由经验只由理性而来,与是否对一切人心为自明处,加以讨论。

至于近代哲学之经验主义潮流,则是趋于否定一切先验知识之存在者。洛克即从一切所谓先验知识,并非对一切小孩子、大人、文明人、野蛮人同为自明,以论无先验知识。然彼同时承认,人之直觉,能得绝对确定之知识,如知三与一加二之一致之类。此乃不以后来之经验之变而变者。此仍可是一意义之先验知识。英国之经验主义之潮流,自巴克来否定概念之存在,与休谟否定因果律之必然性后,遂归于只承认人对于其内心之观念与观念之反省而成之知识,如数学知识等,为有必然性,可不为后来之经验所否定者。此亦为一意义之先验知识。

先验知识与经验知识之问题,成为西方哲学之一严重问题,乃由康德之分先验之分析命题,与经验之综合命题,及先验之综合命题三者,此在前章已论其意义。

---

① 本书第一部第五章。

实际上，无论在近代经验主义者与理性主义者，中古之唯名论者与唯实论者，对于康德所谓先验分析命题与经验综合命题之意见，大体上是相同的。因对于一切命题，其宾辞之意义包涵于主辞中的，人皆可承认其为逻辑上必然的。而于一切涉及经验事物性质之关联之知识，如砒霜是有毒的之类，亦无人认为全不由经验而认知。而康德所提出之三种命题所最成问题者，唯是康德所谓先验之综合命题。

在康德以后之后康德派哲学，大体上来说，乃是要扩大康德所谓先验之综合命题之范围的。在黑格尔以人对一切逻辑之知识，皆为先验的。即人对自然与精神之知识，其中亦有理性上之必然之成分，而有一意义之先验性。至综合与分析，则黑格尔以为乃相辅为用者。故于康德之依综合分析，以分命题为三种之说，亦不以为然。但大体说，则由后康德派、至后之英美及意之新唯心论及新康德派，都是在哲学上，兼重理性及经验的。而在英国之新唯心论者，如柏拉德来，与鲍桑奎之逻辑书，更着重讨论综合与分析在知识之历程中之相辅为用，而处处反对综合命题与分析命题严格划分之说。此亦即承黑格尔思想而来[①]。

照柏拉德来及鲍桑奎等之意，我们之一切认识皆始于异中见同，以同贯异。故一切知识皆不能只是由单纯之分析或综合而成。而一切表面是分析命题者，皆同时有综合之意义；反之亦然。譬如他们说，一切判断皆为以一宾辞加于一主辞，而主辞最后之所指则为实在。故无论吾人对一主辞说一什么，都是综合一宾辞于主辞之上。而宾辞之意义，亦不限于只应用于一主辞，而有通于其他之主辞及宾辞之意义者。因而我们以宾辞加于主辞之上时，同时亦即将其他意义，亦联系于主辞，而综合于主辞之上。譬如康德所谓物体是有广延的，在康德以为此纯是分析命题。但如照此派说，则所谓物体最后必指一实在之物体，如眼前之桌子、石头之类。但我们试想：我们在说其有广延时，我们岂非即将此广延之性质，联系综合于桌子石头之其他性质，如颜色、重量等之上？此广延，又为石头桌子以外之山川大地所共有。则我们说其有广延，岂非同时指

[①] 黑格尔之以综合与分析相辅为用之说之简略讨论，见其《小逻辑》227节。然此精神则贯注其全部哲学。后之新黑格尔派善论此二者之相辅为用者，有柏拉德来之《逻辑原理》Principle of Logic Vol. I. Pt I. 第一章 The General Nature of Judgement.

出其与山川大地有相同之处，而说其为一类的东西？此外广延之为广延，亦连带有其他性质，如可量性。则我们说其为广袤，岂不同时将其与可量性连结？以此类推，则世间一切将一宾辞加于一主辞，所成之判断与命题，即无一是纯粹分析的。

其次：一切综合命题亦有分析之意义。如康德所谓物体是有重量的，或砒霜是有毒的，皆是综合命题。但如物体皆指实在的物体，则我们之知物体有重量，固然待经验。但我们之知物体有广延，初又何尝不是待于对物体之经验？然我们既由经验以知物体有重量后，我们岂不亦可说，物体本来有重量的性质，而说物体之意义中本涵有有重量之意义？如我们说物体之意义，本不涵有重量之意义，则我们如何可以有重量之宾辞施之于它，而说此有重量，对它为真？至少，我们在说此有重量对物体为真时，我们是从所了解之物体之意义中分析出其有重量之意义，而构成之分析命题。

此种理论，以一切判断命题皆兼为分析的与综合的，其根据在以一切概念皆为异中之同，又为统异者。由同言同，是为分析。同皆统异，则为综合。不用概念，则判断或知识不成。而一用概念，则一判断中宾辞之概念，要对主辞为真，即必须是与主辞之概念有所同一之处，而可从主辞中分析出的。然此亦不碍主宾辞概念之同外有异，而用一宾辞施之于一主辞，亦即在一方面使一主辞增一新义，而为综合的。由此而一切判断知识之所以为判断知识，亦即不外于异中见同，以同贯异而已。

依此种理论，以看逻辑中之同一律，则此同一律皆指异中之同。纯粹为同语重复 Tautology 之同一律，乃无知识意义者。如说 A 是 A，白是白，马是马，此不成知识。而凡成知识者，如白是色，马是动物，此主宾辞之概念之同一，皆为异中之同。即此表达同一律之 A 是 A 之符号，其中之前一 A 与后一 A，亦非只是同而无异，因其前后之地位，即已有异。若欲使其无异，则只有视二 A 为一 A，便只能说一 A。则同一律之本身之意义，亦即无由表达。人欲表达同一律，必须用不同地位之 A 之是 A，以为表达，即证同一律中之所指之同，不能为一离异之同，而只能为一异中之同。

第二节　现代科学哲学中之先验知识问题

然此种新唯心论者所立之论，虽甚圆融，然实未真正与科学知识本身之具体问题关联而论。即如数学知识与一般经验科学知识之不同，要为一事实。数学要非直接以所经验实在为直接对象之科学。则其知识之毕竟为分析与综合，仍必须另作讨论。而此派学者，皆未能深及。

然十九世纪至二十世纪之数学与符号逻辑之一大发展，则一方为非欧克里得几何学之出现，一方为形式论派 Formalist 主数学可由若干后数学 Meta-mathematics 中之基本公理演绎而出，一方为逻辑斯蒂克派 Logistic 之主数学可归约于逻辑。而现代逻辑，亦逐渐能形成严格之演绎的逻辑学之系统。此种演绎的逻辑学之系统，乃只依少数基本观念、基本命题而建立者。由此种种现代之逻辑学、数学、几何学之发展情形，以看传统之先验知识问题，则更显出种种之新问题，为传统哲学家所忽略者。

自柏拉图至近代之理性主义者以至康德，其心目中之先验知识之标准，恒为数学与几何学。而几何学中如两点之间以直线为最短，直线外一点只能作一平行线之公理，更似为既不能证明，而又必真之真理。则其知识之来源，似只有归之于先验之理性之直觉。然李曼（Riemann）之假定"直线外一点，不能作任何平行线"之几何学系统，及罗伯求斯基（Lobachewsky）之假定"直线外一点能作无定数之平行线"之几何学系统建立后，其皆为无任何自相矛盾之命题之系统一点，旋即为人所共认。相对论之物理学，又表面为应用李曼之几何学者。于是二千年来，以几何学之公理为绝对必然而自明之先验真理之说，遂若从根动摇。而数学与逻辑之知识系统，既可由若干之基本定义与基本命题，演绎而出，此基本命题亦似不须再视为自明之公理或思想律，而可只视为人之所自由设定者。于是现代之数学、逻辑、几何学中，即皆似可无所谓传统意义之自明的先验知识。

而在另一面，中古传下之神学形上学之先验知识，在康德即已谓其为不可能。而现代人对形上学神学，更不加以重视。于是纵此类知识中，包涵有先验知识，亦无大助益于近代哲学家之欲证明先验知识之存在者。

又对因果原则，在理性主义者，夙视为一先验知识，在康德则视为先验范畴。然自休谟以后,若干西方哲学家,只视因果原则为一求知时之设定或规则,不以其本身为一知识①。由此而近代哲学中之一趋向,即为废弃一切传统意义之"如为前生所知"、"代表上帝之法则"、"对理性为自明"、"基于人心之先验范畴"等意义之先验知识,而只承认一种逻辑上之先验知识。至此外之人之知识,则皆为经验知识。而最代表此种倾向之哲学,则为逻辑经验论者。而此倾向之哲学,亦即只承认康德所谓先验分析命题,而否认其先验综合命题之哲学。

依此派之理论,纯逻辑之先验知识,为数学几何学及逻辑学之知识。此知识之所以为先验的,其根据为吾人对于语言文字之意义之约定。如物体之有广延之所以为先验,唯因吾人在物体之名词之意义中包涵有广延之义。几何学数学知识为先验的,因一切几何学数学知识,皆由其基本定义基本命题中推演而出,亦即由此基本定义命题中之符号所约定之意义中,推演而出。于是一切先验知识之来源,归根到底,皆为依语言符号之定义之约定,以演绎之所得。此演绎之所得者,亦未尝溢出于吾人初所赋予于语言符号中之意义之外者。故一切几何学数学之先验知识,在本性上,皆同于说 A 是 A,而皆为同语重复。(Tautology)不过在演绎之所历之程序,过于繁复时,吾人可不知吾人所演绎出者,皆原为涵于前提之语言符号之意义中者耳。

然在现代哲学中亦有另一派,乃遥承笛卡尔之思路,以"自明"为各种先验知识之保证者。此即胡塞尔(E. Husserl)一派之说。现代数学家如普恩加来(H. Poincare)虽亦倡一种约定说,然又反对数学只为同语之重复之说②。亦有以直觉为数学公理之根据之直觉学派之数学理论,如布鲁维(L. E. G. Brouwer)之说。而英国亦有一派承其传统之直觉主义思潮,以说明先验知识之不限于狭义之逻辑性知识者,此如尤隐(A. C. Ewing)约德(C. E. M. Jaod)等之说。

由此而毕竟有无在康德所谓先验分析命题,及经验命题以外之知识命题,在现代西方哲学,今仍为一未决之问题。

此上所述为西方哲学中先验知识问题之发展之一简单历史,而吾人在以下则当对此问题,试作一些讨论。

---

① 参考本书本部第十二章〈论因果原则〉。
② 普氏之数学,见其《科学与假设》一书,其中即怀疑数学只为同语重复之说。

第三节 "先验知识命题必为分析的"一命题如何建立之问题

关于先验知识是否只有一种（即先验的分析命题）或二种（即先验之分析命题与先验之综合命题），所以成为不易解决之问题，首因此问题本身，不能由经验知识以决定，亦不能由分析先验知识之概念或名词，以作先验之决定。因经验知识只是经验知识，其不能对先验知识之只有一种或二种，有所决定甚明。而先验知识之只有一种或二种，亦明不能只由分析先验知识之概念以决定。因无论说其是一种或两种，似皆为对于先验知识之一名，加以进一步之规定，而为对先验知识一名，加一综合的宾辞。而吾人如欲使"先验知识只有一种"之一语成为分析的，则必须在先验知识之一名中，先加上只有一种之意义。如吾人在先验知识之一名中，已先加一只有一种之意义，则先验知识固可说只有一种。然人亦可于先验知识一名中，不加上只有一种之意义，或加上有二种之意义。由是而无论吾人之谓先验知识，只有一种二种，皆同为可由人任意规定，而无法加以讨论，以决定是非者。

故欲使问题，成为可讨论，吾人必须先对人类之知识，皆作一分析，看其中之先验之知识命题，是否只有一种。然此则实无异把人类所有之知识全体，当作一人所经验之事实看，而检讨其情形之为如何。然人类所有之知识之全体，又为人所不能一一加以检讨者，因其内容为无穷。故吾人即把人类所有之知识全体，当做一所经验之全体看，我们仍不决定其中之先验知识是否只有一种。因纵然我们就已检讨过之知识，而指明其中只有一种，仍不能保证在吾人未检讨之知识中，不有另外之一种。由此而见逻辑经验论者，谓人类之知识只有逻辑之分析命题之先验知识，与为经验综合命题之经验知识本身[①]，乃一既不能由先验决定，亦不能由经验决定之一问题。

我们如试看，逻辑经验论者之谓人类先验知识只有一种之理由，则

[①] 对逻辑经验论之严分命题为分析的与综合的二种之说，与此派接近之现代西哲，亦有以此二者毕竟不能严格划分者。如亨培尔（C. G. Hempel），蒯因（W. V. Quine），怀特（M. G. White）（据菲格尔 H. Fiegl《证实性与证实》一文 Confirmability and Confirmation, Wiener: Readings of Science p. 527）。

第十五章　先验知识问题

其意盖是：一切纯粹之演绎知识，皆是纯由其预定之前提，以引申结论者。结论之由前提引出，必须前提足够引申出结论。而前提之足够引申出结论，即同于谓表达前提之语句中所涵之意义，可引申出结论之语句所涵之意义。而此所引申出者，便绝不能超溢于其所自引申出者之所涵外。因如此超溢为可能，则其超溢之部分，不在前提之所涵之中，即不当由前提引申，而前提亦即不足够引申出此一部分。由此而一切纯粹演绎知识，只能为分析的。然此中有一问题，即吾人可承认前提必需足够引申结论，但吾人可问：前提之引申出结论，毕竟为何义？结论之意义不能超溢于前提之外，又为何义？如所谓"结论之意义不能超溢于前提之外"之意义是说：吾人所了解之结论之意义，不超溢于吾人所了解之前提之意义之外。则此明为悖理者。因吾人虽承认数学几何知识为一演绎知识，然无人能承认吾人逐渐学习数学几何学后之所了解，从未超溢于吾人最初所了解之为前提之诸公理等之外。如所谓结论不能超溢于前提之意义，是说结论之所涵，不能超溢于前提之所涵之外，则此前提之所涵，又毕竟为何义？如谓其所涵者，即为其所能引申出之结论，则此无异于先定其所涵者之意义，为"其所能引申出之结论"之意义。则此结论自不超溢其所涵。但吾人若自一结论之实际引申出后，看吾人此时之"兼知前提与结论之情形"，即明与吾人初之"只知前提与前提有其所涵之情形"不同。而前一情形明对后一情形，在实际上有一增加。则吾人何以不可说，由前提实际引申出结论，乃由一知识，再增加一知识，而为一综合历程？

然此上之批评，尚未及问题根本处。此根本处，在一切演绎知识系统所由构成之基本定义，基本命题之有其所涵，是否唯以吾人对此：基本定义、基本命题中，所用之语言符号之意义之约定为基础？吾人亦可如是问：此基本定义与命题之有其所涵，其基础是在吾人之约定其中之语言符号，以如何如何之意义之一事上？或在其意义之本身有其所涵？如谓其基础唯在吾人之"约定语言符号以如是之意义"之一事上，故此基本定义与命题有其所涵；则其所涵者，应不能出乎吾人约定以如是之意义时，所自觉之意义之外。因而其所涵中即不能包括吾人初所不知，而后又引申出之结论。如谓其基础，在其意义本身有其所涵，则吾人顺其意义之所涵而思，固可引申出吾人初所不知之结论。然在此情形下，则吾人不能说：以此基本定义基本命题为前提，所以能引出结论，唯由于吾人之约定其中之语言符号,以如何如何之意义之事上,而当说在语言符号之意义之本身有其所涵之上。

第四节　常识与科学中之先验综合命题

吾人上文将约定某一语言文字以某一意义,与一意义本身之所涵之二者分开,则吾人可说,吾人在自觉的约定某一语言文字以某意义后,再说其有某意义,此固纯为分析之命题。如吾人自觉的约定以马指黄马白马等,则说白马为马,自为分析的命题。但吾人不能说,由一意义以知其所涵之意义,而造成之命题,皆为分析的。因一意义所涵之意义,尽可是在吾人了解一意义时所不了解,亦不能由之直接分析而出,而唯顺其所涵以措思时,乃能了解的。此所了解者,因对于原所了解者有所增加,而一意义,与其所涵之其他意义,即可是二,或是一而兼是二,而非只是一;则由一意义分析出所涵之意义之事,亦即同时是发现一意义与其所涵之意义之综合的联结之事。

对上文所论,我们可先从一浅近之例讨论起。如我们说任何有色的东西必有广延,请问此命题是否是一经验命题?如非一经验命题,是否即亦纯依语言之意义之约定而成之先验分析命题?

我们明很难说此只是一般之经验命题。因为一般之经验命题,我可假想否证之之经验;然而此命题,则似不能有任何经验加以否证。我们决不能假想一有色而无广延之对象。然此命题是否即纯依语言之意义之约定而成立的?此似乎可说,而实不可说。我们似乎可说:有色的东西之所以必有广延,是因我们在经验有色者与广延之相连后,于是在有色之一语之意义中,加上有广延之意义。故"有色者必有广延"一命题,即等于"有色而有广延者必有广延"。此即成一分析命题,其所以必真,纯由此中之主辞中已包涵宾辞之意义而来。而主辞之所以包涵宾辞之意义,则唯由吾人之约定有色一语言中包涵有广延之意义而来。

但是我们试想,我们之所以要在有色之一语言中,包涵有广延之意义,毕竟是因有色之一语言所指者之色之本身,涵有广延之意义呢?或是因我们可自由约定有色之语言,包涵广延之意义呢?在此,似乎我们可并不约定有色之语言,包涵广延之意义。如我们只以有色之语言专指色,则此语言中不包涵广袤之意义;因而有色者之必为有广延,即非必然的了。而有色者之必包涵广延之意义，即全由于人之自由约定。

然而此种答复，明不能完满，因为我们固可自由约定有色者之包涵广延与否，然我们却并不能自由约定说有色者必不包涵广延。我们不能说有色者莫有广延。此不能说之理由，便只能在有色者之一语言，所指之色本身兼涵有广延之意义，而不能在我们对于语言之自由约定上。由此例，我们可知一语言之意义之可自由约定，并不同于一语言所指之意义及其与其他意义之关联之可自由约定。在此例中，颜色与广延之关联，明非可由人自由约定的。

此外同类之例证，为西方现代之哲学家所举出的尚有：

一、凡有体积者必有形式。

二、声音必有高度。

三、颜色必有浓度。

此类之例，虽似乎琐屑；然其不同于一般经验命题之可为未来经验所否证，而皆是表明一种共相之与其他共相之同时呈现，而不能相离者。

除此类表示共相与共相之必然同时呈现之命题外，则有表示一共相与另一种共相之必不同时呈现之命题。如

一、一片颜色不能同时在一空间面，又不在一空间面。

二、两片不同的颜色，不能同占一空间面。

三、相异的声音，不能在同一时间内，如其相异的被一听官所感觉。

四、听官不能看见颜色，视官不能听声音。

此类之命题，一些逻辑经验论者，亦以为只是依于语言意义之约定而后成为必然的。如第一命题之成为必然，即可说由我们之先约定一片颜色之意义之一片，即涵不在二空间面之意义。如我们不如是约定，则一片颜色，并不必然涵不在二空间面之意义。如我们称在二空间面者亦为一片颜色，如称一花之颜色与镜中之花之颜色，为一片颜色，则一片颜色亦未尝不可同在二空间面。

但是这种说法，明包涵观念之混淆。诚然，我们亦可只想一片颜色而不想其不在于二空间，而称在不同空间面之颜色，为一片颜色。但是在我们以一片颜色，只指一空间面之颜色时，此颜色之不在其他空间面之意义，却并非以我们之不想而不在。我们于此，只可不想其此意义，而不将此意义包涵于一片颜色之意义中，然而我们却并不能想其莫有此意义。我们要了解此中一片颜色一名，所指者之全幅意义，我们只能承

认其有此意义，而不能加以否认。是即此命题之为必然之理由。

此外听官不能看见颜色，似亦可说纯由我们对听官、听、颜色意义等字之约定。因如我们约定听官之一语言指视官，则听官即能看颜色。或约定看之意义同于听，颜色之意义同于声音，则听官亦能看颜色。但对这种辩论，只须有一答复即：我们必须约定听官之语言以指视官，然后听官能看颜色，岂不正证明我们之以听官之语言指听官时，听官本涵有一不能见颜色之意义？对其余问题之答复，读者可自求而得之。

除上述两类命题之外，对于时间空间与形量关系，我们通常还承认下列一些命题是必真的：

一、A 事在 B 事之先，B 事在 C 事之先，则 A 事在 C 事之先。

二、A 事在 B 事之后，B 事在 C 事之后，则 A 事在 C 事之后。

三、A 与 B 同时，C 与 B 同时，则 A 与 B 同时。

四、A 在 B 之上，B 在 C 之上，则 A 在 C 之上。

五、如上述之上之关系换为下之关系，或之东、之南、之北、之西之关系，亦然。换为之内、之外、之关系亦然。

六、如 A 色 B 形同在一空间，B 形与 C 位同在一空间，则 A 与 C 亦同在一空间。

七、时间为一进向。

八、空间为三进向。

九、一直线不能成角。

十、二直线不能围绕成一平面圆形。

十一、三直线不能围绕成一立体。

十二、全体大于部分，而等于其部分之和。

十三、两点之间只有一直线。

十四、平行线不相交。

对于这些命题，在常识皆以不能由经验否证之命题。然是否皆为只由语言意义之约定而建立，则亦有问题。

对上述之命题，如关于同时之意义，及时间为一进向，空间为三进向，在相对论之物理学，皆似不能成立。而同时之意义变，则先后之意义亦变。如空间与时间合为四度空间，则宇宙可视为四度空间之球面，则第四点，第五点皆成问题。而同在一空间者，如时间不同，即亦非同在一空间。又如空间为球面形，则其上所绘之直线，皆可相交，亦即平行线可相交，而二直线即可围绕成一平面圆形，三直线可围绕成一立体，一直线即成一圆周角，两点之间之直线皆成曲线，则直线非最短。又在一无限数之系列中，抽取其中之一部分之数，亦可构成一无限数之系列，而其中之项与原来之一无限数系列中之项，皆可有一与一之对应，则部分可等于全体①。于是此上各点，皆成问题。然吾人是否即能因此而谓常识中之此类命题，皆无一意义之先验之必然性，或此一切命题之为真与否，纯由人对于时空形量之语言名词意义之如何约定而定？

依吾人之意，吾人之不能说常识中此类命题，无一意义之先验必然性者，即吾人无论如何不能否认此类命题，与一般经验命题之不同。至少对常识中所了解之时空及一般之形量言，此类之命题，为普遍而必然的真者。吾人可谓当吾人将时空合为一四度空间，或将同时之意义改变后，则常识中之此类命题，皆成非必真者。然此并不碍在此四度空间之观念下，及改变后之同时观念下，仍另有对之为必真或普遍必然真之命题，或必不真之命题。试想吾人之假定空间为球面，则其上之直线皆成曲线且相交，此岂不同于谓将一平面之纸，摺成球形，则其上之直线，皆成曲线且相交？然在平面成球形时，其上之直线，即成曲线，此本身岂亦非一普遍必然之真理？岂此等等真理，纯由人对直线曲线之意义自由约定而来，而不由于在平面上之直线与平面原有一定之关系，及平面成为球形时，与其上之直线所成之曲线亦有一定之关系而来？

第五节　非欧里得几何学之解释

由此以论非欧克里得几何学所引起之问题，则吾人以为对非欧克里得几何学之存在，至少有下列数种，加以解释之方式：

（一）为纯视每一种几何之基本观念皆为无意义之符号，其基本命题，唯是表示符号间之可彼此代替之关系者。依此种解释，则吾人可以任何符号，代替一种几何学中所谓直线与点等原始观念，而使一几何学之系统，不失其为真。则一几何学之系统之构造成为一纯逻辑之构造，

---

① 如在1 2 3 4 5 6……之无限数系列中抽取其偶数之一部亦可成一无限数之系列如2 4 6 8 10 12……而二系列之项皆可有一与一之对应，如 $\frac{2\ 4\ 6\ 8\ 10\ 12\cdots}{1\ 2\ 3\ 4\ 5\ 6\cdots}$ 而彼此相等。

而由各种几何学之原始观念之互相代替，我们亦不难将一几何学之语言翻译为另一几何学之语言。然在此情形下，则人不当对一种几何学中之直线曲线等，有任何具体想象，亦不能以之指任何想象中之空间或物理空间①。则吾人于此有何理由称之为几何学系统，而非如吾人前章所举唏唏哈哈呵呵一类之纯逻辑的构造之系统？至此种纯逻辑之系统之仍不能只依名词之约定而形成，吾人将另论之。

（二）为谓欧克里得几何与非欧克里得几何学之差异，乃由于所设定之空间关系、空间性质之有根本差异。如一设定线外一点上只有一平行线，一设定其无，另一设定其多。则人至少在设定此不同之空间关系、空间性质时，必须对于空间先有一不同想象。而于此不同空间中，分别直觉此设定之空间关系空间性质之意义。然在此情形下，则此不同几何学，乃各对所想象之不同之空间而真，因而亦受其所想象之空间中，所可能有之空间关系空间性质之决定。则一几何学之名词指何意义，虽可由人任定，然其所指意义如何相关联于一想象空间中，却非可由人任定者。此下为吾人想象三种不同空间之一方式。

吾人可想象：依常识中所谓直线，而向上下四方伸展之空间为欧克里得之空间。吾人亦可想象，此空间中之平行之直线与平面，皆覆于一球面上。于是在其伸展之途程中，一切平行线与平面，乃逐渐皆趋于相交。是即成无平行线之李曼几何学之空间。

吾人又可想象，一空间之二平行直线，其一为静止之直线，其二乃在另一平面上之旋转之直线，由其旋转而所成之直线无穷。然此无穷直线既皆为此直线所生，即皆可说与原一直线成平行；则吾人可想象过直线外之一点有无数平行线之罗伯求斯基之几何学。

此为吾人想象三种不同之空间之一种方式。此外尚可有其他方式，以想象各种不同之空间。然因吾人常识中，所想象之空间为欧克里得式，故吾人之想象其他之几何学，必须以欧克里得之几何之空间为根据，再改变其中之若干性质关系，乃能形成。因吾人所根据之欧克里得之空间，有其一定之空间性质、空间关系，则吾人改变其若干性质、若干关系，而想象出之不同空间，仍必有其一定之性质关系，因而亦即各有对之为

---

① J. Nicod：《知觉世界中之几何》Geometry in the Perceived World 第一章，论纯粹几何为一逻辑之练习。见维纳（P. P. Wiener）所编 Readings in the Philosophy of Science pp. 21–23.

真之几何命题，非可由人自由约定者。

（三）以几何学中之空间，为兼指有物理事物关联而成之物理空间者，如吾人实际生活于其中之地面上物理空间，或天体间之物理空间，或原子核中之物理空间等。依此说，则每一几何学中之名项，皆兼指一实际事物之空间性质，空间关系，如以直线兼指一刚体上之线，或光之进行之方向等。但在此情形下，则吾人初视为一直线者，如刚体之线或光之进行之方向，缘于物理空间中之物理关系，乃随时可变曲，亦可本为不直者。由此而吾人肯定有某种直线之几何学，如欧克里得之几何学，即可成为不能应用于物理空间者。而能应用于物理空间者，即可为不肯定有此某种直线之其他几何学。然如一物理空间，真有其一定之空间关系空间性质可说，使某种几何学，能应用或不能应用，则其中之空间关系空间性质之相涵，仍为一定，非可由人任意约定者。而几何学之空间，若必须能兼指物理空间者，方为真正几何学，则几何学中之名项所指者之意义，亦即非由人任意约定者。

第六节　数学与逻辑之基本命题为兼综合与分析的

吾人最后之问题，为一切数学逻辑之基本命题，是否只为依于语言意义之约定，而无一先验必然性之命题？

表面观之，一切严格的数学逻辑之知识系统，其基本定义与基本命题，乃皆明白的标出者。而此种系统之构造，唯赖吾人之依此基本命题中所陈之推断原则，进行实际的演绎。于是此演绎之历程，唯是引申出基本定义、基本命题之所涵之历程。如谓此演绎所得者为知识，则此只能为一纯由符号意义之分析而得之知识。但吾人前章已论到，由一前提之语言，所以能引申出结论之语言，其关键不在吾人之先约定某一语言以何意义，而在某一语言所指之意义之能涵其他意义。而此意义之相涵，乃不只为分析的，而兼为综合的。吾人今即将重说明此义。

譬如吾人在数学中承认联合原则、交换原则、分配原则，在逻辑中承认代替原则、推断原则，承认双重否定原则（即否定之否定同于肯定）等，吾人可问：在吾人从事数学逻辑系统构造之始，即将这些原则，明白以若干语言符号之定义加以表示，是否即可使这些原则之全幅意义，皆被纳入于定义之中，并使诸原则全无先验之性质？吾人将说此明为不然者。

其所以为不然，是因此诸原则本身，是由吾人分析吾人已有之数学知识、逻辑知识，并反溯吾人实际作逻辑思维、数学思维时，实际所经之历程、规则、及所必然先已肯定之预设等而形成。故亦必至数学逻辑进步至今日之阶段，乃有此诸原则之自觉的提出，而纳之于定义之中。初并非人类自始即依此定义而思想，以产生逻辑与数学。则此诸严格定义之出现，明为人依其对于逻辑知识、数学知识等之反省之所发现，而后纳之于语言文字中者。则吾人今日之只能有如是如是之定义等，乃为吾人实际上已成之数学逻辑之知识与思想历程等之所制约，而明非由吾人之任意先赋给以某一语言符号，以一定之意义而来者。

吾人在数学中承认联合律 $(A+B)+C=A+(B+C)$，交换律 $A+B=B+A$，吾人试问，吾人何以必须承认此联合律、交换律？此岂非吾人在实际作数学演算时，吾人之曾先依此而演算？故吾人亦唯在数学性之思维中，对上列之 ABC 等代以一数时，然后此联合律交换律等，乃有意义。如以 ABC 皆指实际之人，"+"指实际之人与人之联合关系，则 AB 联合后再与 C 联合，明可不同于 B 与 C 联合后，再与 A 联合。而先有 A 再联合 B，与先有 B 再联合 A，亦彼此不同。则此交换律联合律等，岂能离吾人之数学演算之实际历程与数学思维，而由吾人之任意加以建立？若吾人将此诸律则加以否认，则吾人一般之数学演算与数学思维又岂可能？

此外在逻辑思维中，吾人所运用之各原则，岂不亦同样为吾人之实际的已有能有的逻辑思维所制约，而非由吾人任意加以建立？

复次，吾人在已肯定诸数学逻辑原则时，吾人之直接加以运用而思维其意义，固可说其只为分析其意义之事。然此中仍须辨明：吾人所运用之原则之本身之构成，是否只赖一分析的思维活动，或兼赖一综合的思维活动？吾人之或依原则而进行思维时，此思维活动是否同时为综合的思维活动？

即如吾人在数学之联合律中，吾人试问 $(A+B)+C=A+(B+C)$ 之毕竟只为分析的或兼为综合的？吾人固可言其为分析的，因左项中亦只此三项，在此"="号之左右二端，即为同义语。但左端中之括弧，在 A 与 B 外，右端中之括弧在 BC 外。二者之意义，亦可不同一。则其间之"="之符号所代表之意义,岂不可说为综合的?因此"="号,实并非表示其左右二端之数项之全同,而是表示左右二端之数项,在数学之演算中为可相代者。然左右二端之数项既不全同,如何又可相代?此不能说由于人之任意约定,因人之实际的数学思维皆依此交换律联合律而进行。若此中之理由,不在人之任意的约定,则此中之理由,便只能由吾人之思维之本身中之理性求之。即唯有谓此"律",乃兼依于吾人之分析的思维之理性与综合的思维之理性而立。而此二种理性,本身之如何统一,亦只能由吾人之理性自身中求之。

如吾人求之于吾人思维中之理性,则吾人可了解此联合律,唯依于吾人之直觉:如有二数项 AC 于此,B 为可特与 A 相联合 (A+B)+C,亦可特与 C 相联合 A+(B+C),此二联合同为可能,而皆与 B 之为 B、A 之为 A、C 之为 C 不生影响者。亦即与 A 是 A,B 是 B,C 是 C 之自同中,所表现逻辑上之同一律不相害者。无论 B 特与 A 联合或特与 C 联合,皆为一综合。然此二综合,皆与 ABC 之自同不相害;则吾人可说此二联合、二综合之方式,对 A、B、C 之价值,为同一。依此同一,吾人即可以一联合代另一联合,而 (A+B)+C=A+(B+C)。由此而有联合律,故此联合律所表示者,即 B 特联 A 及 A 特联 C 之二综合方式之同一。则此律乃兼由分析与综合之思维之所成。

依同理,我们可说明交换律亦为兼综合与分析者。此即由于吾人之直觉一数项在另一数项之后与先,对一数项与另一数项之自身,为不生影响者。故其在一数项之先,与在一数项之后,即有一同一。

其次,吾人亦可说明,合二数以成一数时,如 1+1=2,此不只可说为分析的,亦可说为综合的。因 1+1 与 2 二者之符号不同,意义即不能全同。则说其相等,即为综合之联结之之事。吾人何以可综合此二者,而说 1+1=2?此唯由吾人直觉以数观对象时,分为二个一以观之,与合之为一个二以观之,乃吾人之二种活动,然此二活动可互相代替,而皆与对象之自身,不生影响者。因而吾人可直觉此"分之为二个一",与"合之为一个二"乃同一,吾人遂可说 1+1=2,即二个一等于一个二,其数值相同。

吾人能知二个一与一个二之同值,则知凡二个数,皆可合视为一个数,一个数皆可分为二个数;而吾人如以一数与一数相乘,再与另一数相乘,即同于一数之与后二者合成之数相乘;而一数与后二数合成之数相乘，亦同于与此二数之分别相乘，由此即有数学中之分配律。即 A×(B＋C) ＝ (A×B) ＋ (A×C)。而此分配律中之＝之两端，仍非全同，乃异而同，即兼为分析的与综合的。

由此而吾人再进一步看，逻辑本身之定义规律，亦当为兼分析与综合者。如吾人说 P 真，等于说 ~P 假或 P 假假。P 真与 P 假假之意义，是否彼此全同一？至少此二者语言符号不同，则吾人如何可谓其意义为全同一？如非全同一，何以说 P 真又可同时说 P 假假？此只能归于：吾人之知一切肯定同于否定之否定。然何以肯定同于否定之否定？此二名岂非亦不同？此最后仍只有求之于吾人之思维之理性。此首因吾人可直觉：当吾人想一命题如草是绿时，与吾人之想草非绿再否定之，吾人所思想者仍为同一。由是而吾人知：无论吾人直接想此是绿，与由想此非绿再非此非绿，吾人思想之对象与内容，仍为同一。此为 P 真与 P 假假之同一之一外在之讲法。

另一内在之讲法，则为吾人自觉吾人兼有肯定与否定之活动，此二者同为吾人之活动，然二者又相异。此知其相异而肯定其相异，即为一综合的活动。然吾人一面知其相异，又知吾人肯定什么于一事物时，即不复有否定什么于一事物之活动。于是吾人知肯定之活动存在，否定之活动即不存在。反之亦然。吾人复知使否定之活动不存在，即同于使肯定之活动存在，而直觉：有一否定否定之活动，即同于有一肯定之活动。此为由主观之活动之存在与否，讲 P 真与 P 假假之同一。

再一种更深之讲法，为吾人肯定时，在吾人所自觉之肯定活动之上之后，有一自知肯定之为肯定，并任持此肯定之为肯定，而继续生起此肯定，亦即肯定此肯定之心之性。此即心之理性。吾人依此理性，一面生起此肯定，一面即遮拨否定活动之生起，以成就此肯定活动之生起。而此遮拨否定之事，与成就肯定之事，实一事之二面，亦一理性之二面。而此一理性即反反以显正（即正正），否定否定以肯定肯定之一理性。此中离否定之否定，则肯定之肯定不成；离肯定之肯定，则否定之否定亦不成。遂显出一否定之否定与肯定之肯定，互不相离所成之全体。此全体为一综合肯定之肯定与否定之否定二者所成。而肯定之肯定与否定之否定，亦同依于此全体，并依此全体而俱成。此即二者之同一之处。此一全体之理性之二面，互异而又同一。由是而吾人可说 P 真与 P 假假之同一。P 真则 P 真是同一律，P 真则 P 假假，是不矛盾律。如 P 真与 P 假假，依于一全体之理性而为同一，即同一律与不矛盾律之同一，依于一全体之理性而同一。至于所谓排中律，则当兼自此全体中之理性之"肯定之肯定"之排斥或否定"对肯定之否定"，及"否定之否定"之排斥或否定"对否定之肯定"上说。此为其与单纯之肯定之肯定，及否定之否定之不同者。而排中律与同一律不矛盾律之意义之同一，亦唯有自其同依于此全体之理性处说。由此而所谓思想三律之成立，皆兼依于思维中综合性与分析性。综合是合异证同，分析是由同证同。三律之异而不相离，显出一理性之全体，为合异证同；三律之同依于此理性之全体，而可互证，则为以同证同。是皆待学者之深思，而自得之。

至于除此以外，其他之逻辑原则，如一般之代替原则，推断原则，之是否只为以同代同之分析活动，或兼为综合活动，亦二者皆可说。因吾人之以符号代一符号，此二符号即毕竟非同。以一符号代他符号后所成之命题，明为一新命题。则谓由代而成之命题，与原来被代之命题，有同无异，即毕竟不可说。因吾人如连逻辑之命题于思维中之理性言，则命题不同，意义皆不全同。如知上所谓 P 与 ~~P 之不全同，则知由肯定 P 再经 ~~P 而肯定之 P，二者亦不全同。然吾人不经 ~~P 不能再肯定 P。故肯定 P 与再肯定 P 亦不全同。由此而一切所谓同语重复 Tautology，皆非绝对之同语重复，皆非只是以同证同，而皆是通过异以证同。而人之任何推理之再进行一步，任何推断原则，再运用一次，吾人只须自其皆须经其否定之遮拨（即否定之否定），而后可能之一点上说，即可谓其皆是通过"异"或"否定"以进行，亦即与此"异"或"否定"发生一综合性的遮拨关系以进行。而任何之演绎思维，或引申一前题或基本定义命题所涵之意，以成结论或新命题之思维历程，皆为一兼分析与综合之思维历程。而即一切将绝无意义之符号，依规则而加以播弄之逻辑演算，数学演算，只在其必须依规则一点，即须自求去其不依规则之思维并依自然理性以遮拨不依规则之思维。而此即已为一兼分析与综合之思维历程。除非人之逻辑数学演算，真全同于计算机器之活动，则无任何无综合活动而只有分析活动之演算为可能者。

如吾人知人之思维活动理性活动，皆包涵分析与综合之成分，则谓先验命题皆为分析的或皆只依于语言符号之意义之约定而成立，乃无当于理者。亦即吾人绝不能依逻辑数学之先验知识之皆为分析的，遂谓此外更无先验的知识。因逻辑数学之知识之成立，至少在其所依基本规律上看，此规律之如何形成，即非只原于人之分析性之思维。而对各种几何学，对时间空间，对事物之共相与共相之同异关系，吾人皆明可觉有：非可由以后经验所否证，而与一般经验知识不同之先验必然之知识之存在。至于此种知识之种类内容，毕竟如何？及其先验必然性之依何条件而建立？其先验必然性，是否能离人之一切可能经验与理性而成立？此皆尚待人之再进而求之。

先验知识问题　参考书目

此下所举之书目，为本章之前四节所涉及者，至于本章之后二节之所陈，则多为我个人之意见，尚待于发挥引申并加以讨论者。

Kant: Prolegomena to Future Mataphysic, 4, The General Questions of the Prolegomen.

H. Feigl & W. Sellars: Readings in Philosophical Analysis. PT. IV. Is There Synthetic Apriori Knowledge? M. Schlick, C. I. Lewis. 二皆有文，可资参考。

A. J. Ayer: Language Truth and Logic, Ch. IV. The Apriori.

A. C. Ewing: The Fundamental Questions of Philosophy. II. The Apriori and the Empirical.

B. Blanshard: The Nature of Thought. 第三十二章 Concrete Necessity and Internal Relations.

J. Hospers: Introduction to Philosophical Analysis, Ch. 2. Necessary Knowledge, especially Sec. VII

M. G. White: The Analytic and the Synthetic, An Untenable Dualism. 见 Semantics and Philosophy of Language. ed. Linsky. University of Illinois Press.

第十六章　知识之确定性与怀疑论

第一节　日常生活中之真知识与意见之难于分别

我们在日常生活与学术研究中，皆恒自信自己之意见即为真知识。然有时我们亦怀疑到，所谓我们之真知识，不过我个人之意见，或不过我所在之人群与整个人类之主观之意见。我们如何确知，我们之知识是真知识，而非只是意见？此与确知我们之意见只是意见，而非真知识，同样是不易的。此问题中包涵：何谓真知识，或真理之意义与真理之标准之问题，对已有之真知识，吾人如何能自确定其为真知识，在信念上如何可确定不移，我们有何自觉的理由，以为此确信之根据，而别于泛泛之意见等问题？今姑从后一问题说起。

譬如，我们在日常生活中，恒自然发出许多信念，其为真知识或意见，我们恒未暇加以分别。亦不知我们之信念之是否真为确信，其不能不信之理由何在。如我们恒不自觉的相信人所报告于我之消息，而其涉及于我个人之利害毁誉及所特别爱恶之人物等者，尤易使我轻信。我们亦恒相信二人以上所同说之话，故三人可成市虎。三人对曾参之母说曾参杀人，可使曾参之母断机而起，意曾参之果然杀人。我们信报纸之所记载，与书上之所说，及一切我与人所共佩敬之权威人物之所说。这些即可构成我们之知识之大部分（如历史地理之知识，更多是由传闻与书籍而知），亦构成我们自己个人对人、对事物、对世界之意见之大部分。而其所以为我们所信之理由，我们常并不确知。这些意见，亦常可以我们所接触的他人之不同，所在人群之不同，所闻之他人之言语与所读之书不同，而即亦可不知不觉间，逐渐全然改变者。其中之很少真知识，亦由此可见。

但在另一方面,则我个人对人、对事物、对世界,亦恒有许多随意发出之意见。而对人之好坏善恶之意见,尤最易与我个人之利害、兴趣、私人之感情等相夹杂,恒最无定准。故人莫知其子之恶,莫知其苗之硕。吾人之预测一事物之未来或客观社会与世界之前途,亦常以吾人所希望者为事实。如在乱世,人恒以其所欲往之地,或无法离去之地区为安全,以星相家所言吾人未来将有之福禄为可信;至其所言之灾祸,则恒不愿信,而或视为荒谬。此外,吾人恒凭一最近所见某人物之表情等,为代表其他人物之常性。如以昨日见某人之曾发脾气,谓某人善怒,而忘其过去之种种忍耐之事迹。或以偶然所遇之一二事,概括一般之情形。如以偶见一二英国人狡诈,遂断定一切英国人皆狡诈。又我们亦恒以特殊之奇异事或大事,与我们之一特殊遭遇相连结,而谓其间有因果关联。如方接媳妇而家门顿衰,方见天有奇象而人间刀兵顿起,便以二者有因果关联。是见吾人在日常生活中之意见,常顺吾人之情感欲望与自然之联想,及轻率之推理而发,并不必自觉其确定之理由者。吾人一加反省,亦可自知其并无确定之理由者。

我们在能知其自己之意见之未必是后,恒求之于他人之意见,如大多数人所说与社会权威人士之所说。当发见大多数人所言之冲突,或社会权威人士所言之冲突时,则求之于专门之学者专家之言。当我们又发见学者专家所言之冲突时,则或自己去亲加研究。至当自己亲加研究之结果,与学者专家或大多数人所言冲突时,则与之讨论辩论,以求归于一是。然当此讨论辩论仍无结果时,则人又将何为?人于此,则只有反而求其所信所以为必是,其确乎不可拔之理由何在,而望有以自坚其独信者,以再求人之共信。然人之所以自坚其独信者,将于何求之?则仍只有求之于人之自信为颠扑不破之理论根据。而此根据,除原于人之理性外,亦必须兼原于经验。

由是而吾人欲求有确信,必须先在吾人之理性与经验中,求其必不可疑者。且必须先求去确定最简单最平凡之意见知识中之不可疑者。而此则最后必逼至种种哲学问题。

第二节　吾人对经验世界之事物及
知识可能有之怀疑

　　如吾人在日常生活中，所认为最不可疑者，为吾人过去曾有之经验，与吾对吾当下的主观心理之反省自觉。然吾对于吾过去曾有之经验之记忆，亦常有错误。吾可将过去所经验之事之时间秩序，加以颠倒，或误记他人所作之事，为吾自己所作之事。吾对吾之主观心理之反省自觉，据心理学家言，亦常不可靠。如吾人以吾人之恶某人，由于某人之德性不好，而实则可是因在爱情之关系上，吾对某人有一嫉妒。吾以吾之自负，由于吾之学问之好。实则由于吾人少时之受人轻贱，而本于心理之补偿作用，故有今日之自负。吾以吾之厌恶象，由于其形状丑陋，而实则由吾在小孩时曾为象之鼻卷起，而此事今已遗忘，而余怖则化为今之厌恶。凡此等等，今之心理学家，类能言之。

　　由此而人所认为最不可疑者，遂或以为唯在吾人日常生活中所知之外在客观事物之存在，过去所经验过之客观世界事物之曾存在。但吾人在能知所知关系之问题中，已论吾人所视为客观存在之世界，并不必真为外在之存在。而吾人所视为属于外在事物之性质，如酸甜等，皆不必为外物所有。而依主观观念论而产生之怀疑论者，即可谓吾人所见之世界，皆全同于吾人梦中之所见。以至怀疑吾所遇之他人，亦如梦中之他人，乃并无心灵，而只是貌似有心灵者。而哲学上亦有唯我论 Solipsism 以神与世界之其他人物，皆只是我一人心中之虚影，而我则成为唯一之作梦者。而人亦有假定此整个之世界，乃五分钟以前之所造，唯其造成以后，宛若为经过无数世代者而已。如进化论者恒据地层中之古生物之化石之由世代而成，以证生物之进化论。有宗教家反驳其说，遂谓此地层中之古生物之化石，皆上帝一时所造，不过其造成之后，可使人想其宛若由积世代而成而已。罗素尝谓今吾人若谓此世界为五分钟以前所造，而使在五分钟以后之我看来，若如经无数世代者，亦非逻辑上所不可能之事。此犹如电影乃五分钟以前所放，梦为吾人昨日所梦，而电影中之古老房屋，梦中之古人，即亦可若为千多年前早已存在者。

　　吾人即姑不论此对客观外在世界事物之存在之怀疑，然吾人对客观事物之知识，明为相对于吾人之主观者。如吾人前所说在不同角度下，不同媒介物下，不同生理心理情境下，吾人对一物之所感觉者不同。此外，吾人对外物之判断，更为多不确实，而只依于吾人之推想者。如吾见镜中人迎面而来，我遂忘其自后至。吾闻邻室收音机所放出之歌声，初亦可以邻室中有人唱歌。而推想之起，速如电光，恒使人不及辨孰为所感觉，孰为所推想。吾人不能保证吾人之判断一事物有某性质，不包涵推想之成分，则吾人可怀疑吾人对一事物所作之任何判断①。而在事实上，除吾人当下所感觉者外，其余吾人对外在世界之所判断或所知所信，皆多少依于吾人之推想。如吾人自晨离家出门，而思及门庭宛然，似如在目前，便信其尚在，此即明只依于推想。吾傍晚归来，居舍大可已被火烧，什物荡然。是见本诸推想者之皆不必真。而人如因知推想者之不必真，遂去除此一切推想，则可成一哲学上之怀疑论者，于其离家时，即不信其家尚在。至其出外归来，门庭依旧。此哲学上之怀疑论者，亦无妨谓："在吾离家时，吾之房屋及其中什物，实已化为乌有而不在。唯吾归时，乃从新顿现。而吾在离家时，亦实无感觉中之亲证，以谓此时房屋及其中什物尚在。至若吾由观离家之时炭火熊熊，今则唯余灰烬。亦不必足证吾离家时，炭火之尚燃。因此炭火亦可在吾不见之之时即灭，此灰烬乃于吾见之之时所顿见。由此灰烬，遂可使吾可推想在吾离家时，炭火尚燃，而实则炭火亦尽可早已先灭也②。"至于若他人谓在吾离家时，亲见吾之屋与其中什物尚在，则吾亦未尝不可不信。且亦可依同样理由，以怀疑此人在吾不见时，亦如房与杂物之皆为不存在者。如吾人循此哲学的怀疑论者以用思，则吾人可进而谓，除我当前所经验直觉之某特殊事物特殊现象外，一切事物皆只在推想中存在，而实不存在之怀疑论。

若吾人对于吾人之主观经验、主观心理及客观外物之存在，皆可发生怀疑，则吾人之所不能怀疑者，当唯有纯依吾人之理性而成之知识，如数学与逻辑之知识。然人如欲怀疑此类知识，仍非必不可能。即人可怀疑数学逻辑之推演之历程之有错误，人亦可怀疑吾人之肯定数学逻辑之原则之直觉，是否明白而清楚。人亦可怀疑其所用之语言符号，是否

---

① 据云一德国哲学家因惧一切判断之误，至只称其妻为一"有"或"物"，而不敢再加一字。J. G. Brennan: The Meaning of Philosophy (p. 97) 所引。

② 此乃取 W. Stace 于 Refutation of Realism 中所举之例。见 Readings in Analytic Philosophy. 唯今改之作怀疑论之思想之例。

前后一贯。人并可由数学逻辑之恒归至若干诡论，如无限数之诡论等，及吾人不能保证吾人在逻辑数学之推理演算中，诡论之永不发生；以怀疑数学逻辑所依之理性本身，不足达真理，以形成确定不移之知识。人亦可由数学逻辑之知识，不必皆能直接应用，其应用，唯待于世界之为某一种经验世界（如吾人所经验之世界，为绝对的变化无常之世界，其变化之迅速，使吾人不能于任一物说是什么或是何数时，则一切数学逻辑之知识，即皆成不能应用者），则吾人纵对数学逻辑知识能绝对的加以确定，仍无助于吾人对世界之无确定之知识。即吾人对数学逻辑本身之内在的有效性，不能怀疑，对其外在之有效性，仍可怀疑。而果数学逻辑知识，不能应用于某一种经验世界，而无外在的有效性，则以经验世界为唯一真实之哲学家，亦可以此类知识为不真，为虚妄之知识。然则人之绝对不可怀疑，而可绝对加以确定之知识，可为人在知识世界所抓住之把柄，以为人继续求知之颠扑不破之根据者，毕竟为何？吾人又如何由此以建立种种其他知识之确定性？

第三节 怀疑态度之根源与消除以往怀疑之道路

吾人如欲对此问题求得一答案，当知吾人之怀疑态度之所以可无所不运之故何在。此实唯由于吾人心灵，对其所知之任何经验事物，或理论，或知识，皆可超越之而漫过之。由此心灵之能超越之而漫过之，则吾人即无任何理由，亦可对一切所知者，抱存疑不信之态度。吾人欲求确信吾人所知者之真，遂唯有进而求此所知者之根据，以使此心灵得一止息安顿之所。然吾人如已知一所知者之根据，则吾人之心灵，又可超越此所知之根据，而吾人之怀疑，仍可对之再生。由是而吾人遂必须再进而求其根据之根据。然此不断追求根据之心灵，如不能发现一根据，足以为其自身之根据者，则此怀疑之根，似即永不能绝。

如吾人进而将吾人本经验之直觉所知，与本理性以推知者，分别言之，亦可见此怀疑之根之所自生。原一切本经验之直觉之所知者，皆止于所直觉者之如是如是。然吾人一朝超越此所直觉者之如是如是，以观此所直觉者，则此所直觉者即成非吾人所直觉。吾人亦若不能保证在未来必有同类之直觉，而吾人之所直觉者，即若成可疑。至吾人以一定之普遍原则为前提，本理性以推知者之为何，非至实际推出时，乃人所不知。而吾人在超越此所知之前提及已推知者，以观此可能推知者时，则对其所可推知出者，是否皆能应用于经验，再由经验之直觉以证实，及其是否皆不与人之其他所知者，发生矛盾，以反证此前提之必真，亦皆初非吾人之所知。于此吾人亦即可对此普遍原则亦发生怀疑。

然吾人如知吾人之一切怀疑，唯是由超越吾人之所知者，而问其是否对吾人所不知者亦必为真，而生怀疑；则一切怀疑，皆不能及于吾人之止于"对吾人之所知者之本身之如是如是"之反省之知。故吾人可怀疑吾人由经验直觉所知为如是如是者，是否合于外在之客观存在，是否在将来仍有同类之直觉以证实之，然吾人不能怀疑吾人当初之有如是如是之直觉。吾人可怀疑吾人所经验过之一事，毕竟为吾人何时之所为，及是否我之所为或他人之所为。然吾人不能怀疑世间之有此事。吾人可怀疑吾人之一切本经验直觉及一定前提所推断者之是否为真，然吾人不能怀疑吾人之有如是如是之推断之事。此乃因吾人如怀疑吾人之有如此如此之推断，或宇宙间有某一事，或我有某一直觉，则此已设定此所怀疑者之先存在。而吾人之怀疑之，实亦即无异于存想之。则此怀疑，即非怀疑。故一切怀疑，皆只能是对一所推断者之是否为真，或一直觉、一事之涵义为何，与存于何处之怀疑，而不能是对推断本身之存在，及吾人所直觉者之有，或经验之事之有，而生之怀疑。

吾人如由反省以看吾人自己之一切推断之事，则其所推出之结果，虽可为错误或不真，或无客观实在与之相合者，然此推断之事，所由构成之内容成分，则分析至最后，其中皆无所谓错误与不真，亦可无待于客观实在与之相合者。

譬如吾人由镜中人对面走来，而依吾人看一般镜外人之推理原则，推断其乃向我们之身体前面而来，此固然是错的。但吾人此时之看见镜中人对面走来，则亦是一事实。于是我们即可改而依另一原则，"凡在对面镜中对面而来者，皆实由后面而来"，以推断其实自后面走来。亦可根本不作任何的推断，则我们之见其自对面走来，即无任何之错误可说。而其余一切我们之不自觉的进行之推断，如我们加以反省，而分开我们推断所据之经验的直觉，与所依之原则及推出之结果，亦即无此结果之真与不真之问题。而此所直觉者与原则分开后，则所直觉者在此，而原则可移用于他处，或存而不用，即可去掉一切不真或错误之根源。

吾人若将由推断而生之真与不真之问题撇开，而唯将一切推断之事之所由构成者，分析开来看；则吾人亦即不能由我们之推断之可误，而据此以说，只有我当下所经验直觉者乃存在，此外皆不存在。因由我们之推断可误之本身，亦不能推出一切推断皆误。而我们若将一切推断之事皆放下，则我们固可不说在我现在所经验直觉者外之事物，皆照常存在。然亦不能说其必不存在；则我们至多只能对我之直接经验者外，无所说。而此无所说，并不同于说其不存在。

至于我们之所直接经验或直觉者，是否即同于梦中之虚影，或只为我个人主观之心所现？或除我以外，是否即无客观之事物与他心之存在？欲答此问题则须知：谓吾人之日常生活中所见之客观外物与他人，同于梦中所见，因而皆不离我一人之心，此本身仍是一推断。而此推断之是否有效，则待于日常生活所见，是否皆同于梦中所见。然此乃明不能说者。一是吾人明知吾人上床闭眼后乃有梦，然吾人非在梦中，上床闭眼乃成醒。二是吾人可以醒时之所经验者，解释梦之所以成，而不能以梦中之所经历者，解释醒中之所经历。三是吾人今夜与昨夜所作之梦中之世界，不相联续，而在醒时之世界，则今日与昨日乃相联续者。则由梦中之世界中亦有人物，而推证醒亦如梦，梦中之境为我一人之心所呈现，而推断醒时所见之人物亦然，则失其所据。至谓吾人所见于他物与他人者，唯是其显于吾人之感官前之现象与印象，故吾人不能知他物与他人之本身是否真实存在云云，乃假定吾人不能由他物与他人之印象现象，以直觉其存在，或假定吾人之知一物一人之印象现象，与知其存在为不相容而来。然此假定本身，并不存于吾人所有之他人他物之印象现象之本身，而唯由吾先视吾对他人之印象现象，为唯一之存在，而后乃有此结论。然吾如何能说，吾对他人之印象现象，为唯一之存在，此外即更无存在？此仍是依于吾人之一种推断。由此而吾人真将一切推断之事放下，则谓我之世界为我一人之变现，或他人他物皆不存在，亦不得而说。

复次，吾人之说吾人所思之世界，可为五分钟前乃存在，而只宛似以前早已存在之说，仍为一推断。此乃是假定五分钟前存在之世界，可全同于现被认为经由无数年代而造成之世界，而作之推断。然此假定，果何所据？若无所据而成立，则吾人固可说，此经无数年代所成之世界，即为五分钟前所造之世界；然如此二语为全同，吾人岂不亦可再重说，此为五分钟前所造之世界，即经由无数年代之所成之世界，而仍回到常识之论？而吾人将本于无所据之假定而作之推断放下，则吾人亦即不能有世界或为五分钟前之所造之疑矣。

此上所说者是：人如暂放下一切推断之事，或放下一切推断之是否真之问题，而纯从其所经验直觉及推理，所由构成之成分上着眼，则一切怀疑论，亦即同时失其所据。而此即一消除一往之怀疑态度之一道路。

第四节　不可疑的事物

吾人将一切推断之事，暂时放下，则吾人将暂不由推断以定何物之存在与不存在；而吾人亦将不据吾人之经验直觉，以推断何物之存在与不存在，或推断只有此经验直觉之自身存在。由是而吾人即达于一心灵境界，即于一切皆无所将迎，亦无所排拒，皆如其所如，而顺受之、观照之、之心灵境界。而由此心灵境界，我们即可逐渐发现，一切知识所由构成之一些必须条件或成分，其存在乃至少在知识世界中，为人所不能疑，而其本身却尚非我们通常所谓知识者。

（一）即上所谓经验之直觉所对。如眼前呈现之青黄碧绿，软硬滑涩，香臭腥膻，酸甜苦辣，等纯粹之感觉与料；及我们之感情之烦忧悲愁，欣喜愉乐，以及我们前文所谓我们所作之具体事，如种种行、坐、视、听之种种活动。这些东西，我们对其存在于何时、何地、属于何人，与如何彼此关联而存在，皆尽是可疑。然若我们不问其存在何地等问题，则其"有"，皆为不可疑。其理由即前文所说：吾人疑之，即必须存想之。吾人既存想之，吾人即不能存想其为非有。又吾人若不论其存在于何地等，亦不依之作任何推断，则吾人亦不能说，只有在我眼前呈现之经验直觉所对，乃存在，乃有。呈现于我之过去未来者及呈现于他人者皆无。因吾人如此说，仍本于一推论，而非本于经验直觉之本身。如依此本身说，只能说凡呈现于经验直觉者，即呈现于经验直觉者。然此语初未规定限定所谓呈现者之范围，与经验直觉之名所指之范围。现在呈现者，既可变为过去，亦可重现于未来。过去与未来所呈现者，当其正呈现时，亦皆在现在。又呈现于我今日之经验直觉者，亦兼可呈现于我明日之经验直觉，及他人之经验直觉。反之亦然。故吾人无理由谓，只有呈现于我此现在之经验直觉之所对乃为有，其余皆非有。而吾人如必说，只有此呈现于我之此现在者乃有，余皆非有，则此呈现于我之此现在者，瞬即成为过去，而成非有；则我应即视世界为空无所有，而顿时大地平沉，山河粉碎。如吾人以为呈现此一时之现在者，亦为有，则凡呈现于任一人任一时之一现在之经验直觉者，应皆为有，不得说只呈现于我之此现在之经验直觉中者，方为有也。

（二）如吾人能肯定经验直觉所对者之为有，则可进而肯定各种关系、性质等共相之为有。此等共相之有，初乃呈现于吾人理性之直觉者。此即如大小、长短、上下、前后、左右等关系，及方圆曲直之相之本身。此共相亦不限于通常所谓物界之物中有之。精神界中之一切烦忧悲愁之情调，同有一不欢之共相，一切欣喜愉乐之情调，同有一欢快之共相。而此各种情调间，遂或有一互相排斥之关系，或互相引生之关系，此关系亦为一共相。

此类性质关系之共相，如不论其如何关联，以存在于何时何地，属于何人，亦为一不可疑之有。因吾人如疑之，仍必先存想之。而存想之即已肯定其有。

（三）诸经验的直觉所对，及理性的直觉所对之必互有关联，为不可疑。经验之直觉所对，恒有共相，而相关联以存在，如红橙黄有浅色之共相；青蓝紫有深色之共相，诸色同有色之共相。而诸色之呈现于吾人之感官之前，则有左右前后之关系，大小方圆等形相之共相。此诸共相，亦初不能离经验之直觉，而被发现。如世间无单纯之左右关系，方圆形相，可被发现。又共相间彼此亦互有关系，如同异之关系，即遍于一切共相世界中之共相间者。故经验之直觉所对，与理性之直觉所对，乃必相关联，以合为一世界者。此可为吾人之所确知。而诸共相间之如何关联，亦可为吾人之所确知。如红同于色，方异于圆，即为吾人知一一共相后，所能确知者。

（四）推断之前提与原则之有为不可疑：吾人之推断，恒有错误；然吾人之推断，必有其前提与推断原则。此前提与原则，为可反省出者。而在吾人之推断错误时，此前提与原则，更易呈现于吾人之反省之前。无论吾人之推断如何错误，然吾人之曾用某前提某原则，以资推断，要为一事实。此前提与原则，曾存于吾人之推断之活动中，亦为一事实，否则错误亦不会有。由是而吾人之推断中之种种前提与原则之有，为不可疑者。

至于此前提与推断原则，是否有充足理由为之根据，或是否适合于吾人所欲推断之对象事物，则是另一问题。

（五）能知之心之存在，亦为确定无疑者。此乃依于：无论我之推断如何错误，我必可知我有错误。又无论我如何怀疑，我之推断所据之前提与原则，是否有充足之理由为根据，及是否适合于对象事物，而使我得真知识；然我之有此怀疑，乃吾之所确知。此即笛卡尔所谓我疑故我在。我疑是否我必在？自亦有人怀疑。因如我指一常住之实体，则我疑不必证此常住实体在。但我疑必有知疑者之在。此知疑者，即能知之心，此心可非一实体而只是一明觉。此能知之心，乃无论吾人得真知识与否，或自觉错误与否，或吾人在疑中与否，皆为必在者。否则吾人固不能说我有真知识，亦不能说我有错误与怀疑。人在任何种认知状态下，皆必有此心之存在，为其知有某认知状态之必须条件。故此心之存在，亦可说为一切认知状态，得被认知之超越根据；而超越于疑之认知状态之上，非疑之所及，亦不可疑者。

吾人可说此上五者，即吾人之知识所由构成之条件或成分。此诸条件之本身，一一分别观之，皆可说不是吾人通常所谓知识。然知识即由之以合成。而此诸条件之有，即知识可能之根据，亦吾人据以构造知识之把柄。吾人对其有，皆可确然无疑者。吾人之知其有，亦即为一吾人所确然无疑之一种知识。此即为一知识论中之对于知识之确定知识。然吾人若欲由此以实际构成种种其他对存在事物之确定知识，则吾人仍不能不处处与疑相俱，且亦必须以疑本身为一认知之条件。理由下详。

第五节　怀疑与先验知识之确定性

我们说将上述之知识之诸条件成分结合，以形成种种一般之知识，亦必须兼以怀疑本身为认知之条件。此乃因此种一般知识之确定性，乃由一面怀疑，而一面逐步建立者。此不仅对经验之知识为然，对所谓先验的知识亦然。

先验之知识之所以仍以怀疑为一认知条件，是因先验知识之形成，乃系于吾人之理性之直觉，对于普遍之共相，原理、原则之认识；并依此原理原则而作之推理，以次第形成者。而吾人之直觉之是否清明，吾人所自觉之原则外，是否夹杂入其他不自觉之原则，以进行推理，皆待于吾人之不断之反省。故吾人亦可怀疑，吾人所思之方形之是否有角，怀疑吾人之前提，是否足够达到一结论。如在欧克里得之数学中，吾人通常皆以除其公理与诸定义外，其余定理，皆由以前之公理定理，即足够推出。但经希伯特（D. Hilbert）之检讨，则发现若干之定理，并非由其已举出之公理等，即真能推出者。而其所以能推出，实另假定若干公理或原则[①]。至于此外，吾人之推理，常有以不充足理由为充足，不必然之理由为必然，乃人所共知之事。在此处，吾人若不对吾人之推理历程之进行，是否步步皆妥当，先抱一存疑之心，再加以反省检讨，吾人实不能保证其无误。此外，吾人认为纯由理性之直觉，而直接认知的关于共相关联之知识，亦可由于吾人之观念之混淆，或对真正关联之是否存在，无清明之直觉，而陷于错误。如人初以物之向地下落，为一必然之真理，物之概念乃必然关联于下落之概念者。然实则物之下落，唯是一经验之事实，而物之概念中，实并非必关联于向地下落之意义者。故吾人尽可想象，沙之飞，石之走，而吾人今亦皆知：如在真空中，无吸引力处，物亦未尝不可长住而不动。又如吾人或以动静为物本身之状态，而可由物之本身直接认知者。然实则如离其与他物之地位关系之认知，则至少客观外物之为动为静，实不得而被认知。故动静之为物之状态，乃连于其与他物之地位关系之变与不变来。动静之共相，乃与物之相互之地位关系之共相，相关联者。然吾人则尽可因吾人可在一义上，直觉我自身之动静，与我之周围之物之地位无关，及一外物自身之存在与他物之存在，似可无关系；而遂以一物之动静之相，只与物之自身有关，以为一物之状态，其被认知，若与其周围之物之地位关系之被认知无关。而此皆由于吾人对共相之关联之直觉，未能足够清明之故。

然如吾人理性之直觉，恒有不够清明之情形，又吾人推理之进行，亦恒不能处处妥当无误，而俟于人之不断反省检讨，则吾人可问：毕竟吾人之反省检讨至何种程度，或直觉之清明至何种程度，乃绝对保证吾人之一无混淆之观念与错误之存在？此问题似不易答，而亦不易求得一外在之标准。但吾人可说，吾人每人自身皆可有一最高之标准。即吾人皆可至少对若干观念，可自觉其中无混淆之成分。如吾人知白异于黑；对于若干推理，知其前提乃完全足够达一结论者，如由一物存在，足够推知其非不存在。而吾人即可以此类之直觉与推理，为吾人一切直觉与

[①] 亨培耳（C. G. Hempel）《几何学与经验科学》Geometry and Empirical Science，见维纳（Wiener）所编 Readings in Philosophy of Science pp. 41—42。

推理之最高标准，而求逐渐接近之。至人如问：何以知吾人必有不能怀疑之最单纯之直觉，或绝对无误之最单纯之推理？则吾人可以如是答：即如吾人否认吾人之有无误之直觉与推理，则吾人之怀疑吾人之一般直觉与推理之是否有误有混淆，亦不可能。因如吾人之一切观念皆相混淆，则亦无混淆与不混淆者之分别。吾人有此分别，则吾人必有对非混淆之观念之认识。如一切推理皆误，则吾人亦不知何谓正当之推理。而吾人之疑吾人之推理之不正当，即吾人实已知何谓正当之推理，而已有正当之推理之证。故吾人今若由人有不正当之推理，有混淆之观念，遂疑及人之一切推理皆不正当，一切观念皆混淆，此本身正是一观念之混淆与不正当之推理。此即混淆"正当推理"与"不正当推理"，混淆"混淆之观念"与"清楚之观念"；由"不正当之推理，混淆观念之存在"，以推论"一切推理皆不正当，一切观念皆混淆"，之不正当推理。是不知吾人之不能由不正当之推理之存在，以推论正当之推理之不存在；亦不能由混淆之观念之存在，以推论清楚之观念之不存在。然吾人却可由人之知何谓混淆之观念，以推知人之知何谓清楚之概念；吾人亦可由人之知何谓不正当推理，以推知人之有正当之推理。此即因混淆之必对清楚而为混淆，不正当必对正当而为不正当也。

第六节　怀疑与经验知识之确定性——辨物类定名之知识之确定性

至于其他之经验知识之确定性，亦为逐步建立的。唯此中似无绝对确定之最高标准可得，而其程度之增高，唯待于外在之经验的证据之增多。

所谓经验知识，皆将一种对存在对象之经验的直觉所得，与其他共相概念相结合而构成之知识。如吾人谓当前所感觉之一红色集团为椭圆之橘，此即以椭圆与橘之概念，连于此直觉所得之红色集团。此知识似最为确定无疑者。然实则此中之绝对无疑者，唯此红色集团是椭圆形，而其是否为橘，则亦尽有可疑。因此物可能为人造之似橘之玻璃球。而吾人之谓其为橘时，必意涵其有味、可食，并生于树上等意义。此玻璃球则无味，而不可食。则吾人之谓其为橘之判断命题，即可非真知识。于是吾人欲证其是否玻璃球，可试取之而食。如其与一般所涵之橘味同，

第十六章　知识之确定性与怀疑论

则吾知吾之谓其为玻璃球之推想为假。但吾人之谓其为橘，是否即为全真？则亦当视吾人之谓其为橘之意义而定。如吾人谓"其为橘"中，涵有生于树上之意义，则吾之食之具橘味，尚不能绝对证明其为生于树上者。因此可能为以橘汁置于海棉中，所造成之假橘。而于此物纵名之为橘，亦不涵具吾人通常所谓橘之意义。因而吾人之谓之为橘，而涵具生于树上之意义之判断命题，亦为假。然如吾人再加以细看，看其并非海棉所成，而与我所见过吃过之橘完全相同，则吾人之视之为橘，且为生于树上者，是否绝对无误？则人仍可有疑。因吾人亦可假想，此为科学家用一精巧之方法，所造成之橘，而非生于树上者。但吾人于此可立答此疑曰：今之科学之技术，绝未进步至此，此乃不可能有之事。然人如问，吾人何以知其不可能？则吾人可答：今之科学技术，尚不能造一植物之一叶，岂能造构造如此复杂之橘？亦可答科学根本不能造生物之果实。于是吾人对此红色集团之物，除谓之为吾人所见过之生于树上之橘一类之物外，不能再说之为他物。则吾人之谓其为橘，可称为一确定之知识。

此种单纯定一事物所属之类之知识，吾人可称之为较易确定者。因吾人于求定一物为何类时，吾人恒先以数种性质之具有与否为标准。而只须一物具此数种性质，此诸性质，又非他类之事物所同样具有者，吾人即可称之为某类之物。故吾人不难决定，吾人眼前之物孰为椅，孰为桌，孰为树，孰为草，孰为人，孰为犬。然吾人如对此类之物，未尝经类似吾人对上段所言之种种考核历程，则吾人犯错误之可能，并不能根绝。唯此错误之可能，毕竟甚少。吾人方才所说之考核历程，在常识亦视为不必需。此则因在吾人通常之经验中一红色集团之物，外似橘而其味非橘，或外似橘而为海棉所成，或科学家所造之假橘，其存在之可能，实甚少而几可谓绝无也。

然此种常识中，由辨物类以定名之知识，初只是一语言之知识。即由知一物之属于何类，而以何名名之知识。此知识亦即一半系于吾人用名之定义。然名之定义，乃可变者。吾人以前已谓，有若干之物，乃可以不同之名名之者。如在诸类中间之物，（如猿人之毕竟为人或猿即难定）或自不同观点视之，则可分入不同类之物者。（如对狮身人面兽，毕竟称之为人、为兽，则视吾人自其头看或自身看而定。）而在此种疑难之情形下，吾人如不另立中间类，而必须归此物于某一已定之类，则唯有由诸观点，以多方面的考察此物，计算此物与已知之之物类之类似点之多少，与重要性之程度，以求决定。至此类似点之重要程度之估量，则系于吾人之标准，及其与标准之距离之判断。而吾人若同时有数种标准，以衡量诸类似点之重要性时，则吾人又必须再有一标准，以衡量各标准之重要性而后可。然此最后标准，则非吾人所必能建立者。由是而吾人辨物类以定名之知识，即终有其不能完全确定之成分，如狮身人面兽毕竟为人为兽之难确定。而吾人所能加以确定之程度，亦恒是在变动之中者；即随吾人所依之观点，以发现之类似点，及所采以衡量其重要性之标准而变者。

辨物类以定名之知识，固有难确定之情形，然吾人如说出吾人之依何观点以看一物，依其与何类物之类似点，或依何标准，以衡量类似点之重要性，而以何名名之，则他人可相喻而无诤。如一人对狮身人面兽之身而说之为兽，另一人自其面而说其为人，此二人可无诤。此处人之用名之不同，即并无碍其对物有共同之知识。于是吾人尽可与一物以不同之名，而共确认此不同之名之可用。亦即共确认：对若干事物所用之名之可不确定，仍无碍于人与人之相互了解，及共同之知识之形成。

第七节　由辨物类而应用普遍律则以推断个体事物知识之确定性

人之真正较难确定之知识，非由辨物类以定名之知识，而是由辨物类以求对于一个体物有所推知，及由辨物类而知普遍于某类物之各种普遍律则之知识。在此，吾人所求知者，或为关于自然生成之物类者，或为关于人间之事类者。二者之情形又不同，唯其详则非今之所及论。

如吾人知某个体物为某类物，吾人通常即依吾人所知于某类物之性质，以推知某个体物之性质。如吾人知道某个体物为中国人，则推知其能说中国话；如又为中国广东人，则推知其兼能说广东话。然吾人皆知此中恒有例外情形。如中国人可为生长于外国者，而不能说中国话。广东人可生于北方者，不能说广东话。则吾人究须有多少条件，乃能知一个体之不在例外，或确知一个体之情形；则不能徒恃吾人原有之对于一类中之诸个体之一般情形之知识，而待于对一个体之特殊情形知识。

此种由一类中事物之一般情形，以推知一个体之特殊情形，所以不能必然可靠，通常之说法，是说此乃因吾人用以标别一类之性质者，不必与吾人所欲推知者必然相连。因人之为中国人，乃表示其国籍；此国籍，并非与其所说之语言必然相连。如吾人用以标别一类之性质，与吾人所欲推知者必然相连，则吾人可有必然之知识。如吾人以带电者为磁铁，磁铁必与铁相吸引。则有铁于旁，吾人即可推断其必可相吸引。而此外一切凡表示一类事物之性质与性质之关联之普遍律则之知识，皆有必然性，而吾人依此知识，以作之推断，即皆有必然性。

然此中之问题在，吾人如何确知一普遍律则之必然性？又吾人已确知一必然之普遍律则，吾人凭之以推断个体事物之情形，是否即能达于绝对确定之知识？

首先，吾人当说一切普遍律则，其建立如非根据于某种性质与性质间之有一"对理性的直觉可为自明之共相之关系"，则其根据只能在吾人之经验。而依吾人之经验，以建立之普遍律则，皆只能有概然性而无必然性。其所以如此之故，即因吾人过去之经验之如此如此，并不保证未来经验之如此。吾人之由过去经验以推断未来，只依于吾人之理性。而此处吾人本理性之所推断，既必须求证实于未来之经验，即已见吾人并不能完全确定其所推断者之为真。然吾人既必根据过去之经验，然后有所推断，则过去经验之从未有例外，即可增加其真理性及确定性之程度。（参考本部十一章及十二章）

其次，吾人本普遍律则而应用之于特殊具体之个体事物所产生之推断，更明不能有绝对之确定性。因一个体事物有多方面之性质与关联。其每一性质与每一方面之关联，皆可表现一普遍律则。而其诸性质诸方面之关联之集合，则可使吾人依一普遍律则而成之推断失效。如吾人谓磁铁必吸引铁。然吾人是否可由此以断定，一当前之铁必向磁石而趋？则吾人明不能断定，因此铁可被另一物绊住。而物之可被物绊住而不动，亦其一性质。又此铁亦可正与他物化合，遂不向磁铁而趋。因其可化合，亦其一性质。由此而吾人不能由磁铁必吸引铁，以断定当前之铁必向磁铁而趋。

此一种物之有多方面的性质，恒使一事之生起与其他诸事之生起相错综，以共成产生一结果事之诸因。此诸因可互相增上，亦可互相克制。则使吾人据任何一抽象普遍律则所成之推断，皆无必然性。而欲使吾人据一抽象普遍律则所成推断，有必然性，则唯有待于吾人假设一物之只有一性质在当下表现，或当下只有一事生起，而此性质及此事所依律则，乃必然关联于另一事另一性质者。否则待于吾人对一物之诸性质与同时生起之诸事，均加以认识，而合以为推断之根据。然吾人如何确知一物之只有一性质在当下表现，当下只有一事生起，或确知吾人已将一物之一切性质，或同时生起之诸事，皆加以认识而更无其他，则恒非吾人之所能者。此亦依于吾人经验之有限性，使吾人只能知一事物之何性质所关联之何者为存在，然不能知：此外之绝无其他性质与所关联之其他者之存在。

　　复次，吾人纵已知一事物之各性质，与其各所关联者间所表现之普遍律则，吾人如不知一事物现在之具体情形，仍不能推知一事物未来之具体情形。如吾人纵知一铁之各种性质，又知其现在所关联者，只有磁铁，当下所有之事，唯是铁被吸引之事，其中所表现之律则，唯是铁被磁铁吸引之律。然吾人如不知磁力之大小，铁之重量，与所涵杂质之多少，则不能知铁被磁石吸近所需之时间，与铁移向磁铁之速度。对此等等，吾人如欲求确知，则赖于吾之其他知识及对磁铁与铁之计量等。然吾人如何计量之，则赖于各种计量之器具。然计量之器具，如何能达于绝对的精密，吾人如何知一计量器具，如尺秤本身，不以种种物理的原因而改变？而在实际上，一计量器具本身，亦总在与各方面之物不断发生因果关联中，而其当下之如何，乃为各种因果关联所决定者。由此而吾人对于一具体事物现在之情形之计量，仍只能达某一种确定之程度①，而必留待若干未知之成分，即或如此、或如彼之成分。而吾人据之以推断未来，亦即永只能有概然性而无必然性。

　　复次，吾人对未来之推断，或吾人所欲对未来确知者，本身亦有不同之程度。如吾人如欲知明日本地之气候，吾人可本空中之湿度，空气之温度，风力之方向与强度，及此等等之集合与下雨之因果关联之普遍律则，进行推断。然吾人此时，所欲由推断而确知者，可只为明日之下雨与否。则何时下雨，非吾人所欲确知。因而无论何时下雨，只要明日下雨，即可证我今日所知者之真确。然吾人所欲求知者，如兼为明日何

---

① 数学之知识本身可为绝对确定者，然其应用于计量，则非必能达绝对确定之标准者。故爱因斯坦尝谓当数学之律涉及于实在时即非确定的。当为其确定的时，则并不涉及实在。As far as the laws of mathematics refer to reality, they are not certain; and so far as they are certain; they do not refer to reality. Wiener: Readings in Philosophy of Sciencs. p. 51 所引。

时下雨，或是本地何处下雨，雨量多少，雨之分布地区有多大等。则吾人本今日所知事物之现实情形，以一一加以推断时，其确定性即愈少。由是而见吾人所欲确知者之多少，与吾人之推断本身之确定性，成反比例。而吾人欲使吾人推断本身之确定性增加，则系于吾人今日所已确知之事实之情形之增加，亦系于吾人各种相关之普遍律则之确知。吾人之推断之确定性，则与此等等成正比例。然因吾人对相关之普遍律则之确知，及对事物之现实情形之确知，只能达于某一定之程度，故吾人之一切推断，亦只能达某一程度之确定性。然吾人只须减少吾人所欲由推断以确知者，则吾人之推断之确定性，亦可增加；然亦终不能抵绝对无误之境。此则原于吾人不能确知：一事物之必无其他方面之性质，与其他所关联者之存在，可使吾人之此极少之推断，亦成为无效者。故吾人之对经验事物之知识，乃必然不能有绝对之确定性者。然吾人却可确知吾人之何以无绝对之确定性之理由，此理由则可为确定者。而此则为一知识论上绝对确定之知识。亦唯因吾人能有此绝对确定之知识，以知一般知识之无绝对的确定性，然后我们乃能不断去求进一步之增加我们之一般知识之确定性也。

知识之确定性与怀疑论　参考书目

庄子《齐物论》。

荀子《解蔽》。

J. G. Brennan：The Meaning of Philosophy，Part II. 3. Truth and Certainty.

W. T. Stace：Critical History of Greek Philosophy，本书论希腊哲学中之怀疑论者可参考。此书有彭庆泽译本。

W. P. Montague：Ways of Knowing. pt. I. Ch. 6. 论怀疑之知识论。此书有施友忠译本。

Descartes：Discourse on Method. I. Of the Things of Which We Doubt.

Locke：An Essay Concerning Human Understanding BK. IV, Ch. 6. Of Universal Proposition, Their Truth and Certainty.

P. Pap：Elements of Analysic Philosophy. pp. 150—168.

J. Dewey：Quest of Certainty. Ch. 2.

第十七章 真理之意义与标准（上）

第一节 真理问题与知识之确定性之问题之不同及非知识意义之真理

真理之问题，与知识之确定问题，密切相关。然二者之意义，仍有不同。

我们可说确定的知识，必须是真的知识，或包涵真理的。但真的知识，不必皆已是我们所有，更不必是我们已确定的知道的。故在常识，大皆承认真理之不必为人所知。而无论人之知与不知，皆不害于其为真理。在一般之真理之意义中，涵有客观的意义。与真理相对者为假。真为客观的，假亦为客观的。故真理不能成假，假的亦即非真理。而知识之确定与否，则只可说是相对人之主观心理而言的。与确知相对者，为怀疑，即不确知。而人可由不确知或怀疑，进至确知而去疑，亦可忘其所确知，或再疑其所确知，以求进一步之确知。

因知识之有无确定性是对人而言，故人之不同种类之知识，有不同之确定程度。如对于经验事物之知识，则确知之程度较低。而我们欲使此确知之程度增高，则系于对其诸根据之所知之增加。而无论如何增加，亦似终不能达一绝对之确知。但在一般人之心目中，似乎很少以真理本身是有不同之程度的。一句话、一意见，即关于经验事物的，亦是似非真即假，并不能在真假之间。亦不能有所谓较真与较不真之程度之分。同时似不能因我们对可为一意见之根据，所知者较多，则真变为更真。

依我们以前所讨论，我们固假定人之所确知者，必须兼是确知为真，而且在实际上亦必须是真的。我们以上凡提到知识之时，亦恒即指真知识，而包涵真理者而言。但真知识之真，毕竟为何义，或真理毕竟为何义，则我们尚未加以讨论。真理之标准如何，我们亦未专加讨论。我们只是假定大家对真理之意义，大体上有一共同的了解。并假定大家心中都有一真理之标准，足用以决定何类之知识为真，何者为假。而实际上大家对真理之意义与标准，亦本是可相差不远的。但是我们真要把我们所共同了解的说出来，则亦并不十分容易。我们如加以试说，便可发现大家所了解的，可并不是处处相同的。而在哲学史上，哲学家对于真理之意义与标准之了解，亦有各种不同的说法。这些说法，有将真理之问题与知识之确定性之问题会通而观的，亦有将其严格划分的。而真理之意义与真理之标准二问题，亦复可会通而观，或分别而论。又哲学家在讨论真理之意义问题时，亦复可与客观存在之真实之问题，或会通而观，或分别而论。遂使其中之问题，亦十分复杂，而待于吾人之细心加以辨别，把各种问题分开，然后再看有无会通关联而观之可能。在常识中所谓真与真理之意义，本来很多。其中首须与知识上之真理之义分开者有三：

（一）同于价值上之善美之真理。如我们通常称一人之人格之心口如一，表里如一，为真诚、率真、或天真。或称之为真人；反之则为妄人，伪人。又一艺术文学作品之不蹈袭模仿前人，不落入格套者，中国人称之为有真趣，见真性情，为"此中有真意"，为"真体内充"；反之则为伪袭，为模拟。西方诗人济慈（Keats）以美即真，真即美，亦同此意。又有以社会政治之黑暗无正义为无真理。此中所谓真或真理之意义，亦或可包括知识中所谓真或真理之义。但在第一步，亦不宜相混。因此上所谓真或真理皆涵价值上善与美之义。亦可兼涵一形上学中所谓真实之义者。

（二）为纯粹之形上学上所谓真理。此可同于先天地生之道，或一切理之自身。佛学所谓真如，亦称为真理。此皆形上学中之真理，乃可离人之现有知识及现实事物而言者。西方中古哲学称真美善为实有之超越的三属性 Transcendental Attributes of Being。怀特海于其《理念之探险》一书，谓真理为现象与实在之应合（Conformation of Appearance and Reality）[1]。宗教家及神学中所谓上帝即真理、耶稣所谓我即真理之真理，亦

---

[1] A. N. Whitehead: Adventure. of Ideas. p. 303.

皆有为宇宙万物及人生事物之形而上的根源之义①。

（三）为指客观事物或理之本身，而称之为真值或真理。如我们可说一切客观事物之理皆为真理，如自然界之万有引力律，为自然界之真理。又可指一客观事物之本身，而称之为真，如以纸币之由法定银行发出者为真纸币，一学校之正式注册而好学之学生为真正学生，合法而良善之政府为真政府；反之，则为伪币、伪学生、伪政府。此外我们又以自然界之草为真草，树为真树，而镜中之树则为假树，以实际之人为真人，其牙为真牙；人造之蜡人为假人，人造之牙为假牙。此中所谓真假之分，乃或是由上文所谓价值上所谓真伪之分，移转而来。而真假之分同于好与不好、善与不善之分（如合法而好之政府，为真政府），或是由其所引生之判断之为真或假而来。（如镜中之人为假人，伪造之纸币为假纸币，即因其可使人视如一般之人，视如法定银行所发行之纸币时，所生假的判断也。）

第一义中之所谓真理，兼涵善美等价值意义之真理，可谓是知识之真理之外的真理。第二义中之形上学的真理，是超越于人之现有知识之上，而其本身，可不为人之知识所能及之真理。第三义之真或真理，是用以形容客观事物、或其理之本身，乃指人之知识之所对之事物与其理者。此三者，皆非指直接关联于人之现有之知识及真知识一名之涵义的真理，亦即非知识论中的真理。吾人今所欲论者，则为此知识论中之真理。

知识论中之真理一名，乃与真知识一名相关联，或即与真知识一名为同义语者。所谓真知识，人或以指真观念，或以指真判断，或以指真意见、真思想、真信仰，或以指真命题（Proposition），真陈述（Statement），真语句（Sentence），真的语言之表示（Expression）。此皆在一义上为可说者。而吾人所谓真理之意义与标准之问题，亦即关联于真知识之真理之意义与标准之问题。我们要讨论真理之意义，我们当先讨论观念、判断、意见、信仰、思想、语言等，是否皆可说具有真与假之性质，又在何意义上，乃可说具有真与假之性质。

---

① Herbart of Cherbury（1581—1648）论真理有四种：一、物自身之一致。二、物与其表象之一致。三、概念与被概念所指之物之一致。四、概念与概念之一致。（日人《认识论之根本问题》，罗干青译，商务出版）

第二节 观念、判断、意见、信仰、思想、语句是否皆具真假之性质

一 真假为观念之性质之说

我们可否说一单纯之观念,能具真理之性质?一单独之字,一名词如"马",一形容词如"黄",一关系字如"在前",我们就其所代表之单独观念而言,是否可说其具真假之性质?此在一般义,是不能说的。因此一单独之字与其观念,无对象事物为其所指,则无真亦无假。

但是我们有时亦用真观念之名。在柏拉图之哲学中,所谓观念或理念,为形上学之唯一真实的,亦即在知识论上涵真理之意义的。在斯宾诺萨之哲学中,亦以真观念即一确能实际形成之观念。此问题当如何决定?今从浅处讲,我们可先看下列三种情形。

(甲)我们可否在对着马时,说一马字,而谓此马所代表之观念即是真的?

(乙)我们可否在我们想着一观念,即对此观念本身,重复此观念,而说重复之观念是真的?

(丙)我们可否说"圆之方"之观念,"半人半马之物"之观念本身是假的?

这似乎都是可说的。但在甲之情形下,此时我们所说的虽只是一字,然此字不只表示我们之一观念,而同时是表示我们对某一动物所下之判断。此处不是说马之观念为真,而是用此观念所成之判断为真。

在乙之情形下,我们之说重复之观念为真,亦是用之以判断原初之观念。而非说此重复之观念本身为真。若我们只是重复观念,如想一次马,又想一次马,诸观念彼此分别出现,则亦即无所谓真。

在丙之情形下,如我们说圆的方之观念是假的,但我们实并不能形成圆的方之观念,则所谓圆的方,只是一语言的集合,并非观念。而说其是假的,正同于说,无观念为其所指,或其不能有所指,或其所指者乃不存在。否则所谓圆的方之观念是假的,等于:我们对"方"下一判断,谓其是圆,而我们说此判断是假的。此皆不是说:真有圆的方之观念之存在,而其本身是假的。至于说到半人半马之观念,则可以只是一

语言之集合，亦可是我们心中真有一半人半马之存在之图像。则此处之说其是假，不同于说其无观念为其所指，而是说此观念不指实际存在世界之物，或用此观念以造成一对实际世界之判断时，此判断是假的。

故吾人若把一语言所代表之观念，孤立的看，乃无真假之意义者。而谓其为真或假，常同于谓此语言或观念无所指，其所指者不存在，或不指实际存在事物之义。然而我们在试用一观念求有所指时，则我们此时已形成一判断，我们实是由此所形成之判断之真假，而说此观念之真假。只要我们了解此点，则谓一观念有真假，亦可说。

二 真假为判断性质之说

我们说一切判断，皆是有所谓真假的。一切判断，皆有其所判断之对象为主辞，与我们用以判断对象之宾辞。一对象可为我们所用之宾辞之所能指，或不能指，由是而我们之判断即可真可假。如对人之主辞，说其是动物以动物指之，则真，说其是马，以马指之，则假。此宾辞在判断中，总有其所指，便与一单纯之观念之可无所指，而可无所谓为真与为假者不同。

但是我们之判断，常是要用语句或命题表示的。则此中有二问题：一、是否一切语句或命题所表示者，皆是判断？二、我们可否只说语句命题有真假，而不再说判断之真假？

首先，我们似可说有些语句，并不表示判断，因我们说判断必有主辞。但在有些语句中，似很难决定何为主辞，或其表面之主辞并非真主辞，或可说无主辞。如我们说"二加二等于四"，是否二加二即主辞呢？因此语句，可同于"四等二加二"，则四亦可作主辞。此外如说甲大于乙，则甲为主辞。说乙小于甲，则乙为主辞。而甲大于乙与乙小于甲之语句，在数学上，其意义可是一样的。依此而一切数学几何学中，及其他知识中之关系命题中之各项，都难断定孰为主辞，孰为宾辞。此外我们说天下雨，英文说 It rains，此中文法上之主辞之天或 It，是否即主辞呢？此明很难说。至少我们之说天为主辞，不同于说人吃饭中之人，为吃饭之主辞。因此中之天，并未发出此下雨之活动。天乃指一空间，此空间，亦不能说有下雨之属性。则天下雨一语之主辞，至少不是此表面上之文法之主辞。人于此或说，此主辞之天或 It，乃指一实在的情境或实在自身而言，而下雨之宾辞，则所以指此实在之情境或实在者。然而果如此说，则我们岂不可说，一切判断，皆实际上是判断一实在之情境或一实在，其表面之主辞皆非真主辞？如人吃饭之表面主辞为人，而实际上则为"人+吃+饭"之情境。则"人吃饭"一语中所表示者，岂不可亦合而视之为一宾辞？此即英国之新唯心论者如柏拉德来鲍桑奎等所主张。

然而另一派的人，又可由此以谓：既然表示判断之语句中，可无确定之主辞，故一切语句所表示者，并非判断。因而不用判断之一名，不将真假连于判断。由此而有真假乃为意见、信念、或思想或语句之性质之说。

三 真假为意见、信念、思想、语句之性质之说

我们以真假为意见与信念之性质，亦是为我们之常识之所许的。我们所谓判断，乃是对一事物而作判断。我们所谓意见与信念，亦是关于一事物之意见与信念。意见与信念，既是关于一事物者，则亦实际上涵判断之成分。但我们可说，我们有某一意见信念时，我们可无确定之主辞，我们心中可只有一些观念相连结，以成意见与信念，并用一些语言之连结，来加以表达。而此意见与信念本身，则全是属于人之主观心理的，而可并非意在判断客观事物的。故实际上人在对事物有某信念意见时，亦可不自觉在对事物作判断，且并非必将其信念意见表达之于语言。如我们常对我们所正作之某事，有其必能成功之信念；然吾人此时亦明可不自觉在作一判断。在西方哲学家中如罗素，即曾主张真假为我们之信念之一种性质，而不取真假为判断之性质之说的。

至于将真假之名与思想连结者，则除有时此思想之一名之义，即同于思想中之观念、判断、信念诸名之义者外，主要的则是以思想指思想历程。依此说，则真假不能称之为形容词，直用以形容一观念判断信念之性质者；而当称之为一表状词或副词，乃表状我们之运用观念之思想活动之历程者，如想真了，想假了，Think truly or think falsely。在此思想历程中，观念是动的。我们依之而有之判断信念，亦是不断被我们所检讨反省，而在一一思想历程中存在者。此即如西哲中詹姆士杜威等实用主义之说。依此说，所谓真的思想，即其所用之观念，皆可继续运用，以产生效果的；反之则为假。此俟后文再详之。

至于将真假之名与语句、陈述、或语言相连结者，则初是从人之观

念、判断、信念、思想，皆可表与语言上看。由此而语言本身，亦即可说有真假之分。如街上之一标语，书中之一句话，我们人一看时，似即可分其真假。而从东西之思想史上说，则亚里士多德已谓对于某些东西，"说"些什么，即有所谓真与妄。而现代西方逻辑经验论者，亦多以真妄为属于语句之一种性质。中国《十三经》无真字，诚即真，而诚即从言。反诚为妄。庄子墨子孟子荀子，亦大皆是就人之言，而论其是非诚妄。而言之是者诚者，亦即言之真者；言之非者妄者，亦即言之假者也。

但以真假与语言连结讲，则通常皆是与语句连结讲，而不与单个字连结讲。此与单个观念之初无所谓真与假同。

至于西文命题 Proposition 之一名，或以指判断之表现于语言者，或以指一信念判断中之内容，或以指一语句之内容，或者径界定之为"我们之所信、或所不信、或假定、或存疑，而有所谓真假之一种东西"[①]。故可兼包括一切有所谓真假之观念、判断、信念、语句等。而中文之"命题"一译中之命，即"名之"或"以言说之"之义。题乃指题说，即可以指言说之内容。比较译为"命辞"之一名，只见其为一语言之表示者为好。

我们现在已说明观念、判断、思想、意见、信念、语句，皆在一义上，可与真假之名相连结，而其真者，我们皆可称为真知识。于是我们可进而讨论，关联于真知识之真理之意义为何，及真理之标准之为何？

第三节　真理之意义与标准论之种种

（一）我们以前论知识之来源时，曾说知识之一种来源是闻知，即由闻他人之所说而来之知。而说一语之他人，如为有某一种学术上或知识上之权威的地位者，则他说之语，更可成为我们之较真之知识之一来源。又如一语为人人所同说时，亦常为较可靠，而亦可成我们之一知识来源者。由是而人在无意间，可觉所谓真理之意义，即同于为一权威人之所说，为大多数人所说；而权威人之所说，大多数人所说，亦同时可成一真知识或真理之标准。此皆可称为"以他人之所说所承认"为真理之意

[①] L. S. Stebbing: A Modern Introduction to Logic, Ch. 4.

义与标准之理论。

（二）我们以前亦曾说，经验为知识之一主要来源。人之经验中，一种是个人对其主观之情感欲望之经验。我们在前章又曾说，人常有把能满足其主观欲望之要求之意见，即视为真知识之性向。人之此性向中，亦涵有对一真理之意义与标准之看法。此可称为"以能满足主观之要求"，为真理之意义与标准论。

（三）人由经验而来的知识，主要是由人对所谓客观事物之经验而来之知识。人对于由经验而来之知识，恒以其所以为真，乃由知识与客观外物之有一种符合。于是由此而推扩出之一真理之理论，即以一切真知识，都是与客观对象有一符合的。此对象可为外物，亦可为柏拉图所谓理念之类。此称为符合说之真理论 Correspondence Theory of Truth。

（四）我们前又说，对于若干之共相之关联之认识，可对人是直觉上自明的。由此而生之一种真理论，即以凡共相或概念之相关联，共相或概念与事物之相关联，或事物与事物之相关联，其能自己明白的呈现于人心之前，即真理之意义；而其实际上之是否自明，即衡量其是否真理之标准。此为自明说之真理论（Self-Evidence Theory of Truth）。

（五）我们以前又说，若干知识乃由推理而得，亦即为其前题之所涵蕴，而其本身又可作为推得其他知识之前提者。由是而其真假，便是与其他知识之真假相连带的。即如其真，其他若干知识即不得假，如其假，其他若干知识即不得真；而若干其他知识如真，他亦不得假，若干其他知识如假，他亦不得真……。我们将此知识与知识之真假间之连带关系，加以推扩而成之一种真理论，即称为融贯论（Coherence Theory of Truth）。所谓融贯论，即说一知识之真假，必与其他知识之真假，有一互相依赖之关系，以合成一系统。因而我们要决定一知识之真假，我们应看其与其他知识，能否彼此不矛盾，并彼此互相涵蕴，以为决定。如能达此标准，则此知识与其他知识是融贯的，否则为不融贯。能与其他知识融贯，或彼此融贯之知识，亦即真知识。而一知识之为真知识或真理之意义，亦即涵有与其他真知识或真理能融贯之意义。如一知识，只是与其他知识能不矛盾，但不必能处处互相涵蕴，或我们暂不管其能互相涵蕴的方面，则只称此知识为能与其他知识一致 Consistent；而此知识与其他知识连结，而推演出之若干其他知识，所合成之系统，即为自己内部一致之系统。至只以一致不一致，定一知识之对一知识系统之是否为真者，则为真理论中之一致说 Consistence Theory of Truth。此中融贯说之内涵，可包括一致说之内涵。故可统称之为融贯说。

（六）其次，我们前论知识之分类时，曾提到一种知识是实用之知识，即可应用之以达人生之某种目的之知识。而我们亦可说，人之求任何知识本身，皆是一目的的活动，任何知识，皆是可达到人生之某种生活上之目的的。由是我们可说，一切知识中之观念，都是可用的。我们之以观念指示一对象事物，或指导我们如何对一对象事物，加以行为，以证实我们对之之观念，是否为真时，亦是运用观念之事。于是我们即可说：一真的观念，即可运用，而有意想中之效果的，并有其继续运用之保证。假的观念，即不能运用，或能运用至一阶段，而不能用于再下一阶段，而无可继续运用之可能与保证的。此可称为实用说之真理论 Pragmatic Theory of Truth。

第四节　以大多数人及权威人物所说，及以能满足主观之要求为真理之意义与标准之批评

对于上述各种关于真理之意义标准的说法，其中之第一种第二种，乃人在日常生活中，不自觉的采取的。就其本身言，实无学术之价值，且常为导致不确定之意见者，如吾人在上章所论。因纵然大多数人所言者，或权威人物所言者，常常为真，亦不能说其为真理之意义，即在为权威人物所说，或大多数人之说。因若其言真，则纵然只为少数人所说，或一般常人所说，亦为真。而我们如只以他人之言或权威者之言，为真理之标准，则在他人之所言与权威者之所言，彼此冲突时，即必使我们失去一切真理之标准，而陷入怀疑论。此亦我们上章之所已言及。然而人之不自觉的，恒以大多数人或权威人物所说，为真理之标准，除有时是出于我们之畏惧群众与权威之心，及以受暗示，而随便盲从仿效之心外，亦常由于我们在知识之起源章所说：对大多数人或知识上之权威人物之尊重之心。此尊重之心，乃人对大多数人或权威人物之理性的思维力、经验能力之一种信赖的心。此信赖尊重，则可以是有理由的。大多数人之所说，如是由各人分别独立运用其理性的思维与经验能力而形成的；知识上之一权威人物之所说，如是经其多方面之思维，与多方面之经验而形成的；则其真理之价值，亦确是可较我个人之单独用思，或凭

一人仅有经验之所知者，更为可靠而近真。然而我们知其较为可靠而近真之本身，亦是我们运用我们之理性思维之结果。由是而我们说："大多数人或权威人物之意见思想，可较一人之意见思想为可靠为近真"，此一语本身之所以成为真之意义如何，标准所在，仍不能在外面之大多数人与权威人物，而当在我们自己。又大多数人及权威人物，分别用其理性的思想与经验以求知识时，其心中所谓真理之意义如何，标准何在？亦不能又在其他之知识权威人物或其他之大多数人。而一切所谓大多数人共信为真之知识，最初皆只为少数人或一人之所信。一切知识上权威人物，亦非生而即成知识上之权威人物，而恒是如吾人前所说，由其所信所说，成为人所信赖，或为人所信赖之人所信赖，乃成为权威人物。则最初之少数人与大多数人或权威人物所信所说者，其初所以被信为真之理由，并不在其为其他大多数人之所信所说，或其他权威人物之所信所说。由此吾人虽承认闻知之重要，及分别运用理性的思维能力、经验能力之大多数人与知识上之权威人物，其思想意见之重要；但我们却不能主张，真理之意义即在其为大多数人或权威人物之所信所说上。亦不能说大多数人与权威人物之所信所说如何，其本身即足成为人之第一义之真理标准。

至于可满足个人之希望情感欲求的话之不必为真，则更为常识所共认。人如果只为此类话寻求理由，则通常称之为一厢情愿之思想 Wishful thinking。人之恒不免于此类思想，亦为一事实。人由此类思想之常遭幻灭，而更易怀疑到人之一切知识之确定性，亦是一事实。但是人只要多少有一反省之能力，亦都知道一语之能满足个人之希望欲求等，不同于其为真，更不能成为真理之标准。

然而人之所以要以满足其希望情感欲求者为真理，亦有一为人所不必自觉之更深之理由。即人可直觉其希望、情感、欲求之存在，本身为一事实。人之愿见客观世界中，有与此希望等相应合之事实存在，并有对此客观事实之知识，此本身亦为人之一理想。此理想，即希望"人所要求的客观事实，与人知识所知之客观事实相配合而一致"之理想，此在吾人论哲学之价值一章第七节亦言及。依此理想，人遂愿意相信，与其希望要求相配合一致的关于客观事实之知识，而愿信与此希望要求相配合的关于客观事实的话。此理想本身是合法的，亦未尝不是当有的。而此理想之所以导致一厢情愿之思想，并以悖于事实的话为真，乃由于人不去依于理想，以求自动的改变某些事实，以求达此理想，而只是被动的愿望事实之合于此理想。然而人如能依此理想，以求自动改变某些事实，以合此理想，则人尽可一面求知当前之客观事实，而对之有一客观的知识；同时由此知识，以帮助我们去改变事实，以获得一未来之合于人之理想之事实，及对此事实之知识。由此而我们亦可以能帮助我们得达其欲求之知识为真。此意义下之真理论，即为我们前所说之实用主义之真理论。此实用主义之真理论，即可包括此种真理论中之真理之成分而代替之者①。

第五节　符合说之分析与批评

除上节所批评之真理论外，其余四种真理之意义与标准之说法，则为哲学家自觉的提出之理论。我们可以再进一步分析其涵义，并评论其得失，并希望能销解其中之不必要的相互间之误解与冲突。

依符合说之理论，真的观念、信念、或语句，必须有其所应合之客观对象，并以是否与之符合为真理之标准。此中之问题，是所谓客观对象为何义，所谓符合为何义？及如何知其符合与否？

如我们说所谓客观对象，即存在于我们自己之外之自然物、他人、人类社会等具体存在之事物：则我们可说，我之门外有山，地球有地心，原子中有原子核，他人有情感，白种人有文化等命题，都是与客观对象有某一种符合的。而一切关于历史地理之知识，与对各种个体事物及各种类事物之知识，都可说是必须与一些客观对象有某一种符合，乃为真者。这皆是可说的。但是对于存在于我们自己心中之事物，如观念情感，或对于"非个体事物种类事物之抽象事物理想事物"，如对形数等共相，想象中的未来世界等之所知，则依此说，皆成为无客观对象与之相符合者；而我们对之之所知，即不能有所谓真了。

故欲使符合说成为普遍的真理意义论，则我们当说，一切能成为我们所知者，皆可称为一客观对象。而将柏拉图之知识理论中，所谓理念世界之形数、价值、及其他理想事物之各种共相，以及为我们反省之所对的，我们内心之观念情感等，都视为一客观对象，而成为一较广大之

---

① 参考本章第十一节《实用主义之真理论》之第三型态。

符合说之理论方可。

我们今姑以客观对象一名，泛指一切所知之对象，但我们尚须问：所谓观念或信念或语句等知识，与客观对象之"符合"为何义？是为此说所包涵之第二问题。对此问题，则有各种深深浅浅之说法。

第一种最粗糙之说法，是说我们之知识与客观对象符合，即我们身体中与客观对象中，有同样之物质的成分。如希腊德谟克利泰以我们所以能知道外面之水，由于外面之水之原子，入我们之感官内。我们所以知道外面之土，由于外面之土之原子，入我们之感官内。但依此说，则我们不能知道各形数等共相，如方圆等，因其本身并无物质之成分。我们只可说有角之方物中，涵物质成分。方形本身与有角本身，却只是一纯形式，而无物质之成分者。然我们说方形有角，却是一知识。如果我们在知水知火时，必须有水火之物质成分，入我们之感官内，则此"入"，与水浸入眼中、火烧眼无别。然则我们何以知水时，眼不湿，见火知火说火时，眼与口不被烧。（在印度哲学中之唯物论之知识论，亦有以物质成分入感官时，乃有认识者，而一种破之之论证，即以"人说火时，何以口不被火烧？"为言。）

第二种符合说之符合之意义，是说我们在有真知识时，我们心中有一具体之观念，与具体对象之相状相合。此说亦不能应用于我们对共相之知识。因我们不能视一共相为具体对象，我们对共相只有抽象概念，而无具体观念。即将此说用在对具体事物之知识上，亦有三点可批评。第一、是如我们心中所有之具体观念，与具体对象之相状偶合，亦无知识意义。如我们闭目心中想一人，那人正在身边，此时我们心中之观念，与那人相状相合。但我可并不知道。则此观念，并无知识意义之真①。第二、是所谓我们心中之具体观念，与具体事物之相状之相合，常只是我们之具体观念，与具体事物之一面之相状相合。而非与具体事物之一切方面之相状相合。如我们心中对一具体事物，如一桌子，所有之具体观念，可只是一斜方形之物。然此一斜方形之物之具体观念，至多只与此桌子之一方面之相状相合，而与从另一方面所看来的，此桌子之不斜之相状，即不合。第三、是具体事物之正呈现之相状，及我们对其相状之

---

① 罗素之《人类知识》一书中曾举一例，谓人如说"我是叔父"，则如远地之伯见忽生一子，此语便成为真，然实则此真，亦无知识意义者，因我并不知其真。

具体观念，与在我们知识中所谓具体事物，所具之各方面之意义，在事实上亦恒不相符合者。如在我们之知识中之桌子之意义，是可包括其可以置书，可用以吃饭，及与其他各方面之意义的。然而此当前之具体存在之桌子，却不必能实际呈现其各方面之意义，而此桌子所呈现之相状，与我们对其相状之具体观念中，亦即可不包涵此各方面之意义，即不与我们知识中所谓桌子所涵具一切之意义皆相合。

第三种符合说之说法，则不从我们所想之具体观念与具体事物之相状之符合上讲；而说所谓"一语句是真的"之意义，只是说一语句之所指的，是一种事实 Fact，或一种事实之情状 State of affairs。故亚里士多德说：所谓一陈说是真的，即事实如此而说如此；所谓一陈说是假的，即事实如此，而说不如此。此说为今之逻辑家塔斯基（A. Tarski）所持①。他说：如雪是白的，而我们说"雪是白的"，则我们之"雪是白的"一句话是真的。于此，如说"雪不是白的"，即假。此中前一句之雪是白的，是指一事实或一事实之情状。第二句"雪是白的"，是我们所说的话。至于说"雪是白的"是真的，则是我们对我们所说的"雪是白的"一句话，所说的话。在此句话中之"是真的"乃指"雪是白的"一句话。而此句话如何可以是真，即因"雪是白的"一句话，乃指一雪是白的之存在的事实情状。故他说：如果雪是白的，亦仅仅如果雪是白的，则"雪是白的"一句话即是真的。依此，只要依语句规则而形成之一句话，能指一种存在的事实或事实情状，即一句话有所符合，而此一句话即是真的。并不须从我们在说此话时，心中所想具体观念，与具体事物之相状是否相符合上去想。

如果说只要依语言规则而形成之一句话，能指一存在的事实，则一句话即有所符合，此或可以把所谓符合之意义变为更简单。但此说至少连带一问题，即如何可知一语句，有其所指之存在之事实，或我们如何知一语句所指之事实是存在的。由此而连到符合说之第三问题，即如何知我们之知识，是符合存在事实或客观对象的？

对于此第三问题之一种说法，是说我们要知我们之观念、信念、语句之是否符合事实或客观对象，须将我们之所知与事实或客观对象相对

---

① A. Tarski: The Semantic Conception of Truth 一文，下列二书皆加以选载。Linsky: Semantics and The Philosophy of Language. Sellerss: Readings of Analytic Philosophy.

较。好比我们要知某一个人之像片是否某人，即持其像片与某人相较。如我想桌下有猫，欲知其是否真，即实际去看桌下是否有猫。如有，则知事实与我们所想相合，或我们之所想，确是想的一客观存在桌下之对象，我们之所想，遂得证实其与事实之符合。

但是证实之问题，有时可并不如此简单。如我们说某人有肺结核，此即并非将肺结核之观念，与某人对较即知。因其肺结核非我所能见。而医生要证实此语，恒须用x光线照其肺。而在其照肺时，同时须想到，如x光所照之结果之反映于胶片者，是如何如何，则证实其有肺结核。因而我们在说某人有肺结核时，我们的话之涵义中，即有"其肺在x光之照射下，将有何结果呈现于胶片"之意。而我们要证实此话，亦即必须实际以x光照某人之肺，而在胶片上看见些什么什么时，乃能加以证实。

但是如果要知我们之观念或语句之是否合事实等，必有待于证实；则所谓符合事实，同时亦是我们对诸事实之经验，符合于我们之所预期者之意。而此时亦即只有所谓证实一事实存在之诸经验之符合于我们之所预期者，能为我们所知。然则我们何以不说，所谓符合，即我们所预期者与证实此预期之经验之符合，而必说为我们之观念语句与存在之客观事实或对象之符合呢？

在此，依符合说之理论，便必须把一观念或语句之所指，与证实此所指之经验分开。譬如我们说某人有肺结核，其所指，乃一客观存在之病菌，曾在某人肺中，使其生肺结核之事实。而医生之由x光而看见些什么，是医生之经验。此经验是关于某人之肺结核之经验。而此某人之肺结核，是存于医生之经验之外，而它亦不仅可使某一医生，以x光照之之时有某一经验，而且可使其他医生由x光照时亦有某经验者。同时某人有肺结核，亦可使其个人在生活上有种种经验，如发热，呼吸困难等种种经验。此一切经验，即可分别、或合起来，证实其有肺结核。然此一切经验，并不能等于某人有肺结核之事实本身。因此一切经验，乃分别属于各人，而肺结核则只属某人者。是见事实与证实事实之经验之不同。我们如欲知"某人有肺结核"一语，是否符合事实而为真，固必待经验之证实，此证实为我们知此语为真之必要条件；然在我们未证实此语之先，此语之毕竟指存在事实与否，符合事实与否，即真与否，仍应为先已决定者。而如其本不真，亦即无证实之之经验能使之真。故一语之为真与否，似当为一语与其所指之存在事实间之一直接之符合与否之关系，而可与吾人证实之经验之有无不相干者。故我们遂不能以证实一语为真之经验，与我们所预期者之符合，即符合说中之符合之涵义。

第六节　符合关系中之四项关系者

然而我们之问题，绕此一周，再回到"一语句所指者为存在事实"乃语句为真之意义时，仍将再引起我们如何知一语句所指者为事实之问题。因我们既以语句所指者为存在之事实，以界定真之意义；则我们必须先知"语句所指者为存在事实"之意义。然而当我们将语句所指之存在事实，视作为在我们之所知之外，经验之外时，在我们之当前，便可只有此语句。则我们如何知此语句必有其所指之事实，或为有所指者？我们岂不可在说雪是白的时，只想此数字之声形，不视为有所指者？如不视为有所指者，岂此语句本身，亦可有真假之可言？（若然，则鹦鹉之说同样之一句话，亦应有真假之可言。）然如吾人以为此数字，为必有所指者，则吾人即必须能超越此数字之语言符号本身，以往思及其所指。即吾人必须能思及：有某形状为突出而寒冷之物，为雪，其色为白，为此之语所指。而吾人之信此语为真，亦即信吾人之必可能有种种经验存在，其所经验者，亦为一形状突出而寒冷之物，其色为白者，能与吾人之所想者符合，而证实吾人之所想者。则所谓此语为真，便不只是谓此语有其所指之客观事实之存在，而与此事实符合，亦是谓"对此所指之客观事实之经验之可能有，而可能存在，"以证实此语。吾人亦唯在信此经验之可能存在处，乃信此语为真。亦即唯在吾人信其与此可能存在之经验，有一符合处，乃能信此语为真。此并非必须说，如此语不真，吾人证实之之经验能使之真，亦并非必须说，能证实之经验存在，即等于此语所指之事实存在。而只是说，此语为真之意义中，不只涵所指之事实存在之意义，且必须兼涵：证实此事实存在之经验，亦为可能存在，而与之有一符合之意义者。

如吾人将符合说之意义，如上加以解释，则所谓一语句，与事实符合之关系，即不为一项之关系，即非为：一语句与其自身之符合之一项关系。亦不为二项之关系，即非为：语句与客观存在事实符合之二项关系。且不只为三项之关系，即非为：语句，语句之涵义为吾人所思及者，及客观事实符合之三项关系。而为四项之关系，即：一为语句，一为语句之涵义为吾人所思及者，亦即吾人由语句所思及者，一为客观存在之事实自身，一为可能存在之对事实之经验，而能证实吾人由语句所思及者。所谓一语句为真，即涵此四者在一定之关系互相符合下之意义。可以右图表之。

如吾人只是写字说话，不思其意义，可只有语句之声形一项。如只对存在事实，与以一名号，可只有名号之语言与存在事实二项。如对一存在事实有知识，则必有语句，吾人对存在事实所认识所思及，及存在事实本身三项。然吾人谓一"知识为真"，或"'一语句所表达吾人对某存在事实所思及者'为真"，则必须知吾人所认识所思及，指向某存在事实；某存在事实，又确为能引生吾人对存在事实之经验；而此经验，又能证实吾人之所思及者。由此吾人即见对"语句之声形"，"对存在事实加名号"，"知识"及"真知识或真理"四者之涵义，加以说明时，所牵涉之关系项之不同。

吾人今以此上述四项在一定之关系中，解释符合说之意义，并不须以此四者之内容为全然同一，处处符合者；而只须言此四者间有相符合之处，即足为形成真知识或真理之条件。而在所谓真知识中，吾人如将其所自构成之此四者，分别对较而观，即可见其不全相符合而非同一之处，如语句可使吾人思其所指；然此同一之语句，不只可使吾于此时此地思其所指，亦可使我于另一时另一地再思其所指，或使他人亦思其所指。则语句与吾之思其所指之事，非全同一，亦可说不全相符合。又吾人由一语句思其所指，而更对此所指有所思及时，此所思及之内容，恒可用之以思及其他事实，而不限于用在吾人所指之事实者。如吾人由雪是白的，而思其所指之雪时，此"白"即为吾人对雪所思及之内容，此内容即不只可用以思及雪，亦可用以思及梨花者。故吾人所思及之内容与吾人所指之事实之内容，亦不全同一。

复次，"证实吾人所思及者，及某一语句为真"之特定之经验事实，亦可同时为证实其他吾人所思及者，与其他语句为真之经验事实。如雪为白之特定之经验事实，证实雪是白的之一语句，即吾人对雪之所思及者。亦证实"有寒冷之物为白"一语句，即吾人一种对寒冷之物之所思及者。又雪为白之一事实，亦不限于由吾人之某一经验而证实，更不限于吾一人之能思之说之；而为可由不同人之不同经验加以证实者，亦可由不同之人，分别由不同之思想道路，加以思及，而可以不同言语说之者。（如不说雪是白的，而说冬天由天空降下，而由水所成之物为白。）是见在此四者相关联以形成知识时，此四者并非彼此全然同一，全相符合；乃有相符合处，亦有不相符合处，有所同一，而又有所差异者。

吾人如将此符合说，重加以改造，则吾人亦可言：吾人在思及一共相之关联而以之为对象时，吾人之语句，依语句所思及，对象，与对象之直觉，四者间，亦有此关系。如吾人说"方形有角"，此本身为一语句，吾人可由之以思及一方形，并思其中有角。此为吾人之所思及或吾人之思想。吾人思一方形而又思其有角后，再直接呈现一有角之方形，于吾人之意识之前，则为吾人对整个之有角之方形之直觉。至于此思想直觉所对之有角之方形之本身，乃不限于吾人今日之思之，今日之直觉之，而可容吾之将来及他人，再加以思想直觉者。由是而此有角之方形之本身，即包涵超越吾人当前之思想与直觉之意义，而可视之为吾人所思想所直觉之客观对象者。而当吾人谓实有此客观对象时，亦即涵有"吾人将来或他人可再如是思想之，再由其为方形而思其有角，再直觉一有角之方形"之意义。而方形有角一语之可重加证实，即在吾人之总可有如此之思想与直觉继续出现之谓。此种在直觉上为可自证自明之知识，在下文再详之。

第十八章 真理之意义与标准（下）

第七节 自明说之分析与反面之不可设想或反面之自相矛盾

至于所谓自明说之真理论，则吾人上已言，此说乃依于吾人对共相或概念与其他共相或概念之关联之直觉的认识而引出者。但吾人在前章已谓一知识之是否为自明，乃与一知识之确定性之问题密切相干者。一知识之对吾人为自明，乃使吾人更能确定一知识之为真知识，而祛除吾人之怀疑者。然吾人今日之问题，则为问吾人是否可以具自明性为真理之意义，或只以自明为衡量知识上真理之标准？

我们要解答上述之问题，亦须分析几种所谓自明之意义：

（一）为常识中之自明义。在常识中恒以某些意见或道理或知识为自明的。如常识中讨论某些问题，恒以这当然是如何如何，或这一定不然，或岂有此理，为根据或结论。在此处，人实假定某些道理是自明的，亦即不待另作证明的。然此所认为自明者，实常非自明的，而可是下列各种之一种：

（甲）个人或社会习惯所养成之成见。如在有贵族平民阶级之社会中生活之人，可以人有阶级之分为自明的，在男尊女卑之社会中生活之人，以男尊女卑为自明的。

（乙）人所听惯之教条或陈言。如习于一宗教教条者，可以一宗教中之教条为自明的。一般人以其所在社会中流行之格言为自明的。

（丙）个人之本过去经验与推理以求知后所得之结果。如人在依种种经验推理得种种知识后，人可忘其所根据之前提，遂觉一知识之本身是自明的。而实则是先经证明的。

（丁）此外亦可有确对个人为不须证明，而又必然自明之理。此为真正自明的。

因在常识中恒将此四者混淆，故此种常识中自明说，最易以下列理由，加以驳斥。

甲、我们可指出，人之觉何道理之为自明与否，纯是个人主观心理上的事。我们可由在不同社会文化与风俗习惯下，人可有不同的视为自明的道理；不同宗教有不同之教条，不同时代有不同之天经地义之格言，以指出对一社会中之人，其真为自明者，对另一社会中人，则其妄亦为自明者。如在无阶级之社会，以人之无阶级之分为自明；在有阶级之社会，人亦以有阶级之分为自明。

乙、我们可为人所视为自明者，找出理由，或反省出我们最初相信之之理由，而见自明者并非自明，而是待他而明，即可证明的。如 $2+2=4$，一般人可视为自明之真理，然我们亦可以加以证明。如在本书本部第十四章数学与逻辑知识之性质第八节及十二节之所论。

丙、我们可以指出许多学术上较高深的真理，如天体运行之定律，对一般人并非自明，然而却是真的；人欲知其真，实待于辛勤之推理与实验，以证明其真。

丁、我们可以对常识所视为自明，而原亦为必真而自明者，如方形有角之类，试加以怀疑：问常识中人何以知其自明而不容疑？或必不能有证明？然常识中人，恒说不出。是见常识之以此自明者必为自明，而不待证明，此本身并非自明的。

（二）自明说之第二意义，是一种哲学之理论。此理论是说人必须有若干基本之真理，是自明的。其所以为自明而不能有证明，亦有理由可说，由此而我们可说自明为这些真理之一种性质，为这些真理之所以为真理之意义中所当涵。

依这种说法，我们不能主张一切真理都是待其他而证明。此即蒙旦（Montaigne）之怀疑论所由生[①]。依蒙旦说，如一真理待其他真理而真，他真理又待另一他真理为真……一切真理，皆待其他真理而真，即无一真理能自真，亦即无一真理为真。故有待证之真理，必有用以证明待证之真理之真理。而最初必须有不待证的真理，亦即自明之真理。

这种自明说，在西方近代，可以笛卡尔之说为代表。他即是由几何

---

① Brightman：Introduction to Philosophy 第二章所引。

学数学中之真理，皆自若干原始之公理等推演而出，而以此原始公理等，必为自明的真理；并由反省我之一切怀疑，皆由我之能怀疑而来，而以我之能疑能思，与我之存在，为不可疑之自明真理者。

依此说，以论若干真理之所以必为自明之故，恒一方由此若干真理之为不容证明之最简单最单纯之真理处看，再一方则是从其不容人之不如此想，或不能想其不如此，不能想其反面，或想其不真处看。故此种说法，恒与反面之不可设想之说相连。如西哲斯宾塞，即以反面之不可设想，为真理之标准者①。如吾人说，部分小于全体为自明，即因其反面之"部分等于或大于全体"，乃不可设想者。如谓白异于黑为自明，即因其反面之白同于黑，乃不可设想者。反之，一切真理，其反面之可设想者，则非自明之真理。如此树六尺高，即吾人对此树之一最简单之经验真理。然此树不六尺高，而七尺八尺，皆可设想者，则此真理非自明，而惟待经验而明者。

与反面之不可设想之说相连，而亦可包括于其中者，为"反面之包涵逻辑上之自相矛盾，或导致其他矛盾者，为自明"之说②。如我们说方形有角为自明，此即因我们所谓方形之概念中本涵有角之意义。今谓其无角，即与我们所谓方形之概念相矛盾。此为纯逻辑的自相矛盾。又如我们谓凡有色者必有形为自明，此则因若吾人否认有色者有形，而谓有色者无形，则将导致一与吾人之一般的直觉中"形与色恒相连"之矛盾。

与"反面涵逻辑上之自相矛盾或导致其他矛盾者为自明"之说相连者，是"正面为反面之所预设者即为自明"之说③。即我们可说一道理之为自明者，乃吾人如否认之，必须同时预设之者。如吾人说有命题，若人否认此说，谓无命题，则此人必已有"无命题"之一命题。则此主无命题者，已预设有命题。又如吾人说有人说真话，人如否认此说，谓无人说真话，则此人已预设其所说之此话是一真话，即至少有彼一人说真话。此皆因一语之为其反面之所预设而为自明者。

---

① E. G. Spaulding：New Rationalism，p. 181 征引斯宾塞（H. Spencer）《心理学原理》Principles of Psychology，pp. 420—437. Cf. J. S. Mill：Logic. Ⅱ. Vol. 1—4.

② 此即西方传统逻辑中所谓归谬法 reductio ad absurdum.

③ Spaulding：New Rationalism. p. 182. 谓以反面之所预设 Presupposition by Denial 为真理之说最好之论述为 P. Coffey：Logic，1912. Cf. Jevons：Principle of Science 云。

笛卡尔由我之能疑、能思以知我在，而谓"我思故我在"为自明，其涵义中实已包括"为反面之所预设"，"反面之自相矛盾"，"反面之不可设想"，以证此"我思故我在"为自明之义。因如我疑"我思"，思我不能思，此即是思，而预设我之能思；则谓我不能思，即成自相矛盾；而此我之不能思，亦即成不可设想者。

如哲学上之自明说，涵此诸义，则我们亦确可说，若干真理乃涵具一自明之性质；而其所以为真理之意义中，乃包涵对人为自明之意义者。而吾人欲考核一真理之是否能自明，亦有一定之标准。此（一）即其是否为其他真理所待之以证明之最原始、最简单之真理。（二）即其反面之是否亦可设想，反面之是否必包涵自相矛盾，或为反面之所预设等。而持此标准，以考核我们通常所视为自明者，即可将一切由证明而得者与若干本非自明者，抉剔而出。此上为自明说之大旨。

对此说，我们可作下列之批评：

第八节　自明说之批评

（一）自明说如只应用于肯定有若干自明之真理，则自明说即似不能用以说明一切真理之共同意义，亦不能为衡量一切真理之标准者。但我们亦可说，如非自明之其他真理，皆待自明者而证明，则其他真理所以为真理之理由，皆根据于自明之真理；而自明之真理，即为其他真理所间接涵具者。且吾人似亦可说：当一真理，据自明之真理加以证明时，其本身亦似可渐成为自明者。（如常识中可以已证明之真理为自明。）于是我们似亦可说，一切真理皆可化为自明者，而一切真理亦即皆可由证明，以成为具自明性者，或即本来具有一潜伏之自明性者。吾人今试设想：一人有一种"能一眼望透一推理之串系"之直觉之知慧，则彼亦即尽可不依此推理串系之一一之次第推理，以由前提直达结论，而使前提与结论如在一平面上；则吾人所视为由证而明者，在此智慧下即皆成直接呈现而自明者。如天才之智慧，则正近乎此。而西方哲学中所谓上帝的智慧，印度哲学中所谓佛之知见，中国思想中所谓慧观、神智、神解，不待推而知之知，皆近乎此。对此智慧，则应言凡可由证明而知之一切真理，皆可成为自明而具自明性者。西方现代哲学中胡塞尔之现象学派，盖即为在哲学上向慕此境界，而以真理皆当具一自明性者。于此自明的真理，与证明的真理之分，即成为不必要。而吾人亦可说，一切证明之真理与自明之真理，皆同为具自明性者。但对吾人一般之智力言，则不能如此说。

（二）对吾人之一般智力言，反面之不可设想者，是否即为自明之真理，亦不能直下加以断定。因人于反面者之所以不能设想，可只由于人之思想之限制陷溺于正面，而并非真由于反面之不可设想。如人之习于地平与物向下而堕落之观念者，必以地球彼面之人，头向下而不堕，乃不能设想者。然实则此并非真不可设想。如吾人之尽可设想一手持一画，其画中之人头皆向下。唯如何辨此二种之不可设想，则不能只有一主观之标准，而当有一客观之标准。而反面者之是否必自相矛盾，反面者之是否必须预设正面，则为一较客观之标准。因反面者如为自相矛盾，则其不可设想，不只为主观的心理上的，而是客观的论理上的。即此反面者乃论理上必不能成立者。反面者如必预设正面，则可证正面乃不容否定的。如反面者不自相矛盾，亦不预设正面，则反面者皆为可设想的。而其可设想，即可引导我们往设想之，而打破我们之主观心理上之限制与陷溺；并使我们更能将本非自明，而只由我们之主观心理之限制与陷溺而视为自明者，加以抉剔而出。此即"反面者是否为自相矛盾"，"反面者是否涵正面"，更可为一决定正面者之是否为自明之客观标准之理由。

（三）但由反面者之包涵自相矛盾，或预设正面，而知其为自明之知识，即非只是本身为自明者，而是可由反面者之包涵自相矛盾而不能成立等，加以证明者。我们由反面者之包涵自相矛盾，以证明正面者之必为真，依于我们之先肯定"反面不真则正面必真"之原则。然此原则乃一理性之原则，而其是否处处皆有效，亦不可一概而论。如在一情形下，吾人对一问题尽可无论作正面之答案或反面之答案，皆可导致一自相矛盾。亦即任一面之答案，皆为必须预设其反面者。此即如康德《纯理批判》中所谓二律背反（Antinomy）之说。依康德之此说，吾人无论说空间是有限或无限，时间是有始或无始，物可分为最小单位或不可分为最小单位，皆同可导致一思想上自相矛盾，而必须归于再肯定另一面之所说。故反面者之导致自相矛盾，与必须预设正面，并不证明正面之必不导致自相矛盾，而不须预设反面。因而反面者之不能成立而为假，并不证明正面者必能成立而必为真。而其毕竟是否为真，即不能只由其本身之似自明，与反面者之不真而建立，而应求之于其他之理由。

由吾人以上之批评，则一正面的知识，除在"其反面者必预设此正面，正面者可不预设反面"之情形下，吾人可说其必真外；吾人并不能由反面者之必预设正面，包涵自相矛盾而为假，以论定正面者之必真。而吾人在讨论此诸问题时，吾人实已是在本理性上之思维，以求建立"衡定一知识是否自明"之标准。至吾人之运用此诸标准，以论定一知识之是否真为自明，吾人实亦已在从事证明。由是而自明说，即不能离吾人上所提及之融贯说而独立。

第九节　融贯说之说明

依融贯说，一知识之为真，不能只从一知识之正面看，即能直接知其为真；亦不能由其反面之不能成立，即知其必然为真；复不当只从其为反面所预设，而其本身可不预设反面，以孤立的肯定其为真。而要在一方看其本身是否内部自相矛盾，一方看吾人之以为真，是否将导致此外之其他矛盾；而在另一方，则复当看吾人可否由之引申演绎出其他知识，且可由其他知识以引申演绎出此知识。此为其进于自明说之一要点。

此说之根据，在先肯定我们之任一判断或命题，皆有其所涵蕴之判断或命题，亦可被其他判断或命题所涵蕴。其能相涵蕴者，则各对他为真，而同属于一系统中。其不能相涵蕴而相矛盾者，则各涵蕴其他之一为假，而为不能同属于一系统中者。故真与假，皆不当自一判断或命题本身孤立的看，而当联系其他判断或命题，而综合贯通的看。至于一切可能之判断或命题，是否皆合以构成一唯一之知识系统，则不必为一切持融贯说之真理论者之所共许者。而所谓融贯说，亦可有下列二种不同之意义。

其一意义，乃只指内部一致融贯之孤立系统。此可指一切纯依若干不矛盾之基本命题（包括基本定义）而演绎所成之思想系统，或语言符号系统，如一数学系统纯逻辑系统。亦可指由若干不矛盾之语句而构成之诳话系统、神话系统。此皆为一孤立系统。在此种系统中，我们可说凡相涵蕴之命题，皆相互为真，而诸独立之命题，则可合以涵蕴其他之命题。至此其他之命题，则又可与此诸相独立之命题，依不同原则，而互相涵蕴，以相对为真。如设 $a = b$，$c = d$，此二命题为相独立。然吾人可依数学上等量加等量其和相等之原则，而合以涵蕴 $a + c = b + d$。然我们如承认 $a + c = b + d$ 及 $a = b$，我们又可依数学上等量减等量其差相等之原则，知其合以涵蕴 $a + c - a = b + d - b$，即涵蕴 $c = d$。我们如承认 $a + c = b + d$ 及 $c = d$，我们亦可依同样等量减等量之原则，知其合以涵蕴 $a + c - c = b + d - d$，即涵蕴 $a = b$。此即可说 $a = b$，$c = d$，$a + c = b + d$，三者依不同原则，而互相涵蕴。

在此种内部一致之思想系统语言符号系统中，其基本命题本身如何可说为真？或此系统是否能对实际经验事物皆真？则皆可不成吾人之问题。而吾人如以"依与之相矛盾之基本命题所构成之其他思想系统语言符号系统"为标准，并设定之为真，以判断此思想系统语言符号系统中之命题，则亦未尝不可说此系统与其中之命题为假。然反之，吾人亦可以此系统为标准，并设定之为真，以判断其他系统中之命题为假。于是吾人可说二者皆真，亦皆假，亦即无所谓真假。而一能自圆其说之神话系统，诳话系统，自实际经验世界言，亦可说之为假。由是一内部融贯一致之思想系统或语言符号系统，可不涵有：此系统本身对系统外之系统之有所谓真或假，亦不保证其对实际经验世界之必为真。因而亦不必能成为一对实际经验世界之知识系统。（由此而人有以一内部融贯一致之思想系统语言符号系统，只有逻辑的一致性 Logical Consistency，其由前提至结论之推论，只有逻辑的有效性 Logical Validity，而不宜称之为一真理系统者。但我们则以为在一由有效之推论而形成之内部自己一致之系统中，凡推出之结论，即皆可说对此系统内之前提为真，亦即对此系统本身为真。唯可不对此系统外之系统为真而已。）

第二义之融贯说，则为以一思想系统或知识系统之所以成为真，乃由其中之命题或判断，互相一致而融贯，而亦与经验世界中所经验之事物之理，及吾人能构造种种系统之理性中之理，相与一致，互相一致而融贯者。而此即其所以对吾人之思想知识自身以外之存在或实在亦为真之根据与理由之所在。因而真理之意义，即通于存在或实在，而以融贯为真理之标准，亦即包涵求知"吾人之知识，吾人所认识之经验世界中之事物中之理，与吾人理性中之理"如何可相融贯之义。

然吾人如谓融贯说包涵求吾人之知识与经验世界中事物之理，与理性中之理相融贯之义，则融贯说如何与符合说相分别？吾人何以不直说，吾人之思想系统知识系统中之判断或命题，皆必须符合存在的事实之理而后能真，而必取融贯说之真理论？

对此问题，融贯说之一种形态之答复，是：我们不能将我们主观之思想、判断、观念等，视为主观的，而与客观之经验世界或存在于人之理，彼此分离而相对待，以论其符合与否。因吾人论其符合与否本身，仍依于吾人对此符合与否，先加以思想判断，而后可能。如吾人欲问吾桌下有猫之一判断，是否符合客观事实，吾最后必须至桌下望，以求证实，如吾人前所说。然吾人在桌下望见有猫，而证实此中有一符合时，吾人所发现者，正唯是吾人原初之判断，与后来所经验者之不相矛盾，一致而融贯。吾作桌下有猫之判断时，此判断乃对客观之桌下而作判断，故此主观之判断，即对客观的桌下有猫之一事实，作一肯定。而此判断如为真，必须涵蕴此桌下有猫的事实之客观存在。而吾人所经验之桌下之猫之一事实之客观存在，亦涵蕴吾人桌下有猫之判断之为真。而此二者，则皆在吾人之思想中与知识中，合以表示：吾人所经验之存在事实，与吾人之判断之融贯，此外可另无其他。

人对此说之主要怀疑，是如何依此说以说明吾人对于吾个人所不能经验之事物之判断语句之为真？如吾人如何可说：地心有火，或二千五百年前之孔子为鲁人，或原子有原子核，吾人之说此诸判断，诸语句为真，如非说其与客观事实相符合，则所谓其为真之意义为何？

如何依融贯说，以说明此诸问题，虽似较桌下有猫之问题为困难；然实则亦同为一类。吾人仍可由符合说之论此类判断语句之是否真，最后仍须求决定于吾人之如何证实之；以见融贯说之正不难对之有一说明。且此说可较常识中之符合说，只一直肯定一客观事实之存在，而谓吾人之判断语句，直接与之相符合者，更易于对此问题加以说明。

在常识中，人谓孔子为鲁人一语为真时，彼恒自觉此语乃直指二千五百年以外之一人，而与之相符合。在常识中，人谓原子有原子核时，亦恒直想此语与原子中某处之核相符合。然当人问何以知此二语，为与一客观事实相符合时，人又恒茫然不知所对。实则，人所谓此二语与客观事实相符合者，常实只是与书中之话，及他人之言相符合之谓。然此书中之话及他人之言，正为先已呈现于其经验中者。而此符合，正不出于今之所想者与昔之所见闻者之自相一致融贯之外。如人于此，谓他人之言、书中之话所以为真，乃由其合客观事实。则吾人可试问：何以知吾人所读书中所载孔子为鲁人之语，必为合事实？便知吾人实只能求其根据于他书；见各书载关于此点者，皆为一致。至如问何以此一致为可信？则最后必追溯至此各书之为一代一代之记载，由古留传至今者。而最初记载孔子行事者，则当为孔子之弟子及族人等。最初人之信孔子一人为存在者，亦正如吾人今日之信吾之师友为存在，或信桌下有猫之存在。依融贯说，其理由正在如吾人否认其存在，必导致吾人思想上之矛盾。由最初亲见孔子之人，信孔子与其行事之存在，而加以记载，以告后来之人；后来之人，又信亲见孔子之人，所说孔子之行事，再以口说或记载，传之更后之人；而更后之人，亦信之为真；如是代代相传，乃有吾所读之书，及此书之为吾所信。则吾之信孔子为鲁人一语，实依于一历代人信心之互相信托之系统之存在。而孔子为鲁人之一知识，实无数代之人，本其相互信心，而代代传下之一知识。于是吾人可说，此知识乃存于颜子心中，存于孟子心中，存于荀子心中，存于董仲舒韩愈及程朱陆王等心中，及吾所读之某一载孔子为鲁人之书，之著者心中，最后乃存于吾之心中，以为吾之一知识。而上述之此等等本身，又为吾人今所有之一一知识，而可结合成一知识系统者。于是我之"孔子为鲁人"一知识之所以为真知识，正在其为与此系统中颜孟荀等无数历代之人之知识，为能彼此一致而融贯者。而吾复信确有此一致与融贯之存在，故吾亦信吾之此知识为真。

至于吾人之信原子为有核，则可初由于吾人信科学家之所言。此科学家之言，所以为可信，则初仍本于科学家之依于理性与经验，而感到如不肯定原子核之存在，则不能解释种种实验所得之现象；或觉如肯定此现象之存在，而又不肯定原子核之存在，必导致一种思想上之矛盾。反之，如肯定原子核之存在及其他科学上之原理，则可推演出此种种现象之存在，而与吾人之所经验者，能彼此融贯而一致。

由此而吾人不难扩充吾人所谓"融贯一致之知识"之意义，以包涵：一切吾人所知者与所经验之事实及他人之所知者之相互一致融贯，及"吾对此一致融贯之存在与否"之知；以知一切真知识，皆当在一彼此一致融贯之知识所构成之系统中存在。至一切相矛盾之知识，则必有一为不真。而由包涵有相矛盾之知识，所构成之知识系统，整个言之，亦即为不真，必须加以拆散而重造，乃能产生一真知识之系统者。于是考察一切所谓知识,是否能与其他知识,融贯一致,亦即可成为衡量一知识是否为真知识之标准。

依此义之融贯说,其最后恒不免归于人之一切知识,皆合成一唯一绝对之相依赖之大系统之说。因如有二独立之知识系统,则一系统中之知识,可只与此系统中之其他知识相融贯,而不与其他知识系统中之知识相融贯。于此吾人如提举一系统中之知识,以对较其他系统之知识,而问其是否互相融贯,便不能得答案。在此情形下,则融贯说为不能应用;亦即无意义者。故欲使融贯说有意义,而随处皆能应用,则恒须假定每一知识之真,皆与其他知识之真,直接间接相关联,如其不真,则必直接间接与其他知识之真,相矛盾;如其真,则皆可更证成其他真理之真者。由此,而人类之全部知识所合成之系统,即须成一唯一绝对之系统。

然在此唯一绝对之系统中之知识,虽皆可有互相依赖之关系,然其互相依赖之情形则不必同,而一知识亦不必同时依赖一切知识。如金星运转、土星运转等一一行星之运转之真理,皆可说直接依赖凡行星皆运转之真理。而凡行星皆运转之真理,亦可说直接依赖金星运转、土星运转……等一一行星运转之各真理。然金星之运转,是否必直接依赖于土星之运转,则看如何说。如谓行星运转之轨道,乃互相规定,则每一行星之运转之如是如是,皆依赖其他行星运转之如是如是。但吾人如谓无金星而土星亦可照常运转,则土星之运转,亦并不依赖于金星之运转。又如吾人可说橘之红而圆,依赖一物体之有色者必有形。一物体之有色者必有形,亦依于吾人所经验之物之有色者皆有形。然此中各有色有形之物,其各各之色形,则尽可互不相依赖。又此物体有色必有形,与凡行星皆运转,二者间亦可不相依赖。但我们又可说,此二者皆依赖于"凡存在之物皆有其所是"之一真理。而此真理即为将前二真理关联,以合成一系统者。由此而一切知识,虽可互相关联成一系统,然并不必一切知识,皆平等的互相依赖。其中之知识,有更为其他知识之所依赖者,亦有较不为其他知识之所依赖者。由是而此说必归至各种知识之真理价值不一之说,及真理之有各种不同之等级之说。而最为一切知识所共依赖之知识或真理,而可由之以推出其他知识真理者,则为更能贯通于众多之真理之较高层级之真理。

第十节　融贯说之批评与讨论

至于对融贯说之批评之第一种，即为谓此说之将一切知识，皆纳于一大系统中，必至以一切知识之真假，皆相依为命，则吾人似当由一知识之真，肯定一切知识皆真。亦当可由任一知识之假，以推知一切知识皆假。然此实悖于事实者。如罗素曾举例，谓如一印度国王有胡子，与莎士比亚写《哈姆雷特》，二事之真假，即渺不相涉。然吾人如了解此说中之真理层级论之义，则知此种批评，并不真正相干。因此说，只谓一切真理皆有其所依赖而真，亦有依赖之而真者。在此点上，人实甚难加以否认。（如人可有胡子，即印度国王有胡子所依赖之而真者。某印度国王口边有毛，即依某印度国王有胡子而真者。而莎士比亚有写悲剧之天才，即莎士比亚写《哈姆雷特》之事依之而真者。而英国之有演《哈姆雷特》之剧院，即依莎士比亚之曾写《哈姆雷特》之真而真者。）然此说并非必须以一切知识，皆平等的相依赖、相涵蕴；即在有涵蕴关系之前题与结论间，其前提真而结论真者；若前提假，结论亦不必假，结论真，前提亦不必真；并不必归于一真一切真，一假一切假也。

然此说亦可在一义上，归至一真一切真，一假一切假之说。此即就一切知识皆依于某一种存在之共理之肯定上看，以谓吾人之肯定一知识之真，乃同时肯定一存在之共理之真；而否定一知识之真，则同于否定一存在之共理之真。如此则亦可说，一切知识皆在一义上，平等的互相依赖，必一真然后一切真，一假则可一切假。如说孔子有死为真，吾人可说，此乃依于吾人之肯定凡人皆有死之共理。则吾人之肯定孔子有死，即连带肯定凡人有死之共理。而此共理，即为孟子等一切人有死所依之而真者。反之由此而如吾人否定孔子有死，则可归至否定人之有死之共理，而孟子等人之有死，亦即同时为被否定者。以上述罗素所举之例言，如吾人否定某印度国王有胡子，此可依各种理由以否定。然吾人亦可依于根本否定一物之有其所是之性质，以否定印度国王之有胡子。至少在此情形下，则吾人之否定印度国王之有胡子，即兼包涵吾人否定一物之有其所是之性质之一理。而吾人若否定一物之有其所是之性质，则无一物能有其所是之性质，而莎士比亚即成不能是写《哈姆雷特》者。由此而吾人可说，凡对有共同之理贯通之一切事物，吾人如对其中一物，否定吾人对之所知之某共理之为真，亦即无异连带否定：此共理之对其余同类之一切物之为真。反之，吾人如肯定吾人对之所知之某共理之为真，亦无异连带肯定此共理，对其余同类一切物之为真。由此而在一绝对之知识系统中，如其中有一切知识所共依赖之一真理，则在此系统中，吾人亦可说如其中一知识真，则其他一切知识亦皆依之而真，一假则一切知识亦理皆依之而假。而可说一真则一切真，一假则一切假[①]。

对于融贯说之第二种批评，是一知识系统对经验世界之事物为真时，所谓吾人之知识判断与所经验者之融贯，毕竟为一判断与另一判断之融贯，或与经验中之事物之内容相融贯？如为前者，则我们永只有主观心中之判断与判断之融贯。如为后者，则吾人对经验中之事物内容之认识，实为吾人一切判断知识之为真之最后的根据。而此认识之内容，则可为客观事物内容所决定者。此为客观事物内容所决定之认识之内容，如为真，则似应直接对客观事物之内容而为真，并与之相符合者。由此而吾人即似必须以符合说为融贯说之基础。

融贯说如欲答此疑难，则只有谓：所谓为客观事物内容所决定之认识内容，此本身乃只是知识之材料，而尚非知识。因而只就此认识内容之如此如此而观，乃无真理之意义者。真理必在吾人之判断已生起后说。而在判断已生起时，则一切真理皆通过判断而见，亦即由吾人"初用以判断之认识内容"，与"所判断之事物之内容，其呈现于吾人之认识之前而兼为事物之内容与认识内容者"，之是否一致融贯而说。由此而融贯说之真理论，仍为不可驳者。

然融贯说之真理论，仍常忽视一问题，即吾人由经验事物而认知其内容时，此内容可并非只为知识所由形成之材料，或纯粹之给与者。吾人在生活中，实恒一方由所认识之事物，以获得吾人认识之内容；而另一方亦为立即以此认识之内容，判断未来之事物，而求决定此判断于未来之事物者。在此处吾人实可有一对不在经验中之事物之肯定，并以未来可经验之事物之内容果为如何，作吾人之知识之是否为真之标准之所

---

① 上文谓如一切知识，有其所共依赖共同之真理，则如吾人由否定一知识而连带否定此一共理时，则我们可说一假则一切假；反之，如肯定一知识，而连带肯定此一共理时，则我们可说一真则一切真。然此共理未被指证出之先，吾人乃不能说一切知识皆有共理者。而此共理之指证，则必待于形上学。故在知识论范围中，泛说一真一切真，一假一切假，仍可为一不切实之说。

在，而非只以吾人自身所已经验认识之事物内容，与用以判断之认识内容之是否一致融贯，为真理之标准之所在。吾人于此，如欲兼取符合说与融贯说之所长，以解决此问题，则为实用主义之真理论之所由生。

第十一节　实用主义之真理论之三型及其批评

依实用主义之真理论，吾人之认识历程，在根本上，乃吾人之生活与环境交互反应之历程。故吾人之认识内容，一方为客观事物所决定，一方吾人亦以此认识内容，预期或预指一将有之事物，并常连带吾人对当前事物与其所指之事物之反应活动，以求规定一认识之内容或一观念之意义。如吾人出门见天色阴沉，即由所见之天色阴沉，以预期天之将雨。而谓此天色阴沉，乃表示将雨，以形成一"天色阴沉——将雨"之整个观念。而此观念，同时可引起吾人之反应活动，如为避雨而携伞。此天色阴沉、将雨、携雨伞，亦可合为一整个之观念。而天色阴沉之意义中，即包涵将雨、与携雨伞等，以共合成一意义系统。至于此天色阴沉之指示将雨之是否为真，则全视以后之是否有下雨之事之经验，加以证实为定。而下雨之是否当携雨伞，则视携雨伞，能否达吾人避雨之目标而定。吾人如预期天将雨，而天竟雨，即合吾人之预期，而实现吾人之一目标，吾人即谓此预期者为真。吾人之携雨伞之观念，能使吾人达避雨之目标，则此观念亦为真。为此说者，或重前一义之目标，或重后一义之目标，或兼重二者。于是此说即可有三型态，兹略分别论之如下：

其一种型态，即着重观念之所预期或所指示者为何，以求未来之经验或未来所观察之事实，以证实其真或假者。此说一方与吾人上论符合说之真理论之重以未来经验，证实吾人之经验者无别。唯在实用主义者，更着重一观念之可能有的各种意义之自觉。此所谓一观念可能有之各种意义，即在各种具体情境下，此观念所指者当涵具之意义。依此而吾人之如何考核一观念之是否对某一物为真，即须由未来之观察经验，以看此某物是否涵具此观念之各种意义。如吾人谓一马为骏马，毕竟此骏马之观念是否对此马为真，则看其在各种情境下所表现，是否涵具骏马之各种意义而定。吾人可说：所谓骏马者，如人驾之可日行千里，是一意义。如在战场，则此马临敌不惧，又是一意义。如不得食，此马能照常工作，又是一意义。而吾人决定此马之是否骏马，即当看在此种种情形下，此马是否表现此种种预期结果。若其能表现此种种预期之结果，则吾人说其为骏马之一语为真，亦可说此马之存在中，涵具其为骏马之种种意义。此盖即皮耳士（Pierce）型之实用主义之一要义。

第二型之实用主义，为将上述之理论，再推进一步。即由观念之意义中，包涵吾人所预期之结果之经验，而说所谓一物存在之全部意义，亦即为其在各情境下所表现之直接或间接之种种功能，或种种效果之所穷竭。而对一物之种种观念之为真，亦即对此物之有此种种功能，或种种效果之表现为真①。由是而吾人所持有之观念，只须其能满意的工作，或引导吾人之达吾人之目标，而有预期之效果者，皆为真。依此义尤可帮助吾人解决"某种不能由纯粹之思想理论本身，决定是非"之主张争执。如人在哲学上或谓意志能自由，或谓意志不能自由；或主多元或主一元；或主有神或主无神。此皆数千年，所未能解决者。其所以未能解决，因其皆各有其思想理论。而每一思想理论，皆可自成一内部融贯一致之系统。然由其彼此相冲突，则证明其不能纳入一绝对之知识系统，亦非皆能自明者。则欲解决此中之问题，唯有在思想理论本身以外求解决。然此类问题，又不能以一客观事实为对照，以看何者为符合事实。因此中，亦无一般所谓客观经验之事实，足资对照。即见以上之三种真理论，于此皆不适用。然吾人如看此各种理论之用之于人生，对人生行为之影响与效果，及其与各种不同性格之人之关系，及对之影响，则可见其实用价值之所存。而吾人即可由此实用价值，以定其何者为真，或对不同性格之人，何者之宜成为真。

依此种理论，一事物在各情境下所表现之功能效果乃在变化中者，故人可不信有不变之事实；因而亦不信有绝对不变之真理。更不信有真理之预先存在，或必须符合于铁的客观事实之真理。如吾人明不能说，吾之未来之命运已定，即吾亦不能说，关于吾之未来已有预先存在之真理。吾之未来可为成功，亦可为失败。然吾可造成吾未来之成功，亦即可使吾之预断我未来之成功之思想或判断，成为真。吾人可改造社会与自然，以使如何如何之社会与自然存在，亦即使吾人所想之如何如何之社会与自然之思想成为真。由是而可说人能造成真理，真理乃为人所造

---

① 本部第十章知识之对象问题下第九节论实用主义之知识对象论，即发挥上述数语之涵义者。

者。此盖即詹姆士式之实用主义之理论。

第三形态之实用主义，为兼综上列二者。而谓吾人之知识乃兼包括对事物之存在于情境中，所发生之效果之探究与预期及以后之观察，即凭之以规定事物之存在之意义，及如何改变已成之事物，以达吾人之目标者。由是而重事物之存在于一情境中之工具意义，亦即其助成吾人之目标之实现之意义。依此说，吾人之加一行为于一情境中之事物，即可改变事物，而同时亦造成真理。如我们之以手将水中之人救起，即造成某人为得救的人之真理。而人之所以能造成真理，亦正由事物之存在的意义，不只由其本身而决定，而是相关于其所在之情境，吾人之行为，及吾之目标而决定。其存在之意义中原有助成吾人之目标之实现之工具意义——亦即"可引致某结果之产生，而此结果又为吾人之目标所在"之理想的存在意义。由此而吾人对事物之真观念中，亦必须包涵对事物对吾人目标之实现之工具意义之认知。此盖即杜威式之实用主义之理论之要义。

至于对实用主义之批评，则通常之批评有四种。其一，即此说毕竟是否真能化所谓客观对象事物，为其所表现之一切功能与效果之和。因吾人可问：如客观对象事物本身不存在，则孰为表现此功能与结果者？吾人固可设想，如一事物将其全部功能与效果表现完，则一事物为空无所有。然一现实存在之事物，亦实从未将其全部之功能与效果表现完；则一现实存在之事物，不能等于其所表现之功能与效果之和。而除其所以表现之功能与效果外，应尚有其事物之本身。因而吾人之说一观念判断，对事物所表现之功能效果为真，亦实同于谓对有此功能效果之表现之事物本身为真。于是，符合说之理论，即不能全由此说而代替。

第二，此说之谓真理可由人造，如自吾人能改造事物，以间接使吾人对一事物之观念判断成为真上看，此亦为可说者。但此处有一问题，即人可改造事物是一事，然人之改造真理本身又是一事。我们固可说一事物造成后，则吾人对一事物之观念或判断，原不真者可成为真。然此真，仍是自观念或判断与造成之事物之关系上说。此观念或判断之为真，则纯可与一事物之由何而来不相干。毕竟一事物为自古存在或由人所造成，在吾人问一观念或判断是否为真时，吾人皆可不问。则判断观念之为真，唯当在一判断观念与事物之符合或一致或融贯处说。而此中之符合、一致、融贯、则只表示一关系，而呈于吾人思想中者。唯人在此思想中，发现此关系处，乃同时发现真理。则人之造一事物，不同于造一真理。

第三，吾人固有改变事物之时，然有若干事物却非人所能变，如过去之事物，即非吾人所能改变。然吾人对过去之事物之认识，亦有真与不真。此真与不真，可依自明说讲，亦可依符合说讲，亦可依融贯说讲，然不易依实用主义之说讲。因现实事物可变，而过去事物则为不可变。无论吾人如何改变一现实事物，吾人仍不能改变过去时间中，此现实事物之曾如何如何。而过去事物本身之为如何如何，与其功能效果之为如何，亦明可视为二事。故吾人亦不能以过去事物之功能效果上之意义，全同于过去事物之本身存在之意义。吾人之知识之关于过去事物之本身者，亦即不同于吾人之知识之关于其功能效果者。而知一过去事物之功能效果，虽有时为考核过去事物之是否存在所必需，然有时亦为不必需。至于谓吾人之对过去事物之认知，为过去事物之一效果，此固皆可说；然认知过去事物之本身，仍不同于认知此"对过去事物之认知"。此仍见一事物之效果，与其本身，终不能全然混同。过去事物之功能效果，可时在变化中，而过去事物之本身则尽可不变。则吾人之认知过去事物之本身为如何，若为真，亦应为不可变，而不能由人自由改造者。

第四，谓吾人可由改造事物，而改造真理，尚有一问题。即吾人之改造事物，必因事物本有可如何如何改造之理。吾人之以何事物为工具，以引致某结果而达吾人之目标，亦必因某事物原有可引致某结果之理，而自具有助吾人达某目标之工具的意义。然吾人今试问：吾人能否造"此事物之可如何如何改造之理"，或事物之所具之工具的意义之自身？此明为不可能者。因如其可能，则吾人应可由某一事物造出任何事物。如一事物本无其一定的可如何如何改变之理，与一定之引致某结果而助吾人达某目标之工具的意义，则吾人欲用何事物为工具以改造事物，亦不知将循何轨道。而此改造之之事，亦即无处下手，而为不可能。故吾人必须肯定事物之理与其工具的意义，非人所造。而此则或为人凭经验或直觉所发现，或为人依理性而不能不肯定者。至于克就人所抱之目标理想自身而言，此理想，固人之所形成建造，然人之能形成建造如何之一目标理想，此亦即依于人之能建造此目标理想之性；然此性，则不能说皆由人所建造。因人如能建造人性，此仍本于"人之能建造人性"之性。此性仍非人之所建造。由此而见，人之可建造理想，以改变事物，并不证明事物之理与人之性，皆由人造。亦即不证明关于事物之理与人之性之一切真理，皆由人造。而此一切真理，正当为人之能"建造理想，以改变事物"之所依。由此而吾人不能由事物之可变，人之理想之可变，而谓一切真理皆可变；而正当由一切变之所以可能，由于理之有定，而证理之不变。而人对此理之知识，或此知识中所显之真理，亦即应为不变。

吾人如以此数点，批评实用主义之真理论，并未抹杀实用主义之理论之价值。而其旨，唯在重申其余诸说中之真理之成分，以见其非实用主义之真理论，所能抹杀。

第十二节 四种真理论之比较及其融贯

吾人以上分析符合说、自明说、融贯说、实用说之四种真理理论，乃一方叙述之，而一方评论之。吾人亦即可不需再另作一详细之结论。而由吾人以上之分析，可知此四真理说，如善加解释，皆可有其颠扑不破之真理成分。符合说之真理成分，在真知识之必有一意义上之符合于客观事实，而对于客观存在之个体的经验事物之知识，历史地理中之事物，则尤宜用符合说为标准。此为各派所不能否认者。而自明说之真理成分，则在说明有待证明之真理，则必须肯定有不待证明之真理。而待证明之真理，亦可渐化为对人若为自明，而亦可对一种智慧成自明者。又对于若干之基本原始的直觉性知识，亦最宜以自明说为标准。融贯说之真理成分，则在说明自明真理与诸待证明之真理，为可相互涵蕴，而相互为真，亦即可相互证明，以成一系统之知识者。吾人可说，对于一切科学哲学之纯理论系统之形成，最宜以融贯说为标准。实用说之真理成分，在指出吾人对经验世界之观念判断，恒为预期未来，并指导吾人之行为，以改变事物者。吾人可说，对于一切实用应用之知识，最宜以实用说为标准。又此四说中，符合说，偏自吾人之知识，对客观之外在事物之为真上说。自明说，则偏自吾人之知识，对吾人自己之为真上说。融贯说，则偏自各知识真理，相互之内部关系上说。实用说，则偏自各知识真理，对经验事物与人生之他方面之目的之关系上说。其中，自明说融贯说，皆偏重自知识本身之所构成上看，人之运用其理性之直觉与推论，皆依于定然不易之理上说。符合说实用说，皆偏重自知识真理之应用于经验事物，乃随所对经验事物而变处说。其中自明说与符合说，皆偏于孤立——观念判断命题，以见其真者。融贯说实用说，则皆为关联诸观念判断与命题，以见其真者。由是而此四说，乃可彼此不相矛盾，而相融贯者。而此融贯，亦可说为此四种真理论本身间之一种客观之关系。吾人之说其为融贯，亦即合客观事实者。至于此融贯，是否具自明性，则吾人可谓，当吾人真证明上列诸说可相融贯之后，则其可融贯，亦未尝不可逐渐成为自明①。唯此非一朝之事。至将此四说，加以融贯之后，有无实用价值，则亦俟吾人之如何分别应用之于各种知识，与人生之目标之达到为定。然其至少能达吾人之哲学上要求关联贯通各种真理论之目标，则为显然者。而此目标之达到，亦即有一种实用价值。

真理之意义与标准　参考书目

L. O. Kattsoff: Elements of Philosophy. pp. 151—177. The Meaning and Truth.

J. G. Brennen: The Meaning of Philosophy. pp. 73—113. Truth and Certainty.

P. Pap: Elements of Analytic Philosophy. pp. 344—379. Theories of Truth.

B. Russell: Problems of Philosophy. Ch. XII 论真妄问题。又 Truth and Meaning. Ch. XVII. 罗素前书代表一符合说之真理论。后一书十七章，乃说明真理为信念之性质，而与事实符合者。

H. H. Joachim: The Nature of Truth. 此书已绝版不易得。Krikorian & Edel 之 Contemporary Philosophical Problems. pp. 213—223 选载有其中 Trurth as Coherence 一篇。

B. Blanshard: The Nature of Thought. New York Co. 1940.

本书二十五章至二十七章，论真理之标准及融贯说，被认为述此说最清楚者。

C. E. M. Joad: Matter Life and Value. Oxford press. 1929.

本书有施友忠译本，名《物质生命与价值》。商务书馆出版。其中论知识与真理之问题处，可代表直觉之真理论。此书中国读者易于觅得。

C. S. Peirce: How to make our Ideas Clear. 见 Buchler Philosophical Writings of Peirce. Dover Publications preface.

W. James 之 Pragmatism' s Conception of Truth 可代表实用主义之真理论。

W. H. Werkmeister: A History of Philosophical Ideas in America. Pt. II. Section B 及 Section F. 中论 C. S. Peirce，W. Jsmes 及 J. Dewey 三人之实用主义，可与本章之分实用主义为三型之说相印证。

---

① 参考本章第八节。

第十九章　知识之价值

第一节　不同之真理论与不同之知识价值观

我们讨论知识之价值问题，可自两方面看。一是就知识之内部，看各种真知识之正价值，及与真知识相杂而又相违之种种认知状态中之负价值。二是从知识之外部，看知识对整个人生文化之正价值及负价值。今先论前者。

从知识之内部看，我们可说一切真知识所实现之价值，即真理。真理本身是人求知时所欲获得的，亦人所认为当获得的，而获得之是好的，悦我心的。故真理是有价值的。

人获得真理而有真知识时，人同时可知道其有真知识。人有真知识，而肯定其有真知识，此本身是一真知识。人能肯定其有真知识，即同时亦能不怀疑其有真知识。一人之怀疑其有真知识，乃由不知其"有真知识之本身"为真，而以其有真知识之事，乃或真或假。但人在有真知识时，其有真知识之事是真，即依不矛盾律，而不能为假。并亦当依排中律，而否定其假之可能。故在人有真知识时，而不怀疑其有真知识，而只肯定其有真知识，此本身亦是依真知识之有价值，而有价值的。吾人前所谓知识之确定性，乃依于吾人之知吾人之真知识之不可怀疑，及其有所根据于其他真知识而有，因而此确定性，在事实上是可增加的。然此增加，亦是我们之所求，并以得之为好的；故真知识之对我显确定性本身，亦为有价值的。

至于在所谓真知识之范围中，何种真知识之真理价值最高？则本身是不易确定的。而依各种不同之真理之意义与标准论，即可有不同之说法。

如依符合说之真理论，则一切知识之能符合存在之客观事物者，为最有价值的。而所谓存在之客观事物，则常是指——具个体性之客观事物。由此而最后必归至：或以对个体事物之记载之历史性地理性一类之真知识，为一切知识之基石，为具第一义之真理之价值，是最确定而不容疑，兼为一切真知识赖之而真者；或以对一类个体之事物之普遍律则之知识，为求知之最高理想。而经验主义者如培根之分知识为蚂蚁式、蜘蛛式、蜜蜂式三种，而以蜜蜂式者为最高，即以对一类个体事物之普遍律则之知识，为最高知识之说。

如依自明说之真理论，则以一切知识，其本身为自明，不待证明，亦不待外在之事物之存在而真之真知识，乃既对我真，即无假之可能，而为我们自己所能定然的确知其真者。因而在知识范围中，应为具第一义之真理价值，而为一切其他知识赖之而真者。此即为笛卡尔、来布尼兹、斯宾诺萨之以自明之知识为最高之论。

依融贯说之真理论，则恒归于以一切知识与知识之结合，能构成一内部一致而融贯之系统者，为知识之理想。由此，而以愈庞大之内部一致而融贯之知识系统为最高。此恒归于以一系统哲学之知识，为人类知识上最高成就。因唯哲学为能综合一切科学之原理，以成一大系统，故黑格尔即由此以论哲学为高于一切分门别类之一般科学知识者。而最高之哲学，则为对一切哲学亦作哲学的反省之哲学史，即人类相续的哲学思想所造成之哲学史。此即其所谓大字母写之哲学。

依实用说之真理论，则以一切知识之能连系于一应用之历程，而不断与生活发生关系，以改进其内容，并实现其知识价值于生活者为最高。如杜威之将纯理论科学包括于广义之应用科学中，即此理论①。

此各种知识之价值之高下之评论，乃依于不同之真理论而生，亦即从人看知识时，可有其不同之重点而生。依此不同之重点，即必有此不同之知识之价值观，而其间亦无必然之冲突。符合说重客观事物之知识，此即重知识之对外之有效性。自明说重自明之知识，此即重在知识之对内之确定性。至融贯说之所重者，则在系统之知识内部之融贯。实用说之所重者，则在知识与知识以外人生活动之配合。我们在论真理一章，

---

① 此理论为杜威哲学之根本立场，其简单之说，可参考其《作为一社会问题之科学统一观》。The Unity of Science as a Social Problem，载于由 Neurath, Carnap, Morris 合编之 International Encyclopedia of Unified Science vol. I. 中。

曾论四种真理论之互相限制、互相规定，以调和四种真理论之道，则四种真理论之知识价值观，亦同于此得一调和之道。读者可自求之。

第二节　表现负价值之认知心态

其次在吾人之求知历程中，亦有种种之认知状态，是表现负价值，而与上所述之知识所具之价值相反的。

（一）与上述之知识中之"真理之价值"直接相反的，即错误。所谓错误，或为不合事实，或为违反对直觉为自明之理，或为思想之缺乏内部之一致与融贯，亦或为思想观念之不能达一实用之目标。此皆分别与吾人前所说某一真理之意义相反者。

（二）与上述之由自觉知识之为真而生之"对真知识之确定的肯定"相反者，为对于非真知识之意见、成见、教条等之固执与盲信，及对于真知识之不必要的怀疑。所谓真知识与非真知识，本难分别；但人如对一意见成见或教条，若从未疑其不真，而思其所以成立之理性根据时，则其中纵包涵真理，人亦不能知其中所包涵之真理，而使此真理之价值，实现于人之心灵中。故固执与盲信之认知状态，乃非真有价值者。

反之，人之崇尚怀疑，而归于一无所信，亦复非一真有价值之认知心态。因人之怀疑，可为有理由之怀疑，而其目标在求得一真理者。然人之怀疑，亦可只缘于对其已被肯定为真之知识之不加以自觉而越过之，于是成一无所信。亦可由于因恐所信者之万一错误，而无勇气以试有所信。人能试有所信，而又不固执其所信，视所信为一待证之假定，以逐渐求证，方有学问上之种种心得与发见或真知识。反之，人若安于一往之怀疑，则由疑至真知识之道路即打断。故一往狐疑、犹豫无决，为作人之大戒，亦为一本身无价值之认知心态。而其害于人之知识学问之进步，可过于人思想之时犯错误，仍由人信真理之存在，而勇于判断、勇于思想之结果也。

（三）再一种表现负价值之认知心态，即为由无意义之语言之播弄与构造，所成之心态。

所谓无意义之语言可有多种：

甲、纯粹声形之编造或不成句之字之连结所成之无意义语言。如 Smgleds Busay re Themsk 即不成字只有声形。又如格磔打铬塔亦为不成句之字之连结。

乙、用非其类之无意义语言，如三角形吃酒，五爱红色，人在普遍者上坐。人作此类语言时，乃明知"三角形"无所谓吃酒不吃酒；"五"无所谓爱不爱红色；"普遍者"亦不可坐。而人之所以造作此类语言，唯出于一将语言自由播弄，以与其他语言连结之动机，而原非志在欲由语言以表示何种意义者。

丙、涉及经验事物之认识，而又否认"吾人对之有以经验多少加以证实之可能"之无意义之语言。如人谓其身上著一仙人之衣，五色缤纷，但他人不能见，彼亦不能见。此可为文学式之游戏语言，只有图像意义，然不可视为有知识意义者。在知识上，此类语言之构造，恒是连若干语句，表示一可经验之某事物之存在，而其中若干语句，又再否认其被经验之可能，因而即合成无知识意义者。

丁、不断自行改变语言意义之无意义语言。人为语言指物，恒可自改变语言之意义。故人若才规定语言以某一意义，又自行取消之；或使一语言在诸自由规定之意义中轮转，则此时所重复发出之语言，合而观之，即为无意义者。如人问山是何物？曰土；更问山是何物？曰水；再问山是何物？曰天。则此山之意义才定即变，合而观之，则为无意义者。

戊、谓语言无意义之无意义语言。丁项中之语言可谓为无意义。然其为无意义，乃用语言者所自觉，或依于用语言者以一语言表示一意义，又以一语言，取消其所表示而来。故人如自己先不使其语言成无意义者，他人并不能随意臆断他人所用语言为无意义。而语言之意义实有多种。自一意义之"意义"之观点看来，为无意义者，自另一意义之"意义"之观点看来，则为有意义者。所谓语言之意义，亦不仅有所谓情感之意义，图像之意义，及认知意义之别；而认知意义中亦可不只一种。如吾人只以语言之涉及可经验之事物乃有意义，则逻辑上之分析命题，如甲是甲，依维特根斯坦《哲学名理论》之所说，亦为无意义者。如吾人只以此二者为有意义，则一切先验之综合命题与形上学中之命题，皆无意义者。然此只由于对意义之任意约定或限定而来。如吾人无此限定，则所谓无意义者皆可有另一意。故只假定一种"意义"之意义，而不自觉其只为一假定，乃泛言表示其他意义之语言为无意义者，实为忘其所假定之"意义"之意义，乃可改变者，而并非确定者。由是而彼如直谓表示其他意义之语言为无意义，即本身为无意义者①。

此各种无意义语言所引起之认知心态，可各不相同。然有一点为相同，即此所引起之心态，皆恒为一浮游无寄之心态。此心态可有一美学之价值，然其本身，则为与求成就确定之真理之认识要求相反者，而亦可使吾人一切表达确定知识，有确定意义之语言之意义，成为惝恍迷离，游移不定者。由此而在知识范围说，则此种心态，乃只表现一负价值之心态，而亦为求真知识者之一大敌。因其使本可有确定意义之语言，成为无意义，故其害可甚于一单纯的对一切加以怀疑之心态。因在后一心态中，唯是一无所知，对任何意义无所了解之心态，尚未使本可有确定意义之语言，成为无意义也。

（四）又一种表现负价值之认知心态。我们可称之由名实之淆乱所产生之认知心态。我们以前已在语言与知识章，论及语言意义之混淆之问题。人由语言意义之混淆，使人不能运用有确定意义之语言，以表一内部一致而融贯之思想系统，亦使人不能认识一致而融贯之真理。同时语言之意义之混淆，亦可使人将吾人用语言时，心中所想之语言与所指之"实"，互相混淆，而使我们对于"实"，不再求正确之认识。由此而语言之意义之混淆，名与名相乱，即为同时使吾人之心灵与实物间，加上一层重雾，而使吾人之心灵与"实"间，凭空加上一间隔者。

复次，因语言可指实物，故语言之用亦可代实物之用。如一命令之可使人行动，正有如一在后面驱迫之物质力量之使人行动。而语言所引起之观念，与一实物所指之观念，亦可相类。由是而人可将一语言与其所引起之观念，加以实物化 Hypostatized；同时人亦可将实物，加以观念化名言化，以为实物亦不过一观念一名言。如在统计家心中，则一切人物，皆只是一名言与观念而已。此即使名实彼此互相淆乱，使人乱实于名，以名乱实，以抽象之名言观念，为具体事物；而反视具体之事物，如吾人抽象之名言观念。而此二者，皆可使人更不求知具体之"实"，而只住于名言观念之世界中；同时亦即使人不能注重名言观念与"实"如何符合之真理，而至多只能有一贯而内部一致的运用名言观念所成之符号系统，与思想系统中之真理。

---

① J. Hospers：Philosophical Analysis 中有一章于当代哲学中所谓"有意义之原则"，曾详加讨论。但彼忽略当代之逻辑经验论者之所谓无意义本身，常为无意义者。

（五）再一种表现负价值之认知心态，我们可称为思想观念本身之混淆。此种混淆，常是由文字之意义之不确定而起。但吾人亦不能武断其皆由于文字之意义之未确定，而亦可说文字之意义之未确定，乃由人之思想观念本身之不清楚或混淆而起。以至吾人可说一切思想发生错误的根源，皆起于我们之把一事物视为另一事物，把另一事物之性质，加于此一事物之性质之上；或把一概念视为另一概念，把一判断命题视为另一类不同之判断命题；或在正应用这种推理方式时，插入不相干之另一种推理方式，或把某一问题，当作其他不同类的问题来处理。这都可说是原于混淆。而其所以产生之原因，可以是由观察之不精，可以是由偶然之联想，可是由于对诸不同概念、判断、命题、推理方式之未加以清楚之反省，以分辨其几微之异。于是依此视彼，视彼为此，而移彼就此。我们不能说凡此等等皆为文字意义未确定之果，而亦可视为文字意义难确定之因。故应别立为一类。而其所产生结果，可为一明显之错误之思想，但亦可为一问题之不能清楚，而不知所以解决之道，使人犹疑不定；于是或进而以其所暗，疑其所明，导致种种不必要之怀疑思想。然而即舍其所产生之错误思想之结果，及种种明显之怀疑思想外，我们亦可说，凡有不同之观念思想之任何互相混淆之处，皆可使我们之观念思想，因与其他观念、思想，互相牵挂拉扯，而更不易被清明的反省把握。遂使一观念、思想本身内容中所涵之真理——如一观念、思想内容之是其本身之真理，——皆由与其他观念、思想相混淆，而被掩盖。此有如吾人之将二图绘于一纸上，则二图皆因之而不清，使每一图之形式格局中所显之真理，皆同归于泯失。由是而此所引出之认知心态之本身，即为一与真理之呈现相违之负价值之认知心态。

（六）再一种表现负价值之认知心态，我们可称之为诡辩之心态。此乃由人之欲运用其思想知识，以达一歪曲之目的而生者。此所谓诡辩，不同于逻辑上之诡论。诡论乃引起一真实之问题，而为人所力求加以解决，以化除此中之矛盾者。诡辩之所以为诡辩，乃在人之造作诡辩者，恒是自觉的要掩盖自己所承认之真理，而欲由其他知识编排所成之似是而非之论证，以证明其明知与真理相违者之意见思想，而化之为合理。此时彼一方掩盖其所承认之真理，一方又将其他知识皆作为编排似是而非之论证，以证不合理者为合理之工具。故由此活动所引起之认知心态，实为人之求认识真理之活动之一最大之颠倒。

然此各种表示负价值之认知心态,皆为人之所不能免。其所以不能免之理由,可说在我们所知者之本有限,而不免于有所不知;而我们又可将我们之所知者,自由的加以播弄编排,以应用于我们之所不知而来。我们可对我们之所知者,自由的加以播弄、编排、应用,故我们可以之造作诡辩,亦可将各种思想观念,加以混淆,并将一名言之意义,任意加以改变;或将所知之实物弃置,而只以名言代之,或视名言为实物。亦可由观念思想之混淆,及对所知者之超越,而夸大我们之有所不知,以怀疑我们之有知,而产生种种怀疑论;及由观念思想之混淆,或一往以我们之所知,判断我们所不知,而产生种种错误。故在所知有限,而又能自由运用其所知之人类,乃不能免于上述之种种表现负价值之认知心态者。

第三节　表现负价值之认知心态之转化

然而自另一方面言之,则人有种种表现负价值之认知心态,人亦能以人所求得之真理或知识之价值为对照,而知其为表现负价值者。由此而人遂又能求转化此负价值为正价值。自人之整个之求知历程看,人亦恒不经错误,不能得真理;不经怀疑,不能有确信;不经无意义之语言之播弄,不知何谓有意义之语言;不经种种名实之相乱,思想观念之混淆,不知何谓名之意义之确定,名实之分,思想观念之清楚明白;不见人之造作诡辩曲说,不知正大之推论辩说之所以为贵。而人之能由经错误以达真理,经怀疑以成确信;经无意义之语言玩弄,至求一一言皆有指;经种种名实思想观念之繁然淆乱,至一一思想观念,名与实,皆各得其位,各居其所,而天清地宁;经种种诡辩曲说,至以正当之推论辩说,破邪显正,申真理大道于天下;正表现一更高的知识价值之实现,而使真理之光辉,得更照耀于人之知识世界、及种种认知活动、认知心态之中者也。此如浮云散而月更明,烟雨过而山更青;亦如人生聚合之乐,以离别患难而增,人之坚固不拔之操,由贫贱忧戚而成,同根于反反而正之理益显也。则通人类整个之向上的求知历程以观,其中之一切离于真理之途,表现负价值之认知心态,皆无不为更高之真理之价值,由之以得实现之凭借,而亦有其为过渡工具之价值存焉。由此而吾人即仍可在知识世界之范围内,肯定一切知识及认知心态之价值。然人类之整个之向上的求知之历程之是否存在，则系于人自身之努力，而不在人已成知识世界中。惟人是否有此努力，自人已成之知识世界中看，乃仍不能有保证者。此义又不可不知。

以上所论，唯是自知识世界内部看知识之价值。至我们如从知识世界外看知识之价值，则又是一问题。对此问题，依吾人之意，首先我们必须肯定求知活动，只是整个人生活动之一方面，知识与学术，亦只是整个文化之一方面。吾人皆知，在人之反省的求知识之活动，未出现之前，人已先有种种本能、情感、意志之活动，其中虽无反省的知识之知，然其中亦有一种直觉之知。此为吾人在本部第二章所已论。而在我们求知识活动之上，亦可能有超知识之智慧之知，或其他之直觉之知，为吾人所尚未及论者。人除有知识学术为人文化之一部外，又有艺术、文学、宗教、道德、政治、经济等，各为文化之一部。此各种文化，虽无不多少依据于人之知识学术而有，然亦不可以知识学术尽之。此外，人对之有知识之世界本身，为一存在之世界。此存在世界，虽为人之所知，亦不能全纳于知识世界之内。由是而我们即可位于知识世界之外，以看知识之价值。至我们对知识价值之所知，则可为知识之一种，亦可不为知识，而只是对知识之价值之一种直觉之知或智慧之知。此知乃并非必须具以知识之形式，以表知识之语言文字表之；乃可不以语言文字表之，或以非知识之语言文字，如文学之语言文字表之者（如谓知识可惊天动地）。

第四节　知识之实用价值，审美价值，及道德宗教价值

我们如立于知识世界外，看知识之价值，则知识乃不只所以达我们之求知之目标，以表现或实现真理之价值为事者。我们可说，人类知识，尚有实用之价值。此即实用主义之真理论之所重。而知识之实用价值中之最重要者，即"由知识之使我们能知现实环境中之事物之理，而知我们对之如何行为，即可加以改变，以达我们之人生目标之价值。由此而人乃不只是被动的受环境之支配，而成为能支配环境之一主人。人之所以能由自然人至文明人，能制造种种工具，以开发矿藏，运用水火，栽培植物，畜牧动物，医疗疾病，建筑房屋，裁制衣裳，烹调食物，修筑

道路桥梁，制造一切日常所需之什物，及为达文化目标之用器，由纸笔以至精密之仪器，无不本于人对自然之知识，面对自然加以改造之结果。而人之一切改造社会，建立各种政治社会经济制度之事业，亦无不多多少少，本于人对社会本有之种种知识。此知识，或为常识，或为科学，其为知识则一。故我们无论要改造自然与社会，皆不能不根据于我们对之之知识。我们此知识之为真，亦即不只有纯粹之真理价值，而是同时有实用价值者"①。

我们从知识世界外看知识，知识不只有实用价值，而且某种情形下，亦有一种审美价值。一内部一致而融贯之系统知识，如一数学几何学系统，或一逻辑系统，或某一种哲学系统，尤更能具一审美之价值，使人生一美感。此种美感，主要可谓由此种系统中之各部之互相配合和谐而来，而为一种超感觉性的宁静而高卓之美感。我们只须看依数学比例而成之乐音之配合，可产生美感，亦即可了解数学的思想，及一切内部一致融贯而配合和谐之思想系统，同可使人生一美感。在西方哲学史上，柏拉图已论感觉之美外，有美之理念自身。而美之理念，亦即在其所谓理念世界中之理念之关联配合上见。在现代则如普恩加来、罗素、及怀特海等，亦皆曾论及数学之美。

知识除具审美价值外，亦可说具道德价值。如人在求真知时，一心唯真理是求，则人可只见真理而忘我；同时亦于一般世俗之利害得失，不再萦扰于心。由此而人即养成一超拔之胸襟，而自然少私寡欲。此即可为一切德性之起点或根源。西方近代哲学家，如斯宾诺萨之以人必须能求真知，而后能为自爱、爱人之自由人，亦即从此立论。至苏格拉底之以知识即道德，则是从道德原理皆为普遍者，人必能知普遍之道德原理，乃有真道德上说。此是就另一义，以言知识之具道德价值者。至于近代之罗素，论科学知识之价值，亦偏重从科学知识之解除成见偏见，并训练人之从宇宙眼光，看人类自己。而自种种拟人的宇宙观中解脱上说。然此亦正即所以使人渐自其个人之私欲超拔，而养成一廓然大公之心情之道。

---

① 此所谓知识之实用价值，乃自知识之实际上的对外之价值说。此固实用主义者之所重。然此与实用主义之真理论，谓一观念或知识能助吾人达其目标即为真，乃纯从人之求知历程之内部看，而自一观念或知识之具有"可使人达其目标之效用"上，以说其为真理者，又略不同。二者须加以分别。

人之求知识，除表现道德价值外，从一方说，亦表现一宗教性的信仰之价值。此可从人之求知识，恒由于相信宇宙事物之可知可理解，而有"理"可知上说。人对已知事物，觉其必可理解，而有理可知，此固无问题。但人对于未知之物，何以说其必可理解，而必有理可知？则此尽可只是人之一信仰。人之有此信仰，实即人之求知识之一动力。近代之西方十六七世纪之自然科学家，如伽利略，牛顿等，皆由相信上帝所造之自然万物，必由简单之数学定律，加以统治规定[①]，然后从事此自然律之探索。现代之爱因斯坦，亦自谓其发明相对论，由于先相信宇宙之为和谐的[②]，彼并以追求理性的知识，即到真正的宗教性之道路[③]。我们如果说宗教性之信仰，是一超越而绝对之信仰，则科学家与求知识者之真相信"未知之物必可理解而必有理可知"本身，即为一超越而绝对之信仰。而其中涵具一宗教价值。

第五节　知识之价值之限制及其与其他价值之冲突

然而我们如从知识世界以外，去看知识时，我们对于知识之价值，亦可有种种反面之看法。

（一）是我们如将人之知识之范围与存在世界之范围比较看，我们无论怎样相信一切存在事物之可理解，而必有理可知；我们仍不能否认人实有之知识范围，远小于存在事物之范围。庄子所谓"计人之所知，不若其所不知。"到今日仍是一颠扑不破之理。此人之所知，所以永"不若其所不知"，可说由于"吾生也有涯，而知也无涯。"在此吾固可假定整个人类之知识，能无穷进步，因而可说世间之一切秘密，皆为终可呈现于人之前者。但是此全部之知识，在实际上，仍非任何一人之所能具有。而我们即在现在，亦不能每人皆知他人之所知。而此即证一切人之所知，可互为其所不知。因而任何人以其有生之年，皆为只能有限之知。此有

[①] 贝德 E. A. Burtt《近代物理学之形上学基础》Metaphysical Foundation of Modern Physics 一书，论此点最详尽。

[②] Reichenbach: Philosophical Significance of Relativity（见维纳 Wiener: Readings in Philosophy of Science p. 61）.

[③] Einstein: Science, Philosyphy, and Religion（见同书 p. 607）.

限之知之范围,乃远小于存在事物之范围者。然而人在求知时,却可有一求无限之知之目的。此目的以其生命之有限,遂为永不能达者。此即见人之求无限之知之目的,与其所知者之有限之一事实间,有一不可解之矛盾。而此目的本身,最后之必须屈服于事实之前,即证此目的本身,可有某一种虚幻性,而非真有价值的。

人求无限之知识之目的,不只可说因一人寿命之有限,故永不能达;而且可以说,纵然人之寿命为无限,亦永不能达者。此一方是因如人之寿命无限,则其在宇宙中所历之事亦无限,其中亦有无限事物。而此无限事物中之任一事物,皆可就其关联,而说其各有无限之复杂性。(如一具体存在之事物,在时空中,亦即与其前前后后,左左右右一切其他具体事物,发生种种关联者。而只就其时空之距离关系而论,即已为无限复杂。)再一方是我们之将一切已成知识,加以组织、结合、推演,所成之知识系统之数目,亦为无限。(如将一命题换质换位所推出之命题,即已无限。)由此而人纵有无限之寿命,人仍不可能在实际上穷尽一切可能之知识,而尽知之。此实际上之不可能,乃依于一原则上之不可能。由此而人之求无限之知识,即为一原则上具一虚幻性之事。

然人若不能实际求得无限之知识,则人所知之范围,即为其所不知者之所限制。而此亦即知识中所可能实现之真理价值之一不可越之限制。

(二)至于知识之实用价值,固为人之所不能否认。然人之如何本知识以改造事物,以达吾人之目标之事,可为建设的,亦可为破坏的。我们可改造事物,以达吾人和天下,育万物之目标,亦可改造事物,以达吾人之鞭笞天下,奴役万众之目标。吾人由一知识,以知一事物之由如何之条件而成,亦即同时知此事物无此如何之条件之必毁。故人之改造事物之事,可为如何使某一事物更成为某一事物之事,亦可只为使之毁坏,而不复成某一事物之事。由此知识之实用价值,毕竟在成物或毁物,在和天下、育万物,或在鞭笞天下、奴役万众,全系于吾人之如何立定吾人之目标。而此则非知识自身之能决定者。而知识之实用价值,亦即为可为正性的,亦可为负性的。合以言之,则当为中性的。故泛言知识之实用价值,亦尚不足以确立知识之价值者。

(三)至于知识之具审美价值,固为可说。然自另一方面言之,则知识亦为可破坏人之美感者。此即由人将任何一般之美境相,化为知识之对象时，此境相之美即隐退。如在山明水秀之地，考察地质，则山水之明秀，即隐而不见。而人之徒测量人之颜面之长短宽窄者，亦不能同时发现人之容貌之美。此皆为人之所承认之事。此中之理由，则在美之欣赏主乎直觉，而知识之事，则始于对直觉之反省；而又须以种种概念共相，规定界划直觉之所对，而使此直觉之所对，为概念共相之所间隔者。

（四）至于人求知识时，而唯以真理为目标者，固可使人更有一廓然大公之心。然此廓然大公之心，是否即能真孕育出一道德情操，则明是另一问题。因人之求知识之心，为一冷静而不夹杂情感者，则一般人之盲目之激情，固可由之冲淡，而真挚热烈之道德情操，亦同不易由之而孕育。在一般情形下，人在对其道德情操，加以反省，而只以得对此情操之理智的知识为目的时，此情操亦即隐退。而此亦即伦理科学家与道德哲学家，恒不必有真正之伟大的道德人格；而真正之伟大之道德人格，亦罕能由此类伦理学道德学之知识，得真正道德上之启悟之故。

（五）至于人之求知识之态度中，包涵一对理性之信仰，其中固亦可实现一宗教性之价值。但此求知识之态度中，所信仰之理性，乃纯粹之认知活动中之理性，而非道德的理性。人信仰此种理性者，亦恒可据之以破坏一切不合此种理性，与非此种理性或超此种理性之信仰。自历史上观之，人之求知识之态度，恒为摧毁人类固有宗教信仰者，亦为一信而有征之事。人以此种理性摧毁反理性之宗教信仰，固可为合法；然以之摧毁非此种理性或超此种理性之宗教信仰，则可由于此种理性之忘其自身之限制，而此本身即可为不合理者。纵吾人不用此种理性，以摧毁非此种理性与超此种理性者，吾人如何只凭此种理性，以建立超越此种理性之上之信仰，要非此种理性本身之所能为。由此即见，表现于人之求知之活动中之理性的信仰之宗教价值，乃亦兼涵正反二面，亦尚不足以成就人其他非理性超理性之宗教信仰者。

我们上所说知识活动对人之审美活动及道德情操、宗教信仰所表现之负价值，乃依于一共同之义。即：人之求知识之活动，在本质上，为欲将一切存在之事物，无论是属于外界自然或人生内部之事物，皆化为反省之对象，并以种种概念共相加以规定界划；而此共相概念，亦即成为所知之对象，与能知之心灵间之媒介与间隔者。于是即使人所直觉之美的世界，与生活于其中道德情操、宗教信仰，皆可外在化为自己对面之一对象。由此而人亦即可丧失其所体验之美、善、神圣之价值，只体验一种知识上之真理之价值。此真理之价值，依我们上述之第一理由，又为人在原则上，所不能完全无限的加以实现者。人欲求无限之知识之目的，乃包涵一虚幻性之目的者。由此而人之一往求知识之态度中，亦即为同时表现一负价值者。而此所表现之负价值，与其所表现之正价值，如有限之真理之求得，知识系统之美之欣赏，私欲之超拔，及理性的信仰之形成，互相抵消后，即使人之求知识之事，在价值上成为中性之事。而其毕竟是否能有价值，则全系于具有知识之人，如何限定知识在人生中之地位，及对于知识以外之价值，如何加以体验而定。而人若能于知识活动所已外在化为对象之人生活动等，再加以内在化，则人之由知识活动所生之负价值，亦可被超化。于此则人之将人生活动等，加以外在化为对象之事，亦可成为人对此诸人生活动之价值，求进一步的加深其自觉，而对之有一真正之同情而兼智慧的了解之前一步之事；而其价值，亦可再被肯定。

知识之价值　参考书目

《庄子》书中，多反对求无涯之知，而主知止乎其所不知。此为一最能使人自觉知识价值之限度之书。

王阳明《拔本塞源论》。

王阳明此文，谓闻见、记诵、与知识，皆须隶属于德行，否则"记诵之广，适以长其傲也。知识之多，适以行其恶也，闻见之博，适以肆其辨也。"即吾人本章之归趣所在。

B. Russell：Sceptical Essays. 罗素此书，有中文译本，商务版，名《怀疑论集》。此书中若干文，皆论不求实用、不依附宗教信仰之纯粹求真理知识之态度，对人生文化之价值。

J. Dewey：Reconstruction of Philosophy·杜威此书有许崇清译本，名《哲学之改造》。此书论哲学与文化生活之关系，亦即论知识与文化生活之关系；其结论为知识之价值，乃在包涵知识之生活中表现。